Santé

Chez le même éditeur

Dans la collection Pass'Santé Cours

UE 1 - Atomes - Biomolécules - Génome - Bioénergétique - Métabolisme, par J. Gabert, H. Galons. 2011, 416 pages.
UE 3a - Organisation des appareils et des systèmes - Bases physiques des méthodes d'exploration, par F. Giammarile, C. Scheiber, A. Crut, C. Pailler-Mattei. 2010, 368 pages.
UE 4 - Évaluation des méthodes d'analyse appliquées aux sciences de la vie et de la santé, par A.-J. Valleron. 2010, 232 pages.
UE 4 - Biomathématique - Probabilité – Statistique, par S. Bénazeth, M. Chiadmi, E. Curis, P. Deschamps, S. Gérart, C. Guihenneuc, J.-P. Jais, P. Landais, V. Lasserre, I. Nicolis. 2012, (à paraître).
UE 5 - Organisation des appareils et des systèmes - Aspects morphologiques et fonctionnels, par V. Delmas, D. Brémond-Gignac, O. Clément, R. Douard, S. Dupont, C. Latrémouille, J.M. Le Minor, N. Pirró, P. Sèbe, C. Vacher, R. Yiou. 2011, 368 pages.
UE 6 – Initiation à la connaissance du médicament, par J.-M. Aiache, J.-M. Cardot, Y. Cherrah, P. Coudert, A. Dufour. 2011 240 pages.

Dans la collection Pass'Santé QCM

UE 1 - Atomes - Biomolécules - Génome - Bioénergétique - Métabolisme, par J. Gabert, H. Galons. 2011, 152 pages.
UE 3a - Organisation des appareils et des systèmes - Bases physiques des méthodes d'exploration, par F. Giammarile, C. Scheiber, J-P. Vuillez. 2010, 88 pages.
UE 3b - Organisation des appareils et des systèmes – Aspects fonctionnels, par F. Giammarile, C. Scheiber, J-P. Vuillez. 2011, 112 pages.
UE 4 - Évaluation des méthodes d'analyse appliquées aux sciences de la vie et de la santé, par O. Semoun, A.-J. Valleron. 2010, 168 pages.
UE 5 - Organisation des appareils et des systèmes - Aspects morphologiques et fonctionnels, par V. Delmas, O. Clément, D. Brémond-Gignac, R. Douard, S. Dupont, C. Latrémouille, J.M. Le Minor, N. Pirró, P. Sèbe, C. Vacher, R. Yiou. 2011, 176 pages.
UE 6 – Initiation à la connaissance du médicament, par J.-M. Aiache, J.-M. Cardot, P. Coudert. 2011, 112 pages.
UE 7 – Santé – Société - Humanité, par P. Czernichow, S. Bimes-Arbus, D. Carricaburu, J.-F. Dartigues, P. Le Coz, A.-L. Le Faou, M.-H. Metzger, M.-C. Simeoni. 2011 (à paraître).

Dans la collection Pass'Santé Cours + QCM

Unité fœto-placentaire, par F. Encha-Razavi, E. Escudier. 2011, 152 pages.
Anatomie du petit bassin, par R. Yiou. 2011, 160 pages.
Méthodes d'étude et d'analyse du génome, par S. Romana, J.-P. Bonnefont, M. Cavazzana-Calvo, V. Malan, J.-P. Jais. 2011, 160 pages.
Médicaments et autres produits de santé, par J.-M. Aiache, J.-M. Cardot, V. Hoffart. 2011, 416 pages.
Sources actuelles et futures du médicament – Chimie du médicament, par J.-M. Aiache, A.-P. Carnat, P. Coudert, J.-C. Teulade. 2011, 240 pages.
Anatomie tête et cou, par G. Captier, M. Labrousse, F. Lauwers, R. Lopez, O. Palombi, J. Peltier, 2012, 208 pages.
Anatomie et histologie de l'appareil reproducteur et du sein – Organogenèse, Tératogenèse, par F. Encha-Razavi, E. Escudier, 2012, 256 pages.
Dents et milieu buccal, par M. Schmittbuhl, C. Taddéi, J.M. Le Minor, V. Ball, F. Billmann, A. Bloch-Zupan, P. Carpentier; R. Joerger, M. Minoux, J. Ogier, O. Trost, C. Vacher, L. Viriot (à paraître).

Autres ouvrages :

Biologie cellulaire, par Marc Maillet. 10ᵉ édition, 2006.
Embryologie. Développement précoce chez l'humain, par M. Catala, 3ᵉ édition, 2006.
Biochimie génétique, biologie moléculaire, par É. Clauser, J. Étienne, C. Housset, P. Roingeard. 9ᵉ édition, 2006.
Histologie, les tissus, par J. Poirier, J.-L. Ribadeau-Dumas, M. Catala, J.-M. André, R. Gherardi, J.-F. Bernaudin, 3ᵉ édition, 2006.
Physiologie, par J.-L. Ader, F. Carré, A. T. Dinh-Xuan, M. Duclos, N. Kubis, J. Mercier, F. Mion, C. Préfaut, S. Roman. 2ᵉ édition, 2006.
Biologie cellulaire, 300 QCM, par Marc Maillet. 2002.
Histologie, 300 QCM, par J. Poirier, M. Catala, J.-M. André, avec la collaboration de J.-F. Bernaudin et R. Gherardi. 2002.
Embryologie, 300 QCM, par M. Catala. 2002.
Biochimie génétique, biologie moléculaire, 300 QCM, par É. Clauser, S. Conchon, 2004.
Physiologie, 320 QCM, par J.-L. Ader, F. Carré, A. T. Dinh-Xuan, M. Duclos, N. Kubis, J. Mercier, F. Mion, C. Préfaut, S. Roman. 2004.

UE 7
Santé – Société – Humanité

S. Bimes-Arbus
P. Czernichow
M.-C. Simeoni
D. Carricaburu
J.-F. Dartigues
P. Le Coz
A.-L. Le Faou
M.-H. Metzger

Ce logo a pour objet d'alerter le lecteur sur la menace que représente pour l'avenir de l'écrit, tout particulièrement dans le domaine universitaire, le développement massif du « photo-copillage ». Cette pratique qui s'est généralisée, notamment dans les établissements d'enseignement, provoque une baisse brutale des achats de livres, au point que la possibilité même pour les auteurs de créer des œuvres nouvelles et de les faire éditer correctement est aujourd'hui menacée. Nous rappelons donc que la reproduction et la vente sans autorisation, ainsi que le recel, sont passibles de poursuites. Les demandes d'autorisation de photocopier doivent être adressées à l'éditeur ou au Centre français d'exploitation du droit de copie : 20, rue des Grands-Augustins, 75006 Paris. Tél. 01 44 07 47 70.

Tous droits de traduction, d'adaptation et de reproduction par tous procédés, réservés pour tous pays.

Toute reproduction ou représentation intégrale ou partielle, par quelque procédé que ce soit, des pages publiées dans le présent ouvrage, faite sans l'autorisation de l'éditeur est illicite et constitue une contrefaçon. Seules sont autorisées, d'une part, les reproductions strictement réservées à l'usage privé du copiste et non destinées à une utilisation collective et, d'autre part, les courtes citations justifiées par le caractère scientifique ou d'information de l'œuvre dans laquelle elles sont incorporées (art. L. 122-4, L. 122-5 et L. 335-2 du Code de la propriété intellectuelle).

© 2012, Elsevier Masson SAS. Tous droits réservés
ISBN : 978-2-294-71076-6

Elsevier Masson SAS, 62, rue Camille-Desmoulins, 92442 Issy-les-Moulineaux cedex
www.elsevier-masson.fr

Coordination de l'ouvrage

S. Bimes-Arbus, docteur en droit, université Toulouse 1, Capitale.

D. Carricaburu, professeur de sociologie à l'université de Rouen.

P. Czernichow, professeur d'épidémiologie, économie de la santé et prévention à l'UFR médecine-pharmacie de l'université de Rouen.

J.-P. Dartigues, neurologue, professeur de santé publique et coordonnateur de l'étude sur la maladie d'Alzheimer et les maladies apparentées à l'université de Bordeaux 2.

P. Le Coz, professeur agrégé en philosophie à la faculté de médecine de Marseille.

A.-L. Le Faou, maître de conférences en épidémiologie, économie de la santé et prévention, université Paris-Diderot.

M.-H. Metzger, maître de conférences à l'UCBL de Lyon 1.

M.-C. Simeoni, maître de conférences en santé publique à la faculté de médecine de Marseille.

Liste des auteurs

P. Auquier, Marseille.
A. Ayerbe, Strasbourg.
S. Azogui-Lévy, Paris.
S. Bahrami, Paris.
F. Beck, Paris.
J. Berbis, Marseille.
S. Bimes-Arbus, Toulouse.
C. Binquet, Dijon.
J. Blanc, Marseille.
A. Bonnaud-Antignac, Nantes.
M.-L. Boy-Lefèvre, Paris.
M. Brodin, Paris.
D. Carricaburu, Rouen.
R. Clément, Nantes.
C. Colin, Lyon.
P. Czernichow, Rouen.
W. Dab, Paris.
J.-F. Dartigues, Bordeaux.
B. Dautzenberg, Paris.
B. Devictor, Marseille.
M. Dramé, Reims.
A. Duclos, Lyon.
I. Durand-Zaleski, Créteil.
P. Fraisse, Strasbourg.
P. François, Grenoble.
O. Ganry, Amiens.
L. Gerbaud, Clermont-Ferrand.
P. Gerbouin-Rerolle, Villejuif.
C. Gilbert, Grenoble.
M. Goldberg, Versailles.
A. Grimaldi, Paris.
B. Halioua, Paris.
V. Halley des Fontaines, Paris.

A. Hartemann, Paris.
C. Haxaire, Brest.
E. Henry, Strasbourg.
E. Imbernon, Saint-Maurice.
L. Jamet, Rouen.
D. Jolly, Reims.
T. Lang, Toulouse.
P. Le Coz, Marseille.
F. Le Duff, Nice.
A.-L. Le Faou, Paris.
É. Legrand, Rouen.
C. Lejeune, Dijon.
J.M. Le Minor, Strasbourg.
P. Lombrail, Nantes.
D. Maille, Le Kremlin-Bicêtre.
F. Maillochon, Paris.
H. Marini, Rouen.
M. Ménoret, Paris.
M.-H. Metzger, Lyon.
V. Migeot, Poitiers.
É. Monnet, Besançon.
C. Mouchoux, Lyon.
F. Nguyen, Paris.
J.-L. Novella, Reims.
P. Peretti-Watel, Marseille.
C. Pondaven, Paris.
C. Pradier, Nice.
P. Revault, Le Kremlin-Bicêtre.
S. Rican, Nanterre.
D. Ringuenet, Villejuif.
O. Rodat, Nantes.
M. Roussey, Paris.
E. Rusch, Tours.
G. Salem, Nanterre.

A. Sarradon-Eck, Marseille.
M.-C. Simeoni, Marseille.
D. Simon, Paris.
É. Spitz, Metz.

B. Thélot, Saint-Maurice.
Z. Vaillant, Nanterre.
M. Velten, Strasbourg.
A. Vergnenègre, Limoges.

Avant-propos

La création en 2009 d'une première année commune aux études de santé (PACES) a introduit un tronc commun de formation pour les professions dites médicales : médecins, pharmaciens, chirurgiens-dentistes et sages-femmes. Dans ce tronc commun, l'UE 7 « Santé, société, humanité » occupe une place privilégiée : mobilisant un ensemble de disciplines, de valeurs et de résultats concernant le champ de la santé et des soins, elle contribue à une véritable culture commune entre professionnels de santé, dont l'horizon et les enjeux dépassent la PACES.

Cet enseignement infléchit la domination des sciences « dures » dans les études médicales entre 1945 et 1992 et conforte l'ouverture aux « sciences humaines et sociales » ébauchée ensuite. Cette évolution est perçue de tous comme essentielle à l'heure de l'hyperspécialisation et de la technologie triomphante, pour répondre aux attentes des patients à l'égard des professionnels de santé, et mieux permettre à ces derniers de penser le global et le complexe.

En s'appuyant sur le programme national paru au *Bulletin officiel*, les auteurs ont organisé cet ouvrage en quatre grandes parties :

- la première partie, *Sciences humaines et sociales*, introduit des disciplines générales comme l'anthropologie, la sociologie, la psychologie, la démographie, la science politique, le droit, l'éthique, l'épistémologie ou l'économie, qui n'ont pas été nécessairement présentées à l'étudiant jusqu'au baccalauréat. En revanche, d'autres disciplines comme l'histoire ou la géographie, utiles à éclairer le champ de la santé et des soins, ne sont pas reprises ici car déjà présentes dans la formation antérieure ;
- la seconde partie, *Sciences de la santé*, est consacrée aux apports spécifiques des disciplines citées plus haut au champ de la santé et des soins : il s'agit souvent de spécialisations de ces disciplines ;
- la troisième partie, *Principaux résultats concernant la santé et les soins*, la plus développée, vise à apporter à l'étudiant des faits précis lui permettant de situer la santé et ses déterminants, et le système de santé qui y répond ; cette partie se poursuit en présentant les principaux problèmes de santé selon les âges de la vie, de la conception et la naissance jusqu'à la vieillesse et la fin de vie, ainsi que quelques thèmes transversaux forts ;
- enfin la dernière partie illustre la richesse d'un éclairage multidisciplinaire des grands thèmes de santé actuels.

Ainsi, les auteurs ont cherché à mêler les contributions des diverses sciences humaines et sociales et du champ de la santé publique, selon un principe d'ouverture et de multidisciplinarité.

Cet ouvrage de la collection *Pass'Santé* des éditions Elsevier Masson est spécifiquement destiné aux étudiants de la PACES. Par souci de cohérence pédagogique, les modalités de rédaction s'appliquent à chaque thème : introduction, contenu hiérarchisé par titres, points importants mis en valeur sous forme d'encadrés, points clés essentiels en fin de chapitre.

Les enseignants de la plupart des universités françaises ont été sollicités pour conforter la dimension nationale de cet ouvrage et proposer ainsi à chaque étudiant un support susceptible de l'aider efficacement dans la préparation du concours, où qu'il soit inscrit, la richesse de son contenu lui permettant de puiser les thèmes développés plus particulièrement dans son université : c'est en tout cas notre espoir.

Les auteurs

Table des matières

Coordination de l'ouvrage V
Liste des auteurs VII
Avant-propos IX

I

Sciences humaines et sociales

1 Bases de la psychologie 3
    I. Histoire de la psychologie 4
    II. Les courants de pensée fondateurs de la psychologie 6
    III. Quelques spécialités en psychologie 10
    IV. Conclusion 13

2 Bases de l'anthropologie sociale et culturelle 15
    I. Qu'est-ce que l'anthropologie ? 15
    II. Démarche et méthode 20
    III. Quelques thèmes de recherche 22

3 Bases de la sociologie 29
    I. Qu'est-ce que la sociologie ? 30
    II. La sociologie comme science ? 34
    III. Conclusion : à quoi peut bien servir la sociologie à de futurs professionnels de santé ? 38

4 Raisonnement économique : fondements, analyse 40
    I. Les fondements de la pensée économique 40
    II. L'équilibre macro-économique offre–demande 45
    III. L'ajustement par les politiques publiques 46

5 Bases de droit (organisation de la justice) 50
    I. Contenu du droit 51
    II. Fonctionnement de cette discipline 54

6 Science politique et construction des problèmes de santé publique 63
    I. Le caractère contingent de l'émergence et de la prise en compte des problèmes de santé publique 65
    II. Les conditions sociopolitiques nécessaires à l'émergence et à la reconnaissance des problèmes de santé publique 67
    III. Les enjeux liés aux « luttes définitionnelles » 70
    IV. Conclusion 73

7	Épistémologie : introduction à la démarche scientifique 75
	I. Distinction entre science et connaissance 75
	II. L'hypothèse 77
	III. Expliquer : les lois..82
	IV. Théories scientifiques et « révolutions » scientifiques...............84

II
Sciences de la santé

8	Éléments de démographie 91
	I. Historique 91
	II. La démographie aujourd'hui 93
9	Épidémiologie 101
	I. Deux exemples célèbres......................................102
	II. Notions fondamentales 106
	III. Contribution de l'épidémiologie à l'établissement des relations de cause à effet......109
	IV. Conclusion..109
10	Géographie et santé...111
	I. Des inégalités à toutes les échelles 111
	II. La santé au cœur des dynamiques territoriales 114
	III. Une prise en compte explicite de l'espace 117
	IV. Géographie, santé publique et aménagement des territoires 118
11	Sociologie de la santé 120
	I. La maladie : déviance ou construction sociale ? 121
	II. Les relations médecin–malade : entre consensus et conflit structurel...122
	III. Conclusion..124
12	Psychologie de la santé 126
	I. Théories sociales cognitives sur l'intention de changer de comportement...126
	II. Modèles sur les processus de changement de comportement lié à la santé...127
	III. Exemple pratique de l'observance thérapeutique 130
13	Histoire de la santé et des soins 133
	I. La médecine dans l'Antiquité 133
	II. Médecine du Moyen Âge 136
	III. Médecine de la Renaissance..................................137
	IV. Médecine du XVIIe siècle 137
	V. Médecine du XVIIIe siècle 138
	VI. Médecine du XIXe siècle 138
	VII. Médecine du XXe siècle 139

14	**Éthique du soin et de la santé** 143
	I. Différence entre éthique du soin et éthique de la santé 143
	II. Les principes de l'éthique du soin 145
	III. Éthique de la santé ou macro-éthique : déontologisme *versus* utilitarisme 149
	IV. Conclusion. 152
15	**Anthropologie de la santé** 155
	I. Anthropologie de la santé : un « regard éloigné » sur les sciences de la santé ? 156
	II. Constats originels de l'anthropologie médicale et conséquences 156
	III. Conclusion. 161
16	**Économie et gestion de la santé**. 162
	I. Le champ de l'économie de la santé. 163
	II. Particularités des biens de santé 165
	III. Conclusion. 170
17	**Droit de la santé** 172
	I. Le droit de la relation de soins 172
	II. Le droit des pratiques biomédicales. 178
18	**Organisation de la recherche en santé**. 182
	I. Comment est organisée la recherche ?. 182
	II. Quels sont les produits de la recherche ? 184
	III. Quel est le coût de la recherche ?. 184
	IV. Comment est financée la recherche ?. 185
	V. Comment évaluer la recherche ?. 187

III

Principaux résultats concernant la santé et les soins

III-1 Résultats concernant la santé et ses déterminants

19	**Caractéristiques sociodémographiques de la population française** 193
	I. Les moyens d'étude des populations humaines 193
	II. La population de la France 195
	III. Projections de population française 198
	IV. Démographie, santé, retraites 200
20	**Principaux facteurs de risque comportementaux des maladies** 212
	I. Les « conduites à risque » et leurs enjeux 212
	II. Les « conduites à risque » en France 216
	III. Pathologies comportementales ou pratiques sociales ?. .221
	IV. La prévention des conduites à risque 225
21	**Principaux facteurs de risque environnementaux des maladies** 231
	I. Définition du champ 231
	II. L'environnement, un déterminant de l'état de santé. 231

	III. Les nombreuses caractéristiques de l'environnement agissant sur la santé 233
	IV. Une large gamme de problèmes. 234
	V. L'étude de la relation environnement–santé grâce à la notion de risque 238
	VI. Risque, danger, exposition. 239
	VII. La démarche d'évaluation des risques. 240
	VIII. La notion de fardeau des maladies. 242
	IX. Le principe de précaution. 242

22 Approches de la santé : concepts et points de vue ; grands problèmes de santé en France 245
I. Approches conceptuelles de la santé 245
II. Principaux indicateurs de santé en épidémiologie descriptive et sources de données. 249
III. État de santé et principales pathologies 255

III.2 Résultats concernant les soins

23 Types de soins et santé : dépistage, soins curatifs et palliatifs – modalités d'accès, principaux acteurs concernés 273
I. Intervenir pour promouvoir la santé 274
II. Les soins délivrés par les professionnels de santé. 275
III. Les acteurs de la prévention et des soins en France 277

24 Organisation du système de santé en France. 282
I. Système de santé. 282
II. Offre de soins 288

25 Facteurs du recours aux soins : la demande de soins. 291
I. Concentration de la consommation de soins 292
II. Facteurs démographiques du recours aux soins. 293
III. Facteurs socio-économiques du recours aux soins 295
IV. Influence de l'offre de soins. 296
V. Rôle de la protection sociale : solvabilité de la demande .297
VI. Facteurs du recours aux soins de prévention 298

26 L'offre de soins 301
Les soins ambulatoires en France 301
I. Définition. 301
II. Évolution des effectifs et des dépenses des soins ambulatoires 302
III. L'exercice libéral. 304
IV. Les professions de santé. 307
V. Les auxiliaires médicaux d'exercice libéral 309
VI. Conclusion. 312
L'offre de soins hospitaliers en France 313
I. Ressources de l'offre de soins hospitaliers. 313
II. Capacité d'accueil et activités de soins 320

	III. Mode de régulation de l'offre de soins hospitaliers...........................325
	IV. Perspectives...326
	Exemples d'organisations de soins novatrices.............................329
	I. Réseaux de santé..329
	II. Principes et limites de la télémédecine................................331
	III. Diffusion des connaissances en santé, télésanté ou e-santé 333
27	**Démarche qualité et gestion des risques**.................................337
	I. Le risque iatrogène..338
	II. Méthodes et outils de la gestion des risques cliniques.....................340
	III. Les dispositifs de gestion des risques cliniques..........................342
	IV. Méthodes et dispositifs de gestion de la qualité des soins..................344
	V. Conclusion..348
28	**Relation de soins**..350
	Relations soignants-soignés : pratiques et enjeux..........................350
	I. Qu'est-ce que soigner ?..350
	II. Le soignant et ses difficultés dans la relation thérapeutique................351
	III. Les différents modes de la relation soignant–patient......................353
	IV. L'annonce d'une mauvaise nouvelle..................................354
	L'implication du patient dans les soins : l'éducation thérapeutique 357
	I. La naissance de l'éducation thérapeutique.............................357
	II. La pratique de l'éducation thérapeutique..............................358
	III. Reconnaissance et financement
	de l'éducation thérapeutique..363
	V. Conclusion..364
29	**Financement des soins**..366
	Modalités du financement des soins en France selon les secteurs
	et la situation des patients...366
	I. Principes généraux..367
	II. Financement des soins ambulatoires.................................371
	III. Financement des soins dans les établissements.........................377
	IV. Financement des produits de santé (dont les médicaments) 380
	Protection sociale..384
	I. Principes de la protection sociale...................................385
	II. Les comptes de la protection sociale en France.........................389
	III. Perspectives...392
	Protection sociale et équité...393
	I. Les principes de fonctionnement des systèmes de protection sociale 393
	II. Le système de protection sociale français.............................395
	III. Le concept d'équité...401
	IV. Conclusion..406
	Dépenses de santé en France : principaux postes, sources de financement, évolution ...408
	I. Les dépenses de santé et leur évolution...............................409
	II. Le financement des dépenses de santé................................413
	III. Les enjeux..419

30 Pilotage et contrôle du système de santé en France ... 422
I. Principaux objectifs poursuivis ... 422
II. Principes du pilotage ... 423
III. Principales procédures de pilotage et de contrôle ... 425
IV. Principaux acteurs du pilotage et de contrôle ... 435

31 Introduction aux systèmes de santé de l'Union européenne ... 443
I. Qu'est-ce qu'un système de santé ? ... 444
II. L'offre de soins ... 452
III. Réformes des systèmes de santé ayant des conséquences sur l'accès aux soins ... 455
IV. Conclusion ... 458

III.3 Grands règnes du monde vivant

32 Évolution et biodiversité ... 463
I. Biodiversité : systématique et principes de taxonomie ... 463
II. Grands règnes du monde vivant ... 468
III. Embranchement des Vertébrés ... 470
IV. Classe des Mammifères ... 473
V. Ordre des Primates : Singes, Grands singes et espèce humaine ... 475
VI. Caractéristiques morphologiques de l'espèce humaine actuelle ... 480
VII. Échelles de temps dans l'évolution du vivant ... 486
VIII. Hominidés fossiles ... 489
IX. Marqueurs de l'hominisation ... 490

III.4 Santé et soins : dimensions sociodémographiques

33 Conception, maternité, santé et soins ... 497
I. La conception ... 498
II. La maternité ... 499
III. Santé et soins ... 502
IV. Conclusion ... 504

34 Petite enfance : santé et soins ... 506
I. La nécessité d'un abord global du développement de l'enfant dans son environnement ... 506
II. Les politiques publiques de la petite enfance en France ... 508

35 Les jeunes : santé et soins ... 517
I. Les jeunes : qui sont-ils ? comment vivent-ils ? quels dangers menacent leur santé ? ... 517
II. Un mode de vie évolutif : de la recherche d'identité à l'insertion sociale ... 517
III. Les enfants précieux : la prévention et le capital santé ... 518
IV. Des comportements banalisés jusqu'aux conduites dangereuses pour la santé ... 521
V. Les principaux problèmes de santé des jeunes ... 522

  VI. Comment les jeunes se soignent-ils ? 523
  VII. La réponse des politiques publiques : le Plan *Santé jeunes* (ministère
  de la Santé, de la Jeunesse et des Sports, février 2008). 524
  VIII. Conclusion. 524

36 **Travail et santé**. 527
  I. Place des facteurs professionnels parmi les déterminants
  de la santé de la population : un poids important, mais mésestimé 527
  II. Cancer 528
  III. Troubles musculosquelettiques. 530
  IV. Stress professionnel 532
  V. Le poids global du travail 533
  VI. Expositions professionnelles et inégalités sociales de santé. 533
  VII. Réparation des maladies professionnelles 534
  VIII. Le coût de la santé au travail 535

37 **Vieillissement : santé et soins** 537
  I. Définitions et modes de vieillissement 537
  II. Quelques notions sur les indicateurs démographiques. 539
  III. Problèmes de santé rencontrés chez les personnes âgées et morbi-mortalité 542
  IV. Les théories d'évolution de l'état de santé des personnes âgées. 543
  V. Spécificité des soins aux personnes âgées 544
  VI. Conséquences sociales et économiques du vieillissement. .548

38 **La mort** 550
  I. Le processus de la mort 550
  II. La conception de la mort. 552
  III. Les enjeux de la mort. 553
  IV. Conclusion. 557

39 **Genre, santé et soins** 559
  I. Le rapport à la santé 559
  II. Femmes et santé somatique 562
  III. Femmes et santé mentale. 563
  IV. Recours aux soins. 564
  V. Conclusion : genre et inégalités sociales de santé 565

40 **Précarité et inégalités de santé** 568
  I. La précarité, un concept flou ?. 568
  II. Les dimensions de la précarité. 569
  III. Mesurer la précarité. 570
  IV. Quels sont les problèmes de santé des plus précaires ? 571
  V. Quelles attitudes avoir ? 572

41 **Santé des migrants en France**. 575
  I. La population des migrants 575
  II. Les différentes situations administratives. 577

		III. Les droits sociaux	579
		IV. De l'accès aux soins à la promotion de la santé	580
42		**Inégalités sociales de santé : réponses sanitaires et sociales**	586
		I. Les inégalités sociales de santé en France	586
		II. Les déterminants des inégalités sociales de santé	588
		III. Des pistes de réponses sanitaires et sociales visant à réduire les inégalités sociales de santé	594

IV
Thèmes illustrant l'approche multidisciplinaire

43	**Cancers**	601
	I. Épidémiologie descriptive	601
	II. Épidémiologique analytique	602
	III. Prévention des cancers	604
44	**Maladie d'Alzheimer : un problème majeur de santé publique**	608
	I. Le diagnostic clinique de maladie d'Alzheimer	609
	II. La maladie d'Alzheimer et les maladies apparentées, un enjeu de santé publique	610
45	**Dépression**	614
	I. Données épidémiologiques sur la dépression	614
	II. Retentissement de la dépression	616
	III. Présentation clinique de la dépression	617
	IV. Prise en charge thérapeutique de la dépression	618
46	**Qualité de vie et maladie chronique : l'exemple de l'asthme**	622
	I. Les indicateurs de qualité de vie	622
	II. Les objectifs du traitement de l'asthme et son impact sur la qualité de vie	623
	III. Conclusion	625
47	**Maladies transmissibles : le cas de la tuberculose**	627
	I. Bactériologie	627
	II. Définitions	628
	III. Épidémiologie de la tuberculose en France et dans le monde	628
	IV. Histoire naturelle et transmission de la tuberculose	629
	V. Diagnostic de la tuberculose	629
	VI. Traitements de la tuberculose	630
	VII. Prévention de la tuberculose et lutte antituberculeuse	631
	VIII. Vaccination par le BCG	631
	IX. Stratégie de l'OMS	632
48	**Santé bucco-dentaire**	633
	I. Principales pathologies	633
	II. Recours aux soins dentaires	636

III. Financement des soins dentaires 637
　　　IV. Offre de soins dentaires 637
　　　V. Prévention des affections bucco-dentaires. 638
　　　VI. Conclusion. 639

49　Tabagisme : comportement et maladie de tous les paradoxes 640
　　　I. La nicotine au cœur du cocktail polluant de la fumée du tabac. 641
　　　II. L'industrie du tabac : le vecteur intelligent de la maladie. 642
　　　III. La fumée du tabac : des dégâts à tous les niveaux 643
　　　IV. La nicotine : drogue ou médicament selon sa pharmacocinétique. 644
　　　V. Fumer : un acte d'abord volontaire, qui conduit à aliéner la liberté 645
　　　VI. Prendre en charge les fumeurs : l'affaire
　　　de 100 % des professionnels de santé. 646
　　　VII. Les médicaments d'arrêt du tabac : un rapport bénéfice/risque élevé 648
　　　VIII. La schizophrénie des décideurs économiques. 650

**50　Organisation des dépistages néonataux : historique, organisation,
　　　perspectives**. 653
　　　I. Les critères du dépistage néonatal 654
　　　II. Les nouveaux enjeux du dépistage néonatal 661

Index général 673
Index des mots propres 681

Sciences humaines et sociales

Bases de la psychologie

A. Bonnaud-Antignac

I. Histoire de la psychologie
II. Les courants de pensée fondateurs de la psychologie
III. Quelques spécialités en psychologie
IV. Conclusion

Faire le choix de devenir soignant, c'est faire le choix d'un engagement. Un engagement envers soi-même mais aussi et surtout envers les autres qui vont s'adresser à nous, soignants, avec une ou des demandes tout à fait spécifiques. Il paraît donc nécessaire et légitime de considérer le « métier » de soignant comme un métier de communication et de relation où il sera constamment question d'entrer en contact avec l'autre et de s'interroger sur les réactions, les siennes propres, et celles des personnes en souffrance qui font la démarche de solliciter un professionnel. Ce dernier doit logiquement être en mesure de donner une réponse à une souffrance qui s'exprime soit par des mots, soit par le corps.

Nous ne pouvons donc faire l'économie des bases de la psychologie qui en tant que science des faits psychiques vient nous éclairer sur le fonctionnement de l'être humain en général mais aussi en particulier, du fait du contexte qui est celui de la santé et qui renvoie à ce qui nous intéresse : l'homme malade.

Après un bref et nécessaire rappel historique des différentes écoles de pensées en psychologie, permettant d'avoir une vision globale de la psychologie et de la positionner au regard de l'ensemble des disciplines des sciences humaines et sociales, nous présentons les principaux courants de la psychologie qui ont participé à son développement. Deux des principales méthodes utilisées en psychologie, tant dans la pratique psychologique que dans la recherche, sont présentées. Nous développons ensuite quatre spécialités de la psychologie en nous centrant sur leurs objets d'étude, leurs méthodes, les principaux acteurs qui ont participé à leur essor, leurs enjeux et leurs perspectives. Enfin, nous terminons en nous interrogeant sur les branches de la psychologie qui semblent les plus légitimes d'être développées dans le contexte qui est le nôtre, c'est-à-dire celui du soin, sans toutefois développer la psychologie de la santé qui s'inscrit dans un mouvement de la psychologie cognitive et qui est exposée dans le chapitre 12.

> Cette présentation des bases de la psychologie est portée par l'idée princeps qu'il n'y a pas une psychologie mais des psychologies qui sont dépendantes de nombreux facteurs et que ces psychologies se déclinent en sous-disciplines qui aujourd'hui sont présentes dans de nombreux contextes dont celui de la santé.

1 Sciences humaines et sociales

I. Histoire de la psychologie

Pour connaître l'histoire d'une science, il est capital de s'intéresser à sa généalogie afin de bien la comprendre et de bien appréhender les choix épistémologiques qui sont fondateurs de son approche et de son développement.

Ainsi la psychologie, au même titre que d'autres disciplines des sciences humaines et sociales (sociologie, anthropologie, éthique, histoire, droit, économie…), s'est constituée et s'est développée dans la continuité de la philosophie, mère des sciences fondamentales (physiques, chimie, biologie, mathématique…) mais aussi et surtout des sciences humaines tout autant fondamentales. Ainsi, à la question « quand est née la psychologie ? », il est difficile de répondre et de dater précisément sa naissance, car avant même le développement et surtout la reconnaissance de la psychologie en tant que science, de nombreux scientifiques ont participé au développement des toutes premières réflexions sur l'âme et l'esprit pour ensuite s'interroger sur les comportements humains.

A. La psychologie pré-scientifique

1. D'Hippocrate à Descartes

Historiquement, les précurseurs sont les philosophes grecs qui ont tenté de répondre avec sagesse à des questions d'ordre existentielle et à des questions aussi complexes et primordiales que celles du rapport de l'âme au corps.

Ces hommes de science non seulement étaient philosophes mais également médecins, physiciens, astronomes et autres spécialistes des sciences dites « fondamentales ». C'est ainsi qu'Hippocrate (460-377 av. J.-C.) avec sa théorie des humeurs a été le premier à interroger la question des passions qui pouvaient entraîner des pathologies du corps ou du mental et a ainsi tenté une première classification des troubles mentaux. Socrate (469-399 av. J.-C.) a lui-même questionné les émotions avec l'idée qu'elles pouvaient être contrôlables par la pensée à partir d'exigences morales. Plus tard, en France, René Descartes (1596–1650) avec son célèbre dualisme corps/esprit pensait que « Toute passion ressentie par l'âme a sa contrepartie corporelle. » En évoquant ainsi la distinction entre le corps et l'esprit il a, dans son Discours sur la méthode (1637), également insisté sur la place exclusive de la raison dans une démarche scientifique en spécifiant que la raison est propre à l'homme et que c'est ce qui le distingue des animaux.

2. Les philosophes anglais

Au XVIIIe siècle, en Angleterre, s'opère un premier tournant important avec le développement de la philosophie empiriste associationniste qui propose de faire évoluer l'objet de la réflexion en remplaçant l'étude de l'âme par celle de la conscience. *Une première définition de la conscience qui est proposée est celle de « l'ensemble des sensations, perceptions, sentiments et idées perçues par l'être humain ».* Les philosophes *John Locke* (1632–1704) et *David Hume* (1711–1776) se concentrent sur les processus d'apprentissage et d'acquisition des connaissances qui se constitueraient à partir de l'observation issue de nouvelles expériences. Ces expériences, diverses et variées en fonction des individus, détermineraient ainsi leurs différences. De plus, selon Hume, à ces expériences sensorielles s'ajouterait l'acquisition d'un savoir qui se constituerait à partir de la combinaison d'idées obéissant à certaines lois dites des *associations*. *Même si cette philosophie associationniste disparaît peu à peu au cours du XIXe siècle, il est important de retenir qu'elle est la première à avoir insisté sur le rôle joué par l'environnement sur les comportements humains.*

B. La psychologie expérimentale

1. Le courant structuraliste

Le second tournant important dans l'histoire de la psychologie tient au fait que la psychologie s'est autonomisée par rapport à la philosophie en utilisant la méthode expérimentale. Cela a permis une reconnaissance de la psychologie en tant que science grâce à la création de son premier laboratoire en 1879 à Leipzig par *Wilhelm Wundt* (1832–1920) qui a développé le courant structuraliste. D'abord enseignant en physiologie, Wilhelm Wundt s'est intéressé à l'anthropologie et à la psychologie et a publié en 1862 sa contribution à la théorie de la perception sensorielle où, dans l'introduction, il proposait la constitution officielle d'une nouvelle science : la psychologie expérimentale. *Avec Wundt, la psychologie a enfin été reconnue en tant que science qui a pour objet d'étude les phénomènes de pensée.* Puis *Edward Bradford Titchener* (1867–1927), élève de Wundt, participe au développement de la psychologie structurale en proposant l'idée générale que la psychologie peut permettre d'isoler les structures et les mécanismes de la pensée avec pour principe que l'activité mentale est une « fonction » de l'activité cérébrale (structuralisme).

2. Le courant fonctionnaliste

À la même époque, outre-Atlantique, c'est le courant fonctionnaliste qui se développe avec *William James* (1842–1910) qui en s'opposant aux méthodes de classification de la psychologie structurale propose une explication dynamique des phénomènes mentaux. Il s'agit alors de comprendre comment les processus mentaux se développent et comment l'être humain peut exercer une influence sur le cours des événements dans le monde physique. L'idée de James est de considérer la psychologie comme la science de la vie mentale qui analyse l'activité mentale en substituant la fonction à la structure dans l'analyse du comportement. Il publie son œuvre majeure en 1890, *Principes de psychologie*, centrée sur la mémoire, les émotions et la conscience. *Selon James, la conscience est ainsi au cœur de la définition de la psychologie et la principale méthode utilisée pour accéder à la conscience est l'introspection.*

3. La gestalt-théorie

Quelques années plus tard en Allemagne et en réaction à la méthode d'introspection (voir courant fonctionnaliste ci-dessus), un nouveau courant voit le jour, celui de la gestalt-théorie ou psychologie de la forme. D'abord développé en 1890 par le philosophe et psychologue autrichien *Christian Von Ehrenfels* (1859–1932), il est ensuite repris par *Max Wertheimer* (1880–1943) qui s'oppose à la tradition empiriste associationiste de Wundt. Ce courant s'intéresse à la façon dont l'esprit examine les expériences mentales qui peuvent être considérées comme une gestalt, c'est-à-dire comme un tout organisé, une forme, et qui signifie plus précisément « mettre en forme, donner une structure signifiante ». Le résultat, la « gestalt », est donc une forme structurée, complète qui prend sens pour le sujet. On constate ainsi que le tout est différent de la somme de ses parties, ce qui est un des principes clés de la théorie de la gestalt. *La psychologie de la forme insiste sur la manière dont l'esprit organise sa façon de percevoir un objet qui est d'abord celle d'une vue d'ensemble avant de se focaliser sur la somme des détails.*

4. La psychologie expérimentale et comparée

En France au même moment, c'est une chaire de psychologie expérimentale et comparée qui est créée en 1889 pour *Théodule Ribot* (1839–1916), philosophe qui s'attache à étudier dans une approche strictement expérimentale les phénomènes observables, leurs lois et leurs causes. La même année, est créé le premier laboratoire de psychologie par *Henry Beaunis* (1830–1921) ; *Alfred Binet* (1857–1911) lui succède et est le créateur, avec *Henri Piéron* (1881–1964), de la première revue française de psychologie en 1894, *L'Année psychologique*. *Si l'originalité de la psychologie française a été de se développer au début du XXe siècle en s'appuyant sur la psychopathologie, elle s'est ensuite ouverte à d'autres courants de pensée qui ont permis de développer de nombreuses spécialités de la psychologie.*

> Ce très bref aperçu historique sur la naissance et l'évolution de la psychologie nous permet d'une part, de prendre pleinement conscience de l'importance de la tradition philosophique, surtout en Europe, et d'autre part, de constater que ce n'est que récemment, à partir du XXe siècle que la psychologie s'est constituée comme discipline autonome. La psychologie est donc une discipline récente au regard d'autres disciplines comme la philosophie, mais elle n'en est pas moins riche et diversifiée, ce qui a permis son développement en sous-disciplines s'étayant sur quelques courants de pensée fondateurs.

II. Les courants de pensée fondateurs de la psychologie

A. Le courant psychanalytique

1. Sigmund Freud

Si, historiquement, la philosophie a largement contribué au développement de la psychologie, la psychanalyse a souhaité s'en démarquer dès le départ. En effet, *Sigmund Freud* (1856–1939), médecin neurologue précurseur et inventeur de la psychanalyse, a voulu prendre de la distance avec la philosophie de façon à donner une spécificité à cette nouvelle discipline tant dans ses concepts que dans sa méthode et ses objectifs.

Le contexte du développement de la psychanalyse est celui du début du xxe siècle à Vienne où certaines patientes consultent pour des troubles qui donnent l'impression d'être neurologiques mais qui ne présentent aucun substrat organique ou iatrogène[1]. Freud, qui à l'époque participe au développement de nouvelles méthodes comme l'hypnose, pratique apprise auprès de *Jean Charcot* et rapportée de La Salpêtrière en France, s'intéresse à ces patientes et débute leur analyse à partir d'une nouvelle méthode fondée sur les associations libres. Il se donne alors pour objectif de comprendre l'origine de ces troubles à partir d'une nouvelle méthode fondée sur le traitement par et de la parole, la « *talking cure* » qui laisse l'analysant associer librement. C'est le début de la psychanalyse. Freud va ensuite vouloir faire de sa méthode psychanalytique une science du psychisme et de l'inconscient bien distincte du savoir médical mais également distincte de la philosophie à laquelle il reprochait un de ses présupposés : l'unité du sujet. Malgré de nombreuses difficultés d'ordre épistémologique, il développe la psychanalyse en présentant de nouveaux paradigmes comme l'inconscient, le refoulement, la théorie des pulsions, les principes de plaisir et de réalité, le transfert dans la cure analytique, et bien d'autres notions qui feront la spécificité de la psychanalyse. Mais ce qui va principalement déterminer la psychanalyse, c'est qu'en introduisant la notion d'inconscient, *Freud met en évidence le Moi divisé et développe l'idée que le Moi n'est plus maître en sa demeure. Il prend ainsi de la distance autant avec la philosophie qu'avec la psychologie pour laquelle le psychisme est conscience et accessible par l'introspection. Pour la psychanalyse freudienne, le psychisme est d'abord inconscient et inconnaissable sinon par ses manifestations susceptibles d'être analysées par le processus analytique.* Freud consacre sa vie durant au développement de la psychanalyse en laissant une œuvre extrêmement riche qu'il n'a eu de cesse de reformuler et de faire en sorte qu'elle soit connue de tous, si ce n'est comprise et acceptée en tant que science.

2. Les successeurs de Freud

Parmi les successeurs de Freud, de nombreux médecins psychanalystes comme *Karl Abraham* (1877–1925) ou *Carl Gustav Jung* (1875–1961) ont activement participé au développement de la psychanalyse en Europe, même si certains comme Jung ont voulu se démarquer de la psychanalyse freudienne en développant la psychologie des profondeurs fondée sur les présupposés de la réalité de l'existence de l'âme, de l'inconscient collectif et de la nécessaire dimension spirituelle de l'être humain. En Angleterre, *Mélanie Klein* (1892–1960) n'a eu de cesse de créer, d'enrichir et de développer les concepts freudiens et de s'intéresser plus spécifiquement à la psychanalyse des enfants avec de nouveaux concepts comme ceux de position schizoïde paranoïde et de dépression de l'enfant. *John Bowlby* (1907–1990), avec ses travaux sur l'attachement, et *Donald Winnicott* (1896–1971), avec ses travaux sur les objets transférentiels, ont également activement participé au développement de la psychanalyse chez l'enfant.

---

1. Localisation anatomique ou organique ou troubles liés à la prise d'un médicament.

En Europe, mais aussi en France, la psychanalyse qui est un domaine riche d'explication du fonctionnement psychique et de la compréhension de l'être humain a connu un développement considérable durant tout le XX siècle et reste encore aujourd'hui un courant de pensée mais aussi une méthode d'étude et de compréhension du fonctionnement psychique très présents.* Avec l'Argentine, la France a activement participé au cours du XX* siècle à la création de plusieurs sociétés de psychanalyse. Toutefois depuis les années 1980, l'intérêt de la psychanalyse s'est décentré du sujet pour se porter sur les groupes, les couples, les familles, les institutions en s'adaptant aux demandes des individus et de la société.

B. Le courant béhavioriste

Comme évoqué précédemment, historiquement ce sont les courants structuraliste, fonctionnaliste et gestaltiste qui ont participé au développement de la psychologie. Pourtant c'est en réaction à ces courants qu'un changement radical, tant d'un point de vue théorique que méthodologique, apparaît en Europe. *L'objectif est désormais de s'intéresser exclusivement aux faits observables, c'est-à-dire aux événements (stimulus) et aux comportements (réaction), avec pour principe que toute conduite résulte d'un réflexe conditionné et que toute action est une simple réponse de l'organisme à une stimulation.*

1. Watson et le conditionnement classique

La notion d'objectivité est désormais introduite par les chercheurs dits « objectivistes » du courant béhavioriste puisqu'il s'agit d'observer et d'étudier le comportement, la réaction ou la réponse d'un sujet face à une situation ou un stimulus. John Broadus Watson (1878–1958) qui est le chef de file du courant béhavioriste s'appuie sur le concept de conditionnement, développé par *Ivan Pavlov* (1849–1936) et étudié chez l'animal, pour expliquer les apprentissages chez les êtres humains. Le béhaviorisme développé par Watson se construit donc en réaction à la psychologie traditionnelle de l'époque et repose sur plusieurs principes. Parmi ces derniers, nous retrouvons celui de l'utilisation de techniques objectives en réaction aux méthodes subjectives telles que l'introspection, le choix de variables très précises pour satisfaire au besoin de rigueur de l'expérimentation, et le développement de la notion de conditionnement comme base des lois de l'apprentissage. Les théories de l'apprentissage qui se développent dans la foulée (1920–1930) sont ainsi très marquées par cette notion de conditionnement.

2. Skinner et le conditionnement opérant

Burrhus Frederic Skinner (1904–1990) *s'inscrit dans la suite logique des travaux de Watson et complète le concept de conditionnement classique pavlovien ou de type I par celui de conditionnement opérant ou de type II avec l'idée que les comportements sont sélectionnés par leurs conséquences sur l'environnement. Dans le conditionnement classique, un stimulus entraîne une réponse, alors que dans le conditionnement opérant on peut renforcer une réponse par la manipulation des contingences.* À l'issue des travaux du courant béhavioriste, la principale critique formulée est celle de la « réduction » de la psychologie à l'étude des éléments observables de l'extérieur sans jamais s'intéresser aux mécanismes internes et aux processus psychiques sous-jacents. Parmi les autres critiques, nous retrouvons celle de l'absence de modèle de référence et de théorie sous-jacente, avec un intérêt exclusif porté à l'expérimentation. De plus, si le béhaviorisme s'est appuyé sur le conditionnement de Pavlov, il a ainsi transposé à l'homme des expériences faites en laboratoire sur l'animal. Enfin, le courant béhavioriste tendrait à nier la personnalité avec pour principe majeur que ce qui persiste, c'est l'habitude qui se crée en réponse à un stimulus de l'environnement.

En résumé, le courant béhavioriste étudie les comportements du sujet en le considérant comme une « boîte noire » sans possibilité d'accès à ses états psychiques, ses croyances, ses représentations, ses aspirations, ses affects… Malgré ces critiques, nous retrouvons aujourd'hui de nombreux champs d'étude qui ont été influencés par le courant béhavioriste. Par exemple, le domaine de l'apprentissage avec les travaux de John Dollard (impulsion, indice, réponse, récompense, renforcement), ou ceux d'Albert Bandura avec le rôle de l'imitation et du renforcement, ou encore les sciences de l'éducation qui se sont appuyées sur l'idée que le renforcement positif est bénéfique pour l'apprenant en situation de formation.

C. Le courant cognitiviste

Ce courant voit le jour d'abord en réaction au courant béhavioriste qui dans son approche de l'esprit ne pensait pas nécessaire de s'intéresser aux représentations mentales et à leurs organisations. *Les psychologues cognitivistes veulent comprendre les processus mentaux ou cognitifs qui sont à l'origine des comportements et aller observer et comprendre ce qui se passe dans la « boîte noire ».* L'objet d'étude des cognitivistes est donc le traitement des informations par l'esprit avec le développement des notions d'accès, de stockage et de récupération de l'information. *Jérome Bruner* (1915) et *George Miller* (1920), psychologues américains, participent au développement du centre d'études cognitives de l'université d'Harvard dans les années 1955–1960 qui a pour principal objectif l'étude de l'acquisition et de l'utilisation des connaissances, notamment la résolution de problème et le traitement de l'information. C'est précisément lors d'un symposium sur la théorie de l'information en 1956 que Miller expose ses recherches sur la mémorisation et les capacités de stockage de l'information de l'homme. C'est ainsi que débutent les recherches sur les processus cognitifs. En 1967, dans la continuité des travaux de Bruner et Miller, *Ulric Neisser* (1928) publie un ouvrage de référence dans lequel il donne une première définition du terme cognition « *tous les processus par lesquels l'entrée sensorielle est transformée, réduite, élaborée, stockée, récupérée et utilisée* ». De cette dimension cognitive découle logiquement une dimension comportementale qui renvoie à l'étude de l'influence des connaissances et des croyances sur les comportements.

Aujourd'hui, la psychologie cognitive a de très nombreuses applications notamment en neuropsychologie cognitive et en neuroscience. Le développement des nouvelles techniques de neuro-imagerie qui permet l'étude du cerveau en action lors de différentes tâches expérimentales données a, en effet, permis à la psychologie cognitive d'investir un nouveau champ d'étude très prometteur dans l'étude du comportement humain.

D. Le courant humaniste

Ce courant a trouvé sa pleine expression aux États-Unis à la fin des années 1960 et en France dans le courant des années 1990. *La particularité de ce courant est d'insister sur les potentialités de l'être humain, sur sa capacité à faire des choix et sur les valeurs d'accomplissement de soi.* C'est ainsi que la primauté est donnée à l'expérience consciente du sujet et au postulat de l'autodétermination.

1. Maslow et la théorie des besoins et des motivations

Abraham Maslow (1908–1970) a développé sa théorie des besoins et des motivations souvent citée en santé. Il a tout d'abord identifié les besoins indispensables à la vie de l'homme, des besoins physiologiques mais aussi culturels et sociaux qui engendrent des motivations. Il a schématisé cette progression par une pyramide des besoins : organiques, de sécurité, d'appartenance, d'estime, et enfin de réalisation de soi avec pour objectif de les satisfaire dans l'ordre, avec passage d'un niveau à un autre. Cette théorie des motivations a aussi été utilisée dans le domaine professionnel pour réajuster le poids de l'organisation du travail par rapport aux conditions de travail.

2. Rogers et l'approche centrée sur la personne

Carl Rogers (1902–1987) a lui développé l'approche centrée sur la personne avec l'hypothèse philosophique sous-jacente que la personne est la seule à détenir les clés qui donnent sens à sa vie, et la seule capable d'orienter elle-même son propre développement et ses progrès. Il a par ailleurs consacré l'ensemble de ses recherches au processus thérapeutique en développant trois notions clés que sont la congruence, la considération positive et l'empathie. La congruence renvoie à l'authenticité et à l'état d'accord interne du thérapeute. La considération positive inconditionnelle est l'objectif que se donne le thérapeute pour aider le patient à se révéler avec ses forces et ses faiblesses et à s'accepter ainsi sans évaluation, ni jugement. Quant à la compréhension empathique, c'est la capacité de l'aidant de s'immerger dans le monde subjectif d'autrui et de participer à son expérience tant au niveau de la communication verbale que non verbale, c'est aussi la capacité de se mettre à la place de l'autre et de voir le monde comme il le voit tant au niveau cognitif qu'émotionnel.

III. Quelques spécialités en psychologie

Parce qu'il est impossible de présenter toutes les sous-disciplines ou spécialités de la psychologie sans être dans une présentation listée et succincte qui n'aurait que peu d'intérêt, mais tout en voulant insister sur la diversité de la psychologie, nous avons choisi de présenter ses principales spécialités en soulignant leurs objets d'étude et les grands travaux d'hier et d'aujourd'hui.

A. La psychologie du développement

Encore parfois dite psychologie génétique, la psychologie du développement s'intéresse à l'évolution et aux changements des conduites du sujet aux différentes étapes de sa vie depuis le stade du nouveau-né, à celui de l'enfant, de l'adolescent, de l'adulte et jusqu'au vieillissement. *L'objectif est d'identifier et de comprendre l'étendue des facultés mentales et leur développement aux différents âges de la vie.* De nombreux travaux se sont par exemple intéressés au développement affectif et intellectuel de l'enfant en s'appuyant sur des références cognitives mais aussi psychodynamiques. C'est ainsi que Freud a élaboré les étapes du développement affectif de l'enfant (stades oral, anal, phallique, œdipien, de latence) et que Piaget s'est lui intéressé aux étapes du développement intellectuel (sensori-moteur, symbolique et préopératoire, opératoire concret et opératoire formel). Sans entrer dans les détails de chacun de ces travaux de référence qui méritent une attention toute particulière, nous pouvons souligner que ces deux approches complémentaires ont permis de mieux comprendre les fonctionnements affectifs et cognitifs des enfants et que l'œuvre de Piaget comme celle de Freud continuent d'inspirer des travaux en psychologie du développement et de la clinique de l'enfant. Dans un autre registre, la psychologie du développement tend également à se renouveler par le développement de l'approche neuropsychologique qui étudie les fonctions mentales supérieures dans leurs rapports avec les structures cérébrales. Le domaine de la santé est aujourd'hui un champ d'application de la psychologie du développement.

B. La psychologie clinique et psychopathologie

1. La psychologie clinique

Elle est née en France dans les années 1950 des apports de la psychanalyse qui lui a donné un de ses modèles de compréhension du fonctionnement psychique en termes d'équilibre des forces et conflits (pulsions et défenses) et des significations inconscientes, des symptômes et/ou des comportements. Mais la psychologie clinique s'est également appuyée sur la philosophie dans son approche phénoménologique avec l'idée que chaque sujet est unique et aucun vécu n'est réductible à un autre. Comme cité précédemment, elle a également hérité d'une des méthodes de la médecine qui est la méthode clinique et qui consiste à aller à la rencontre du sujet où qu'il soit. *L'objet d'étude de la psychologie clinique est donc la personne et sa subjectivité. Le psychologue tente de comprendre l'autre dans ce qu'il a d'unique et d'original, car le psychologue clinicien sait que l'histoire de celui qu'il rencontre ne peut être assimilée à une autre histoire.* En s'aidant des techniques de sa discipline et plus spécifiquement de l'entretien clinique, le psychologue a pour objectif de faire apparaître le sens des comportements qui parfois échappe au sujet lui-même. Il s'agit donc de comprendre le fonctionnement psychique du sujet, de repérer sa structure de personnalité et ses mécanismes de défense pour comprendre par l'intermédiaire de la parole le sens caché de ses comportements insatisfaits, de ses émotions, de ses angoisses et souffrances. Mais la psychologie clinique n'est pas exclusivement psychanalytique et elle n'est pas à confondre avec la psychopathologie qui se limite à l'étude des fonctionnements psychiques pathologiques.

2. La psychopathologie

La psychopathologie est l'étude des troubles psychologiques ou mentaux et peut être considérée comme l'objet d'étude de la psychologie clinique et de la psychiatrie. En France, c'est la vision structurale développée par Jean Bergeret qui a influencé et influence encore aujourd'hui les enseignements, notamment dans les facultés de psychologie. Le symptôme y est vu comme l'un des aspects du trouble psychique déterminé par des types d'angoisses, des relations d'objet et des défenses spécifiques qui participent à la caractérisation de la personnalité. Un des concepts clés, tant en psychologie clinique qu'en psychopathologie, est donc celui de *mécanisme de défense* qui joue un rôle fondamental dans le fonctionnement psychique normal et pathologique. Aujourd'hui, cette notion de mécanisme de défense a de nouvelles applications cliniques qui dépassent de plus en plus le champ de la psychopathologie pour devenir courant dans les domaines de la santé où il est important de comprendre comment une personne fait face à sa maladie et quelles défenses elle met en place pour s'adapter à cette situation de stress.

C. La psychologie sociale

La psychologie sociale a d'abord été considérée à la fois comme une branche de la psychologie et une branche de la sociologie avant d'être reconnue comme une discipline à part entière, car ce sont d'abord les sociologues qui ont participé au développement de la psychologie sociale et à sa reconnaissance en 1930. En France, *Gabriel Tarde* (1843–1904) et *Gustave Le Bon* (1841–1931), sociologues travaillant respectivement sur « l'imitation » et « les foules », ont été les précurseurs de la psychologie sociale en étant les premiers à la considérer comme une science expérimentale consacrée à l'analyse des interactions entre les individus et les groupes auxquels ils appartiennent.

Par la suite, de nombreux auteurs comme J. *Piaget* mais surtout *S. Moscovici* (1925), *D. Jodelet* ou *G.-N. Fisher* ont développé le concept clé de la psychologie sociale : celui de représentation sociale. *Aujourd'hui discipline à part entière, elle s'intéresse d'une part à la façon dont les processus cognitifs et sociaux interagissent entre eux et d'autre part à la façon dont ils influent sur les relations interpersonnelles.* La psychologie sociale cible son intérêt également sur les modifications des comportements et des caractéristiques psychiques que peut subir l'individu lorsqu'il est en société avec pour postulat que l'individu change en fonctions de ses expériences et de ses confrontations à des situations sociales diverses et en fonction des interactions avec les tiers intervenant dans ces situations.

Tout comme pour les autres spécialités, la psychologie sociale a diversifié ses objets d'étude (attitudes, normes sociales, identité) ou champs d'application pour s'intéresser à la religion, au travail, à la santé… Concernant cette dernière, la psychologie sociale de la santé propose un ensemble de savoirs dans le domaine de la santé et de la maladie qui s'appuie à la fois sur les outils théoriques et méthodologiques de la psychologie (psychologie sociale, psychologie de la santé, psychologie clinique) et sur les approches des sciences sociales (épidémiologie, sociologie, économie, anthropologie…). Elle est également centrée sur l'étude et la résolution des problèmes de santé dans les différents contextes sociaux et culturels dans lesquels ils se manifestent.

D. La psychologie médicale

La définition de la psychologie médicale est celle de *l'étude la plus scientifique possible des données psychologiques mises en jeu par la création d'une situation relationnelle liée à la demande de soins médicaux. Il s'agit ainsi de considérer dans la relation médicale le rôle de tout ce qui est de l'ordre de la psyché, c'est-à-dire tout ce qui concerne le fonctionnement mental du malade et du médecin ou de tous ceux qui occupent une fonction soignante.* Ainsi deux principaux axes ont été identifiés, d'une part celui du malade et de sa maladie et d'autre part celui de la fonction soignante. Par l'intermédiaire de ces deux axes de nombreuses thématiques sont étudiées en s'appuyant sur divers courants de pensée ou approches de la psychologie comme ceux de la psychologie clinique, de la psychopathologie, de l'approche psychosomatique, de la psychologie de la santé ou encore de la psychanalyse.

Les enjeux de la psychologie médicale sont ceux de la compréhension du fonctionnement psychique de la personne malade et de l'ensemble de ses réactions dans un contexte donné qui est celui de la maladie. Mais il est également question de l'étude du fonctionnement psychique du soignant engagé dans une relation de soin et de communication tout à fait spécifique du fait de la position de vulnérabilité occupée par la personne malade.

E. La psychologie de la santé

La psychologie de la santé est un domaine spécifique où la santé est appréhendée de manière globale et considérée à travers les différentes situations de la vie. *Elle aborde les comportements de santé qui affectent aussi bien l'intégrité physique que psychique du sujet et se réfère à une conception de l'individu responsable de son bien-être.* Elle tend ainsi à mettre l'accent sur les capacités des individus et leurs ressources psychiques adaptatrices concernant leur propre état de santé. Les méthodes utilisées sont aussi bien expérimentales que cliniques et les références théoriques sont également diverses. La psychologie de la santé est développée dans le chapitre 12.

IV. Conclusion

Si historiquement la psychologie est issue en grande partie de la philosophie, elle a su progressivement s'autonomiser pour aujourd'hui se caractériser par une très grande diversité tant dans ses courants de pensée, ses objets d'étude que dans ses méthodes. Elle ne peut désormais être appréhendée qu'à travers ses sous-disciplines et il semble plus juste de parler des psychologies. Par ailleurs, s'il s'agit de s'aider de la psychologie pour observer et mieux comprendre ses propres comportements ou ceux d'autrui, il s'agit également pour les chercheurs en psychologie de s'inscrire dans une dynamique explicative qui répond à *des modalités d'analyse rigoureuses et confère à la psychologie son caractère scientifique. Au même titre que les autres disciplines dites fondamentales de la santé, la psychologie fait désormais partie de ces disciplines dont on ne peut faire l'impasse lorsqu'on s'engage dans le domaine du soin et donc de la relation à l'autre.*

POINTS CLÉS

▶ Connaître une science, c'est s'intéresser à son histoire dans sa généalogie et ses choix épistémologiques.

▶ La psychologie est née de la philosophie avant de se développer en tant que discipline scientifique autonome pour devenir une psychologie expérimentale.

▶ Les différents courants de la psychologie sont riches d'explications du fonctionnement psychique et de la compréhension de l'être humain.

▶ La psychologie d'aujourd'hui propose de nombreuses spécialités qui diffèrent en raison de leur objet d'étude et leurs méthodes et qui font qu'il n'y a pas une psychologie mais des psychologies.

Bibliographie

Bioy A. *Manuel de psychologie du soin*. Paris : Bréal ; 2009.
Demont E. *La psychologie. Histoire, concepts, méthodes, expériences*. La petite bibliothèque des Sciences Humaines ; 2009.
Fisher GN. *Traité de psychologie de la santé*. Paris : Dunod ; 2002.
Jeammet P, Reynaud M, Consoli SM. *Psychologie médicale*. Paris : Masson ; 2001.

Bases de l'anthropologie sociale et culturelle

A. Sarradon-Eck

I. Qu'est-ce que l'anthropologie ?
II. Démarche et méthode
III. Quelques thèmes de recherche

Depuis l'Antiquité, les penseurs s'interrogent sur l'homme. Qu'est-ce que l'homme ? Quels sont les attributs communs à tous les êtres humains et exclusifs de l'espèce humaine ? Les sciences humaines sont nées de ces questions, ainsi que d'une révolution dans la pensée scientifique qui a permis de prendre l'homme comme un objet de connaissance, de lui appliquer les méthodes scientifiques utilisées dans les sciences naturelles ou la physique.

On a regroupé sous le terme de culture l'ensemble des attributs qui distinguent l'homme de l'animal. Toutefois ce sont les cultures qui permettent de différencier les hommes les uns des autres. Les racines de l'anthropologie puisent dans cette recherche permanente de frontières entre nature et culture, et dans le projet de trouver une unité de l'espèce humaine tout en produisant une connaissance de la diversité culturelle de l'humanité.

I. Qu'est-ce que l'anthropologie ?

A. Définition

L'anthropologie se définit étymologiquement comme la science de l'Homme (le mot grec *anthrôpos* signifie « être humain »). Le terme anthropologie désigne à la fois l'anthropologie physique (discipline qui étudie la variation biologique et morphologique des êtres humains) et l'anthropologie sociale et culturelle. *L'anthropologie sociale et culturelle est la science de l'Homme en société ; elle cherche à construire un savoir théorique sur l'homme en tant qu'être social.* Dans ce chapitre, nous présentons les bases de l'anthropologie sociale et culturelle, mais nous conservons le seul terme anthropologie.

Comme toute discipline scientifique, l'anthropologie se définit par son ou ses objets, son projet, sa méthode.

Son objet – l'homme en société – est appréhendé dans la multiplicité des aspects des conduites humaines. *L'anthropologie cherche à connaître et comprendre les sociétés humaines : leur fonctionnement interne, leur diversité et les transformations qu'elles connaissent.*

Le projet de l'anthropologie est de comprendre l'unité et la diversité de l'homme vivant en société. Nous sommes confrontés à une extrême diversité des cultures, à une pluralité des sociétés humaines, à une variabilité importante de l'organisation sociale, des formes d'échanges, de la famille, du politique. Cette variabilité s'observe d'une culture à l'autre et parfois d'un groupe social à l'autre à l'intérieur d'une même culture. *La question centrale pour l'anthropologie est de savoir ce qui, au-delà de cette diversité, est commun à tous les groupes humains, c'est-à-dire ce qui constitue des invariants.*

La méthode de l'anthropologie (détaillée plus loin) consiste à comprendre *comment l'Autre pense le monde en étudiant la manière dont les groupes humains organisent leur existence, ce qu'ils produisent et quel sens ils donnent au monde qui les entoure.*

Par la connaissance de l'Autre, l'anthropologie permet de se connaître soi. En effet, *par la comparaison des différentes sociétés humaines, l'anthropologie permet de comprendre les événements qui surviennent dans sa propre société et de porter un regard critique sur sa propre culture.* La démarche anthropologique est d'abord un changement de perspective qui remet en question les présupposés culturels du chercheur.

L'anthropologie est souvent mal connue et fréquemment assimilée à l'étude des peuples « exotiques ». Une brève histoire de la discipline et des transformations qu'elle a connues depuis ses débuts est nécessaire pour saisir ce que les anthropologues étudient aujourd'hui.

B. Brève histoire de la discipline

En France, jusque dans les années 1950, le terme « ethnologie » désignait la science des sociétés que l'on disait « primitives ». Le terme « anthropologie » était, quant à lui, réservé à l'anthropologie biologique ou physique. Dans les pays anglo-saxons en revanche, ce que nous appelions ethnologie était nommé anthropologie sociale (Royaume-Uni) et anthropologie culturelle (États-Unis). Claude Lévi-Strauss et Georges Balandier ont proposé dans les années 1950 de reprendre le terme anthropologie au sens anglo-saxon, pour se défaire de la connotation péjorative qui affectait alors l'ethnologie, assimilée à une science des seules sociétés « primitives ». Ils voulaient aussi insister sur l'élargissement du projet de l'anthropologie qui vise à l'étude des traits sociaux et culturels de l'humanité dans son ensemble, dans sa pluralité et son dynamisme social, sans focalisation sur un type de société particulier.

L'ethnologie est née au milieu du XIXe siècle, lorsque le paradigme (c'est-à-dire l'ensemble des connaissances scientifiques sur un sujet donné à un moment donné de l'histoire) évolutionniste s'imposait dans les sciences naturelles et en biologie. Les théories évolutionnistes postulaient que l'évolution naturelle va du plus simple au plus complexe. Appliqué aux sociétés humaines, l'évolutionnisme considérait que l'humanité était en progrès continu et irréversible de manière linéaire. Ainsi, Lewis Morgan (1818–1881) affirma que l'évolution de l'humanité passe obligatoirement par trois stades : la sauvagerie, puis la barbarie et enfin la civilisation. L'objectif des premiers anthropologues était d'expliquer historiquement les différents stades de l'humanité, et de découvrir les lois ayant permis le passage de l'un à l'autre, afin de découvrir les lois du progrès social et de la civilisation. Les anthropologues fondaient alors leur raisonnement sur le présupposé que les peuples, à travers le monde, se trouvaient à des stades inégaux de culture et de progrès. Ils se proposèrent alors d'étudier les hommes contemporains des sociétés dites « archaïques » (ainsi étaient nommées les sociétés sans écriture), c'est-à-dire des hommes « primitifs », censés être le reflet des ancêtres de la société occidentale.

La principale critique faite à l'évolutionnisme est son ethnocentrisme. En effet, les anthropologues, en cette fin du XIXᵉ siècle, considéraient leur propre société – en plein essor industriel – comme la référence unique et surtout comme la forme la plus avancée de la civilisation. La notion de progrès humain étant alors indissociable de celle de progrès technologique, ils ont étendu leur conception du progrès à tous les domaines de la vie sociale (parenté, religion, organisation politique, etc.).

Par la suite, les anthropologues ont montré que *l'histoire de tous les groupes humains, aussi restreints soient-ils, est exactement aussi longue que la nôtre*. L'évolutionnisme n'a pas survécu aux découvertes scientifiques des ethnologues de « terrain » (les premiers ethnologues étaient des savants « de salon » qui travaillaient à partir de matériaux rapportés par les explorateurs et les missionnaires). En allant voir de « près » les populations dites « primitives », ils ont montré que *l'histoire de chaque société est singulière, et que l'évolution des sociétés ne répond pas partout aux mêmes lois*. Le progrès technique ne peut être un critère suffisant pour juger de l'évolution d'une société : certaines sociétés ont une technologie pauvre mais une agriculture, ou un système politique, ou encore un système de parenté complexe. Enfin, l'ordre d'apparition des phénomènes est variable selon les sociétés.

Ce rappel historique est important car, bien que scientifiquement non validés, des présupposés évolutionnistes survivent au travers de certaines idéologies ethnocentriques et/ou racistes.

Ce bref détour par l'histoire de la discipline permet aussi de comprendre pourquoi beaucoup se représentent l'ethnologie/anthropologie exclusivement comme la science des sociétés « exotiques ». Il est important de souligner qu'aujourd'hui, les anthropologues étudient également leur propre société (anthropologie « du proche »).

Au XXIᵉ siècle, l'anthropologie s'intéresse fondamentalement à la modernité. Elle contribue à la compréhension des transformations et des mutations qui interviennent dans les sociétés contemporaines. Elle permet d'éclairer, dans un contexte local, régional et mondial, des problèmes tels que les conflits, les rapports des individus à leur environnement, les inégalités sociales ou encore les dysfonctionnements et les contradictions sociales.

C. La triade : ethnographie, ethnologie, anthropologie

En France, on utilise indifféremment les termes d'ethnologie ou d'anthropologie pour désigner la discipline. Cependant, ces deux termes, ainsi que celui d'ethnographie, correspondent à différentes étapes méthodologiques :

- l'ethnographie (en grec, *ethnos* : peuple ; *graphein* : décrire) est l'observation et la description de l'objet d'étude. Il s'agit de recueillir des informations aussi précises que possible sur la manière dont les groupes humains de faible dimension et relativement localisés organisent leur existence et donnent du sens au monde qui les entoure. Cette description peut aussi porter sur une institution concernant plusieurs groupes sociaux (par exemple, un hôpital où se rencontrent divers professionnels et usagers) ;
- l'ethnologie est l'interprétation et la synthèse des données qui concernent une société dont on va expliquer les différentes formes de la vie sociale (par exemple, les structures familiales, l'organisation politique, les modes de communication, etc.) ;
- l'anthropologie est l'étape de la comparaison interculturelle et l'élaboration d'explications théoriques généralisables qui rendent compte à la fois des invariants de l'humanité et des particularités de chaque culture.

Cependant, ce partage des tâches est bien sûr simplificateur. La démarche scientifique ne peut pas être découpée ainsi, toute observation étant déjà une interprétation. Les trois termes sont toujours utilisés pour préciser la forme particulière que prend, à un moment donné, le travail anthropologique : ethnographie (travail de terrain), ethnologie ou anthropologie (apport théorique de la recherche).

D. L'altérité

L'altérité est la reconnaissance de l'Autre dans sa différence. Cependant, l'altérité n'est pas une qualité intrinsèque : on n'est « Autre » que dans le regard de quelqu'un.

Depuis le XVIIIe siècle, on a cherché à établir une classification de la diversité humaine. La première classification à prétention scientifique établie était raciale. Elle était basée sur l'idée qu'il existait des « races » humaines, c'est-à-dire des subdivisions de l'espèce humaine, différenciables sur la base de critères biologiques (anatomiques ou physiologiques). Elle distinguait trois races majeures : la race blanche (ou caucasienne), la race noire (ou négroïde), la race jaune (ou mongoloïde).

La théorie des races humaines a perduré jusqu'au milieu du XXe siècle. Elle a été invalidée par les études génétiques qui ont montré la non-pertinence et l'inapplicabilité du concept de race à l'espèce humaine. En effet, la distance génétique entre deux groupes considérés comme « raciaux » est très faible et il existe des variations importantes à l'intérieur de groupes considérés comme racialement homogènes. Si l'analyse génétique permet de différencier des groupes d'ascendance au sein de l'espèce humaine, ces ensembles ne sont pas superposables aux classifications raciales.

Les classifications raciales sont arbitraires, fondées sur l'idée que l'on pourrait individualiser de prétendues différences biologiques repérables par des différences physiques (phénotype) : couleur de peau, forme du nez ou de la bouche, texture des cheveux, morphologie. De plus, les traits culturels et les comportements ont aussi été inclus dans l'idée de race, ajoutant encore à l'arbitraire de cette classification.

L'histoire du concept de race et de son interprétation montre qu'il s'agit d'une construction sociale. Plus qu'une simple description des différences physiques, les classifications raciales ont procédé à des découpages sociaux et politiques, utilisés pour diviser et contrôler certaines populations. Les usages de l'idée de race ont conduit à des événements dramatiques. La classification par races a permis aux Occidentaux de se séparer clairement des Autres en établissant une hiérarchie entre les peuples. Présenter cette hiérarchie comme biologiquement ancrée et voulue par Dieu, a entre autre permis de justifier l'esclavage, puis l'apartheid. Les génocides que nous avons connus au xxe siècle reposent sur l'idée effroyable qu'il existe des « races » à éliminer.

Pourtant, bien qu'inopérant et non fondé, le concept de race humaine est encore utilisé, en particulier dans la recherche clinique aux États-Unis où la classification des individus en types caucasiens, hispaniques et afro-américains est habituelle. Par ailleurs, dans de nombreux pays, la « race » est un déterminant socio-démographique noté dans les études épidémiologiques au même titre que l'âge ou le sexe.

En Europe, on n'utilise plus le terme de race lorsque l'on parle des êtres humains, mais l'idée de classifier les populations perdure. Le concept d'ethnie a, peu à peu, remplacé celui de race.

L'ethnie désigne un groupe humain caractérisé par une culture et une langue communes, formant un ensemble relativement homogène se référant à une histoire et une identité communes. Toutefois, une ethnie n'est pas toujours une entité stable ni même objectivable. Bien souvent, le sentiment de posséder une identité ethnique (= l'ethnicité) donnée – c'est-à-dire la conscience partagée d'appartenir à un groupe donné et la croyance en l'existence réelle de ce groupe – favorise la cohésion sociale et la cohérence de la communauté au plan politique. L'ethnicité est une construction sociale : c'est-à-dire que les membres d'une communauté mettent l'accent sur des traits culturels qu'ils désignent comme significatifs pour se distinguer des autres groupes ethniques. L'ethnicité peut être assignée de l'extérieur ; par exemple, l'étoile jaune imposée par les nazis aux juifs a amené certaines personnes à se découvrir juives.

L'histoire coloniale a contribué à construire une typologie des populations colonisées, pour des raisons de domination politique et idéologique. Des phénomènes sociaux ont été désignés comme ethniques (« guerres tribales », « rivalités ethniques », etc.), ce qui a contribué à occulter la nature réelle des problèmes.

Comment, alors, penser la diversité des sociétés humaines et des groupes sociaux ?

La culture est un concept clé en anthropologie. Un des fondateurs de l'anthropologie Edward B. Tylor (1832–1917) a défini la culture comme un « ensemble complexe qui comprend les savoirs, les croyances, l'art, le droit, la morale, les coutumes, et toutes autres aptitudes et habitudes acquises par l'homme en tant que membre d'une société ». On note dans cette définition l'affirmation du caractère acquis de la culture : les éléments qui la composent sont transmis d'une génération à l'autre en dehors des lois de l'hérédité. La culture offre aussi la façon de transmettre ces éléments par le recours à des symboles, à un langage, à des rituels. La transmission peut être un processus explicite : par exemple, l'apprentissage de la langue, des coutumes, des salutations d'usage, des interdits, se fait au travers de l'éducation. Cependant, elle est plus souvent implicite, entre autre par imitation lors des interactions sociales. Le processus de transmission et d'intériorisation par un individu des éléments qui composent la culture s'appelle l'enculturation.

La culture est un système global d'interprétation du monde et de structuration des comportements. À l'intérieur de chaque culture, on peut identifier des microcultures propres à des groupes sociaux. Par exemple, la culture bourgeoise est entre autre marquée par : le contrôle de soi ; la ritualisation des pratiques de la vie quotidienne (les manières de table par exemple) ; l'entretien et l'usage constants d'une mémoire généalogique familiale ; la fonction primordiale de socialisation des institutions privées (écoles).

Les cultures sont des ensembles dynamiques. Ainsi, par le fait universel des contacts culturels, toutes les cultures intègrent des éléments d'autres cultures. De même, les contacts entre individus de cultures différentes transforment les rapports à leur culture d'origine ou à la culture d'accueil. Ceci est particulièrement vrai pour les populations migrantes, qui ne transportent évidemment pas leur culture dans leurs bagages ! En effet, la migration s'accompagne d'adaptations et de changements culturels pour les personnes migrantes, mais également dans la culture du pays d'accueil du fait des échanges culturels. Ces changements peuvent être des emprunts de traits culturels compatibles avec les principes de base de l'organisation sociale ; ceux-ci sont ensuite réinterprétés (attribution de significations nouvelles). Par exemple, l'usage du henné, pratique corporelle orientale de célébration (mariages, naissance, etc.), est graduellement devenu une pratique ornementale (tatouage temporaire) dans les salons de beauté européens.

II. Démarche et méthode

La rencontre de l'altérité est une des caractéristiques fondamentales de la démarche anthropologique et de son projet de compréhension du monde, ce qui explique la propension des anthropologues à travailler sur des sociétés différentes des leurs. Sur son terrain de recherche, l'anthropologue est confronté à une culture différente de la sienne et donc à des modes d'interaction sociale différents (les salutations, par exemple). Cette rencontre de l'altérité est une condition essentielle pour prendre de la distance vis-à-vis de son objet d'étude. *La distanciation et le décentrement permettent à l'anthropologue d'acquérir un regard critique nécessaire à la compréhension de l'Autre, mais aussi de lui-même et de sa propre société.*

A. La méthode ethnographique

L'approche ethnographique obéit à la nature même des faits observés : les faits de culture sont implicites ou non conscients. Dès lors, il devient indispensable d'observer – dans les gestes, dans les discours, dans des détails parfois minuscules –, ce qui ne peut pas être explicité par des mots. La culture s'exprime dans les institutions, dans les règles formelles, mais surtout dans les manières d'agir ou de penser qui sont parfois vécues de manière inconsciente par les individus, même si elles sont dotées d'une dimension symbolique. Il en découle que l'anthropologue doit conduire une *enquête de terrain, au plus près des situations habituelles des sujets* – vie quotidienne, conversations – *pendant un laps de temps suffisamment long*, en s'intéressant plus particulièrement aux dimensions « invisibles » ou peu connues, voire cachées et inconscientes.

L'approche ethnographique s'intéresse particulièrement au point de vue des acteurs sur leurs comportements (ou leur organisation sociale, leur vision du monde, etc.), et à la signification qu'ils leur donnent. Cette approche est qualifiée d'« émique ». Elle renvoie aux discours des acteurs sociaux étudiés, ainsi qu'aux schémas d'interprétation (représentations sociales, conceptions locales ou populaires) partagés par les personnes au sein d'une culture ou d'un groupe social donné.

B. L'enquête de terrain

Le « terrain » est, en anthropologie, le lieu de production des données. Il s'agit pour le chercheur de décrire des faits ou des groupes sociaux de façon aussi complète que possible.

L'enquête de terrain est fondée sur l'observation directe et l'entretien. L'observation est dite participante lorsque le chercheur prend part aux activités de la société ou du groupe qu'il étudie. Par exemple, Jean Peneff a occupé un emploi de brancardier dans un hôpital pour décrire le fonctionnement de cette institution. Erwin Goffman partagea plusieurs mois la vie de malades d'une institution psychiatrique américaine. L'observation (visuelle, auditive, olfactive) comporte un temps d'imprégnation durant lequel l'ethnographe se familiarise avec les lieux, la langue, les coutumes.

Les entretiens sont essentiels à la démarche ethnographique, et complémentaires de l'observation, car ils permettent d'avoir accès à des informations comme la biographie des personnes, leurs souvenirs, leurs savoirs, mais aussi leurs représentations. L'entretien ethnographique doit se rapprocher le plus possible d'une situation d'interaction banale comme la conversation, afin de créer une situation d'écoute de sorte que l'enquêté et l'anthropologue puissent disposer d'une liberté de propos. Il s'agit de s'éloigner le plus possible d'une situation d'interrogatoire. Le nombre d'entretiens ne peut pas être prévu à l'avance. C'est la saturation des données qui le détermine : l'ethnographe cesse ses entretiens lorsqu'ils ne lui apportent plus de données nouvelles.

Cependant, l'enquête de terrain est polymorphe et combine aussi d'autres sources de données : des récits (par exemple des mythes) ; des histoires de vie (récits biographiques) ; des études de cas ; des processus de recension (dispositif d'observation ou de mesure comme les diagrammes de parenté ou les relevés de parcelles) ; des sources écrites (archives, presse, romans, site Internet).

C. La rigueur du qualitatif

Souvent décriée par les disciplines scientifiques quantitatives, la méthode ethnographique a sa validité qui repose sur une certaine rigueur tout au long des phases de récolte des données et de leur interprétation. Dans la limite de ce chapitre, nous ne pouvons qu'énumérer quelques principes qui l'attestent : saturation des données ; triangulation (recouper les informations pour rechercher des discours contrastés) ; itération (aller et retour entre problématique et données, interprétation et résultats, pour trouver de nouvelles pistes de recherche, pour modifier des hypothèses et en élaborer de nouvelles) ; gestion des biais ; restitution des données de l'enquête auprès des enquêtés.

L'éthique de l'enquête ethnographique, bien qu'elle ne soit pas inscrite dans une charte ou un code comme l'est l'éthique de la recherche clinique, reprend à son compte les principes de la déclaration d'Helsinki.

III. Quelques thèmes de recherche

Dans les limites de ce chapitre, il n'est pas possible d'aborder l'ensemble des domaines d'étude et des apports théoriques de l'anthropologie. Nous présentons très brièvement quelques thèmes de recherche qui mettent en évidence des invariants autour desquels les sociétés humaines ont inventé de la diversité.

A. La parenté

Les relations de parenté que nous tenons comme naturelles (c'est-à-dire déterminées par la biologie) sont des constructions culturelles. En effet, *il existe différents systèmes de parenté, c'est-à-dire des ensembles de règles qui déterminent la descendance, la succession, le mariage (l'alliance) et les relations sexuelles, la résidence et le statut des individus selon leurs liens de consanguinité et d'alliance matrimoniale.*

1. Descendance

La filiation désigne le lien entre un individu et ses père et mère, biologiques ou supposés. Nés d'un homme et d'une femme, nous nous inscrivons tous dans un arbre généalogique, mais les cultures ont diverses manières d'envisager cette généalogie. Dans la société française, nous sommes apparentés à la fois aux lignées paternelle et maternelle. Cette filiation bilatérale (ou indifférenciée) se définit par des droits de succession provenant du père et de la mère, des devoirs envers les deux parents. D'autres sociétés définissent la filiation par un seul parent (filiation unilinéaire), père (filiation patrilinéaire) ou mère (filiation matrilinéaire).

Les choix des règles de filiation ont des implications sur la place généalogique des individus. La définition d'un parent consanguin est extrêmement fluctuante d'une société à une autre. Le cousin germain étant considéré comme un consanguin en Europe et en Amérique du Nord, une union entre cousins germains sera alors proscrite. Dans certaines sociétés, en revanche, cette union est préférentielle. *Ainsi, pour une proximité génétique identique (un grand-parent commun), les sociétés définissent des proximités sociales différentes (union interdite/union préférentielle).*

Enfin, l'engendrement et la filiation paternelle sont différenciés dans plusieurs sociétés. Par exemple, chez les Samo du Burkina Faso étudiés par Françoise Héritier, la filiation est patrilinéaire et une petite-fille est promise en mariage dès sa naissance à un homme choisi dans un lignage non interdit. Lorsqu'elle est pubère, avant d'être remise à son mari et en accord avec sa mère, elle choisit un amant et reste avec lui jusqu'à ce qu'elle ait son premier enfant. Cet enfant est néanmoins considéré comme le fils du mari légitime, car c'est le mariage légitime qui l'inscrit dans un groupe de filiation.

Ces filiations sociales sont importantes à connaître pour comprendre l'inopérabilité des tests ADN dans certaines situations, puisqu'ils ne renseignent que sur un lien génétique et non sur la paternité comme lien socialement construit.

2. Résidence

La résidence de la famille élémentaire (issue du mariage) est soumise dans plusieurs sociétés à des règles et des obligations. Elle peut être *« virilocale » : l'épouse vient vivre dans la famille paternelle de son mari dont elle subit souvent la domination ; l'enfant issu du mariage est élevé dans la famille de son père ; en cas de répudiation, la femme se retrouve dans un contexte de vulnérabilité.* Plus rarement, la résidence est « uxorilocale » : le mari quitte sa famille pour venir vivre dans la famille d'un des parents de son épouse. Lorsque les conjoints ont le choix entre la famille du mari ou celle de la femme, ou vivent successivement dans l'une ou l'autre, la résidence est « bilocale ». Enfin, quand le ménage qui se constitue s'installe dans un lieu différent des deux familles des conjoints, la résidence est « néolocale ».

3. Mariage

Le mariage définit les modalités d'une union légitime, c'est-à-dire approuvée par la société. Dans toutes les sociétés, le mariage a pour fonction de donner un statut légal aux enfants qui en sont issus. Il permet également aux époux de jouir de nouveaux droits (tels que propriété, sexualité, gestion autonome de la vie domestique). Dans de nombreuses sociétés ou groupes sociaux, le mariage permet aussi d'établir une alliance (relations d'affinités) entre les familles des conjoints.

Toute union implique la sélection d'un conjoint. Celui-ci peut être choisi au sein du groupe (endogamie) ou à l'extérieur (exogamie). Le « groupe » peut être territorial, familial, ou professionnel, mais il peut aussi s'agir d'une caste ou d'une classe sociale, etc. *Le choix du conjoint est déterminé par des règles qui varient selon les sociétés. Une seule est universelle : l'interdit de l'inceste.* Selon Claude Lévi-Strauss, en s'interdisant d'épouser certaines femmes, les individus s'obligent à chercher des épouses ailleurs (hors de leur filiation) ; ils laissent ainsi libres les femmes de leur groupe qui leur sont interdites pour les donner à d'autres hommes. L'interdit de l'inceste serait à l'origine d'un principe d'échanges et de réciprocité aux fondements de l'organisation sociale : quand on échange des femmes, on échange aussi des biens, des services, du prestige, des droits, des rituels. On note que l'interdit de l'inceste tel que l'a pensé Lévi-Strauss porte davantage sur l'alliance que sur les relations sexuelles en tant que telles. D'autres règles, variables selon les sociétés, établissent des interdictions (unions interdites) et parfois des prescriptions (unions préférentielles) concernant le choix du conjoint. Dans la plupart des groupes des sociétés européennes, le choix du conjoint est « ouvert ». Cependant le champ des époux potentiels est défini par des contraintes telles que l'appartenance sociale, la pratique religieuse, la proximité de résidence.

Enfin, certains systèmes matrimoniaux permettent la polygamie (mariage d'un individu avec plusieurs personnes) qui est le plus souvent une polygynie (mariage d'un homme avec plusieurs femmes), ou plus rarement une polyandrie (mariage d'une femme avec plusieurs hommes).

B. Les rites

Les rites sont des ensembles d'actes formalisés, expressifs, porteurs d'une dimension symbolique. Ils sont caractérisés par une configuration spatiotemporelle spécifique, par le recours à une série d'objets, par des systèmes de comportements et de langages spécifiques, par des signes emblématiques dont le sens codé constitue l'un des biens communs d'un groupe. *Un rite a donc une dimension collective.* Il marque des ruptures et des discontinuités, des moments critiques (passage) dans les temps individuels et sociaux. *Les rites ont une efficacité sociale* qui est d'ordonner le désordre et de donner du sens à l'accidentel et l'incompréhensible. Le rite est le fruit d'un apprentissage, il implique une certaine continuité entre les générations. Mais les rites sont « plastiques », ils s'accommodent du changement social.

L'ethnologue Arnold Van Gennep (1873–1957) a montré ce qu'il y a de commun à tous les rites qui scandent la vie d'un individu et qui le font passer d'une étape à l'autre. Il a appelé ces rites des *« rites de passage »*. Il a montré qu'ils ont une structure commune dans toutes les sociétés et sont divisés en trois grandes catégories marquant chacune une étape :
- les *rites de séparation*, qui visent à effacer un statut initial de l'individu et à établir des frontières symboliques autour de lui ;
- les *rites de transition*, qui marquent une période de « liminalité » au cours de laquelle l'individu n'est ni dedans ni dehors mais dans une situation ambiguë et mal définie ;
- les *rites d'intégration ou d'agrégation*, par lesquels l'individu est admis dans son nouveau statut.

Pierre Bourdieu (1930–2002) a proposé une approche complémentaire de la précédente en insistant sur la fonction sociale des rites : donner des qualités nouvelles à l'individu avec l'accord du groupe dans lequel il entre ; séparer les individus qui subissent le rite et ceux qui ne le subiront jamais. *Il a appelé ces rites les « rites d'institution » qui légitiment le nouveau statut de l'individu et l'agrègent à son nouveau groupe.*

Les cérémonies d'initiation, qui existent dans de nombreuses sociétés à travers le monde, marquent l'entrée des garçons dans l'âge adulte. Ce sont des rites de passage qui permettent de rompre symboliquement avec le passé. Schématiquement, ils se déroulent ainsi : on extrait (séparation) le groupe de novices du reste du groupe social pendant un temps plus ou moins long ; durant cette période, ils vivent en marge du groupe (liminalité) et on leur fait subir divers interdits, des apprentissages, et parfois des violences corporelles ayant pour but d'inscrire dans les corps le souvenir de l'initiation. Cette phase de transition humilie et banalise celui qui aspire à un statut social plus élevé. Enfin lors d'une cérémonie à laquelle participe tout le groupe social (agrégation), on célèbre leur nouveau statut d'adulte.

Les bizutages qui sont pratiqués dans les grandes écoles et dans les universités les plus sélectives (faculté de médecine par exemple) s'apparentent à des rites de passage. L'objectif des rites de bizutage est de constituer symboliquement un groupe de pairs (de semblables) dans le champ social, et de façonner un modèle d'étudiant unique. Les novices (les « bizuths ») sont placés dans un lieu à part (séparation). Ils subissent une série d'épreuves imposées et manipulées par les anciens pour tester leur endurance physique et psychologique, un changement d'apparence physique et souvent un changement de nom (liminalité). Puis une grande fête marque l'agrégation au groupe des étudiants de cette école ou de cette université.

Les rites autour de la mort, quant à eux, ont plusieurs fonctions. La première est de séparer le mort de la communauté des vivants afin de mettre la mort à distance. Il faut dans le même temps agréger le défunt au monde des morts en le guidant dans son destin *post mortem*. La seconde fonction des rites est de transcender l'angoisse de mort des survivants. C'est pourquoi les mises en scène traditionnelles qui signalent l'irruption de la mort et le désir de rendre hommage au défunt (telles que les tentures, les cierges, les draps mortuaires) font partie d'un cérémonial qui exprime le respect et le recueillement. Toutefois, comme le note l'anthropologue Louis-Vincent Thomas, le rite permet de « circonscrire la mort, de la piéger dans un lieu délimité, en marge de la vie ».

Parmi les rites qui accompagnent la mort, la toilette funéraire est retrouvée dans toutes les sociétés. Pourquoi laver un cadavre que l'on va enfouir sous terre ou incinérer ? En premier lieu, *la toilette funéraire est un rite de passage* : la mort est un passage, et ce passage, comme toute naissance, implique une remise à neuf de la personne. Dans la tradition chrétienne, la toilette était souvent confiée aux femmes, voire aux accoucheuses. Aux ablutions qui rappellent celles du baptême, s'ajoutait l'onction d'huile qui prépare la résurrection. Il s'agit donc d'un rite orienté vers l'intérêt du défunt et son destin *post mortem*. Deuxièmement, *la toilette du défunt est un rite de purification*.

En effet, la mort est impure, c'est une forme de souillure car, comme l'a montré l'anthropologue Mary Douglas, ce qui, dans toutes les sociétés, est considéré, comme impur, sale, souillé, c'est ce qui dérange l'ordre social. Or, la mort dérange l'ordre social. La toilette purificatoire annule le risque de contagion de la mort comme l'attestent les ablutions qui sont, dans toutes les sociétés, une règle pour le cadavre, mais aussi pour ceux qui l'ont approché et pour les objets qui lui ont appartenu. La liturgie chrétienne aspergeait le mort d'eau bénite tout au long des funérailles ; l'eau de la toilette funéraire était jetée dans un trou au fond du jardin ; de retour du cimetière, on lessivait le linge et les murs et les sols ; dans certaines sociétés, tout ce qui appartenait au défunt devait être détruit. Autant de pratiques pour se défendre de la contagion de la mort.

C. Le pouvoir

1. Formation et exercice du pouvoir

Depuis ses débuts, l'anthropologie étudie de manière comparative les processus de formation et de transformation de l'exercice du pouvoir. Les anthropologues ont d'abord cherché à comprendre quelle était l'origine de l'État. Deux théories se sont longtemps affrontées. La première affirme que la formation de l'État résulte des guerres que se livrent des sociétés rivales. La seconde soutient que l'État est le produit d'une dynamique interne : antagonisme de classes sociales (liées à la division du travail, à la production de surplus, au développement de la monnaie), nécessité d'organiser d'importants travaux d'infrastructure (tels des travaux d'irrigation pour le développement de l'agriculture). Il semble aujourd'hui que l'origine de l'État ne peut pas être ramenée à une cause unique.

Les anthropologues ont également étudié les modalités d'exercice du pouvoir. Des typologies ont été dressées, telles que celle distinguant la bande, la tribu, la chefferie et l'État. Aujourd'hui, les anthropologues étudient principalement : la place du pouvoir dans les sociétés contemporaines ; les différentes expressions du politique qui ne sont pas forcément liées à l'État ; les formes de domination ; les interactions d'individus et/ou de groupes dans les rapports de pouvoir ; les prises de décision ; l'efficacité pratique et symbolique des pouvoirs.

Georges Balandier a montré qu'*il n'y a pas de société sans pouvoir politique et qu'il n'y a pas de pouvoir sans hiérarchie et sans rapports inégaux entre groupes et entre individus. Les premières formes d'inégalité sont basées sur le sexe, et les hiérarchies qui en découlent préfigurent la stratification sociale.*

Les rapports de pouvoir se manifestent dans divers lieux dont ceux qui touchent à la vie (de la naissance à la mort). Les anthropologues (en anthropologie de la santé) observent d'une part, en particulier, l'évolution du champ médical et les relations qu'il entretient avec l'État, et ils analysent d'autre part, la manière dont *l'ordre de la société et les inégalités sociales s'inscrivent dans les corps*.

2. Biopouvoir et biopolitiques

L'historien Michel Foucault est à l'origine des concepts de biopouvoir et de biopolitiques. Jusqu'au XIIe siècle, le pouvoir était un « droit de mort » sur les sujets, voué essentiellement à proscrire et à détruire. Depuis l'âge classique, l'État a connu de profondes transformations, se faisant de plus en plus gestionnaire et remplissant de nouvelles fonctions : incitation, renforcement, contrôle et surveillance, organisation. Ces nouvelles fonctions ont permis de réguler, voire de gouverner et de contrôler la vie. *Foucault a appelé « biopouvoir » l'entrée de la vie dans le champ des techniques politiques, un pouvoir qui n'est plus celui de faire mourir ou de laisser vivre, mais bien plutôt celui de « faire vivre et de laisser mourir ».* Le biopouvoir désigne :

- la *discipline des corps* (techniques de dressage des corps) qui s'exerce dans différentes institutions (telles que l'école, l'armée, la prison et l'hôpital) pour accroître ses forces et mieux les adapter aux exigences de productivité ;
- la *régulation des flux de populations* par le contrôle des naissances, des maladies, des flux migratoires.

Ce que Foucault nomme *la biopolitique est une préoccupation nouvelle pour les populations (et plus seulement les sujets) considérées dans leur capacité de travail comme une richesse et une source de main-d'œuvre*. La biopolitique a rendu nécessaire l'instauration de mesures statistiques : taux de natalité, de fécondité, de mortalité, d'activité, etc. Elle est à l'origine des politiques publiques, des politiques de santé et d'hygiène publique, et également de l'État providence. Elle établit différentes formes de contrôles et des normes sécuritaires (normes de conduites saines en particulier).

L'anthropologue Paul Rabinow étudie la manière dont les savoirs nouveaux sur les frontières de la vie (biotechnologies) impliquent de nouveaux rapports de pouvoir, mais aussi de socialité. Il soutient que *la connaissance scientifique du génome permet d'envisager mieux que toute autre une normalisation de la vie des individus et des populations*. Les perspectives de tests génétiques permettent la rationalisation d'une prise en charge à la fois individuelle et populationnelle des maladies. Ceci lui semble annoncer la *constitution de groupes organisés sur la base de « nouvelles identités et pratiques »*, réalisant ce qu'il nomme une « *biosocialité* ».

L'anthropologue et sociologue Didier Fassin s'est intéressé aux biopolitiques à l'œuvre dans les sociétés contemporaines. Il a analysé la manière dont le pouvoir et les inégalités sociales qu'il crée se manifestent dans les corps des personnes. Par exemple, en Afrique du Sud, le taux de contamination par le VIH est particulièrement élevé parmi les jeunes hommes et femmes des *townships*, des cités minières et des anciens *homelands*. Cette distribution de l'épidémie atteste d'une incorporation de l'ordre social caractérisé par des politiques de domination, d'exploitation et de ségrégation des populations noires qui ont pris de nouvelles formes depuis la fin de l'apartheid. Les travaux de Didier Fassin montrent *que la progression de l'épidémie dans ces groupes sociaux n'est pas liée à des spécificités comportementales ou culturelles*. Elle est la conséquence d'inégalités socio-économiques plus apparentes depuis la fin de l'apartheid, de violences ordinaires et sexuelles induites par plusieurs facteurs : un dispositif de terreur et d'exclusion, de déplacements de populations directement provoqués par les guerres menées par le pouvoir précédent ou accélérés par la liberté de circuler et la levée des sanctions internationales après 1994.

POINTS CLÉS

Les noms des anthropologues cités dans ce chapitre ne sont pas à apprendre.

▶ L'anthropologie sociale et culturelle est la science de l'Homme comme être social.

▶ Elle recherche l'unité de l'homme dans la diversité des cultures.

▶ En reconnaissant l'Autre dans sa différence, l'anthropologie cherche à comprendre comment l'Autre pense et donne un sens au monde qui l'entoure. Pour cela, elle accorde une importance particulière aux points de vue des acteurs des groupes étudiés.

▶ La méthode ethnographique repose sur une enquête de terrain longue (comprenant un temps d'imprégnation, une observation directe et des entretiens) combinée avec d'autres sources de données.

▶ Le concept de « races » humaines a été construit pour penser la diversité humaine. Il est considéré aujourd'hui comme non pertinent du point de vue scientifique.

▶ L'ethnie désigne un groupe humain caractérisé par une culture et une langue communes, formant un ensemble relativement homogène se référant à une histoire et une identité communes. L'ethnicité est une construction sociale : il s'agit d'une auto-assignation ou d'une assignation externe.

▶ La culture est un « ensemble complexe qui comprend les savoirs, les croyances, l'art, le droit, la morale, les coutumes, et toutes autres aptitudes et habitudes acquises par l'homme en tant que membre d'une société ».

▶ La culture est acquise, et les éléments qui la composent sont transmis d'une génération à l'autre en dehors des lois de l'hérédité. Les cultures sont des ensembles dynamiques qui connaissent des transformations permanentes.

▶ Les systèmes de parenté sont un bon exemple de la diversité culturelle. En effet, les relations de parenté que nous tenons comme naturelles (c'est-à-dire déterminées par la biologie) sont des constructions culturelles.

▶ Dans chaque société, le pouvoir politique crée des hiérarchies et des rapports inégaux entre groupes et entre individus, générant des inégalités sociales qui s'inscrivent dans les corps.

Bibliographie

Bonte P, Izard M. (Dir.) *Dictionnaire de l'ethnologie et de l'anthropologie*. Paris : PUF ; 2004.
Deliège R. *Une histoire de l'anthropologie*. Paris : Seuil ; 2006.
Géraud O, Leservoisier O, Pottier P. *Les notions clés de l'ethnologie*. Paris : Armand Colin ; 1998.
Laplantine F. *L'anthropologie*. Coll. Petite bibliothèque Payot. Paris : payot & Rivages ; 2001.

Bases de la sociologie

E. Legrand, L. Jamet

I. Qu'est-ce que la sociologie ?
II. La sociologie comme science ?
III. Conclusion : à quoi peut bien servir la sociologie à de futurs professionnels de santé ?

En 2004, B. Lahire intitule un ouvrage qui cherche à comprendre la raison d'être de la sociologie au XXIe siècle : *À quoi sert la sociologie ?* Bien que provocatrice, cette question n'en reste pas moins pertinente et récurrente. Peu de gens savent en effet ce qu'est la sociologie qui est pourtant de plus en plus mentionnée dans les médias et qui est présente – de façon exponentielle – dans de nombreuses formations non spécifiquement dédiées à la sociologie. Les formations médicales et paramédicales n'échappent pas à cette tendance et y participent même grandement puisqu'une part non négligeable des enseignements est consacrée aux sciences humaines.

Ce côté « obscur » de la discipline sociologique tient en grande partie de la difficulté à comprendre son « utilité sociale ». C'est ce qui la distingue d'ailleurs de la plupart des autres sciences : on ne se demande pas ce que sont la médecine, la physique ou la chimie, ni même à quoi elles servent.

Selon B. Lahire, ces questions se posent à la sociologie plus qu'à d'autres en raison notamment d'une moindre valeur académique et extra-académique (prestige des études et débouchés professionnels, renommée de l'emploi occupé…). De ce point de vue, la sociologie jouit d'une moins grande légitimité (sociale, économique, symbolique) que la médecine par exemple. Mais cet argument pourrait être repris pour d'autres sciences humaines (comme l'anthropologie, l'histoire, etc.). Un second point, lié directement à l'objet même de la sociologie, doit être mentionné : le sociologue étudie la société et dans la plupart des cas le fonctionnement de sa propre société. Son objet est ainsi familier à tous et chacun peut avoir une représentation précise du monde dans lequel il évolue et un avis sur tel ou tel phénomène social.

Or, le sociologue analyse la société et les objets qui l'entourent dans une approche savante en se référant à des théories, en mobilisant des méthodes de recherche… qui lui permettent de rompre avec le sens commun, c'est-à-dire avec les interprétations de la réalité que se font les acteurs sociaux. Le philosophe G. Bachelard a beaucoup insisté sur la nécessité d'une rupture épistémologique entre le sens commun et le savoir scientifique (1938), ce qui n'est pas toujours chose aisée puisqu'il est parfois difficile de reconnaître la différence entre le savoir profane (issu de l'expérience ou de la pratique) et le savoir « savant » (celui qui relève d'une construction scientifique).

La sociologie est une discipline scientifique à part entière, avec ses objets, ses méthodes, ses outils, ses institutions… C'est ce que cherche à établir ce chapitre introductif à la sociologie. Dans une première partie nous tentons de répondre à la question récurrente : qu'est-ce que la sociologie ? La deuxième partie cherche à rendre compte des façons de faire de la sociologie.

I. Qu'est-ce que la sociologie ?

A. L'objet de la sociologie

Pour le dire très simplement et rapidement, la sociologie c'est la science qui étudie la société. Le but du sociologue c'est de comprendre la société. Pour illustrer cette idée, nous pouvons recourir à une analogie médicale : la société est tel un organisme, un corps social dont le sociologue va étudier le fonctionnement et le développement. La question est alors de savoir ce qu'est la société. Même si tout un chacun possède, en tant que membre de cette société, une représentation profane de celle-ci, pour le sociologue, cela renvoie à un sens précis : « la société dénote un ensemble de relations humaines, ou, plus techniquement, renvoie à un système d'interactions » (P. Berger) ; elle renvoie également à un système qui permet la vie sociale et le maintien d'un ordre social.

Il est assez difficile de donner une définition simple et succincte de la sociologie, d'autant que chaque auteur tend à avoir sa propre définition, en fonction de l'école de pensée à laquelle il appartient. De façon assez classique, les sociologues s'opposent entre ceux qui pensent, selon une approche holiste, que la société prime sur l'individu (Durkheim) et ceux qui pensent au contraire, selon une approche individualiste, que ce sont les individus qui sont premiers (Weber).

> **Approche holiste** : le collectif (le social) prime sur l'individu. Cela ne signifie pas que l'individu n'a pas une part de liberté ou de libre arbitre mais ceux-ci existent dans les limites qui nous sont imposées par la société. L'individu intériorise le social (normes, valeurs, codes…) qu'il s'approprie de manière singulière par le processus de socialisation.
> Selon Durkheim, ces lois « sociales » s'imposent aux hommes comme celles de la nature. Ainsi, une certaine contrainte extérieure s'exerce sur l'individu de façon quasi naturelle.
> **Approche individualiste** : l'individu est premier sur la société. Sans nier l'existence de contraintes sociale ou d'une influence de la société sur l'individu, les tenants de ce courant postulent que l'individu a une liberté importante dans ses choix et ses décisions, qu'il va mettre en œuvre des stratégies qui vont orienter ses actions, en répondant à une logique qui lui appartient.
> Weber s'oppose à Durkheim : la sociologie doit dégager la signification vécue par les acteurs et mettre en évidence les logiques et motivations qui sous-tendent leurs actions.
> **Aujourd'hui**, les positions sont moins tranchées et peu de sociologues prétendent à la préséance de l'individu sur la société ou inversement. L'idée qui est admise est celle d'une influence réciproque ou « d'une relation circulaire individu–société » : produit de la société, les hommes contribuent à produire cette dernière.

Si nous devons retenir quelques idées générales, nous pouvons dire que :
- la sociologie est la science qui cherche à décrire, comprendre et interpréter la réalité sociale, le fonctionnement de la société ;
- l'objet de la sociologie ce sont les phénomènes sociaux (croyances, représentations, valeurs, institutions, organisations, contraintes...) ; ces phénomènes sont le produit de l'activité humaine, qui peut être individuelle ou collective, contrainte ou autonome, institutionnalisée ou non ;
- pour comprendre le monde social, la sociologie observe tout autant le fonctionnement des structures sociales (les institutions) que les activités et les interactions sociales (l'action des individus) puisque la conduite de tout individu[2] est orientée dans une certaine mesure par celle d'autrui et est contrainte par un ensemble de règles, valeurs et normes sociales dont est doté tout groupe humain ;
- la sociologie analyse les dimensions sociales et culturelles, les différentes contraintes qui influencent les choix et les actions des individus, leurs façons de penser (représentations).

Il n'y a pas d'objet sociologique par essence. Tout phénomène, toute action peuvent être analysés à travers la focale sociologique, à l'aide d'une conceptualisation et d'une méthodologie spécifiques. Par exemple, les émotions (rire, pleurs...) peuvent être envisagées sous l'angle individuel de la personnalité de l'auteur (approche psychologique) mais aussi sous l'angle social en mettant en lumière les facteurs culturels ou sociaux qui permettent d'en expliquer la spontanéité, le contrôle, les éclats...

De même, s'il existe une distinction naturelle, d'ordre physiologique, entre les hommes et les femmes, elle se traduit également sur le plan social. Selon les cultures, la distribution des activités professionnelles et domestiques est variable. Margaret Mead, dans son ouvrage *Mœurs et sexualité en Océanie*, montre bien que les comportements des hommes et des femmes sont le fruit d'un conditionnement social. Son étude des trois peuples mélanésiens (les Arapesh, les Mundugumor, les Chambuli) montre par exemple que, chez les Chambuli, la femme occupe une place dominante et que l'homme développe des traits de caractère que l'on considère dans d'autres cultures comme typiquement féminins (sensibilité, émotivité, etc.).

B. Quelques éléments de son histoire
1. Naissance de la sociologie
La sociologie comme discipline universitaire, enseignée et diffusée, et donc institutionnalisée, prend corps au XIXe siècle. Pourquoi se constitue-t-elle à ce moment précis comme discipline scientifique autonome, alors

---

2. Selon les orientations théoriques des sociologues, l'individu qui évolue dans le monde social peut être considéré comme un agent, un acteur ou encore un sujet.

que de nombreux auteurs depuis l'Antiquité (Aristote, Platon) développaient une réflexion proche de la sociologie[3] ?

Le XIXe siècle voit l'avènement d'une nouvelle société et est marqué par de nombreux bouleversements en raison des trois révolutions (Révolution française, révolution industrielle, révolution scientifique avec le développement des sciences de la nature) :

- au plan politique : c'est la fin de la société de l'Ancien Régime et les révolutions de 1830 et de 1848 témoignent de « l'éclosion de nouvelles conceptions de la société » (J.-P. Durand et R. Weil) ;
- au plan économique : c'est le temps de l'industrialisation qui se traduit par une transformation de l'organisation du travail et par une dégradation des conditions de travail et de vie d'une classe sociale en train de naître : la classe prolétaire (faibles salaires, travail des enfants, exploitation…). La volonté de résoudre les problèmes liés à l'apparition de cette nouvelle classe sociale est à l'origine des premières lois sociales (réglementation du travail des enfants, accidents du travail, etc.). L'impact des conditions de travail sur les classes laborieuses va mettre en exergue la question sociale et favoriser le développement d'enquêtes sociales afin d'analyser la situation sociale au moyen de méthodes scientifiques (statistiques, monographies) ;
- au plan scientifique : la chimie, la physique et la biologie connaissent des avancées importantes qui vont avoir des répercussions sur la médecine (développement de la médecine expérimentale qui s'attache à étudier les fonctions vitales et leurs perturbations induisant des pathologies). Les théories sociologiques au XIXe siècle s'inspirent beaucoup des théories scientifiques de la chimie et de la biologie et l'analogie avec le médical est fréquente pour la constituer comme science. Un courant de pensée l'illustre particulièrement bien : l'organicisme qui consiste à concevoir la société comme un organisme[4].

Tous ces changements vont favoriser le développement d'une pensée sociologique permettant de mieux connaître et comprendre le monde social, mais aussi le développement de réflexions visant à résoudre les problèmes sociaux nés de ces bouleversements et notamment de la révolution industrielle. Le sociologue à cette époque est assez proche du réformateur social et la frontière entre engagement scientifique et engagement politique est souvent poreuse. C'est pourquoi les ouvrages sociologiques établissent souvent des diagnostics et des remèdes aux difficultés sociales observées. Les ouvrages *La division du travail social* ou *Le suicide* d'Émile Durkheim en sont de bons exemples.

2. Quelques fondateurs et œuvres classiques

L'histoire de la discipline est également marquée par les œuvres de grands auteurs qui occupent une place centrale dans la discipline (et en cela elle se distingue aussi d'autres disciplines, assimilées aux sciences

---

3. Réflexions motivées par des préoccupations morales et politiques.
4. Cette approche de la société envisagée par analogie aux phénomènes naturels se retrouve chez de nombreux auteurs : Saint-Simon, Comte, école durkheimienne en France ; Spencer en Angleterre ; Tönnies en Allemagne.

dites dures, comme les mathématiques ou la physique, dont on enseigne rarement l'histoire de la pensée). Beaucoup de manuels sociologiques ont une entrée par auteurs ou par courants de pensée. Il ne s'agit pas ici de rendre compte de façon exhaustive de tous ces auteurs et théories sociologiques, mais simplement d'évoquer quelques grands noms de ceux que l'on qualifie souvent de pères fondateurs de la sociologie.

a. Émile Durkheim et *« Le suicide »*

Cet ouvrage est un grand classique de la sociologie, moins pour la thèse qu'il défend que par sa façon d'aborder le « fait social »[5], qui va totalement renouveler et marquer durablement l'approche sociologique. L'auteur envisage le suicide comme un fait social : l'analyse des études statistiques révèle la régularité du phénomène (dans le temps et dans l'espace) et ses variations à partir de déterminants sociaux. Il révèle notamment que contrairement à une idée couramment admise, le suicide n'est pas lié à l'état psychologique de la personne mais à la conjoncture sociale. Selon lui, la montée de l'individualisme, l'affaiblissement du lien social et de modèles normatifs sont les facteurs explicatifs du taux de suicide du XIXe siècle. Il abandonne une explication en termes d'intentions personnelles, au profit de statistiques sur diverses caractéristiques sociales des individus.

Pour étudier le suicide, l'auteur s'appuie sur une méthodologie rigoureuse, qu'il a exposée en 1894 dans *Les règles de la méthode sociologique* qui reste une référence en matière de rigueur scientifique.

L'auteur et ses ouvrages ont sans conteste contribué au fondement scientifique de la sociologie. Le projet sociologique de Durkheim, bien que scientifique, n'est néanmoins pas dénué d'une dimension « morale » puisqu'il tend à considérer que la sociologie est la discipline adaptée pour résoudre les maux que connaît le XIXe siècle.

b. Max Weber et « *L'éthique protestante et l'esprit du capitalisme* »

Cet ouvrage, paru en 1905, a pris une place importante dans l'histoire de la sociologie, certainement parce qu'il illustre clairement la pensée et la démarche intellectuelle de Max Weber. Cet auteur allemand a en effet cherché à comprendre la dynamique des sociétés et surtout des modes d'organisation politique et économique de celles-ci. Il faut, pour comprendre cette dynamique, s'intéresser directement à l'activité sociale des individus et surtout au sens que les individus lui donnent, aux raisons et motivations qui les poussent à agir ainsi. Weber entre ici en opposition avec Durkheim : pour lui, les individus ne sont pas déterminés par leur environnement social mais ce sont des êtres libres et rationnels qui, suivant leurs valeurs et leur analyse de la situation, adoptent un comportement logique.

---

5. Selon E. Durkheim, « est fait social toute manière de faire, fixée ou non, susceptible d'exercer sur l'individu une contrainte extérieure ; ou bien encore, qui est générale dans l'étendue d'une société donnée tout en ayant une existence propre, indépendante de ses manifestations individuelles ».

Dans le cadre de l'émergence du capitalisme, Weber montre que ce n'est pas un hasard si les premières micro-sociétés à adopter un mode de production capitaliste étaient protestantes. L'éthique protestante s'appuyait sur un ensemble de valeurs (produire pour embellir la terre que Dieu nous a prêtée, épargner en menant une vie d'ascète, etc.) qui a organisé la vie sociale autour du travail et de la production et a constitué, en cela, le terreau nécessaire à l'émergence du mode de vie capitaliste.

La démarche de Max Weber s'inscrit dans le cadre d'une sociologie compréhensive ; il s'agit de comprendre le sens que les individus donnent à leurs actions pour comprendre la dynamique des sociétés.

c. Karl Marx et la pensée marxiste

Il est difficile de faire ressortir un ouvrage particulier de l'œuvre de Karl Marx tant celle-ci a été foisonnante et tant l'influence de sa pensée déborde le simple cadre de la sociologie. Cependant, il est intéressant d'expliquer en quoi Karl Marx peut être considéré comme un des pères fondateurs de la sociologie. Succinctement, il est possible de mettre en exergue deux éléments de la pensée marxiste qui ont eu un impact majeur sur le développement de la sociologie : sa description fine de l'organisation des sociétés en termes de classes sociales et l'idée que le conflit qui oppose la classe sociale dominée (le prolétariat) à la classe sociale dominante (les propriétaires capitalistes) constitue la dynamique de l'histoire de la société.

Marx est un des premiers à théoriser la notion de classe sociale ; pour lui, il existe des groupes d'individus qui possèdent des intérêts communs selon leur place dans le système productif. Les individus se trouvant en position dominée ont ainsi tout intérêt à « prendre conscience » (la conscience de classe) de leurs intérêts convergents. Ainsi, ils pourront s'unir face à la classe dominante et entrer dans un nouveau rapport de force qui aboutira à leur victoire (la dictature du prolétariat). On voit ici quelle est la conception marxiste de l'histoire et comment il place le conflit entre classe prolétaire et classe bourgeoise au cœur de la dynamique des sociétés.

Cette perspective historique de la pensée marxiste et son apport quant à l'organisation et l'architecture des sociétés sont deux éléments qui ont fortement alimenté la pensée sociologique tout au long du xxe siècle.

II. La sociologie comme science ?

Jusqu'à la Renaissance, le savoir scientifique émanait essentiellement de la philosophie, qui a emboîté le pas à la théologie longtemps dominante (tout au long de la période médiévale) et source unique de savoirs. À partir de la Renaissance, divers savoirs scientifiques ont revendiqué leur autonomie par rapport à la philosophie, notamment celui des sciences de la nature. Finalement, on distingue classiquement les sciences physiques, qui ont longtemps été tenues comme modèles et avaient valeur d'exemplarité pour les autres disciplines, des sciences de la vie et des sciences humaines et sociales, auxquelles appartient notamment la sociologie.

A. Conquérir la légitimité scientifique

1. Le paradigme positiviste

Le XIXe siècle est marqué par un vaste mouvement de rationalisation, auquel participe la théorie de Charles Darwin (1809–1882) sur la sélection naturelle et l'évolution des espèces, qui cherche à rompre avec les survivances de la religion et de la métaphysique. Les sciences de la nature, qui entrent à cette période dans une nouvelle phase de leur développement, deviennent le modèle à imiter pour les sciences de l'homme. C'est dans cette optique qu'Auguste Comte (1798–1857) – à qui l'on doit le terme *sociologie* qu'il substitue à celui de physique sociale adopté jusqu'alors – a élaboré la « doctrine positiviste ».

L'auteur formule la loi des trois états qui correspond aux trois stades d'évolution des sociétés :

- le stade théologique : les éléments et les événements sont expliqués par des phénomènes magiques. Ce stade domine le système féodal ;
- le stade métaphysique : ce sont des concepts abstraits (la nature, la loi divine, etc.) qui expliquent les événements. Ce stade correspond à une phase de transition avec le monde industriel ;
- le stade positif (ou scientifique) : la science permet de comprendre et de mettre au jour la réalité des choses[6]. C'est ce stade qui caractérise la société industrielle du XIXe siècle et il doit permettre de parvenir à l'ordre social (ce qu'il appelle la *statique*) et au progrès (ce qu'il nomme la *dynamique sociale*). L'esprit scientifique de la pensée sociologique doit donc permettre une réforme politique résolvant la question sociale.

En termes de démarche, l'auteur insiste sur la nécessité de faire de la sociologie une science empirique qui repose sur des faits observables et démontrables, et non pas sur des spéculations.

2. Début de la sociologie empirique

Avant que la sociologie ne se constitue comme discipline universitaire, une sociologie empirique s'amorce, en vue de produire des informations sociales visant à répondre à la question sociale récurrente au XIXe siècle. C'est alors que se développent les premières enquêtes de terrain à partir d'observation directe, de statistique morale et d'enquête monographique.

La première grande enquête sociale qui fait figure de pionnière dans la sociologie française est une enquête d'hygiène publique portant sur les conditions de vie des ouvriers menée par L.-R. Villermé (1782–1863), médecin et statisticien. Avec son *Tableau de l'état physique et moral des ouvriers employés dans les manufactures de coton, de laine et de soie* (1840), où il observe puis analyse les divers aspects du mode de vie

---

6. L'histoire des sciences montre que toutes ne sont pas parvenues aussi rapidement à ce stade positives. Selon Comte l'ordre est le suivant : l'astronomie, la physique (terrestre puis organique), la chimie, la biologie (ou physiologie), et enfin la physique sociale (ou sociologie). Il ajoute que chaque science en progressant s'appuie sur la science qui précède dans un ordre de complexité croissante.

ouvrier (travail, habitat, loisirs...), l'auteur propose les réformes nécessaires à l'amélioration des conditions de vie des ouvriers, dans une perspective moralisatrice.

Les monographies[7] publiées par F. Le Play (1806-1882 ; ingénieur de formation) sur les « Ouvriers européens » s'inscrivent dans la même logique, puisque de ces monographies, l'auteur tire des propositions de réforme sociale. Selon lui, le rôle de la famille – unie sous l'autorité paternelle – est essentiel au maintien (voire à la restauration) de l'ordre social.

La statistique sociale ou morale est inaugurée par A. Quételet (1796–1874), statisticien. La statistique permet d'observer les régularités sociales et de mettre en évidence les déterminations sociales sur l'homme. La statistique est beaucoup utilisée par les administrations, qui ont alors accès à une connaissance précise de la population, pour résoudre des problèmes sociaux. C'est notamment le cas en Angleterre où un organisme (*Statistical Society of London*) a été spécifiquement créé pour aider à la prise de décisions politiques, à partir des données économiques et sociales disponibles.

L'usage de la statistique n'est pas non plus neutre pour la discipline encore naissante : c'est gage de sa légitimité scientifique.

3. Institutionnalisation progressive de la sociologie

L'institutionnalisation de la discipline ne s'est pas faite sans heurt. Jusqu'au milieu du XIXe siècle, elle doit faire face à la résistance des milieux religieux, politiques et universitaires qui font preuve d'un certain conservatisme.

Par conséquent, les précurseurs de la sociologie (Saint-Simon, Comte, Spencer...) ont une position de militantisme (manifeste, programme, cours populaire, discours...) voire de prophétisme[8] (les projets de réforme sociale passent souvent par des propositions en vue de parvenir à un monde meilleur) pour diffuser leurs doctrines. Ces intellectuels, souvent marginalisés dans le monde universitaire, doivent également s'appuyer sur des réseaux relativement restreints qui leur apportent soutien symbolique et quelquefois financier. Cette mise au banc de l'université les pousse à développer des méthodes qui s'appuient sur le modèle des sciences de la nature et de la vie qui bénéficient d'une forte reconnaissance.

L'institutionnalisation de la discipline s'accélère en France dans le dernier quart du XIXe siècle, grâce notamment à la nomination d'E. Durkheim

---

7. Une monographie est une étude descriptive d'une entité réduite comme un groupe restreint (village, quartier d'une ville, hôpital...) dont « on essaie de comprendre le fonctionnement interne ou d'un phénomène social (le suicide) dont on cherche à analyser toutes les dimensions et les rapports avec l'ensemble social dont il fait partie » (H. Mendras). Cette méthode a beaucoup été employée par les réformateurs sociaux du XIXe siècle. Le Play en fut l'un des plus grands promoteurs.
8. D'autant qu'un certain nombre de pensées vont être transformées en message religieux (Comte, Saint-Simon).

comme chargé de cours en pédagogie et science sociale à la faculté des lettres de Bordeaux en 1887. La sociologie gagne peu à peu une place à l'université. Malgré l'avancée symbolique que représente cette nomination, il faut véritablement attendre le début du xxe siècle pour que la sociologie soit reconnue comme discipline universitaire. Cette reconnaissance a été effective lorsque, après avoir échoué pour une nomination à la Sorbonne et au Collège de France, Durkheim obtint une chaire de sciences de l'éducation en 1902 (à la Sorbonne), transformée en 1913 en sciences de l'éducation et sociologie. Par ailleurs, dans la seconde moitié du xixe siècle, même si elle n'a pas encore totalement acquis sa place dans le monde universitaire, la réflexion sociologique se déploie grâce à certaines écoles, académies, revues.

La lente et tardive reconnaissance de la sociologie est liée, comme nous l'avons évoqué, à la question de sa scientificité. Or, Durkheim s'est efforcé tout au long de sa carrière à faire de la sociologie une science expérimentale. C'est dans cette optique qu'il a rédigé *Les règles de la méthode sociologique*, dans lequel il expose les principes et la démarche de la sociologie, à savoir la définition de l'objet, l'observation, la classification et l'administration de la preuve. La démarche qu'il propose pour asseoir la scientificité de la sociologie emprunte beaucoup aux sciences naturelles : il procède fréquemment à des analogies avec la biologie (métaphores entre l'organisme et la société), ce qui lui vaudra de nombreuses critiques des sociologues de l'époque.

4. Quelques « règles » sociologiques

La fonction scientifique de la sociologie est donc de comprendre le monde social. Même si en sociologie l'expérimentation *stricto sensu* est par nature impossible, cette discipline s'est dotée comme toute science d'une démarche spécifique dont le sociologue doit respecter les règles.

L'objectivité et la neutralité : le sociologue doit éviter tout jugement normatif, c'est-à-dire qu'il doit rompre avec les présupposés ou si l'on emploie la terminologie de Durkheim, avec les « pré-notions ». Autrement dit, le sociologue doit écarter toutes les fausses croyances, même celles, voire surtout celles, qu'il partage avec son groupe social d'appartenance. Il doit au contraire aborder les faits sociaux comme s'il ne les connaissait pas, sans émettre aucun jugement de valeurs. « Bien entendu, cette contrainte ne touche pas son existence entière, mais se limite à ce qu'il est en tant que sociologue. » (P. Berger.) Pour parvenir à cette neutralité, il est nécessaire d'adopter une posture de distanciation et de se livrer à un exercice de réflexivité puisque, contrairement au physicien ou au mathématicien, le sociologue est un acteur de la réalité sociale qu'il cherche à comprendre.

La neutralité doit permettre au sociologue de se prémunir de toute forme d'ethnocentrisme ; l'ethnocentrisme étant l'attitude qui consiste à analyser et à juger les autres cultures par rapport à sa propre culture, en considérant ses valeurs, ses normes, ses façons de faire comme normales et morales et donc comme les meilleures références. Or, le propre même de la sociologie c'est de décrire et expliciter ce qui est et non ce qui doit être.

> **Exemple**
> En Occident, il est couramment admis (socialement, moralement, légalement) que le mariage est l'union d'un homme et d'une femme. Or, il s'agit d'une conception ethnocentrique car dans certaines sociétés traditionnelles, le mariage est l'alliance d'une femme et de plusieurs hommes (Tibet, les Toda en Inde).

Le refus des évidences sociales : derrière la signification apparente d'une action, se cachent plusieurs niveaux de significations, que le sociologue cherche à mettre au jour. À ce titre, le sociologue est souvent prudent à l'égard des explications officielles (institutionnelles, politiques, juridiques…) et cherche à « voir » au-delà des évidences. Pour le dire de façon métaphorique et empruntant au sens commun, il s'agit de « voir clair dans le jeu de quelqu'un », « regarder dans les coulisses », « ne pas être dupe » (P. Berger). En raison de la logique de la discipline, le sociologue s'inscrit en faux contre tout ce qui va de soi aux yeux des autres et prend ses distances envers la connaissance ordinaire (sans la nier, elle n'a pas d'emblée de valeur explicative d'un phénomène social, le sociologue réinterprète les significations que les individus donnent à leurs actions).

L'absence de lois définitives et intemporelles ou de vérités absolues en sciences sociales, ne serait-ce que parce que la société évolue dans le temps, et qu'il n'y a pas une société mais des sociétés, variables dans l'espace. Soulignons cependant qu'à la fin du XIXe siècle, beaucoup de sociologues ont formulé des lois sociales, dans leur quête de scientificité.

Aujourd'hui la sociologie se présente comme une science empirique (avec des méthodes d'investigation), indépendante de considérations morales et politiques, et non comme un raisonnement de type normatif ou spéculatif. Ainsi, faire de la sociologie nécessite de mobiliser une démarche et des méthodes particulières, pour « chausser les lunettes » du sociologue permettant de voir au-delà du sens commun.

III. Conclusion : à quoi peut bien servir la sociologie à de futurs professionnels de santé ?

La sociologie informe sur différents univers étudiés, en montrant comment ils ont été constitués, quels en sont les acteurs, les enjeux, les problématiques…

Dans le quotidien, professionnel notamment, elle peut être d'un double apport. D'une part, elle permet de mieux cerner les situations rencontrées, de mieux situer l'individu qui se trouve face à soi en ayant une meilleure compréhension de sa façon de se comporter, qui répond toujours à une rationalité qui lui est propre (selon sa culture d'appartenance, son origine sociale, son environnement familial, sa trajectoire biographique, son histoire…). D'autre part, elle permet de repérer plus finement les éventuels enjeux entre acteurs et entre professionnels et peut faciliter la bonne coopération de chacun.

Par conséquent, la sociologie peut éclairer un discours, des pratiques, des attentes, des besoins, qui *a priori* peuvent apparaître étranges, inopportuns, voire déplacés. Autrement dit, la sociologie peut aider, dans le cadre d'activités professionnelles, à prendre du recul face à soi-même, à ses propres représentations (de ce qui est bien ou pas, juste ou pas…) et faciliter la rencontre avec l'autre, voire ajuster sa pratique.

POINTS CLÉS

▶ La sociologie est la science qui étudie le développement et le fonctionnement de la société.
▶ Les phénomènes sociaux sont le produit de l'activité humaine, qui peut être individuelle ou collective, contrainte ou autonome, institutionnalisée ou non.
▶ Dans l'approche holiste, le social prime sur l'individu.
▶ Dans l'approche individualiste, l'individu libre prime sur la société.
▶ Pour Durkheim, le suicide est un fait social qui s'explique par la montée de l'individualisme et l'affaiblissement des liens sociaux.
▶ Pour Weber, les individus ne sont pas déterminés par leur environnement social.
▶ Pour Marx, le conflit entre la classe prolétaire et la classe bourgeoise est au cœur de la dynamique des sociétés.
▶ Le terme de sociologie a été inventé au xixe siècle par A. Comte.
▶ La sociologie explique « ce qui est » avec un impératif de neutralité et d'objectivité.
▶ La sociologie est une science empirique, qui a une démarche spécifique, indépendante de considérations morales et politiques.
▶ Dans la relation médecin–patient, la sociologie peut permettre à l'individu de prendre du recul face à ses représentations personnelles.

Bibliographie

Bachelard G. *La formation de l'esprit scientifique*. Paris : Vrin ; 2000 [1938].
Durkheim E. *Le suicide*. Paris : PUF ; 2007 [1897].
Lahire B. *À quoi sert la sociologie ?* Paris : La Découverte ; 2005.
Riutort, 2004 Riutort P. *Précis de sociologie*. Paris : PUF ; 2004.

4 Raisonnement économique : fondements, analyse

C. Pondaven

I. Les fondements de la pensée économique
II. L'équilibre macro-économique offre–demande
III. L'ajustement par les politiques publiques

L'analyse économique s'intéresse aux comportements des agents économiques qu'elle s'efforce d'identifier et de justifier. En économie, on débat de questions mettant en jeu des groupes sociaux aux intérêts parfois conflictuels, des antagonismes entre *efficacité* et *équité*, des divergences sur les modes de relance de l'activité, etc.

Le champ dévolu aux réflexions des économistes n'a cessé d'évoluer et les thèmes abordés en sciences économiques sont divers. Telle est sa richesse.

En étudiant les fondements de la pensée économique, on comprend mieux les raisons de ces mutations et les bases du raisonnement économique peuvent alors être posées pour définir les conditions et propriétés de l'équilibre macro-économique.

I. Les fondements de la pensée économique

Pour appréhender sans difficulté les bases de l'économie, nous donnons quelques repères utiles. Dans un premier temps (section A), nous distinguons les approches micro-économique et macro-économique. Nous expliquons pourquoi ces matières sont dépendantes l'une de l'autre. L'accent est ensuite mis sur l'analyse économique développée en macro-économie (section B). Cette présentation permet ainsi de comprendre la formation de l'équilibre macro-économique et d'identifier les grands problèmes économiques des nations.

A. La micro-économie et la macro-économie

La *micro-économie* traite du comportement d'agents individuels – un ménage, une entreprise de production, une administration, une banque, etc. – qu'elle suppose *rationnels*. Ainsi, notamment :

- l'entreprise optimise sa production en maximisant son profit, c'est-à-dire en minimisant ses coûts de production ;
- le ménage maximise sa satisfaction exprimée en termes d'utilité ;
- l'entreprise est contrainte par un marché selon qu'elle fonctionne en monopole (un seul producteur), en oligopole (quelques producteurs) ou en concurrence pure et parfaite (nombreux producteurs) ;

- le ménage est soumis à un budget déterminé par son niveau de revenu pour les prix donnés du marché ;
- les agents individuels doivent arbitrer leurs décisions dans le temps selon qu'ils ont une préférence pour le présent (consommation) ou pour le futur (épargne), etc.

La théorie micro-économique a été constituée vers 1870, par Walras, Jevons et Menger ; elle relève de ce que l'on appelle désormais l'*école marginaliste* ou encore l'*école néo-classique*.

La micro-économie utilise tout simplement des outils qui permettent de justifier des comportements. Les résultats doivent toujours être interprétés pour expliquer le comportement. C'est le travail de l'économiste.

La *macro-économie* traite des choix auxquels une collectivité est confrontée et de leurs incidences ; elle a pour but d'éclairer les décisions de politique économique. Elle s'attache donc à différents facteurs tels que :

- la détermination de la production nationale, de la consommation et de l'épargne collectives ;
- l'impact des dépenses de l'État sur le niveau d'activité économique pour un niveau acceptable d'un déficit public ;
- l'inflation et ses incidences ;
- les facteurs explicatifs du chômage ;
- les politiques de change ;
- les effets des réglementations sur la concurrence ;
- la question de l'avenir des retraites, etc.

Ses origines sont plus anciennes que celles de la micro-économie.

Cette discipline est aujourd'hui l'objet de débats d'écoles opposant notamment :

- néo-classiques et keynésiens au sujet du rôle de l'État dans l'activité économique ;
- l'école autrichienne (Hayek) d'inspiration ultralibérale, l'école post-keynésienne, l'école du déséquilibre, l'école de la régulation, etc.

Par commodité et souci de simplification, les enseignements de micro-économie et de macro-économie sont séparés. Toutefois, des comportements individuels optimaux peuvent avoir des conséquences néfastes au niveau collectif. Le passage du niveau micro-économique au niveau macro-économique, ne se limite pas à une *agrégation* de comportements individuels : les règles d'optimalité sont différentes aux deux niveaux de raisonnement.

Ces deux matières sont dépendantes. La macro-économie présentée par les auteurs néo-classiques est très soucieuse de fondements micro-économiques ; celle d'inspiration keynésienne s'en veut moins dépendante. Quelques repères d'écoles de pensée sont utiles pour situer l'angle d'attaque des différentes analyses.

B. Très bref aperçu des origines de la théorie économique contemporaine

Comprendre la macro-économie nécessite de connaître au moins les grands repères de l'histoire économique. Le minimum à savoir est résumé de façon schématique dans le tableau 4.I, au prix toutefois de simplifications importantes.

1. Les analyses pré-classiques

Les *physiocrates* ont été les initiateurs de la macro-économie.

Leurs analyses ont mis en cause les préconisations des mercantilistes qui s'attachaient surtout aux conditions de prospérité d'un pays, identifiées par eux à un excédent commercial (exportations supérieures aux importations, donc des entrées d'or, signe de puissance et d'enrichissement d'une nation), et qui inspiraient les politiques mises en œuvre, notamment par Colbert, ministre de Louis XIV. Dans cette perspective, frapper de droits de douane les importations, pour les décourager, était tout à fait admissible.

Les physiocrates s'opposent aux mercantilistes en constatant le rôle de l'agriculture dans le développement économique des sociétés du XVIIIe siècle. Ce secteur serait le seul créateur de valeur ajoutée.

Inversement, les mercantilistes préconisaient le commerce pour la prospérité d'un pays.

François Quesnay (1694–1774, contemporain de Louis XV) est le fondateur de l'école physiocrate.

Les physiocrates étaient des libéraux, favorables en particulier à l'absence d'entraves, notamment douanières, au commerce des grains.

2. Les analyses classiques

Elles sont centrées sur les systèmes de production, dont elles examinent les perspectives d'évolution sur de longues périodes.

Les grands auteurs rattachés à « l'école classique » sont Adam Smith (1723–1790), David Ricardo (1772–1823) et Karl Marx (1818–1883).

Ce sont principalement des théoriciens de la valeur qu'ils rapportent à la quantité de travail nécessaire à sa production.

3. L'analyse néo-classique

Vers 1870, William Stanley Jevons (1835–1882), Carl Menger (1840–1921) et Léon Walras (1834–1910), fondateurs de l'école néo-classique, rénovent le traitement du problème de la valeur.

Leurs analyses innovent et ont pour ambition d'expliciter la rationalité des comportements individuels. Ces auteurs s'attachent à la logique des choix des agents, aux fondements de leurs prises de décisions, sans exclure pour autant les influences collectives ou les confrontations aux incertitudes du futur.

Tableau 4.1. **Les grands courants de l'histoire économique.**

	Pré-classiques 1720–1770	Classiques 1770–1870	Néo-classiques 1870	Keynésiens 1936–1970	Monétaristes 1960–1970	École autrichienne 1970–1980	Théories de l'information et de l'incitation Nouveaux classiques 1970–1980
Auteurs	Physiocrates Quesnay	Smith Ricardo Marx	Jevons Menger Walras Pareto	Keynes	Friedman	Hayek	Lucas Muth
Thèmes traités	Agriculture	Théorie de la valeur	Rationalité Utilité Rareté Optimalité	Demande effective Prix rigides Déséquilibres État	Anticipations rationnelles Revenu permanent Taux de chômage naturel	Ultralibéralisme	Valeur des informations anticipations

Pour ces auteurs, la valeur d'un bien repose non sur le travail qu'il a requis mais sur son utilité et sa rareté ; les préoccupations de demande sont donc chez eux déterminantes.

Pour eux, raisonner sur la valeur revient simplement à traiter des prix.

Ils examinent systématiquement les différentes structures de marché : la *concurrence pure et parfaite* et les *concurrences imparfaites* (le *monopole*, l'*oligopole*, la *concurrence monopolistique*).

Les néo-classiques sont des théoriciens de l'équilibre.

Le plus grand mérite de Walras est de développer une analyse de la compatibilité des équilibres de l'ensemble des marchés, expression de leurs mutuelles dépendances, en élaborant une théorie de l'équilibre général.

L'optimalité de l'équilibre devient un thème essentiel avec les travaux de Vilfredo Pareto (1848–1923) qui s'est enquis des principes de décision permettant de « *procurer le maximum de bien-être à une collectivité* ».

4. L'analyse keynésienne

L'analyse de la *demande effective* porte sur le système des incidences exercées par un déséquilibre du marché du travail sur les ajustements des autres marchés.

Les keynésiens sont désireux de corriger ces déséquilibres. La solution relève selon eux de l'État.

Les travaux de Keynes font admettre les avantages d'un déficit public (dépenses de l'État supérieures à ses recettes fiscales) en matière de relance de l'activité, du fait des suppléments de demande et de distribution de revenus qu'il induit.

Pour les *post-keynésiens*, on ne peut confier aux marchés la régulation de l'activité économique, l'État doit intervenir.

5. La synthèse néo-classique

Pour nombre d'économistes contemporains, il est possible d'intégrer l'analyse keynésienne au cadre néo-classique : elle y relèverait de configurations particulières caractérisées par des rigidités de prix et des concurrences imparfaites. On disposerait ainsi d'une macro-économie susceptible de traiter de déséquilibres, toujours dotée de fondements micro-économiques.

6. L'école monétariste et l'école des anticipations rationnelles

Les politiques économiques keynésiennes ont été vivement critiquées par l'*école monétariste*, d'inspiration néo-classique.

Le chef de file de ce courant de pensée, Milton Friedman (prix Nobel d'économie), a mis en cause les principes keynésiens d'intervention de l'État : par exemple, si les agents économiques sont conscients qu'une politique de relance par la demande aura des effets inflationnistes, ils adapteront leurs comportements en prévision de la hausse des prix à venir, renforçant leur épargne pour en préserver le pouvoir d'achat, et la relance n'aura pas les effets attendus.

Les anticipations jouent un rôle considérable dans les travaux de cette école.

7. L'école autrichienne

Elle a été animée par Friederich Hayek (prix Nobel d'économie) et développe des thèses ultralibérales, refusant vigoureusement la plupart des réglementations.

Par exemple, elle conteste le contrôle des banques par une banque centrale – dénonçant les ratios qui leur sont imposés par celle-ci (réserves obligatoires, ratio de solvabilité, ratio de liquidité...) – et même l'existence d'une monnaie émise par la banque centrale, préférant que chaque banque soit libre d'émettre sa propre monnaie sous son label.

8. Les structures d'information et incitations

La prise en compte de contextes d'incertitude et d'information incomplète a appelé divers dépassements de l'analyse walrasienne.

L'analyse walrasienne rapporte la détermination d'un équilibre de marché au jeu d'un mécanisme de *tâtonnement* : un agent fictif, le commissaire-priseur, proposant un premier prix aux agents susceptibles de demander ou d'offrir le bien négocié, enregistre un éventuel excès d'offre ou de demande et réagit en proposant un nouveau prix propre à amenuiser un tel écart, procédant ainsi jusqu'à la résorption de celui-ci ; sitôt le prix d'équilibre identifié, les transactions peuvent s'engager. Les agents ne sont jamais supposés être en contacts mutuels ; le commissaire-priseur en est le médiateur et n'a besoin que d'identifier le sens du déséquilibre de marché relatif à un prix donné. Une connaissance des préférences des agents devient superflue ; de même, les informations particulières dont disposent ces derniers seront sans incidence sur l'équilibre.

Ces hypothèses sont fortes et dans la réalité ce sont les *anticipations* des agents qui deviennent essentielles ; l'hétérogénéité des informations des divers agents, donc la diversité de leurs prévisions, influence les équilibres des marchés.

II. L'équilibre macro-économique offre–demande

A. Le partage de l'offre

L'identité comptable entre l'offre et la demande globale reflète schématiquement la structure de l'offre et de la demande macro-économiques (de biens et services) :

Production nationale (Y) + Importations (M) = Consommation (C) + Investissements (I) + Dépenses publiques (G) + Exportations (X) que l'on écrit :

$Y + M = C + I + G + X$

En d'autres termes, l'*offre globale Y + M*, c'est-à-dire l'ensemble des biens disponibles sur le territoire national (ceux qui y sont produits, recensés dans le produit intérieur brut [PIB], notés Y, et ceux importés, notés M), est l'objet d'*une demande globale* correspondant à la consommation C (demande des ménages), à l'investissement I (demande des entreprises), aux dépenses de l'État G (demande des administrations) et aux exportations X (demande de l'étranger).

Cette équation peut être formulée en volume et en valeur (volume × prix).

B. Le partage des revenus

La « production nationale » Y (le PIB) correspond étroitement au « revenu national », que l'on note aussi Y : pour produire (dans une entreprise ou une administration), il faut recourir aux services salariés du facteur travail, à des consommations intermédiaires (qui sont des productions d'autres entreprises fournisseurs), etc.

Reprenons l'identité structurant le partage de l'offre Y, en la simplifiant à l'extrême, c'est-à-dire en réduisant la structure de la demande Y (de biens et service) en consommation C et investissement I, **Y = C + I**, et considérons, de façon aussi succincte les affectations du revenu national Y, entre consommation C et épargne S **Y = C + S**. On voit que l'équilibre comptable implique l'égalité de l'épargne et de l'investissement : **I = S**.

Les ménages déterminent le niveau de leur épargne et les entreprises choisissent leur niveau d'investissement *indépendamment les uns des autres*.

III. L'ajustement par les politiques publiques

L'État dispose de moyens d'action pour orienter, corriger, freiner la politique économique.

Le principe du jeu des stabilisateurs automatiques agit de façon directe sur les dépenses publiques par un effet contracyclique :

- *en cas de surchauffe*, c'est-à-dire de forte croissance ayant l'inconvénient d'induire une inflation trop élevée (au regard de ce que souhaite la puissance publique), les recettes fiscales vont naturellement s'accroître, ce qui « refroidira » (correction automatique) : faire jouer les stabilisateurs automatiques revient à stabiliser les dépenses publiques, donc à ne pas leur laisser suivre la hausse des recettes ; on calme la demande afin de freiner la hausse des prix ;

- *en cas de ralentissement de la croissance*, les recettes fiscales vont naturellement s'amenuiser, effet favorable aux dépenses (correction automatique) : faire jouer les stabilisateurs automatiques revient encore à stabiliser les dépenses publiques, donc à s'efforcer de les maintenir plutôt que de leur laisser suivre la baisse des recettes ; on stimule la demande (sans redouter la hausse des prix).

Toutefois, cette politique a ses limites : *l'accroissement du déficit public et l'alourdissement de la dette publique.*

A. La conception traditionnelle des dépenses publiques

Le *solde budgétaire*, correspondant à *(G − T)* l'écart entre les dépenses de l'État (G) et ses rentrées fiscales (T), doit être financé s'il est positif : situation de *déficit public*.

On s'attache, ici, aux convictions néo-classiques. Pour ceux-ci, du moins avant Keynes, afin que les finances publiques puissent être dites « saines », le budget de l'État devait être caractérisé par :
- un volume de dépenses publiques *G* aussi faible que possible ;
- un équilibre budgétaire *(G − T) = 0* (absence de déficit).

Ces principes s'enracinent dans la conviction *libérale* que *les activités privées sont tout à fait aptes à assurer le plein-emploi des facteurs de production, donc à garantir la plus forte croissance possible.*

B. Le principe de restriction des dépenses publiques

Avec des dépenses publiques élevées, l'action de l'État ne pourrait être que perturbatrice ; notamment l'État :
- *détournerait* des facteurs de production d'emplois plus productifs dans le secteur privé ;
- *contracterait*, par la hausse de l'impôt collecté pour financer ses dépenses, le revenu des agents, donc leur consommation et leur épargne : une consommation de la puissance publique se substituerait à celle des ménages ; elle détournerait l'épargne du financement de l'investissement (effet d'éviction).

C. Le principe d'équilibre budgétaire

Les économistes néo-classiques, avant Keynes (la *Théorie générale* les a incités à approfondir leur réflexion, non à abandonner leurs convictions), avaient l'idée qu'un budget équilibré est *neutre*.

Un budget en déséquilibre sera source de distorsions financières ou nominales, puis réelles. En effet, il sera financé :
- *par l'emprunt :* les entreprises seront privées des ressources financières (distorsion financière) ce qui compromettra leurs investissements ;
- *par création monétaire :* l'augmentation de la masse monétaire sera facteur d'inflation (distorsion des valeurs nominales), ce qui perturbera les calculs économiques des agents, défavorisera les entreprises en concurrence internationale, etc.

Par ailleurs, il mobilisera des ressources productives dans des secteurs moins performants que ceux du secteur privé, telle est la conviction des libéraux.

Un budget en équilibre est neutre : l'augmentation de demande liée aux dépenses publiques G étant exactement compensé par la réduction de la demande induite par le prélèvement fiscal T.

D. Flexibilité et équilibre macroéconomique

Pour un néo-classique, la flexibilité des prix assure l'équilibre sur chaque marché et le plein-emploi des facteurs.

Si le salaire réel est flexible, l'offre et la demande s'égaliseront, en déterminant le *salaire d'équilibre w** (ni excès d'offre, ni excès de demande). Il lui correspond le *niveau d'emploi L**, désigné comme le *plein-emploi* : pour ce niveau de salaire, l'absence d'un excès d'offre du facteur travail signifie que tous les ménages qui proposent leur force de travail à ce taux de salaire trouveront un emploi.

L'économie est alors au plein-emploi du facteur travail, donc il n'existe pas de chômage involontaire. Telle est la définition néo-classique du plein-emploi. Autant dire qu'il n'existe pas de problème de chômage (sous-emploi involontaire).

On relèvera que toute la *population active* (c'est-à-dire la population disposant d'un emploi ou prête à en rechercher) ne sera pas pour autant engagée dans les entreprises : les ménages ne désirant pas offrir leurs services au salaire w^*, parce qu'ils le jugent trop faible, seront en *chômage volontaire*.

E. L'interdépendance des marchés chez les néo-classiques

L'équilibre du marché du travail et celui des marchés des autres facteurs (notamment, le capital) ne pouvant s'écarter du plein-emploi si les prix sont flexibles, la production correspondra nécessairement au plein-emploi de tous les facteurs.

L'équilibre macro-économique résulte ainsi des décisions d'offre et de demande sur tous les marchés : il est issu d'un *système de décisions décentralisées.**

* L'antithèse de système est évidemment l'*économie planifiée* : toutes les décisions y sont prises par les planificateurs centraux.

POINTS CLÉS

▶ La micro-économie traite du comportement d'agents individuels supposés rationnels.

▶ La macro-économie traite des choix auxquels une collectivité est confrontée et étudie les incidences sur la politique économique.

▶ Les néo-classiques sont des théoriciens de l'équilibre garanti par la flexibilité des prix. Il en résulte le plein-emploi des facteurs.

▶ Les keynésiens, partisans de la rigidité des prix à court terme, admettent les déséquilibres et jugent l'intervention de l'État utile pour les corriger.

▶ L'adoption de mesures budgétaires exerce des effets contracycliques sur l'activité mais a ses limites compte tenu des risques d'accroissement du déficit public et de l'alourdissement de la dette publique.

▶ L'équilibre général, c'est-à-dire l'équilibre simultané de tous les marchés, correspond à un ensemble de prix relatifs, reflet de l'interdépendance des marchés.

Bibliographie

Pondaven C, Flouzat D. *Économie contemporaine*. 19ᵉ éd. Paris : PUF ; 2005.
Pondaven C, Scannavino A. Exercices de macro-économie. Annales résolues. *L'Esprit des Lois*. novembre 2008.

5. Bases de droit (organisation de la justice)

S. Bimes-Arbus

I. Contenu du droit
II. Fonctionnement de cette discipline

Pourquoi enseigner le droit en PAES ? De prime abord, l'introduction du droit dans le programme de PAES pourrait surprendre et son enseignement apparaître comme fastidieux pour des futurs professionnels de santé, voire inutile. Il pourrait même susciter méfiance et rejet de la part de certains qui regrettent une normalisation excessive du monde de la santé[9]. Cependant la rigueur de la sanction judiciaire, l'apparente technicité de la règle de droit et la complexité de son organisation occultent trop souvent la finalité du droit comme défenseur des valeurs humaines qui fondent la société. C'est en cela que le droit rejoint la médecine car ces deux disciplines sont unies à travers un sujet commun, l'homme, qui voit ses rapports sociaux régulés par le droit tandis que sa santé peut l'être par la médecine.

Les études médicales doivent permettre certes la formation d'un scientifique, mais aussi le façonnement d'un professionnel altruiste et responsable capable de respecter les droits de son patient et de comprendre le sens de ses actes. Le droit permet de considérer le patient en tant que personne sujet de droits et non individu objet de soins.

Le recours au droit, à travers la création de règles juridiques[10], apparaît comme l'un des moyen de fixer des limites aux progrès de la médecine.

L'introduction d'une passerelle entre le savoir juridique et le savoir médical nous apparaît donc primordiale. Elle doit être pensée en termes de collaboration et d'idéaux communs, mais toujours avec un objectif de perfectionnement de la compétence médicale.

Après avoir donné une brève définition du droit et présenté les principes fondamentaux de cette discipline dans une première partie relative à son contenu, nous nous intéressons à son fonctionnement à travers la description de son organisation et la présentation de ses acteurs.

---

9. On a parlé à ce propos de la naissance d'un bio droit dans le domaine du vivant, voir chapitre 17.
10. Par exemple la loi du 20 décembre 1988, dite loi Huriet-Sérusclat impose un certain nombre d'obligations au médecin qui utilise le corps d'une personne à des fins d'expérimentation. La loi du 22 décembre 1976, dite loi Caillavet, relative aux prélèvements d'organes, détermine les conditions à respecter pour le médecin préleveur avant de procéder à une greffe.

I. Contenu du droit

A. Définition du droit

1. Distinction droit objectif et droit subjectif

Le droit est un terme à significations multiples très difficile à définir. Il désigne d'abord un corps de règles générales et impersonnelles qui ont pour objet d'organiser la vie en société : on parle alors du droit objectif. C'est un grand régulateur de la vie sociale qui permet de définir le statut des personnes et de réglementer les relations qui s'établissent entre elles. Il permet donc la coexistence des libertés et la vie en commun des citoyens.

D'un point de vue philosophique, il est l'objet de la justice et consiste à rendre à chacun le droit qui est le sien[11].

D'un point de vue plus technique, le droit désigne aussi les prérogatives que chaque personne peut puiser dans ce corps de règles : on parle des droits subjectifs de la personne. Il contient donc des éléments quasi indispensables comme la règle de droit, c'est-à-dire une norme qui a pour vocation de régir les comportements des hommes en société.

> Le droit peut donc se définir comme l'ensemble des règles et des normes générales et impersonnelles qui confèrent des prérogatives aux individus.

2. Force contraignante de la règle de droit

La règle de droit est une règle obligatoire et sanctionnée par l'autorité publique. Par principe, la règle de droit est nécessaire et utile à l'organisation de la vie en société, elle a ainsi vocation à être appliquée. Les intéressés peuvent donc exiger l'exécution de la règle. Dans certaines hypothèses, par exemple lorsqu'une infraction pénale a été commise, le châtiment ou la peine remplace la simple exécution de la règle de droit.

3. *Summa divisio* du droit

Le droit public se différencie du droit privé. Le droit public contient les règles qui régissent les rapports au sein de l'État et des collectivités publiques ainsi que celles qui concernent les rapports entre l'État et les citoyens. Le droit privé gouverne les rapports entre les particuliers.

Cependant il est erroné de penser que ces deux domaines du droit ne se mélangent pas. Les interpénétrations de l'un à l'autre sont nombreuses, on parle alors de droit mixte comme pour le droit de la santé (voir p. 172).

À l'intérieur de chacune de ces deux branches principales du droit, on assiste à des subdivisions internes. Par exemple, pour le droit privé on distingue le droit civil codifié dans le Code civil, qui est aujourd'hui encore le droit commun privé de référence, du droit pénal ou du droit commercial.

---

11. « *Suum cuique tribuere* » disaient les Romains.

4. Sources du droit

a. La loi

Depuis la Révolution française, le droit français est fondamentalement un droit écrit. Sa source essentielle est donc la loi. La loi désigne toute disposition générale, impersonnelle et obligatoire émanant de l'autorité publique. La loi émane du pouvoir législatif, c'est-à-dire qu'elle est votée par le Parlement. On distingue les lois dites organiques, qui ont pour objet de compléter la Constitution, des lois ordinaires.

b. Le règlement

Le règlement englobe l'ensemble des décisions du pouvoir exécutif et des autorités administratives.

C'est une catégorie qui comprend divers textes correspondant aux hiérarchies internes de l'autorité publique :
- les décrets qui émanent du président de la République et du Premier ministre sont au premier rang ;
- les arrêtés qui sont l'œuvre des ministres, des préfets ou des maires ;
- les circulaires ou instructions que donne une administration à ses fonctionnaires.

Le règlement ne peut être contraire aux principes posés par la loi : c'est le principe de légalité.

c. La coutume

C'est une pratique habituelle, c'est-à-dire un comportement qui sous l'effet de l'habitude est considéré comme obligatoire, de la même façon que la règle de droit par les sujets de droit. Par exemple, le fait de porter le nom de son mari pour une femme mariée est une coutume.

d. La jurisprudence

Au sens large, elle définit l'ensemble des décisions rendues par les juridictions. Au sens strict, elle désigne l'interprétation donnée par les juges de la Cour de cassation et du Conseil d'État de la règle de droit.

C'est le sens dans lequel les juridictions ont l'habitude de trancher tel ou tel point de droit. La Cour de cassation et le Conseil d'État ont pour rôle d'unifier la jurisprudence sur un problème de droit. Dès lors il apparaît incontournable, pour être un bon juriste, de connaître le droit tel qu'il est mis en œuvre par les juges (jurisprudence) sans se contenter de la connaissance des lois et des règlements ou des textes écrits.

B. Les grands principes du système judiciaire français

1. L'accès au droit et à la justice

Selon l'adage « *nul n'est censé ignorer la loi* », le citoyen français ne peut pas ignorer l'existence de la loi.

Le droit d'accès à la justice et les principes qui en découlent font partie de textes fondamentaux comme la Déclaration des droits de l'homme et du citoyen de 1789.

Toute personne, sans discrimination, doit pouvoir :
- accéder à la justice ;

- faire entendre sa cause et faire examiner son affaire par un juge indépendant et impartial ;
- être jugée selon les mêmes règles de droit et de procédure, applicables à tous ;
- s'exprimer dans sa langue ;
- se faire assister ou/et représenter par le défenseur de son choix.

2. Le principe de gratuité

La gratuité implique que la rémunération des magistrats soit le fait de l'État et non celui des justiciables.

Les parties ont néanmoins des frais comme les frais de procédure ou le règlement des honoraires des professionnels libéraux de la justice qui les assistent (avocat, expert judiciaire, etc.).

Le gagnant d'une procédure peut obtenir le remboursement par son adversaire de certains frais qu'il a dû engager (comme les frais de procédure dus aux avocats).

Les personnes sans ressources ou avec des ressources modestes peuvent bénéficier de l'aide juridictionnelle prise en charge par l'État.

3. L'indépendance et la neutralité du juge

Selon l'article 64 de la Constitution de 1958 le principe de l'indépendance de la justice est fondamental.

En principe, le juge applique la règle de droit en restant neutre et détaché de ses opinions ou de toute influence politique.

4. La fixité et la permanence de la justice

La fixité de la justice signifie que le justiciable peut s'adresser aux tribunaux et aux cours toujours en un lieu fixe et déterminé à l'avance.

Le service public de la justice assure au justiciable une justice continue y compris les jours fériés.

C'est le juge des référés qui est compétent pour agir dans l'urgence.

5. Le principe du double degré de juridiction

En principe, tout individu a le droit de contester une décision de justice devant une nouvelle juridiction pour voir son affaire rejugée en fait et en droit.

Les recours contre les décisions rendues par une cour d'assises peuvent être, si certaines conditions juridiques sont respectées, soumis à une nouvelle cour d'assises.

Il existe une exception pour les jugements rendus en premier et dernier ressort pour lesquels il n'y a pas d'appel car les litiges en jeu sont de trop faible importance.

6. Le contrôle de l'application du droit

Au sommet de la hiérarchie judiciaire, il existe la Cour de cassation qui réalise un contrôle de la légalité des décisions de justice, c'est-à-dire qu'elle vérifie que le droit a été bien appliqué par la cour d'appel et les juridictions du premier degré.

Le Conseil d'État a cette même fonction au sommet de l'ordre administratif.

7. La publicité des décisions de justice

La justice est rendue publiquement au nom du peuple français.

Dans certains cas, limitativement énumérés par la loi (justice des mineurs, respect de la vie privée, secrets d'État), les audiences se tiennent à huis clos mais la décision de justice est toujours rendue en audience publique.

8. L'obligation de motivation des décisions de justice

Sous peine de déni de justice, les juges doivent obligatoirement motiver leur décision afin que le justiciable puisse exercer éventuellement un recours.

9. Le droit à un procès équitable

Toute personne doit pouvoir être jugée dans le cadre d'un procès équitable, ce qui implique le respect du principe du contradictoire et des droits de la défense.

Le principe du contradictoire (ou principe de la contradiction) est un principe de droit existant dans toute procédure, qu'elle soit civile, administrative, pénale ou disciplinaire. Ce principe implique que chacune des parties ait été mise en mesure de discuter l'énoncé des faits et les moyens juridiques que ses adversaires lui ont opposés.

Afin que ce principe soit respecté, le juge doit s'assurer que les parties communiquent entre elles les pièces de leur dossier.

Dans le cadre du procès pénal, le principe de la légalité des délits et des peines signifie que nul ne peut être poursuivi ou condamné pour des faits qui ne sont pas prévus et réprimés par la loi.

Les « droits de la défense » supposent que soient respectés la présomption d'innocence, le droit à un avocat, le droit à un procès équitable, etc.

La présomption d'innocence suppose que toute personne qui se voit reprocher une infraction est réputée innocente tant que sa culpabilité n'a pas été légalement et définitivement établie.

Les preuves doivent être produites au procès dans le respect de la loi.

II. Fonctionnement de cette discipline

Les tribunaux ou juridictions sont les lieux de résolution des conflits entre les individus. La nature des litiges en cause, leur importance ou la gravité des infractions déterminent la juridiction compétente.

L'organisation juridictionnelle française répond à des règles précises que nous examinons en premier lieu, pour nous intéresser ensuite à certains des acteurs qui interviennent lors du déroulement des procès.

A. L'organisation juridictionnelle française

Elle repose sur le principe posé dès 1790 de la séparation des autorités administratives et judiciaires.

Bases de droit (organisation de la justice)

On distingue deux grands ordres : un ordre judiciaire subdivisé lui-même entre les juridictions civiles et pénales et un ordre administratif.

Le tribunal des conflits désigne le tribunal compétent en cas de contestation sur la question de savoir si une affaire relève de l'ordre judiciaire ou de l'ordre administratif.

Définitions et précisions terminologiques

Droit civil et droit pénal

La justice civile fait appliquer le droit privé et règle les litiges entre particuliers (divorce, succession, etc.). Le but est d'indemniser sous forme de dommages et intérêts. Cette responsabilité est assurable.

La justice pénale traite de la liberté individuelle et de l'état des personnes. Elle utilise les textes répressifs pour régler les rapports entre les particuliers et la société représentée par l'État. Le but est de punir sous forme d'amende ou de peine privative de liberté les atteintes contre les personnes, les biens et la société constitutives d'une infraction. Cette responsabilité est individuelle (personne physique et personne morale) et non assurable.

Juridictions de droit commun et juridictions d'exception

Il existe des juridictions **de droit commun** qui sont compétentes pour toutes les affaires qui n'ont pas été attribuées expressément par un texte de loi à une juridiction particulière.

Il existe aussi des juridictions dites **d'exception** qui règlent des litiges plus spécialisés.

Jugements et arrêts

En vertu du principe du double degré des juridictions, on distingue :
- les juridictions de premier degré qui rendent des **jugements** ;
- les juridictions du second degré ou les cours qui rendent des **arrêts**.

La Cour de cassation n'est pas un troisième degré de juridiction, car elle ne rejuge pas l'affaire en fait et en droit mais elle intervient au sommet de la hiérarchie judiciaire.

1. L'ordre judiciaire

a. Les juridictions judiciaires du premier degré

▶ **Les tribunaux de l'ordre civil de premier degré**

▷ Les juridictions civiles de droit commun

Le juge de proxim juge unique qui est compétent pour les petits litiges jusqu'à 4000 euros (conflits de voisinage, injonctions de faire, etc.).

Le tribunal d'instance est un tribunal proche du citoyen et facilement accessible. Il statue à juge unique sur les litiges de faible valeur pécuniaire (moins de 10 000 euros) et les litiges de crédit à la consommation. Il a une compétence exclusive pour certains litiges (litiges entre propriétaires et locataires relatifs au logement d'habitation, contestations en matière d'élections politiques, etc.). Le tribunal d'instance est le juge des tutelles. Il statue sur les demandes d'ouverture d'un régime de protection des mineurs et de certains majeurs qui ont besoin d'être représentés pour accomplir des actes de la vie courante.

Le tribunal de grande instance (TGI) traite de toutes les affaires opposant des personnes privées ne relevant pas expressément d'une autre juridiction. Il est compétent de manière exclusive quel que soit le montant de l'affaire dans le domaine du divorce, de la filiation, de l'autorité parentale, du droit des marques ou de l'immobilier. Il statue en une forme collégiale de trois magistrats du siège assistés d'un greffier. Pour certaines affaires, il statue à juge unique. Il traite des affaires de forte valeur pécuniaire (>10 000 euros).

> **Exemple**
> C'est le juge aux affaires familiales qui est compétent en matière de conflits familiaux ou le juge des enfants qui intervient pour protéger les mineurs en danger et les jeunes majeurs.

▷ Les juridictions civiles d'exception

Le *Conseil des prud'hommes* est exclusivement compétent quand il survient un litige entre des salariés et un employeur dans le cadre d'un contrat de travail.

Le *tribunal des affaires de la Sécurité sociale* est exclusivement compétent pour les litiges qui surviennent entre les organismes de Sécurité sociale et les personnes assujetties.

Le *tribunal de commerce* est exclusivement compétent pour les litiges qui surviennent entre les commerçants ou les sociétés commerciales.

Le *tribunal paritaire des baux ruraux* est exclusivement compétent pour les litiges entre propriétaires et exploitants de terre ou de bâtiments agricoles.

▶ **Les juridictions de l'ordre pénal de premier degré**

> Il existe une classification tripartite des infractions (crime, délit, contravention) en matière pénale.
> Les contraventions sont les infractions pénales les moins graves, viennent ensuite les délits puis les crimes.

Le *tribunal de police* statue à juge unique et siège au tribunal d'instance. Devant le tribunal d'instance, le ministère public, chargé de requérir l'application de la loi et une peine est représenté par le procureur de la République. Il est compétent pour les contraventions de cinquième classe passibles d'amende jusqu'à 1500 euros et de peines privatives ou restrictives de droit (interdiction de vote).

Le *tribunal correctionnel* est une chambre du tribunal de grande instance qui statue en collégialité assistée d'un greffier. Il est composé en principe de trois magistrats professionnels dont un préside le tribunal. Le ministère public, représenté par le procureur de la République, est obligatoirement présent. Il est compétent pour juger des délits (vol, abus de confiance…) passibles d'emprisonnement jusqu'à 10 ans et d'autres peines (amendes, peines complémentaires, etc.).

La *cour d'assises* intervient pour les crimes de droit commun commis par les majeurs, les infractions les plus graves passibles de la réclusion jusqu'à la perpétuité. Elle est composée de trois juges professionnels et de neuf citoyens qui forment un jury. Le jury populaire est une spécificité de cette juridiction. Il illustre le principe de la souveraineté nationale et l'idée que la justice est rendue au nom du peuple français. L'avocat général est le magistrat du parquet qui représente la société et demande l'application de la loi.

Le *juge de proximité* est compétent pour les quatre premières classes d'infraction.

▶ Les juridictions spécialisées pour mineurs

Il existe une justice propre aux mineurs. Elle comprend des magistrats, des juridictions spécialisées (le tribunal pour enfants ou la cour d'assises pour mineurs) et des services éducatifs.

Elle intervient pour protéger les mineurs en danger, sanctionner les actes de délinquance qu'ils commettent mais aussi aider les jeunes à surmonter leurs difficultés (conflit familial, fugue, délaissement par les parents) par un suivi éducatif.

Le juge des enfants est compétent en matière civile à l'égard des mineurs de moins de 18 ans. Il prend des mesures de protection pour les mineurs en danger et juge les infractions qu'ils commettent.

Il privilégie les mesures éducatives en collaboration avec les services de la protection judiciaire de la jeunesse.

Le tribunal pour enfants est compétent en matière pénale pour les infractions les plus graves (délits ou crimes commis par des mineurs de moins de 16 ans).

La cour d'assises pour mineurs est compétente pour les crimes commis par des mineurs de plus de 16 ans.

b. Les juridictions judiciaires du second degré

▶ En matière civile

Lorsque les parties au procès ne sont pas satisfaites du premier jugement rendu en matière civile, commerciale, sociale ou pénale, elles peuvent en principe interjeter appel.

La cour d'appel juge de tous les appels des tribunaux de premier degré au fond du procès, c'est-à-dire qu'elle procède à un nouvel examen du litige en faits et en droit et rend un arrêt.

On dit que son arrêt est confirmatif quand il va dans le même sens que la décision rendue par les premiers juges. Il est infirmatif dans le cas contraire.

De manière exceptionnelle, certains jugements dont le montant du litige est de faible importance ne sont pas susceptibles d'appel : on dit qu'ils sont rendus en premier et dernier ressort. En revanche, un pourvoi devant la Cour de cassation est toujours possible.

Elle est composée uniquement de magistrats professionnels : un premier président, des présidents de chambre et des conseillers.

Chaque cour comprend des chambres spécialisées (civil, sociale, commerciale et pénale).

Le ministère public est représenté par le procureur général ou l'un de ses substituts.

▶ **En matière pénale**

Les décisions du tribunal correctionnel sont susceptibles d'appel exercé devant la chambre correctionnelle de la cour d'appel.

Depuis le 1er janvier 2001, les condamnations rendues par une cour d'assises peuvent être contestées devant une autre cour d'Assises qui réexamine l'affaire.

En ce qui concerne l'instruction de l'affaire, la cour d'appel se réunit en chambre de l'instruction pour réexaminer les décisions du juge d'instruction.

c. Cour de cassation

Au sommet de la pyramide judiciaire, on trouve la Cour de cassation qui a son siège à Paris. Siégeant dans l'enceinte du Palais de Justice de Paris, la Cour de cassation a pour mission de réviser, à la demande des parties, les décisions émanant des tribunaux et cours d'appels, au pénal comme au civil. Ce n'est pas un troisième degré de juridiction, car elle ne rejuge pas l'affaire en faits.

Elle est saisie sur recours des parties ou du ministère public : c'est le « pourvoi en cassation ».

Son domaine de compétence concerne uniquement les questions de droit et l'application des lois de la procédure judiciaire. Elle veille à l'uniformité de la jurisprudence.

Elle ne rejuge pas l'affaire, mais si elle estime que la loi n'a pas été bien appliquée, elle casse l'arrêt ou le jugement rendu en premier ressort et renvoie l'affaire devant une autre cour d'appel.

Si elle considère que le droit a été bien appliqué et que la décision doit être confirmée, elle rend un arrêt de rejet et l'affaire prend fin.

Depuis 1991, la Cour, à la demande des juridictions, leur donne son avis sur des questions de droit nouvelles et complexes se posant dans de nombreux litiges.

Elle est divisée en chambres dont trois chambres civiles : commerciale, sociale et criminelle.

Le ministère public est représenté par le procureur général et des avocats généraux.

2. L'ordre administratif

Les juridictions de l'ordre administratif sont distinctes des juridictions judiciaires et indépendantes de l'administration. Elles sont compétentes pour les litiges entre les usagers et les pouvoirs publics (État, collectivités territoriales, établissements publics).

> **Exemple**
> Quand il survient un litige entre le patient et le médecin qui exerce au sein de l'hôpital, l'affaire est portée devant les juridictions de l'ordre administratif.

Elles sont organisées en trois échelons hiérarchisés.

a. Les tribunaux administratifs régionaux

C'est le juge de droit commun du contentieux administratif.

Ils connaissent des litiges entre les usagers et les pouvoirs publics dans le domaine des actes et décisions de l'administration (expropriations, demandes de réparation des dommages causés par l'activité des services publics, etc.)

b. Les cours administratives d'appel

Elles ont été instituées en 1987.

Si l'une des parties n'est pas satisfaite du premier jugement, elle peut faire appel devant la cour administrative d'appel.

Cette cour statue au fond pour diminuer le nombre d'instances devant le Conseil d'État.

c. Le Conseil d'État

Crée en 1799, il est situé à Paris au Palais-Royal.

C'est la juridiction suprême de l'ordre administratif. Il donne des avis au gouvernement sur les projets de loi ou de décret les plus importants[12].

Sa spécificité réside dans sa triple fonction selon laquelle il peut être juge de premier ou second degré et juge de cassation.

Il statue sur les recours sur le fond et la forme des arrêts rendus par les cours administratives d'appel.

Il statue directement (en premier et dernier ressort) sur certaines affaires concernant les décisions les plus importantes des autorités de l'État.

Enfin, pour certaines affaires rares, il peut aussi être juge d'appel.

B. Quelques acteurs du service public de la justice

1. Les magistrats professionnels

Les magistrats sont les membres professionnels des juridictions de l'ordre judiciaire chargés d'assurer l'application de la loi dans les litiges qui leur sont soumis.

Ils sont en général recrutés par concours et formés par l'École nationale de la magistrature (ENM).

Ils sont nommés par le président de la République, sur proposition du garde des Sceaux, et après avis du Conseil supérieur de la magistrature. Ils bénéficient d'un statut à part qui assure l'indépendance et l'impartialité de la justice.

On distingue les magistrats du siège (juge aux affaires familiales, juge d'instance…) et les magistrats du parquet.

---

12. Par exemple, voir *Les études du Conseil d'État sur la révision des lois de bioéthique*. La Documentation Française ; 2009.

> **Le parquet**
>
> **Mission**
>
> Il doit veiller à l'application de la loi au nom du respect des intérêts fondamentaux de la société.
>
> Composition
>
> Le parquet désigne l'organisation au niveau du TGI, de l'ensemble des magistrats du ministère public qui sont chargés de requérir l'application de la loi et de conduire l'action pénale au nom des intérêts de la société. Au niveau de chaque TGI, le parquet comprend un procureur de la République, assisté de substituts et de procureurs adjoints.
>
> Il est chargé de la représentation du ministère public auprès du tribunal correctionnel, des juridictions pour mineurs, du juge d'instruction et des formations civiles du tribunal.
>
> On parle du « parquet général » à l'échelle de la cour d'appel. Il comprend un procureur général assisté d'avocats généraux.

2. Les magistrats non professionnels

Des citoyens peuvent avoir un rôle de magistrat non professionnel. On distingue les citoyens :

- élus (conseillers prud'homaux, juges consulaires du tribunal de commerce) ;
- tirés au sort (neuf jurés des cours d'assises aux côtés de magistrats professionnels) ;
- désignés sur candidature (assesseurs du tribunal pour enfants qui siègent aux côtés d'un juge des enfants pour juger les mineurs délinquants).

3. Les greffiers en chef et les greffiers

Le greffier est l'auxiliaire de justice le plus proche du juge, car il a pour rôle au cours du procès de garantir le respect des règles de la procédure et son authenticité.

Le greffier en chef exerce des fonctions d'administration, d'encadrement et de gestion dans les juridictions. Il a sous sa responsabilité des greffiers ayant pour fonction principale l'assistance du juge et l'authentification des actes juridictionnels. Le greffier est le « technicien » de la procédure : toute formalité ou tout acte accompli en son absence pourrait être frappé de nullité. Il a également vocation à exercer des fonctions d'accueil et d'information du public.

4. Les avocats et les avoués

L'avocat a un devoir général de conseil, de prudence et de diligence vis-à-vis de ses clients. Il assiste son client dans les différentes phases de la procédure et peut plaider devant toutes les juridictions. Il a une mission de représentation, c'est-à-dire qu'il accomplit tous les actes de procédure pour son client. En dehors même de tout litige, il a une mission d'assistance juridique.

Les avoués ont le monopole de la représentation des parties devant la cour d'appel. Ce ne sont pas des professionnels libéraux mais des officiers ministériels chargés d'informer et de conseiller leurs clients sur la particularité de la procédure d'appel. L'avoué est le seul à pouvoir accomplir les actes de procédure, mais il ne plaide pas.

5. Les huissiers de justice

C'est un auxiliaire de justice qui a des fonctions diverses. Certaines fonctions lui sont confiées à titre de monopole. Par exemple, c'est lui qui délivre les significations judiciaires (convocation, notification) aux parties.

Il procède aussi à l'exécution forcée des décisions judiciaires seul ou avec le recours de la force publique.

Il peut, à la demande des justiciables, procéder à des missions de conciliation dans le cadre d'opérations de recouvrement de créances ou de constatations matérielles.

6. Les experts

Les magistrats sollicitent l'avis de professionnels compétents lorsqu'ils ne sont pas en mesure de comprendre une question factuelle complexe.

L'expert est un « homme de l'art »[13] particulièrement compétent dans une technique ou une science spécifique (médecins, psychologues…). Il rend un avis qui ne lie jamais les magistrats puisque le juge ne saurait déléguer ses attributions juridictionnelles.

POINTS CLÉS

▶ Le droit permet de considérer le patient en tant que personne sujet de droits et non individu objet de soins.

▶ Le recours au droit apparaît comme un moyen de fixer des limites aux progrès de la médecine.

▶ Le droit objectif est un corps de règles générales et impersonnelles qui ont pour objet d'organiser la vie en société.

▶ Le droit désigne aussi les prérogatives que chaque personne peut puiser dans ce corps de règles : on parle des droits subjectifs de la personne.

▶ La règle de droit est une règle obligatoire et sanctionnée par l'autorité publique.

▶ La loi désigne toute disposition générale, impersonnelle et obligatoire émanant de l'autorité publique.

▶ Le règlement englobe l'ensemble des décisions du pouvoir exécutif et des autorités administratives.

▶ La jurisprudence définit l'ensemble des décisions rendues par les juridictions.

▶ Tout individu a le droit de contester une décision de justice devant une nouvelle juridiction pour voir son affaire rejugée en fait et en droit : c'est le principe du double degré de juridiction.

---

13. En matière civile, lorsqu'il s'agit d'établir un lien de filiation, on peut recourir à un expert agréé qui réalise une identification des personnes et de l'enfant par la technique des empreintes génétiques.

▶ Toute personne doit pouvoir être jugée dans le cadre d'un procès équitable, ce qui implique le respect du principe du contradictoire et des droits de la défense.

▶ La cour d'appel juge de tous les appels des tribunaux de premier degré au fond du procès, c'est-à-dire qu'elle procède à un nouvel examen du litige en faits et en droit et rend un arrêt.

Bibliographie

Frydman B, Haarscher G. *Philosophie du droit*. Coll. Connaissance du droit. Paris : Dalloz ; 1998.
Jestaz P. *Le droit*. Coll. Connaissance du droit. Paris : Dalloz ; 1998.

Science politique et construction des problèmes de santé publique

C. Gilbert, E. Henry

I. Le caractère contingent de l'émergence et de la prise en compte des problèmes de santé publique
II. Les conditions sociopolitiques nécessaires à l'émergence et à la reconnaissance des problèmes de santé publique
III. Les enjeux liés aux « luttes définitionnelles »
IV. Conclusion

Sida, amiante, « vache folle », saturnisme, téléphonie mobile, pandémie grippale…, autant de risques qui sont apparus comme de nouveaux problèmes dans le domaine de la santé publique.

On considère habituellement que ces problèmes ont émergé et se sont imposés en raison même de la gravité, réelle ou supposée, de leurs conséquences, telles qu'elles peuvent être appréciées à travers des affections, des maladies touchant des personnes, des groupes voire des collectivités plus larges. Ainsi, les effets de différents « agents » (virus du sida, fibres d'amiante, prion, plomb, ondes électromagnétiques, virus de la grippe, etc.) apparaissent-ils déterminants dans la constitution d'un problème que ne feraient « qu'enregistrer » différentes sciences (biologie, toxicologie, épidémiologie…) et que ne feraient « que traiter » différents acteurs publics.

Selon cette approche, dominante et très partagée, l'émergence des problèmes de santé publique et leur prise en compte par les autorités résultent soit de phénomènes peu contestables (comme lorsqu'est identifié un nouveau virus), soit de suspicions à l'égard d'un nouvel agent (comme cela a été le cas avec le prion). Une relation assez mécanique, linéaire, est donc établie entre, d'une part, l'identification d'un « ennemi », réel ou potentiel, par les sciences médicales et l'ensemble des disciplines fondamentales qui les supportent et, d'autre part, l'inscription du problème sur l'agenda des autorités sanitaires. En d'autres termes, les sciences, pour ne pas dire « la » science, sont considérées comme commandant la décision publique dans ce domaine. Les acteurs politico-administratifs sont alors perçus simplement comme répondant (ou ne répondant pas) à la situation telle qu'elle leur a été imposée de l'extérieur, comme traitant un problème sur lequel ils affirment avoir peu de prises.

Il est certes admis que ce n'est pas toujours le cas et que ce processus rationnel peut être entravé. Les priorités données en matière de santé publique apparaissent pouvoir être déterminées par d'autres facteurs, comme lorsqu'une question fait l'objet d'inquiétudes, de controverses scientifiques et de polémiques dans l'espace public contraignant à une prise en charge du problème, dans l'optique principale d'éviter une « crise » dans l'opinion publique. Le cas de la téléphonie mobile est, de ce point de vue, assez emblématique puisque les risques éventuels associés aux antennes ou à l'utilisation de téléphones portables ont fait l'objet d'une mise sur agenda, alors que de fortes incertitudes persistent même après la réalisation de travaux scientifiques. Dans ce dernier cas, on évoque plutôt une distorsion du modèle réputé « normal » d'émergence des problèmes avec une attention trop forte donnée aux espaces de débat public, mais sans que le bien-fondé du modèle soit remis en question.

Or, ces approches ont été assez fondamentalement remises en cause par les travaux de science politique et notamment de sociologie de l'action publique. Ces travaux qui portent sur l'ensemble des politiques publiques trouvent une traduction particulièrement intéressante dans le domaine de la santé publique. Ils ont en effet montré que toute situation objective ne conduit pas à la formation d'un problème public. Les milliers de morts annuels liés à l'amiante ont pendant longtemps laissé indifférents, de même que les centaines de milliers de malades touchés par l'hépatite C ne font pas l'objet d'une attention à la hauteur des dimensions du problème. La recherche en science politique a souligné que pour qu'il y ait problème, il faut non seulement une situation objective mais aussi qu'un jugement soit porté sur elle et que la situation dénoncée apparaisse *devoir être différente* de ce qu'elle est. Un problème public est donc une situation sur laquelle il apparaît nécessaire d'agir, soit qu'elle soit présentée comme telle dans l'espace public, soit qu'elle fasse l'objet d'une politique publique cherchant à la transformer. Un problème n'émerge donc pas spontanément d'une situation de façon automatique mais doit faire l'objet d'une construction de la part d'acteurs qui investissent un problème pour l'imposer et contraindre à sa prise en charge. Cette construction se fait dans le cadre de mobilisations et de mouvements d'action collective engagés par des acteurs disposant de certaines ressources pour s'y impliquer. Au cours de ce processus de construction, ces acteurs donnent des formes spécifiques au problème qui peuvent parfois devoir plus aux caractéristiques de ces mobilisations qu'aux contours objectifs du problème. Joseph Gusfield a par exemple magistralement montré comment la cristallisation du problème de l'insécurité routière aux États-Unis dans les années 1970 sur la figure du chauffard alcoolique tenait plus aux types d'acteurs mobilisés pour publiciser ce problème (notamment des associations militant pour la tempérance vis-à-vis de l'alcool) qu'à une acuité particulière de cet aspect du problème. Une fois une situation qualifiée de problématique, elle doit alors faire l'objet d'une *mise sur agenda* pour devenir un problème public, c'est-à-dire un problème qui fera l'objet d'une intervention de la part des autorités politiques et/ou administratives, qui fera l'objet d'une politique publique. Les travaux de science politique s'attachent donc à comprendre le déroulement de l'ensemble de ce processus depuis la façon dont sont redéfinies certaines situations jusqu'aux modalités de la mise en œuvre de l'action publique à leur sujet. Ils montrent là encore que les modalités de l'intervention publique vis-à-vis d'un problème tiennent à de multiples facteurs renvoyant souvent plus au contexte institutionnel et aux modalités antérieures de traitement de problèmes paraissant similaires qu'à une capacité à inventer une réponse nouvelle à chaque problème émergent.

I. Le caractère contingent de l'émergence et de la prise en compte des problèmes de santé publique

La prise en compte ou non des problèmes de santé publique apparaît conditionnée par de multiples facteurs qui sont loin de se limiter à l'identification des problèmes par les scientifiques ou les experts ou aux perceptions de tel ou tel risque ou menace par le public. De ce point de vue, trois cas analysés par des sociologues ou des politistes peuvent être évoqués mettant clairement en évidence diverses raisons pour lesquelles des questions de santé publique émergent ou n'émergent pas comme des problèmes de santé publique.

A. Le sida

La question de la prise en compte du sida par les systèmes transfusionnels est particulièrement intéressante dans le sens où, initialement, cette menace a été difficilement intégrée tant par les experts que par les autorités sanitaires françaises. Michel Setbon, qui a procédé à une analyse comparative entre la France, la Grande-Bretagne et la Suède, explique pourquoi dans le système de santé français très tourné vers le curatif (et non le préventif), la reconnaissance d'une nouvelle maladie pour laquelle on ne disposait d'aucun traitement s'est avérée problématique au début des années 1980. Et cela d'autant plus qu'elle paraissait *a priori* surtout concerner des groupes considérés comme « marginaux » (homosexuels, usagers de drogues…). La conséquence a été une incapacité à simplement reconnaître une nouvelle maladie et, plus encore à agir, à la différence de ce qui s'est passé dans les deux autres pays. Sans préjuger de la nature de la maladie et en faisant rapidement l'hypothèse d'une transmission par voie sexuelle, les autorités anglaises et suédoises se sont attachées à écarter du système de transfusion sanguine les personnes potentiellement à risque. Personnes qui, avant l'élaboration de tests, ont été identifiées par la passation de questionnaires (portant sur les voyages, les pratiques sexuelles, etc.). En France où le système de transfusion sanguine fondé sur le bénévolat du donneur avait noué des liens très forts avec les associations de donneurs, la sélection par questionnaire n'a pu être mise en place. Si bien qu'avant l'introduction du test de dépistage en 1985, les mesures de prévention n'ont pas été engagées. La conséquence est qu'il y a eu, via le système de transfusion sanguine, un nombre de contaminations bien plus élevé qu'en Grande-Bretagne ou qu'en Suède. Ce cas montre assez clairement que dans la reconnaissance d'un problème tout n'est pas simplement affaire de « science », mais de capacités d'une organisation à sortir de ses logiques de pensée et de fonctionnement habituelles, de prédispositions ou non d'experts et de décideurs à gérer des incertitudes, à faire preuve de pragmatisme en sortant du champ strictement médical pour traiter un problème émergent de santé publique.

B. L'amiante

Un autre cas intéressant est celui de l'amiante en France, étudié par Emmanuel Henry. Les problèmes sanitaires posés par les expositions à l'amiante sont connus depuis très longtemps, notamment dans le cadre d'expositions professionnelles. Ils ont cependant considérablement tardé à être enregistrés comme des problèmes de santé au travail et, plus encore, comme des problèmes de santé publique. Malgré les données dont elles disposaient, malgré aussi l'existence d'une littérature abondante au plan international, les autorités sanitaires françaises ne se sont pas pleinement saisies de ce dossier. Outre le fait que cela semblait renvoyer aux « risques du métier », les activités impliquant l'utilisation de l'amiante ont longtemps fait l'objet d'un « compromis » entre les représentants du patronat et les représentants syndicaux des salariés, et ce avec l'aval de l'État. Ce compromis mettait effectivement en balance les risques sanitaires liés à l'amiante encourus par les ouvriers et la préservation d'un secteur économique très lucratif pour les acteurs industriels. Le problème de l'amiante est donc longtemps resté « confiné » parmi les acteurs de la gestion des risques professionnels sans réussir à sortir de ces arènes de discussion spécialisées. Ce n'est que lorsque ce compromis historique a été remis en question, quand le problème de l'amiante a été relié à des problèmes environnementaux qu'il a enfin été considéré comme un problème de santé publique (voir p. 68). Là encore, tout n'est pas qu'affaire de science, d'expertise puisque, sur ce plan, les données scientifiques étaient disponibles depuis des décennies. La conséquence, que l'on connaît, est que de dizaines de milliers de personnes sont aujourd'hui directement affectées par leur exposition à l'amiante.

C. Les « blessés de la route »

Un dernier exemple, peut-être plus surprenant, est celui de la « sécurité routière » étudié par Claude Gilbert. *A priori*, cette question a peu à voir avec des problèmes de santé publique. Quand elle est évoquée dans l'espace public, on s'attache en effet essentiellement aux personnes qui décèdent accidentellement, en dénonçant les conducteurs au comportement irresponsable voire criminel. Bref, la « sécurité routière » renvoie avant tout à un problème de comportement et se mesure en nombre de tués. Se trouve ainsi occulté le fait que la survenue des accidents s'inscrit dans des interactions souvent complexes entre conducteurs, véhicules et infrastructures ; et surtout, pour ce qui nous intéresse ici, qu'elle est potentiellement à l'origine d'un grave problème de santé publique puisque chaque année 500 000 personnes sont impliquées dans des accidents, dont 50 000 à 60 000 blessés graves, comptant 5000 à 6000 personnes très lourdement handicapés. La focalisation sur les personnes tuées a donc comme conséquence d'avoir longtemps fait disparaître du champ de vision les blessés qui, d'une certaine façon, ont été perdus de vue. Il a fallu l'obstination d'une équipe d'épidémiologistes pour réunir des données, établir des statistiques qui ont commencé à donner une nouvelle existence à une population de victimes dont, pour l'essentiel, la situation était traitée à travers l'assurance privée (autre facteur ne facilitant pas l'identification d'un problème de santé publique).

Que peut-on retenir de ces trois cas ? En premier lieu, l'existence de connaissances *a priori* disponibles sur un problème donné ne garantit pas qu'il puisse être reconnu. Le cas de l'amiante montre que s'il s'agit là d'une condition nécessaire, elle est loin d'être toujours suffisante. Une série de facteurs non scientifiques sont nécessaires à la prise en compte d'un problème. En deuxième lieu, la production de connaissances constitue un véritable enjeu et ne va pas nécessairement de soi. Le cas des « blessés sur la route » montre en effet que ce problème pourtant bien réel, apparemment évident, ne commence à acquérir une existence que grâce à une collecte systématique d'informations, à une production de données via des instruments de recueil spécifiques. En troisième lieu, enfin, la reconnaissance d'un problème de santé publique est largement fonction de ce que les experts, les décideurs peuvent ou non « voir » compte tenu de la formation qu'ils ont reçue, de leur culture, de leurs intérêts et du système d'acteurs dans lequel ils exercent leurs activités. Cet aspect a été particulièrement mis en évidence lors de la survenue du sida. Il explique aussi la difficulté qu'ont eue les autorités sanitaires à associer l'épisode caniculaire de 2003 à un problème de santé publique.

II. Les conditions sociopolitiques nécessaires à l'émergence et à la reconnaissance des problèmes de santé publique

L'existence en soi d'une question semblant s'apparenter à un problème de santé publique ne suffit donc pas pour qu'elle émerge et qu'elle soit reconnue comme telle. Divers types de conditions doivent être réunis pour qu'il en soit ainsi, renvoyant aussi bien à la nature intrinsèque d'une question qu'à la façon dont elle est portée par différentes catégories d'acteurs, dont elle réussit à s'inscrire dans des débats (qu'il s'agisse de controverses scientifiques, de polémiques, etc.) et dont elle est saisie par les médias, les instances judiciaires, etc. La sociologie politique et la science politique se sont particulièrement attachées à analyser ces processus de « constitution » des problèmes. Pour illustrer cela, les précédents exemples peuvent être de nouveau évoqués.

A. Le sida

Aussi importante soit-elle en soi, la question du sida a d'abord été un non-problème. Son émergence puis sa reconnaissance sont étroitement liées à la mobilisation d'associations particulièrement actives. C'est notamment le cas d'associations défendant la cause des homosexuels qui, comme aux États-Unis, ont joué un rôle déterminant en intervenant de multiples façons :

- tout d'abord à travers des actions particulièrement spectaculaires qui ont retenu l'attention des médias (comme la pose d'un immense préservatif sur l'obélisque de la place de la Concorde à Paris) ;
- ensuite, en interpellant vigoureusement les autorités sanitaires françaises pour qu'elles se saisissent de cette question, qu'elles mettent en place des structures ad hoc spécifiquement consacrées au problème du sida, qu'elles développent des politiques de sensibilisation, de prévention ainsi que des politiques de recherche ;
- enfin, en exerçant directement des pressions à l'égard des laboratoires afin qu'ils dirigent leurs efforts de recherche sur cette question, qu'ils mettent en place de nouveaux dispositifs (comme le protocole compassionnel) afin que de nouvelles molécules, non encore pleinement testées, puissent être mises à disposition.

Ainsi, la forte mobilisation des milieux homosexuels, leur capacité d'organisation et d'intervention via leurs associations ont permis que le sida soit pleinement identifié comme un problème de santé publique ne concernant pas uniquement des minorités, comme ce fut le cas initialement, mais potentiellement toute la population. D'autres groupes ont été également affectés, leur mobilisation ayant également contribué à l'émergence du problème sida. C'est notamment le cas des hémophiles qui, non sans difficultés, ont réussi à intéresser les médias puis à trouver les voies de la justice pour faire reconnaître les graves préjudices qu'ils avaient subis. Un des problèmes rencontrés par les hémophiles tenait aux liens étroits qu'ils avaient avec les médecins qui, via la distribution de produits sanguins, leur assuraient des conditions de vie quasi normale. La situation des hémophiles contraste avec celle des transfusés qui, ayant subi les mêmes préjudices de façon dispersée et étant moins organisés, n'ont pas bénéficié de la même reconnaissance en tant que victimes. Quoi qu'il en soit, la mobilisation des associations regroupant des hémophiles ou des transfusés a eu comme effet de relier étroitement les problèmes de santé publique à la responsabilité des autorités, de l'État. La question du sida a ainsi marqué un tournant en mettant en évidence les risques de « scandale » et donc les risques politiques qui pouvaient résulter d'une mauvaise gestion d'un problème relevant de la santé publique, avec des conséquences médiatiques et judiciaires.

B. L'amiante

La question de l'amiante est particulièrement emblématique puisqu'elle a aussi longtemps été considérée comme un non-problème. Pour qu'elle devienne un problème de santé publique ne se limitant pas à certaines catégories professionnelles spécifiques, un important travail de redéfinition a été nécessaire. Il a notamment fallu que d'autres catégories que celles qui étaient initialement concernées soient menacées, comme les salariés du campus universitaire de Jussieu ou plus généralement des usagers de bâtiments scolaires contenant de l'amiante.

À la différence des mobilisations ouvrières et syndicales contre l'usage professionnel de l'amiante, les mobilisations dénonçant l'amiante dans les lieux publics ont tout de suite attiré une attention médiatique plus soutenue. Les militants de cette nouvelle cause ont su se mobiliser de manière efficace en réunissant les éléments scientifiques permettant de constituer le « dossier amiante ». En définissant ce problème en termes de scandale, ils ont également su susciter l'attention et le suivi régulier des médias d'information. De même, ils ont été en mesure de mettre en avant des responsabilités et de trouver les voies judiciaires adéquates. Mais ce cas a surtout contribué à mettre en évidence un autre aspect : la nécessité de transformer la nature du problème, de lui donner une autre définition, pour qu'il acquière les caractéristiques d'un problème de santé publique. En d'autres termes, il a fallu que ce problème soit « déconfiné », qu'il ne renvoie plus seulement à des problématiques de maladies professionnelles, pour être perçu comme un scandale de santé publique. Ce fut le cas lorsque le problème a progressivement été redéfini comme un problème environnemental.

C. Les « blessés de la route »

Le cas des « blessés de la route » constitue un contre-exemple. Ce problème, aussi massif soit-il, tarde en effet à être reconnu comme un problème de santé publique. Cela tient tout d'abord au fait que l'instruction de ce dossier par les épidémiologistes est récente et n'a peut-être pas encore produit tous ses effets. Dans l'état actuel, le problème des « blessés sur la route », tel qu'il est englobé dans le problème de la « sécurité routière », est essentiellement constitué comme un problème d'ordre public intéressant en priorité le ministère de l'Intérieur et le ministère de la Justice. De fait, le ministère de la Santé éprouve des difficultés à se saisir de cette question et à le considérer comme un des grands problèmes de santé publique. La conséquence est que les « blessés sur la route » sont traités dans un certain silence social. La difficulté, déjà pointée, est que le problème de la sécurité routière, longtemps ignoré, est essentiellement appréhendé à travers le cas des « tués sur la route ». Or, ce sont ces tués sur la route, notamment à travers le cas des jeunes, qui ont fait l'objet d'une importante mobilisation de la part d'associations de parents de victimes, d'une « mise en scandale ». Si la situation des blessés n'est pas ignorée, elle est de fait seconde et correspond à un dossier beaucoup moins instruit.

Que nous apprennent ces trois cas ? En premier lieu, ils mettent en évidence qu'une question ne peut exister comme problème de santé publique qu'à la condition d'être portée par des groupes ayant la capacité d'intéresser les médias, la justice et donc d'assurer une publicité à une question donnée (éventuellement présentée comme un « scandale »). En deuxième lieu, et de façon liée, ils montrent que le « portage » des problèmes ne va pas de soi, qu'il nécessite un important travail en termes d'instruction d'un dossier, d'organisation, de mobilisation et d'intervention auprès de différentes instances. Cela crée donc d'évidentes inégalités entre les groupes et entre les causes. En troisième lieu, ces cas permettent de mieux comprendre quelles doivent être les caractéristiques, les « qualités » d'un problème pour être labellisé comme un problème de santé publique. Il apparaît notamment nécessaire qu'il puisse gagner en généralité et ne pas uniquement concerner des catégories spécifiques. De là, l'importance des processus de déconfinement, de définition et de mise en forme des problèmes.

III. Les enjeux liés aux « luttes définitionnelles »

A. Qu'est-ce qu'une « lutte définitionnelle » ?

Les problèmes de santé publique n'existent donc pas en soi indépendamment du contexte institutionnel et social dans lequel ils émergent.

Ils ont besoin d'être « instruits », « portés » pour être « constitués » et éventuellement reconnus et inscrits sur l'agenda des autorités politiques.

Mais la façon dont ils vont être traités, faire l'objet d'actions et de politiques dans le domaine de la santé publique dépend très fortement de la manière dont ces problèmes sont définis. Or, les définitions des problèmes ne sont pas données indépendamment de ce processus d'émergence : elles dépendent des choix qui seront faits entre différentes définitions possibles, choix qui eux-mêmes dépendent de certains jeux d'acteurs et des modes d'appropriation de ces problèmes. C'est en ce sens que l'on parle de « luttes définitionnelles » qui déterminent si un problème relève ou non de la santé publique et comment, dans ce cadre, il va être appréhendé.

B. Quelques exemples des enjeux liés à la « lutte définitionnelle »

Les exemples précédemment évoqués (sida, amiante, « blessés sur la route ») montrent bien quels sont les enjeux attachés aux définitions d'un problème.

1. Le sida

Le sida n'est pas le même « problème », selon qu'on le considère comme une maladie propre à des minorités ayant des comportements auxquels on peut imputer la transmission du virus, ce qui fut initialement le cas, ou selon qu'on le considère comme une maladie concernant *a priori* tout le monde. Ce débat qui a pris une tournure politique au cours des années 1980, avec notamment la stigmatisation des malades par le Front National via le qualificatif de « sidaïque » et la mobilisation d'associations attachées à ce que cette nouvelle maladie ne soit pas un vecteur de discrimination, a abouti à imposer une définition du sida comme une maladie concernant certes des groupes spécifiques mais potentiellement l'ensemble de la population.

2. L'amiante

De la même manière, l'amiante n'est pas le même problème s'il est principalement, voire uniquement rapporté aux groupes directement en contact avec ce minéral dans le cadre de leur travail ou s'il est qualifié comme un problème de santé environnementale et donc susceptible, là encore, d'affecter l'ensemble de la population.

3. Les « blessés de la route »

Enfin, le problème de la « sécurité routière » est différent selon qu'il est analysé comme un « scandale » à travers la focalisation sur les « tués » sur la route ou comme un problème touchant de façon habituelle et massive un très grand nombre de personnes. L'entrée d'un problème dans le domaine de la santé publique n'est donc pas automatique, mais dépend très fortement de la façon dont il est appréhendé, de la capacité qu'auront ou non des acteurs à donner à un problème les « qualités » suffisantes pour qu'il soit reconnu comme tel. Dans le cas des « blessés sur la route » par exemple, rien n'indique encore que la reconstitution de la population des « victimes », via la mise en place de registres épidémiologiques, soit suffisante pour transformer cette question en problème de santé publique.

4. Le saturnisme infantile

D'autres cas illustrent bien le flottement qu'il peut y avoir dans la définition des problèmes. Ainsi, la question du saturnisme infantile oscille entre différentes définitions : elle est apparue à un moment comme un problème culturel, notamment lorsque le saturnisme infantile a été considéré comme résultant de pratiques spécifiques de minorités ethniques ; comme un problème médical, lorsque les patients sont pris en charge individuellement dans des services spécialisés à l'hôpital ; comme un problème de santé publique dès lors que ce problème spécifique pose, de façon beaucoup plus large, la question de la contamination par le plomb dans des populations assez importantes ; comme un problème de logement, attribuable à la précarité sociale et aux mauvaises conditions de logement de certaines catégories de population. Si le saturnisme infantile est aujourd'hui plutôt considéré comme un problème de santé publique, les autres définitions sont cependant toujours présentes ce qui crée une incertitude sur le fait de savoir quels sont les acteurs politico-administratifs qui l'ont en charge, quels sont les savoirs et savoir-faire qui doivent être mobilisés, quels sont les instruments devant être mis en œuvre, etc. La définition donnée à un problème ou, plus exactement, la définition qui devient dominante, détermine quels sont les acteurs qui vont avoir la charge de ce problème et quelles sont les façons de penser et de procéder qui vont être considérées comme légitimes. La définition qui s'impose a des conséquences aussi bien dans la sphère politico-administrative que dans les sphères médicale et scientifique puisque la détermination des champs de compétence, l'attribution des ressources peuvent considérablement varier selon la définition des problèmes.

5. La périnatalité et les infections nosocomiales

Dans le champ hospitalier, deux questions de santé (la périnatalité et les infections nosocomiales) ont connu des destins très différents en lien avec les formes des alertes lancées sur ces problèmes par différentes catégories de professionnels. Dans le cas de la périnatalité, même si ce problème a été médiatisé à la fin des années 1960, il est resté un problème relevant du domaine de la profession médicale et c'est de façon interne qu'une prise en charge renouvelée s'est opérée. Dans celui des infections nosocomiales, le problème a au contraire pris une dimension publique, médiatique, judiciaire et politique qui l'a d'une certaine manière sorti de la compétence strictement médicale, conduisant à des modalités de traitement du problème aujourd'hui très spécifiques, avec une forte représentation d'associations dans les dispositifs de prise en charge. Outre donc le fait que la qualification d'un problème en termes de santé publique peut être incertaine, on observe que des luttes définitionnelles se développent au sein même des professions et des institutions spécifiquement dédiées aux questions de santé. Ces luttes définitionnelles, très habituelles, sont d'ailleurs au cœur des jeux d'acteurs et des dynamiques organisationnelles. Elles retiennent particulièrement l'attention des sociologues et des politistes, sachant que le traitement ou le non-traitement de questions est largement déterminé par les choix qui résultent de ces luttes définitionnelles ou, pour le dire autrement, par les cadres de référence qui vont « naturellement » s'imposer pour appréhender toute question nouvelle. Dans certains cas, les cadres sont si durablement institutionnalisés qu'ils ne font l'objet que d'une contestation marginale, comme dans le cas de la périnatalité avec un degré de médicalisation de la naissance qui semble aujourd'hui assez unanimement accepté. Dans d'autres cas, par contre, des biais apparaissent, rendant problématique la prise en charge d'une question. Dans le cas du chikungunya, par exemple, il a pu être constaté que l'approche de cette question sous l'angle de la lutte antivectorielle a eu pour conséquence que la focalisation sur le vecteur (le moustique donc) s'est faite au détriment des effets qu'il produisait, autrement dit de la maladie elle-même, de l'analyse de ses caractéristiques au plus près des patients. De manière assez semblable, l'approche faite de la menace de pandémie grippale à travers la lutte contre les virus (via les antiviraux, les vaccins) tend à rendre seconde la question de la maladie elle-même alors que, dans leur très grande majorité, les personnes risquent moins de mourir de la grippe elle-même que des complications qu'elle entraîne et qui, elles, sont traitées avec des moyens désormais classiques (antibiotiques). Les options qui se sont imposées ou, du moins, qui sont dominantes font que certains aspects sont privilégiés au détriment d'autres, avec donc des conséquences dans la gestion effective des problèmes relevant de la santé publique.

Que peut-on retenir des enjeux liés aux luttes définitionnelles ? Il apparaît tout d'abord qu'il n'y a rien d'automatique, d'évident dans l'identification d'un problème comme relevant du domaine de la santé publique. D'autres définitions peuvent prévaloir rendant seconde voire faisant disparaître la dimension santé publique. Il apparaît ensuite que les définitions susceptibles d'être données à tel ou tel problème sont déterminantes dans la désignation des acteurs qui devront intervenir pour le résoudre, dans les choix qui seront faits en termes de connaissances à mobiliser et d'instruments ou de modalités d'action pour le prendre en charge. Enfin, comme les cadres qui s'imposent ont un impact direct sur la façon dont une question est traitée, ils conduisent à produire des modalités de traitement d'un problème plus ou moins pertinentes, comportant des biais plus ou moins importants.

IV. Conclusion

La sociologie de l'action publique et la science politique ont donc une approche spécifique des problèmes de santé publique que l'on peut, à très grands traits, caractériser de la façon suivante.

Tout en reconnaissant la réalité objective des diverses situations qui peuvent être à l'origine d'un problème de santé publique, elles considèrent que c'est en fonction de facteurs sociaux propres aux sociétés concernées que des problèmes sont reconnus, ont la possibilité d'émerger et sont également hiérarchisés. C'est donc en analysant quels sont ces facteurs, quelles sont les logiques de leur fonctionnement que l'on peut comprendre comment une question donnée peut ou non acquérir les traits lui permettant d'être constituée en problème de santé publique. Ces facteurs renvoient surtout aux caractéristiques des acteurs et des groupes qui interviennent pour construire le problème comme un problème prioritaire ou important, aux ressources dont ils disposent et à leur hiérarchisation au sein de la société, ainsi qu'à leur capacité à imposer la prise en charge d'un problème par certaines arènes (médiatiques, judiciaires ou institutionnelles).

Partant du constat que l'existence de problèmes en soi ne garantit pas qu'ils seront reconnus comme des problèmes de santé publique, la sociologie et la science politique s'attachent à définir quelles sont les conditions à remplir pour qu'il en soit ainsi. Elles ont notamment mis en évidence les caractéristiques que devait revêtir la définition d'un problème pour faciliter sa prise en charge dans certaines arènes. Ces caractéristiques seront différentes suivant les types d'arènes qui vont assurer la circulation des discours et des mobilisations vis-à-vis d'un problème. Les problèmes importants ou prioritaires ne sont pas les mêmes (ou ne sont pas formulés de la même manière) dans les espaces de mobilisation associatifs ou syndicaux, dans les espaces judiciaires, dans les espaces médiatiques ou dans les espaces plus institutionnels. Partant du constat que le traitement d'un problème dépend très fortement de la définition qui lui est donnée, la sociologie et la science politique s'attachent à déterminer quels sont les « cadrages » qui s'imposent, quels sont les aspects qui sont privilégiés et quels sont ceux qui sont occultés. Elles s'attachent aussi à déterminer les dynamiques des organisations, les jeux d'acteurs comme les enjeux de pouvoir directement liés à la reconnaissance d'un problème de santé publique.

En quelque sorte, ces travaux invitent à un retournement de perspective en proposant d'analyser prioritairement la société et les groupes au sein desquels les problèmes émergent avant de regarder les caractéristiques des problèmes eux-mêmes. Ils conduisent ainsi à une réflexion plus large sur les priorités que se donne une société, les problèmes qu'elle privilégie ou occulte et, partant, les groupes sociaux qui arrivent à se faire mieux entendre et prendre en compte que d'autres.

POINTS CLÉS

▶ Les travaux de science politique montrent que l'identification d'un problème comme relevant du domaine de la santé publique ne repose pas seulement sur son objectivation par des données scientifiques.

▶ La façon dont les problèmes vont être traités, faire l'objet d'actions et de politiques dans le domaine de la santé publique dépend de la façon dont ils sont définis. Le choix fait entre différentes définitions possibles d'un problème dépend des jeux d'acteurs et des dynamiques des organisations qui pourraient ou non être impliqués dans la prise en charge de ce problème. La reconnaissance d'un problème de santé publique dépend du contexte.

▶ L'absence de mesures de prévention vis-à-vis du sida par les systèmes transfusionnels, dans les années 1980 est un bon exemple des difficultés de prise en compte des problèmes de santé publique par les autorités sanitaires françaises.

▶ Les données scientifiques sur les risques pour la santé de l'homme liés à l'exposition à l'amiante étaient connues depuis des décennies avant que les autorités sanitaires n'en fassent un problème de santé publique.

▶ La politique publique de sécurité routière est focalisée sur les décès et occulte les blessés de la route comme un des grands problèmes de santé publique.

▶ La reconnaissance du sida comme un problème de santé publique a été rendue possible grâce au rôle des associations.

▶ L'élargissement de la question de l'amiante au domaine environnemental au-delà du monde du travail a permis de le considérer comme un problème de santé publique.

▶ La notion de «lutte définitionnelle» permet de déterminer un problème de santé publique et de savoir quels sont les acteurs qui seront en charge de sa résolution.

▶ La science politique a pour objectif d'étudier les facteurs sociaux et de définir les conditions à remplir pour qu'un problème de santé publique émerge dans une société donnée.

▶ La science politique analyse en priorité la société et la capacité des groupes sociaux à faire reconnaître un problème comme relevant de la santé publique.

Bibliographie

Carricaburu D. Confinement et déconfinement des luttes définitionnelles. Les cas de la périnatalité et des infections nosocomiales. In : Gilbert C, Henry E. (Dir). *Comment se construisent les problèmes de santé publique*. Paris : La Découverte; 2009. p. 55–72.

Gilbert C. *Les crises sanitaires de grande ampleur : un nouveau défi ?* Coll. La Sécurité aujourd'hui. Paris : La Documentation française; 2007.

Gilbert C. Quand l'acte de conduite se résume à bien se conduire. À propos du problème « sécurité routière ». *Réseaux* 2008; 147 : 21–48.

Gilbert C, Henry E. *Comment se construisent les problèmes de santé publique ?* Paris : La Découverte; 2009.

Hassenteufel P. *Sociologie politique. L'action publique*. Coll. U Sociologie. Paris : Armand Colin; 2008.

Épistémologie : introduction à la démarche scientifique

J. Blanc

I. Distinction entre science et connaissance
II. L'hypothèse
III. Expliquer : les lois
IV. Théories scientifiques et « révolutions » scientifiques

La science permet à l'homme de se rendre comme maître de son environnement et de lui-même grâce aux applications qui dérivent de la recherche scientifique. Mais cette recherche scientifique elle-même est pour une large part désintéressée, elle ne cherche pas directement d'applications pratiques. Elle correspond à un besoin humain profond et tenace d'acquérir une connaissance toujours plus vaste et une compréhension plus approfondie du monde dans lequel il se trouve.

L'épistémologie s'intéresse ainsi à la façon dont cette connaissance est établie. Il s'agit d'une réflexion sur l'acquisition des connaissances et sur les sciences en général. C'est une connaissance de la science : de ses réalisations, de ses possibilités, mais aussi de ses limites. Si la science jouit d'une grande autorité dans nos sociétés modernes, il ne faut cependant pas attendre d'elle plus qu'elle ne peut donner. En particulier, il faut se garder de considérer que ses hypothèses, lois et explications sont immanquablement et toujours vraies. Nous abordons ainsi les questions incontournables liées à la démarche scientifique : Que découvre exactement le scientifique ? Comment constitue-t-on une hypothèse ? Est-ce qu'une hypothèse est vraie ? Quand peut-on dire d'un énoncé qu'il est vrai ? Qu'est-ce qu'une loi ? Est-ce qu'une théorie scientifique représente fidèlement les faits ? D'une manière générale, nous nous posons la question suivante : qu'est-ce qui fait la spécificité de la démarche scientifique ?

I. Distinction entre science et connaissance

Le terme « épistémo-logie » est dérivé du grec *épistèmê* qui signifie « connaissance » ou « science », et *-logos* qui signifie « discours rationnel ». L'épistémologie est donc un discours rationnel sur la *connaissance* ou la *science*. En français, « l'épistémologie » désigne surtout l'histoire et la philosophie des *sciences* : physique, chimie, biologie et sciences humaines. Elle a tendance à considérer que seule la science est véritablement une connaissance. Elle est représentée par de grands savants ou philosophes, comme Claude Bernard, Gaston Bachelard, et Georges Canguilhem, qui s'intéressaient aux méthodes et à l'histoire des sciences.

Santé - Société - Humanité (Cours)
© 2012, Elsevier Masson SAS. Tous droits réservés

> ### Claude Bernard (1813–1878)
>
> Savant et médecin français, il a fait des découvertes importantes en physiologie, notamment en ce qui concerne les fonctions du pancréas, du foie ou le diabète. En histoire des sciences, il est considéré comme un des premiers à imposer la démarche expérimentale en médecine, fondée sur la mise au point d'hypothèses, destinées à résoudre un problème clairement formulé, et sur la vérification des conséquences testables de l'hypothèse au moyen de l'expérience. Il est fortement influencé par la conception de la science du positivisme d'Auguste Comte (1798–1857), philosophe français, qui insiste sur le rôle de l'observation, le fait que tous les phénomènes sont déterminés par des causes, et l'importance de la mesure et de la quantification. La quantification précise de la glycémie, par exemple, joua un rôle central dans la pensée de Claude Bernard.

> ### Georges Canguilhem (1904–1995)
>
> Philosophe et médecin français, son œuvre est centrale dans l'épistémologie et l'histoire des sciences, et en particulier de la biologie et de la médecine. Dans son ouvrage principal consacré à la médecine, *Le normal et le pathologique*, il entre en dialogue avec Claude Bernard et critique sa conception de la différence entre normal et pathologique. Pour Bernard, un état pathologique est le même qu'un état normal, à la différence quantitative près. Pour Canguilhem, au contraire, c'est tout le fonctionnement de l'organisme qui est modifié dans l'état pathologique, et pas seulement une variation quantitative du taux de glycémie, pour prendre l'exemple du diabète. Cette idée est reprise par Canguilhem pour démontrer la spécificité de la biologie par rapport aux sciences qui repose sur la quantification et le mécanisme comme la physique. L'objet de la biologie, l'organisme, est spécifique, il est caractérisé par sa relation au milieu, les fonctions de survie, etc. : par conséquent, la science biologique doit avoir une méthode spécifique.

Mais en anglais « *epistemology* » désigne plutôt un discours rationnel sur la *connaissance en général*. Un auteur comme Bertrand Russel, pour déterminer dans quelle condition une proposition, une phrase, est tenue pour vraie, analysait tout aussi bien les propositions ordinaires du type « je sais qu'il y a une assiette dans le placard », que la proposition d'optique « je sais que lorsqu'un rayon lumineux est réfléchi sur une surface plane, l'angle de réflexion est égal à l'angle d'incidence ». Dans un cas comme dans l'autre, il s'agit de *croyances* (je crois qu'il y a une assiette dans le placard), *vraies* parce que conformes au réel, et *justifiées* par une démarche donnée (regarder/calculer et expérimenter). Ce sont des connaissances. Nous pouvons *définir la connaissance* comme une croyance vraie justifiée. Et nous dirons qu'une croyance ou une proposition est vraie, si elle est conforme au réel.

> **Bertrand Russel (1872–1970)**
>
> Philosophe et mathématicien anglais, son œuvre est révolutionnaire en logique et fondamentale en épistémologie. Pacifiste, il a été un intellectuel polémiste et engagé. C'est un des fondateurs de la « *philosophie analytique* » qui repose sur la réduction (l'analyse) des énoncés en « atomes » logiques inanalysables et une théorie de la vérité, qui est fonction de l'observation directe des phénomènes et de la logique des énoncés. En théorie de la connaissance et de la science, il a été l'un de ceux qui montra l'importance de l'analyse de la logique des énoncés scientifiques pour comprendre leur rapport au réel et leur statut de vérité.

Cette distinction entre « épistémologie » et « *epistemology* » a le mérite d'attirer l'attention sur un fait important : la connaissance scientifique n'est pas le seul mode de connaissance. Elle est une manière particulière de connaître qui jouit d'une certaine autorité par rapport à la simple connaissance ordinaire. Cependant connaissance ordinaire et connaissance scientifique sont différentes : elles ne portent pas sur le même aspect du réel et elles ne sont pas justifiées de la même façon. *Science n'est pas synonyme de connaissance, il faut les distinguer.* Pourquoi alors la science jouit-elle de cette autorité, qu'est-ce qui fait sa spécificité ?

II. L'hypothèse

A. Inventer

« La première étape de la démarche scientifique est de savoir poser les problèmes », écrit Bachelard. Cela veut dire que face à des faits inexpliqués, l'observation seule ne nous donnera pas d'elle-même la solution. Il faut se guider à travers le foisonnement de l'expérience, et faire des hypothèses qui pourraient expliquer ces faits qui nous intéressent. Or, faire une hypothèse repose sur une capacité d'invention ou d'imagination. Une hypothèse qui marche est *une invention plutôt qu'une découverte*. Lorsqu'en 1865, Kékulé met au point la formule de la structure de la molécule de benzène, il ne la découvre pas comme on découvre un insecte sous une pierre : il inventa une solution, proposa une hypothèse dont les conséquences s'avérèrent fécondes.

> **Gaston Bachelard (1884–1962)**
>
> Philosophe français, il s'est intéressé aux deux activités complémentaires de l'esprit humain que sont la science et l'imagination ou rêverie. On peut retenir au moins trois thèses principales de son épistémologie :
> - les instruments scientifiques sont des « théories matérialisées » ; les données, comme les mesures, qu'ils permettent d'obtenir ne sont pas neutres, elles dépendent de théories elles-mêmes critiquables, discutables, etc. ;
> - toute étude épistémologique doit être historique : pour comprendre une science, il faut en retracer l'histoire et la replacer dans son histoire (sociale, son rapport aux autres connaissances, etc.) ;

> • il existe des « ruptures épistémologiques » : d'une part, entre le sens commun et les théories scientifiques (cela implique que le scientifique doit oublier ce qu'il sait, surmonter « l'obstacle épistémologique » du sens commun pour vraiment faire de la science), d'autre part, entre les théories scientifiques qui se succèdent au cours de l'histoire. Entre la mécanique classique et la physique quantique il y a un « saut » (voir Kuhn, p. 85).

Pour proposer une hypothèse, on peut *s'appuyer sur les théories ou les connaissances déjà existantes*. Ainsi lorsque le docteur Semmelweis, à Vienne dans les années 1840, constata que dans son service d'obstétrique un nombre élevé de femmes contractaient une fièvre puerpérale souvent mortelle, il examina d'abord les opinions les plus répandues. On pensait que ces fièvres étaient dues à des influences atmosphériques. Mais Semmelweis constata que dans le service d'obstétrique n° 2 juste à côté du sien, situé dans la même zone géographique et atmosphérique, le nombre de fièvres était inférieur. Il rejeta donc l'hypothèse de l'influence atmosphérique. Si elle avait été pertinente, on aurait trouvé au moins autant de fiévreux dans le service n° 2.

Il fallait donc trouver ce qui changeait entre le service de Semmelweis et le service n° 2. Mais pour cela, le médecin ne disposait plus de théories ou d'explications, il fallait donc échafauder seul une hypothèse.

C'est un accident qui lui fournit l'indice décisif. Un de ses collègues eut le doigt entaillé par un scalpel lors de la dissection d'un cadavre. Il présenta alors les mêmes symptômes que les femmes atteintes de la fièvre et mourut en quelques jours. Bien que le rôle des micro-organismes fût inconnu dans les pathologies de ce genre en 1840, Semmelweis supposa que la « matière cadavérique » introduite dans le sang de son collègue était la cause de sa fièvre et, par conséquent, de celle des femmes de son service. En effet, les médecins et les sages-femmes du service circulaient entre salles de dissection et salles d'accouchement, ce qui n'était pas le cas dans le service n° 2. Il fit donc une « trouvaille » ou une « conjecture » en dehors de toute théorie, qu'il restait à tester.

Lorsque l'homme de science est à la recherche de la solution à un problème, il peut lâcher la bride à son imagination (l'étude du mouvement des planètes par exemple fut inspirée à Kepler par l'intérêt qu'il portait à la mystique des nombres…). Constatant qu'un prêtre passait dans la salle des accouchées pour apporter les derniers sacrements aux mourants, Semmelweis supposa que la vue du prêtre pouvait causer une frayeur mortelle. En l'absence de toute indication, il ne pouvait pas se permettre de négliger cette hypothèse, qui se révéla fausse finalement. Par conséquent, les hypothèses peuvent et doivent être *proposées* librement. Cela signifie que la science repose sur la *décision* de considérer certaines conditions plutôt que d'autres. La scientificité d'une proposition ne repose donc pas sur la « trouvaille » elle-même. Mais tout l'enjeu pour une proposition est alors d'être *admise* dans le corps de la connaissance scientifique.

B. Induction et déduction

1. Induction

Cette description de la science comme une activité qui pose des questions au réel plutôt qu'elle n'observe les phénomènes, qui « décide » sans certitude ce qu'elle doit considérer, heurte l'image ordinaire que l'on se fait de la science. On se représente les théories scientifiques comme étant exclusivement et rigoureusement tirées de faits livrés par l'observation et l'expérience. On considère que la science commence avec l'observation et l'expérience de tout ce que nous présente la nature. Cette dépendance exclusive et étroite à l'égard de l'observation est considérée comme garante de l'*objectivité dans les sciences*[14]. Si à chaque fois que j'ai plongé un morceau de papier de tournesol dans de l'acide j'ai observé qu'il virait au rouge, je pourrai en conclure, après plusieurs expériences minutieuses, que « l'acide fait virer le papier tournesol au rouge ». En effet, à partir d'un nombre important d'observations particulières, j'infère une conclusion générale qui porte sur tous les papiers de tournesols possibles. Ce raisonnement s'appelle une *induction*. La conception qui considère que la science est une généralisation à partir d'observations s'appelle l'inductivisme. L'induction joue bien un grand rôle dans la démarche scientifique : cependant il serait faux de croire qu'il est l'idéal de la science et qu'il garantit absolument la vérité scientifique. Il faut éviter de tomber dans « l'inductivisme naïf ».

> **Francis Bacon (1561–1626)**
>
> Philosophe et homme politique anglais, il est considéré comme le père de l'empirisme moderne, c'est-à-dire la pensée selon laquelle nos connaissances nous viennent des sens, et un des premiers à avoir décrit la méthode expérimentale. Il pense donc l'association entre l'expérience et la rationalité. Il propose en effet de rompre avec l'héritage antique, en particulier celui d'Aristote, et de recourir à l'observation directe de la nature et à l'induction pour accroître les connaissances et faire progresser les sciences.

Le premier défaut serait de croire que la conclusion d'une induction comme « tous les corbeaux sont noirs » est absolument certaine. Même si elle est fondée sur un très grand nombre d'observations fiables (j'ai observé plusieurs corbeaux et ils sont bien noirs), elle ne sera jamais que probable : rien n'exclut que l'on trouve un corbeau blanc, et en tout cas rien ne nous permet d'affirmer que nous avons bien observé *tous* les corbeaux passés, présents et futurs.

D'une manière générale l'inductivisme qui fait tout commencer par une observation complète et minutieuse du réel, sans préjugé, sans hypothèse, repose sur une impossibilité : comment commencerions-nous une recherche sur les grains de sable s'il fallait observer tous les grains de

---

14. Cette conception de la science, où l'accent est mis sur le caractère central de l'expérience, est notamment celle du philosophe F. Bacon (*Du progrès et de la promotion des savoirs humains et divin*; 1605).

sable ? Et si nous ne partons pas avec une idée en tête, une hypothèse, comment sélectionnerions-nous les grains de sable pertinents ? Nous ne pouvons pas reprocher au médecin viennois Semmelweis de ne pas s'être préoccupé aussi de la couleur des rideaux ou de l'âge des femmes dans son service. Il a dû hasarder des hypothèses, qui lui ont permis de sélectionner les données pertinentes, de s'orienter dans le réel.

La science repose d'abord sur des hypothèses qui permettent de sélectionner les observations que l'on va faire. *Les hypothèses et les théories sont donc inventées par l'imagination, et non pas dérivées par induction des faits.* L'expérience ne joue un rôle déterminant qu'à partir du moment où il faut tester les hypothèses. Ce que l'on teste d'une hypothèse, ce sont ses implications. Ce test repose sur la *déduction ou inférence déductive* et non pas sur l'induction.

2. Déduction

Considérons l'hypothèse de la crainte éprouvée à la vue du prêtre dans le service de Semmelweis. Ce dernier raisonna ainsi : si l'*hypothèse* de la crainte du prêtre, que nous appelons *H*, est vraie, alors un changement dans le comportement du prêtre devrait avoir pour *implication*, que nous appelons *I*, une baisse de la mortalité dans le service. Il teste donc l'implication *I* par une expérience, en faisant passer le prêtre en dehors de la salle où reposaient les accouchées ; mais il la trouve fausse. Par conséquent, il rejette l'hypothèse *H*.

Son raisonnement était de la forme suivante :

- **si** *H* est vrai, alors *I* est vrai aussi ;
- **mais comme le montrent les faits,** *I* n'est pas vrai ;
- *donc H n'est pas vrai.*

Un raisonnement de cette forme est une déduction valide : si les « prémisses » (en gras ci-dessus) sont vraies, alors la « conclusion » (en italique ci-dessus) est vraie aussi, immanquablement. L'hypothèse du prêtre doit être rejetée.

L'hypothèse qui s'est avérée concluante explique la fièvre par la contamination par des « matières cadavériques ». De cette hypothèse *H'*, Semmelweis tire l'implication *I'* que l'usage d'antiseptiques devrait réduire les cas mortels, ce qui s'avère être le cas. Peut-on dire alors que l'hypothèse *H'* est prouvée de façon décisive ? Le raisonnement de Semmelweis était de la forme suivante :

- **si** *H'* est vrai, alors *I'* est vrai aussi ;
- **mais comme le montrent les faits,** *I'* est vrai ;
- *donc H est vrai.*

En réalité ce raisonnement est logiquement erroné, c'est une mauvaise déduction : les prémisses (en gras ci-dessus) peuvent être vraies, alors que la conclusion peut être fausse. L'hypothèse *H'* n'est donc pas vraie, elle est seulement probable. Nous pouvons faire un raisonnement simple pour comprendre cela : « s'il est vrai que tu es New-yorkais, alors il est vrai que tu es à New York ; or il est vrai que tu es à New York » ; mais je ne peux pas dire « alors il est indiscutablement vrai que tu es new-yorkais », car je pourrai aussi être Portoricain et être à New York. Et en effet, Semmelweis s'aperçut que lorsque les médecins venaient de manipuler des matières *vivantes* en décomposition, comme une tumeur purulente, et pas seulement des « matières *cadavériques* », ils transmettaient aussi la fièvre aux femmes qu'ils examinaient. Il dut élargir sa première hypothèse.

De ceci, on peut conclure que le *résultat favorable, où l'implication est vraie, de n'importe quel nombre de tests, ne prouve pas de façon décisive la vérité d'une hypothèse.*

C. Tester : l'expérience

En effet pour qu'une hypothèse soit *admise*, il faut que ses implications vérifiables puissent être testées, mise à l'épreuve par une observation ou une expérimentation. Elles doivent subir le test de l'évidence empirique. Mais l'hypothèse en elle-même ne subit pas le test de l'expérience. Nous dirons donc avec l'épistémologue Popper qu'*une hypothèse ne peut jamais être vérifiée à proprement parler, elle peut seulement être falsifiée*. C'est-à-dire que nous pouvons la considérer comme fausse si certaines de ses implications sont fausses. Mais les expériences favorables ne font que la corroborer, la consolider, pas la prouver.

> **Karl Popper (1902–1994)**
>
> D'origine viennoise mais ayant fait une grande partie de sa carrière en Angleterre après la Seconde Guerre mondiale, c'est un des philosophes des sciences les plus influents du XXe siècle. On retient deux aspects fondamentaux de son œuvre :
> - le problème fondamental pour Popper en philosophie des sciences est celui de la « *démarcation* », de la distinction, entre la science et la métaphysique ;
> - le critère de démarcation peut se trouver dans le fait que la science recourt à l'observation du réel. Mais ce rapport est plus compliqué qu'on ne le croit : en effet, une hypothèse scientifique n'est jamais vérifiée au sens strict par l'observation. Le croire serait tomber dans « l'inductivisme naïf » (voir *supra*). Les hypothèses scientifiques sont donc seulement ou bien corroborées ou bien falsifiées/réfutées. Une théorie n'est scientifique que si les énoncés d'observations qui la constituent falsifient ses hypothèses ou bien les corroborent. C'est le fameux principe de « réfutabilité » de Popper.

Ceci est vrai uniquement des *sciences empiriques*, c'est-à-dire des sciences qui sont dépendantes de l'expérience et de l'observation. En revanche, dans les sciences non empiriques, comme la logique et les mathématiques, il n'y a pas de dépendance à l'égard de l'expérience, car ces sciences n'ont pas pour but de décrire et expliquer le réel, même si elles peuvent *servir* à l'expliquer.

Il est donc important de bien distinguer une hypothèse et ses implications. Une implication peut être par exemple une *prédiction*. Si mon hypothèse à tester est la loi classique des gaz selon laquelle $V = c.T/P$, où V représente le volume d'une masse de gaz, T sa température et P sa pression (c est une constante), je peux *prédire* que V prendra une certaine valeur si je fais varier indépendamment *T* et *P* d'une certaine façon, *si l'hypothèse est vraie*. J'aurai vérifié les implications de l'hypothèse expérimentalement, ce qui est souvent le cas dans les sciences physiques et chimiques. Dans les sciences humaines en revanche, mais aussi en biologie, je ne peux pas systématiquement provoquer d'expérimentations, et les tests sont souvent des enquêtes sur les faits passés.

Une bonne hypothèse doit présenter *au moins en principe* des implications testables. Par exemple, d'une hypothèse portant sur la vitesse de la chute des corps sur la planète Mercure découlerait déductivement un ensemble d'implications qui sont testables *en principe*, mais pas pratiquement car nous ne pouvons nous déplacer sur la planète Mercure. Ce caractère de *testabilité* permet de distinguer une bonne hypothèse d'une pseudo-hypothèse qui, elle, ne peut prétendre à la scientificité. Ainsi la pseudo-hypothèse selon laquelle l'attraction gravitationnelle n'est pas autre chose qu'un amour des corps physiques les uns pour les autres ne comporte aucune implication testable. Cela ne veut pas dire que toutes les propositions non testables doivent être considérées comme absurdes et vides de sens. Seulement nous dirons qu'elles ne sont pas scientifiques.

Si on ne peut pas dire d'une hypothèse qu'elle est vraie, nous pouvons cependant considérer qu'elle est plus ou moins bien corroborée, et que l'on peut lui accorder plus ou moins de crédit. Mais ce « plus ou moins » est difficile à déterminer de façon précise. Nous dirons qu'une hypothèse est bien corroborée si nous avons réuni plusieurs faits favorables en sa faveur et surtout des faits *divers*. Ainsi la loi des gaz $V = c.T/P$ sera mieux corroborée si elle est testée pour différents gaz, avec des variations extrêmes de température, etc. Mieux corroborée, mais non pas vraie.

La conséquence directe de cela, comme le montre le physicien et historien des sciences français P. Duhem, c'est qu'il n'existe jamais d'*expérience cruci*ale ou décisive en science. Il n'y a pas une expérience qui prouve définitivement une théorie avec toutes ses hypothèses.

III. **Expliquer : les lois**

Pour expliquer des phénomènes divers, nous les rangeons sous des *lois générales*. Lorsqu'une hypothèse simple et générale a été corroborée, nous pouvons la tenir pour une loi. Ce sont des lois, car elles expriment une *régularité* et elles *supposent* une *nécessité* : si la température et la pression du gaz augmentent, alors son volume *doit* augmenter. Ce « doit » exprime une nécessité. Lorsque j'ai montré le rapport de nécessité entre un phénomène et un autre, on dira que je l'ai expliqué.

Lorsque nous expliquons un ou plusieurs phénomènes en le rangeant sous une loi générale, nous pouvons appeler cela une *explication déductive-nomologique*. En effet, le phénomène à expliquer est déduit d'une explication qui comporte au moins une loi (loi = *nomos* en grec, qui donne nomologique) comme le montre le raisonnement simplifié suivant :

- *loi :* le point de congélation de l'eau est (toujours) abaissé quand on y a dissous du sel ;

- *observation particulière :* cette neige à demi fondue a été saupoudrée de sel ;
- *phénomène à expliquer :* cette neige à demi fondue est restée liquide malgré le gel.

Ceci est une explication correcte du phénomène que nous observons. Elle repose sur le principe plus général de causalité, selon lequel « les mêmes causes produisent les mêmes effets », et elle montre le lien de nécessité qui existe (toujours) entre la neige liquide à des températures négatives et le sel.

Il y a deux formes de lois et donc deux formes d'explications : des lois universelles et des lois probabilistes. Une *loi universelle* affirme que certains phénomènes sont reliés entre eux de manière uniforme, lorsque des conditions spécifiques sont réunies (une certaine température, une certaine pression, etc.) quand et où que ce soit. Que le point de gel d'une eau salée soit abaissé est vrai maintenant comme dans 30 ans, ici ou aux Pôles.

Les *lois probabilistes* sont radicalement différentes. Ainsi dans l'exemple de Semmelweis, le fait que le médecin ait les mains souillées quand il manipule madame X. *rend très probable* le fait que madame X. attrape la fièvre. Pour déterminer ce degré de probabilité on pourra se fonder sur les statistiques antérieures par exemple. Mais la conclusion du raisonnement « madame X. a attrapé la fièvre » ne peut être déduite de la loi et du fait que le médecin soit infecté. Car il s'agit seulement d'une probabilité : madame X. peut ne rien avoir attrapé. Il s'agit là d'une différence logique importante : qu'elle n'attrape pas la fièvre ne nous conduit pas à abandonner notre hypothèse. Cela aurait été le cas si elle avait été formulée universellement.

Expliquer scientifiquement un phénomène, ce n'est pas seulement dire quelle est sa cause (le sel saupoudré dans l'exemple ci-dessus), mais tenter de montrer une régularité entre deux ou plusieurs phénomènes, que cette régularité soit statistique ou absolue.

Carl G. Hempel (1905-1997)

Philosophe des sciences né en Allemagne qui poursuivit sa carrière aux États-Unis après avoir fui le régime nazi. De ce fait, il participa au dialogue, comme Popper, entre les philosophies germanophones et anglophones. Figure majeure de l'empirisme logique, il est connu notamment pour sa description du modèle déductif-nomologique présenté ici. L'*empirisme logique* (ou positivisme logique) est un courant philosophique qui porte principalement sur la théorie de la connaissance, et qui est caractérisé par une association de l'empirisme (il n'y a pas de connaissance s'il n'y a pas de preuve tirée de l'expérience) et du rationalisme qui insiste sur le rôle de l'analyse logique (voir Russel et la philosophie analytique, p. 77), des mathématiques et de l'analyse du langage. Il est né à Vienne d'un groupe de savants et philosophes qu'on appellera « le Cercle de Vienne ». Ce mouvement se manifeste par :
- l'objectif de démarquer la connaissance scientifique de la métaphysique ;

> - l'idée selon laquelle une proposition n'a de sens que si elle renvoie à une observation du monde physique ;
> - l'idéal d'unifier toutes les sciences dans un seul super-langage logique de la science ;
> - l'idéal de corriger progressivement le langage ordinaire, trop flou et imprécis, par le langage logiquement standardisé de la science.

Cependant en biologie évolutionniste, ce modèle déductif-nomologique n'est pas entièrement valide. Pour expliquer un phénomène biologique singulier, comme la disparition des dinosaures à la fin du Crétacée, il suffit de trouver qu'elle est sa cause déterminante unique. On fait plutôt l'hypothèse de la collision de la terre avec un astéroïde. Elle explique la disparition des dinosaures complètement. Pour cela, nous n'avons pas besoin de ranger le phénomène sous la loi « tout astéroïde qui entre en collision avec la Terre fait disparaître x espèces. » Cette loi serait une généralisation abusive. *Recourir aux lois n'est pas la seule manière d'expliquer dans les sciences.*

IV. Théories scientifiques et « révolutions » scientifiques

A. Les théories : ce qui est sous-jacent aux phénomènes

Une explication scientifique se formule dans des lois empiriques. Une loi empirique exprime des relations régulières ou uniformes entre des « phénomènes », des choses qui nous apparaissent et que nous observons. Nous pouvons dire qu'une *théorie* sert à expliquer ces régularités que nous avons observées, et à en permettre une compréhension plus approfondie. Une théorie est une interprétation des phénomènes, de la surface des choses, comme la manifestation d'*entités* sous-jacentes, qui ne sont pas observables directement, mais qui permettent de mieux comprendre ce qui apparaît à la surface.

> **Exemple**
> Les lois de l'optique ont été accompagnées d'une réflexion *théorique* sur la nature de la lumière elle-même : est-ce qu'elle est constituée de petits corps (théorie corpusculaire), ou bien d'ondes (théories ondulatoires) ? Les *entités* sous-jacentes aux phénomènes non observables ce sont les atomes, les électrons, etc.

Une bonne théorie permet ainsi d'expliquer en profondeur les relations régulières déjà mises à jour et elle permet de prédire des régularités nouvelles du même ordre. Pour qu'une théorie soit acceptée, elle doit respecter certains critères comme : une certaine *simplicité* (elle ne doit pas multiplier les entités inutilement), avoir des *implications indirectes* elles-mêmes vérifiables. Ainsi la théorie ondulatoire de la lumière de Huygens expliquait la réfraction de la lumière en prévoyant que les ondes lumineuses ralentiraient en pénétrant dans un milieu plus dense (dans du verre par exemple), alors que la version corpusculaire (la lumière est composée de particule) de Newton prévoyait une accélération par application des principes de l'attraction. Les implications différentes de ces théories concurrentes n'avaient pu être observées. Il a fallu attendre les observations de Foucault au XIXe siècle, qui confirmèrent les implications de la théorie ondulatoire, qui fut alors préférée.

Observations empiriques, hypothèses, lois et théorie composent le *corps complexe d'une science* qui n'est pas constituée seulement d'observations ou seulement de théories mais d'un mélange des deux.

B. Pourquoi et comment change-t-on de théorie ? Les révolutions scientifiques

Il existe de multiples raisons, pour une communauté de scientifiques, de changer ou de garder une théorie. Il existe aussi plusieurs courants opposés au sein de l'épistémologie, qui ont des explications différentes des changements et des progrès dans les sciences. Notre but ici étant de déterminer en quoi une démarche de connaissance est scientifique, nous pouvons laisser de côté la question du progrès dans les sciences, pour nous demander ce qui peut amener un ou plusieurs scientifiques à abandonner une théorie qui avait fait ses preuves, au profit d'une nouvelle manière d'expliquer les choses.

Lorsque le corps d'une science est bien installé, que de nombreux scientifiques explorent des implications d'une théorie acceptée, nous dirons avec Thomas Kuhn qu'une science est dans sa période normale. Elle s'appuie sur un ensemble de théories, de lois et d'hypothèses que Kuhn appelle un « paradigme » et qui constitue le modèle que les scientifiques d'un ensemble de disciplines suivent. Il n'y a de révolution scientifique que s'il y a une crise, qui conduit à changer de paradigme, de modèle théorique.

Thomas Kuhn (1922–1996)

Philosophe et historien des sciences américain, il s'est efforcé d'expliquer le dynamisme des sciences en se référant à leurs histoires et à leurs déterminants sociaux et contextuels. Il est connu notamment pour avoir théorisé les cycles que connaît une science au cours de son histoire, et le principe des révolutions et ruptures scientifiques. On retient par exemple l'idée selon laquelle la science progresse par rupture et non pas par accumulation (une idée déjà développée par Bachelard, voir p. 77), chaque science reposant sur un « paradigme », c'est-à-dire une conception globale du monde et de la connaissance, qui n'est pas comparable avec le paradigme de la science qui la remplace : ainsi, il y a une rupture entre le paradigme de la physique mécaniste classique et le paradigme de la mécanique quantique par exemple. Il s'oppose à Popper, pour qui une théorie est rejetée quand elle a été falsifiée (voir *Popper*, p. 81).

On peut penser que lorsque les lois et les théories en vigueur ne parviennent pas à expliquer des phénomènes observés, lorsque leurs implications sont falsifiées, alors les scientifiques abandonnent cette théorie. En réalité, les choses sont plus compliquées : Kuhn montre en effet qu'une communauté scientifique est attachée à une théorie qui a fait ses preuves, et qu'elle ne reçoit pas toujours favorablement les nouvelles inventions ou observations. À la fin du XIXe siècle, Rayleigh (notamment) s'aperçut que l'application des théories de la thermodynamique et de la mécanique statistique classique pour déterminer le rayonnement d'un corps noir conduisait à attribuer au rayonnement une énergie totale *infinie*, ce qui constituait une anomalie. L'ensemble du paradigme de la physique se trouvait sur un point précis pris en défaut. Les hypothèses étaient donc falsifiées. Mais pour une science aussi vaste et complexe, il ne peut y avoir de « révolution » qu'à deux conditions : que les falsifications soient nombreuses et variées ; mais la falsification n'est pas suffisante, *il faut surtout qu'une nouvelle théorie soit proposée et qu'elle fasse ses preuves*. Elle doit englober les bons résultats précédents, et proposer une bonne explication de ce qui s'était avéré inexplicable. C'est ainsi que Max Planck eut l'idée en 1900 de supposer un *quantum d'énergie*, une nouvelle constante universelle, qui permettait de résoudre les anomalies du rayonnement du corps noir, mais qui impliquait aussi un changement radical de la physique, au moins au niveau microscopique : naissait ainsi la théorie des *quanta* ou physique quantique. Au cœur de cette théorie, il y avait notamment l'utilisation de lois probabilistes, qui n'avait pas un rôle central dans la théorie classique. Il s'agissait donc d'un changement de modèle, de paradigme.

POINTS CLÉS

▶ L'épistémologie est une réflexion sur l'acquisition des connaissances et sur les sciences en général.

▶ Double sens d'épistémologie : en français « l'épistémologie » désigne surtout l'histoire et la philosophie des sciences constituées ; en anglais, épistémologie désigne plutôt une théorie de la connaissance en général. Il faut donc différencier connaissance et science.

▶ Définition de la connaissance : croyance vraie justifiée.

▶ Question principale : qu'est-ce qui fait la spécificité de la démarche scientifique ?

▶ La première étape de la science est de savoir poser les problèmes et inventer ou imaginer librement des solutions : les hypothèses.

▶ Croire que l'objectivité scientifique tient au fait que le chercheur ne procède que par induction est une erreur que l'on appelle « inductivisme naïf ».

▶ On ne teste jamais directement une hypothèse, mais seulement ses implications qui en sont déduites, et qui consistent en des énoncés observables.

▶ Une hypothèse est donc seulement corroborée, et il n'y a jamais d'expérience cruciale qui prouve définitivement une hypothèse.

▶ La science cherche à expliquer les phénomènes en montrant leur régularité : elle les ramène sous une loi, c'est le modèle déductif-nomologique.

▶ Mais les sciences sont diverses, et ce modèle n'est pas valable pour toutes les sciences. Cependant, son rôle est fondamental.

▶ Une théorie scientifique sert à expliquer les régularités observables des phénomènes, en supposant des entités sous-jacentes qui ne sont pas observables directement.

▶ Kuhn montre qu'il y a révolution scientifique lorsque les énoncés de la première science sont très souvent falsifiés, et surtout lorsqu'il y a une théorie de remplacement socialement acceptable par les membres d'une communauté scientifique.

Bibliographie

Bachelard G. *La formation de l'esprit scientifique*. Paris : Vrin ; 1971.
Bernard C. *Introduction à l'étude de la médecine expérimentale*. (Préface de F. Dagognet.) Paris : Flammarion ; 2008.
Canguilhem G. *La connaissance de la vie*. Paris : Vrin ; 2000.
Kuhn T. *La structure des révolutions scientifiques*. Paris : Flammarion ; 1983.
Popper K. *La logique de la découverte scientifique*. Paris : Payot ; 1973.

Sciences de la santé

II

Éléments de démographie

A. Ayerbe

I. Historique
II. La démographie aujourd'hui

« *Étude des populations humaines en rapport avec leur renouvellement par le jeu des naissances, des décès et des mouvements migratoires.* » Telle est la définition de la démographie proposée par Roland Pressat dans son dictionnaire[15].

L'approche quantitative est centrale dans les deux éléments du champ d'étude de la discipline : les aspects morphologiques des populations humaines et les modalités de leur dynamique. La démographie est en effet associée à l'analyse démographique, c'est-à-dire un corps de méthodes propre à l'objet de la discipline où la statistique occupe une place centrale. Mais la démographie n'est pas circonscrite à ce volet. Le démographe, non seulement mesure avec la plus grande rigueur les phénomènes qu'il observe, mais il se doit de les expliquer. Il ne se contente pas ainsi de décrire correctement l'évolution de la fécondité ou de la mortalité, mais doit essayer de comprendre pourquoi l'on fait moins d'enfants ou quels sont les déterminants du recul de la mortalité. Le démographe fait ainsi appel à d'autres disciplines comme la médecine, la sociologie, l'histoire, la génétique, l'économie, le droit, etc. Il suffit d'examiner l'extrême diversité des origines disciplinaires des chercheurs de l'Ined (Institut national d'études démographiques) pour voir transparaître le caractère très interdisciplinaire de la démographie et le recours aux sciences connexes.

Réciproquement, la contribution de la démographie à l'égard d'autres disciplines a souvent été féconde. Citons par exemple l'étroite collaboration scientifique entretenue avec les historiens et l'éclairage pertinent qu'elle a apporté dans la compréhension de la dynamique des populations du passé. Dans le domaine de la santé, tant au niveau de la collecte que du traitement de l'information, la contribution de la démographie est évidente. C'est l'objet de ce texte. Les processus de collecte de l'information (organismes producteurs et sources) et les principaux indicateurs que l'on a délibérément circonscrits au champ de la mortalité seront successivement examinés.

I. Historique

Le terme *démographie* est relativement récent. Il apparaît pour la première fois sous la plume d'Achille Guillard (1799–1876) en 1855 dans ses *Éléments de statistique humaine ou démographie comparée*. Très tôt, dès la plus

---

15. Pressat R. *Dictionnaire de démographie.* Paris : PUF ; 1979, 295 p.

haute Antiquité, l'on s'est soucié de compter les hommes, mais ce n'est que tardivement dans l'histoire des sciences sociales que le corps de méthodes propres à la discipline a vu le jour. C'est au cours de la deuxième moitié du XVIIe siècle en effet, que les écrivains et les savants commencent à formaliser les premiers éléments théoriques de la démographie. On considère que John Graunt (1620–1674) est le fondateur de l'analyse démographique. À partir de l'exploitation des bulletins de mortalité de la ville de Londres et de quelques dénombrements, ce marchand drapier londonien met en œuvre les principes fondamentaux de la démarche scientifique et élabore l'ébauche de la table de mortalité. Il publie en 1661 le premier ouvrage de démographie, appelée alors arithmétique politique : *Observations naturelles et politiques sur les bulletins de mortalité de la ville de Londres*. Il faut attendre 1693 pour que Edmund Halley (1656–1742), astronome de renom, présente à la *Royal Society* la première table de mortalité.

Un demi-siècle plus tard, en 1741, Johann Peter Süssmilch (1707–1767), publie l'*Ordre divin*. Sur la base d'une documentation considérable, ce pasteur luthérien né à Berlin révèle notamment les permanences statistiques des évolutions de la natalité et de la mortalité. Il attribue ces régularités à des manifestations divines, mais la stricte rigueur scientifique des démonstrations et la grande finesse des analyses font de l'*Ordre divin* le premier ouvrage complet de démographie.

En France, avec les travaux de Colbert (*Enquête sur les manufactures et la population*, 1663) ou de Vauban (*Méthode générale et facile pour faire le dénombrement des peuples*, 1686), les préoccupations sont plus économiques et politiques que scientifiques. Il faut attendre la publication en 1746 de l'*Essai sur les probabilités de la durée de la vie humaine* d'Antoine Deparcieux (1703–1768) pour voir la première contribution française à la démographie. Une trentaine d'années plus tard, avec la publication en 1778 de *Recherches et considérations sur la population de la France* de Jean-Baptiste Moheau, apparaît le premier traité de démographie en langue française.

Au tournant du XIXe siècle, deux penseurs (et adversaires), Thomas Malthus et plus tard Karl Marx, marquent profondément les orientations théoriques de la discipline (notamment la relation entre population et économie), mais ce qui caractérise ce siècle, c'est l'institutionnalisation de la statistique avec la mise en œuvre dans la plupart des États de systèmes de collecte d'information statistique. L'enregistrement obligatoire des naissances, mariages et décès s'était plus ou moins généralisé depuis bien longtemps, mais désormais les États vont s'engager dans l'ère des recensements modernes et centraliser l'information statistique. Pour autant, la principale finalité de ces opérations est avant tout administrative, l'exploitation statistique étant une fonction annexe. Quelques personnages marquent cette période. Ce sont des administrateurs principalement, mais également auteurs de travaux fondamentaux. Le précurseur est sans conteste Pehr Wargentin en Suède. Son exemple est suivi ensuite par Adolphe Quételet en Belgique, Alexandre Moreau de Jonnès en France, Ernst Engel en Prusse ou William Farr en Angleterre, pays doté depuis 1836 d'un système d'enregistrement des causes de décès.

Les savants disposent alors d'une base documentaire considérable tant en Europe qu'en Amérique, en Chine ou au Japon. Pour autant, les avancées de la discipline ne sont pas fondamentales. Il faut attendre le début du XXe siècle et surtout l'entre-deux-guerres pour que des étapes décisives soient franchies. Citons des auteurs comme Kuczinski, Gini, Burgdörfer, Pearl et surtout Lotka avec ses travaux sur les populations stables. Parallèlement, la communauté scientifique internationale s'organise avec la création en 1928 de l'*Union internationale pour l'étude scientifique des problèmes de population*. Cette organisation réunit encore aujourd'hui la communauté mondiale des démographes. Elle est à l'origine de nombreux travaux et organise tous les quatre ans un congrès international (le dernier a eu lieu à Marrakech en septembre 2009).

Aussi importantes soient ces avancées, c'est après la Seconde Guerre mondiale que les étapes fondamentales sont franchies. Les travaux sont alors attachés à des centres de recherche devenus prestigieux : Ined (A. Sauvy, L. Henry, J. Bourgeois-Pichat), *Office of population research* (F. Notestein, A. Coale), *Harvard Population Center* (N. Keyfitz), *London School of tropical hygiene* (J. Hajnal, W. Brass). La démographie se dote alors d'une foison d'instruments méthodologiques qui assoient définitivement la discipline et contribuent à la définition de ses contours. Parmi les grandes innovations, citons la distinction entre l'approche longitudinale et l'approche transversale, l'élaboration des tables types de mortalité, l'analyse des biographies ou les méthodes d'estimation indirecte pour les pays non dotés d'enregistrement statistique.

II. La démographie aujourd'hui

A. Les organismes

L'Insee (Institut national de la statistique et des études économiques) et l'Ined (Institut national d'études démographiques) sont les deux principaux organismes associés à la production de données et d'informations démographiques. De façon complémentaire, d'autres organismes spécialisés dans divers domaines diffusent également de l'information à caractère démographique. Dans le domaine de la santé, ils sont relativement nombreux et proposent à l'utilisateur une ressource documentaire et un éventail d'outils extrêmement intéressants.

1. L'Insee

Créé en 1946 sur les bases de la SGF (Statistique Générale de France), elle-même née en 1833, l'Insee est une administration du ministère de l'Économie, de l'Industrie et de l'Emploi. Il est constitué d'une direction générale située à Paris et de 24 directions régionales (une dans chaque région métropolitaine et outre-mer). L'Insee a pour missions de coordonner la production statistique, gérer des répertoires (entreprises, personnes physiques, fichier électoral), réaliser des enquêtes (sur l'emploi, la santé, le logement, etc.) ou produire des études. Il est responsable des deux principales sources de la démographie : le recensement de la population et l'état civil.

Dans le domaine de la santé, l'Insee réalise depuis 1960 l'enquête décennale de santé. Il a par ailleurs mis en œuvre en 1999 l'enquête HID (Handicap Incapacité Dépendance) qui pour la première fois en France a permis une évaluation du nombre de personnes atteintes par les divers types de handicap. Depuis, de nouvelles enquêtes ont été réalisées dans ce sens par l'Insee (Vie Quotidienne et Santé en 2007, Handicap Santé Ménage et Santé Aidant en 2008).

Depuis 2003, l'Insee développe une politique ambitieuse de diffusion de l'information statistique. L'usager (étudiants, enseignants, chercheurs, etc.) a ainsi accès gratuitement avec Internet à de très nombreuses revues nationales ou régionales, résultats d'enquêtes ou d'études produites non seulement par l'Insee, mais par l'ensemble des services statistiques ministériels. Une rubrique à part entière est dédiée à la santé. On y trouve une masse considérable d'articles ou résultats d'enquêtes (à l'échelon national et régional) sur le personnel et les équipements de santé, les pathologies, la toxicomanie, les dépenses de santé.

2. L'Ined

L'Ined est un organisme de recherche (créé en 1945). Ses travaux couvrent bien sûr le domaine proprement dit de la démographie, mais également la démographie appliquée à d'autres champs dont la santé. L'UR 5 – mortalité, santé, épidémiologie – est l'unité de recherche en grande partie dédiée à ce domaine. En effet, l'unité développe des travaux sur la santé perçue, les maladies chroniques, les facteurs de risque, les situations de handicap ou de dépendance, le système de soins, l'évaluation des politiques de santé publique, la santé dans les pays à statistiques imparfaites.

3. Autres organismes

Dans le domaine de la santé, à côté de l'Insee et de l'Ined, l'Inserm (Institut national de la santé et de la recherche médicale), l'InVS (Institut de veille sanitaire), la DREES (Direction de la recherche des études de l'évaluation et des statistiques), l'IRDES (Institut de recherche en économie de la santé) ou la Fnors (Fédération nationale des observatoires régionaux de la santé) figurent parmi les principaux organismes nationaux. À l'échelle internationale, citons l'OMS (Organisation mondiale de la santé), l'OCDE (Organisation de coopération et de développement économique) ou Eurostat.

B. Les sources

La démographie et son corps de méthodes se sont construits sur des données issues essentiellement de deux sources : le recensement et l'état civil. Aujourd'hui encore, les deux « mamelles » de la démographie restent incontournables.

1. Le recensement

Le recensement est une opération ponctuelle de dénombrement. Il répond essentiellement à trois finalités :

- établir la population légale de chaque unité administrative (commune, canton, arrondissement, département, etc.) ;
- fournir les statistiques de base sur la population, les logements et les structures familiales ;
- constituer la base des travaux ultérieurs de l'Insee (projections démographiques, base de sondage des enquêtes).

La France a réalisé son premier recensement en 1801. Depuis cette date et jusqu'à la Libération, cette opération s'est renouvelée tous les 5 ans à l'exception de l'année 1871 reportée en 1872 et de deux années exceptionnelles (1916 et 1941) au cours desquelles l'opération a été annulée. À partir de 1946, le rythme quinquennal est abandonné : il y a un recensement tous les 6, 7, 8 ou 9 ans.

Depuis 2004, l'Insee fait un recensement tous les ans, mais sous une autre forme. Désormais, on établit une distinction entre les communes de moins ou de plus de 10 000 habitants. Dans la première catégorie de communes, 1/5e d'entre elles sont recensées de façon traditionnelle chaque année. Au bout de cinq ans la totalité des communes de moins de 10 000 habitants est recensée. On repart alors sur une nouvelle vague. Chaque commune est ainsi recensée tous les cinq ans.

C'est dans les communes de 10 000 habitants et plus que le changement est le plus important. Dans ces unités, on n'interroge plus tous les habitants mais on recense la population résidant dans 8 % des adresses chaque année (par tirage au sort). Au bout de 5 ans, 40 % des adresses sont interrogées, mais ces 40 % sont représentatifs de la population de la commune. À la netteté des clichés ayant lieu à des intervalles de temps considérés comme trop long, on privilégie désormais l'intérêt du film, même si celui-ci est quelque peu flou. On accorde un avantage à l'observation des évolutions au détriment de la précision des images.

La période 2004–2008 a correspondu à une phase de montée en charge. Depuis 2009, l'Insee a publié les résultats définitifs qu'il cale sur 2006, année de référence (milieu de la période de 5 ans). Désormais tous les ans, ces résultats sont actualisés.

2. L'état civil

L'état civil est la transcription permanente des naissances, mariages et décès. L'enregistrement est devenu obligatoire à partir de 1539. Il est laïcisé le 20 septembre 1792. Depuis cette date, les naissances, mariages et décès ne se déclarent plus auprès du ministre du culte mais à la mairie. Ces événements sont enregistrés dans la commune où ils ont eu lieu, quel que soit le domicile de la personne concernée (ils sont bien sûr ensuite « domiciliés »).

La fonction juridique de l'état civil se double d'une fonction statistique. Pour chaque acte d'état civil enregistré, les mairies envoient ainsi un bulletin statistique à l'Insee dans lequel sont précisés les éléments de l'événement (date, heure, lieu, etc.) ainsi que les caractéristiques des personnes faisant l'objet de l'enregistrement (nouveau-né, défunt, époux). Au fil des années, les modalités de l'enregistrement ont changé. Les dispositions actuelles sont développées ci-dessous.

Naissance : toute naissance doit être déclarée dans les trois jours suivant l'accouchement si l'enfant a respiré (même si l'enfant est décédé au moment de la déclaration). Dans le cas contraire, l'officier d'état civil établit un *bulletin d'enfant sans vie*.

Enfant sans vie : avant mars 1993, on dressait un acte d'enfant sans vie lorsqu'un enfant était décédé au moment de la déclaration à l'état civil. Depuis cette date, on prend en considération le fait que l'enfant puisse être né vivant et viable. On établit donc un *bulletin d'enfant sans vie* lorsque :
- l'enfant, sans vie au moment de la déclaration, est né vivant mais non viable (situation attestée par un certificat médical) ;
- l'enfant est décédé avant la déclaration de naissance (sans certificat médical attestant des signes de vie et de la viabilité de l'enfant) ;
- l'enfant est mort-né.

Mariage : un *bulletin de mariage* est établi dans la commune de célébration du mariage.

Décès : tout décès est attesté par un certificat médical constitué de deux parties détachables : une partie confidentielle où figure la cause du décès et une partie nominative contenant les éléments d'état civil du défunt et les circonstances du décès. Au vu de cette partie nominative, la mairie remplit une liasse autocopiante constituée d'un *bulletin de décès* et d'un *avis de décès*. Ce dernier est adressé à l'Insee. Le bulletin de décès (anonyme) et la partie confidentielle du certificat de décès sont adressés au médecin responsable de la santé publique attaché à l'ARS (agence régionale de santé) puis au CépiDc de l'Inserm, chargé d'établir les statistiques des causes de décès depuis 1968. La nomenclature utilisée ici est la *Classification internationale des maladies* proposée par l'OMS. L'ancêtre de cette grille, la *Classification des causes de décès* de Jacques Bertillon, a vu le jour en 1893. Depuis, cette nomenclature a fait l'objet de nombreuses révisions ; nous en sommes actuellement à la 10e révision (CIM10). Lorsqu'on travaille sur de longues séries temporelles, toute la difficulté réside dans les ajustements imposés par les ruptures d'une révision à l'autre ainsi que les variations des pratiques de déclaration et d'enregistrement.

Au total, l'ensemble des bulletins d'état civil est transmis régulièrement par les mairies à l'Insee sous forme électronique ou papier (dans les petites communes). Ces documents sont ensuite traités, et alimentent la masse considérable d'indicateurs démographiques publiés régulièrement. L'état civil nourrit par ailleurs des répertoires comme le RNIPP (Répertoire national d'identification des personnes physiques) lui-même à l'origine du RNIAM (Répertoire national interrégimes des bénéficiaires de l'assurance-maladie) qui permet l'attribution immédiate de la carte Vitale aux nouveau-nés ainsi que l'affiliation des personnes à un seul régime de Sécurité sociale.

3. Les enquêtes

Lorsque ni le recensement ni l'état civil ne répondent aux questions posées, le démographe a recours aux enquêtes. Il s'agit alors d'interroger un échantillon, c'est-à-dire une fraction représentative de la population dans son ensemble. On obtient ainsi des informations précises sur des sujets spécifiques. À titre d'exemple, peuvent être citées les enquêtes réalisées par l'Insee et l'Ined sur la famille, les disparités sociales de la mortalité, le handicap, les solidarités intergénérationnelles, l'intégration des immigrés, etc.

Dans les pays en développement, notamment en Afrique subsaharienne, le recours aux enquêtes a permis de pallier les lacunes ou l'absence de recensement et d'enregistrement à l'état civil. Deux vastes programmes ont été réalisés par les organisations internationales : l'enquête mondiale sur la fécondité (EMF) à partir de 1974 et les enquêtes démographiques et de santé (EDS en français, DHS en anglais) initiées à partir de 1984. Actuellement, la plupart des pays d'Afrique subsaharienne ont eu recours à au moins une vague d'enquêtes démographiques et de santé. Grâce à ces outils, les modalités relativement précises des régimes de fécondité et de mortalité de nombreux pays à statistiques dites «imparfaites» ont pu être établies.

C. Les principaux indicateurs

Les indicateurs permettent d'appréhender la fréquence d'un événement démographique dans la population (naissances, décès par exemple), la probabilité de survenue d'un événement ou l'âge moyen d'occurrence de cet événement (âge moyen à la maternité, espérance de vie, etc.). Avant de présenter les principaux indicateurs relatifs à la mortalité, quelques définitions doivent être précisées :

• l'*âge* : il est défini soit en années révolues, soit en âge atteint dans l'année (sous-entendu au 31 décembre). Par exemple, au 31 mars 2010, un enfant né le 24 avril 2000 aura 9 ans, âge en années révolues et 10 ans en âge atteint dans l'année ;

• la *population de référence* utilisée au dénominateur de l'indicateur : population à une date donnée ou population moyenne, c'est-à-dire en milieu de période ;

• le *statut de la population* : le statut adopté en France est toujours la population de fait (que l'on oppose à la population de droit), c'est-à-dire la population résidant habituellement en France. Les étrangers qui résident en France appartiennent ainsi à la population, ce qui n'est pas le cas des Français vivant à l'étranger ;

• le *champ géographique* : quand l'étude de la population s'inscrit dans une longue perspective historique, il est nécessaire de considérer les variations du champ géographique. Ainsi, les limites actuelles du territoire français sont celles qui sont en vigueur depuis le traité de Versailles de 1918, l'Alsace et la Moselle étant auparavant annexées par l'Allemagne. Par ailleurs, avant 1998 la population de la France était (par convention) celle de la France métropolitaine. Depuis cette date, fait partie de cet ensemble la population des quatre DOM (départements d'outre-mer), à l'exception de deux îles de la Guadeloupe (St-Martin et St-Barthélémy) devenues COM (collectivité d'outre-mer) depuis juillet 2007.

Quels sont les principaux indicateurs relatifs à la mortalité ?

1. L'effectif (ou le nombre)

C'est l'indicateur le plus simple, mais aussi le plus sommaire. L'effectif annuel des décès en France par exemple est quasiment constant depuis une soixantaine d'années autour de 530 000, alors que la mortalité recule (l'espérance de vie à la naissance s'élève actuellement à 81 ans, alors que sa valeur était de 66 ans environ en 1950). Cette contradiction apparente est en fait liée à l'accroissement de la population et à son vieillissement. Elle témoigne de l'inadéquation de l'indicateur pour mesurer un phénomène qui évolue dans le temps ou qui concerne différents espaces géographiques que l'on souhaite comparer.

2. Le taux brut de mortalité

C'est le rapport du nombre de décès à la population en milieu de période. Il permet de résoudre en partie le premier terme de la contradiction puisqu'il exprime un rapport pour une même population : 1000 habitants. La valeur actuelle du taux de mortalité en France est de 9 ‰. Cependant, pour la même période, on observe des niveaux de l'ordre de 5 ‰ au Mexique ou 2 ‰ dans quelques pays de la péninsule arabique (Arabie saoudite, Bahreïn, Koweït), voire 1 ‰ au Qatar. Ces valeurs très inférieures à celles de la France ne signifient pas que le niveau de la mortalité est bien plus faible dans ces derniers pays. La mortalité y est réellement peu élevée, mais ce sont surtout des pays où la part (et l'effectif) de personnes âgées, c'est-à-dire les personnes les plus exposées au risque de décès, est insignifiante. Le nombre de décès est ainsi peu élevé y compris lorsqu'on le rapporte à la population. De façon analogue, le taux brut de natalité qui est le rapport du nombre de naissances à la population au milieu de la période est très sensible à l'effet de structure par âge. Ainsi une valeur élevée peut traduire une réelle forte natalité, mais également une forte proportion de femmes en âge de procréer dans la population.

Les situations décrites précédemment révèlent les limites de ces indicateurs, notamment la forte influence de la structure par âge de la population. D'autres indicateurs permettent de s'affranchir de cet effet. Ce sont les taux comparatifs, l'espérance de vie à la naissance, le taux de mortalité infantile.

3. Les taux comparatifs (ou méthode de la population type)

Ces indicateurs sont issus des méthodes de standardisation. Ces dernières sont utilisées lorsqu'on souhaite par exemple étudier l'évolution dans le temps de la mortalité selon la cause. Si on utilise de simples taux de mortalité par cause de décès, au fil du temps la mortalité par cancer ou toute autre pathologie propre aux personnes âgées va augmenter sous l'effet du processus de vieillissement de la population. Pour corriger ce biais, on applique aux taux de mortalité par âge une structure par âge invariable tout au long de la période d'observation.

La standardisation par l'âge est la plus usuelle, mais la méthode peut également s'appliquer à d'autres variables comme le sexe ou la catégorie socioprofessionnelle. À partir de taux comparatifs, on peut par ailleurs calculer un indice de surmortalité masculine en rapportant les taux masculins aux taux féminins (une valeur supérieure à 1 indiquera une surmortalité masculine).

4. L'espérance de vie à la naissance

C'est la durée moyenne de vie ou l'âge moyen au décès (de la table de mortalité). Elle permet de caractériser la mortalité indépendamment de la structure par âge de la population. En 2009, sa valeur s'établit à 77,8 ans pour les hommes et atteint 84,5 ans pour les femmes. Au milieu du xviiie siècle, elle ne dépassait pas 25 ans, ce qui ne signifie pas que la longévité à cette époque était de cet ordre. Cette valeur si basse était liée à une très forte mortalité en bas âge (la moitié d'une génération disparaissait avant 9 ans, l'autre moitié après cet âge), mais une fois ces étapes redoutables franchies, on pouvait « espérer vivre » jusqu'à 60 ans en moyenne.

L'espérance de vie se calcule à partir de la table de mortalité. Cet outil, né à la fin du xviie siècle, donne pour chaque âge le nombre de survivants d'une génération fictive d'individus qui auraient connu les risques de décès observés jusqu'à cet âge. L'espérance de vie à la naissance se calcule donc comme la moyenne des durées de vie de ces survivants à chaque âge, de l'origine jusqu'à l'extinction de la génération. Elle peut également être évaluée pour tous les âges. L'espérance de vie à 60 ans est ainsi définie comme la moyenne des durées restant à vivre pour les personnes ayant atteint cet âge : 22 ans pour les hommes et 27 ans pour les femmes actuellement.

Depuis les années 1970, les démographes proposent le calcul de l'espérance de vie sans incapacité (ou espérance de vie en bonne santé), c'est-à-dire en l'absence de limitations pour satisfaire les besoins élémentaires – se nourrir, s'habiller, se déplacer. Une distinction peut être établie entre les divers degrés d'incapacité (de modérée à sévère). La valeur de l'espérance de vie sans incapacité s'élève actuellement à 63 ans pour les hommes et 64 ans pour les femmes. Elle a un peu plus rapidement augmenté que l'espérance de vie totale, notamment chez les hommes, ce qui se traduit par une vie plus longue mais en meilleure santé.

5. Le taux de mortalité infantile

La mortalité infantile est la mortalité au cours de la première année de vie. Le taux de mortalité infantile est donc le rapport des décès d'enfants de moins d'un an durant une année civile, aux naissances vivantes durant cette année. Il ne s'agit pas d'un taux proprement dit puisque la population de référence n'est pas la population moyenne (au milieu de l'année) mais celle des nouveau-nés. Par ailleurs il n'y a pas une bonne correspondance entre les décès infantiles et la population exposée au risque de décéder. En effet certains décès proviennent de nouveau-nés de l'année précédente et par ailleurs, des naissances de l'année considérée disparaîtront l'année suivante. On applique donc diverses corrections pour pallier ces légers biais.

La mortalité infantile est la somme de deux composantes : la mortalité néonatale, celle des quatre premières semaines, et la mortalité post-néonatale qui va de la cinquième semaine au 365e jour. Au sein de la mortalité néonatale on distingue la mortalité néonatale précoce qui est celle de la première semaine. Généralement, à la mortalité néonatale est associée la mortalité endogène, c'est-à-dire liée à la constitution du nourrisson ou aux circonstances de l'accouchement. La mortalité post-néonatale est plutôt associée à des facteurs d'environnement.

On peut compléter l'examen de la mortalité en très bas âge avec le taux de mortalité périnatale qui est le rapport de la somme des mortinaissances et des décès néonatals durant une année civile aux naissances durant cette année, elles-mêmes étant la somme des mort-nés et des naissances vivantes.

Le taux de mortalité infantile est un bon indicateur de la situation sanitaire et du niveau de développement d'un pays. Jusqu'au milieu du XVIIIe siècle, le niveau habituel en France était de 280 ‰. Il est actuellement de l'ordre de 4 ‰. Dans le monde, les plus hauts niveaux sont observés aujourd'hui en Afghanistan (155 ‰), Angola (125 ‰) et Burundi (120 ‰), les plus faibles à Hong Kong, en Suède ou au Luxembourg avec une valeur de 2 ‰.

Au total, les indicateurs démographiques de la seule mortalité témoignent de l'importante contribution de la démographie dans le domaine de la santé. Ce champ est à l'origine de la naissance des premiers outils de la discipline, que ce soit la table de mortalité ou les méthodes mises en œuvre pour mesurer la contribution respective des diverses causes de décès. Lorsqu'au XXe siècle, la démographie s'est émancipée et élargie à d'autres objets comme la reproduction ou la dynamique des populations, ses applications ont trouvé écho dans le domaine de la santé définie au sens large. Actuellement, tant sur le plan des sources, des méthodes que des objets de recherche, les coopérations entre démographes et spécialistes de la santé sont si étroites, qu'il est difficile de distinguer les attributions de l'une ou l'autre discipline, ce qui est la traduction d'une puissante et féconde collaboration.

POINTS CLÉS

▶ Définition de la démographie : *« Étude des populations humaines en rapport avec leur renouvellement par le jeu des naissances, des décès et des mouvements migratoires. »* Roland Pressat, *Dictionnaire de démographie*.

▶ Organismes : l'Insee et l'Ined sont les deux principaux producteurs de données à caractère démographique. Dans le domaine de la santé, l'orientation de nombreux travaux réalisés dans ces instituts leur confère un statut de premier ordre. D'autres organismes comme l'InVs, l'Inserm, la DREES, l'IRDES, la Fnors produisent de l'information plus spécifique dans le domaine sanitaire ou social.

▶ Sources : le recensement et l'état civil sont les deux principales sources de la démographie. Dans le domaine de la santé, notamment celui de la durée de vie, l'état civil constitue une source d'information fondamentale. Le recensement et l'état civil sont complétés par des enquêtes dans des secteurs plus spécifiques de la santé.

▶ Indicateurs : comme pour la plupart des indicateurs en démographie, la valeur des indicateurs relatifs à la mortalité est très dépendante de la structure par âge de la population. Il en est ainsi pour le nombre de décès ou le taux de mortalité. On utilise donc plutôt le taux de mortalité infantile, l'espérance de vie à la naissance (complétée éventuellement de l'espérance de vie en bonne santé) ou les taux comparatifs lorsqu'on veut évaluer la situation sanitaire de populations plus ou moins âgées ou l'évolution dans le temps d'une cause de décès.

Sites Internet

Site de l'Ined : www.ined.fr/fr/recherches_cours/unites/bdd/unite/U05/.
Site de l'Insee : www.insee.fr/fr/themes/theme.asp?theme=6.

# Épidémiologie

M. Velten

I. Deux exemples célèbres
II. Notions fondamentales
III. Contribution de l'épidémiologie à l'établissement des relations de cause à effet
IV. Conclusion

L'épidémiologie peut être définie comme l'étude de la fréquence des maladies et, plus généralement, des phénomènes de santé, dans les populations humaines, et des facteurs qui en modifient la répartition, la survenue et l'évolution.

L'approche épidémiologique se caractérise ainsi par la prise en compte des populations ou des groupes d'individus au sein desquels se produisent les phénomènes étudiés, comme l'indique l'étymologie du terme (επι–δημος–λογος). Il ne faudrait cependant pas y voir une opposition formelle entre une médecine « au chevet du malade », ayant pour objectif d'assurer la meilleure prise en charge de la personne qui s'est confiée au thérapeute dans le cadre d'un colloque singulier, pour laquelle tout individu est unique (ce qui est assurément le cas), et l'analyse épidémiologique, réalisée par essence sur des groupes à l'intérieur desquels les sujets seraient fondus dans une « masse anonyme de données » : en effet, les études épidémiologiques les plus productives sont habituellement celles où les informations individuelles atteignent le plus haut degré de précision. On voit bien aussi que les progrès des sciences biologiques et médicales passent par la reconnaissance de situations semblables pour des individus différents, donc par la constitution de groupes pour lesquels, par exemple, des différences d'efficacité thérapeutique sont mises en évidence, car si les malades étaient en tout point différents les uns des autres, on ne voit pas comment une ligne de conduite pourrait être déterminée à partir de l'expérience passée pour mieux soigner à l'avenir.

Les modalités d'analyse des études épidémiologiques font donc naturellement appel aux méthodes statistiques pour distinguer parmi l'ensemble des caractéristiques étudiées celles qui relèvent de différences systématiques et celles qui pourraient ne résulter que du hasard.

Il y a lieu également de tenir compte du caractère habituellement confidentiel des informations individuelles traitées dans le domaine de la santé, ce qui nécessite de prendre des précautions particulières et, en tout état de cause, de respecter la réglementation sur ce point.

Il paraît naturel, au cours d'une présentation de l'épidémiologie, d'évoquer les épidémies, au sens usuel donné à ce terme, et la plupart penseront aux fléaux qui se sont abattus sur les populations au cours des siècles : peste, choléra, grippe, etc., dont la caractéristique est due à des agents infectieux transmissibles d'individu à individu. De fait, historiquement, ce sont bien les études réalisées à l'occasion d'une concentration anormalement élevée de cas d'une maladie donnée dans l'espace et dans le temps (ce qui définit les épidémies) qui ont donné naissance à cette discipline. En l'espèce, même si Hippocrate, au ve siècle av. J.-C., avait déjà évoqué les influences respectives du milieu naturel et du comportement sur la santé des individus, c'est seulement vers le milieu du XIXe siècle que les travaux menés par J. Snow, à l'occasion des épidémies de choléra à Londres, ont conduit à la reconnaissance de cette discipline.

Si l'on examine de plus près les travaux réalisés au cours des siècles, on s'aperçoit que les maladies dites « chroniques » avaient déjà fait l'objet d'attention, du point de vue de la caractérisation de leur fréquence, donc sous un angle épidémiologique, depuis fort longtemps. Le caractère désastreux des grandes épidémies avait transitoirement éclipsé les travaux épidémiologiques menés sur les maladies non infectieuses, mais il s'avère que ces dernières se trouvent actuellement au premier plan, du moins dans la plupart des pays d'Europe ou d'Amérique du Nord. Il serait donc erroné de ne voir derrière l'épidémiologie qu'un mode d'investigation des maladies à diffusion rapide et massive.

I. Deux exemples célèbres

A. J. Snow et le choléra à Londres

Au XIXe siècle, à partir des premiers foyers qui étaient apparus en Inde, le choléra progressa vers l'Ouest pour atteindre la Grande-Bretagne au cours des années 1831–1832, faisant au moins 60 000 victimes. John Snow étudia de façon méthodique les deux épidémies suivantes qui se produisirent à Londres en 1849 et en 1854, afin de déterminer par quel moyen l'épidémie se répandait. À cette époque, l'existence et la nature des micro-organismes (bactéries, virus…) n'avaient pas encore été établies et, bien entendu, le vibrion cholérique était inconnu. Snow s'intéressa particulièrement au rôle joué par l'eau « contaminée » dans la diffusion de la maladie. Il observa que dans les quartiers desservis par la compagnie des eaux *Southwark and Vauxhall*, le nombre de décès survenus était pratiquement le même en 1849 qu'en 1854, alors que

Tableau 9.I. **Mortalité par choléra dans les quartiers de Londres selon les compagnies des eaux desservant les quartiers en 1849 et 1854.**

Quartiers desservis par :	Nombre de décès attribués au choléra	
	Année 1849	Année 1854
Southwark and Vauxhall Company	2261	2458
Lambeth Company	162	37
Les deux compagnies	2905	2547

pour les quartiers desservis par la compagnie *Lambeth*, le nombre de décès avait nettement diminué entre les deux années (tableau 9.I).

Aucun changement notable ne s'était produit dans la population entre 1849 et 1854, mais la compagnie *Lambeth* avait procédé dans l'intervalle au déplacement du point de captage de la Tamise, le nouveau point se situant en amont de la source principale de contamination suspectée par Snow, à savoir le lieu de déversement des égouts dans le fleuve.

Le calcul des taux de mortalité par choléra montra que les taux étaient plus de cinq fois moins élevés pour les quartiers desservis par la compagnie *Lambeth* que pour les quartiers desservis par la compagnie *Southwark and Vauxhall* (tableau 9.II).

Il bénéficia alors d'une circonstance particulièrement favorable pour ses investigations : dans certains quartiers, les réseaux de distribution des deux compagnies étaient très intriqués. Certains immeubles étaient fournis par la compagnie *Southwark and Vauxhall*, tandis que les autres étaient fournis par la compagnie *Lambeth*. Une enquête de terrain permit de relier chaque cas de décès par choléra à la compagnie des eaux qui desservait son immeuble. Cette étude systématique permit de calculer plus correctement les taux de mortalité, malgré la persistance

Tableau 9.II. **Mortalité par choléra dans les quartiers de Londres selon les compagnies des eaux desservant les quartiers entre le 8 juillet et le 26 août 1854.**

Quartiers desservis par :	Population (1851)	Décès par choléra	Taux de mortalité par choléra (pour 1000 habitants)
Southwark and Vauxhall Company	167 654	844	5,0
Lambeth Company	19 133	18	0,9
Les deux compagnies	300 149	652	2,2

Tableau 9.III. **Mortalité par choléra à Londres selon l'origine de la fourniture en eau, dans trois types de quartiers, entre le 8 juillet et le 26 août 1854.**

Ensemble de quartiers desservis par :	Fournisseur par immeuble	Population (1851)	Décès par choléra	Taux de mortalité par choléra (pour 1000 habitants)
Southwark and Vauxhall	Southwark and Vauxhall	167 654	738	4,4
Lambeth Company	Lambeth Company	19 133	4	0,2
Les deux compagnies	Southwark and Vauxhall	98 862	419	4,2
	Lambeth Company	154 615	80	0,5

d'imprécisions conduisant à des différences entre les effectifs mentionnés dans les publications successives (tableau 9.III).

Il apparaît ainsi clairement que, même à l'intérieur d'une zone géographique donnée, la mortalité par choléra est liée de façon nette à l'origine de la fourniture en eau.

B. R. Doll et A.B. Hill et le cancer des bronches et du poumon

Une augmentation régulière de la fréquence des cancers bronchiques avait été notée à partir des années 1930 en Grande-Bretagne, particulièrement chez les hommes d'âge moyen, sans qu'une explication satisfaisante ait pu être trouvée. Il fut tout d'abord nécessaire d'améliorer la qualité du diagnostic de ces cancers, puis d'enregistrer de façon standardisée et fiable les nouveaux cas (incidence) pour que cette augmentation soit reconnue de façon incontestable vers les années 1950. Les causes de cette augmentation n'étaient pas claires : le rôle du tabac apparaissait comme probable, mais d'autres causes pouvaient également être évoquées. Ainsi, la pollution atmosphérique d'origine automobile ou industrielle, les bitumes utilisés pour le revêtement des chaussées, les fumées de combustion des appareils de chauffage pouvaient être incriminés. Les études individuelles réalisées jusqu'alors étaient incomplètes et peu nombreuses : séries de cas sans groupes témoins, études cas témoins de petite taille, imperfections méthodologiques pouvant conduire à une sélection indésirable des sujets, à l'origine de biais dans les estimations.

Doll et Hill, deux épidémiologistes anglais, réalisèrent successivement deux études originales pour trancher la question.

La première, mise en œuvre en 1948, est une étude cas témoins de grande taille. Dans cette étude, ils comparèrent la fréquence de la consommation de tabac chez tous les sujets atteints de cancer du poumon diagnostiqués dans 20 hôpitaux de Londres entre avril 1948 et février 1952, soit 1455 cas, à celle observée dans un groupe équivalent de sujets témoins, de même sexe, de même tranche d'âge et hospitalisés pour une affection non cancéreuse dans le même hôpital. La catégorie sociale, l'histoire professionnelle, l'exposition à la pollution atmosphérique, le type de chauffage domestique et le type d'habitat (rural ou urbain) avaient été pris en compte. Les modalités de la consommation de tabac étaient soigneusement relevées (durée, âge de début, consommation maximale, inhalation, cigarettes ou pipe). Cette première étude permit de conclure que l'usage des cigarettes était le facteur le plus fortement associé à la survenue d'un cancer bronchique. Cependant, ces résultats ne furent pas facilement acceptés, de nombreuses critiques se faisant jour sur l'existence réelle de l'association comme sur le caractère causal de celle-ci. À tel point que le comité d'experts du ministère de la Santé britannique conclut officiellement, en 1953, que l'association entre le fait de fumer et le cancer du poumon n'était pas nécessairement causale.

La seconde étude réalisée par les mêmes auteurs fut une étude prospective pour laquelle ils avaient proposé à tous les médecins anglais de participer. Elle avait pour objet d'analyser la mortalité par cancer bronchopulmonaire en fonction de la consommation de tabac relevée à l'entrée dans l'étude. Trente-quatre mille quatre cent trente-neuf médecins acceptèrent de participer à cette étude qui débuta en 1951. Compte tenu d'un tel effectif, les premiers résultats purent être publiés dès 1954, complétés en 1956, et confirmèrent les résultats de l'étude cas témoins précédente. Il put également être montré qu'une consommation de tabac plus importante était reliée à une fréquence plus importante de décès par cancer du poumon.

Cette étude de cohorte de grande taille donna lieu, depuis, à plusieurs autres publications, la dernière en date présentant les résultats du suivi 50 ans après le début de l'étude (tableau 9.IV).

C. Intérêt des études épidémiologiques

Dans les deux exemples présentés, l'agent causal de la maladie étudiée n'est pas connu au moment de la réalisation des études. C'est la mise en œuvre d'une méthode d'étude systématique des populations atteintes qui permet de l'identifier ou, à tout le moins, de disposer d'éléments précis permettant de lutter efficacement contre la maladie. L'agent responsable du choléra a été isolé depuis, et l'étude détaillée de la combustion du tabac a permis de reconnaître les hydrocarbures aromatiques polycycliques comme les composants principaux à l'origine de la transformation maligne des cellules bronchiques. De plus, il a été possible de prouver expérimentalement l'effet carcinogène de ces derniers. Ces avancées, fort utiles, ne remettent cependant pas en cause, pour l'heure, les conclusions élémentaires tirées des études épidémiologiques : pour combattre efficacement les épidémies de choléra et éviter la contamination massive des populations, il est nécessaire d'appliquer des mesures d'hygiène strictes, notamment pour l'approvisionnement en eau ; pour prévenir la survenue des cancers bronchiques, il faut éviter de fumer du tabac.

Ainsi, au fur et à mesure des progrès des connaissances médicales et du développement des moyens diagnostiques et thérapeutiques, l'épidémiologie s'est progressivement tournée vers l'étude des maladies chroniques, au premier rang desquelles les cancers et les maladies cardiovasculaires, qui représentent aujourd'hui dans les pays occidentaux les causes de morbidité et de mortalité les plus importantes.

Tableau 9.IV. **Taux de mortalité par cancer du poumon standardisé sur l'âge, chez les hommes de 45 à 74 ans, selon la consommation quotidienne de tabac.**

	Consommation quotidienne (g/jour)			
	0	1–14	15–24	25 et plus
Taux d'incidence (pour 1000 par an)	0,17	1,31	2,33	4,17
Risque relatif	1,0	7,7	13,7	24,5

II. Notions fondamentales

A. Les trois grands domaines de l'épidémiologie

Il est habituel de distinguer trois grands domaines en épidémiologie : l'épidémiologie descriptive, l'épidémiologie analytique et l'épidémiologie d'évaluation.

1. Épidémiologie descriptive

L'épidémiologie descriptive décrit les variations de la fréquence des maladies dans le temps et dans l'espace : à partir de la comparaison de plusieurs régions ou pays, elle permet souvent de suggérer des hypothèses sur les facteurs pouvant être à l'origine des maladies. Elle permet d'assurer la surveillance de l'état de santé d'une population.

2. Épidémiologie analytique

L'épidémiologie analytique (ou étiologique) s'attache, à partir d'observations, à déterminer les facteurs liés de façon statistiquement significative à la survenue des maladies ou aux états de santé étudiés. Elle met en œuvre des enquêtes de divers types, menées sur des individus, de manière à déterminer un risque, habituellement exprimé de façon relative, c'est-à-dire permettant de comparer différents groupes pour le risque de maladie.

3. Épidémiologie d'évaluation

L'épidémiologie d'évaluation vise à déterminer, entre plusieurs interventions menées sur des groupes, celles qui sont les plus efficaces pour réduire la survenue d'une maladie, en limiter les conséquences, ou la guérir. Son domaine s'étend des essais thérapeutiques (mise au point de nouveaux traitements) aux actions de prévention (prévention primaire, dépistage).

Ces différents domaines sont, bien entendu, liés et les méthodes qui y sont développées procèdent des mêmes principes : à partir des hypothèses générées en épidémiologie descriptive, il est logique de concevoir une étude analytique visant à les éprouver.

B. Mesures de la fréquence absolue

La fréquence d'une maladie ou, plus généralement, d'un état de santé, peut être mesurée de plusieurs façons. Idéalement, on souhaiterait connaître le risque, pour un individu d'une population donnée, d'être atteint d'une maladie. *Ce risque est, par définition, une probabilité : la probabilité de survenue d'un événement, en l'occurrence, ici, la probabilité de survenue de la maladie étudiée.* Le risque ne peut habituellement pas être estimé directement, ce qui nécessite de recourir à d'autres types de mesures plus faciles à réaliser, telles que celle du taux d'incidence.

1. Taux d'incidence

Le taux d'incidence est le rapport entre le nombre de nouveaux cas d'une maladie donnée survenus dans une population pendant une période définie et le nombre total de personnes–temps correspondant aux sujets susceptibles d'être atteints de cette maladie dans la population pendant la même période.

Le nombre de personnes–temps correspond à la somme des temps passés par les sujets exposés au risque d'être atteint de la maladie pendant la période d'observation. Par exemple, un sujet exposé pendant une année compte pour une personne–année ; un sujet exposé pendant une année et deux sujets exposés chacun pendant 6 mois comptent au total pour deux personnes–années.

2. Prévalence

La prévalence est le rapport entre le nombre de sujets atteints d'une maladie donnée à un instant donné et le nombre total de sujets présents dans la population étudiée au même instant. C'est donc la proportion de sujets malades à un instant donné dans la population.

Incidence et prévalence donnent des renseignements différents sur l'état de santé d'une population. Alors que le taux d'incidence est utilisé de façon privilégiée pour relier une maladie à l'évolution des facteurs susceptibles de lui donner naissance, la prévalence est plutôt utile pour prévoir les structures de prise en charge des malades (hôpitaux, personnels de soins, établissements de réadaptation).

C. Mesures de la fréquence relative

Il n'est pas toujours possible de disposer d'informations suffisamment précises sur les sujets permettant d'estimer des taux d'incidence ou des risques absolus. En particulier, dans les études analytiques, il n'est parfois possible que de comparer la fréquence relative d'une maladie dans plusieurs groupes. Nous présentons cette mesure relative de la fréquence avec les études analytiques elles-mêmes.

Il existe deux grands types d'études analytiques : les études de cohortes (ou études exposés–non exposés) et les études cas témoins.

1. Études de cohortes

Le terme « cohorte » désigne, en épidémiologie, un groupe de sujets partageant les mêmes caractéristiques initiales. Il peut s'agir, par exemple, des sujets nés la même année, ou encore des sujets fumeurs à l'entrée dans l'étude.

Dans les études de cohortes, deux groupes de sujets, les uns exposés au facteur étudié, les autres qui n'y sont pas exposés, sont suivis au cours du temps. On surveille l'apparition de la maladie étudiée dans chacun des deux groupes. La deuxième étude menée par Doll et Hill auprès de 34 439 médecins anglais était une étude de ce type.

À la fin de l'étude, dans chacun des deux groupes, exposés d'une part, non exposés d'autre part, il est possible de calculer la proportion de sujets ayant présenté la maladie au cours du suivi.

Le risque relatif est alors égal au rapport entre la proportion de malades parmi les exposés et la proportion de malades parmi les non exposés.

Les études de cohortes permettent l'estimation directe du risque relatif. Le risque relatif permet de mesurer la force de l'association entre une exposition et une maladie. Un risque relatif de 5 signifie que la maladie est 5 fois plus fréquente chez les exposés que chez les non-exposés. Un risque relatif de 0,4 signifie que la maladie est 2,5 fois plus fréquente chez les non-exposés que chez les exposés. La situation neutre (absence de relation entre l'exposition et la maladie) se caractérise par un risque relatif égal à 1.

Dans l'étude de cohorte menée par Doll et Hill, les risques relatifs variaient entre 1 et 24, en fonction de la quantité de tabac fumée, ce qui traduit un écart considérable (voir tableau 9.IV). De plus, il est possible de constater une relation dose-effet, ce qui est un argument supplémentaire pour conclure au rôle causal de la consommation de tabac dans la survenue d'un cancer bronchique.

2. Études cas-témoins

Deux groupes de sujets, les uns atteints de la maladie étudiée, les autres indemnes de cette maladie sont étudiés. On recherche l'exposition antérieure au facteur étudié dans chacun des deux groupes.

Dans ces études, on ne peut pas estimer directement un risque relatif.

La mesure de l'association entre la maladie et l'exposition est alors donnée par l'odds ratio (rapport des cotes).

Plus la valeur de l'odds ratio est élevée, plus forte sera la relation entre l'exposition étudiée et la maladie. La situation neutre (absence de relation entre l'exposition et la maladie) se caractérise par un odds ratio égal à 1.

La première étude réalisée par Doll et Hill était de ce type.

3. Précision des mesures

Quelles que soient les mesures effectuées en épidémiologie, il est nécessaire d'indiquer la précision avec laquelle elles ont été effectuées, ce qui est habituellement mentionné par un intervalle de confiance associé.

En effet, un risque relatif de 3, par exemple, qui laisserait entendre que la maladie est 3 fois plus fréquente chez les sujets exposés que chez les sujets non exposés, n'a pas du tout la même signification lorsqu'il est estimé à partir de 50 sujets par groupe que lorsqu'il est estimé à partir de 20 000 sujets par groupe. On comprend bien que cette estimation sera très précise dans le deuxième cas, alors qu'elle ne le sera absolument pas dans le premier.

Des méthodes statistiques qui dépassent le cadre de cette présentation permettent de calculer la précision de ces estimations. Indiquons simplement que la largeur des intervalles de confiance est inversement proportionnelle à la racine carrée des effectifs des groupes étudiés. Pour doubler la précision, il faut donc quadrupler le nombre de sujets étudiés.

La nécessité de recourir à des méthodes statistiques en épidémiologie a été perçue très tôt, dès les premières tentatives de structuration de la discipline « statistique » elle-même. Il était, en effet, indispensable de tenir compte de l'intervention du hasard dans les observations épidémiologiques.

Partant de simples dénombrements dans le domaine descriptif, ce qui correspond à l'établissement de « statistiques », le passage à l'estimation de plus en plus détaillée des relations entre les expositions et les maladies en épidémiologie analytique n'a pu se réaliser efficacement qu'en mettant en œuvre des méthodes statistiques de plus en plus élaborées. C'est à la faveur d'échanges fructueux entre statisticiens et épidémiologistes, essentiellement au cours du xxe siècle, que les principales méthodes se sont développées.

Il restait cependant à résoudre la difficulté liée à la situation d'observation habituellement rencontrée en épidémiologie : comment s'assurer que les observations faites à l'échelle des populations (ou d'échantillons issus de ces populations) permettent de conclure raisonnablement à l'existence d'une relation de cause à effet ?

III. Contribution de l'épidémiologie à l'établissement des relations de cause à effet

Austin Bradford Hill, en 1965, a proposé un ensemble de critères permettant de disposer d'éléments en faveur d'une relation causale. Parmi ces critères, on peut citer à titre d'exemple les suivants :

- séquence temporelle : la cause (l'exposition) doit précéder l'effet (la survenue de la maladie) ;
- relation dose-effet : elle est établie lorsque l'effet (la fréquence de la maladie) augmente au fur et à mesure que l'importance de l'exposition (la dose) augmente ;
- force de l'association : plus la force de l'association entre l'exposition et la maladie est grande, moins il est probable que cette association puisse être expliquée par d'autres facteurs ;
- constance de l'association et reproductibilité dans l'espace et dans le temps : des résultats analogues sont obtenus par des équipes différentes, dans des populations différentes ;
- plausibilité biologique : il existe un mécanisme biologique permettant d'établir une relation entre l'exposition et la maladie ;
- cohérence externe des résultats obtenus avec les connaissances générales.

Chacun de ces critères, lorsqu'il est présent, augmente la probabilité de l'existence d'une relation causale. L'absence d'un critère ne permet pas de rejeter l'existence d'une telle relation. La conclusion, en épidémiologie analytique, provient donc d'un faisceau d'arguments concordants.

IV. Conclusion

Les études épidémiologiques, d'abord orientées vers les maladies transmissibles, ont progressivement investi le champ des maladies chroniques. Cette tendance s'est accélérée au cours du xxe siècle en raison de la fréquence croissante de ces dernières dans les sociétés occidentales et des problèmes qu'elles posent, tant du point de vue de l'identification des facteurs qui leur donnent naissance que des mesures à appliquer pour en limiter la survenue ainsi que les conséquences. Le développement des méthodes statistiques, et des moyens informatiques qui en permettent l'application, constitue un élément essentiel qui facilite la réalisation des études épidémiologiques. Ainsi, en passant de l'identification des risques à la mise au point et à l'évaluation des actions thérapeutiques et de prévention, l'épidémiologie contribue, à sa mesure, au développement des connaissances nécessaires à l'amélioration de la santé et à la prise en charge des malades.

POINTS CLÉS

▶ L'épidémiologie peut être définie comme l'étude de la fréquence des maladies et, plus généralement, des phénomènes de santé dans les populations humaines, et des facteurs qui en modifient la répartition, la survenue et l'évolution.

▶ Le taux d'incidence mesure la fréquence de survenue des nouveaux cas d'une maladie donnée dans une population. La prévalence représente la proportion de sujets malades à un instant donné dans la population.

▶ Les études analytiques (ou étiologiques) permettent d'étudier la relation entre une exposition et une maladie. Elles sont de deux types : études de cohortes et études cas témoins. Les études de cohortes permettent l'estimation directe du risque relatif. Dans les études cas témoins, l'estimation directe du risque relatif n'est pas possible. L'association entre la maladie et l'exposition est alors estimée par l'odds ratio (rapport des cotes).

▶ Les différentes mesures utilisées en épidémiologie doivent être accompagnées d'un indicateur de leur précision (intervalle de confiance).

▶ Les critères de causalité permettent de définir un cadre de référence afin de savoir dans quelle mesure une relation entre une exposition et une maladie peut être considérée comme une relation de cause à effet.

Géographie et santé

S. Rican, G. Salem, Z. Vaillant

I. Des inégalités à toutes les échelles
II. La santé au cœur des dynamiques territoriales
III. Une prise en compte explicite de l'espace
IV. Géographie, santé publique et aménagement des territoires

La question des relations entre lieux et santé est ancienne. Elle constitue l'un des fondements de la théorie hippocratique sur l'origine des maladies, dont on retrouve les principaux enseignements dans le *Traité des airs, des eaux et des lieux*. Dans ce corpus, l'attention est aussi bien portée sur l'importance des éléments naturels (qualité des eaux, vents, orientations) que sur celle des situations sociales et culturelles (genres de vie, rapports sociaux, pratiques culturelles) caractérisant chaque lieu. On est loin des visions déterministes dans lesquelles on a trop souvent cherché à l'enfermer.

Au fil du temps, ces enseignements ont connu des fortunes diverses : très présents dans les nombreuses topographies médicales et les politiques hygiénistes du XIXe siècle, ils ont été progressivement abandonnés au cours de la première moitié du XXe siècle au profit d'une vision très biomédicale des questions de santé. Le développement des recherches sur les inégalités sociales et spatiales de santé, notamment à partir des années 1970, a permis de souligner les *limites de ce modèle biomédical* et d'apporter un crédit nouveau au corpus hippocratique, insistant en particulier sur l'importance de l'agencement, le fonctionnement et l'organisation des lieux dans la constitution des inégalités face à la santé. Ces travaux invitent à replacer les *questions de santé au cœur des déséquilibres sociaux et territoriaux, agissant tout à la fois en tant que révélateur et acteur de ces déséquilibres*.

Après une première série de constats, nous abordons dans ce chapitre les apports et les enjeux scientifiques d'une démarche géographique en santé. Nous cherchons également à dégager les perspectives sociales et politiques d'une telle démarche.

I. Des inégalités à toutes les échelles

Les nombreux atlas élaborés tant au niveau mondial, national qu'au niveau urbain ou intra-urbain révèlent l'*ampleur des disparités spatiales de santé à toutes les échelles*. Quel que soit l'indicateur de santé retenu (mortalité, morbidité, offre de soins, accès aux soins, recours aux soins, etc.), d'importants écarts séparent les pays du Nord des pays du Sud, les régions du nord-est de la France des régions du sud-ouest, comme celles du nord et du sud de l'Angleterre ou de l'Italie, les villes et les campagnes, les quartiers de chaque ville.

10 Sciences de la santé

Ainsi, l'espérance de vie à la naissance, de l'ordre de 67 ans en moyenne dans le monde, varie en 2008 de moins de 50 ans dans les pays d'Afrique noire à plus de 80 ans dans les pays riches et industrialisés de l'Europe de l'Ouest, d'Amérique du Nord, au Japon ou en Australie (fig. 10.1). Cette mesure, résumant les conditions de mortalité du moment, constitue l'indicateur le plus synthétique de l'état de santé d'une population. Depuis la Seconde Guerre mondiale d'importants progrès ont été accomplis, l'espérance de vie moyenne passant de 46 ans dans les années 1950 à 65 ans dans les années 2000. Ceux-ci ont été sensibles dans les pays marqués par un développement économique récent comme en Amérique centrale et latine, en Asie orientale ou dans les pays du Maghreb. À l'inverse, certains pays de l'ancien bloc soviétique ont connu une diminution de leur espérance de vie, de même que certains pays fortement touchés par le sida ou par des conflits, comme en Afrique australe ou orientale.

La mondialisation économique, l'accroissement des échanges, les changements économiques, sociaux et politiques n'ont redistribué qu'une partie des cartes sans atténuer l'ampleur des disparités. *Ces inégalités soulignent d'importantes variantes dans les modalités de développement social, économique ou environnemental pour les pays du Nord et les pays du Sud.* Elles ne rendent toutefois pas compte des différences croissantes à l'intérieur de chacun de ces ensembles.

Dans les pays riches comme dans les pays pauvres, les disparités de santé sont très accentuées. La France n'y déroge pas et aurait même tendance à surclasser les autres pays européens de développement comparable en matière d'inégalités face à la santé. Dix ans d'écart d'espérance de vie à la naissance séparent ainsi les zones du nord-est de la France de celles du sud-ouest (fig. 10.2). La distribution de ces écarts est fortement marquée par le fait régional, opposant de vastes ensembles historiques, sociaux, culturels, laissant entre-

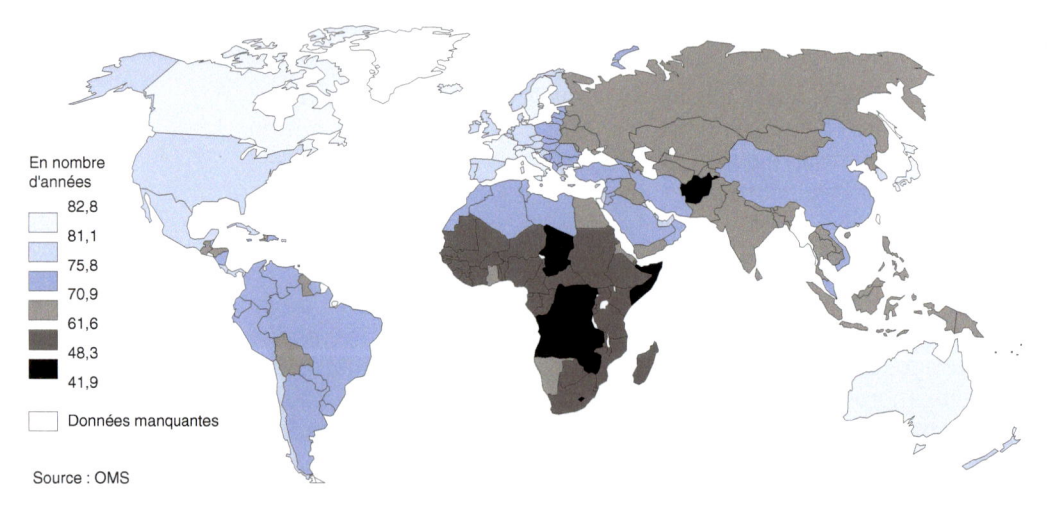

Fig. 10.1.
Espérance de vie à la naissance dans le monde en 2008.

Géographie et santé **10**

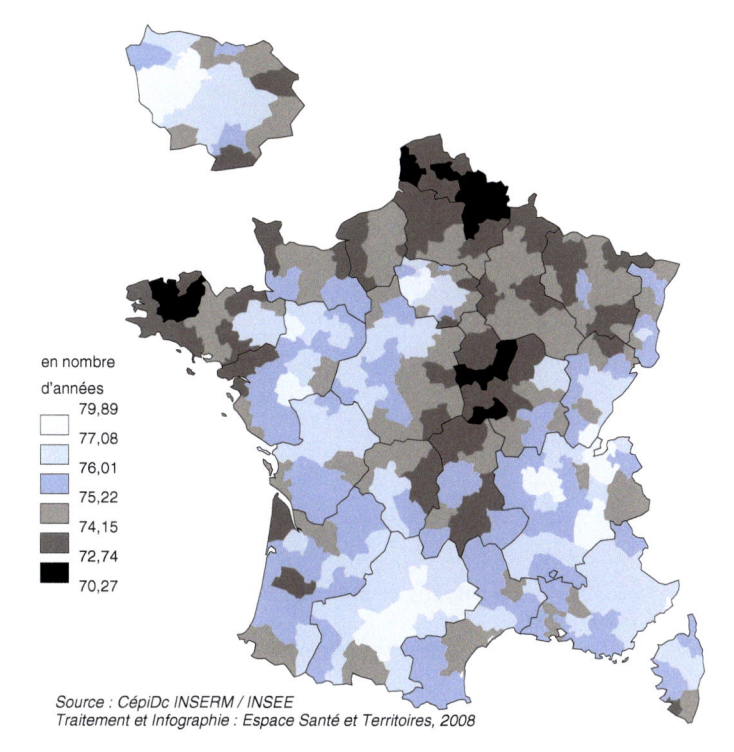

Fig. 10.2.
Espérances de vie à la naissance des hommes à l'échelle des zones d'emploi en France métropolitaine (1997–2001).

voir de nettes continuités et discontinuités spatiales. Ces oppositions transcendent les traditionnels clivages entre zones urbaines et zones rurales, entre zones industrielles et zones agricoles : deux villes du nord de la France, quelles que soient leurs fonctions, leurs activités et leurs tailles ont toujours des espérances de vie plus proches que deux villes de même taille mais l'une située dans le nord et l'autre dans le sud.

Toutefois ces oppositions régionales tendent, sous le coup de l'urbanisation grandissante, à s'atténuer au profit de disparités renforcées entre espaces centraux et espaces périphériques et à l'intérieur de chaque espace urbanisé. *Dans les pays du Sud comme dans les pays du Nord, la situation est généralement meilleure dans les villes que dans les zones rurales*, les différences pouvant être particulièrement importantes dans les pays du Sud. Les mouvements de polarisation et de ségrégations sociospatiales qui ont accompagné la phase d'expansion urbaine se traduisent cependant *aujourd'hui par des écarts de plus en plus marqués au sein des espaces urbains*. Les variations de mortalité à l'intérieur du bassin parisien sont, par exemple, aussi importantes que celles observées entre le nord et le sud de la France (fig. 10.3). La carte des ratios standardisés de mortalité toutes causes de décès confondues constitue une autre manière d'appréhender les écarts de mortalité du moment, indépendamment de la structure par âge de la population. En situant chaque zone au regard de la situation moyenne française, on note que

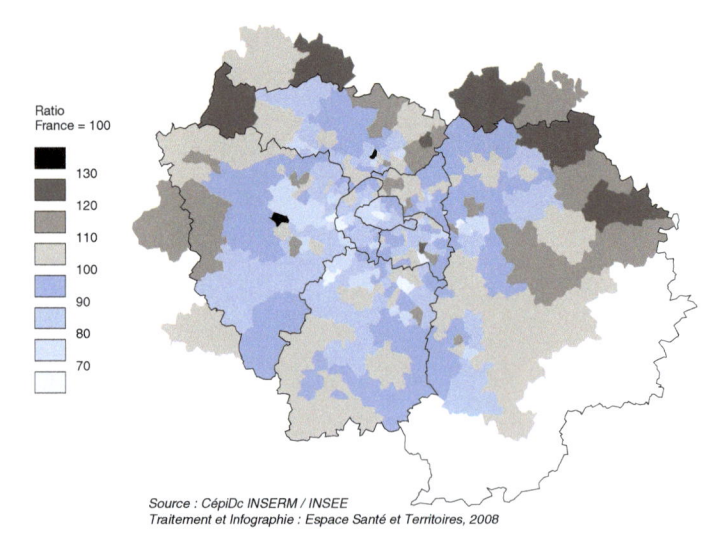

Fig. 10.3.
Ratios standardisés de mortalité à l'échelle des communes de plus de 15 000 habitants et des cantons dans l'aire urbaine de Paris (1997–2001).

pour 100 décès attendus, si la structure de mortalité par âge avait été la même que celle observée globalement en France, certains quartiers du bassin parisien enregistrent plus de 130 décès quand dans le même temps d'autres quartiers en enregistrent moins de 70 (soit un rapport de 1 à 2 entre les plus faibles et les plus fortes mortalités !). Les fortes et faibles mortalités se distribuent de part et d'autre d'un axe nord-ouest/sud-ouest ainsi qu'entre le centre et la périphérie du bassin parisien, les marges de l'agglomération étant marquées par une surmortalité par rapport à la moyenne française. Cette configuration constitue un bon révélateur des ségrégations sociospatiales traversant l'espace francilien.

II. La santé au cœur des dynamiques territoriales

L'ensemble de ces disparités constitue un puissant reflet de l'inégal développement économique et social ainsi que des formes variées d'agencements sociaux, d'organisation et de gestion des territoires des sociétés humaines. Les oppositions soulignées renvoient tout autant aux différences en matière d'organisation des soins et d'accès aux soins, de pratiques de soins, de comportements et de normes locales de santé qu'aux différences en termes de gestion des territoires via les politiques de scolarisation, de logement, de transports, de l'emploi, de gestion du cadre de vie, etc.

Ainsi, *les inégalités face à la santé sont façonnées au gré des recompositions sociales et territoriales*. On a pu montrer en France que les changements sanitaires locaux sont à l'image des profondes mutations qui ont marqué l'organisation de l'espace français après la Seconde Guerre mondiale (fig. 10.4) : ces deux cartes montrent les changements intervenus dans la distribution des ratios standardisés

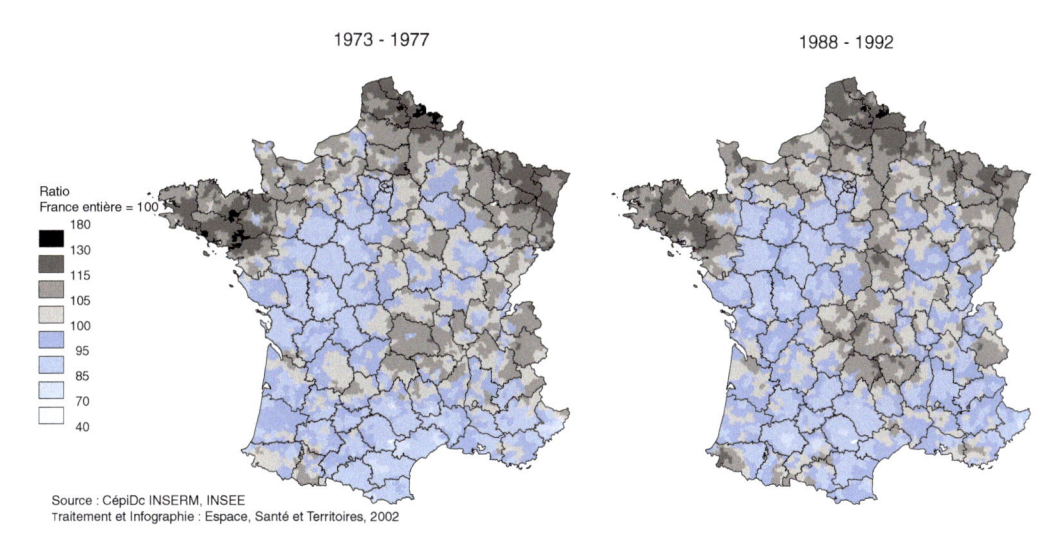

Fig. 10.4.
Ratios standardisés de mortalité à l'échelle cantonale en France à différentes périodes.

de mortalité à l'échelle cantonale entre 1975 et 1990. Si, en moins de 20 ans, des persistances de forts ou faibles niveaux de mortalité apparaissent, de nombreux changements interpellent. Les fortes mortalités persistantes des bassins miniers et sidérurgiques du Nord et de l'Est constituent autant de traces des conditions de travail passées et de l'organisation sociale, culturelle particulière des bassins industriels hérités de la première révolution industrielle, tandis que les oppositions régionales réaffirmées soulignent la persistance du fait régional dans les façons de boire, de s'alimenter, de se soigner ou d'être soignés. À l'inverse, les nets progrès des régions de l'Ouest accompagnent les efforts consentis en matière de scolarisation, alors que la détérioration relative du pourtour méditerranéen entérine les modalités spécifiques du développement de cette région, associant haute technologie et précarisation d'une frange significative de la population. On est loin d'un quelconque déterminisme régional.

Les répercussions sanitaires du vaste mouvement d'urbanisation de la société française se lisent dans les oppositions renforcées entre les principaux pôles urbains et les vastes zones rurales du Centre et de l'Ouest en phase d'enclavement progressif. Ces situations d'enclavement se retrouvent également au sein des villes entraînant certains quartiers des grandes métropoles dans une spirale de difficultés sociales et sanitaires. Aux classiques effets de composition sociale défavorisée dans ces quartiers viennent s'ajouter les facteurs associés à l'environnement partagé par l'ensemble de la population (choix politiques, situations économiques, accès aux services mais aussi air respiré ou exposition aux pollutions sonores, etc.), ainsi que les effets de ségrégation ou d'éloignement favorisant la construction de véritables cultures et de normes locales de santé (pratiques de santé, rapports aux corps et aux soins, etc.).

D'importants déséquilibres caractérisent également l'implantation de l'offre de soins, que l'on caricature souvent en brandissant la menace de constitution de « déserts médicaux ». Les recherches effectuées pour appréhender les raisons de ces déséquilibres ont mis l'accent sur le rôle des facteurs associés au fonctionnement et à l'organisation du système de soins, en insistant particulièrement sur les logiques d'implantation des médecins, bénéficiant, en France, d'une liberté totale d'installation. Ces études ont permis de souligner le rôle des lieux de formation ou de l'implantation d'autres infrastructures sanitaires, dont on recherche la proximité ainsi que l'importance du cadre de vie, favorisant certains espaces (zones côtières, centres urbains) au détriment d'autres (zones rurales, zones péri-urbaines défavorisées). Les évolutions récentes des formes d'exercice médical tendent également à faciliter les déséquilibres (plus faible investissement dans la médecine générale, attrait pour la médecine de groupe ou en institution). Les stratégies d'implantation des médecins soulignent parfaitement le rôle des agencements territoriaux et des structurations sociospatiales dans la distribution de l'offre médicale. *L'implantation des médecins n'est pas que le fruit de stratégies individuelles mais s'ancre dans une trame territoriale qu'elle contribue à modeler.* Les ressources économiques, sociales ou culturelles (emploi, écoles, infrastructures sanitaires, etc.) de chaque territoire, les multiples sectorisations administratives et sanitaires (communes, cantons, départements, régions, secteurs sanitaires, etc.) et les conflits d'intérêt qui en découlent, les stratégies de développement territorial, les politiques d'aménagement, les pratiques territoriales de la population sont autant de facteurs qui participent à l'implantation des médecins.

En retour, la disponibilité médicale contribue au développement et à l'organisation d'un territoire. Par les services proposés, l'emploi induit, les aires d'attraction engendrées ou les nouvelles sectorisations appliquées, *les services de soins participent aux structurations territoriales d'une société*. Comme nous le rappellent les débats sur la fermeture des petites maternités ou unités chirurgicales, la santé est un acteur important du développement local.

Si cela paraît évident pour l'implantation de l'offre de soins, des travaux montrent également que l'état de santé d'une population, son profil épidémiologique, la survenue d'épisodes morbides contribuent aux dynamiques territoriales. La mauvaise santé d'une population, et son lot de décès précoces, entrave les capacités de développement d'une communauté. Il faut s'interroger sur le coût social et territorial des faits de santé.

L'approche géographique invite donc à *envisager la santé comme causes et conséquences du développement*. Elle implique de ne pas se focaliser sur le seul système de soins ou sur les seuls marqueurs biomédicaux d'une situation sanitaire (fréquences de survenue d'une ou plusieurs maladies). Elle porte son attention sur le *système de santé*, défini comme l'ensemble des faits participant à l'état de santé d'une population, sollicitant une approche intersectorielle (école, logement, transport, emploi, etc.) des questions de santé.

III. Une prise en compte explicite de l'espace

La dimension locale des questions de santé suscite un *regain d'intérêt* depuis une quinzaine d'années. L'explication d'un tel attrait, touchant aussi bien les sciences sociales, l'épidémiologie que la santé publique, est à rechercher dans l'évolution des paradigmes scientifiques ainsi que dans le renouvellement de la demande sociale. La place grandissante accordée aux déterminants sociaux, économiques, culturels, environnementaux de la santé a permis d'une part de démontrer que les lieux de vie dans lesquels évolue une population, leurs structurations, participent aux processus inégalitaires face à la santé et doivent à ce titre être mieux analysés. D'autre part, de nouvelles constructions sociales du risque sanitaire, accordant davantage de place aux dimensions environnementales (pollutions, nuisances, écologie des vecteurs), accompagnées par des politiques de décentralisation légitimant le rôle des collectivités locales dans la gestion des questions de santé, ont largement favorisé une demande d'approches localisées de la santé. Cet engouement a également été facilité par l'*essor de nouvelles technologies*, rendant accessibles et manipulables des données localisées et de nombreux outils de l'analyse spatiale (système d'informations géographiques, cartographie, télédétection).

On cherche cependant trop souvent à enfermer la démarche géographique dans ces seuls aspects techniques. Si la description fine et rigoureuse des dispositifs spatiaux de tel ou tel indicateur constitue une étape importante de la démarche, elle ne suffit pas à éclairer les mécanismes sociaux, économiques, culturels ou politiques œuvrant à leur constitution. *Elle nécessite une prise en compte explicite de la dimension spatiale*, intégrant les caractéristiques environnementales, sociales ou politiques de chaque lieu, les interactions entre chaque lieu (proximité, échanges, ségrégations, etc.), les jeux d'acteurs (enjeux politiques, concurrences, etc.) ou les multiples emboîtements d'échelles.

La comparaison de situations sanitaires entre différents lieux nécessite de délimiter ces derniers. Il ne faut toutefois pas considérer ces portions d'espace comme des îlots indépendants, fonctionnant de manière autonome et sans relation de proximité, de frictions, d'échanges, etc. Ce qui se passe en un lieu est certes dépendant des caractéristiques propres à ce lieu, mais dépend également des relations spatiales dans lesquelles s'inscrit celui-ci via la mobilité de la population, les réseaux d'échanges, les effets de voisinage ou les effets de barrière. De plus, chaque lieu ne saurait être réduit à sa seule localisation dans un repère géographique (latitude et longitude) et ses caractéristiques physiques (altitude, climat, géologie, etc.). Il est aussi le fruit d'aménagements humains, de modes d'appropriation et de gestion, de constructions territoriales le plaçant en concurrence avec d'autres lieux. *L'espace doit ainsi être considéré comme support, produit et enjeux des rapports sociaux.*

Le choix du découpage est également important car il peut agréger des situations très hétérogènes. Une comparaison des espérances de vie à la seule échelle départementale est par exemple insuffisante car ne permettant pas de rendre compte des oppositions entre zones urbaines et zones rurales, entre bassins industriels et bassins agricoles. À ce critère d'ordre géographique s'ajoute un critère d'ordre statistique permettant de rendre compte de différenciations significatives et non aléatoires.

Enfin la situation sanitaire en un lieu ne peut s'appréhender qu'en tenant compte des différents contextes dans lesquels celui-ci s'insère. La politique de santé d'une ville est certes dépendante des choix locaux opérés mais aussi des orientations politiques nationales ou internationales en cours. Elle ne peut s'analyser qu'en référence à cette *articulation d'échelles*.

L'analyse des disparités spatiales de santé passe donc par la confrontation, à différentes échelles, de la distribution spatiale des déterminants de la santé, dans toutes leurs composantes environnementales, sociales, économiques, politiques, afin d'y repérer *les combinaisons de risque et les systèmes spatiaux* favorisant les structurations spatiales observées. Elle mêle *les approches quantitatives* (cartographie, statistique, analyse spatiale) *et qualitatives* (analyse des jeux d'acteurs, des rapports sociaux, etc.).

IV. Géographie, santé publique et aménagement des territoires

L'approche géographique des questions de santé permet de souligner *les liens réciproques qui s'établissent entre les constructions socioterritoriales d'une société et les inégalités de santé qui la traversent*. Les agencements territoriaux, les contraintes qu'ils apposent et leur fonctionnement participent à la genèse et l'amplification des inégalités face à la santé. La compréhension des mécanismes des compositions de facteur en chaque lieu constitue une étape essentielle pour identifier les leviers d'action permettant de lutter contre ces inégalités. Elle permet de mieux cibler, en les localisant, les populations à risque et de *repérer des zones en situation de risque*.

Une définition élargie du système de santé offre la possibilité de mieux évaluer les conséquences sanitaires des choix d'aménagement des territoires et les conséquences territoriales des mesures de santé publique. Il s'agit de pouvoir offrir aux décideurs les différents termes du choix en matière de politiques publiques. Les débats actuels sur la fermeture des petites unités de soins, sur la désertification médicale ou sur le malaise des grandes cités-dortoirs soulignent les limites d'approches toujours trop sectorielles. Si par exemple la fermeture de petites unités de soins peut constituer une bonne mesure vis-à-vis de la qualité des soins, elle peut aussi s'opérer au détriment du développement d'un territoire. Par sa capacité à porter un diagnostic territorialisé, c'est-à-dire à cerner les enjeux socioterritoriaux, à confronter les différents déterminants de la santé, à analyser l'agencement et le fonctionnement des territoires, le géographe est en mesure de proposer aux décideurs différentes alternatives en soupesant les conséquences locales de celles-ci.

En tenant compte des configurations et des pratiques territoriales, le géographe peut proposer des mesures permettant d'améliorer l'accès aux soins et à la prévention des populations. L'entrée par le territoire permet également d'apporter une expertise dans l'évaluation des sectorisations sanitaires, de la distribution des ressources et plus généralement dans la mesure de l'*adéquation entre besoins de santé et organisation des soins*.

POINTS CLÉS

▶ La santé est à la fois cause et conséquence du développement social et économique des sociétés.

▶ Faire de la géographie de la santé revient à analyser les relations qu'une société entretient avec son espace, au travers d'indicateurs de santé (état de santé, déterminants et offre de soins). Elle met en évidence les liens réciproques qui s'établissent entre dynamiques territoriales et dynamiques sanitaires.

▶ L'analyse spatiale passe par une prise en compte explicite de l'espace, intégrant les caractéristiques environnementales, sociales ou politiques de chaque lieu, les interactions entre chaque lieu, les jeux d'acteurs ou les multiples emboîtements d'échelles.

▶ La géographie de la santé offre la possibilité de mieux évaluer les conséquences sanitaires des choix d'aménagement des territoires et les conséquences territoriales des mesures de santé publique.

Bibliographie

Leclerc A, Fassin D, Grandjean H, Kaminski M, Lang T. Les inégalités sociales de santé. Paris : La Découverte ; 2000 ; 448 p.

Rican S, Salem G, Vaillant Z, Jougla E. Dynamiques sanitaires des villes françaises. Paris : DATAR, La documentation française ; 2010 ; 80 p.

Salem G, Rican S, Jougla E. In : Atlas de la santé en France. Vol. 1 : Les causes de décès. Paris : John Libbey Eurotext ; 2000 ; 189 p.

Salem G, Rican S, Kurzinger ML. Atlas de la santé en France. Vol. 2 : Comportements et maladies. Paris : John Libbey Eurotext ; 2006 ; 222 p.

11 Sociologie de la santé

D. Carricaburu, M. Ménoret

I. La maladie : déviance ou construction sociale ?
II. Les relations médecin–malade : entre consensus et conflit structurel
III. Conclusion

Il est maintenant couramment admis que la maladie ne peut se réduire à ses aspects strictement organiques, toutes les sociétés, qu'elles soient qualifiées de traditionnelles, d'industrielles ou de post-industrielles, ont développé des réponses particulières à cette forme de malheur. Autrement dit, le social et le biologique ne peuvent être totalement dissociés, l'un jouant sur l'autre et réciproquement. Pourtant, la maladie et la santé ont longtemps relevé du seul registre d'interprétation médicale et il a fallu attendre la deuxième partie du xxe siècle pour que la sociologie s'intéresse d'abord à l'hôpital, puis aux professionnels de santé, aux malades, aux maladies et à leurs effets sociaux.

Les premiers sociologues, essentiellement américains, qui se sont penchés sur ces questions, ont dans un premier temps constitué ce que l'on appelle la « sociologie de la médecine et de la maladie » en proposant de nouvelles perspectives d'explication et de compréhension grâce aux outils couramment utilisés par la sociologie, comme l'analyse des fonctions sociales, des institutions, des rapports d'autorité, des normes, des inégalités sociales, de la distribution inégale de ressources…

Mais pourquoi désormais abandonner la « sociologie de la médecine et de la maladie » au profit de la « sociologie de la santé » ? Sans doute la réponse réside-t-elle dans l'évolution même de cet objet générique qu'est devenue la santé. En effet, dès 1948, la santé n'étant plus considérée par l'OMS, comme « le silence des organes », pour reprendre la célèbre formulation de René Leriche, elle s'émancipe progressivement de la médecine en débordant largement du périmètre habituel de compétences de cette discipline. Les différentes crises sanitaires qui se sont produites au cours des années 1990 (sang contaminé, thalidomide, amiante, maladie de Creutzfeldt-Jakob, infections nosocomiales…) ont montré que la santé n'est pas réductible à la médecine, à ses institutions et à ses professionnels, d'autres acteurs y trouvent une place légitime, ne serait-ce que les politiques, les médias ou encore les malades et leurs associations.

Si l'on tient néanmoins à donner une définition sociologique de ce qu'est « la santé » pour les sociologues, on peut considérer qu'ils l'appréhendent comme une construction culturelle et sociale et comme un espace politiquement structuré que l'on peut étudier à différentes échelles et dans divers contextes grâce à des enquêtes *in situ*, c'est-à-dire fondées sur l'observation des pratiques et sur l'analyse de ce que disent les acteurs.

Ainsi, dans ce chapitre quelques notions fondatrices sont abordées, telles qu'elles sont proposées par la sociologie qui, comme la plupart des disciplines constitutives des sciences sociales, est traversée par différents courants, certains s'inscrivant dans une vision déterministe du monde, d'autres préférant mettre l'accent sur les marges de manœuvre qu'ont les acteurs face aux institutions.

I. La maladie : déviance ou construction sociale ?

A. La maladie comme une déviance biologique et sociale

Pour T. Parsons qui, au début des années 1950, est le premier sociologue à s'intéresser à la médecine, la santé est l'un des « besoins fonctionnels » de toute société. Il estime qu'un trop haut niveau de maladies est dysfonctionnel dans la mesure où il constitue une menace quant au fonctionnement équilibré de la société. Et c'est en cela que la maladie est une déviance, il n'inclut aucune dimension morale en qualifiant la maladie de déviance biologique et sociale.

Pourquoi parler de déviance biologique ? Afin d'établir le diagnostic d'une maladie, le médecin doit mettre en correspondance des symptômes observables et des catégories nosologiques relevant du savoir médical. De façon schématique, une personne est définie comme malade lorsque, à l'issue d'une consultation médicale ou après lecture de résultats d'examens, ses symptômes ou ses plaintes indiquent qu'il y a bien quelque chose d'anormal à l'égard des normes biologiques de santé, telles qu'elles sont couramment admises par la médecine. Supprimer cette déviance biologique constitue l'objectif idéal de l'activité médicale. Dans la prise en charge de la maladie, les fonctions du médecin s'inscrivent alors dans un processus logique qui consiste d'abord à élaborer un diagnostic, ensuite à trouver un traitement qui soit susceptible d'agir, et enfin à le mettre en œuvre pour que l'organisme soit, si possible, ramené à son niveau antérieur de bonne santé. Le médecin a donc comme rôle social d'abord de définir la déviance, puis de chercher à l'éradiquer en traitant les personnes identifiées comme des « malades » et c'est par cette dernière opération que le passage du biologique au social est effectué. Dans cette perspective, la pathologie est en quelque sorte une « boîte noire » à laquelle le sociologue ne s'intéresse pas, il va en revanche centrer son analyse sur ses conséquences sociales, considérant la maladie comme un état social déviant, comme une altération des conditions normales de l'existence sur le plan social.

Pour T. Parsons, l'identification de la maladie et la désignation du malade en tant que tel sont assimilables à la lecture par le médecin d'une réalité purement objective : le statut social de la maladie et celui du malade sont en continuité de l'état organique.

B. La maladie comme une construction sociale

Au contraire, selon E. Freidson, la réalité organique de la maladie et sa réalité sociale appartiennent à deux registres différents. Ainsi dans certains cas, des personnes peuvent présenter des symptômes sans que ceux-ci donnent lieu à l'appellation « maladie » et donc sans se voir conférer le statut social de « malade ». On peut citer l'exemple des « maladies orphelines » qui nécessitent souvent de longues investigations avant d'être médicalement identifiées, ou encore le cas de nouvelles maladies comme ce fut le cas pour le sida.

Réciproquement, une personne diagnostiquée à tort comme malade, le devient de fait pour les autres et pour la société. De plus, au niveau le plus concret, ce sont les examens, les investigations, le diagnostic et les prescriptions médicales qui donnent forme et contenu à l'expérience quotidienne que les malades ont de leur état. La pratique médicale constitue donc bien davantage qu'une lecture d'une réalité physique : en désignant et nommant le dysfonctionnement corporel, le médecin contribue à créer la réalité sociale de la maladie, une réalité sociale changeante selon les sociétés, et selon les époques, les avancées thérapeutiques, les découvertes scientifiques…

II. Les relations médecin–malade : entre consensus et conflit structurel

Selon que la maladie est considérée comme une déviance biologique et sociale ou bien comme une construction sociale, le modèle de relations médecin–malade est différemment configuré.

A. La maladie comme déviance : modèle fondé sur un consensus

Dans le premier cas, le modèle repose sur la complémentarité des rôles de médecin et de malade, l'un et l'autre ayant comme objectif commun la guérison : le modèle est fondé sur l'idée du consensus. T. Parsons définit des rôles, c'est-à-dire ce que l'on est socialement en droit d'attendre de celui qui a le statut de médecin ou le statut de malade.

1. Rôle du médecin

La spécificité du rôle de médecin repose sur cinq aspects complémentaires. Le premier porte sur la *compétence technique* : cette compétence acquise est un élément fondamental du statut de professionnel. Il peut être qualifié d'*universaliste*, c'est-à-dire que l'on attend du médecin que son attitude soit équivalente devant chaque malade, quelle que soit l'origine sociale ou ethnique du patient. Il est *fonctionnellement spécifique*, c'est-à-dire que le haut niveau de compétence qui lui est demandé implique la spécificité de la fonction et exclut une compétence comparable dans d'autres domaines. Ce qui revient à dire qu'à la différence d'autres époques ou d'autres cultures (dans lesquelles celui qui soigne a aussi des compétences magiques et/ou religieuses), le médecin moderne est un spécialiste dont la supériorité est limitée à son domaine de compétence. Il est *affectivement neutre*, c'est-à-dire que la médecine étant une science appliquée, on attend du médecin qu'il traite un problème objectif dans des termes scientifiquement justifiables. Mais à la différence de celui d'homme d'affaires, le rôle de médecin est *orienté vers la collectivité* et non vers l'intérêt de celui qui l'exécute.

2. Rôle du malade

En complément du rôle de médecin, vient celui de malade, défini par des droits et des devoirs. Celui à qui le médecin a accordé le statut de « malade » est *exempté des responsabilités normales* s'attachant à son rôle habituel, il est dispensé de ses devoirs ordinaires (de salarié par exemple). Il est admis socialement que le malade ne peut sortir de sa situation de maladie par sa seule volonté, en ce sens il est *exempté de la responsabilité de sa maladie*. En contrepartie, il a l'*obligation de souhaiter aller mieux* donc de *rechercher l'aide du médecin* et de *coopérer* avec lui, en suivant les traitements et les consignes données par le médecin.

La maladie étant considérée comme une déviance, elle est conditionnellement légitimée, c'est-à-dire que le malade se voit reconnu le statut de malade à condition qu'il adopte le rôle ainsi défini, avec ses droits et ses devoirs.

Les rôles de médecin et de malade sont donc, dans ce modèle, structurellement complémentaires et asymétriques.

3. Variantes

Ce modèle se décline selon trois variantes :
- *activité–passivité* : le médecin est actif et le patient est passif (exemple du coma naturel ou artificiel) ;
- *coopération* : l'accord du patient est nécessaire dans l'interaction de soin ;
- *participation mutuelle* : le patient est considéré par le médecin comme capable de prendre en main son traitement.

4. Un modèle descriptif et normatif

La critique majeure que l'on peut formuler à l'égard d'un tel modèle, c'est d'être non seulement descriptif, mais surtout particulièrement normatif, c'est-à-dire de formuler les relations médecin–malade telles qu'elles devraient être, et non telles qu'elles se déroulent dans la réalité des pratiques. Il faut préciser que ce modèle n'est pas basé sur une observation systématique mais sur un raisonnement spéculatif et qu'il est loin d'être empiriquement validé. Différents travaux ont par la suite montré que les professionnels n'ont pas toujours un comportement « universaliste » selon l'origine ethnique ou religieuse des malades. Quant aux patients, là encore de nombreuses recherches l'attestent, ils ne sont pas toujours prêts à accepter les « devoirs » que comporte le rôle de malade et même lorsqu'ils viennent chercher l'aide du médecin, leur coopération est souvent relative, ne serait-ce que dans l'application des traitements ou bien dans le respect de certaines consignes restrictives...

B. La maladie comme construction sociale : modèle fondé sur un conflit structurel

À l'opposé de ce modèle consensuel, E. Freidson propose un autre modèle qui s'appuie sur l'idée que le consensus n'existe pas *a priori*[16], et que la relation entre médecin et malade ne peut se limiter au simple

---

16. Ce qui veut dire que le consensus est à construire dans chaque interaction...

face à face. Cette interaction est située dans un contexte organisationnel particulier (hôpital, clinique privée, cabinet libéral…), elle n'est pas déconnectée des appartenances sociales respectives du médecin et du malade ; l'un et l'autre pouvant avoir des points de vue différents et des intérêts divergents, voire contradictoires. Ainsi, il montre que les codes de déontologie n'ont pas pour seul objectif de protéger le public mais qu'ils sont également destinés à préserver la profession des ingérences extérieures et de la concurrence éventuelle d'autres professions.

Selon cet auteur, la relation médecin–malade est structurellement fondée sur un conflit de perspective latent entre les deux acteurs de l'interaction, car chacun agit selon son propre système de référence. Le médecin cherche à traiter chaque patient pris isolément en fonction de son activité globale de médecin, de la structure professionnelle à laquelle il appartient et de la culture scientifique à laquelle il se réfère. Le patient, quant à lui, s'efforce d'obtenir un mode de prise en charge en accord avec son système culturel de référence, c'est-à-dire un mode de prise en charge qui lui soit personnellement adapté, sans tenir compte des exigences du système pris dans son ensemble. Ces conflits de points de vue et d'intérêts reflètent les caractères structurels généraux de la maladie et de son traitement professionnel dans nos sociétés occidentales et sont au cœur de l'interaction thérapeutique.

III. Conclusion

Depuis ces travaux pionniers, la sociologie de la santé a régulièrement élargi son champ d'investigation. En trente ans, aucune autre organisation sociale n'a davantage changé que celle de la santé. L'adoption rapide de nouvelles technologies médicales, l'accroissement de la spécialisation des soins et de leur fragmentation, l'escalade des dépenses de services médicaux, l'irruption du sida, la place des patients dans l'exercice de soins : le système de santé a subi, en peu de temps, des changements considérables. La sociologie s'est inscrite dans ces contingences – sociales, politiques et économiques – contemporaines, explorant les événements structurels et technologiques de ces dernières décennies, ainsi que leurs conséquences sur le travail des professionnels et sur l'expérience des malades, sans pour autant négliger la montée en puissance de la demande sociale de sécurité sanitaire.

POINTS CLÉS

▶ Les sociologues appréhendent la santé comme une construction culturelle et sociale et comme un espace politiquement structuré que l'on peut étudier à différentes échelles et dans divers contextes grâce à des enquêtes in situ, c'est-à-dire fondées sur l'observation des pratiques et sur l'analyse de ce que disent les acteurs.

▶ La sociologie est traversée par différents courants, certains s'inscrivant dans une vision déterministe du monde, d'autres préférant mettre l'accent sur les marges de manœuvre qu'ont les acteurs face aux institutions.

▶ Selon que la maladie est considérée comme une déviance biologique et sociale ou bien comme une construction sociale, le modèle de relations médecin–malade est différemment configuré.

▶ La sociologie de la santé a régulièrement élargi son champ d'investigation en s'inscrivant dans les contingences – sociales, politiques et économiques – contemporaines, explorant les événements structurels et technologiques de ces dernières décennies.

Bibliographie

Adam P, Herzlich C. *Sociologie de la maladie et de la médecine*. Coll. 128. Paris : Nathan ; 1994.
Carricaburu D, Ménoret M. *Sociologie de la santé. Institutions, professions et maladies*. Coll. U. Paris : Armand Colin ; 2004.
Fassin D. *L'espace politique de la santé*. Paris : PUF ; 1996.
Freidson E. *La profession médicale*. Paris : Payot ; 1984 [*Profession of Medicine*. New York : Harper & Row, Publishers ; 1970.]

12 Psychologie de la santé

E. Spitz

I. Théories sociales cognitives sur l'intention de changer de comportement
II. Modèles sur les processus de changement de comportement lié à la santé
III. Exemple pratique de l'observance thérapeutique

La psychologie de la santé se définit de façon large comme l'étude des comportements, des cognitions et des émotions liés à la santé et à la maladie ainsi que des facteurs biopsychosociaux les influençant (*American Psychology Association*, 1984). La psychologie de la santé développe une démarche intégrative qui prend en compte les apports de la psychologie clinique, de la psychologie cognitive, de la psychologie sociale, de la psycho-oncologie, de la psychocardiologie, de la psychoneuro-immunologie et des neurosciences. La mise en œuvre de cette approche holistique requiert donc au préalable de la part des praticiens de la santé une reconnaissance de l'importance et du rôle des facteurs psychiques et sociaux dans le domaine de la santé.

À travers ce chapitre, nous abordons les théories prédictives des comportements de santé et les modèles de stress-coping ainsi que d'autorégulation qui essaient de comprendre les processus associés aux comportements de santé. Finalement, l'exemple de l'observance thérapeutique est proposé.

Les théories sur les comportements, les cognitions et les émotions liés à la santé visent à comprendre les mécanismes sous-jacents à l'adoption et au maintien des comportements. Il existe les théories de *prédiction du changement* de comportement et les théories plus centrées sur les *processus de changement* effectif du comportement de santé.

I. Théories sociales cognitives sur l'intention de changer de comportement

A. Le modèle des croyances sur la santé (*health belief model* – HBM)

Il représente la première théorie cognitive s'intéressant au problème des comportements de santé. Élaboré dans les années 1950, son objectif était initialement de prédire et d'expliquer les raisons pour lesquelles certaines personnes ne suivaient pas les recommandations de santé publique concernant, par exemple, le dépistage du cancer ou le suivi des vaccinations. Par la suite, ce modèle a été utilisé pour prédire

les changements de comportement dans le cadre de nombreuses pathologies. Le HBM suggère que quatre types de croyances sont nécessaires pour que la personne soit susceptible de développer l'action de santé recommandée :
- la perception de sa propre vulnérabilité à la maladie ;
- la perception de la gravité de la maladie si elle était contractée ;
- la conviction que sa propre action, en termes de changement de comportement de santé, sera efficace face à cette menace (bénéfices perçus de l'action de santé) ;
- la perception qu'il y a peu d'obstacles, de coûts à la mise en place de l'action (coûts perçus de l'action de santé).

Le HBM a été le premier modèle de prédiction des comportements de santé.

B. La théorie du comportement planifié (*theory of planned behaviour* – TPB)

Dans la théorie du comportement planifié, Ajzen et Fishbein postulent que l'intention d'adopter un comportement constitue le déterminant premier de sa mise en place. Cette intention est influencée par :
- les *attitudes* envers le comportement ciblé (par exemple, « mettre un préservatif ne me pose pas de problème ») ;
- les *normes sociales*, c'est-à-dire la pression sociale perçue qui inciterait ou non à réaliser le comportement comme « mettre un préservatif » ;
- la *perception du contrôle*, soit l'aisance ou la difficulté perçue à réaliser le comportement.

La théorie du comportement planifié est un modèle de prédiction efficace pour expliquer l'adoption de nombreux comportements liés à la santé dans des populations diverses.

II. Modèles sur les processus de changement de comportement lié à la santé

A. Le modèle transthéorique de Prochaska et DiClement (1986)

Selon le *modèle transthéorique*, le processus de changement de comportement se décompose en différentes étapes. Le point de départ de ce processus est le comportement habituel de la personne ; il pourrait être défini par exemple en termes de nombre de cigarettes fumées par jour ou de non-activité physique. Le comportement de santé souhaité est le comportement qui, s'il devenait régulier, pourrait être bénéfique pour la santé. Le processus de changement entraîne différentes étapes ou stades : *1.* stade de pré-réflexion (en anglais *precontemplation*), *2.* stade de réflexion (en anglais *contemplation*), *3.* stade de préparation, *4.* stade de changement et *5.* stade de maintien du comportement souhaité.

- *1.* Lors du stade de pré-réflexion, la personne n'envisage pas de changer son comportement.
- *2.* Lors du stade de réflexion, le comportement initial est toujours inchangé mais la personne est maintenant motivée pour progresser vers le comportement de santé souhaité.
- *3.* Dans le stade de préparation, il y a par exemple la prise de rendez-vous chez un tabacologue ou l'inscription à une activité physique.
- *4.* Durant le stade de changement de comportement, la personne commence à modifier effectivement son comportement.
- *5.* Enfin, le stade du maintien du comportement de santé doit se prolonger sur une longue période (arrêt définitif du tabac, pratique d'activités physiques prolongée).

Durant chacun de ces stades, la rechute est possible, le cheminement n'est pas linéaire mais plutôt en spirale. À chaque stade du changement, la personne évalue l'intérêt de poursuivre son effort, les ressources dont elle dispose, et met en place des stratégies de coping en conséquence (voir *infra*).

B. La théorie cognitive du stress de Lazarus et Folkman (1984)

Aujourd'hui, le concept de stress est bien éloigné des propositions originelles de Selye. Ainsi, Lazarus et Folkman sont les auteurs de référence avec leur théorie cognitive du stress et du coping. Pour eux, le stress est considéré comme « une transaction spécifique entre la personne et l'environnement qui est évaluée par la personne comme débordant ses ressources et pouvant mettre en danger son bien-être ». Cette relation dynamique évolue constamment dans le temps ; elle est bidirectionnelle entre la personne et l'environnement, chacun agissant sur l'autre ; elle est médiatisée par deux groupes de processus : les processus d'évaluation cognitive et les processus de coping.

1. Processus d'évaluation cognitive

Les évaluations cognitives sont de deux types : l'évaluation de l'impact d'un événement *(stress perçu)* et l'évaluation des capacités de contrôler la situation *(capacités personnelles perçues et contrôle perçu)*. Ainsi, un même événement est évalué de façon différente selon les personnes : il peut être sans intérêt, simplement bénin ou alors franchement stressant (stress perçu). Lorsqu'il est évalué comme stressant, il peut s'agir d'une perte, d'une menace ou d'un défi. Les évaluations de perte ou de menace engendrent des émotions négatives : anxiété, colère, peur… Les évaluations de défi ou de challenge engendrent des émotions positives : ardeur, joie, exaltation… Conjointement à ce premier processus d'évaluation, un second processus d'évaluation se met en place en réponse à la question : « ai-je les capacités de contrôler cette situation ? » Ainsi, l'appréciation par la personne de ses ressources face à la situation, de ses capacités à réduire la menace, de son contrôle de la situation fait partie intégrante de cette seconde évaluation (capacités personnelles perçues et contrôle perçu).

2. Processus de coping

Par ailleurs, les processus de coping font référence à la façon de s'ajuster aux situations stressantes et à la mise en place d'une réponse pour y faire face. Les stratégies d'ajustement ou coping désignent l'ensemble des processus qu'une personne interpose entre elle et la situation perçue comme menaçante, afin de maîtriser, tolérer ou diminuer l'impact de celle-ci sur son bien-être physique et psychologique. Aucune stratégie de coping ne serait efficace en soi, indépendamment des caractéristiques de la personne et de la situation à résoudre.

Deux principaux types de stratégies de coping sont distingués : le groupe des coping centrés sur le problème, qui ont pour objectif de résoudre le problème ou d'altérer la source de stress, et le groupe des coping centrés sur l'émotion, dont l'objectif est de réduire ou de gérer la détresse émotionnelle associée à la situation. Ces deux types principaux de coping ont été identifiés par de nombreux auteurs. Cependant, si cette distinction entre ces deux types de coping est reconnue, elle peut sembler trop restrictive. Ainsi, Carver (1998) répertorie un éventail plus vaste de coping qu'il contextualise à la situation d'ajustement à la maladie :

- le *coping actif* est le processus par lequel l'individu essaie de supprimer la situation stressante ou de minimiser ses effets (par exemple : le patient fait en sorte que si un traitement thérapeutique est nécessaire, il soit cependant le moins pénible possible) ;
- la *planification* est le fait de réfléchir à l'organisation d'un plan, aux étapes à suivre (par exemple : le patient planifie son emploi du temps avec des moments d'activités, des moments pour les traitements et des moments de repos) ;
- la *recherche du soutien social pour des raisons instrumentales* correspond à la recherche de conseils, d'assistance ou d'informations (par exemple : le patient recherche des informations sur la maladie et le traitement préconisé) ;
- la *recherche du soutien social émotionnel* se rapporte à la recherche de soutien moral, de sympathie ou encore de compréhension ;
- l'*expression des sentiments*, lorsque la personne tente de verbaliser ce qu'elle ressent. Selon les situations cette stratégie est plus ou moins adaptative ; par exemple : adaptative si la personne l'utilise au moment de l'annonce du diagnostic afin d'exprimer ses appréhensions sur ses perspectives d'avenir ; peu adaptative si le patient se focalise sur ses sentiments, s'il rumine ce qui entrave l'ajustement, l'éloignant d'un effort de coping actif et d'une avancée au-delà de la détresse ;
- le *désengagement comportemental* qui correspond à la réduction des efforts du patient pour faire face à la maladie, à l'abandon de toute tentative d'atteindre les buts de vie sur lesquels interfèrent la maladie et le traitement ;
- la *distraction* qui repose sur la mise en place d'activités diverses visant à distraire la personne des pensées liées à sa maladie ;
- le *blâme* ou les reproches que peut se faire une personne concernant sa maladie sont souvent associés à un sentiment de culpabilité et à un moindre ajustement ;

- la *réinterprétation positive* peut permettre de gérer la détresse émotionnelle liée une situation déplaisante, de soins par exemple. La traduction en des termes positifs devrait intrinsèquement permettre à la personne de poursuivre sa lutte contre la maladie ;
- l'*humour* peut être une façon de relativiser la situation, de s'en amuser, comme une mise à distance de la maladie ;
- le *déni* est envisagé comme le refus de croire que la situation existe, que la maladie est présente, avec le risque de ne pas observer les recommandations de soins ;
- l'*acceptation* : la personne qui accepte la réalité d'une situation est plus à même de s'engager dans le combat, ici contre la maladie ;
- la *religion* comme une réponse de coping.

Les stratégies de coping sont des processus tout à fait intéressants à évaluer dans le contexte de la santé.

Ainsi les études en psychologie de la santé s'intéressent de plus en plus aux processus mis en place lorsque la maladie apparaît. La problématique générale étant : quels processus sont associés à un meilleur ajustement à la maladie, un meilleur respect du traitement médical, à une meilleure qualité de vie du patient ?

Les modèles d'autorégulation des comportements de santé complètent le modèle biomédical par la description des perceptions des patients et des processus cognitifs et émotionnels associés à la maladie. Cela fournit à l'équipe médicale un ensemble de concepts afin de comprendre l'expérience du patient et les comportements qui y sont associés, ceci à travers la perspective du patient et non à travers la perspective de l'équipe soignante.

III. Exemple pratique de l'observance thérapeutique

L'observance thérapeutique désigne le degré avec lequel un patient suit les prescriptions médicales et vient aux rendez-vous médicaux fixés, le degré de respect des recommandations concernant le régime alimentaire, l'exercice physique, la non-consommation d'alcool, de tabac. Pendant longtemps, les médecins et les soignants n'ont pas envisagé que les patients ne suivent pas leurs prescriptions médicales et leurs recommandations. Actuellement, le phénomène de non-observance est envisagé comme le résultat de plusieurs facteurs liés à la spécificité de la maladie et à son traitement, liés à la relation médecin–patient mais également aux ressources du patient. Selon de nombreuses études, toutes pathologies confondues, un tiers des patients en moyenne peuvent être considérés comme non-observants. Les mesures de l'observance thérapeutique restent complexes, deux sortes d'évaluations sont préconisées :

- les mesures directes réalisées à partir de marqueurs biologiques présents dans l'organisme (par exemple, les lymphocytes CD4+ dans le cas du VIH) ;
- les mesures indirectes, plus facilement applicables dans la pratique clinique, que sont les autoquestionnaires, l'entretien semi-directif, les techniques de comptage par pilulier.

L'observance thérapeutique est un comportement complexe associé à des cognitions et à des états émotionnels ; les facteurs qui la déterminent appartiennent à la fois aux caractéristiques de la maladie et du traitement, à la relation médecin–patient et à la composante personnelle du patient.

A. Caractéristiques de la maladie et du traitement

Les déterminants liés à la maladie et au traitement sont de différents types : la sévérité des symptômes, la durée du traitement, le nombre de prises médicamenteuses, les effets indésirables du traitement. Ainsi, si les bénéfices liés à l'administration du traitement sont inférieurs aux coûts liés aux effets secondaires, il y a un risque que le patient envisage d'interrompre le traitement ou de modifier lui-même la posologie.

B. Relation médecin–patient

Les déterminants liés à la relation médecin–patient sont associés au déroulement de la consultation, à l'annonce diagnostique, à la transmission d'informations mais également à la dimension de la relation humaine qui s'établit entre le médecin et son patient. Par exemple, le fait que le traitement soit conduit en coopération avec le patient est décisif pour un bon degré d'observance thérapeutique, une satisfaction élevée et une bonne santé. L'amélioration des relations médecin–patient est aujourd'hui un thème central dans les théories sur l'éducation au patient.

C. Composante personnelle du patient

Les déterminants relatifs au patient sont principalement les facteurs sociodémographiques et les facteurs psychologiques. De façon générale, il n'y a pas de lien entre l'observance et l'âge, le genre, le statut conjugal, le niveau de formation ou la classe sociale. En revanche, les croyances du patient sur ses capacités personnelles (sentiment d'efficacité personnelle et sentiment de contrôle) et sur les ressources disponibles dans son environnement sont essentielles dans la compréhension des comportements d'observance thérapeutique. La psychologie de la santé permet ainsi d'envisager d'autres approches dans la résolution des nombreux obstacles rencontrés par les domaines de l'éducation thérapeutique ou de l'observance thérapeutique. La psychologie de la santé propose au patient des interventions qui peuvent faciliter le coping centré sur le problème (intervention d'autogestion) et/ou le coping centré sur l'émotion (interventions de gestion du stress) dans le but d'améliorer sa qualité de vie.

De plus, aujourd'hui, il apparaît évident que la prise en charge d'une maladie chronique et du traitement approprié se révèle plus efficiente si le patient, soutenu par son entourage, participe activement à son traitement en collaboration avec l'équipe soignante.

POINTS CLÉS

▶ Stress : «Transaction spécifique entre la personne et l'environnement qui est évaluée par la personne comme débordant ses ressources et pouvant mettre en danger son bien-être.» (Lazarus et Folkman, 1984.)

▶ Stress perçu : évaluation subjective de l'importance avec laquelle des situations de la vie sont perçues comme menaçantes, non prévisibles, incontrôlables et pénibles.

▶ Contrôle perçu : évaluation subjective du degré d'influence et de contrôle que la personne peut avoir sur les événements et son environnement. Ce concept concerne la croyance dans le fait que l'issue d'une situation ou d'un problème particulier dépend de facteurs internes et personnels ou de facteurs extérieurs.

▶ Coping : le coping est «l'ensemble des efforts cognitifs et comportementaux, constamment changeants, destinés à maîtriser, réduire ou tolérer les exigences internes ou externes qui menacent ou excèdent les ressources d'une personne» (Lazarus et Folkman, 1984). Ces auteurs proposent deux fonctions principales du coping : la régulation des émotions (coping centré sur l'émotion) et la résolution d'une situation (coping centré sur le problème).

▶ Autorégulation : ensemble des processus volontaires destinés à atteindre les buts personnels de vie. Le principe fondamental des modèles d'autorégulation repose sur le fait que la motivation à changer de comportement apparaît lorsque la personne souhaite réduire la divergence perçue entre son état réel et un état désiré.

Bibliographie

Spitz, 2004 Spitz E. Modèle des buts relatifs aux comportements de santé, processus d'autorégulation. *Psychologie Française* 2004; 48(3) : 19–28.

Weinman and Figueiras, 2002 Weinman J, Figueiras MJ. La perception de la santé et de la maladie. In : Fischer GN. (Ed). *Traité de psychologie de la santé*. Paris : Dunod; 2002. p. 117–33.

Histoire de la santé et des soins

B. Halioua

I. La médecine dans l'Antiquité
II. Médecine du Moyen Âge
III. Médecine de la Renaissance
IV. Médecine du XVIIe siècle
V. Médecine du XVIIIe siècle
VI. Médecine du XIXe siècle
VII. Médecine du XXe siècle

Étroitement lié à la culture et au développement des sociétés, l'« art de guérir » est aussi ancien que l'humanité. Il a été intriqué avec la magie, les religions, les croyances et les pratiques rituelles. Au cours des différentes périodes de l'histoire, la pensée médicale s'est modifiée, mais il a fallu attendre le milieu du XIXe siècle pour assister véritablement à un essor des connaissances dans le domaine des sciences fondamentales qui ont permis des progrès considérables en médecine.

I. La médecine dans l'Antiquité
A. La médecine assyro-babylonienne
1. La pensée médicale

La médecine assyro-babylonienne est étroitement associée à des pratiques magiques. Elle est empreinte d'empirisme. La médecine est au début théocratique, c'est-à-dire aux mains des prêtres qui considèrent que les maladies sont des malédictions divines qui touchent ceux qui n'ont pas obéi au code moral. Le rôle des prêtres est de découvrir la faute commise et d'en obtenir l'expiation. Ils ont le plus souvent recours à l'*hépatoscopie* (lecture des oracles dans le foie d'animaux sacrifiés) pour désigner le dieu, ou le mauvais esprit, responsable des diverses maladies. Au cours du temps, la médecine a ouvert progressivement ses portes aux laïques. Le code d'Hammourabi (XVIIIe siècle av. J.-C.) donne des informations intéressantes sur la pratique médicale et les honoraires des médecins.

2. Apport

Les Mésopotamiens savent établir le diagnostic d'un grand nombre d'affections (fièvre, migraine, douleurs, troubles digestifs) dont ils ont analysé la sémiologie. Sur le plan préventif, les Mésopotamiens sont les premiers à préconiser, en cas de maladie, l'arrêt de tout travail et l'isolement des malades. Les médecins réalisent fréquemment des réductions de fractures et de luxations et des drainages d'abcès. Ils effectuent des interventions d'ordre esthétique comme la greffe d'implant d'os chez les femmes qui souhaitent avoir un nez busqué pour mieux répondre aux exigences de la mode.

B. Médecine égyptienne

1. La pensée médicale

Le personnage remplissant, dans l'Égypte ancienne, les fonctions de médecin répond à l'appellation de « Sounou ». Son hiéroglyphe s'écrit au moyen d'une flèche (ou lancette) et d'un pot (ou mortier) suivis du déterminatif de l'homme assis. La spécialisation médicale existe déjà à l'époque des pharaons. La profession est ouverte aux femmes et certaines filles peuvent être admises, comme à l'école, à suivre l'enseignement. En dehors des médecins, il y a trois catégories de personnes qui assurent la prise en charge des problèmes médicaux :
- les prêtres de Sekhmet chargés de guérir les épidémies ;
- les auxiliaires médicaux chargés de soins ;
- le « sectateur de Selkhet » qui intervient pour guérir les piqûres de scorpion.

2. Apport

La pratique de l'embaumement permet aux Égyptiens d'avoir une connaissance rudimentaire de l'anatomie. Sur le plan médical, ils savent établir un diagnostic après avoir réalisé un interrogatoire soigneux et un examen complet. Sur le plan chirurgical, ils réalisent un certain nombre de gestes empruntés aux techniques employées par les embaumeurs (fermeture de plaies ou rapprochement des bords d'une blessure par des bandes de tissu imprégnées de gomme). La pratique médicale et le type d'affections dont souffraient les Égyptiens (bilharziose, pathologies cardiovasculaires, affections ophtalmologiques, maladies rhumatologiques et endocriniennes) sont connus grâce à l'étude des papyrus médicaux et à l'examen scientifique des momies.

C. Médecine des Hébreux

1. La pensée médicale

Les médecins forment une classe à part, les « Rofim ». Ils sont issus de la tribu des prêtres lévites et sont tenus en haute estime comme le confirment certains écrits :

« *Honore le médecin dont tu as besoin et avec les honneurs qui lui sont dûs.* »

« *Le savoir d'un médecin élèvera son esprit et ainsi qu'un grand Homme il doit être admiré.* »

En dehors des médecins, il y a également les chirurgiens (Ouman), les pharmaciens *(Roqueah)* et les sages-femmes[17]. Les Hébreux considèrent les maladies comme des châtiments divins destinés à punir l'homme.

---

17. Exode XXX-25, Néhémie III-8 et Exode I-16.

2. Apport

Les Hébreux jouent un rôle majeur dans le domaine de l'hygiène et de la médecine préventive, en particulier pour ce qui relève de l'alimentation, de la menstruation et de la gestation. Sur le plan chirurgical, les Hébreux réalisent certaines interventions telles que les césariennes, les réductions de luxations, de fractures, les amputations et les trépanations.

D. Médecine grecque

1. La pensée médicale

Né en 460 av. J.-C., Hippocrate, fondateur de l'école de Cos, remet en question les conceptions alors en vigueur, car il considère que les maladies ont une origine naturelle qu'il s'agit de découvrir. Le génie d'Hippocrate a été de faire la synthèse de toutes les connaissances médicales antérieures. Son œuvre est immense et se compose de près de soixante traités qui portent sur les épidémies, les songes, les pronostics, les aphorismes, le serment, les bienséances. Il élabore le concept des quatre éléments fondamentaux entrant dans la composition du corps humain (le feu, l'eau, la terre et l'air) dans lequel s'intègrent quatre caractères (le chaud, le froid, le sec et l'humide) et quatre humeurs (le sang, la lymphe ou phlegme, la bile jaune et la bile noire ou atrabile).

2. Apport

Hippocrate est le premier médecin à souligner l'intérêt majeur de l'étude méthodique des symptômes de la maladie. Il considère qu'il faut d'une part, analyser et reconnaître les symptômes des maladies les plus courantes et d'autre part, classer les maladies en fonction de leurs signes, de leurs symptômes et de leur durée. Après cette étude, il est alors possible de poser le diagnostic et d'établir la gravité de la maladie.

Il fixe les règles de la chirurgie (traitement des plaies et des fractures), de l'utilisation des cautères, des saignées, des purgatifs et des vomitifs.

E. Médecine romaine

1. La pensée médicale

À partir de la seconde moitié du IIe siècle av. J.-C., un grand nombre de médecins grecs, comme Asclépiade, Thessalos d'Éphèse ou Soranos d'Éphèse se rendent à Rome, principale puissance du monde méditerranéen pour exercer la médecine.

Au Ier siècle de notre ère, Celse écrit le premier ouvrage complet sur la médecine. Il classe les maladies en trois catégories : celles qui sont guéries par un simple régime, celles qui sont guéries par des médicaments et celles nécessitant un geste chirurgical.

Selon Galien, le corps humain se compose de quatre éléments primitifs (l'eau, l'air, la terre et le feu) et de quatre éléments liés (le sang, la pituite, la bile et l'atrabile). Il considère que la physiologie humaine est sous l'influence de trois esprits :

- l'esprit vital siégeant dans le cœur ;
- l'esprit animal dépendant du cerveau ;
- l'esprit naturel dépendant des organes du ventre.

La santé est selon Galien maintenue par le bon équilibre dans le fonctionnement des organes.

2. Apport

L'apport de la médecine romaine peut se résumer, en dehors d'une compilation importante des connaissances des textes médicaux élaborés par les Grecs, à deux innovations importantes :

- la contribution majeure à l'hygiène publique avec un perfectionnement du système d'alimentation en eau grâce à des viaducs et des moyens de distribution par les fontaines publiques ;
- la création des « infirmières » chargées de soins qui étaient au début des veuves, des matrones ou les femmes célibataires de haut statut social.

II. Médecine du Moyen Âge

A. Médecine arabe

1. La pensée médicale

La médecine arabe représente un stade fondamental de la pensée médicale du Moyen Âge à la charnière entre la pensée gréco-romaine et la pensée occidentale. Les médecins et philosophes arabes ont réussi avec intelligence à gérer ce vaste patrimoine intellectuel et à faire une œuvre novatrice. L'Occident leur doit une réflexion pertinente dans le domaine de l'enseignement médical, appuyée sur une solide pratique et une pharmacopée originale.

2. Apport

Les médecins arabes ont approfondi les connaissances en infectiologie (perfectionnement de la variolisation, découverte de l'agent responsable de la gale et description des fièvres éruptives), en chirurgie, en ophtalmologie (opération de la cataracte), en pharmacopée (mise au point de techniques telles que la distillation, la sublimation, la filtration, la dissolution et la calcination) et en physiologie (découverte par Ibn An Nafis de la petite circulation pulmonaire).

B. Médecine du Moyen Âge occidental

La pensée médicale : on distingue deux périodes :

- la période monastique (600-1100) caractérisée par une pratique médicale qui s'apprend et qui s'exerce au contact des moines, qui savent lire le latin. Les écrits des auteurs antiques sont perdus ou dispersés. L'Église interdit les dissections sous peine d'excommunication, attribue le nom d'un saint à la plupart des maladies, instaure l'application des reliques comme thérapeutique et refuse que le corps humain soit exploré ;

- la période scolastique (600–1100) caractérisée d'abord par le développement de l'école de Salerne puis par le développement d'universités dans tout l'Occident chrétien. Au xe siècle, la ville de Salerne a déjà son école de médecine. La notoriété de cette première université médicale attire de nombreux praticiens juifs, venus du monde musulman, et des maîtres lombards, qui rédigent collectivement le *Régime salernitain*.

III. Médecine de la Renaissance

A. La pensée médicale

La Renaissance est marquée par la découverte de l'Amérique d'une part, qui favorise la survenue d'épidémies, et le développement de l'imprimerie d'autre part, qui permet la diffusion au xvie siècle du savoir médical. Les médecins commencent à se regrouper en collèges en Italie, en Allemagne, en France ou en Angleterre (création du *Royal College of physicians*) pour assurer la stabilité de leur fonction. Ils reçoivent des gains de leurs patients aisés, et ils délivrent des soins gratuitement aux indigents. Les chirurgiens qui gagnent mal leur vie sont dénigrés par les médecins qui s'estiment plus cultivés parce qu'ils parlent le latin et qu'ils n'exercent pas un travail manuel.

B. Apport

Cette période constitue une période d'essor pour l'anatomie qui évolue rapidement grâce aux autorisations des dissections anatomiques accordées dans certaines conditions. Les artistes de la Renaissance comme Albrecht Dürer, Léonard de Vinci, Raphaël et Michel-Ange aident au perfectionnement des représentations du corps humain. L'exercice chirurgical bénéficie des progrès de l'anatomie. Les innovations chirurgicales bouleversent la profession de chirurgien jusqu'alors exercée par les barbiers. Quelques barbiers réussissent à acquérir le titre de chirurgien, créé en France par un édit royal en 1311, mais ils continuent à être raillés par les médecins. À la Renaissance, il y a un changement dans l'appréhension des maladies mentales. Les troubles psychiatriques ne sont plus considérés comme une possession démoniaque et ils ne relèvent plus de l'Église qui condamnait souvent ceux qui en souffraient au bûcher.

IV. Médecine du xviie siècle

A. La pensée médicale

Il y a deux écoles de pensée médicale les iatrophysiciens, ou iatromécanistes, qui comparent l'organisme humain à une machine et les iatrochimistes, qui croient à la prédominance des réactions chimiques dans le corps humain.

B. Apport

Le xviie siècle est marqué par des découvertes anatomiques et physiologiques fondamentales permettant l'abandon progressif de la théorie hippocratique des humeurs. Le perfectionnement du microscope a entraîné des progrès de l'histologie. Surtout cette période est marquée par les découvertes de la grande circulation, par William Harvey, et du passage du sang des artères vers les veines, qu'ont confirmé les travaux de Malpighi (1661) et Van Leeuwenhoek (1668). L'obstétrique acquiert une certaine notoriété au cours du XVIIe siècle. Jusqu'à présent, seules les femmes étaient autorisées à présider aux accouchements, progressivement les hommes commencent à participer activement à la prise en charge médicale des parturientes.

V. Médecine du XVIIIe siècle

A. La pensée médicale

La médecine du siècle des Lumières est marquée par le développement de la physiologie, de l'histologie et de l'anatomie pathologique grâce à l'essor de l'expérimentation et au développement des sciences fondamentales. La clinique reste archaïque avec l'absence de nosologie. Toutefois, des spécialités commencent à être individualisées au cours du XVIIIe siècle. Le mouvement intellectuel amorcé au XVIIe siècle trouve son plein essor au siècle des Lumières. La chirurgie fait un bond en avant avec une ébauche de spécialisation. Ce siècle est marqué par la réhabilitation des chirurgiens français qui peuvent devenir docteurs. Il y a un véritable changement dans l'approche des traitements des troubles psychiatriques.

B. Apport

Le XVIIe siècle est marqué par des progrès sensibles dans le domaine de la chirurgie. Au début du siècle, les chirurgiens sont toujours dominés sur le plan intellectuel par les médecins qui restent les seuls aptes à juger de l'opportunité des interventions chirurgicales. L'anatomie pathologique et la physiologie connaissent un véritable essor grâce au développement des « cabinets d'expériences » et, plus tard, des laboratoires. La découverte la plus importante est probablement celle de la vaccination antivariolique par Edward Jenner.

VI. Médecine du XIXe siècle

A. La pensée médicale

On assiste à un gigantesque bond en avant grâce à l'accumulation des connaissances et des découvertes médicales. La médecine anatomoclinique, consistant à comparer systématiquement les données de la clinique avec celles de l'anatomie pathologique, s'impose. Elle bénéficie des acquis de la physiologie qui est devenue une véritable science expérimentale dont l'évaluation repose désormais sur la rigueur scientifique avec des méthodes physiques et chimiques. La nosologie médicale s'enrichit, tandis que la sémiologie devient de plus en plus exacte, permettant aux médecins de poser des diagnostics de plus en plus précis. Sous l'impulsion de médecins, un certain nombre de disciplines médicales acquièrent leurs lettres de noblesse comme la cardiologie, la neurologie, la dermato-vénéréologie et la psychiatrie.

B. Apport

Deux nouveaux moyens d'investigation clinique sont introduits dans la pratique médicale quotidienne :
- la percussion thoracique, préconisée en 1808 par Jean-Nicolas Corvisart des Marets ;
- l'auscultation pulmonaire et cardiaque, découverte en 1819 par René Laennec.

Le XIXe siècle est marqué par l'essor des thérapeutiques grâce à la conjonction de trois facteurs :
- l'amélioration des connaissances galéniques permettant la mise au point de principes actifs (la capsule en 1834 ; les comprimés en 1843, et les premières injections sous-cutanées en 1845) ;
- l'amélioration des procédés d'extraction chimique des principes actifs de plantes ;
- la fondation des premiers grands laboratoires pharmaceutiques industriels.

Le XIXe siècle peut être considéré comme celui du triomphe de la chirurgie qui bénéficie de l'introduction de l'anesthésie, de l'antisepsie et de l'asepsie. Les découvertes dans le domaine de la physiologie et de l'histologie permettent la multiplication des descriptions cliniques et l'individualisation d'un grand nombre de maladies. Des médecins commencent à approfondir certaines spécialités comme la cardiologie, la neurologie, la dermato-vénéréologie et l'hématologie. À partir de 1876, les nouvelles techniques microbiologiques élaborées par Louis Pasteur et Robert Koch se traduisent par la découverte de nouveaux agents infectieux et surtout par la mise au point de vaccins. Philippe Pinel (1745–1826) et Jean Esquirol (1772–1840) obtiennent que l'on enlève les chaînes des aliénés (1794) et qu'on les soigne. C'est dans la mouvance de ce courant d'idées que se constitue une nouvelle spécialité la « psychiatrie » qui désigne alors une branche particulière de la médecine, chargée de traiter les personnes atteintes « d'aliénation mentale ».

VII. Médecine du XXe siècle

A. La pensée médicale

Les découvertes médicales entraînent également un bouleversement du statut de médecin dans la société. Il faut que ce dernier s'adapte et tienne désormais compte de l'introduction de la technologie dans sa profession. Cette adaptation à l'outil technologique soulève un certain nombre d'interrogations. L'éthique médicale se développe au lendemain de la Seconde Guerre mondiale avec les découvertes des macabres activités des médecins nazis. La médecine humanitaire est fondée à la suite de la famine occasionnée par la guerre du Biafra (1967–1970). Le XXe siècle est marqué par la multiplication des examens complémentaires, qui permettent une approche de plus en plus sélective des affections pathologiques.

B. Apport

Dans le domaine des sciences fondamentales, on assiste à un fantastique bond en avant de la virologie, de la génétique et de l'immunologie avec de nombreuses applications médicales. Le XXe siècle est marqué par des découvertes importantes entraînant des progrès considérables en médecine (allongement de l'espérance de vie ; plus de 30 ans en un siècle) dans tous les domaines.

• Cardiologie : la pathogénicité de l'hypertension artérielle est prise en compte grâce aux médecins des grandes compagnies d'assurance d'Amérique du Nord. La découverte de l'électrocardiogramme permet de faire un diagnostic précis de deux affections coronariennes dont la sémiologie avait été établie au XIXe siècle : l'angine de poitrine et l'infarctus du myocarde.

• Hématologie : la transfusion sanguine est introduite après la découverte en 1901 par Karl Landsteiner (1868-1943) de l'existence de quatre groupes sanguins désignés A, B, AB et O et l'identification de deux sous-groupes importants caractérisés par la présence ou l'absence du facteur Rhésus en 1940, au *Rockefeller Institute* de New York, par Landsteiner et Wiener. Les progrès diagnostiques permettent d'identifier de nombreuses maladies sanguines.

• Hépatologie : la découverte par Baruch Blumberg (né en 1925) en 1969, dans le sang d'Aborigènes australiens, de l'antigène de surface du virus de l'hépatite B, auquel il donne le nom d'antigène Australia, est considérée comme la première étape dans la différenciation des hépatites virales chez l'homme qui aboutit, en 1989, à la découverte des virus d'autres hépatites virales, qualifiées pendant longtemps « non-A, non-B », et dont on sait maintenant qu'elles sont provoquées par les virus C, E, G, etc.

• Endocrinologie : Jokichi Takamine et Thomas B. Aldrich sont les premiers à réussir à cristalliser en 1901 une hormone, l'adrénaline. En 1914, la thyroxine est isolée par Edward C. Kandall, elle est alors considérée comme la seule hormone thyroïdienne. En 1923, Frederick G. Banting et John J.R. Macleod découvrent l'insuline.

• Gynécologie : en 1956, Gregory Pincus met au point une méthode contraceptive reposant sur l'administration d'une combinaison de progestérone et d'œstrogène de synthèse : c'est la première pilule, baptisée Enovid. Il s'agit d'un médicament hormonal qui bloque l'ovulation. En 1978, on assiste à la naissance de Louise Brown, premier bébé issu d'une fécondation *in vitro* dans le contexte d'une stérilité d'origine féminine.

• Psychiatrie : en 1900, Sigmund Freud publie à Vienne son ouvrage intitulé *L'interprétation des rêves* marquant le début de la psychanalyse qui se définit comme une technique de traitement des troubles mentaux par le seul biais du discours sans aucun recours à une autre intervention.

• Chirurgie : il y a un fantastique bond en avant de la chirurgie grâce à l'amélioration des connaissances dans le domaine de l'asepsie, de l'antisepsie et de l'anesthésie. Au cours du XXe siècle, la chirurgie est devenue réparatrice et plastique. Mais surtout il est possible de réaliser des interventions de chirurgie lourde grâce à la mise en place de véritables équipes anesthésiques et chirurgicales et surtout grâce aux progrès réalisés dans le domaine de la physiologie et de l'immunologie. Il est mis au point des prothèses avec des matériaux de plus en plus résistants, beaucoup plus inertes, n'induisant pas de phénomènes de rejet chez l'hôte. Les endoscopes, qui ont été longtemps utilisés dans un but diagnostic, sont désormais équipés de manière à pouvoir réaliser des interventions chirurgicales précises notamment en gynécologie, en urologie, en chirurgie digestive et thoracique. L'utilisation du faisceau du laser permet au chirurgien d'acquérir une précision chirurgicale extraordinaire afin de réaliser des incisions d'une extrême finesse, de l'ordre du millionième de millimètre. Le laser a l'avantage de pouvoir être utilisé en association avec un endoscope. On assiste à l'essor des transplantations d'organes avec la première greffe cardiaque en 1967 par Christian Barnard.

• Imagerie médicale : le 8 novembre 1895, Wilhelm Conrad Röntgen met en évidence dans son laboratoire de l'université de Würzburg une des plus importantes découvertes de la médecine du XXe siècle : la radiologie médicale. L'échocardiographie et la « tomographie axiale électronique », plus familièrement connue sous le nom de « scanner », se développent rapidement au début des années 1970. L'imagerie par résonance magnétique (IRM) mise au point en 1976 révolutionne complètement la radiologie médicale.

POINTS CLÉS

▶ Le code d'Hammourabi (XVIIIe siècle av. J.-C.) donne des informations intéressantes sur la pratique médicale et les honoraires des médecins.

▶ Les médecins assyro-babyloniens effectuaient des interventions de chirurgie esthétique comme la greffe d'implant d'os chez les femmes qui souhaitaient avoir un nez busqué pour mieux répondre aux exigences de la mode.

▶ Les médecins égyptiens savaient établir un diagnostic après avoir réalisé un interrogatoire soigneux et un examen complet.

▶ Les Hébreux ont joué un rôle majeur dans le domaine de l'hygiène et de la médecine préventive, en particulier pour ce qui relève de l'alimentation, de la menstruation et de la gestation.

▶ Hippocrate considérait que les maladies avaient une origine naturelle qu'il s'agissait de découvrir et il a souligné l'intérêt majeur de l'étude méthodique des symptômes de la maladie.

▶ Les Romains ont apporté une contribution majeure à l'hygiène publique avec un perfectionnement du système d'alimentation en eau à l'aide de viaducs et moyens de distribution par les fontaines publiques.

▶ Les médecins arabes ont réussi avec intelligence à gérer le vaste patrimoine intellectuel des médecins grecs et romains et à faire une œuvre novatrice dans de nombreux domaines.

▶ La Renaissance a constitué une période de progrès pour l'anatomie permettant un essor de l'exercice chirurgical.

▶ Le XVIIe siècle est marqué par des découvertes anatomiques et physiologiques, en particulier celle de la grande circulation par William Harvey.

▶ La médecine du siècle des Lumières est marquée par le développement de la physiologie, de l'histologie et de l'anatomie pathologique grâce à l'essor de l'expérimentation et des sciences fondamentales.

▶ Le XIXe siècle est marqué par l'essor de la médecine anatomoclinique consistant à comparer systématiquement les données de la clinique avec celles de l'anatomie pathologique.

▶ À partir de la seconde moitié du XIXe siècle, on assiste au triomphe de la chirurgie qui bénéficie de l'introduction de l'anesthésie, de l'antisepsie et de l'asepsie.

▶ Au cours du XXe siècle, le statut du médecin a changé dans la société. Il a fallu qu'il s'adapte et qu'il tienne compte de l'introduction de la technologie dans sa profession.

▶ L'éthique médicale s'est développée au lendemain de la seconde Guerre mondiale avec les découvertes des macabres activités des médecins nazis.

▶ La médecine humanitaire a été fondée à la suite de la famine occasionnée par la guerre du Biafra (1967–1970).

▶ Le XXe siècle est marqué par un fantastique bond en avant de la virologie, de la génétique et de l'immunologie avec de nombreuses applications médicales.

Éthique du soin et de la santé

P. Le Coz

I. Différence entre éthique du soin et éthique de la santé
II. Les principes de l'éthique du soin
III. Éthique de la santé ou macro-éthique : déontologisme *versus* utilitarisme
IV. Conclusion

Les situations qui appellent une réflexion éthique ne sont pas rares en médecine. La liste des cas de conscience est continue : révéler un sombre pronostic à un patient, annoncer à des parents la présence de séquelles neurologiques chez un nouveau-né, pratiquer une opération chirurgicale coûteuse et agressive pour une espérance de vie limitée, recueillir un consentement éclairé à un essai clinique chez une personne dont les facultés cognitives sont altérées par la maladie sur laquelle porte la recherche… Que ce soit dans les gestes qu'ils effectuent ou les mots qu'ils prononcent, les professionnels de santé doivent se résoudre à prendre des décisions contingentes et irréversibles.

Les lois et les guides de recommandations régissent les pratiques médicales mais en fonction des contextes, ces cadres réglementaires peuvent s'avérer insuffisants. Ainsi, le droit attribué au patient de connaître toute la vérité au sujet de sa maladie ne dit rien sur le moment où il faut la lui révéler. Il ne dicte pas non plus au médecin les termes qu'il faut employer pour lui communiquer. Il se heurte, par ailleurs, au droit du malade de ne pas savoir. Le recours à la déontologie n'est pas toujours d'un grand secours. La déontologie, en effet, dicte des injonctions qui tirent la décision médicale en des directions opposées : annoncer loyalement un diagnostic mais épargner une souffrance morale inutile, empêcher des douleurs physiques insupportables mais ne pas commettre d'euthanasie, tenter de sauver le malade mais ne pas céder à l'obstination déraisonnable, etc. L'éthique est un questionnement auquel se livre notre pensée lorsqu'elle est plongée dans une situation de crise ou deux décisions concurrentes s'affrontent et nous tiraillent en notre for intérieur.

La réflexion éthique naît d'un conflit entre deux devoirs qui tirent la décision dans des directions opposées.

I. Différence entre éthique du soin et éthique de la santé

A. Délibérer avec méthode

Par certains côtés, la réflexion éthique est l'expression de notre liberté puisque le choix n'est pas dicté par une autorité religieuse, morale ou politique. Du point de vue de la religion, la vie est sacrée de sorte que l'arrêt d'une grossesse pour motif médical ou l'euthanasie ne sont pas des sujets sur lesquels il y a conflit de devoirs. D'un autre côté, la réflexion éthique est symptomatique d'une perte de liberté dans la mesure où les acteurs de l'équipe médicale sont mis en demeure de prendre une décision lourde de conséquences qui les encombre et les angoisse.

Pour ne pas être abandonnée aux aléas de l'improvisation, une discussion éthique doit être balisée par un cadre méthodologique qui lui évite de se fourvoyer. Une discussion devient une délibération lorsqu'elle est canalisée par des principes éthiques dont le nombre doit être restreint pour être applicable aux situations cliniques.

La délibération en éthique est une discussion organisée en fonction de quatre principes éthiques.

B. Quatre principes éthiques universels

Il serait faux de croire que chacun a « ses » valeurs, comme si les valeurs n'avaient aucune portée universelle, qu'elles étaient subjectives et personnelles. En exprimant nos valeurs, nous découvrons qu'elles sont partagées par les autres. Il existe des valeurs communes à tous les peuples, reconnues et débattues à l'échelle mondiale, et qui peuvent être formalisées à travers quatre principes : respect de l'*autonomie, bienfaisance, non-malfaisance, justice*. Ces quatre principes offrent un cadre méthodologique qui facilite la résolution des dilemmes moraux. Ils servent de fil conducteur à la délibération, dans les commissions d'éthique locales ou lors des procédures collégiales réclamées par la loi sur la fin de vie au sein d'établissements de santé. Les quatre principes de l'éthique régissent également les débats entre les différents comités de bioéthique nationaux.

> Il existe des valeurs universelles. Les principes sont la formulation écrite des valeurs.
> Les quatre principes de l'éthique sont le respect de l'autonomie, la bienfaisance, la non-malfaisance, la justice.

Les trois premiers principes (autonomie, bienfaisance, non-malfaisance) aident à la résolution des dilemmes moraux dans l'*éthique du soin* (ou « micro-éthique ») qui met en jeu la relation médecin–malade (ce qu'on appelle le « colloque singulier »). Le quatrième principe (justice) est invoqué dans le champ de l'*éthique de la santé* (ou « macro-éthique », encore appelée « éthique des moyens »[18]). Le principe de justice impose aux décideurs le souci de distribuer à chacun selon ses besoins. Il exige d'eux qu'ils tiennent compte d'un double impératif d'*égalité* et d'*équité*, deux valeurs que la restriction des ressources budgétaires peut placer dans une situation de tension. L'éthique de la santé caractérise la délibération qui débouche sur des choix de priorité et des arbitrages économiques.

---

18. Loi relative aux droits des malades et à la fin de vie, n° 2005-370 du 22 avril 2005.

II. Les principes de l'éthique du soin
A. Le sens des trois principes de l'éthique du soin
1. Autonomie : s'engager à faire participer le patient au processus décisionnel

Respecter l'autonomie, c'est prendre au sérieux les capacités morales et intellectuelles de son interlocuteur. C'est le reconnaître apte à participer au processus décisionnel. L'autonomie ne se réduit pas au consentement. Tandis que le *consentement* consiste à accepter ou refuser une proposition médicale, l'autonomie comporte une dimension d'initiative personnelle. « Autonomie » veut dire « autodétermination » : c'est moi-même (*autos* : « moi ») qui suis à l'origine de la démarche de soin qui sera retenue pour améliorer ma situation. En dernière instance, ce sera à moi de décider de l'opportunité d'une solution médicale, parce que nul ne sait mieux que moi ce dont j'ai besoin.

Il n'est de choix libre qu'éclairé. C'est pourquoi le principe d'autonomie suppose que le malade soit informé en connaissance de cause. Le respect de sa liberté de choix se concrétise donc logiquement à travers la règle de la loyauté. Si le patient ne dispose d'aucune information intelligible et fiable, il ne peut se déterminer qu'en aveugle. Un choix en aveugle n'est pas un choix autonome mais un pseudo-choix arbitraire.

Le respect de l'autonomie implique la possibilité de *refuser un soin*, même palliatif. Pour que l'interlocuteur ait compris l'information, encore faut-il qu'il puisse se l'approprier, qu'elle ne lui soit pas catapultée. Le médecin s'assure que l'information a été intériorisée en créant un dialogue réellement interactif au cours duquel toutes les questions peuvent lui être posées et reposées. Le principe du respect de l'autonomie du patient se concrétise à la faveur d'un jeu interactif de questions/réponses qui nécessite que le praticien puisse disposer du temps nécessaire pour expliquer toutes les données de la situation au cours du colloque singulier.

Le principe d'autonomie requiert de poser des questions et d'écouter le patient pour savoir ce qu'il souhaite.

2. Bienfaisance : accomplir au profit du patient un bien qu'il puisse reconnaître en tant que tel

L'art du médecin est de solliciter le point de vue du patient dans un climat de sollicitude. Le respect de l'autonomie n'est pas incompatible avec une attitude protectrice et compassionnelle. Lorsqu'un patient se plaint d'avoir eu affaire à un médecin ayant manqué d'humanité à son égard, il fait tacitement référence à l'idée qu'un soignant doit toujours être bienfaisant envers ceux qui souffrent. Le malade attend du médecin qu'il exprime des réactions d'humanité, à travers sa présence, son regard, des gestes de fraternité. La bienfaisance corrige les excès auxquels peut conduire la mise en avant systématique du principe d'autonomie (« À vous de décider ! »). Se retrancher derrière le « respect de l'autonomie » de celui qui est plongé dans la détresse serait une fuite dans l'irresponsabilité.

Inversement, il peut y avoir un excès de prévenance, ce qu'on appelle familièrement le « paternalisme médical ». Pour éviter une bienfaisance excessive, le médecin (voire la famille du patient) doit réaliser le bien tel que le patient le perçoit. Ainsi, le « bien » peut être estimé par le patient en termes de qualité de vie plutôt qu'en termes de quantité de temps gagné sur la mort. Il ne fait pas toujours bon vivre, toutes choses égales par ailleurs. Un patient atteint d'un cancer peut préférer renoncer à une thérapeutique lourde et aléatoire, quitte à ce que ce choix se traduise par un raccourcissement de son espérance de vie.

C'est au patient et non à sa famille ou au corps médical de dire quel est son bien.

3. Non-malfaisance : épargner au patient des douleurs ou des souffrances dépourvues de sens

Lorsque l'état du patient ne lui permet pas de donner à son bien un contenu déterminable (fœtus, nouveau-né, patient dément, comateux, etc.), le principe de bienfaisance reçoit la forme négative du principe de non-malfaisance. Ce principe a pour lointaine origine le *primum non nocere* hippocratique : « D'abord ne pas nuire. » À défaut de savoir où se trouve le bien, il reste à tout le moins à éviter d'être malfaisant, d'ajouter un mal à son mal. Le principe de non-malfaisance concentre l'esprit du médecin sur les risques liés à des interventions ou des traitements aux effets aléatoires. Il réclame de ne pas exposer le malade au péril d'avoir à subir un mal qui ne serait pas la contrepartie d'un bien. Une souffrance ne peut être acceptée qu'à la condition que le malade soit disposé à l'endurer du fait qu'il la perçoit comme l'envers dont l'endroit est la réalisation d'un bien pour lui (douleurs postopératoires, vomissements liés à certains types de traitements, etc.). En revanche, l'infection nosocomiale qui conduit un patient à sortir de l'hôpital dans un état plus grave que celui pour lequel il y était entré peut être perçue comme une entorse au principe de non-malfaisance. Une forme de manquement au devoir de ne pas empirer la situation (« l'obstination déraisonnable ») peut être également observée lorsque le patient atteint d'une affection incurable subit des traitements ou des opérations qui ne font que douloureusement aggraver le processus d'altération de sa santé.

La condamnation d'un hôpital du sud de la France pour « obstination déraisonnable » en novembre 2009 est une traduction juridique du principe de non-malfaisance. Un excès de persévérance thérapeutique qui se solde par des séquelles irréversibles pour un enfant par exemple peut tomber sous le coup de la « loi Leonetti », relative aux droits des malades en fin de vie, qui proscrit ce qu'on appelle plus communément l'acharnement thérapeutique. Des sanctions pour manquement au devoir de protéger l'enfant d'une souffrance inutile, disproportionnée et absurde peuvent être prises à l'encontre du corps médical.

Au-delà du patient lui-même, le principe de non-malfaisance peut s'étendre à la famille et aux proches. Ainsi, si des parents s'entendent dire que l'enfant sévèrement handicapé auquel ils ont donné le jour est voué à être toute sa vie un « légume », on pourrait à bon droit considérer que cette brutalité de l'annonce ajoute inutilement un mal à un autre mal.

Le principe de non-malfaisance requiert de ne pas imposer des souffrances au malade au prétexte d'améliorer son état.

B. Situations de conflits entre les principes éthiques

1. Rôle des émotions en éthique

Un médecin qui serait dépourvu de sensibilité ne se poserait jamais de question éthique. Il se retrancherait systématiquement derrière un texte (règlement intérieur, loi, déontologie, etc.). Nous avons besoin des émotions pour avoir une attitude ajustée au contexte de celui qui souffre. Cependant, les émotions sont aussi des facteurs de discorde qui divisent les acteurs d'une délibération éthique (qu'elle se déroule en milieu hospitalier ou institutionnel tels que les comités d'éthique). En effet, ce sont les émotions qui nous révèlent les valeurs auxquelles nous sommes attachés. Or, si nous n'éprouvons pas les mêmes émotions (ou si nous les ressentons avec une intensité différente), nous ne serons pas sensibles aux mêmes valeurs. Dans les disputes en éthique (euthanasie, etc.), le désaccord vient de ce que les acteurs du débat ne hiérarchisent pas les valeurs de la même façon parce que leurs émotions respectives ne les rendent pas sensibles aux mêmes valeurs.

Trois émotions jouent un rôle majeur en éthique : l'expérience du *respect* qui rappelle aux soignants l'importance qu'ils attachent à l'*autonomie* des personnes ; la compassion qui les engage sur la voie de la *bienfaisance* ; la *crainte* qui leur rappelle la valeur qu'ils accordent au principe de *non-malfaisance*, face à la perspective menaçante d'empirer une situation critique.

2. Le respect

Le *respect* est la réaction affective à la perception d'une grandeur chez l'être humain. Cette émotion se traduit concrètement par le désir d'écouter la personne qui nous inspire cette émotion, de partager avec elle un moment de dialogue, dans un climat de loyauté et d'authenticité. Même si nous sommes soumis à des contraintes de temps, du fait de l'émotion de respect que nous éprouvons pour elle, nous sentons que nous avons le devoir de lui consacrer un temps d'écoute et d'échange. Le respect nous incline à vouloir la faire participer à la décision qui engage son avenir. C'est en ce sens que l'expérience affective du respect réveille en nous la valeur que nous attachons au principe de l'autonomie.

Si les animaux peuvent nous inspirer de la compassion, c'est seulement en présence d'une personne humaine que nous ressentons du respect. Notons encore que le respect ne se refuse pas à l'enfant. Nous éprouvons de la compassion pour un enfant qui souffre mais nous ressentons également du respect pour lui lorsque nous percevons son courage face à l'épreuve qu'il endure, la patience fataliste avec laquelle il affronte la cruauté dont le destin l'a accablé.

L'expérience intérieure du respect nous incline à concrétiser le principe d'autonomie.

3. La compassion

Perception d'une souffrance chez autrui, la compassion est une émotion qui réactualise notre attachement au principe de bienfaisance. Ni pitié larmoyante, ni commisération, la compassion est une participation empathique aux tourments d'autrui. Elle n'est pas une transmission en chaîne de la souffrance. Elle n'est pas la contagion affective qui confond la souffrance de l'autre avec la sienne. C'est la réaction affective la plus naturelle à la perception d'une détresse. Rares, en effet, sont les personnes qui n'éprouvent pas de compassion en présence de la souffrance lisible sur le visage d'un de leur semblable. L'expérience de la compassion déclenchée par la perception sensible de la souffrance d'autrui incline à accomplir un bien en sa faveur, à mettre en œuvre tous les moyens possibles pour apaiser sa douleur physique et lui redonner le goût de vivre. En ce sens, la vertu éthique de la compassion est de nous rendre sensible à la valeur du principe de bienfaisance.

La compassion nous communique le désir de concrétiser le principe de bienfaisance.

4. La crainte

Outre le respect et la compassion qui réactivent en nous l'importance que nous accordons aux principes d'autonomie et de bienfaisance, nous avons besoin de ressentir une émotion de crainte lors d'une délibération éthique. En effet, c'est la crainte qui nous rend sensible à la valeur du principe de non-malfaisance. Une décision se doit d'être empreinte d'une part d'appréhension pour éviter l'écueil de l'excès de confiance.

La crainte n'est ni la peur ni l'épouvante qui paralysent l'action au lieu de la stimuler. Tandis que la peur nous confronte à un danger immédiat, la crainte est orientée vers l'avenir : elle est tournée vers l'imagination de ce qui pourrait survenir, d'un aléa qui serait contraire à nos attentes. Ainsi, c'est la crainte pour l'avenir du nouveau-né qui conduit un médecin à anticiper le pire, à envisager un scénario irréversible, une tournure défavorable des événements. L'émotion de crainte nous protège d'un optimisme béat qui nous pousserait à croire un peu hâtivement que « tout va bien se passer » et à rassurer à trop bon compte notre interlocuteur. L'insouciance est la principale source de nos erreurs. La crainte nous en prémunit.

Notons qu'on peut aussi éprouver la crainte d'un procès intenté par un patient. Mais bien loin d'avoir une portée éthique, une telle crainte étouffe dangereusement les émotions qui nous mettent en relation avec les principes éthiques.

La crainte attire notre attention sur le risque de manquer au principe de non-malfaisance.

5. L'angoisse

Lorsque nous sommes le théâtre d'émotions qui nous poussent à prendre des décisions opposées nous ressentons une angoisse diffuse. L'angoisse est un système d'alarme qui nous signale que nous sommes en présence d'un problème pour lequel aucune solution satisfaisante n'a été trouvée et qu'il faut donc poursuivre la délibération. Le désaccord entre les acteurs de la discussion vient de ce qu'ils ne hiérarchisent pas les valeurs en conflit (autonomie, bienfaisance, non-malfaisance) de la même façon. Ils ne les investissent pas émotionnellement avec le même degré d'intensité. En pédiatrie, par exemple, un conflit de valeurs entre bienfaisance pour les parents et devoir de non-malfaisance pour l'enfant est toujours possible. Une émotion compassionnelle suscitée par la souffrance des parents peut incliner les soignants à réaliser l'opération dite « de la dernière chance » que ceux-ci supplient d'accomplir en faveur de leur enfant en situation désespérée. Cependant, l'émotion de crainte qui s'empare de l'équipe les avertit du risque de manquer au principe de non-malfaisance qui protège cet enfant de l'escalade thérapeutique. Nous sommes alors contraints à procéder à une révision émotionnelle pour savoir laquelle des valeurs en conflit vaut d'être privilégiée.

L'angoisse nous alerte du risque d'un conflit non résolu entre les principes éthiques.

III. Éthique de la santé ou macro-éthique : déontologisme *versus* utilitarisme

A. Le principe de justice

Dans leur formalisation éthique de la décision, T. Beauchamp et J. Childress intègrent un quatrième principe qu'ils nomment *principe de justice*. Il s'agit de réduire les inégalités d'accès aux soins et d'être équitable pour tous *(fair opportunity)*. Il s'agit de répondre à l'impératif suivant : « à chacun selon ses besoins ». Ce quatrième principe ne met pas uniquement en jeu la responsabilité des acteurs de santé. Il convoque également les directeurs d'établissements, de pôles hospitaliers et, *in fine*, le politique qui doit déterminer des priorités dans la répartition des dépenses de santé. On a coutume de dire, pour cette raison, que le principe d'équité est un principe de « macro-éthique » ou encore qu'il s'inscrit dans une « éthique des moyens ».

Le principe de justice engage la responsabilité des médecins et des autorités de tutelle.

Le recours au principe de justice a pour fonction de rappeler que pour être éthique, la décision médicale doit intégrer en elle le critère du coût des soins administrés au patient. Les ressources de santé ne sont pas indéfiniment extensibles et les décisions médicales ne seront pas conformes à l'exigence de justice si elles dédaignent le coût de la prise en charge du malade. Il est désinvolte de reléguer le facteur économique à l'arrière-plan au motif « éthique » du respect absolu de la dignité de la personne. Il peut exister un conflit de valeurs entre la bienfaisance pour l'individu et le bien collectif. Parler des maladies en termes de coûts ne peut plus être un tabou. Les formules rituelles et convenues selon lesquelles « la santé n'a pas de prix », « le médecin n'est pas un comptable » mettent en péril l'avenir du système de protection sociale.

Il peut y avoir conflit entre bienfaisance individuelle et équité.

B. La philosophie déontologiste

La justice est un concept qui renferme deux significations : l'*égalité* et l'*équité*. On nomme *déontologiste* la philosophie qui met en avant la composante égalitaire de l'idée de justice. Être « déontologiste », c'est faire prédominer le devoir (*deon*, « ce qu'il faut faire ») de respecter la dignité de la personne sur toute préoccupation « conséquentialiste » : « Certains actes sont moralement obligatoires ou prohibés, sans égard pour leurs conséquences dans le monde. » (A. Berten.) Cette philosophie étayée sur le devoir de respecter la *dignité* de la personne est consacrée par l'article 7 du Code de déontologie qui fait obligation aux médecins de traiter à égalité tous les malades : « Le médecin doit écouter, examiner, conseiller ou soigner avec la même conscience toutes les personnes quelles que soient leur origine, leurs mœurs et leur situation de famille, leur appartenance ou leur non-appartenance à une ethnie, une nation ou une religion déterminée, leur handicap ou leur état de santé, leur réputation ou les sentiments qu'il peut éprouver à leur égard. » À travers ces lignes, et pour le dire à la façon de Kant, le malade est appréhendé comme une « *fin en soi* ». Cela signifie que le souci du patient ne peut être subordonné à une fin qui lui serait supérieure, à commencer par l'intérêt collectif (hormis le cas purement théorique où il y consentirait, et encore).

Tous les patients sont investis d'une valeur absolue : ils sont égaux en dignité.

Selon ce modèle de raisonnement déontologiste, le médecin doit toujours garder à l'esprit la différence entre le *prix* qui s'attache à la valeur relative de l'objet (valeur indexée à son taux de désuétude et limitée par son statut de simple moyen utilitaire) et la *dignité* qui désigne la valeur absolue que l'on accorde à la personne. Il soigne en ignorant les particularités du patient qui sont les plus propices à la discrimination (jeune/âgé, curable/incurable, producteur de richesses/improductifs, etc.).

Ce respect de la dignité s'impose aussi bien à l'égard de soi-même car nous avons des « devoirs envers nous-mêmes » : « Si par exemple la seule façon pour une personne de conserver sa vie plus longtemps est de s'abandonner entièrement à la volonté d'autrui, son obligation est alors de renoncer à sa vie, plutôt que d'offenser la dignité de l'humanité en sa personne. » (E. Kant.) Du point de vue déontologiste, la question de savoir si la collectivité doit permettre des pratiques telles que la « gestation pour autrui » ou si elle accepte la vente d'un organe reçoit une réponse par la négative. Nous n'avons pas à raisonner en termes de conséquences (y aura-il plus de plaisirs/moins de souffrances ?), car elles sont indécidables.

La philosophie déontologiste estime qu'une action est juste si elle est accomplie uniquement par devoir de respecter la dignité humaine, quelles que soient les conséquences.

C. La philosophie utilitariste

Du fait des limites imposées par la pénurie des ressources économiques, la conception égalitariste des déontologistes demande à être mise en balance avec celle des utilitaristes qui met l'accent sur le souci d'équité. Selon les utilitaristes, il faut raisonner en termes de conséquences en considérant comme juste l'action qui concourt à rendre le plus heureux possible le plus grand nombre de personnes possible. Idéalement, chacun devrait recevoir selon ses besoins médicalement et socialement reconnus. Cependant, il faut se résoudre à assumer des choix quelquefois tragiques tels que dérembourser des prises en charge coûteuses à partir d'un certain âge ou investir pour des maladies fréquentes, quitte à délaisser les maladies plus rares.

Soit le cas d'un homme atteint d'un cancer du rein qui, en l'état actuel des connaissances, ne lui laisse guère espérer vivre plus d'un an ou deux. Il existe un médicament à visée symptomatique (le *Stutent*) qui permet de repousser l'échéance de six mois environ. Si on respecte l'autonomie du patient qui souhaite bénéficier de ce médicament, l'assurance-maladie devra verser 51 000 dollars. P. Singer (à qui nous empruntons cet exemple) estime que ce conflit tragique n'admet d'autre solution que le renoncement à la prescription médicale, de façon à répartir plus équitablement les finances des assurance-maladie et de ceux qui y investissent. Les tenants de l'approche déontologiste ont coutume de reprocher à l'éthique utilitariste sa logique sacrificielle. Mais si plusieurs individus sont privés du remboursement de soins de base (dentaires, etc.) pour que puisse être mise en œuvre une thérapeutique onéreuse et aléatoire au profit d'un seul, il est clair qu'ils ont été sacrifiés sur l'autel de la valeur absolue de ce dernier. Le grief peut donc aisément se retourner contre ceux qui l'énoncent.

> L'utilitarisme considère qu'une action est juste quand elle concourt au plus grand bonheur du plus grand nombre d'individus possible.

Ainsi, à la différence de la philosophie déontologiste, l'utilitarisme est une « doctrine qui identifie le principe de justice au "principe d'utilité" ou "principe du plus grand bonheur" » (J.S. Mill). Pour sauvegarder le système de protection sociale, l'utilitarisme demande que l'on intègre le nombre de personnes ayant besoin d'une prise en charge parmi les critères des décisions sanitaires : « L'idéal utilitariste n'est pas le plus grand bonheur de l'agent lui-même mais la plus grande somme de bonheur totalisé. »

L'équité doit prédominer sur l'égalité en dignité en cas de tension entre ces deux valeurs.

D. Le point de vue du Comité consultatif national d'éthique

Dans son avis n° 101 rendu en 2007, le Comité consultatif national d'éthique (CCNE) a souligné qu'en situation de pénurie sanitaire, le raisonnement déontologiste qui ne prend pas en compte les conséquences en termes de coût social de la prise en charge d'un patient aboutit à manquer aux exigences de justice. En effet, l'égalitarisme ne peut qu'aboutir à une répartition des soins défavorable aux personnes précaires plus nettement sacrificielle que dans un modèle utilitariste : « Ne pas tenir compte du caractère fini des ressources disponibles entraînerait forcément une restriction de l'accès aux soins qui serait aléatoire ou discriminatoire pour certaines populations de patients, avec des conséquences éthiques majeures. »

Lors de son avis n° 106 consacré à l'anticipation d'une pandémie grippale dont la virulence virale créerait une pénurie de ressources, le CCNE admet que l'égalité doit demeurer le noyau dur du concept de justice. Il note toutefois que le critère de l'égalité serait malgré tout rejeté par la population en cas de distorsion entre offre et demande de soins : « Il semble qu'en situation de pénurie de ressources, lorsque nous sommes parvenus au terme de notre vie, nous ne puissions pas revendiquer une absolue égalité de traitement avec un enfant par exemple. Le rejet du critère égalitariste du tirage au sort participe probablement du sentiment diffus qu'une société doit accorder priorité à ceux qui sont le plus en mesure d'assurer sa survie, même s'il paraît concrètement difficile à formaliser. »

En cas de pénurie de ressources, une société qui voudrait privilégier le sens égalitariste de la justice devrait recourir au tirage au sort.

Le tirage au sort dans la distribution des ressources prophylactiques ou curatives serait la concrétisation du critère égalitariste qui réclame que l'on soit traité avec la même prévenance au soir comme à l'aube de sa vie. Mais si nous sommes confrontés à la nécessité de faire un choix, la priorité sera accordée aux nouvelles générations, avec l'approbation des plus anciens au demeurant. Assurément, un jeune enfant n'a pas intrinsèquement plus de valeur qu'un sujet âgé. Ce sont seulement les intérêts de la société qui peuvent conduire, en certaines circonstances, à privilégier les plus jeunes au détriment des plus âgés (moyennant, du reste, des mesures de compensation en faveur de ces derniers). L'égalité cède le pas à l'équité.

La préférence sociale/ancestrale pour les nouvelles générations explique que lorsqu'un nouveau-né se trouve en détresse respiratoire, il ne vient à l'esprit de personne de tenir pour équivalent le souci compassionnel de bienfaisance à l'égard de l'enfant et le coût de sa prise en charge par la collectivité en cas de séquelles, même si cet élément économique peut être évoqué. Les membres de l'équipe soignante ont le sentiment qu'ils peuvent compter sur l'empathie de la collectivité et de ses cotisants, qu'ils bénéficient de l'approbation de tous à leur indifférence au coût de revient de la prise en charge du jeune patient.

IV. Conclusion

Lorsque nous respectons le choix d'une personne, que nous nous soucions d'améliorer la qualité de sa vie tout en évitant de lui infliger un mal pour parvenir à ce bien, notre conduite reflète notre attachement à trois valeurs fondamentales : le respect de l'autonomie, la bienfaisance, la non-malfaisance.

Cependant, dans la réalité concrète, il n'est pas toujours possible d'incarner ces trois valeurs simultanément. L'éthique est la réflexion suscitée par une tension entre nos valeurs. On nomme « délibération » le moment au cours duquel nous réfléchissons pour savoir comment nous allons hiérarchiser nos valeurs. Le compromis est une tentative pour concrétiser simultanément deux valeurs qui semblaient inconciliables au premier abord. Ainsi, dans l'annonce d'une mauvaise nouvelle, plutôt que de trancher entre les valeurs de loyauté et d'humanité, de respect de l'autonomie et de bienfaisance, le compromis s'efforce de les conjuguer.

Pour être conforme à l'éthique, une décision ne doit pas seulement répondre aux attentes du patient mais également à l'impératif de justice qui engage la responsabilité des acteurs de santé, des décideurs locaux et nationaux. Le principe de justice admet deux sens possibles : l'égalité et l'équité. La philosophie déontologiste met l'accent sur la composante égalitariste en soulignant le fait que quelle que soit son espérance ou sa qualité de vie, un malade est porteur d'une égale dignité. La philosophie égalitariste qui a longtemps régi les mœurs de nos hôpitaux est aujourd'hui en crise. Il devient de plus en plus manifeste qu'elle glisse sur la pente du sacrifice des uns au bénéfice des autres. L'époque où le soin pouvait être dispensé à tous, sans que la question du coût économique n'interfère dans les critères décisionnels, aura probablement été une parenthèse de notre histoire. La problématique contemporaine est marquée par le spectre du vieillissement de la population et les questions de fin de vie qui y sont relatives.

Dans nos raisonnements en éthique, la prudence est de partir du modèle déontologiste, et à composer dans un second temps avec l'intérêt collectif mis en évidence par l'utilitarisme. Une décision médicale est conforme à l'éthique lorsqu'elle répond aux normes régulatrices des deux régimes de justification en jeu : le respect de la dignité des personnes d'une part (déontologisme), l'accroissement du bonheur collectif d'autre part (utilitarisme). À une opposition stérile entre ces deux philosophies, il faut préférer la pondération de l'une par l'autre pour parvenir à des compromis éthiquement acceptables.

POINTS CLÉS

▶ Lorsque nous respectons le choix d'une personne, que nous nous soucions d'améliorer la qualité de sa vie tout en évitant de lui infliger un mal pour parvenir à ce bien, notre conduite reflète notre attachement à trois valeurs fondamentales : le *respect de l'autonomie*, la *bienfaisance*, la *non-malfaisance*.

▶ Cependant, dans la réalité concrète, il n'est pas toujours possible d'incarner ces trois valeurs simultanément. L'éthique est la réflexion suscitée par une tension entre nos valeurs. On nomme «*délibération*» le moment au cours duquel nous réfléchissons pour savoir comment nous allons hiérarchiser nos valeurs et éventuellement assumer le sacrifice de l'une d'entre elles pour concrétiser les autres.

▶ Le *compromis* est une tentative pour concrétiser simultanément deux valeurs qui semblaient inconciliables au premier abord. Ainsi, dans l'annonce d'une mauvaise nouvelle, plutôt que de trancher entre les valeurs de loyauté et d'humanité, de respect de l'autonomie et de bienfaisance, le compromis s'efforce de les conjuguer.

▶ Indépendamment des trois principes de l'éthique que sont le respect de l'autonomie, la bienfaisance et la non-malfaisance qui régissent le colloque singulier, il existe un principe de « macro-éthique » qu'on nomme le principe de justice. La justice est un concept qui renferme deux significations : l'*égalité* et l'*équité*. On nomme *déontologiste* la philosophie qui met en avant la composante égalitaire de l'idée de justice. Être « déontologiste », c'est faire prédominer le devoir (*deon*, « ce qu'il faut faire ») de respecter la *dignité* de la personne sur toute préoccupation « conséquentialiste ». Du fait des limites imposées par la pénurie des ressources économiques, la conception égalitariste des déontologistes demande à être mise en balance avec celle des *utilitaristes* qui met l'accent sur le souci d'*équité*.

Bibliographie

Berten A. Déontologisme. In : Canto-Sperber M, (Dir.). *Dictionnaire d'éthique et de philosophie morale*. Paris : PUF ; 2001.

CCNE. Avis n° 101 : santé, éthique et argent : les enjeux éthiques de la contrainte budgétaire sur les dépenses de santé en milieu hospitalier. CCNE ; 2007. www.ccne-ethique.fr.

Kant E. Doctrine de la vertu. (Traduit par Philonenko). 4e éd. Paris : Vrin ; 1996 [1797].

Mill JS. L'utilitarisme. Coll. Champs. Paris : Flammation ; 1988 [1861].

Singer P. Sauver une vie. Paris : Michel Lafon ; 2009.

Anthropologie de la santé[19]

C. Haxaire

I. Anthropologie de la santé : un « regard éloigné » sur les sciences de la santé ?
II. Constats originels de l'anthropologie médicale et conséquences
III. Conclusion

Il n'est pas proposé ici une revue exhaustive du champ de l'anthropologie de la santé, qui doit se comprendre dans son développement historique et ses traditions nationales, en prenant désormais en compte le contexte contemporain de globalisation des questions de santé[20].

En première année des sciences de la santé, il s'agit plutôt de montrer que l'approche spécifique de cette discipline apporte un autre éclairage sur les questions de santé, de façon à préparer les futurs professionnels de la santé à utiliser les travaux des anthropologues et à collaborer avec eux le cas échéant. Les cours d'histoire et/ou d'épistémologie (voir p. 75) ont permis de prendre conscience du fait que les sciences de la santé se sont construites au cours du temps par une succession de ruptures épistémologiques, en laissant hors de leurs compétences un certain nombre de domaines. Il en résulte que *les questions de santé, telles qu'appréhendées dans le cadre des sciences médicales, pharmaceutiques, odontologiques, maïeutiques…, correspondent mal à l'expérience plus globale qu'en ont les personnes qui les vivent*, profanes au sens de non-professionnels formés à ce cadre de pensée. Comme l'avait déjà écrit R. Leriche en 1936, maladie du médecin et maladie du malade ne se recouvrent que partiellement. Or, qu'ils veuillent simplement nouer une alliance thérapeutique dans le cadre de la clinique, ou voir aboutir leurs actions de prévention ou d'éducation en direction de populations, *les personnels de santé doivent pouvoir négocier leurs prescriptions avec leurs interlocuteurs qui se sont eux construits des connaissances au cours des expériences vécues* (savoir préalable selon la formulation de l'anthropologie ou connaissances antérieures selon celle de la pédagogie). Ces derniers ne sont pas des « cruches vides ».

---

19. Je remercie S. Fainzang, F. Loux, J. Jouquan de leur relecture attentive et des clarifications qu'ils ont suggérées.
20. Il est possible de se référer à un ouvrage récent en français faisant le point sur ces questions : Saillant F, Genest S. *Anthropologie médicale : ancrages locaux, défis globaux*. Coll. Economica/Anthropos. Québec : Presse de l'université de Laval, Economica, Anthropos ; 2005.

I. Anthropologie de la santé : un « regard éloigné » sur les sciences de la santé ?

Pour résumer simplement ce qui nous importe dans la définition de l'*anthropologie* sociale et culturelle (donnée par ailleurs, voir p. 15), retenons qu'elle *se donne pour tâche d'étudier le point de vue de l'Autre, replacé dans son contexte* (culturel, historique, économique, politique). Sa méthode privilégiée reste l'observation participante (c'est-à-dire vivre parmi les sujets observés, et en même temps analyser en continu ce que l'on observe). Le chercheur est donc lui-même outil d'observation et d'analyse. Il doit accepter de perdre ses propres repères, ce qui le déstabilise pour un temps, afin de se donner les moyens de percevoir les repères et les logiques de ces Autres parmi lesquels il vit. *Allant de soi pour ces Autres, repères et logiques sont rarement explicités.* Ils sont construits en lien avec les contraintes vécues, non seulement culturelles, ce qui est très réducteur, mais aussi d'organisation de la vie quotidienne, de ressources économiques, de pressions politiques ; ce que l'anthropologue discerne avec le temps.

Lorsqu'il est question de faits de santé, cet Autre, qui dans l'histoire de la discipline fut d'abord exotique, *devient, pour les personnels de santé formés aux disciplines biomédicales, leurs patients, et pour les médecins de santé publique, les populations, les communautés, auxquelles ils ont affaire*. Mais il peut être utile de porter sur les médecins eux-mêmes, ou les personnels de santé, ce « regard éloigné » qui, selon Lévi-Strauss, fait la spécificité de l'anthropologie car *les pratiques de ces professionnels comportent aussi des implicites que l'anthropologue a pour tâche de dégager*. Si ces personnels s'affranchissent parfois de la prise en compte des recommandations de bonnes pratiques, à l'hôpital ou en ville, il importe de comprendre qu'au-delà de la pratique compétente de ces experts répondant ainsi à la complexité des situations, il peut y avoir des « raisons » qui relèvent du contexte. De même, les « allants de soi » des institutions nationales ou internationales en charge des questions de santé, soumises à des pressions organisationnelles, économiques ou politiques, doivent-ils être mis au jour car leur incidence en termes de santé des populations est considérable. Les organisations non gouvernementales humanitaires de plus en plus présentes dans ce champ doivent également faire l'objet de telles analyses. Enfin, dans toutes les sociétés, santé et maladie, qui sont des réalités sociales, appellent des actions collectives et mettent en jeu des rapports de pouvoir, qui s'expriment tant dans les inégalités de santé que dans les différences de traitement ; le sida en est un bon révélateur. C'est pourquoi l'anthropologie, quand elle s'intéresse à ces questions, se qualifie plus volontiers d'anthropologie de la santé, que d'anthropologie médicale (terme reconnu au niveau international).

II. Constats originels de l'anthropologie médicale et conséquences

De W. Rivers, médecin, psychologue et anthropologue participant à des expéditions scientifiques en Mélanésie, que l'on donne comme précurseur de l'anthropologie médicale, nous retenons deux observations :

d'une part, la spécificité de l'institution médicale occidentale et de ses praticiens; d'autre part, le fait que les pratiques des Mélanésiens en matière de santé, bien qu'étranges à ses yeux, avaient leur propre cohérence et leur logique.

A. Spécificité de l'institution médicale occidentale et de ses praticiens

Rivers avait, dans un premier temps, constaté qu'il ne trouvait pas d'homologues « médecins » chez ses hôtes, au sens où *les praticiens en charge des soins étaient toujours en même temps juges et prêtres. Maladie, infortune et malheur appartenaient au même continuum et étaient le signe d'une faute envers les dieux ou la société (fonction de juge du praticien), qu'il fallait réparer (fonction de prêtre)*. Dans une perspective fonctionnaliste (voir p. 5), Rivers s'attachait en effet à étudier les institutions et ne trouvait pas d'institution qui soit exclusivement en charge de la santé (au sens occidental).

1. Maladie du point de vue de la biomédecine (*disease*)

En effet, comme l'histoire de la médecine nous le montre, la médecine occidentale s'est construite en se coupant de la religion (au temps d'Hippocrate), en se centrant sur le corps « machine » accessible à la science, ne s'occupant plus de l'âme (Descartes), ce qui a permis le développement d'une médecine expérimentale (Claude Bernard), etc. Les *sciences médicales* sont devenues les références internationales : on parle par exemple de « médecine cosmopolite ». *Elles ont fini par se construire, comme disciplines, en se centrant sur le biologique.* De façon qui paraît peut-être redondante, on parle de « biomédecine ». Ainsi *la maladie du point de vue du médecin* (*disease* dans la terminologie anglo-saxonne) *est l'identification, ou la mise en correspondance par le spécialiste formé à cela* (le médecin), *d'anormalités dans la structure ou le fonctionnement d'organes ou de systèmes physiologiques, donc d'état organique ou fonctionnel pathologique, avec une entité, un concept nosologique* (de maladie), *ce qui ouvre des perspectives thérapeutiques* (selon Meyer).

2. Maladie pour d'autres médecines et expérience de maladie des malades (*illness*)

Les arts de soigner dans d'autres cultures ne se sont pas construits sur ces ruptures. Outre les médecines populaires, il existe d'autres médecines savantes de par le monde, par exemple la médecine ayurvédique (en Inde), la médecine chinoise, la médecine unani (gréco-arabe), qui ne sont pas fondées sur les mêmes bases. Il n'en va pas différemment de l'expérience de nos contemporains, profanes donc en matière de médecine (bien que très informés par Internet), qui ne se réduit pas à la « maladie du médecin ».

En Occident même, où la médecine est, depuis Hippocrate, « rationnelle » et fondée sur l'idée de « nature », le *besoin de trouver une origine à son malheur* dans une transgression des interdits édictés par les dieux, les ancêtres, voire dans les actions occultes d'êtres mauvais, n'est pas épuisé par la haute technologie de notre médecine, qui n'a pas vocation à répondre sur ce plan. Pour qu'en France, il existe toujours des désenvoûteurs, il faut bien que nombre de nos contemporains attribuent maladies et malheurs à des « forces ». Les essais de clarification menés par les anthropologues sur les causes de la maladie s'appliquent bien au contexte familier de nos maux domestiques, comme Fainzang en a fait la démonstration dans son étude sur une petite ville de banlieue. Nous devons reconnaître ce besoin impérieux de rechercher des causes. Il peut parfois amener à désigner des boucs émissaires. Parler de personnes à risque de contracter le VIH comme appartenant à un « groupe à risque » (plus volontiers étrangères ou hors norme commune donc déjà stigmatisées) et non comme ayant un « comportement à risque » est un exemple récent de la vigilance à avoir à ce propos.

La coupure entre l'âme et le corps n'est pas plus évidente. On ne la retrouve pas dans les traditions africaines, par exemple, où l'ombre-double (l'âme) doit être affaiblie avant qu'une maladie ne se déclare, ni dans le chamanisme où il s'agit de rétablir les alliances rompues avec les âmes des vivants pour recouvrer la santé. Dans la médecine ayurvédique, qui est une médecine des humeurs, les séries d'indications de certains remèdes voient se succéder symptômes, sentiments et dispositions morales.

La maladie du malade (*illness* dans la terminologie anglo-saxonne) toujours selon Meyer, *est un événement concret affectant la vie d'un individu, soit « l'expression et la prise de conscience personnelle d'une altération psychosomatique vécue comme étant déplaisante et incapacitante ».* On pourrait lui faire correspondre le remède, au sens étymologique de substance, ou acte thérapeutique, destiné à combler l'écart entre un état perçu comme maladie par la personne (*illness*) et l'état de santé de son point de vue. Alors le médicament issu des normes de la profession peut, ou non, être remède pour un patient particulier.

3. Dimension sociale de la maladie *(sickness)*

Mais une autre dimension de la maladie, sa dimension sociale, ne doit pas être oubliée. *Se voir déclaré malade confère des droits* (arrêts de travail) *et des devoirs* (être un « bon malade »). Ailleurs, un épisode de maladie traité permet d'acquérir les remèdes, d'apprendre la conduite d'un rituel, et ouvre l'accès à la fonction de thérapeute. Pour Meyer : *« Le sujet accède au rôle social de malade qui se caractérise par la reconnaissance de son incapacité involontaire à remplir ses fonctions sociales habituelles. »* On parle du processus de socialisation de la maladie (*sickness* dans la terminologie anglo-saxonne).

4. Autres recours que le système de santé dans l'itinéraire thérapeutique du malade

Tout ceci implique qu'ailleurs, comme ici, *d'autres praticiens que les personnels de santé formés aux sciences de la santé dérivées de la biomédecine prennent les malades en charge.* On y retrouve les spécialistes des « problèmes de vie », comme les médiums, traitant du continuum maladie–malheur. D'autres, comme les toucheurs de nos campagnes peuvent hériter des magnétiseurs, ou, comme certains guérisseurs, perpétuer des pratiques prenant sens dans la médecine des humeurs (par exemple l'usage des dépuratifs). *Chercher à percevoir le point de vue du malade dans son contexte nécessite donc de dessiner en quelque sorte le paysage des recours possibles que le malade parcourt lors de son itinéraire thérapeutique. On le différencie à la suite de Kleinman en insistant sur le soin : système de soins de santé (health care system).* Le parcours est rarement choisi par le seul malade mais par son entourage, pour diverses raisons dont parfois des contraintes financières ou d'organisation de la vie quotidienne. *Le lieu où se croisent les secteurs (savants, populaires, religieux) que l'on peut différencier dans ce système et où se prennent nombre de décisions* (évaluer l'efficacité d'une prise en charge, poursuivre ou non un traitement, recourir à un autre praticien, pratiquer l'automédication…) *est le secteur profane, c'est-à-dire la famille et le voisinage.* Il est donc très important de comprendre sur quoi sont fondés les critères de choix dans ce secteur.

B. Cohérence des soins au regard des représentations de la maladie du malade : logiques profanes

La seconde observation que nous retenons de Rivers, concernant la *cohérence des soins au regard des représentations de la maladie* chez ses hôtes mélanésiens, doit ainsi être développée : « Les pratiques [médicales] de ces peuples ne sont pas une macédoine décousue et insensée, mais elles sont inspirées par des conceptions précises concernant les causes de la maladie. Leur mode de traitement découle directement de ces conceptions étiologiques et pathologiques. D'un point de vue moderne, nous pouvons voir que ces conceptions sont fausses. Mais l'important ici est que, aussi fausses que soient les croyances des Papous concernant les causes de la maladie, leurs pratiques sont des conséquences logiques de ces croyances. »

Bien que cette cohérence soit relative pour les anthropologues d'aujourd'hui, l'expérience montre que ce point devrait toujours donner matière à réflexion en première année de médecine. Les personnels de santé d'ici et maintenant seraient bien inspirés d'adopter une posture aussi ouverte en acceptant que leurs patients puissent raisonner autrement qu'eux sans que pour autant leur intelligence puisse être mise en doute.

1. Logiques profanes

Nous venons de montrer que la santé et la maladie telles que vécues dans l'expérience du public diffèrent sensiblement de leur définition en médecine et en santé publique. En effet, *le raisonnement hypothético-déductif de la science, qui procède selon une logique analytique, est rarement celui de ceux qui vivent l'expérience de la maladie, le patient et sa famille, dont les raisonnements relèvent de l'affectif* (procédant par comparaison et relations sympathiques, plaisir, déplaisir) *ou de l'analogique* (par association d'idées, combinaison et synthèse). *Il s'agit donc de logiques différentes, qui ont chacune leur légitimité, et que chacun adopte en fonction des contextes :* le médecin, lorsqu'il est lui-même malade (ou qu'il s'agit de membres de sa famille), voit son raisonnement scientifique brouillé par l'affectif et peut vivre ses symptômes de façon analogique.

Les logiques des humeurs sont un exemple de ce mode de raisonnement analogique. Ainsi, la fécondité pour les Samo du Burkina Fasso étudiés par Héritier est la conséquence de l'union d'humeurs de qualités contraires (frais et chaud), tandis que la stérilité résulte de l'union d'humeurs de qualités semblables (chaud sur chaud). On les retrouve également derrière certaines pratiques des femmes de Minot en Bourgogne (tels les interdits entourant les menstrues : les femmes en règles ne doivent pas descendre au saloir, elles feraient tourner la provision de viande). L'anthropologie structurale (voir p. 5) s'est attaché à analyser les logiques symboliques, ou idéo-logiques selon Augé, qui pensent, sur le même mode, le monde, la société et le corps humain.

2. Ancrage du savoir profane sur la maladie

En France, on a pu montrer que le savoir commun sur la santé et la maladie, qui constitue *le savoir préalable des malades, de leurs familles ou des populations, s'est constitué par assimilation des savoirs scientifiques anciens*, diffusés dans les campagnes par les brochures que vendaient les colporteurs. La « crise de foie » héritée d'Hippocrate, les divers troubles des « nerfs », de nos conversations familières, ne sont plus reconnus par la médecine. Elle n'accepte pas plus le diagnostic de spasmophilie (encore dans les dictionnaires médicaux d'il y a 40 ans), qui fait pourtant régulièrement la couverture des magazines féminins et fait sens pour le malade et parfois son médecin. *Soyons alors vigilants sur le fait que dans le cas de maladies chroniques comme le diabète ou l'asthme, les patients peuvent s'en tenir à des recommandations valables lors de la découverte de leur maladie, il y a quelques années seulement, mais qui deviennent obsolètes au regard de nouvelles découvertes.* Ainsi, tout clinicien amené à traiter des malades chroniques, avec lesquels il conclut une sorte d'alliance thérapeutique pour qu'ils suivent les soins nécessaires, doit au préalable s'inquiéter de ce que ces malades savent de leur maladie et des recommandations qu'ils pensent être tenus de respecter. *Tout clinicien se trouve donc en situation de devoir écouter cet Autre qu'est son malade, pour négocier et adapter les soins qu'il prodigue, sous peine d'échec.* Il vaut mieux qu'il le fasse en toute connaissance de cause car tout clinicien, dans l'interaction avec ses patients, développe un savoir pratique qui adapte son savoir théorique au savoir profane dont il n'est pas coupé. C'est ce qui permet de mieux comprendre son patient, mais demande de réactualiser régulièrement son savoir théorique.

3. Savoir d'expérience accessible par les récits plutôt que « croyances »

Le malade rationnel de certains modèles risque/bénéfice n'existe pas mais ce n'est pas pour autant dire que son comportement relève de la croyance (inévitablement fausse et illogique). À la suite de l'anthropologie médicale interprétative et de B. Good, excluons donc de notre vocabulaire le terme de croyance qui ferme à l'écoute du malade pour plutôt tenter d'appréhender son expérience à travers les récits qu'il en fait. Ces récits permettent de suivre comment, dans cette mise en intrigue, *le malade et son entourage reconstruisent l'événement maladie. Ils y mettent en relation symptômes, émotions, événements et contextes sociaux ; on perçoit donc le poids des contraintes, économiques, politiques, que le médecin ne devrait pas occulter* selon l'anthropologie médicale critique.

III. Conclusion

C'est la *tâche de l'anthropologie médicale* au sens le plus large, défini plus haut, que *de proposer les analyses qui éclairent l'action des personnels de santé, mais c'est le devoir de ces derniers d'en prendre connaissance*. On comprend que dans le monde globalisé qu'est le nôtre, tant les grands organismes internationaux, comme l'OMS, que les ONG, comme MSF, s'attachent à travailler avec les anthropologues, quitte à se soumettre à leur critique.

POINTS CLÉS

▶ L'anthropologie sociale et culturelle a pour objet l'étude du point de vue de l'Autre replacé dans son contexte.

▶ En anthropologie de la santé, cet «Autre» est le patient, ou la population pour les médecins de santé publique.

▶ La maladie peut être appréhendée du point de vue du médecin (*disease*) ; du point de vue du malade (*illness*) ou enfin de la société (*sickness*).

▶ En Occident, l'institution médicale et ses praticiens sont spécifiques car exclusivement en charge de la santé.

▶ Chaque malade a une représentation personnelle de sa maladie : on parle de la logique profane.

▶ Les futurs professionnels de santé doivent utiliser les travaux des anthropologues pour améliorer la qualité de leurs soins sans jamais mépriser le raisonnement différent de leurs patients.

Bibliographie

Fainzang S. *Pour une anthropologie de la maladie en France, un regard africaniste*. Paris : EHESS ; 1989.
Haxaire C. « Calmer les nerfs » automédication, observance et dépendance aux médicaments psychotropes. *Sciences Sociales et Santé* 2002, vol. 20, 1n° : 63–88.
Héritier F. *Masculin/Féminin. La pensée de la différence*. Paris : Odile Jacob ; 1996.
Lévi-Strauss C. *Le regard éloigné*. Paris : Plon ; 1983.
Saillant F, Genest S. Anthropologie médicale : ancrages locaux, défis globaux. Coll. Economica/Anthropos. Québec : Presse de l'université de Laval, Economica, Anthropos ; 2005.

16 Économie et gestion de la santé

B. Devictor

I. Le champ de l'économie de la santé
II. Particularités des biens de santé
III. Conclusion

Le coût de la santé revêt aujourd'hui une ampleur considérable. En 2008, les dépenses de santé ont atteint 215 milliards d'euros, représentant 11 % du PIB. Ces dépenses sont souvent comparées au PIB car ce rapport témoigne directement de l'importance relative qu'une collectivité attribue à sa santé.

Dépassant la stricte optique financière, on doit se demander si le meilleur emploi des ressources mises au service de la santé a toujours été recherché et réalisé. Les progrès enregistrés dans la lutte contre la maladie tendent à être de plus en plus minces pour des sommes engagées considérables. Il importe en conséquence de veiller au bon emploi des ressources et, de ce point de vue, la médecine ne peut échapper à une certaine rationalité économique. En contrepartie, il convient de souligner que tout progrès médical améliore certes la vie des individus mais qu'il exerce aussi un effet favorable sur l'ensemble de l'économie. Le sort des médecins est donc étroitement lié à celui des autres activités du pays.

A priori, on peut se demander s'il y a vraiment une relation quelconque entre l'économie, science de gérer les biens de la collectivité, et la médecine qui a pour objet d'assister, de secourir, de soulager et qui repose sur des principes altruistes et affectifs, sur une « éthique ».

Que vient faire le critère économique dans l'art de soigner ? En quoi le médecin aurait-il à tenir compte de ce critère dans les décisions qui concernent un bien aussi vital et aussi précieux que la santé ? La rationalité économique et l'éthique médicale s'opposerait-elle ?

L'économie de la santé a pour objet d'optimiser l'action médicale, c'est-à-dire d'étudier les conditions optimales de répartition des ressources dont on dispose (et qui sont, dans ce domaine comme dans les autres, toujours rares, limitées, inférieures aux besoins) pour assurer à la population les meilleures prestations médicales possibles, les meilleurs soins, la meilleure prévention, le maximum de bien-être, le meilleur équilibre entre l'homme et son environnement[21]…

On suppose que plusieurs facteurs sociaux et culturels comme les conditions de travail, d'habitat, d'éducation, jouent un rôle dans le bon état

---

21. Référence à la définition de la santé par l'OMS

de santé. On sait aussi qu'actuellement dans les pays développés, la diminution du tabac et des accidents de la route est un bon moyen pour améliorer la santé.

Nous nous concentrons sur les activités de soins médicaux car elles ont pour but déclaré de protéger, maintenir et améliorer l'état de santé.

Ignorer la composante économique dans la décision médicale serait sans doute, en l'état actuel des choses, contraires à l'éthique. Mais il serait aussi contraire à l'éthique de ne privilégier que la composante économique.

I. Le champ de l'économie de la santé

L'analyse économique se subdivise en deux branches : l'analyse micro-économique et l'analyse macro-économique. La différence entre ces deux approches est une différence de points de vue et de centres d'intérêt.

L'analyse macro-économique porte sur l'économie nationale envisagée dans son ensemble. Elle s'attache aux grandeurs globales ou « agrégats », tels le volume total de l'emploi, la production globale ou le revenu national. Elle met en évidence des relations mathématiques de façon à constituer des modèles théoriques utilisables au niveau de la politique économique globale, par exemple, savoir comment le niveau de l'emploi est influencé par le niveau de production.

L'analyse micro-économique a pour objet l'étude des comportements des agents économiques individuels et de leurs relations. Elle interprète le comportement d'individus ou d'entreprises qui prennent des décisions, s'informent, choisissent des stratégies. La micro-économie s'intéresse aux questions du type : faut-il consommer ceci en telle quantité lorsque ce service est à tel prix ?

De cette étude, on en déduit des règles qu'on estime valables pour l'ensemble.

Le passage d'un type d'analyse à l'autre soulève d'importantes difficultés ; en effet, beaucoup de propositions qui sont vraies au niveau des individus ne sont plus vérifiées lorsque l'on considère le système économique dans son ensemble.

A. Approche macro-économique de l'économie de la santé

À l'échelle macro-économique, la santé se présente sous de multiples facettes.

D'abord, elle joue dans l'emploi un rôle important. Ce secteur d'activité emploie directement aujourd'hui 2,5 millions de personnes, qu'elles soient salariées ou professions libérales, soit 9,9 % de l'emploi total.

Cette place est encore plus importante lorsque l'on prend en compte l'ensemble des productions indirectes, c'est-à-dire l'activité générée par les besoins du secteur de la santé : l'emploi (direct et indirect) lié à la santé représente alors 12,7 % de l'emploi total, soit 3,2 millions de personnes.

La santé stimule la croissance économique avec un impact positif à la fois sur le PIB et sur la démographie ; elle peut être considérée comme un moteur de l'économie. La santé exerce une influence fondamentale sur l'industrie du médicament et sur celle du matériel médical et médico-chirurgical. En produisant de nouvelles connaissances et des technologies, la santé crée du capital économique.

La santé contribue à renforcer la croissance économique : d'abord, les personnes en meilleure santé produisent de façon plus efficace, ensuite, à mesure que la mortalité décline, la population croît, ce qui dynamise l'économie et, enfin, une espérance de vie plus longue incite davantage à investir dans le capital humain. Un meilleur état de santé a un impact sur le développement et réciproquement.

B. Approche micro-économique de la santé

La micro-économie de la santé étudie le comportement des agents économiques, soit professionnels de la santé, patients, gestionnaires, assureurs, industrie pharmaceutique…

L'économie de la santé a donc un autre objectif plus concret ; il se rapporte aux choix à faire à l'intérieur du système de santé. Le problème de l'emploi des ressources à l'intérieur du secteur sanitaire est essentiel. Comment une enveloppe financière donnée peut-elle être répartie entre les multiples sous-secteurs qui existent à l'intérieur du système ? Les moyens médicaux sont extrêmement nombreux et coûteux, et les possibilités techniques presque infinies. Les besoins de soins ou de prévention que nous ressentons ne peuvent donc être tous satisfaits simultanément. Il faut choisir et savoir que, ce que l'on fait pour les uns – cardiaques, diabétiques, obèses, personnes âgées – est autant qu'on ne fait pas pour les autres et inversement.

Toute décision d'affectation de moyens au secteur de la santé, de même que toute décision clinique d'engager un traitement ou une investigation diagnostique, revient implicitement à sacrifier la possibilité de consacrer les ressources ainsi consommées à d'autres usages : un même nombre de lits hospitaliers et de personnel médical ne produira pas les mêmes résultats selon qu'on l'affecte à un service de médecine interne, aux urgences ou à un service très spécialisé. Les médecins apportent chaque jour des réponses à ces questions par les actes qu'ils accomplissent, par les thérapeutiques ou les examens complémentaires qu'ils prescrivent, par les priorités qu'ils considèrent, par la sélection des malades qu'ils traitent eux-mêmes et de ceux qu'ils orientent à l'hôpital…

Ces choix sont dictés par les meilleures intentions et notamment par ce qu'on appelle l'intérêt du malade, mais rien ne prouve que ces choix assurent le plus efficacement possible la protection de la vie et de la santé de la collectivité. « Il y a l'intérêt du malade, il y a l'intérêt des malades. »

Dans la théorie économique classique libérale, le marché constitue aujourd'hui le mode privilégié de régulation des productions et des échanges. Les lois du marché garantissent que le bien-être de la société sera optimisé sans aucune intervention extérieure, mais le marché doit respecter un certain nombre de conditions.

Un marché est un ensemble d'interactions entre des vendeurs et des acheteurs potentiels d'un bien économique, interactions constituées d'échanges d'information, de négociations et de transactions se déroulant dans des conditions de concurrence homogène.

Le mécanisme du marché est optimum sous trois hypothèses essentielles :
- 1. l'indépendance des agents : chacun est libre de consommer ou de produire, et le comportement d'un individu ou d'une société ne peut pas à lui seul modifier les équilibres prix/volumes, ce qui interdit toute situation de monopole ;
- 2. l'information est libre et parfaite sur les qualités des différents produits et leurs prix ;
- 3. l'homogénéité et disponibilité des produits : ils sont disponibles sur le marché et peuvent être comparés dans leurs qualités et leurs prix.

Le marché de la santé présente des particularités qui entraînent des transgressions des principes du marché libéral.

Dans ces conditions, beaucoup d'économistes pensent qu'un marché libéral des soins, sans intervention externe, conduirait à des dysfonctionnements graves : inégalité d'accès aux soins, coûts prohibitifs des services de santé...

II. Particularités des biens de santé
A. Spécificité des biens de santé
1. Les effets externes

Un effet externe (ou externalité) se manifeste lorsque l'action de consommation ou de production d'un agent a des conséquences sur le bien-être d'au moins un autre agent sans que cette interdépendance soit reconnue, et donc sans donner lieu à compensation monétaire.

Le consommateur ou le producteur responsable de l'effet externe n'a aucune raison d'intégrer la diminution ou l'amélioration du bien-être des autres agents. Les externalités positives (amélioration du bien-être des autres) ou négatives (diminution du bien-être des autres) font naître un écart entre l'utilité collective et l'utilité individuelle de l'activité.

Lorsqu'une activité s'accompagne d'une externalité positive (comme la vaccination), elle devrait être encouragée puisque le bien-être collectif est amélioré par cette activité. Mais comme elle n'est pas prise en compte par le marché, le producteur n'est pas incité à produire plus (il n'y a pas de rémunération pour sa contribution).

Lorsqu'une activité s'accompagne d'une externalité négative (comme la pollution), elle devrait être découragée puisque le bien-être collectif est réduit par cette activité.

Les effets externes ayant des conséquences sanitaires sont nombreux. Les pouvoirs publics édictent alors des normes sur la qualité des eaux ou des produits alimentaires...

La non-prise en compte de ces externalités par le marché justifie l'action de l'État pour orienter les décisions économiques en internalisant certains effets externes par la réglementation, l'indemnisation ou la taxation de manière à « internaliser » les effets externes.

Les pouvoirs publics peuvent rendre, par exemple, la vaccination obligatoire : en effet, la santé de chacun intéresse tout le monde, car nous pouvons tous transmettre des maladies contagieuses ; le bénéfice collectif (l'effet externe) est différent de la somme des intérêts individuels. Si on laissait chacun décider librement, les maladies contagieuses se développeraient, d'où l'obligation de la vaccination. En matière de vaccination, les effets externes positifs sont très importants.

2. La présence d'asymétrie d'information

a. La difficulté pour le patient d'évaluer la qualité et l'utilité des soins

Pour qu'une transaction respecte également les intérêts du producteur et du consommateur, il faut que l'un et l'autre en sachent autant sur le bien ou le service considéré. Or, les patients en savent typiquement beaucoup moins sur les soins que les médecins et sont donc en position de faiblesse. Le patient n'est pas à même de juger de l'adéquation des indications d'examens ou de traitement. Ceci empêche le patient de jouer son rôle de régulateur du marché, car il ne peut pas dire « ceci est trop cher pour le bénéfice que j'en retire, je n'en veux pas ».

Le médecin se retrouve avec un double rôle : il décide des prestations et il les fournit. Ceci fait courir le risque de demande induite. Pour se prémunir le mieux possible contre ce conflit d'intérêt, les médecins ont de tout temps émis des codes déontologiques.

b. La relation médecin–patient

On peut distinguer trois principaux modèles de relation médecin-patient.

▶ **Le modèle du médecin décideur**

Le plus ancien, le modèle du médecin décideur, appelé aussi modèle paternaliste, repose sur le constat d'une asymétrie d'information entre médecin et patient. L'un a le savoir scientifique, la compétence pratique, la distance nécessaire pour juger, tandis que l'autre ne connaît de sa pathologie que ses symptômes, et est perturbé par sa souffrance. Ce modèle suppose une confiance totale et nécessaire du patient en son médecin.

Cependant, la toute-puissance paternaliste du médecin s'avère en partie illusoire : l'observance des traitements n'est pas toujours respectée et ce pouvoir de décision du patient doit être pris en compte.

▶ **Le modèle du patient décideur**

Le modèle du patient décideur (appelé aussi « modèle informatif ») entend donner au patient une souveraineté pleine et entière en matière de décision. L'acteur central, principal, est le patient–client. Le médecin est expressément assimilé à un prestataire au service de son client. Concernant l'information, le médecin doit apporter au patient toute l'information nécessaire. C'est alors le patient qui choisit entre les différentes options.

Si ce modèle convient à certains patients qui mettent fortement en avant leur autonomie, il faut reconnaître qu'en pratique, il se heurte à plusieurs limites. La compréhension des propositions est toujours imparfaite ; il existe toujours une asymétrie de connaissance entre le médecin et le patient. Mais là n'est sans doute pas l'écueil principal : il n'est pas évident qu'un patient selon sa pathologie, soit dans une situation psychologique où il puisse réfléchir et décider sereinement. Enfin, les essais de ce modèle montrent qu'il peut être angoissant par le poids de la décision qu'il fait porter sur le patient, avec le doute et la culpabilité éventuelle d'avoir fait un mauvais choix.

Face aux limites des deux modèles précédents, un troisième s'élabore progressivement avec de multiples variantes.

▶ **Le modèle de la révélation des préférences ou « modèle de la décision partagée »**

Au premier abord, ce modèle peut être appréhendé comme une voie intermédiaire, où le partage constitue la trame fondamentale : partage des connaissances médicales du médecin, des préférences et du contexte psychosocial du patient, de la délibération devenue dialogue, de la décision résultant de la réalisation d'un accord entre les deux parties. Le médecin a pour rôle d'aider le patient à formuler ses préférences vis-à-vis des options, puis d'en faire la synthèse. Le modèle de la révélation des préférences est celui qui respecte au mieux à la fois la psychologie des patients et leur autonomie.

La loi du 4 mars 2002 relative aux droits des malades et à la qualité du système de santé stipule que « toute personne, prend, avec le professionnel de santé et compte tenu des informations et des préconisations qu'il lui fournit, les décisions concernant sa santé ». Cette loi illustre clairement les évolutions qu'a connues, ces dernières années, la relation patient–médecin.

3. Une autre particularité provenant de la conception de la rationalité

La théorie économique fait l'hypothèse que le consommateur est rationnel, c'est-à-dire qu'il maximise une fonction d'utilité. L'existence de comportements « irrationnels », ou à risque, conduit les individus à privilégier le présent sur le futur, à ne pas adopter de comportements préventifs et/ou à adopter des comportements à risque (tabagisme, alcoolisme, conduite dangereuse…).

4. Les biens et les services médicaux non marchands

La prestation de santé n'est pas le résultat d'un marchandage, le prix est en quelque sorte administré. Les honoraires des médecins sont, par exemple, fixés par la convention médicale, le prix des médicaments remboursables est fixé par convention entre le laboratoire et le Comité économique des produits de santé (CEPS) ou par arrêté ministériel.

La santé est un non-marché où l'acheteur n'est ni le décideur, ni le payeur.

B. La santé, un monde envahi par l'incertitude

L'économie du système de soins est envahie par l'incertitude. Or, l'hypothèse de certitude et de parfaite information – condition centrale de la concurrence pure et parfaite qui sert de référence à la théorie microéconomique classique – n'est pas vérifiée.

Typique du marché de la santé, l'incertitude caractérise les choix des trois principaux acteurs présents sur ce marché :

- le patient consommateur : l'incertitude se manifeste premièrement dans la survenue de la maladie. Par ailleurs, la nature, l'origine de nombreuses pathologies, les raisons de leur évolution sont ignorées ; l'efficacité relative de quantité de traitements ne peut faire l'objet que d'hypothèses ;
- le médecin producteur exerce une science « non exacte » qui le pousse à proposer des prestations. Le degré de mise à jour des connaissances du médecin est également un facteur d'incertitude qui peut l'inciter à une médecine « maximale » ;
- l'administrateur–gestionnaire–financeur : la rationalité économique passe après la rationalité médicale.

L'incertitude de la survenue de la maladie, comme dans tous les domaines dans lesquels des événements rares et aléatoires ont des conséquences importantes, justifie l'existence de mécanismes d'assurance pour financer les soins. L'assurance s'impose lorsqu'il y a d'un côté un risque individuel non prédictible, mais de l'autre un risque collectif prédictible. Mais quel type d'assurance est-il souhaitable ?

L'incertitude pesant sur la demande de soins renvoie au rôle de l'assurance-maladie et notamment à ses effets sur le comportement du patient assuré.

En effet, l'existence d'une assurance soulève en général deux problèmes : celui de « la sélection adverse » et celui de « l'aléa moral ».

1. La sélection adverse

Le risque individuel n'étant pas complètement inconnu, cela peut entraîner une sélection adverse des risques. L'assuré peut choisir sa couverture en la payant moins chère que ce que son risque justifierait, induisant ainsi des pertes potentielles pour l'assureur. Si celui-ci doit faire face à trop de « mauvais » risques de ce genre, il va augmenter sa prime, et de ce fait, décourager les bons risques ; le bien portant n'a pas intérêt à s'assurer. N'ayant plus que des assurés avec des risques élevés, le marché de l'assurance est menacé.

Par ailleurs, si l'assureur connaît mieux les risques que ses clients, il peut pratiquer une sélection des assurés qui écarte des personnes qui ne trouveront donc plus à s'assurer sur le marché : c'est la pratique de l'écrémage. La sélection adverse rend impossible l'équilibre d'un marché purement privé de l'assurance-maladie ; un marché de l'assurance-maladie ne peut donc fonctionner sans mécanisme de mutualisation.

2. L'aléa moral

L'assurance peut entraîner d'autres effets pervers; les assurés, parce qu'ils se savent couverts, peuvent adopter des comportements que l'assureur ne peut pas contrôler. C'est ce que les économistes appellent l'aléa moral (ou risque moral), en distinguant généralement aléa moral *ex ante* et aléa moral *ex post*.

On parle d'aléa moral *ex ante* lorsqu'un assuré néglige de se prémunir contre les risques que son assurance couvre. La souscription d'un contrat d'assurance-maladie avec un taux de couverture complet peut ainsi désinciter les individus à se protéger.

L'aléa moral *ex post* survient lorsque, se sachant assurée, une personne malade « sur-consomme » les médicaments et les soins qui lui sont proposés. Il y a donc aléa moral *ex post* si l'on dépense plus quand on est mieux assuré.

Pour se prémunir de ces comportements, on peut instaurer des mécanismes de participation financière des patients aux soins (ticket modérateur, franchises…); cela revient à rendre l'assuré financièrement co-responsable avec l'assureur pour une partie des coûts qu'il provoque.

Cependant, ces mécanismes incitatifs sont efficaces s'ils se traduisent par une diminution des dépenses inutiles, mais dangereux s'ils conduisent des patients à renoncer, pour des raisons financières, à des soins nécessaires. Il y a donc un arbitrage entre efficacité économique et efficacité sanitaire, entre incitation financière et justice sociale.

Ces dysfonctionnements légitiment l'intervention de l'État dans l'assurance-maladie.

Pour lutter contre la sélection adverse, l'assurance santé doit être universelle et même obligatoire, car si elle était universelle et facultative, le caractère facultatif permettrait de réintroduire la sélection adverse, ce qui provoquerait l'effondrement de l'assurance.

Par ailleurs, en matière de santé, il existe un autre aléa moral : non seulement l'assuré peut prendre plus de risques, mais également le médecin peut offrir plus de services que requis pour soigner le malade, surtout si c'est son intérêt économique. Dans le cas de la santé, il y a tout lieu de penser qu'il peut y avoir induction de la demande par l'offre. C'est une difficulté importante car dans les modèles usuels de l'économiste, dès que la courbe de demande et la courbe d'offre ne sont plus indépendantes, tous les raisonnements usuels s'effondrent dans leur logique. Là encore, il faut utiliser des outils d'intervention (recommandations de bonnes pratiques, voire standardisation des soins, contrôle…).

En économie de la santé, l'hypothèse de demande induite conduit à transformer la perception de la demande de soins. Celle-ci ne refléterait pas seulement les choix en termes d'utilité du patient, mais pourrait aussi être déterminée par les motivations implicites du médecin. Cette hypothèse est encore aujourd'hui très discutée. La demande induite renvoie à la capacité (réelle ou supposée) dont dispose un médecin pour générer une demande pour ses propres services. L'incertitude médicale rend en effet difficile la séparation entre prestations légitimes (correspondant strictement aux besoins des patients) et prestations induites (visant à augmenter les revenus des professionnels de santé). Outre l'asymétrie d'information entre patients et médecins, deux éléments favorisent ce type de comportement : le mode de rémunération du producteur et la couverture assurantielle des patients qui les rend insensibles aux prix.

Pour toutes ces raisons – le fait que le consommateur ne fait pas directement face à une contrainte de budget parce qu'il est assuré, le fait qu'il y a dissymétrie d'informations entre offreur de soins et consommateur de soins et qu'il y a probablement une non-indépendance significative entre la courbe d'offre et la courbe de demande de biens ou de services médicaux – l'approche économique de la santé va s'écarter assez fortement des approches économiques usuelles appliquées à la production ou à la consommation de biens ou de services ordinaires. En résumé, au moment où le patient peut avoir besoin de soins, le patient ne sait pas ce qu'il achète et ne paie pas ce qu'il dépense. On ne peut donc pas attendre du consommateur de soins qu'il joue un véritable rôle de régulateur sur le marché des soins de santé. Il faut envisager d'autres mécanismes de régulation.

III. Conclusion

L'objet de la science économique, c'est d'étudier comment utiliser efficacement des ressources rares. Mais le fait d'utiliser efficacement des ressources rares ne garantit en rien que cette utilisation sera, par surcroît, équitable. Non seulement elle ne le garantit en rien, mais l'expérience a montré que l'efficacité est souvent antinomique de l'équité parce que l'efficacité peut conduire à favoriser les forts et à défavoriser les faibles. Ceci a conduit d'ailleurs toutes les sociétés qui ont essayé de développer une organisation institutionnelle reconnaissant le besoin d'efficacité à y intégrer aussi l'exigence d'équité.

La santé n'est pas une « marchandise » comme les autres : le droit à la santé est un droit de l'homme et doit être protégé. Les soins doivent être traités de fait comme un droit du citoyen, et non pas comme un bien ordinaire. Or la notion de droit à certaines prestations n'existe pas dans un marché libéral. Il existe un consensus politique large sur le fait qu'il s'agit d'un besoin dans lequel les inégalités sont peu légitimes.

L'allocation des ressources consacrées au système de santé devrait assurer le bien-être de la plus grande partie de la population en évitant l'exclusion.

POINTS CLÉS

▶ En 2008, les dépenses de santé représentent 11 % du PIB.

▶ L'analyse économique se subdivise en deux branches : l'analyse micro-économique et l'analyse macro-économique.

▶ L'emploi (direct et indirect) lié à la santé représente 12,7 % de l'emploi total.

▶ La santé contribue à renforcer la croissance économique ; un meilleur état de santé a un impact sur le développement et réciproquement.

▶ L'économie de la santé a notamment comme objectif d'aider aux choix à faire à l'intérieur du système de santé.

▶ Dans la théorie économique classique libérale, le marché constitue aujourd'hui le mode privilégié de régulation des productions et des échanges. Cependant, le marché de la santé présente des particularités qui justifient l'intervention de l'État.

▶ Les biens de santé sont des biens spécifiques : présence d'effets externes, d'asymétrie d'information, de comportements à risque ; par ailleurs, l'acheteur n'est ni le décideur, ni le payeur.

▶ La santé est un monde où règne l'incertitude, ce qui justifie l'existence de mécanismes d'assurance pour financer les soins.

▶ L'existence d'une assurance soulève en général les problèmes de « la sélection adverse » et celui de « l'aléa moral » qui légitime l'intervention de l'État dans l'assurance-maladie.

▶ L'allocation des ressources consacrées au système de santé devrait assurer le bien-être de la plus grande partie de la population en évitant l'exclusion.

Bibliographie

Domenigetthi G, Zweiffel P. L'économie de la santé. In : Jeanneret O. (Éd.) *Médecine sociale et préventive, santé publique*. 2ᵉ éd. Berne : H. Huber ; 1999.

Fenina A, Le Garrec MA, Duée M. Comptes nationaux de la santé 2008. *DREES Document de travail Série Statistiques*, septembrre 2009 ; n° 137.

Mougeot M. Le système de santé. Paris : Economica ; 1986.

Rochaix L. Asymétries d'information et incertitude en santé : les apports de la théorie des contrats. *Économie et Prévision* 1997 ; 129–130 n° : 11–24.

17 Droit de la santé

S. Arbus

I. Le droit de la relation de soins
II. Le droit des pratiques biomédicales

Le droit de la santé occupe une place croissante dans notre société occidentale. Cette évolution s'explique en partie par les progrès scientifique et médical qui questionnent l'homme soulevant sans cesse de nouveaux enjeux à résoudre en termes de droits fondamentaux.

Il ne doit pas être confondu avec le droit à la santé qui est un droit individuel et collectif. Le droit à la santé doit se comprendre comme un droit à des prestations de santé de l'individu vis-à-vis de la collectivité et certainement pas comme la revendication d'un droit à être en bonne santé.

Traditionnellement, le droit de la santé englobe l'étude du système de santé à travers ses institutions et ses politiques de santé. Cet aspect-là du droit de la santé n'est pas abordé ici, étant donné qu'il est traité ultérieurement dans cet ouvrage.

Nous nous intéressons de manière générale à traiter du droit de la relation de soins ou du rapport médecin–patient dans une première partie, tandis que nous développerons quelques thématiques essentielles du droit des pratiques biomédicales dans une seconde partie.

I. Le droit de la relation de soins

La relation de soins a connu une mutation au cours de ces dernières années. Le colloque singulier, traditionnellement basé sur une relation paternaliste dans laquelle le médecin détenteur d'une autorité médicale décidait au nom et pour le patient, s'est transformé en une relation de soins égalitaire dans laquelle chacun des acteurs dispose de droits et d'obligations et participe à la décision médicale.

Sans pouvoir aborder de manière exhaustive l'ensemble de ces droits et de ces obligations, nous avons choisi de traiter, de manière synthétique, des droits de la personne malade pour aborder ensuite les obligations des professionnels de santé.

A. Les droits de la personne malade

La personne humaine dispose désormais de droits fondamentaux dans le système de santé. Il s'agit des droits de la personne articulés autour du droit à la protection de la santé qui englobe le droit à la prévention ou le droit à l'égal accès aux soins autour du principe de non-discrimination dans l'accès aux soins.

En présentant le droit au respect de la dignité et la notion de secret médical, nous soulignons l'importance du respect de la personne dans les dispositions légales récentes.

1. Le respect de la personne

a. Le droit au respect de la dignité

Depuis la loi de bioéthique de 1994 l'article 16 du Code civil dispose que « la loi assure la primauté de la personne, interdit toute atteinte à la dignité de celle-ci et garantit le respect de l'être humain dès le commencement de sa vie ».

Ce principe qui trouve sa plus large application dans le domaine de la recherche médicale (voir ci-après) signifie que l'homme ne doit jamais être traité comme un objet mais toujours comme un sujet qui possède des droits inaliénables et sacrés.

Les textes relatifs à la bioéthique se réfèrent à ce principe, car leur philosophie générale est de toujours faire prévaloir l'intérêt supérieur de l'être humain sur ceux de la société et de la science.

Le principe de dignité de la personne humaine s'applique à la personne malade tout au long de sa maladie et plus particulièrement dans le cadre de la fin de vie.

En refusant de légaliser l'euthanasie et en consacrant le droit pour toute personne malade, dont l'état le requiert, d'accéder à des soins palliatifs et à un accompagnement, la loi du 9 juin 1999 respecte le principe de la dignité de la personne malade en fin de vie.

La loi du 22 avril 2005 relative aux droits des malades et à la fin de vie réaffirme le choix français du développement des soins palliatifs comme alternative éthique et humaniste à l'euthanasie. Elle rappelle que les professionnels de santé doivent mettre tout en œuvre pour assurer à chacun une vie digne jusqu'à la mort.

> **Définition des soins palliatifs**
>
> Les soins palliatifs sont des soins actifs et continus pratiqués par une équipe interdisciplinaire en institution ou à domicile. Ils visent à soulager la douleur, à apaiser la souffrance psychique, à sauvegarder la dignité de la personne malade et à soutenir son entourage (loi du 9 juin 1999).

Il s'agit de prodiguer des soins actifs dans une approche globale de la personne atteinte d'une maladie grave évolutive ou terminale. Leur objectif est de soulager les douleurs physiques ainsi que les autres symptômes et de prendre en compte la souffrance psychologique, sociale et spirituelle.

b. Le droit au respect de la vie privée grâce au secret médical

▶ **Le principe**

Le principe du secret médical trouve son origine dans la pensée hippocratique[22] et conditionne la relation de confiance entre le médecin et le patient qui se confie à lui.

---

22. « *Admis à l'intérieur des maisons, mes yeux ne verront pas ce qui s'y passe, ma langue taira les secrets qui me seront confiés* », Serment d'Hippocrate.

Les informations sur la santé d'une personne relèvent de sa vie privée, le respect du secret médical est donc un droit pour le patient et une obligation légale (art. L. 1110-4 CSP ; art. 226-13 nouveau Code pénal, voir encadrés ci-après), déontologique (art. 4 CDM, voir encadré ci-après) et éthique pour le professionnel de santé.

Le secret médical couvre toutes les informations venues à la connaissance du professionnel de santé. L'obligation au secret s'impose à toute personne amenée à connaître de l'état de santé du malade, le médecin ainsi que les personnes qui travaillent avec lui et qui interviennent dans le système de santé.

Cette règle est instaurée pour protéger l'intérêt privé du patient, celui de la santé publique et de la profession médicale. La violation de cette obligation peut entraîner des sanctions pénales, civiles (en cas de préjudice moral du patient) et disciplinaires pour le professionnel de santé.

Article 226-13 du nouveau Code pénal

« La révélation d'une information à caractère secret par une personne qui en est dépositaire soit par état ou par profession, soit en raison d'une fonction ou d'une mission temporaire, est punie d'un an d'emprisonnement et de 15 000 euros d'amende. »

Article L. 1110-4 du Code de la santé publique (inséré par la Loi n° 2002-303 du 4 mars 2002)

« Toute personne prise en charge par un professionnel, un établissement, un réseau de santé ou tout autre organisme participant à la prévention et aux soins a droit au respect de sa vie privée et du secret des informations la concernant.
Excepté dans les cas de dérogation, expressément prévus par la loi, ce secret couvre l'ensemble des informations concernant la personne venues à la connaissance du professionnel de santé, de tout membre du personnel de ces établissements ou organismes et de toute autre personne en relation, de par ses activités, avec ces établissements ou organismes. Il s'impose à tout professionnel de santé, ainsi qu'à tous les professionnels intervenant dans le système de santé.
Deux ou plusieurs professionnels de santé peuvent toutefois, sauf opposition de la personne dûment avertie, échanger des informations relatives à une même personne prise en charge, afin d'assurer la continuité des soins ou de déterminer la meilleure prise en charge sanitaire possible. Lorsque la personne est prise en charge par une équipe de soins dans un établissement de santé, les informations la concernant sont réputées confiées par le malade à l'ensemble de l'équipe (…). »

> **Article 4 du Code de déontologie médicale (article R. 4127-4 du Code de la santé publique)**
>
> « Le secret professionnel, institué dans l'intérêt des patients, s'impose à tout médecin dans les conditions établies par la loi.
> Le secret couvre tout ce qui est venu à la connaissance du médecin dans l'exercice de sa profession, c'est-à-dire non seulement ce qui lui a été confié, mais aussi ce qu'il a vu, entendu ou compris. »

▶ **Les exceptions au principe**

Certains textes obligent le médecin pour des raisons de santé publique à communiquer des informations médicales relatives à son patient. Sans prétendre ici à l'exhaustivité on peut citer l'obligation de déclarer : les naissances et les décès ; les maladies contagieuses, vénériennes ; les accidents du travail ; les maladies professionnelles ; les alcooliques dangereux…

Dans certaines situations le médecin est autorisé à révéler des faits couverts par le secret, par exemple dans le cadre de privations ou de sévices subis par une personne mineure ou vulnérable (art. 226-14 nouveau Code pénal).

Lorsque l'intérêt direct du patient l'exige ou pour la continuité des soins, les professionnels de santé peuvent partager des informations médicales relatives au patient : c'est la notion de secret partagé.

2. La consécration d'une co-décision médicale

Le concept de démocratie sanitaire est un principe fondamental du droit de la santé. Nous avons choisi de l'illustrer à travers les règles relatives au recueil du consentement éclairé du patient et le droit d'accès du patient à son dossier médical.

a. Le droit de consentir à l'acte médical de manière éclairée

▶ **Une obligation fondamentale**

Le droit de consentir à l'acte médical est un droit du patient mais aussi une obligation pour le médecin. C'est un grand principe d'abord jurisprudentiel puis légal, déontologique et éthique de l'exercice médical lié à celui du respect du corps humain et à la dignité humaine. À travers le respect de ce droit, on consacre l'importance de l'autonomie du malade dans la relation de soins.

> **Textes législatifs et déontologiques faisant référence à l'obligation de recueillir le consentement du patient**
>
> **Article 36, Code de déontologie médicale** : « Le consentement de la personne examinée ou soignée doit être recherché dans tous les cas. »
> **Article 16-3 ; al. 2, Code civil**, issu de la loi du 29 juillet 1994 relative au respect du corps humain : « Il ne peut être porté atteinte à l'intégrité du corps humain qu'en cas de nécessité médicale pour la personne ou à

> titre exceptionnel dans l'intérêt thérapeutique d'autrui. Le *consentement* de l'intéressé doit être recueilli *préalablement* à un acte médical (...). »
> **Article L. 1111-4 ; al. 3, Code de la santé public**, issu de la loi du 4 mars 2002 : « (...) Aucun acte médical ou aucun traitement ne peut être pratiqué sans le consentement libre et éclairé de la personne (...). »

▶ Les caractères du consentement

Le consentement est préalable, libre et éclairé. Il est considéré comme libre en l'absence de toute pression exercée sur le patient (par exemple, dans le cas des sectes). Il est dit éclairé, si le patient a été informé selon les prescriptions légales.

Si l'on considère que l'acte de consentir, c'est pouvoir comprendre et pouvoir se déterminer, il existe des situations exceptionnelles en médecine pour lesquelles le recueil du consentement direct du patient rencontre des limites.

▶ Les situations particulières

Si une personne est hors d'état de manifester sa volonté, le médecin doit consulter la personne de confiance si elle a été désignée préalablement[23].

Seule l'urgence est dérogatoire et permet au médecin d'agir sans le consentement du patient.

Il existe des actes médicaux obligatoires imposés au patient comme les vaccinations.

Le législateur prévoit aussi dans certaines situations des injonctions de soins dérogatoires au principe de l'obtention du consentement éclairé du patient (lutte contre la toxicomanie ; prévention et répression des infractions sexuelles).

Dans le domaine psychiatrique, l'hospitalisation à la demande d'un tiers ou l'hospitalisation d'office ne sont légalement admissibles que si :

- les troubles mentaux constatés médicalement rendent impossibles le consentement de la personne à être hospitalisée ;
- l'état de santé de la personne impose des soins immédiats et une surveillance constante en milieu hospitalier.

b. Le droit d'accès au dossier médical

Le droit d'accès direct du patient au dossier médical a été introduit par la loi du 4 mars 2002. Depuis lors le patient a un droit à la transparence de l'information concernant sa santé. Dans certaines situations seulement, le médecin peut recommander la présence d'une tierce personne en raison des risques que la connaissance des informations sans accompagnement ferait courir au patient[24].

---

23. Sinon le médecin consulte un membre de la famille ou un proche.
24. Il existe une législation particulière en psychiatrie puisque la présence d'un médecin lors de la consultation des informations peut être imposée à l'usager dans des circonstances précises.

B. Les obligations des professionnels de santé

1. L'obligation de donner des soins conformes aux données acquises de la science

Le médecin a l'obligation de donner des soins à toutes les personnes sans discrimination. Surtout le médecin est tenu de donner à son patient des soins conformes aux données acquises de la science. Il s'agit pour le médecin de soigner en fonction des « règles de l'art » admises au jour de la réalisation de l'acte par la communauté scientifique.

Le droit de la santé se réfère de plus en plus souvent aux recommandations de bonnes pratiques cliniques édictées par des organismes officiels (Haute autorité de santé…) et aux références médicales. Lorsqu'un sujet ou une pratique de soins donnent lieu à une controverse dans la pratique médicale, on se réfère aux conférences de consensus.

2. Le concept de responsabilité médicale[25]

a. La notion de contrat médical

Depuis l'arrêt Mercier de 1936, on considère qu'il se forme entre le médecin exerçant en libéral (seul ou dans un établissement privé) et le patient un véritable contrat civil comportant pour le praticien l'engagement de lui donner des soins consciencieux, attentifs et conformes aux données acquises de la science[26].

La responsabilité du professionnel de santé ne peut être engagée que s'il n'a pas agi avec suffisamment de diligence. On parle d'une obligation de moyens pour le médecin qui doit tout mettre en œuvre pour délivrer à son patient les meilleurs soins possibles susceptibles de le guérir. Il ne s'agit pas d'une obligation de résultat qui supposerait de pouvoir engager la responsabilité du médecin qui ne guérirait pas son malade (ce qui n'est évidemment pas envisageable dans le cadre d'un acte médical).

b. Le principe : une responsabilité pour faute

La responsabilité du professionnel de santé et des établissements de soins ne peut être engagée que s'il existe une faute du médecin dans l'acte de soins, de diagnostic ou de prévention, un dommage et un lien de causalité entre la faute et le dommage.

La simple erreur ne suffit pas pour engager la responsabilité du professionnel de santé.

c. Les différents types de responsabilité

On distingue la responsabilité civile – par exemple en cas d'inexécution du contrat médical – de la responsabilité pénale, administrative et disciplinaire.

---

25. À côté de l'indemnisation par le jeu de la responsabilité fondée sur la faute, il existe aussi l'indemnisation au titre de la solidarité nationale lorsque des accidents médicaux graves se sont produits.
26. En revanche, le patient est un usager du service public quand il est soigné au sein d'un établissement public. Les règles applicables ne sont pas contractuelles mais statutaires.

La compétence des tribunaux varie en fonction du type de responsabilité engagée.

II. Le droit des pratiques biomédicales

L'avènement du droit de la biomédecine a suivi l'essor des biotechnologies qui, dans le domaine médical, ont abouti à des innovations sans précédent dans les différents secteurs de la recherche, de l'utilisation des éléments et produits du corps humain, de l'expérimentation ou encore de l'assistance médicale à la procréation.

Nous évoquons brièvement les règles édictées par les lois relatives à la biomédecine dans ces domaines.

A. Le droit de la reproduction : l'exemple de l'assistance médicale à la procréation

1. Les conditions de recours à l'assistance médicale à la procréation

Une première loi de bioéthique relative au don et à l'utilisation des différents éléments et produits du corps humain et à l'assistance médicale à la procréation du 29 juillet 1994 avait fixé un cadre légal pour la réalisation de ces pratiques.

En 2004, la loi relative à la bioéthique a repris l'ensemble de ces dispositions et répondu aux interrogations fondamentales soulevées par le devenir des embryons surnuméraires, la recherche sur l'embryon, le don de sperme, l'accueil d'embryon et enfin le diagnostic prénatal et pré-implantatoire.

L'assistance médicale à la procréation s'entend selon l'article 2141-1 du Code de santé publique : « des pratiques cliniques et biologiques permettant la conception *in vitro*, le transfert d'embryons et l'insémination artificielle, ainsi que toute technique d'effet équivalent permettant la procréation en dehors du processus naturel ».

Elle a pour objet de remédier à l'infertilité dont le caractère pathologique a été médicalement diagnostiqué ou d'éviter la transmission à l'enfant ou à un membre du couple d'une maladie d'une particulière gravité.

En ce qui concerne les conditions relatives aux personnes pouvant y recourir, l'homme et la femme formant le couple doivent être vivants, en âge de procréer, mariés ou en mesure d'apporter la preuve d'une vie commune d'au moins deux ans et consentent préalablement au transfert des embryons ou à l'insémination.

Seuls des établissements agréés par l'Agence de biomédecine peuvent pratiquer ce type d'actes médicaux.

2. La révision de la loi de bioéthique ?

Les choix réalisés en ce domaine sont ceux de la société et ne sont pas fixes. Pour cette raison, une réflexion juridique et éthique a été engagée au niveau national et européen – menée par les organismes habilités (Agence de biomédecine, CCNE) et le Conseil de l'Europe – susceptible de faire évoluer les solutions relatives aux conditions d'éligibilité de l'assistance médicale à la procréation (discussion autour de l'opportunité de recourir à l'AMP pour une femme célibataire ou un couple homosexuel), au transfert d'embryon *post mortem* (opportunité de l'autoriser), à la gestation pour autrui ainsi qu'à l'anonymat des donneurs.

L'AMP n'est pas un acte médical classique auquel on peut avoir recours en dehors du cadre fixé par le législateur. L'éthique, relayée par le droit, permet de fixer des limites à une utilisation des progrès scientifiques contraire aux intérêts de l'homme et de la collectivité, c'est tout l'enjeu des débats actuellement menés dans le cadre de la révision de la loi.

B. Le droit de la recherche biomédicale

Il existe des lois qui encadrent la recherche sur les personnes comme la loi du 20 décembre 1988 relative à la protection des personnes qui se prêtent à des recherches biomédicales ou les lois de bioéthique du 29 juillet 1994, modifiées par la loi du 9 août 2004 relative à la politique de santé publique.

Les principes juridiques et éthiques qui dominent la recherche ont pour objectif de permettre le progrès scientifique sans jamais négliger l'humain et la nécessité de sa protection. Selon un principe éthique bien établi, « l'intérêt des personnes qui se prêtent à une recherche biomédicale prime toujours sur les seuls intérêts de la science et de la société ».

De même, le principe de non commercialité du corps humain interdit la rémunération des personnes sujets de la recherche[27].

Les recherches biomédicales se définissent comme les recherches organisées et pratiquées sur l'être humain en vue du développement des connaissances biologiques et médicales.

Afin de protéger les personnes qui se prêtent à la recherche, le législateur a posé plusieurs règles. Selon l'article L. 1121-2 du Code de la santé publique, « le risque prévisible encouru par les personnes qui se prêtent à la recherche ne doit pas être hors de proportion avec le bénéfice escompté pour cette personne ou l'intérêt de la recherche ».

Il faut bien évidemment respecter le consentement libre et éclairé des personnes qui se prêtent à la recherche et cette protection est renforcée dans le cadre des personnes vulnérables (femmes enceintes, mineurs, etc.).

C. Le don et l'utilisation des produits et éléments du corps humain

De façon générale, il est important de poser d'emblée l'acte de transplantation comme éthique. C'est un acte désormais bien maîtrisé technique-

---

27. Il ne faut pas confondre la rémunération avec l'indemnisation qui peut être allouée aux sujets, laquelle est compensatrice et plafonnée.

ment par le corps médical qui est utile pour la société et indispensable afin d'assurer la survie de nombreuses personnes en attente d'un don.

Cependant, la transplantation d'organe est une activité médicale spécifique car elle fait intervenir une tierce personne (par le don de son organe) dans la relation classique médecin–malade. Cette spécificité explique les nombreux problèmes éthiques soulevés par ce type d'acte médical. Pour certains, cet acte répond à une logique utilitariste engendrant une instrumentalisation du corps humain. Le respect de principes éthiques essentiels s'impose donc comme une nécessité pour éviter cette dérive.

En ce qui concerne le prélèvement d'organes, on comprend les difficultés éthiques inhérentes qui en découlent tant est grande l'atteinte à l'intégrité humaine. C'est pourquoi les lois bioéthiques de 1994 déclarent comme principe fondamental l'inviolabilité du corps humain. Mais cette inviolabilité peut être transgressée pour le bien d'autrui et dans le cadre de son intérêt thérapeutique.

Le principe de non-patrimonialité du corps humain est affirmé ainsi que celui de l'anonymat des donneurs vivants.

Afin de respecter d'un côté la liberté de la personne et de l'autre le développement des transplantations, un système de présomption de consentement a été posé par la loi. Si l'intéressé n'a pas manifesté son refus de façon officielle en s'inscrivant sur le registre des refus prévu à cet effet, ou de façon écrite ou orale auprès de ses proches, il est présumé consentant. En pratique, on constate un non-dit en ce domaine qui conduit souvent la famille du défunt à refuser ce type d'acte (refus par précaution). D'un point de vue éthique, il apparaît pourtant souhaitable que chacun prenne position. Le rôle du médecin est primordial dans la transmission de cette information qui doit conduire à l'expression de la volonté de la famille de manière libre et éclairée.

POINTS CLÉS

▶ Le droit de la santé occupe une place croissante dans notre société occidentale.

▶ L'homme ne doit jamais être traité comme un objet, mais toujours comme un sujet qui possède des droits inaliénables et sacrés.

▶ Le principe de dignité de la personne humaine s'applique à la personne malade tout au long de sa maladie et plus particulièrement dans le cadre de la fin de vie.

▶ Le développement des soins palliatifs est une alternative éthique et humaniste à l'euthanasie.

▶ Le secret médical conditionne la relation de confiance entre le médecin et le patient qui se confie à lui.

▶ Le secret médical comme le recueil du consentement libre et éclairé du patient sont un droit pour le patient et une obligation légale, déontologique et éthique pour le professionnel de santé.

▶ Le progrès dans le domaine des connaissances médicales est incessant, d'où la nécessité pour le professionnel de santé de participer à un développement professionnel continu afin de prodiguer des soins conformes aux données acquises de la science.

▶ La responsabilité du professionnel de santé et des établissements de soins ne peut être engagée que s'il existe une faute du médecin dans l'acte de soins, de diagnostic ou de prévention, un dommage et un lien de causalité entre la faute et le dommage.

▶ Il existe un cadre légal pour avoir recours à l'assistance médicale à la procréation.

▶ L'intérêt des personnes qui se prêtent à une recherche biomédicale prime toujours sur les seuls intérêts de la science et de la société.

▶ La greffe d'organes est une activité médicale spécifique encadrée par des principes juridiques et éthiques.

Bibliographie

Hoerni B, Saury R. *Le consentement, information, autonomie, et décision en médecine*. Paris : Masson ; 1998.

Laude A, Mathieu B, Tabuteau D. *Droit de la santé*. Coll. Thémis droit. 2e éd. Paris : PUF ; 2009.

Mathieu B. *La bioéthique*. Coll. Connaissance du droit. Paris : Dalloz ; 2009.

Penneau J. *La responsabilité du médecin*. Coll. Connaissance du droit. Paris : Dalloz ; 2009.

18 Organisation de la recherche en santé

J. Berbis, P. Auquier

I. Comment est organisée la recherche ?
II. Quels sont les produits de la recherche ?
III. Quel est le coût de la recherche ?
IV. Comment est financée la recherche ?
V. Comment évaluer la recherche ?

L'activité de recherche en santé a toujours existé : Ambroise Paré au XVIe siècle propose de ligaturer les artères des membres amputés plutôt que de les cautériser. Elle a été le fait pendant longtemps de chercheurs isolés. Après la Seconde Guerre mondiale, les nations perçoivent le capital de développement de la recherche tant d'un point de vue économique qu'en termes de politique de défense. C'est dans cet esprit que la recherche s'institutionnalise, notamment dans le domaine de la santé.

On peut distinguer schématiquement trois principaux champs de recherche : la recherche fondamentale, la recherche appliquée et la recherche technologique. La recherche fondamentale vise prioritairement à produire des connaissances nouvelles, indépendamment de toute perspective d'application (exploration du mécanisme physiopathologique d'une maladie, gènes impliqués dans la survenue d'une pathologie). La recherche appliquée vise clairement un objectif pratique (un nouveau traitement de prise en charge du diabète permet-il de diminuer la morbidité ?). Enfin, la recherche technologique s'attache à mettre au point de nouveaux médicaments ou dispositifs (par l'application des connaissances issues de la recherche fondamentale).

I. Comment est organisée la recherche ?

On peut distinguer plusieurs niveaux d'organisation de la recherche sur le territoire : l'unité de recherche, le niveau des institutions locales et les niveaux national et supranational, qui développent les politiques de recherche.

A. Organisation locale

En France, la recherche scientifique se divise en recherche publique et recherche privée, mais qu'ils soient publics ou privés, les laboratoires de recherche ou unités de recherche sont les lieux privilégiés du déroulement de l'activité de recherche. Ces laboratoires regroupent des chercheurs, des ingénieurs, des techniciens et des administratifs qui collaborent autour d'un ou de plusieurs thèmes de recherche. Ainsi ces unités sont de taille variable, accueillant de quelques personnes à plusieurs centaines, pouvant s'organiser en équipes au sein de l'unité de recherche. Certaines unités peuvent être implantées sur différents sites géographiques, on parle alors d'unité multisite. L'activité de recherche peut également se situer en dehors d'une structure fixe telle que le laboratoire ; ainsi dans certains domaines de recherche, comme dans les sciences humaines et sociales, le matériel d'étude est la population, et les enquêtes de terrain réalisées auprès de la population étudiée constituent une part importante de l'activité de recherche. Cependant une part essentielle de la recherche scientifique moderne et la presque totalité de la recherche fondamentale restent faites au sein de laboratoires de recherche ou bien en étroite collaboration avec ceux-ci.

Les laboratoires de recherche sont généralement regroupés au sein d'institutions plus larges : entreprises, hôpitaux, universités, centres de recherche et associations. Ces institutions ont pour mission de structurer les acteurs en unités de recherche et d'établir la répartition des moyens dont elles disposent entre ces équipes.

Dans le secteur public, la recherche se déroule dans les universités et les organismes publics de recherche français, en particulier des établissements publics à caractère industriel et commercial (EPIC), des établissements publics à caractère administratif (EPA), et des établissements publics à caractère scientifique et technologique (EPST). Dans le secteur privé, certaines entreprises mènent également des activités de recherche.

B. Organisation nationale

Au niveau national, l'État définit d'une part, la politique de recherche française et arrête d'autre part, le financement public. Afin de mettre en œuvre cette politique, l'État a mis en place de nombreuses structures organisées en secteurs de recherche. En santé et sciences humaines et sociales, les trois principales structures sont l'Inserm (Institut national de la santé et de la recherche médicale), le CNRS (Centre national de la recherche scientifique) et l'IRD (Institut de recherche pour le développement). L'Inserm, entièrement dédié à la santé de l'Homme, a la responsabilité d'assurer la coordination stratégique, scientifique et opérationnelle de la recherche biomédicale. Le CNRS est un organisme de recherche à caractère pluridisciplinaire en France, il mène des travaux dans l'ensemble des domaines scientifiques (mathématique, physique…), technologiques (informatique…) et sociétaux (anthropologie, sociologie…). La mission de l'IRD est concentrée sur l'étude des milieux et de l'environnement, de la gestion durable des ressources vivantes, du développement des sociétés et de la santé en étroite collaboration avec les partenaires des pays du Sud.

L'État français est chargé d'assurer l'indépendance de la recherche publique en France, en garantissant que les chercheurs ne seront pas influencés dans leurs travaux par des circonstances extérieures de nature commerciale, idéologique ou religieuse. Cette autonomie implique la stabilité de l'emploi du chercheur et des mécanismes transparents d'évaluation de la recherche produite et du financement de la recherche. Cependant cette situation peut apparaître paradoxale : en effet, la société peut souhaiter que les problèmes auxquels elle est confrontée soient pris en compte de façon prioritaire par les chercheurs, limitant par là même leur autonomie.

Il convient de noter qu'en France, le niveau infranational de structuration prend une place de plus en plus importante dans l'organisation de la recherche, notamment grâce aux Régions, qui participent activement au développement de nombreuses structures rassemblant divers acteurs institutionnels (université, entreprise, organismes…).

C. Organisation européenne

En Europe, le traité d'Amsterdam rapporte que la recherche et le développement technologique sont des éléments essentiels dans le fonctionnement de pays industrialisés. La recherche est donc une mission de l'Union européenne, pilotée par la Direction Générale de la Recherche.

II. Quels sont les produits de la recherche ?

La recherche s'attache à produire des connaissances scientifiques à destination du monde scientifique et des décideurs publics et ce au bénéfice de la population. Chaque chercheur au sein d'une unité de recherche diffuse les résultats de ses recherches au moyen de différents supports : publications dans les revues scientifiques à comité de lecture comme le *Lancet* ou le *New England Journal of Medicine*, communications lors de congrès scientifiques, participation à des ouvrages collectifs autour d'un thème donné, rapports ou encore communications grand public. Au-delà de la nécessaire diffusion de la connaissance, cette communication est essentielle : c'est elle qui permet de juger de la qualité du travail du chercheur et qui lui assure sa reconnaissance et qui, en retour, lui permet de recevoir les moyens nécessaires à la poursuite de son activité de recherche.

De façon plus récente, l'activité de recherche, plus classiquement dans la recherche privée que dans la recherche publique, peut être appréciée objectivement par la production de brevets. Un brevet est un titre de propriété industrielle qui donne à son titulaire un droit d'interdiction de l'exploitation par un tiers de l'invention brevetée pour une durée limitée, généralement de 20 ans.

En aval de cette production, les progrès scientifiques issus de la recherche donnent lieu à des retombées de natures différentes. Les retombées technologiques sont celles qui permettent de proposer des produits et services nouveaux ou moins coûteux aux citoyens. Les retombées géostratégiques concernent les États possédant une avance scientifique sur les autres et qui peuvent ainsi monnayer leur technologie, comme le transfert de technologie contre l'ouverture du marché intérieur. Enfin, le progrès scientifique peut également être responsable de retombées sociétales, dans la mesure où la recherche peut permettre de déceler des dysfonctionnements et des améliorations possibles des systèmes sociaux.

III. Quel est le coût de la recherche ?

Au niveau européen, les pays membres de l'Union européenne se sont engagés à ce que la dépense de recherche et développement (R&D) représente 3 % du PIB d'une nation. Cette dépense intérieure de recherche et développement correspond aux travaux de R&D

exécutés sur le territoire national quelle que soit l'origine des fonds. Elle recouvre les dépenses courantes (masse salariale des personnels de R&D et dépenses de fonctionnement) et les dépenses en capital (achat d'équipements nécessaires à la réalisation de travaux internes à la R&D et opérations immobilières réalisées dans l'année). Pour l'Union européenne, la R&D est donc un facteur clé de la croissance et de l'emploi à moyen terme, par le biais des innovations qui en découlent et qui permettront un positionnement compétitif. Elle est un des moyens de répondre aux grands défis du xxie siècle (énergie, climat, santé…) et de favoriser une croissance durable.

En 2007, en France, le poids de la dépense intérieure de recherche et développement (R&D) s'élevait à 2,08 % du PIB français alors que ces dépenses représentaient 2,33 % du PIB en 1990. Comparativement dans l'Union européenne, la part des dépenses de R&D est stable autour de 1,85 % du PIB, mais avec des disparités importantes. La Finlande et la Suède sont à plus de 3 % respectivement depuis 2000 et 1990. L'Allemagne, l'Autriche, le Danemark ont nettement augmenté leurs efforts à la fin des années 1990, à l'inverse de la France et du Royaume-Uni, dont la part des dépenses de R&D a diminué depuis 1990.

IV. Comment est financée la recherche ?

En France comme dans une large majorité des pays industrialisés, la recherche est aujourd'hui majoritairement financée sur fonds privés, même si l'État y conserve une place importante. Les financements peuvent être attribués directement à des chercheurs, mais également à des équipes de recherche, des laboratoires, des institutions, des groupements d'institutions, des collectivités territoriales, etc.

Un laboratoire de recherche peut donc bénéficier de financements de sources différentes.

A. Financement récurrent

Une partie du financement est récurrente, représentée essentiellement par le salaire des personnels (fonctionnaires ou CDI) et dans une moindre mesure par la dotation d'équipements (locaux, bureaux, instruments scientifiques…). Cependant pour assurer le fonctionnement d'un laboratoire de recherche, ces financements récurrents ne sont pas suffisants et les laboratoires ont tous recours à des modes de financement complémentaires. Ils peuvent ainsi répondre à des appels à projets mais aussi souscrire à un financement par contrat avec une organisation publique ou privée.

B. Financement complémentaire

1. Appel à projet

Les appels à projets sont émis sur des thèmes prédéfinis, pour des projets spécifiques mis en place par des organisations publiques ou privées. Ces appels d'offres sont organisés en cohérence avec la politique scientifique des organismes de financement de la recherche (État, entreprise, association ou fondation). Par exemple, dans le champ de la santé, le ministère chargé de la Santé organise annuellement un appel à projets de recherche clinique concernant une enveloppe de plus de 60 millions d'euros où certains thèmes de recherche, pour la période 2005–2009, ont été priorisés comme les maladies rares, la santé mentale, la maladie d'Alzheimer, la fin de vie…

2. Financement par contrat

Concernant le financement par contrat, les structures publiques les plus connues pour cette activité sont les agences officielles d'État, auxquelles les projets scientifiques sont présentés. Comme pour le financement par appel à projets, les agences, afin de se prononcer sur l'attribution des financements, soumettent les projets à des experts indépendants qui rendent un avis sur la valeur scientifique du projet soumis. Une fois le financement accordé, ces agences contrôlent, pendant toute la durée du projet, l'avancement du travail et la juste utilisation des financements délivrés.

> ### Exemple
> En France, l'Agence Nationale pour la Recherche (ANR) a pour vocation de financer des projets de recherche venant de toute la communauté scientifique, après mise en concurrence et évaluation par les pairs. L'ANR, créée en 2005, est une agence de moyens finançant directement les équipes de recherche publiques et privées, sous forme de contrats de recherche de courte durée. Son budget était de 350 millions d'euros en 2005. Il a progressé rapidement depuis et atteignait 955 millions d'euros en 2009. De même, l'Institut National du Cancer est une agence thématisée.

En Europe, la Commission européenne finance de nombreux contrats de recherche par le biais de programmes spécifiques comme le Programme Cadre pour la Recherche et le Développement Technologique mis en place dès 1984. Il s'agit du principal instrument de l'Union européenne en matière de financement de la recherche à l'échelon européen. Depuis leur lancement, les programmes cadres ont joué un rôle prépondérant dans les activités pluridisciplinaires de recherche mais aussi de coopération prioritairement en Europe mais aussi au niveau international. À l'heure actuelle, le septième programme cadre de recherche et de développement technologique (7e PC), qui couvre la période 2007–2013, est doté d'un budget de 53,2 milliards d'euros sur sept ans. La mise en œuvre de ce programme structurant de la recherche en Europe a nécessité en amont un important travail de concertation avec les communautés scientifiques, les institutions de recherche et les pouvoirs politiques de chacun des pays.

En France, la plupart des laboratoires universitaires ont désormais recours à ce type de financement par contrat pour accroître leur capacité de recherche, cette part de financement pouvant parfois représenter plus des deux tiers du budget de fonctionnement des unités de recherche. Ce mode de financement par contrat, usuel aux États-Unis et qui tend à s'imposer en France et en Europe, présente une limite. En effet, il entraîne une augmentation importante du nombre de salariés contractuels dans les structures de recherche amenant à une précarisation des personnels de recherche. À l'inverse, ce mode de fonctionnement introduit une forme d'autonomie, rendant les chercheurs moins dépendants de leur administration.

3. Cas du financement par brevet

Enfin, une source de financement plus récente doit être prise en compte, reposant sur le dépôt de brevets, évoqués plus haut, concernant les procédés mis au point dans le cadre de la recherche. En effet, la cession de licence du brevet peut permettre de percevoir des dividendes qui contribueront aux budgets du laboratoire ou de l'université détentrice du brevet. Cependant, certaines disciplines se prêtent moins à cette alternative, comme les sciences humaines et sociales.

V. Comment évaluer la recherche ?

Comme toute activité, la recherche doit être évaluée dès lors qu'elle mobilise du financement public. Cette évaluation a pour objet l'amélioration des politiques de recherche et une optimisation des investissements en fonction des objectifs fixés. Si, comme nous l'avons vu, les acteurs de la recherche sont multiples, les cibles de l'évaluation sont de nature différente : chercheurs, unités de recherches ou institutions auxquelles sont rattachées ces unités. Par ailleurs, les modes d'organisation mis en place au niveau des États peuvent également faire l'objet de comparaison.

En France, les unités de recherche sont soumises à une évaluation quadriennale mise en place par l'AERES (Agence d'évaluation de la recherche et de l'enseignement supérieur), qui s'attache à analyser la production des quatre années précédentes de l'unité (nombre et qualité des publications scientifiques, nombre de crédits de recherche obtenus, nombre de thèses produites, nombre de brevets déposés…) au regard des moyens mis en place (financement récurrent) et des thèmes de recherche affichés. Si le principe de l'évaluation apparaît comme un processus souhaitable, il n'est pour autant pas dénué d'effets pervers dans la mesure où les chercheurs pourraient adapter leurs stratégies de recherche en vue d'améliorer l'évaluation de leur unité de recherche au détriment de la qualité scientifique réelle de leurs travaux.

POINTS CLÉS

▶ L'organisation institutionnelle de la recherche date de la seconde partie du XXe siècle.

▶ Il existe trois champs schématiques dans la recherche : fondamentale, appliquée et technologique.

▶ La recherche est organisée à plusieurs niveaux : local, national et supranational ; l'unité de recherche en étant l'élément constitutif à la base.

▶ Au niveau national, l'État définit la politique de recherche et arrête le financement public.

▶ La mise en œuvre de la politique de recherche est placée sous l'autorité de structures comme l'Inserm, le CNRS...
▶ L'État est chargé d'assurer l'indépendance de la recherche publique.
▶ L'Europe joue un rôle actif dans la recherche.
▶ Les retombées de la recherche sont technologiques, géostratégiques et sociétales.
▶ Le poids de la dépense intérieure de recherche et développement (R&D) est de 2,08 % du PIB français (2007).
▶ Les pays membres de l'Union européenne se sont engagés à ce que la dépense de recherche et développement (R&D) représente 3 % du PIB d'une nation.
▶ En France comme dans une large majorité des pays industrialisés, la recherche est aujourd'hui majoritairement financée sur fonds privés, même si l'État y conserve une place importante.
▶ Les unités de recherche sont soumises à une évaluation par un organisme indépendant de leur production scientifique au regard du financement accordé.

Principaux résultats concernant la santé et les soins

III

Résultats concernant la santé et ses déterminants III-1

Caractéristiques sociodémographiques de la population française

B. Thélot

I. Les moyens d'étude des populations humaines
II. La population de la France
III. Projections de population française
IV. Démographie, santé, retraites

I. Les moyens d'étude des populations humaines

A. La démographie

La démographie est la discipline qui a pour objet l'étude des populations humaines en rapport avec leur renouvellement par naissances, décès, migrations. Elle rend compte du nombre et de la répartition dans le temps (ou calendrier) des décès (mortalité), des naissances (fécondité et natalité), des mariages (nuptialité), des migrations. Les données utilisées en démographie proviennent des recensements, des relevés d'état civil ou d'autres registres, et d'enquêtes spécifiques. L'analyse statistique de ces données, ou analyse démographique, permet de fournir des résultats quantitatifs descriptifs et projectifs. De nombreuses disciplines interviennent dans l'interprétation et l'utilisation des résultats de l'analyse démographique : sociologie, économie, génétique, histoire, etc., et évidemment santé publique.

B. Sources de données

1. Recensement

Un recensement de population est « l'ensemble des opérations permettant de connaître l'effectif de la population d'un territoire à une date donnée, avec des détails sur la répartition de cette population par unité administrative, et selon une gamme plus ou moins étendue de caractéristiques ». Le premier recensement de l'ère moderne date de 1791 et par la suite, la France a eu un recensement tous les 5 à 10 ans environ. Jusqu'en 1999, ces recensements étaient réalisés, en une fois, sur l'ensemble du territoire national. Par la suite, le recensement a été fractionné, une collecte partielle de données a lieu chaque année, sur certaines communes tirées au sort, selon une méthode qui permet à l'Insee de mettre à jour annuellement la population officielle française et ses caractéristiques démographiques.

2. Registre d'état civil

Les données d'état civil sont constituées par l'enregistrement, aux principaux moments de la vie, des phénomènes démographiques (ou événements démographiques) qui touchent les personnes (naissance, mariage, décès, etc.). Cet enregistrement est exhaustif.

3. Enquêtes spécifiques

Des enquêtes spécifiques complètent l'information démographique disponible.

C. Quelques éléments d'analyse

1. Définitions

Une cohorte est un ensemble de personnes ayant vécu un même événement démographique, tel que naissance, mariage, migration, décès. Une génération est un cas particulier de cohorte, c'est une « cohorte de naissances », c'est-à-dire un ensemble de personnes qui ont en commun une période de naissance donnée (souvent une année). L'analyse des données démographiques peut être menée de deux manières différentes, selon le type de données recueillies : analyse transversale ou longitudinale.

2. Analyse transversale (ou analyse du moment)

Elle repose sur des données, mesurant des phénomènes démographiques, collectées dans une période de temps limitée, sur différentes cohortes ou générations. La « pyramide des âges » d'une population (histogramme des nombres de personnes vivant sur un territoire donné, réparties par sexe et par âge) est constituée à partir de données transversales : le décompte par âge et sexe, à une date donnée, de la population d'un territoire donné.

3. Analyse longitudinale (ou analyse par cohorte)

Elle repose sur des données mesurant des phénomènes démographiques, collectées de manière répétée au cours du temps, et concernant une (ou plusieurs) cohortes. On établit de cette manière la table de mortalité longitudinale d'une génération, comprenant à chaque âge : le nombre de survivants de la génération, le nombre de décès, le quotient de mortalité, ou rapport entre le nombre de décès survenus dans une génération pendant une période à l'effectif initial de la génération au début de la période. On dispose ainsi de la description, selon l'âge, des décès dans une génération.

4. Artifice de la cohorte fictive

Lorsque tous les représentants d'une génération sont décédés, la table de mortalité est complète et permet alors de calculer la vie moyenne de la génération, rapport entre le nombre d'années vécues et le nombre de personnes qui les ont vécues.

La technique d'analyse dite de « l'artifice de la cohorte fictive » est un procédé de calcul qui consiste à prévoir pour une génération (ou une cohorte) la survenue d'événements démographiques comme s'ils devaient survenir à l'avenir au même rythme que ce qui vient d'être mesuré sur des données transversales aux différents âges de différentes générations (ou cohortes). Cette technique permet de construire une « table de mortalité du moment » reconstituée à partir des données de survie (quotients de mortalité aux différents âges) les plus récentes disponibles. Cette table permet le calcul d'une « espérance de vie prévisionnelle », soit la vie moyenne à vivre pour une génération qui vient de naître dont les quotients de mortalité seraient égaux, à chaque âge, à ceux constatés sur les générations précédentes. C'est de cette espérance de vie « du moment », prévisionnelle, que l'on parle le plus souvent pour décrire la survie d'une population.

Dans le domaine de la fécondité, l'artifice de la cohorte fictive permet de calculer l'indicateur conjoncturel de fécondité (appelé aussi somme des naissances réduites, ou indice synthétique de fécondité, ou indice de fécondité). Il représente le nombre d'enfants que mettrait au monde une femme qui aurait une fécondité, à chaque âge de sa vie, identique à la fécondité transversale (du moment) enregistrée sur les différentes générations de femmes qui l'ont précédée. Il est donc la somme des taux de fécondité par âge d'une période donnée. Par construction, si les taux de fécondité par âge mesurés chaque année étaient stables pendant 35 ans (durée conventionnelle de la vie féconde des femmes, entre 15 et 49 ans), l'indicateur conjoncturel de fécondité aurait la même valeur pendant ces trente-cinq années. Il serait égal à la descendance finale de cette génération (nombre d'enfants effectivement mis au monde par cette génération).

II. La population de la France
A. Population au 31 décembre 2009
1. Effectifs

Au 31 décembre 2009, on estimait à 62,793 millions la population de la France métropolitaine (64,667 millions France entière). Par rapport à l'Europe et au monde, la France est un petit pays, démographiquement parlant. Historiquement, la proportion de Français en Europe est passée par un maximum aux XIV–XVIe siècles : 35,6 % en 1550, 25,1 % en 1700. Les Français représentaient alors entre 3,5 et 4 % de la population mondiale. Désormais la France représente moins de 1 % de la population mondiale (6,8 milliards en 2009) et 13 % de la population de l'Union européenne (27 pays). Cette réalité est à comparer avec sa production intérieure brute qui est de l'ordre de 3 % du total mondial.

2. Fécondité, naissances, décès

Il y a eu en 2009 en France métropolitaine 790 000 naissances et 536 000 décès, ce qui correspond à un taux de natalité (rapport du nombre de naissances dans une population sur une période donnée à la population moyenne sur cette période) de 12,6 ‰ et à un taux de mortalité de 8,6 ‰. L'excédent naturel était donc positif de 254 000 personnes, soit un taux d'accroissement naturel de 4 ‰. Compte tenu d'un solde migratoire positif estimé à 70 000 personnes, la variation totale de population par rapport à 2008 a été de + 324 000 personnes, soit un taux d'accroissement de 5,2 ‰. Les quatre cinquièmes de cet accroissement sont donc dus à l'accroissement naturel. En 10 ans, entre 1999 et 2009, l'accroissement de population a été de + 4 millions de personnes.

L'indicateur conjoncturel de fécondité était égal à 1,98. Cette valeur, assez élevée pour un pays européen, était stable depuis 4 ans, en augmentation par rapport à 1999 (1,76), et proche de la valeur correspondant au renouvellement des générations (2,1). Le taux de mortalité infantile était égal à 3,6 ‰, stable depuis 5 ans, après avoir rapidement baissé à partir des années 1950 (51,9 ‰ en 1950, 27,4 ‰ en 1960, 18,2 ‰ en 1970), puis plus lentement ensuite (10 ‰ en 1980, 7,3 ‰ en 1990, 4,3 ‰ en 1999).

3. Espérance de vie

L'espérance de vie à la naissance était égale à 77,8 ans pour les hommes, et à 84,5 ans pour les femmes en 2009. Il s'agit là de l'espérance de vie prévisionnelle, calculée par l'artifice de la cohorte fictive, comme rappelé plus haut. En 10 ans, l'espérance de vie des hommes a augmenté de 2,8 ans et celle des femmes de 2 ans. Cet accroissement, même un peu ralenti par rapport aux décennies précédentes, reste important. En 1950, l'espérance de vie des hommes était de 63,4 ans, celle des femmes de 69,2 ans ; en 1980, les chiffres correspondants sont de 70,2 ans et 78,4 ans. On a coutume de dire « qu'on gagne un an tous les quatre ans » : l'espérance de vie augmente de près de 3 mois par an.

4. Répartition par âge et évolution de la population

La proportion des moins de 20 ans, qui avait atteint un maximum en 1966 (34,2 %) baisse régulièrement depuis cette date et a atteint 24,4 % en 2009. Les 20-59 ans représentaient un peu plus de la moitié de la population en 2009 (52,7 %), en baisse au profit des 60 ans et plus : 22,9 % de la population, dont 16,8 % pour les 65 ans et plus, 8,9 % pour les 75 ans et plus. Ces variations de répartition de la population par grandes classes d'âge sont d'abord dues au vieillissement des générations du baby-boom (période 1946 à 1973 pendant laquelle les naissances ont été nombreuses en France et dans l'ensemble des pays européens, au sortir de la Seconde Guerre mondiale). En 1950, alors que la population de la France était de 42 millions, on a enregistré 858 000 naissances, 68 000 de plus qu'en 2009 pour une population une fois et demie plus importante. L'indicateur conjoncturel de fécondité était de 2,93, et sur l'ensemble de la période du baby-boom cet indicateur est resté au-delà de 2,1. Les survivants actuels de cette période de fécondité exceptionnelle en France sont plus de 800 000 par génération, chiffre plus élevé que le nombre annuel de naissances actuellement. Par ailleurs, les femmes font désormais des enfants plus tard : l'âge moyen à la maternité est de près de 30 ans en France (29,9 ans), en accroissement régulier depuis les années 1970 où il était inférieur à 27 ans. Ce plus grand délai est notamment lié à l'allongement des études, et plus généralement, pense-t-on, au souhait ou à la difficulté d'organiser une vie de couple et de se positionner dans la société avant de s'engager à avoir des enfants. Les liens entre recul de la fécondité et recul de l'âge à la maternité ne sont pas univoques, l'un n'entraînant pas forcément l'autre. Mais les femmes ayant reculé la date de leurs maternités, mettent-elles finalement au monde « autant d'enfants » ? La question ne peut pas être vraiment tranchée… tant que la descendance finale de la femme (nombre d'enfants effectivement mis au monde à l'issue de la période de procréation) n'est pas connue.

Comme l'espérance de vie des femmes est supérieure à celle des hommes, le déséquilibre global dans la répartition hommes/femmes est très marqué aux âges élevés. Globalement, le ratio hommes/femmes est de 0,94 dans l'ensemble de la population, mais chez les 65 ans et plus il est de 0,70 ; parmi ceux qui ont eu 85 ans en 2009, il est de 0,5 ; parmi ceux qui ont eu 95 ans, il est de 0,25.

B. Pyramide des âges

La pyramide des âges (fig. 19.1) montre bien l'importance respective des différents groupes de population, par âge et par sexe. La *partie 1* pointe, non sur le déséquilibre hommes/femmes aux grands âges, mais sur le creux relatif des survivants nés entre 1914 et 1918, par rapport aux survivants des générations adjacentes, ceux qui sont moins âgés, nés postérieurement à 1918, et aussi les plus âgés, nés avant 1914. La *partie 2*

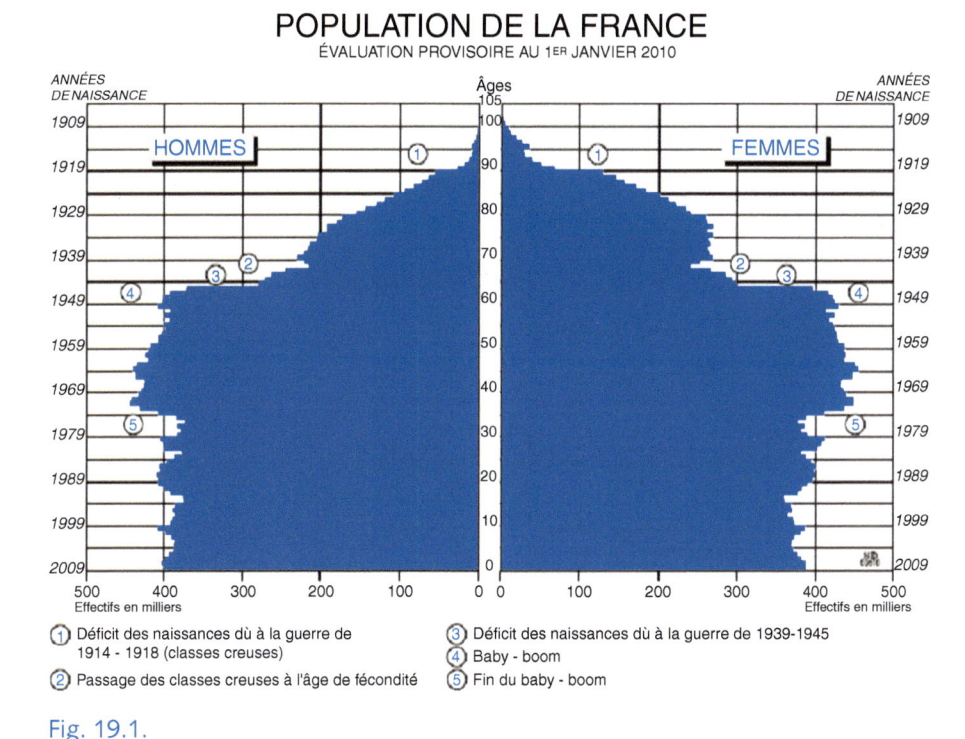

POPULATION DE LA FRANCE
ÉVALUATION PROVISOIRE AU 1ER JANVIER 2010

① Déficit des naissances dû à la guerre de 1914 - 1918 (classes creuses)
② Passage des classes creuses à l'âge de fécondité
③ Déficit des naissances dû à la guerre de 1939-1945
④ Baby - boom
⑤ Fin du baby - boom

Fig. 19.1.
Pyramide des âges de la France métropolitaine au 1er janvier 2010.
Source : Insee. Tiré de : Pison G. Population & Sociétés *– Ined, mars 2010; n° 465.*

« passage des classes creuses à l'âge de fécondité » rappelle que les déficits de naissances entre 1914 et 1918 ont entraîné, 25 à 30 ans plus tard, un déficit de naissances par manque de parents potentiels. Ce déficit est à distinguer de celui lié à la guerre de 1939-45 *(note 3)*. Le rattrapage de naissances qui a suivi *(note 4)*, n'a rien à voir avec le modeste rebond qu'on avait constaté après la guerre de 1914-18. Personne n'avait réellement prévu l'ampleur et la durée du baby-boom, puis son arrêt assez brutal au début des années 1970 *(note 5)*. Dans d'autres pays européens, des différences sur ces paramètres ont été constatées (ampleur, durée, date de fin du baby-boom). Les générations du baby-boom ont été un véritable rouleau compresseur à chaque âge, imposant par exemple un développement considérable du système éducatif au cours des années 1950 à 1970 (multiplication des établissements scolaires, nombre d'étudiants décuplé, etc.), poussant à partir des années 1970 et 1980 vers des retraites précoces les générations qui les précédaient. Naturellement, bien d'autres facteurs économiques et sociaux ont contribué à ces phénomènes, et les baby-boomers, dans le contexte des Trente Glorieuses, ont participé au développement et à la création de richesses. Actuellement, la plupart d'entre eux sont encore vivants, conséquence et reflet de l'extraordinaire accroissement de l'espérance de vie depuis 60 ans. Alors que seulement 50 % de la génération née en 1899 était encore vivante à l'âge de 70 ans (la vie médiane, ou la vie probable, âge atteint par la moitié de la génération, était donc de 70 ans), 90 % de la génération née en 1946 atteindra l'âge de 70 ans ; son espérance de vie à 75 ans sera encore de plus de 12 ans chez les hommes et 16 ans chez les femmes ; sa vie médiane sera supérieure à 85 ans.

Ces chiffrages constituent des données de base pour la santé et pour les retraites. Ils sont complétés par les projections démographiques qui cherchent à estimer les effectifs de population, pour les années et les décennies à venir : nombre et répartition par groupes d'âge, sexe, profil social, etc.

III. Projections de population française
A. Les différents scénarios

L'Insee a établi en 2006 des projections de la population française[28] qui concluent à une augmentation substantielle de la population française comme le scénario le plus probable à l'horizon 2050. La population de la France métropolitaine passerait à 70 millions en 2050. Cette augmentation de population serait uniquement due à l'accroissement du nombre des personnes de plus de 60 ans, au-dessous de 60 ans les effectifs resteraient à peu près les mêmes. Le scénario central qui amène à ces conclusions a retenu une fécondité de 1,9 enfant par femme, une mortalité continuant à baisser au même rythme que celui constaté entre 1990 et 2005, un solde migratoire de 100 000 per-

---

28. *Insee Première* 2006 ; n° 1089 et *Population & Sociétés*, décembre 2006 ; n° 429.

sonnes par an. Si on fait varier la fécondité entre 2,1 et 1,7, la population varierait de plus ou moins 4,1 millions par rapport au scénario central. Si on suppose que le solde migratoire varie entre 50 000 et 150 000 en moyenne par an sur la période, la différence à l'horizon de 2050 se chiffre à 3 millions en moins ou en plus. Une longévité améliorée ou dégradée par rapport à celle retenue pour le scénario central ferait varier plus modestement les effectifs en 2050, de l'ordre de plus ou moins un 1,5 million de personnes. Au total, en combinant les hypothèses de variations, la fourchette des projections va de 61 à 79 millions d'habitants (fig. 19.2).

B. La dégradation du rapport actifs/retraités

Ce qui est particulièrement intéressant dans ces projections, c'est la mise en évidence que, quelles que soient les hypothèses retenues, la proportion des classes actives (en gros les 20-60 ans) diminuera par rapport à celle des retraités (les 60 ans et plus). Les pyramides des âges selon les différentes hypothèses schématisent cette constatation (fig. 19.3) : dans le scénario central, comme il a été dit, les effectifs des moins de 60 ans occupent la même surface en 2050 qu'en 2005 (33 millions), alors que les 60 ans et plus doublent pratiquement leur nombre, passant à 22 millions (contre un peu moins de 13 millions en 2005). Le rapport entre les deux groupes d'âge passera ainsi de 2,5 en 2005 à 1,5 en 2050. Si on quitte le scénario central en faisant varier la mortalité, ceci change peu les effectifs prévisionnels des 60 ans et plus : de 20 (mortalité élevée) à 24 (mortalité faible) millions en 2050. Mais même dans l'hypothèse la plus favorable : fécondité et migration élevées, mortalité élevée (hypothèse « favorable » du point de vue de la non-dégradation du rapport entre actifs et inactifs), l'augmentation des 20–60 ans restera moindre que celle des 60 ans et plus, et le rapport entre les deux groupes d'âge se dégradera d'ici 2050.

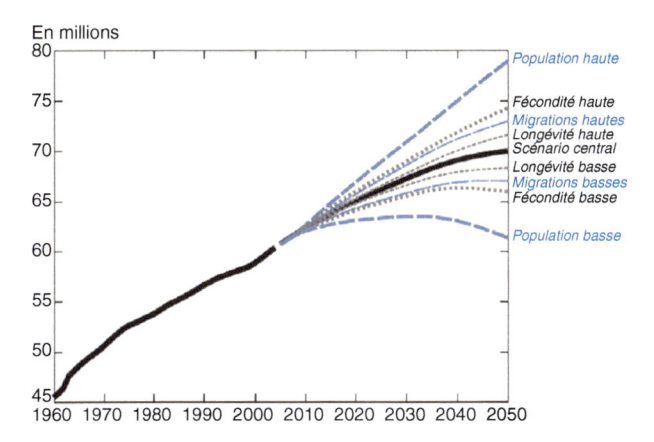

Fig. 19.2.
Évolution de la population de la France métropolitaine d'ici 2050 d'après différents scénarios.
Source : Toulemon L, Robert-Bobbé I. Population & Sociétés – Ined, décembre 2006; n° 429.

Fig. 19.3.
Pyramide des âges de la France métropolitaine en 2005 et 2050, selon les scénarios bas, central et haut.
Source : Toulemon L, Robert-Bobbé I. Population & Sociétés – Ined, décembre 2006; n° 429.

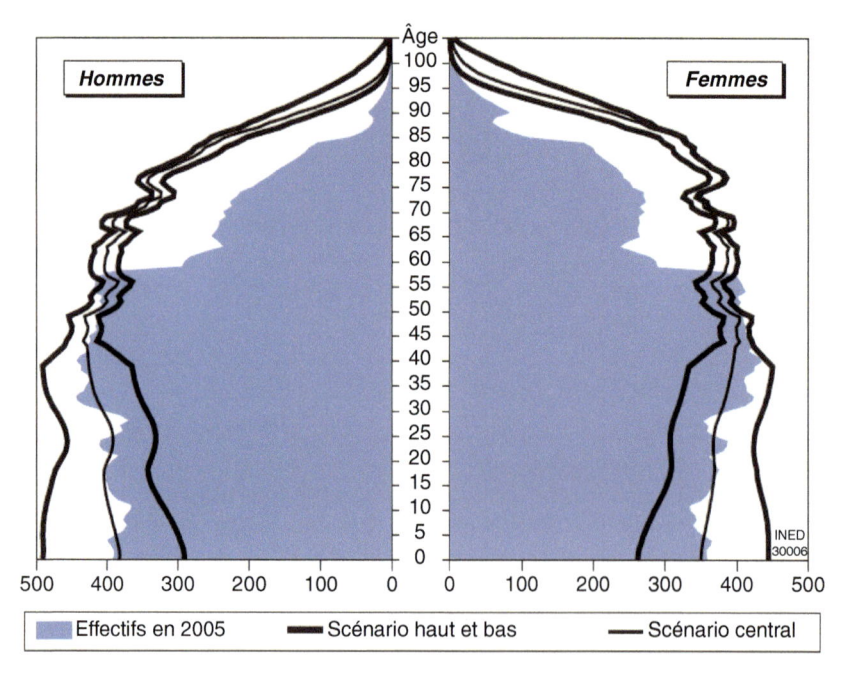

IV. Démographie, santé, retraites
A. Les causes de décès et leur évolution
1. Les gains des décennies passées

L'évolution des causes de mortalité en France aux XIXe et XXe siècles est marquée principalement par la diminution des décès par maladies infectieuses, liée aux conditions sanitaires générales (eau courante, meilleure alimentation, meilleure information sur la transmission des maladies infectieuses, développement de l'hygiène, etc.), au développement et à la généralisation des vaccinations depuis Pasteur, et à partir du milieu du XXe siècle à l'efficacité des antibiotiques.

La fig. 19.4 représente, par sexe, l'évolution des taux comparatifs de mortalité par cause depuis 1950. Chez les hommes comme chez les femmes, les gains au cours des soixante dernières années ont été considérables, notamment pour les maladies cardiovasculaires (division des taux par trois chez les hommes et par quatre chez les femmes), les maladies respiratoires et les maladies infectieuses. Pour ces dernières, l'apparition du sida dans les 1990 a eu plus d'influence chez les hommes que chez les femmes, mais pour peu d'années, les traitements souvent efficaces permettant à la tendance globale de diminution de reprendre à partir de 2000. Les décès par tumeur ont suivi une évolution moins favorable chez les hommes, ainsi que les morts violentes chez les femmes.

Dans ces deux cas, des progrès ont cependant été enregistrés ces vingt dernières années.

2. Des gains contrastés selon la cause, l'âge, la période

Les contributions aux gains d'espérance de vie sont cependant contrastées par cause, par âge et selon la période. Entre 1950 et 1980, les gains d'espérance de vie sont dus pour moitié chez les hommes et pour 30 % chez les femmes à la chute de la mortalité infantile. À partir de 1980, cette contribution diminue, mais reste non négligeable : elle est de 0,3 an chez les hommes dans les deux périodes 1980–1992 et 1992–2002, autant que le gain dû au recul de la mortalité entre 65 et 69 ans.

Entre 1950 et 1980 chez les hommes, les gains d'espérance de vie étaient un peu amoindris par la contribution négative due à l'augmentation des morts violentes et des décès par cancers. Il n'en a pas été de même chez les femmes, ce qui a contribué à l'aggravation de l'écart de l'espérance de vie entre les hommes et les femmes, maximum au début des années 1980. Ensuite cet écart se stabilise, malgré la surmortalité masculine liée au sida, car les hommes profitent davantage que les femmes des progrès sur les autres causes. Cette tendance se poursuit dans les années 1990.

L'analyse de ces évolutions doit être faite par tranche d'âge, pour discerner quelles causes de décès contribuent le plus aux pertes d'espérance de vie, quelles causes pourraient bénéficier d'une prévention et de soins adaptés. Par exemple, chez les adultes jeunes (15–34 ans), les morts violentes représentent un groupe de causes majeures de mortalité, qu'il s'agisse des décès par « traumatismes intentionnels » (suicides et homicides) ou par « traumatismes non intentionnels », qui sont les

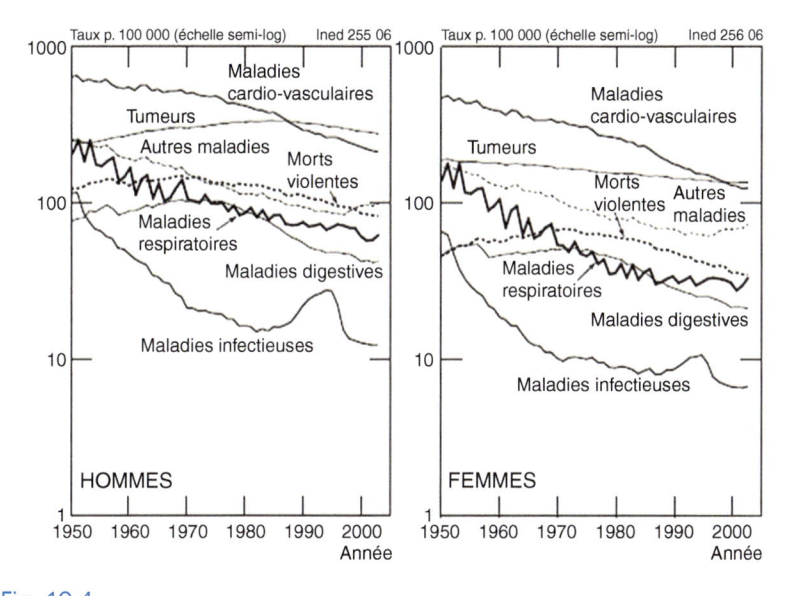

Fig. 19.4.
Taux comparatifs de mortalité par grands groupes de causes selon le sexe depuis 1950.
Source : Meslé F. Population 2006; 61 (4) : 437–62.

accidents à proprement parler : accidents de la circulation, accidents de la vie courante (chutes, noyades, incendies, intoxications, etc.), accidents du travail. Les décès par traumatisme sont beaucoup plus nombreux chez les hommes que chez les femmes, dans un rapport de 3 à 1 (fig. 19.5). Les progrès enregistrés dans le domaine des accidents de la circulation entre 1970 et 2000 se sont poursuivis et amplifiés au cours des années 2000 avec la mise en place des radars de contrôle de la vitesse. En nombres absolus, on peut rappeler qu'en 1976, il y a eu près de 16 000 décès sur les routes, contre moins de 8000 en 2002 et moins de 4500 en 2009, alors que le nombre de kilomètres parcourus a triplé en 35 ans. Une tendance à la baisse beaucoup plus modérée est notée concernant les suicides.

3. Quels gains dans les années à venir ?

Les gains d'espérance de vie dans les années et décennies à venir ne pourront plus venir, comme par le passé, de l'amélioration des conditions de survie des nouveau-nés, compte tenu des taux très bas atteints par la mortalité infantile. Ils reposeront d'une part sur les décès évités à l'adolescence et à l'âge adulte, par traumatisme notamment chez les hommes, et d'autre part sur l'amélioration de la mortalité aux grands âges atteints par la grande majorité de la population. Les baisses des décès par maladies cardiovasculaires, maladies respiratoires et maladies infectieuses, sont très importantes depuis les années 1950 et se poursuivent au même rythme dans les années récentes. Concernant les tumeurs et les maladies digestives, les tendances sont aussi à la baisse, mais de façon moins marquée. Au-delà de 80 ans (fig. 19.6), les décès

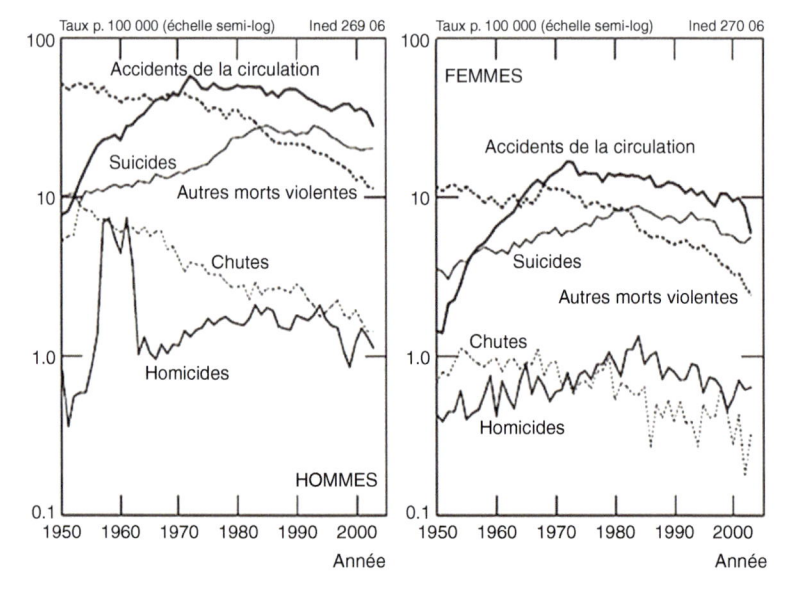

Fig. 19.5.
Taux comparatifs de mortalité par mort violente chez les 15–34 ans depuis 1950.
Source : Meslé F. Population 2006; 61 (4) : 437–62.

par maladies cardiovasculaires décroissent encore, les évolutions des autres groupes de causes de décès sont moins marquées.

Au total, la cohérence de ces évolutions aux grands âges et leurs variations relativement lentes sur les années passées conduisent à penser qu'elles devraient se poursuivre dans les années à venir, à condition que le système de santé continue à prendre en charge efficacement les personnes malades, et que l'entourage social et matériel des patients puisse être assuré.

B. L'état de santé selon l'âge et le profil social

1. La survie aux grands âges

La survie aux grands âges a une traduction spectaculaire dans le chiffrage du nombre de centenaires et de son évolution au cours des années. Dans les siècles passés, il y a eu des centenaires, mais ils étaient une exception. On cite par exemple Fontenelle (1657–1757) dont la vie extraordinaire et la longévité s'étendent autant sur le siècle de Louis XIV que sur celui de Louis XV. On estime qu'en 1900, il y avait une centaine de centenaires en France, puis ce nombre a crû, surtout dans la deuxième partie du siècle, jusqu'à environ 15 000 en 2010. On prévoit que ce nombre sera multiplié par six d'ici 2050 (tableau 19.I).

2. Survivre en bonne santé ?

En pratique, au-delà de l'amélioration de la survie, se pose la question de l'état de santé des personnes survivantes, et de leur situation de vie selon leurs besoins et leur dépendance. Les années de vie gagnées sont-elles des années en bonne santé ? Depuis le début des

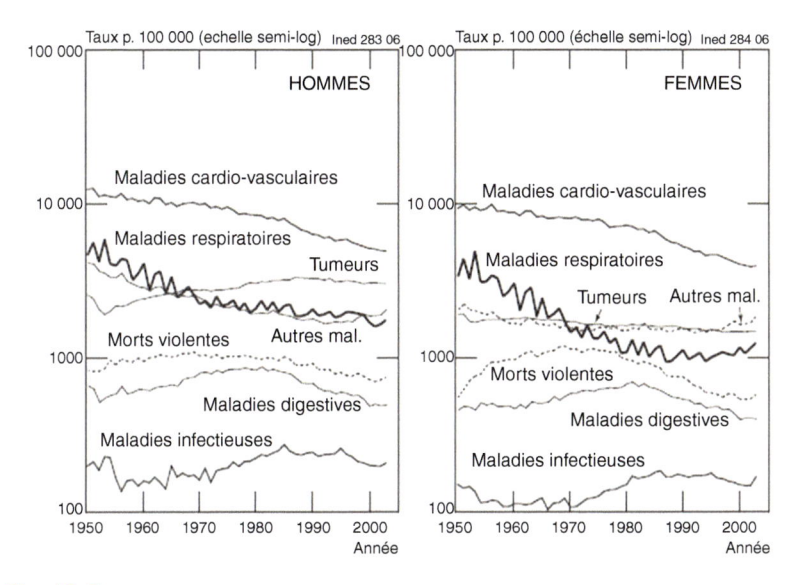

Fig. 19.6.
Taux comparatifs de mortalité chez les 80 ans et plus depuis 1950.
Source : Meslé F. Population 2006; 61 (4) : 437–62.

Tableau 19.I. **Nombre de centenaires en France métropolitaine***.

Au 1ᵉʳ janvier	Nombre de centenaires
1900	100
1950	200
1960	977
1970	1122
1980	1545
1990	3760
2010	14 944
2015	17 977
2020	13 855
2030	30 029
2040	34 761
2050	60 302

D'après Insee. 1900–1990 : un siècle de démographie française, 1995 ; 2010 : bilan démographique annuel ; 2015-2050 : projections de population 2005-2050, pour la France métropolitaine, 2006.
* Source : www.ined.fr/fr/pop_chiffres/france/structure_population/nombre_centenaires

années 1980, on distingue les notions de déficience (ce qui manque), d'incapacité (ce que l'on ne peut pas faire à cause de ce manque) et de handicap ou d'incapacité (les conséquences de la déficience et du handicap en pratique dans la vie courante). Le taux d'incapacité d'une génération augmente avec l'âge et amène à calculer une « espérance de vie sans incapacité » (EVSI), soit le nombre moyen d'années vécues ou à vivre sans incapacité. Le calcul de l'EVSI est identique à celui de l'espérance de vie, sauf que l'événement qui fait sortir de la table (longitudinale ou du moment) n'est plus le décès mais l'entrée en incapacité.

L'enquête sur la santé et les soins médicaux menée en France en 2002–2003 a distingué trois situations d'incapacité d'intensité croissante, sous-entendant des besoins de soins, d'assistance, d'aides techniques particuliers :

- incapacités de type I : les personnes ont déclaré au moins une limitation fonctionnelle physique et sensorielle ;
- incapacités de type II : personnes qui se sont déclarées limitées depuis plus de 6 mois dans les activités du quotidien ;
- incapacités de type III : personnes qui ont déclaré des difficultés pour réaliser les activités élémentaires de soins personnels (toilette, s'habiller, se nourrir).

Selon cette enquête, à 35 ans un homme peut espérer vivre encore 43 ans dont 28 ans indemnes de toute incapacité, une femme 49 ans, dont 29 ans indemnes de toute incapacité. Les incapacités les plus sévères, impliquant éventuellement une situation de dépendance, n'occupent en moyenne que trois années de vie pour les hommes et cinq années pour les femmes.

3. Inégalité de survie selon le profil social

Le nombre d'années vécues avec ou sans incapacité varie selon les catégories professionnelles : en 2003, un homme cadre de 35 ans pouvait espérer vivre encore 47 ans dont 34 ans indemnes de toute incapacité et un ouvrier, 41 ans dont 24 ans sans incapacité. Ces différences se renforcent avec l'avancée en âge : après 60 ans, les ouvriers et les ouvrières vivent en moyenne plus d'années avec incapacité que sans incapacité, ils sont atteints de plus d'incapacité sévère que les cadres. Les ouvriers ont donc une vie plus courte que les cadres, ils vivent moins longtemps qu'eux sans incapacité, ils vivent plus longtemps qu'eux avec des incapacités et des handicaps, les incapacités dont ils sont atteints sont plus sévères. Les autres catégories connaissent des situations intermédiaires : les professions intermédiaires, les agriculteurs exploitants et les professions indépendantes ont des espérances de vie légèrement inférieures à celles des cadres supérieurs. Il en est de même pour l'espérance de vie des femmes employées. En revanche, l'espérance de vie des hommes employés se rapproche de celle des ouvriers.

D'une manière générale plus l'espérance de vie est longue plus la part de vie passée avec des incapacités est faible. On peut y voir une certaine logique : les conditions qui ont permis une vie plus longue ont également permis que les incapacités soient plus rares et moins sévères. Ce constat, emprunté à Cambois E et al.[29], est reconnu et peu variable depuis des décennies. On peut rappeler aussi que les catégories défavorisées du côté de l'espérance de vie et de vie sans incapacité sont celles qui ont le moins de moyens financiers, des conditions de vie et de travail plus difficiles. Tous ces éléments se retrouvent accentués avec l'âge, au moment de la retraite. La fig. 19.7 montre de façon spectaculaire l'accroissement des limitations avec l'âge.

Une autre représentation de cette injustice socioprofessionnelle vis-à-vis de la survie et de la santé est fournie par l'enquête Handicap–Incapacité–Dépendance (HID), réalisée par l'Insee en 1999, dont est tiré le tableau 19.II. La lecture en est la suivante : en 1999, dans les ménages d'ouvriers, les individus ont en moyenne 118 % plus de risque d'avoir au moins une déficience que la moyenne de la population de même sexe et de même groupe d'âge.

La population de personnes dépendantes âgées de 75 ans et plus devrait augmenter de plus de 70 % en Europe d'ici 2030, dans les conditions de santé d'aujourd'hui. Les situations resteront contrastées entre les hommes et les femmes : les chances pour un homme de

---

29. Cambois E, Laborde C, Robine JM. *Population & Sociétés* 2008; n° 441.

19 Principaux résultats concernant la santé et les soins

Fig. 19.7.
Proportion de personnes avec limitations, selon l'âge.
Source : Midy L. Insee Première 2009; n° 1254.

demeurer avec une conjointe ou une compagne resteront beaucoup plus élevées que l'inverse, qu'une femme demeure avec son compagnon ou son conjoint. Cette asymétrie a évidemment des répercussions sur les conditions de vie des personnes âgées. La croissance de la part des personnes dépendantes très âgées, la masculinisation des aidants conjugaux et la survie plus fréquente de couples dont les deux membres seront dépendants feront grossir la population demandeuse d'une aide d'ordre professionnel[30].

Tableau 19.II. **Fréquence des déficiences selon la catégorie socioprofessionnelle*.**

Catégorie socioprofessionnelle	Indices**, en 1999, en %
Agriculteur	96
Indépendants	92
Cadre	72
Profession intermédiaire	91
Employé	101
Ouvrier	118
Rapport ouvrier/cadre	1,64

* Source : Insee, enquête HID 1999.
** Indice par rapport à la moyenne de la population de même sexe et de même groupe d'âge.

30. Gaymu J, équipe Felicie. Comment les personnes âgées dépendantes seront-elles entourées en 2030 ? Projections européennes. Population & Sociétés 2008; n° 444.

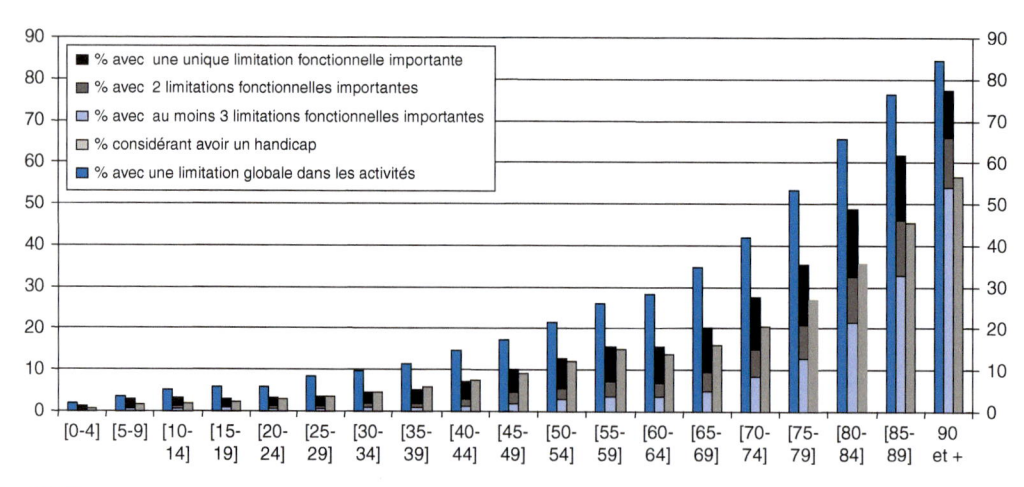

C. Le système de soins, les personnels soignants

Pour que la situation sanitaire, qui est considérée comme globalement favorable en France, soit maintenue, il faudra assurer le financement du système de soins, et faire en sorte que le nombre de professionnels médicaux et paramédicaux reste suffisant pour répondre à la demande croissante liée à l'augmentation des personnes âgées et à l'amélioration des techniques de soins. L'évolution démographique des professions paramédicales et médicales fait l'objet de projections tenant compte des effectifs en formation, et de leur parcours professionnel.

Pour s'en tenir aux médecins, des projections sont établies régulièrement, globalement, par spécialité et par région, qui tendent à mettre en évidence les déficits médicaux à venir. C'est dans une dizaine d'années que ce que l'on peut appeler le « baby-boom des médecins » (les effectifs très importants de médecins formés entre la fin des années 1960 et le milieu des années 1980) aura le plus d'influence, du fait du départ à la retraite de ces médecins, incomplètement remplacés par les nouveaux formés, malgré le relèvement du *numerus clausus* ces dernières années. On estime que d'ici 2019, le nombre de médecins en activité (188 000) aura baissé de près de 10 %, et qu'il ne retrouvera le niveau de 2006 (208 000) qu'en 2030 (fig. 19.8). La projection tendancielle a été établie avec un *numerus clausus* (7100 en 2007, 7300 en 2008) augmentant jusqu'à 8000 en 2011, stable à ce niveau jusqu'en 2020, puis décroissant légèrement ensuite jusqu'à 7000 en 2030. Les comportements des médecins (choix du lieu et du mode d'installation, cessations temporaires d'activité, etc.) ont été supposés identiques à ceux observés actuellement, de même que les décisions politiques (répartition des postes par spécialité et par région).

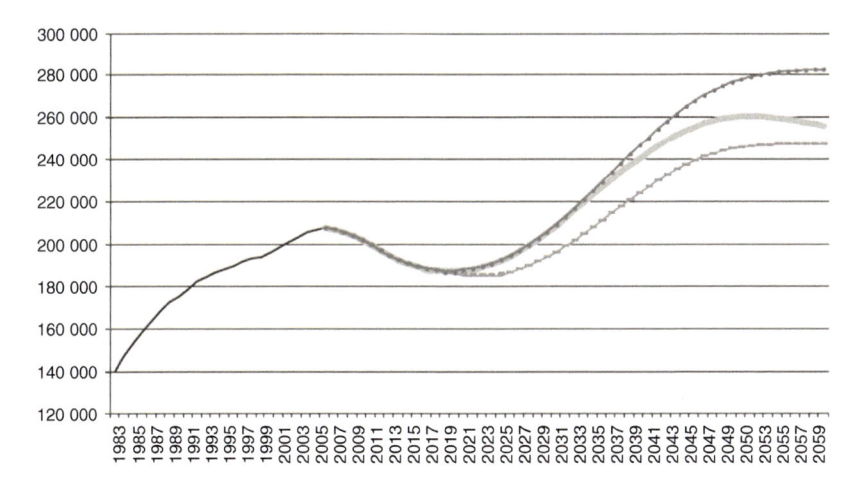

Fig. 19.8.
Nombre prévisionnel de médecins en activité d'après le scénario tendanciel, et deux variantes *numerus clausus* haut (maintenu à 8 000 au-delà de 2020) et bas (maintenu à 7 000 à partir de 2011).
Source : Le renouvellement des effectifs médicaux. ONDPS 2008–2009.

Les projections à très long terme n'ont évidemment aucune garantie d'être vérifiées, de nombreux éléments pouvant intervenir dans l'avenir. Elles dépendent cependant en partie des décisions prises aujourd'hui sur le levier le plus puissant d'action qui est la fixation du *numerus clausus*. De nombreux scénarios alternatifs peuvent être établis, en fonction des conditions d'exercice, de la mobilité, de la répartition régionale, de la spécialité.

Dans le scénario tendanciel, les diplômés de médecine générale diminueraient un peu moins (–7,5 % en 2019, 96 000 contre 104 000 en 2006) et atteindraient 106 000 en 2030. Les pouvoirs publics ont la possibilité de modifier les répartitions entre généralistes et spécialistes, et entre les différentes spécialités, en déterminant les postes disponibles au moment de l'internat. L'évolution des médecins spécialistes est contrastée selon la spécialité. Pour toutes les spécialités, un point bas est prévu entre 2017 et 2021, plus ou moins marqué de –5 à –20 % pour la plupart, par rapport au niveau de 2006. En neurologie, santé publique, chirurgie, endocrinologie, selon le scénario tendanciel, la croissance des effectifs serait forte ou quasi continue entre 2006 et 2030. À l'inverse, les effectifs diminueraient en médecine du travail, rééducation et réadaptation fonctionnelle, dermatologie, rhumatologie. Les ophtalmologistes diminueraient jusqu'en 2025 avant de remonter. Les pneumologues, ORL, anatomocytopathologistes, gastro-entérologues diminueraient jusqu'en 2020 puis se stabiliseraient. Les autres spécialités diminueraient au cours de la première partie de la période, pour augmenter ensuite sans compenser totalement cette baisse.

D. Les retraites

1. Le système par répartition

En France, la retraite par capitalisation (XIXe siècle, début XXe siècle) a fait place à la retraite par répartition depuis la fin de la Seconde Guerre mondiale. Ceci signifie que les retraites d'aujourd'hui sont financées par les cotisations des actifs d'aujourd'hui. Les retraites, très faibles dans les années 1940, ont beaucoup augmenté entre 1950 et 1990 (pouvoir d'achat multiplié par deux). L'activité à un âge élevé (au-delà de 65 ans) était encore fréquente au lendemain de la guerre, elle a diminué très sensiblement en quatre décennies : d'année en année ont disparu quasiment tous les salariés de plus de 65 ans. L'abaissement de l'âge de la retraite depuis la crise de 1974 (préretraites, âge légal fixé à 60 ans au début des années 1980) a contribué à allonger la période de retraite et donc à augmenter les charges pesant sur les actifs. La part des retraites dans la richesse nationale qui était de 12 % du produit intérieur brut (PIB) au début des années 2000. Ce taux, proche de l'épargne des ménages ou de l'investissement des entreprises, devrait augmenter mécaniquement à près de 20 %.

2. Les conséquences du vieillissement démographique

Le vieillissement démographique, lié à l'augmentation de l'espérance de vie et la fécondité relativement basse depuis les années 1970, a donc des conséquences importantes sur l'équilibre du système de retraite.

Les générations issues du baby-boom (1945–1965) arrivent à l'âge de la retraite (60 ans jusqu'en 2010, passant progressivement à 62 ans à partir de la génération 1956 dans le cadre des réformes en cours), précisément lorsque les enfants (peu nombreux) nés en 1980–1990 commenceront à cotiser. L'augmentation de l'espérance de vie a pour conséquence que la probabilité de parvenir à l'âge de la retraite tend vers 1. Le Conseil d'orientation des retraites (COR), créé en 2000, établit régulièrement des scénarios pour rendre compte à l'horizon des décennies à venir des conditions de financement du système de retraites. Le dernier rapport du COR en date d'avril 2010 se fonde sur les projections démographiques de l'Insee de 2006. En supposant les conditions réglementaires inchangées, trois scénarios sont détaillés, différenciés selon le taux de chômage et le rythme de croissance de la productivité : un scénario A suppose un chômage à long terme de 4,5 % et une tendance de la productivité du travail à 1,8 % ; un scénario B suppose le même taux de chômage à long terme et une productivité de 1,5 %, un scénario C suppose un taux de chômage de 7 % et une productivité à long terme de 1,5 %. Dans les trois scénarios, le nombre de cotisants chute en 2009 et 2010, puis croîtrait jusqu'à 2022-2024, serait stable jusqu'à 2030 puis augmenterait légèrement jusqu'en 2050. Le nombre de retraités progresserait fortement jusqu'à 2050 (très rapidement d'ici 2035), de 15 millions en 2008 jusqu'à 22,9 millions en 2050. La poursuite attendue de l'allongement de l'espérance de vie contribue évidemment à cet accroissement. Au total, on aurait une dégradation du rapport des cotisants/retraités qui était encore de 1,8 en 2006 et atteindrait 1,2 en 2050.

Ce qui est noté par le COR, c'est qu'à côté de l'effet du vieillissement de la population, la crise économique joue un rôle majeur sur l'équilibre du financement du système de retraite. Dans tous les cas, la dégradation financière liée à la crise se traduit par des besoins de financement de plusieurs dizaines de milliards d'euros à court terme, dès 2010.

3. Trouver un équilibre ?

Les conditions de l'équilibre du système de retraites dans les années à venir passent par quatre possibilités : hausse des cotisations ; diminution des prestations ; relèvement de l'âge de cessation d'activité ; encouragement à l'épargne collective et individuelle. Ce dernier point correspond en fait à introduire une part de capitalisation dans le système de retraite par répartition. Il est peu probable que la capitalisation ait une place importante dans les retraites de l'avenir : les souvenirs que ce mode de financement a laissés au début du xxe siècle et le succès de la retraite par répartition depuis 1950 font consensus pour ne pas trop l'encourager. Plus prosaïquement, aujourd'hui comme hier, ce sont les plus riches, ou les moins démunis, qui peuvent épargner pour leur retraite à venir, ce sont aussi ceux dont la retraite par répartition est la plus confortable. La capitalisation ne devrait donc jouer qu'un rôle modeste dans le financement futur des retraites en France.

La hausse des cotisations a déjà été beaucoup utilisée dans les dernières décennies, elle tend à compenser la dégradation du rapport actifs sur retraités. Mais les marges de manœuvre sont généralement considérées comme limitées compte tenu des niveaux de cotisations actuels.

Concernant la diminution des prestations, si le discours officiel est que rien ne bougera, en réalité la diminution de production des richesses amènera d'une manière ou d'une autre une diminution des retraites. Cette diminution pourra prendre la forme d'une hausse des prélèvements, d'une imposition majorée ou du recul de l'âge auquel une retraite à taux plein est possible.

L'âge de cessation d'activité recouvre deux notions : l'âge légal de la retraite (60 ans depuis les années 1980) et l'âge réel de cessation d'activité. En 2008, l'âge effectif moyen de départ à la retraite était de 60,6 ans, très variable selon les secteurs d'activité. Son évolution dans les années à venir dépend surtout des conditions d'activité économique. Le montant des retraites dépend de la durée de travail. En 2010, il faut avoir travaillé 41 ans pour avoir une retraite à taux plein, ce nombre passera à 41,5 ans en 2018. Mais cette condition tombe si la retraite est prise plus tard, à 65 ans en 2010, à 67 ans dans les réformes en cours. Le fait de fixer l'âge de départ à la retraite à 62 ans, de faire passer de 65 à 67 ans l'âge auquel une liquidation est possible sans décote, et la faible augmentation des années nécessaires pour bénéficier d'une retraite à taux plein, avantagent les cadres et désavantagent les catégories socioprofessionnelles qui ont commencé à travailler tôt (ayant fait peu d'études), dont les travaux sont souvent pénibles (répétitifs, à contraintes physiques, etc.) et dont l'espérance de vie est plus faible. Par ailleurs, les parcours professionnels des femmes, moins homogènes et moins complets que ceux des hommes, conduisent à des retraites plus faibles, alors que leur espérance de vie est plus élevée.

La prise en compte d'autres éléments (pénibilité au travail, inégalités entre hommes et femmes, etc.) est nécessaire pour assurer la pérennisation de la retraite par répartition et tendre à corriger les inégalités socio-économiques.

POINTS CLÉS

▶ La démographie a pour objet l'étude des populations humaines en rapport avec leur renouvellement par naissances, décès, migrations, grâce aux recensements, aux registres d'état civil et à des enquêtes spécifiques. L'analyse transversale traite les données disponibles à une période donnée, sur plusieurs générations. L'analyse longitudinale porte sur les données collectées au cours du temps sur une ou plusieurs cohortes. L'artifice de la cohorte fictive permet de calculer l'espérance de vie et l'indicateur conjoncturel de fécondité.

▶ La population de la France métropolitaine était de 62,8 millions d'habitants au 31 décembre 2009. Il y a eu 790 000 naissances et 536 000 décès en 2009, soit un taux de natalité de 12,6 ‰ et un taux de mortalité de 8,6 ‰. L'espérance de vie à la naissance était de 77,8 ans pour les hommes et de 84,5 ans pour les femmes, et l'indicateur conjoncturel de fécondité égal à 1,98, proche de la valeur de renouvellement des générations (2,1). La population française continue à croître, grâce notamment à la poursuite de la hausse de l'espérance de vie. Elle vieillit, du fait du passage à 60 ans et plus des générations du baby-boom (nées entre 1945 et le début des années 1970) et d'une fécondité modeste.

▶ Suivant différents scénarios établis en faisant varier la fécondité, la longévité et le solde migratoire, les projections de population française établies en 2006 prévoient un effectif variant entre 61 et 79 millions d'habitants en 2050. Dans tous les cas, le rapport entre les 20–60 ans et les 60 ans et plus se dégradera.

▶ L'amélioration exceptionnelle des conditions de survie depuis 1950 vient de multiples victoires sur la maladie. Maladies infectieuses, cancers, maladies cardiovasculaires ont reculé, dans des proportions importantes, variables selon les âges et les périodes. Les progrès à venir viendront des décès évités à l'adolescence et à l'âge adulte, par traumatisme notamment, et des gains aux grands âges.

▶ L'état de santé est très variable, à chaque âge, selon les profils socioprofessionnels. Les ouvriers sont plus souvent, plus précocement et plus gravement atteints de déficiences que les cadres, les autres catégories étant dans une situation intermédiaire.

▶ Les projections démographiques prévoient une diminution des nombres de médecins dans la plupart des spécialités jusqu'en 2020, pour n'atteindre à nouveau les effectifs de 2006 que vers 2030.

▶ L'équilibre du système de retraite par répartition dépend surtout des conditions d'activité économique et du rapport actifs sur retraités, qui passera de 1,8 en 2006 à 1,2 en 2050. Les leviers d'action (introduire un peu de capitalisation, hausse des cotisations, diminution des prestations, recul de l'âge de cessation d'activité) doivent être complétés par la prise en compte d'autres éléments, comme la pénibilité au travail, la prise en compte des parcours professionnels incomplets, pour corriger les inégalités de retraite.

Bibliographie

Haut Conseil de la santé publique. Objectifs de santé publique. Évaluation des objectifs de la loi de santé publique 2004. Propositions. Rapport du Haut Conseil de la santé publique, mai 2010 (consultable en ligne : www.sante-sports.gouv.fr/haut-conseil-de-la-sante-publique-objectifs-de-sante-publique-evaluation-des-objectifs-de-la-loi-du-9-aout-2004-et-propositions.html).

Sites Internet

DREES : publications disponibles sur le site Internet du ministère du Travail, de l'Emploi et de la Santé (www.sante-sports.gouv.fr/publications-de-la-drees,3891.html).
Ined. site Internet www.ined.fr (revues *Population & Sociétés* et *Population* en ligne).
Insee : site Internet www.insee.fr (résultats tirés du recensement, résultats statistiques, dont ceux de l'enquête HID et revue *Insee Première* en ligne).

20 Principaux facteurs de risque comportementaux des maladies

P. Peretti-Watel

I. Les « conduites à risque » et leurs enjeux
II. Les « conduites à risque » en France
III. Pathologies comportementales ou pratiques sociales ?
IV. La prévention des conduites à risque

Aujourd'hui, dans le domaine de la santé, les politiques de prévention ciblent en priorité les conduites à risque, c'est-à-dire les comportements individuels pour lesquels l'épidémiologie a établi un lien statistique significatif avec des pathologies graves (y compris de nombreux cancers). Si la prévention de ces conduites est devenue une priorité de santé publique, il apparaît toutefois que ces comportements sont souvent difficiles à modifier, en particulier parce qu'ils ont une dimension sociale et culturelle. En outre, pour l'instant, les professionnels de santé ne sont pas forcément les mieux placés pour mener cette prévention.

I. Les « conduites à risque » et leurs enjeux

A. La transition épidémiologique

La transition épidémiologique désigne une période de baisse générale de la mortalité (et en particulier de la mortalité infantile), qui accompagne la transition démographique. Cette baisse se traduit par une augmentation de l'espérance de vie : en 1900, aux États-Unis, en France, en Grande-Bretagne et en Allemagne, l'espérance de vie restait inférieure à 50 ans, tandis que dans ces mêmes pays, elle atteignait presque 80 ans en 2000. L'effondrement de la mortalité infantile a été encore plus spectaculaire : en 1750, en France, un enfant sur trois n'atteignait pas l'âge d'un an, contre un sur dix à la veille de la Première Guerre mondiale et quatre sur mille en 2008. Cette baisse de la mortalité est due à de nombreux facteurs, qui renvoient à la fois aux transformations des modes de vie (amélioration de l'hygiène quotidienne, logements plus salubres, nourriture plus abondante et de meilleure qualité, meilleures conditions de travail…) et aux transformations du système de santé (progrès thérapeutiques, développement de la vaccination, accès facilité aux soins…).

La transition épidémiologique entraîne aussi un bouleversement des causes de mortalité : les maladies infectieuses font de moins en moins de victimes (avec en particulier la disparition des grandes épidémies : peste, choléra, lèpre, variole…), et sont aujourd'hui supplantées par les maladies chroniques et dégénératives (cancers, maladies cardio-vasculaires, maladies neurodégénératives, en particulier Parkinson et Alzheimer…), ainsi que par les accidents de la vie courante (et en premier lieu les accidents de la circulation). Ainsi, en France, en 2006, les cancers et les maladies de l'appareil circulatoire (incluant les pathologies cardiovasculaires) étaient responsables de 60 % du total des décès, contre seulement 2 % pour les maladies infectieuses et parasitaires (sida compris). Ces nouvelles causes de mortalité dominantes sont souvent appelées des « maladies de civilisation », dans la mesure où elles sont la conséquence des transformations de notre mode de vie : tabagisme, abus d'alcool, alimentation déséquilibrée, sédentarité, motorisation…

B. Des conduites ayant un fort impact sanitaire

La transition épidémiologique implique un redéploiement des actions de prévention : il ne s'agit plus seulement de modifier notre cadre de vie en mettant en place des normes et des réglementations qui assainissent notre environnement domestique ou professionnel, il faut désormais surtout inciter la population à modifier ses conduites quotidiennes, qui sont souvent à l'origine des « maladies de civilisation ». En effet, aujourd'hui, dans les pays développés, les conduites individuelles, principalement le tabagisme, la mauvaise alimentation et le manque d'exercice, sont la première cause de mortalité prématurée (c'est-à-dire les décès survenant avant l'âge de 65 ans), loin devant les facteurs environnementaux (comme la pollution), un mauvais accès aux soins, des conditions sociales défavorables, ou même les prédispositions génétiques (fig. 20.1).

En France, plus précisément, les principales causes de mortalité prématurée sont les cancers dus au tabac et à l'alcool (en particulier pour les hommes), les suicides (en particulier pour les femmes), l'alcoolisme (psychoses, cirrhoses) et les accidents de la circulation. Le tabagisme arrive en tête des conduites à risque les plus mortifères, puisqu'il serait responsable chaque année de plus de 60 000 décès en France, et de 5 millions dans le monde entier. *A contrario*, une personne qui fait de l'exercice physique, modère sa consommation d'alcool, ne fume pas et mange suffisamment de fruits et légumes pourrait espérer vivre quatorze années de plus qu'une personne n'ayant adopté aucune de ces quatre « bonnes conduites ».

C. Des conduites très hétérogènes

Outre la mauvaise alimentation, la sédentarité, l'abus d'alcool et le tabagisme, les conduites à risque le plus souvent ciblées par les campagnes de prévention incluent aussi l'exposition non protégée au soleil (facteur de risque pour le cancer de la peau), les rapports sexuels non protégés avec un nouveau partenaire (facteur de risque pour les maladies sexuellement transmissibles), mais aussi les usages de drogues illicites, les écarts de conduite au volant (rouler sous l'emprise de l'alcool

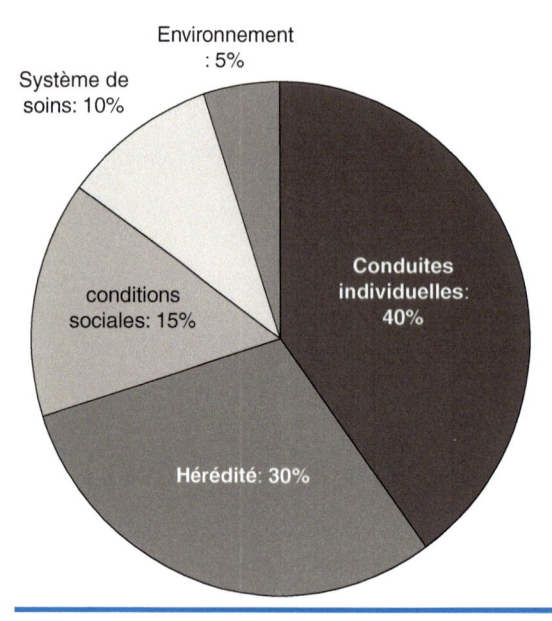

Fig. 20.1.
Contributions à la mortalité prématurée.
Source : Schroeder SA. New England Journal of Medicine *2007; 357 : 1221–8.*

ou d'une drogue illicite, ne pas respecter le code de la route : limitations de vitesse, distances de sécurité, port de la ceinture, etc.), ou encore les états dépressifs et les tentatives de suicide…

En fait, les « conduites à risque » constituent en santé publique une catégorie en constante expansion : dès qu'une étude épidémiologique établit un lien statistique significatif entre un problème de santé quelconque et un facteur comportemental, ce dernier devient *de facto* une conduite à risque. En outre, dans la mesure où les conduites à risque elles-mêmes tendent à devenir des problèmes de santé publique, les facteurs associés à ces conduites ont tendance à devenir à leur tour des conduites à risque : ainsi, le tabagisme, le surpoids et l'abus d'alcool, qui sont au départ des conduites à risque pour un certain nombre de pathologies, sont devenus des problèmes de santé publique, et de nombreuses études épidémiologiques s'intéressent aux facteurs de risque comportementaux qui y sont associés (lesquels deviennent donc à leur tour des « conduites à risque »). Enfin, le fait que la santé soit définie de façon de plus en plus extensive (pour l'OMS, la santé est un état de complet bien-être physique, mental et social) contribue également à l'augmentation du nombre des conduites susceptibles de la détériorer.

Au-delà de cette hétérogénéité de conduites à risque toujours plus nombreuses, la santé publique se préoccupe plus particulièrement aujourd'hui de deux problématiques émergentes : les conduites addictives d'une part, les nouveaux risques infectieux d'autre part.

D. Les conduites addictives

Beaucoup de progrès ont été réalisés dans la compréhension des mécanismes neurobiologiques des phénomènes addictifs, qui incluent dorénavant les dépendances au tabac, à l'alcool, aux drogues illicites, mais aussi les dépendances « sans drogue » : addiction aux jeux d'argent et de hasard, addiction à Internet, achats compulsifs, troubles alimentaires (boulimie/anorexie), etc.

Les risques associés aux addictions sont liés à la substance prise lorsqu'il y en a une et qu'elle est consommée à l'excès (overdose, coma éthylique) ; ils sont parfois à plus long terme (cancers liés à l'alcool, au tabac, au cannabis ; troubles neurologiques et psychiatriques associés à l'usage chronique de certaines drogues illicites) ou plus indirects (contamination par le VIH ou le VHC suite au partage de seringue lors d'une injection de drogue, sédentarité des personnes qui passent leur journée devant un ordinateur). Enfin, s'agissant en particulier des addictions sans drogue, la dépendance peut aboutir à l'isolement, à la désocialisation et à la paupérisation économique. Soulignons par ailleurs qu'il existe très probablement des prédispositions génétiques aux conduites addictives, ce qui contribuerait à expliquer pourquoi elles se cumulent souvent chez un même individu.

E. Les nouveaux risques infectieux

Si la transition épidémiologique est marquée par la disparition des grandes épidémies, il faut toutefois nuancer ce constat, dans la mesure où de nouvelles maladies infectieuses apparaissent sans cesse (virus de l'immunodéficience humaine, syndrome respiratoire aigu sévère, nouvelle forme de la maladie de Creutzfeld-Jakob, etc.). Cette émergence, ou la réémergence de maladies plus anciennes, résulte à la fois de l'action de l'homme sur son environnement et de l'adaptabilité des agents infectieux. D'une part, les hommes se sont installés dans des zones jusque-là inhabitées, s'exposant alors à des agents infectieux qui étaient restés confinés dans ces zones (bactérie causant la maladie de Lyme parmi les cervidés des forêts de Nouvelle-Angleterre, virus Ebola de la chauve-souris en Afrique…), et qui peuvent désormais se répandre très rapidement, grâce à l'intensification de la circulation des biens et des personnes à l'échelle planétaire. D'autre part, les bactéries ont tendance à acquérir une certaine résistance aux antibiotiques, tandis que les virus mutent en permanence pour surmonter les défenses immunitaires, en particulier les virus de la grippe, lorsqu'ils combinent un virus humain et un virus aviaire.

Pour prévenir ces nouveaux risques infectieux, les autorités de santé doivent prendre en compte les comportements individuels, qui peuvent contribuer à endiguer, ou au contraire à propager, une épidémie : accepter ou non de se faire vacciner (par exemple contre le virus de la grippe H1N1 : on a pu se rendre compte que cela ne va pas de soi), se laver fréquemment les mains (en particulier après avoir emprunté les transports en commun, avant de faire la cuisine, après s'être mouché, après avoir caressé un animal…) et, lorsque l'on est enrhumé ou grippé, s'abstenir d'embrasser un bébé, éviter de fréquenter les lieux publics, porter un masque à l'extérieur et/ou chez soi, etc.

II. Les « conduites à risque » en France

A. Prévalence, tendance et profil sociodémographique pour les principales conduites à risque

1. Le tabagisme

a. La prévalence tabagique

Depuis près d'un demi-siècle, le tabagisme recule chez les hommes (plus de 60 % étaient fumeurs dans les années 1960), tandis qu'il a lentement augmenté chez les femmes (un peu plus de 20 % de fumeuses dans les années 1960), avant de commencer à refluer parmi elles à partir des années 1990. Dans le même temps, l'initiation à la cigarette est devenue de plus en plus précoce : aujourd'hui, les jeunes fumeurs consomment leur première cigarette vers 15 ans en moyenne, et commencent à fumer quotidiennement à 17 ans (tandis que dans les années 1950 les hommes s'initiaient à la cigarette vers 17 ans, les femmes vers 22 ans, les premiers commençant à fumer quotidiennement à 22 ans, les secondes à 28 ans). La baisse de la prévalence tabagique s'est amplifiée au début des années 2000. En 2007, 28 % des hommes âgés de 15 à 75 ans fumaient quotidiennement (contre 33 % en 2000 et 30 % en 2005), cette proportion atteignant 21 % parmi les femmes (26 % en 2000, 23 % en 2005).

b. Le profil sociodémographique des fumeurs

À tout âge, sauf entre 15 et 19 ans, les hommes sont plus enclins à fumer que les femmes, sachant que pour les deux sexes la prévalence du tabagisme quotidien est maximale entre 20 et 25 ans (fig. 20.2). Entre 12 et 25 ans, le tabagisme est plus fréquent parmi les jeunes déscolarisés, ceux qui n'habitent plus chez leurs parents, ceux dont les parents sont séparés, et surtout ceux qui sont au chômage. Entre 26 et 75 ans, le tabagisme est également plus fréquent parmi les chômeurs, ainsi que parmi les moins diplômés.

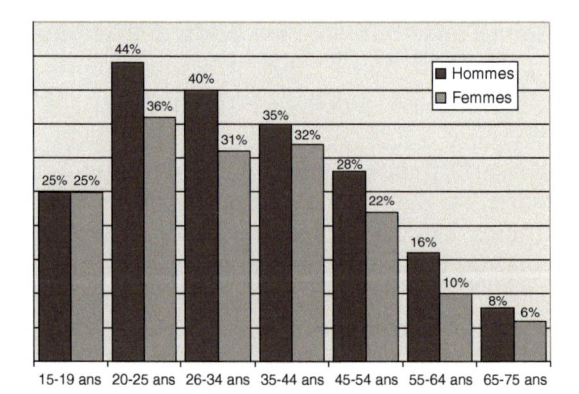

Fig. 20.2.
Prévalence du tabagisme quotidien en France en 2005, par âge et sexe.
Source : d'après des données produites par l'INPES (www.inpes.sante.fr).

c. Des évolutions socialement différenciées

Par ailleurs, la baisse de la prévalence tabagique observée ces dernières années est plus marquée parmi les femmes, les plus jeunes, les plus diplômés et les catégories sociales supérieures. On observe donc au final une différenciation sociale croissante du tabagisme : cette pratique, autrefois répartie de façon relativement homogène dans tous les milieux sociaux, tend aujourd'hui à se concentrer parmi les populations les plus précaires (fig. 20.3). Parmi les cadres et les professions intellectuelles supérieures occupant un emploi, la proportion de fumeurs a fortement baissé entre 2000 et 2003, avant de se stabiliser. Dans le même temps, cette baisse a été plus faible pour les chômeurs et plus tardive pour les ouvriers et, surtout, elle a été suivie d'une reprise de la consommation tabagique. En fin de compte, l'écart s'est nettement creusé entre ces trois catégories socioprofessionnelles (ce phénomène a également été observé dans plusieurs pays européens, de même qu'aux États-Unis).

2. Les usages d'alcool

a. Un risque polymorphe

Schématiquement, il faut distinguer trois types de risque associés à l'alcool. D'abord, les épisodes d'alcoolisation aiguë (l'ivresse) rendent les individus plus vulnérables, diminuent leur capacité à gérer certaines situations délicates, d'où un risque accru d'être impliqué dans des violences (comme auteur et/ou comme victime), dans des accidents de la route ou des accidents du travail, ou encore dans des rapports sexuels non protégés, sans oublier le risque de coma éthylique. Ensuite, l'alcoo-

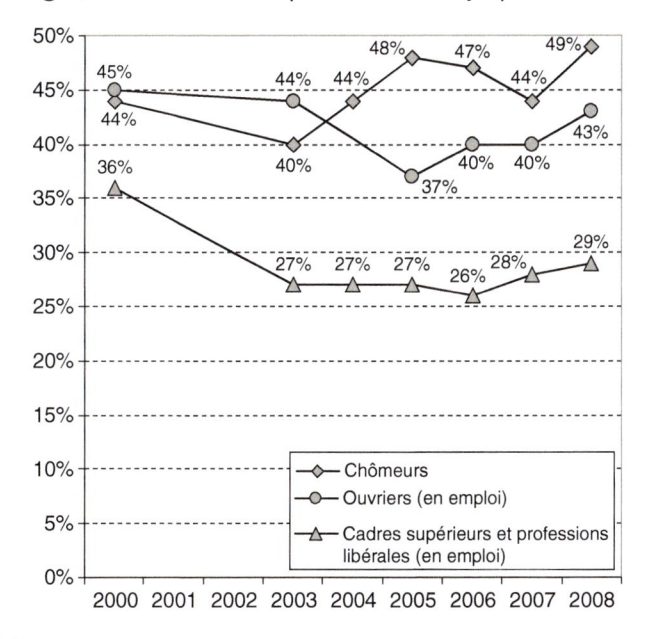

Fig. 20.3.
Évolution du tabagisme en France parmi les cadres, les ouvriers et les chômeurs, 2000–2008.
Source : d'après des données produites par l'INPES (www.inpes.sante.fr).

lisation chronique (boire quotidiennement, même sans être ivre) accroît les risques de contracter certaines formes de cancer, des pathologies cardiovasculaires, ou encore d'autres maladies qui touchent le foie et le pancréas. Enfin, l'alcoolisme proprement dit, qui ne doit être confondu ni avec l'alcoolisation aiguë ni avec l'alcoolisation chronique, ajoute aux risques déjà cités les atteintes du cerveau et du système nerveux, qui favorisent de nombreuses comorbidités psychiatriques.

b. Niveaux et tendances des usages d'alcool

Sur le long terme, la consommation d'alcool des Français a décliné : dans les années 1960, un Français buvait en moyenne 18 litres d'alcool par an (c'était alors la consommation la plus élevée au monde), contre moins de 9 litres aujourd'hui. Cette consommation s'est aussi modifiée : les Français boivent de moins en moins de vin, de plus en plus d'alcools forts, tandis que la bière se maintient. En 2005, parmi les Français âgés de 15 à 75 ans, 14 % buvaient de l'alcool quotidiennement (21 % des hommes, 8 % des femmes), 3 % rapportaient des ivresses régulières (au moins dix au cours des douze derniers mois, 4 % des hommes, 1 % des femmes), 4 % présentaient des signes d'usage problématique (7 % des hommes, 2 % des femmes). L'usage problématique est évalué à l'aide du test DETA, qui distingue les personnes qui répondent par l'affirmative à au moins deux des quatre questions suivantes :

- au cours de votre vie, avez-vous déjà éprouvé le besoin de diminuer votre consommation d'alcool ?
- votre entourage vous a-t-il déjà fait des remarques au sujet de votre consommation ?
- avez-vous déjà eu l'impression que vous buviez trop ?
- avez-vous déjà eu besoin d'alcool dès le matin pour vous sentir en forme ?

Ce test est bien sûr un outil très imparfait pour évaluer les usages problématiques d'alcool dans le cadre d'un sondage.

Du point de vue des évolutions observées au cours de ces dernières années, entre 2000 et 2005, la prévalence de la consommation quotidienne a reculé (de 20 à 14 %), mais pas les ivresses, ni les signes d'usage problématique.

c. Usages d'alcool et profil sociodémographique

Comme le montre la fig. 20.4, l'usage quotidien d'alcool augmente régulièrement avec l'âge : cela résulte à la fois d'un effet d'âge (les modes de vie, y compris l'alimentation et l'usage d'alcool, évoluent avec l'âge) et d'un effet de génération (les personnes aujourd'hui les plus âgées ont grandi et sont devenues adultes à une époque où le vin était considéré comme un aliment à part entière et consommé beaucoup plus souvent qu'aujourd'hui : leurs usages actuels portent la marque de cette histoire). Les ivresses régulières sont quant à elles plus fréquentes entre 20 et 25 ans, tandis que la prévalence des signes d'usage problématique reste relativement stable avec l'âge.

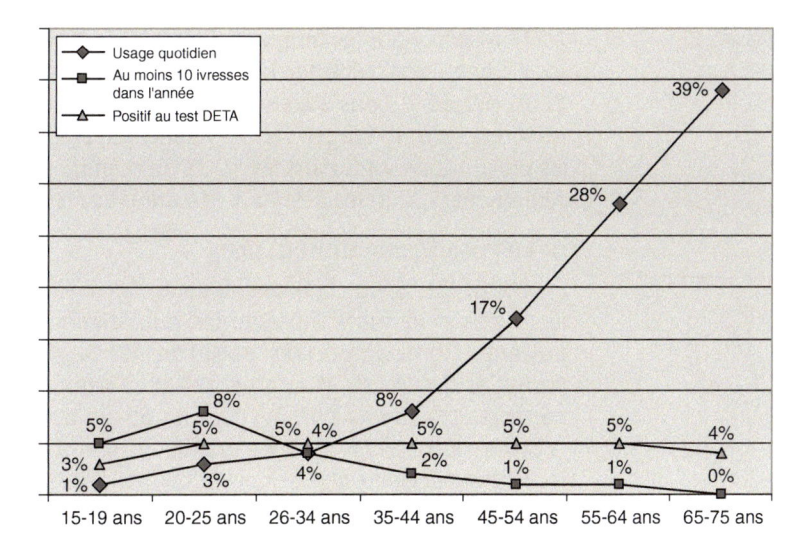

Fig. 20.4.
Alcool : usage quotidien, ivresses régulières, signes d'usage problématique, France, 2005.
Source : d'après des données produites par l'INPES (www.inpes.sante.fr).

Évidemment, ces données déclaratives doivent être considérées avec prudence, car elles ne reflètent pas toujours fidèlement la réalité. Par exemple, la notion d'ivresse reste très subjective. Si l'on considère plutôt le fait d'avoir bu au moins six verres d'alcool en une même occasion (ce qui suffit généralement pour induire une certaine ivresse), en 2005, 15 % des Français âgés de 15 à 75 ans l'avaient fait au moins une fois au cours du dernier mois (24 % des hommes, 6 % des femmes, et, parmi les 20–25 ans, respectivement 35 % et 10 %).

Par ailleurs, les personnes au chômage consomment davantage d'alcool, quel que soit le type d'usage considéré, de même que les agriculteurs exploitants, tandis que la baisse récente de l'usage quotidien est inégalement répartie dans la population (cette baisse est bien moins marquée parmi les chômeurs et les ouvriers). Enfin, il faut souligner certaines disparités géographiques : l'usage quotidien d'alcool est plus fréquent dans le Nord, le Languedoc-Roussillon et le Midi-Pyrénées, tandis que les ivresses sont plus fréquentes en Bretagne et en Provence-Alpes-Côte d'Azur.

3. Les mauvaises habitudes alimentaires

Les mauvaises habitudes alimentaires peuvent être étudiées par le biais des pratiques déclarées (par exemple, manger au moins cinq fruits ou légumes par jour), ou par le biais de leur conséquence (surpoids, obésité). Pour mémoire, en divisant le poids d'un adulte par le carré de sa taille, on obtient son indice de masse corporelle : s'il est compris entre 25 et 30, l'individu est en surpoids ; s'il est supérieur à 30, il est obèse.

a. Le surpoids et l'obésité

En 2005, parmi les Français âgés de 18 ans et plus, 23 % étaient en surpoids et 7 % étaient obèses. Ces problèmes sont plus fréquents parmi les hommes (37 % en surpoids, 9 % obèses, contre respectivement

21 % et 8 % pour les femmes), et leur prévalence augmente également avec l'âge : en 2005, le surpoids concernait 41 % des 65-75 ans, et 12 % des 55-75 ans étaient obèses. En outre, ils sont aussi corrélés aux ressources des ménages : la prévalence de l'obésité atteint 13 % parmi les personnes vivant dans les 10 % de ménages les plus pauvres, contre seulement 5 % parmi les 10 % de ménages les plus riches.

b. Les pratiques alimentaires

En 2008, 39 % des Français âgés de 18 à 75 ans déclaraient manger au moins cinq fruits ou légumes quotidiennement, tous les jours ou presque. Cette proportion atteignait 47 % parmi les femmes (31 % parmi les hommes), et augmentait régulièrement avec l'âge, de 31 % parmi les 18-25 ans à 54 % parmi les 65-75 ans. Elle dépendait aussi de la profession du chef de ménage (29 % parmi les ouvriers, 43 % parmi les cadres supérieurs).

En outre, toujours en 2008, 16 % des Français grignotaient entre les repas tous les jours ou presque, un tiers sautaient un repas au moins une fois par semaine (ce qui est contre-indiqué par les nutritionnistes), un peu moins de la moitié mangeaient occasionnellement des plats achetés tout préparés (généralement trop salés et trop gras), et un peu moins d'un tiers consommait occasionnellement des plats de restauration rapide (hamburgers, pizzas, kebabs, eux aussi très souvent trop gras et trop salés). Toutes ces mauvaises habitudes alimentaires sont particulièrement répandues chez les jeunes adultes, mais aussi, pour la plupart, parmi les chômeurs, les ouvriers ou encore les personnes dont le ménage connaît des difficultés financières.

B. Conduites à risque et inégalités sociales de santé

En France, comme en Grande-Bretagne, au Québec ou dans les pays scandinaves, réduire les inégalités sociales de santé est devenu un objectif prioritaire des politiques publiques. Ces inégalités se traduisent par des espérances de vie très contrastées (à 35 ans, un cadre a une espérance de vie de 7 ans supérieure à celle d'un ouvrier). S'il existe bien un lien entre l'état de santé d'un individu et sa position dans la hiérarchie sociale, cette réalité ne concerne pas seulement les personnes les plus défavorisées, en situation de précarité ou de pauvreté : les épidémiologistes ont mis en évidence des écarts existant pour l'ensemble de la hiérarchie sociale. Autrement dit, chaque catégorie sociale présente un niveau de mortalité et de morbidité plus élevé que la classe immédiatement supérieure. Ce phénomène est résumé par le terme de « gradient social » des inégalités de santé.

Ces inégalités ont de multiples causes : conditions de vie durant la petite enfance, logement, environnement professionnel, mais aussi les conduites à risque, dont on estime qu'elles expliqueraient un tiers des écarts constatés, ou encore les modalités de recours (ou de non-recours) aux soins. Comme on l'a vu plus haut, le tabagisme, l'abus d'alcool et les mauvaises habitudes alimentaires sont plus fréquentes dans les populations les moins favorisées. En outre, paradoxalement, il semble que la prévention contribue à creuser cette différenciation sociale des conduites à risque (voir *supra*, en particulier le tabagisme), dans la mesure où ce sont généralement les personnes les plus aisées et les plus éduquées qui profitent le plus des actions préventives (par exemple, celles qui promeuvent l'arrêt du tabagisme ou une alimentation plus équilibrée).

III. Pathologies comportementales ou pratiques sociales ?

A. La tentation de la médicalisation

Depuis quelques années, on assiste à une forme de médicalisation rampante des conduites à risque. Autrement dit, certaines d'entre elles tendent à être considérées comme des pathologies à part entière, ou comme les symptômes d'une pathologie, et à ce titre la médecine devient le principal agent du contrôle social pour ces conduites, les médecins étant chargés de définir et prescrire des traitements pour les soigner. C'est vrai par exemple pour l'obésité, qualifiée de plus en plus souvent de maladie grave, ou des abus d'alcool, qui tendent à être confondus avec l'alcoolisme, ou encore du tabagisme, que certains experts en santé publique considèrent comme une pathologie chronique addictive. Cette médicalisation a bien sûr des enjeux économiques : assimiler les fumeurs à des malades chroniques, auxquels il faudrait prescrire à vie des substituts nicotiniques remboursés par l'assurance-maladie, cela représentant un énorme marché pour les laboratoires pharmaceutiques qui produisent ces substituts. Mais cette médicalisation, dont les deux ressorts sont la contagion et la compulsion, a aussi des conséquences pour la prévention.

1. Médicalisation et contagion

Il existe en épidémiologie une notion intitulée « épidémie comportementale », qui renvoie à des comportements (usages de drogue, paniques collectives, phénomènes de mode…) se diffusant dans une population non par l'intermédiaire d'un agent pathogène, mais par imitation d'un individu par un autre, ou par pression des pairs. Ainsi, le tabagisme, les usages de drogues illicites, et même le suicide, ont déjà été étudiés comme des conduites « contagieuses » (l'OMS parle d'ailleurs de la « pandémie tabagique »). Mais considérer qu'un comportement est contagieux n'est pas neutre du point de vue de la conception que l'on se fait de l'individu qui s'y adonne : cela revient à supposer que celui-ci est le jouet de forces qui le dépassent, qu'il est la victime d'une sorte de virus et agit par son mal, et non que c'est un individu qui fait des choix motivés, qui s'engage volontairement dans des conduites pour satisfaire certains besoins, bref un individu libre et rationnel, même si sa rationalité n'est pas celle des experts en santé publique.

2. Médicalisation et compulsion

En l'absence d'une cause organique, d'un agent pathogène clairement identifié, le second dénominateur commun des conduites à risque médicalisées est la compulsion : dans cette perspective, un individu s'initie à une conduite par mimétisme social, puis persiste de façon immodérée, ne peut plus s'en détacher, développe une dépendance à son égard. Ainsi, les addictions à l'alcool, au tabac, à la nourriture ou au jeu seraient toutes les symptômes d'une même maladie de la volonté, qui compromet notre capacité à rester maître de nous-mêmes, et à faire des choix rationnels.

B. Les conduites à risque comme pratiques sociales

Comme pour la contagion, la référence à la compulsion a donc l'inconvénient de nier la rationalité et le libre choix des individus qui s'engagent dans des conduites à risque : dès lors, il n'est pas nécessaire de comprendre pourquoi ils s'y adonnent, quels besoins ils satisfont, quel sens ils donnent à leur pratique. Mais peut-on prévenir efficacement une conduite si l'on renonce d'emblée à comprendre ce qu'elle signifie pour ses pratiquants ?

1. Des conduites motivées

Cette compréhension implique par exemple que l'on s'intéresse aux autres risques que les individus prennent en compte. Ainsi, certaines personnes renoncent à proposer le préservatif à un nouveau partenaire de peur de susciter sa méfiance et un refus : le risque de solitude affective et sexuelle pèse alors plus lourd que le risque d'infection. De même, certains fumeurs envisagent d'arrêter pour se soustraire au risque de cancer, mais hésitent à cause des risques concurrents qu'ils associent à l'arrêt : par exemple, prendre du poids ou ne plus gérer leur stress. D'ailleurs, si les cadres et les professions intellectuelles supérieures fument d'abord pour le plaisir et par convivialité, la première motivation des ouvriers et des employés fumeurs est de combattre le stress. Plus généralement, les motivations du tabagisme sont des constructions sociales et culturelles, acquises et entretenues collectivement. Ajoutons que pour comprendre une conduite à risque, il n'est pas nécessaire de débusquer des risques concurrents : dans bien des cas, leur premier motif est la recherche du plaisir, notion qui reste aujourd'hui très mal prise en compte par la santé publique.

2. Conduites à risque et rapport au corps

De même, les comportements des Français en matière d'exposition au soleil sont incompréhensibles si l'on se place uniquement du point de vue de la santé publique. Ainsi, les femmes ont généralement de meilleures connaissances que les hommes concernant les heures dangereuses, elles sont davantage préoccupées par le vieillissement prématuré de la peau, ou par les conséquences des coups de soleil ; elles examinent aussi plus souvent leur propre peau à la recherche d'une éventuelle anomalie et mettent plus fréquemment des lunettes de soleil ou de la crème solaire. Pourtant, dans le même temps, lorsqu'elles sont au soleil, elles se protègent moins souvent en portant un chapeau ou une casquette, et surtout elles recourent plus souvent au bronzage artificiel, pratique cancérigène.

D'un point de vue préventif, il y a là de nombreuses contradictions. Mais celles-ci disparaissent dès que l'on prend en compte la logique des acteurs, en acceptant qu'elle ne soit pas celle de la santé publique. Nos sociétés sont régies par des codes sociaux qui définissent certains comportements et attitudes comme plus féminins, et d'autres comme plus masculins : ainsi les femmes sont-elles davantage incitées à rester attentives à leur apparence physique, et en particulier à leur peau, et sont donc plus enclines à utiliser des produits qui l'embellissent ou l'entretiennent (aussi bien des crèmes solaires que des ultraviolets artificiels pour obtenir un teint hâlé). Elles examinent aussi leur peau plus fréquemment.

C. Le déni du risque

Si les conduites à risque sont des pratiques sociales, c'est aussi parce qu'elles donnent lieu à des discours justificateurs souvent très élaborés et convaincants, au moins pour ceux qui les énoncent. Le déni du risque désigne les croyances qui permettent à un individu de considérer que son comportement n'est pas si « à risque » que cela : c'est un discours qui met le risque à distance, et qui peut prendre des formes variées. Pour mener des actions de prévention efficaces, il faut connaître et comprendre les diverses formes que peut prendre ce déni du risque, pour éventuellement tenter de les cibler et de les combattre dans les messages préventifs.

1. La rhétorique du déni du risque

a. Douter des experts

Pour mettre le risque à distance, un premier argument consiste à remettre en cause la crédibilité du discours préventif, ou des résultats scientifiques sur lesquels il s'appuie. Par exemple, selon un sondage réalisé par l'INPES en 2008, 34 % des fumeurs estiment que les médias exagèrent les dangers du tabagisme, et 22 % jugent que les informations diffusées par les médias reposent sur des résultats scientifiques qui ne sont pas fiables. De même, certaines personnes sont très critiques à l'égard de l'indice de masse corporel, outil privilégié pour repérer l'obésité, car cet indicateur ne tient pas compte de l'ossature et de la musculature de chacun.

b. Désigner des victimes émissaires

Pour mettre un risque à distance, il est également possible de l'associer à une catégorie d'individus particuliers, de préférence une minorité marginalisée. C'est ce que font les personnes qui estiment que le sida est une maladie touchant essentiellement les homosexuels et les toxicomanes, de sorte qu'il suffirait de ne pas fréquenter ces gens-là pour éviter l'infection. Évidemment, outre que cette croyance est stigmatisante pour ces deux minorités, elle n'incite pas à utiliser des préservatifs. De même, de nombreuses recherches ethnographiques montrent que le stéréotype de l'héroïnomane sert de repoussoir aux usagers de cannabis et d'ecstasy : ces derniers ont tendance à poser une distinction

très nette entre leur propre usage, présenté comme inoffensif, et la
« défonce » des « vrais drogués », en l'occurrence les injecteurs d'héroïne, perçus comme des marginaux asociaux, dangereux même pour leur entourage.

c. S'affirmer face au risque

Au lieu de désigner des victimes émissaires, l'individu engagé dans une conduite à risque peut aussi considérer que les avertissements préventifs ne s'appliquent pas à lui, parce qu'il est capable de maîtriser lui-même le risque. Ainsi, beaucoup d'automobilistes se jugent meilleurs conducteurs que la moyenne, et donc moins exposés aux accidents de la route. De même, tous les fumeurs savent que fumer est cancérigène, mais la majorité estime maîtriser ce risque, soit parce qu'ils maintiennent leur consommation quotidienne en deçà du seuil de risque qu'ils associent au tabac, soit parce qu'ils se sentent capables d'arrêter à tout moment. En outre, les personnes qui ont des conduites à risque pensent souvent qu'elles peuvent maîtriser et limiter le risque auquel elles s'exposent grâce à des « activités compensatoires » (par exemple, compenser le tabagisme par de l'exercice physique, ou boire beaucoup d'eau après avoir bu beaucoup d'alcool). Évidemment, outre que ces activités compensatoires ne sont pas forcément efficaces, les individus qui les envisagent avant de s'autoriser un écart de conduite ne passent pas forcément à l'acte ensuite.

d. Relativiser les risques

Plutôt que de douter des messages préventifs, de désigner des victimes émissaires, ou d'affirmer sa capacité à maîtriser le risque, il est également possible de convoquer d'autres risques, auxquels beaucoup de personnes acceptent de s'exposer, et au regard desquels celui que l'on prend ne paraît finalement pas si important. Ainsi, dans un sondage réalisé par l'INPES en 2005, deux fumeurs sur trois estimaient que respirer l'air des villes est aussi mauvais pour la santé que de fumer des cigarettes, tandis que les trois quarts des consommateurs quotidiens d'alcool jugeaient que boire des sodas ou manger des hamburgers est aussi mauvais pour la santé que de boire de l'alcool.

Bien sûr, ces quatre types d'arguments n'épuisent pas toute la diversité des croyances qui sont mobilisées pour mettre le risque à distance, et ils sont souvent employés simultanément.

2. Des arguments étayés par l'expérience, les médias... et la prévention

Ces arguments sont souvent chevillés aux pratiques des individus, et étayés par le sens qu'ils donnent à leurs expériences. Par exemple, au début des années 1950, le sociologue Howard Becker décrivait un musicien de jazz inquiet de son usage de marijuana devenu quotidien : pour se convaincre qu'il n'est pas dépendant, qu'il contrôle toujours sa pratique, il décide d'arrêter de fumer pendant une semaine. Une fois cela fait, rassuré, il recommence à fumer de plus belle. La conviction de maîtriser le risque de dépendance n'est pas ici réductible à ce que les psychologues appellent parfois une « illusion de contrôle » : ce fumeur est d'autant plus convaincu de maîtriser son usage qu'il s'est lui-même mis à l'épreuve, volontairement et avec succès. En outre, le déni du risque ne s'appuie pas seulement sur les expériences individuelles : il est souvent renforcé par la dimension collective des pratiques à risque.

Au-delà des expériences individuelles et collectives, d'autres sources sont disponibles pour nourrir le déni du risque. Par exemple, pendant plusieurs décennies, l'industrie du tabac a procuré aux buralistes des argumentaires visant à décrédibiliser la lutte antitabac, en les incitant à les utiliser pour rassurer leurs clients inquiets. Mais la santé publique se met parfois elle-même en difficulté : par exemple, en 2006, les médias se sont fait l'écho d'une étude très sérieuse qui montrait que l'exercice physique réduisait le risque de cancer chez les fumeurs. C'est sans doute vrai, mais ce type de message incite les fumeurs à se croire capables de maîtriser le risque tabagique grâce à des « activités compensatoires ».

En outre, il arrive aussi que la prévention nourrisse elle-même le scepticisme à son égard : en France, la prévention des usages de drogue en milieu scolaire est très souvent réalisée par des associations bénévoles qui ont un discours très simpliste sur le cannabis, présenté comme aussi dangereux que l'héroïne, et soi-disant coupé avec du crack par les dealers. Ces interventions sont inefficaces, voire contre-productives, car elles contribuent à décrédibiliser la prévention auprès des adolescents.

IV. La prévention des conduites à risque
A. Quels outils ?

Pour inciter les individus à modifier leurs comportements, les pouvoirs publics disposent de plusieurs leviers d'action, qui sont en général combinés.

1. La diffusion d'informations préventives

C'est l'outil privilégié de la prévention des conduites à risque (voir p. 228) : il s'agit de sensibiliser, d'informer le public sur les dangers de tel ou tel comportement, soit par des campagnes médiatiques nationales (télévision, Internet, radio, presse écrite, affiches), soit par des relais de proximité (affiches, dépliants ou interventions orales dans les écoles, les cabinets médicaux...).

2. La réglementation

Des mesures d'interdiction ou de restriction ont été mises en place comme par exemple, l'interdiction de vente d'alcool ou de tabac aux mineurs, l'interdiction ou la restriction de la publicité pour ces produits, l'ajout de messages préventifs sur les paquets de cigarettes ou dans les publicités pour des produits alimentaires jugés « à risque », le maintien ou le durcissement de la législation sur les drogues illicites, ou encore l'interdiction du tabagisme dans les lieux publics fermés. Bien sûr, cela suppose que les pouvoirs publics se donnent les moyens de vérifier la bonne application des réglementations qu'elle met en place (par exemple, en vérifiant que les buralistes ne vendent pas des cigarettes à des mineurs). Ajoutons que dans certains cas, la réglementation vise à faciliter une conduite à risque, pour réduire les risques associés : c'est le principe de la réduction des risques, par exemple lorsque l'on facilite l'accès des toxicomanes à du matériel d'injection stérile, pour limiter les risques d'infection induits par le partage de ce matériel.

3. Les taxes

S'agissant des produits de l'alcool et du tabac, les pouvoirs publics ont la possibilité de les taxer, pour en augmenter le prix, afin d'en dissuader la consommation. En France, les taxes sur les alcools et le tabac rapportent ainsi à l'État une quinzaine de milliards d'euros chaque année. Ce levier préventif est facile à mettre en œuvre, et il a l'avantage de rapporter de l'argent, au lieu d'en coûter. Toutefois, il ne faut pas sous-estimer la capacité des individus à contourner les hausses de taxe (par exemple en achetant des cigarettes à l'étranger, sur Internet, au marché noir, ou en optant pour les cigarettes roulées). En outre, ces hausses ont l'inconvénient de contribuer à paupériser encore davantage les populations précaires qui ne peuvent se résoudre à modifier leurs comportements.

4. L'offre d'assistance

Les pouvoirs publics ont aussi développé une offre d'assistance en direction des personnes désireuses de modifier leurs comportements, qu'il s'agisse d'arrêter de fumer, de réduire sa consommation d'alcool, de lutter contre la sédentarité ou d'améliorer ses pratiques alimentaires. Il peut s'agir de simples conseils par téléphone, ou d'une offre de soins (allant jusqu'à la chirurgie, par exemple la pause d'un anneau gastrique). Cette assistance constitue aujourd'hui un nouveau marché prometteur, qui attire de nombreux opérateurs privés. Bien sûr, le succès de cette offre d'assistance dépend en amont de l'efficacité des autres outils qui visent à inciter les individus à modifier leurs comportements.

B. Les campagnes d'information : un outil privilégié se heurtant à de nombreuses difficultés

1. Les campagnes d'information : une évaluation difficile

Informer le public n'est pas une tâche aisée. Il est difficile d'évaluer l'impact réel des campagnes d'information, puisqu'il s'agit en général de modifier les comportements individuels sur le long terme. Des sondages réalisés après une campagne permettent de savoir quelle proportion du public a été exposée aux messages, comment ceux-ci ont été perçus, s'ils ont été retenus ou s'ils sont déjà oubliés, et surtout s'ils ont incité les individus à modifier leur conduite : mais il faudrait déterminer dans quelle mesure ces modifications de comportement sont durables ou au contraire éphémères. Le cas du tabagisme illustre la difficulté qu'il y a à informer le public. Tous les fumeurs, ou presque, savent que le tabac est cancérigène, mais on ne peut pas considérer qu'ils sont bien informés, puisque la plus grande partie d'entre eux se rassure, à tort, en associant le risque de cancer à des seuils (de consommation quotidienne, de durée du tabagisme) situés au-delà de leur propre pratique tabagique.

2. L'information préventive parasitée par la publicité

De même, dans le domaine de l'alimentation, les messages préventifs sont fortement parasités par les arguments publicitaires de l'industrie agro-alimentaire, et il n'est pas facile pour les consommateurs de distinguer les uns des autres dans cette « cacophonie diététique ». Prenons par exemple la mention « évitez de manger trop gras, trop sucré, trop salé », qui depuis 2007 est accolée aux publicités pour des boissons avec ajouts de sucres, de sel ou d'édulcorants de synthèse ou pour des produits alimentaires transformés : si la plupart des Français ont remarqué cette mention, seuls 40 % savent qu'elle est réservée aux produits « à risque », 39 % pensent qu'elle est accolée à toutes les publicités alimentaires (ce qui affaiblit le message), tandis que 8 % pensent même qu'elle accompagne seulement les produits bons pour la santé !

3. Quel ton adopter ?

Les campagnes d'information préventive ne se contentent pas de distiller une information neutre. Elles tentent de sensibiliser le public. Mais comment faire ? Il semble que les messages trop effrayants (qui mettent en scène par exemple des fumeurs décharnés atteints d'un cancer en phase terminale) suscitent des réactions de rejet : il faudrait donc faire peur, mais pas trop, et surtout en accompagnant de tels messages des coordonnées auxquelles les individus peuvent trouver de l'aide pour modifier leurs comportements. De même, parce que la rationalité des individus n'est pas forcément celle des experts de santé publique, les risques les plus « parlants » pour le grand public ne sont pas forcément les plus graves d'un point de vue épidémiologique : pour inciter un adolescent à ne pas fumer, mettre l'accent sur la mauvaise haleine des fumeurs peut être plus efficace que de l'alerter sur le risque de cancer à long terme. Enfin, il est également possible de stigmatiser les personnes qui ont des conduites à risque, en dressant d'elles un portrait dépréciateur, en dégradant leur image : reste à déterminer dans quelle mesure cette approche pourrait être efficace, et à quelles conditions elle serait éthiquement acceptable.

4. Quelle cohérence ?

Les campagnes de prévention posent aussi un problème de cohérence, dans un contexte de communication tous azimuts sur des risques multiples. Il n'est pas certain qu'il soit efficace de réaliser quasi simultanément des campagnes ciblant différents facteurs de risque d'une même maladie (communiquer sur tous les facteurs de risque d'un cancer peut favoriser une relativisation de ce risque), ou différents risques associés à une même conduite (il n'est pas facile de sensibiliser le public aux risques de l'ivresse alcoolique, tout en lui expliquant qu'il n'est pas nécessaire d'être ivre pour mourir de sa consommation d'alcool). En outre, cela pose plus simplement un problème de saturation : d'après un sondage réalisé par l'INPES en 2008, un Français sur trois juge que les campagnes de prévention sont trop nombreuses, et près de quatre sur dix s'y disent indifférents.

C. Quel avenir pour la prévention des conduites à risque ?

1. Professionnaliser la prévention

Les actions de prévention déployées au niveau national sont relayées sur le terrain par de nombreux acteurs, au premier rang desquels les professionnels de santé (médecins généralistes lors des consultations, médecins du travail, infirmières intervenant en milieu scolaire), mais aussi par de nombreux bénévoles, sachant que les uns comme les autres n'ont pas forcément reçu une formation adéquate dans ce domaine. C'est pourquoi un processus de professionnalisation de la prévention est en cours. Il s'agit d'accroître la qualité mais aussi l'homogénéité des actions menées, en formant les acteurs de la prévention sur la base d'un programme national élaboré par l'INPES, en développant en amont les formations universitaires dédiées à ces activités et en élaborant en aval des outils d'évaluation des politiques publiques. Il faudrait aussi rédiger des guides de « bonnes pratiques », régulièrement actualisés, et développer la procédure d'agrément pour les associations désirant s'impliquer dans ce domaine (une commission *ad hoc* a été créée en 2006), ou encore doter les agences régionales de santé d'un « pôle prévention » capable d'effectuer une meilleure coordination entre l'opérateur national (INPES) et les acteurs de terrain.

Reste à savoir à qui confier les missions de prévention qu'il s'agit de professionnaliser, sachant que la tendance actuelle en France consiste à placer en première ligne les professionnels de santé, en particulier les médecins généralistes, en s'inspirant de l'exemple britannique (en Grande-Bretagne, depuis les années 1990, ces derniers sont rémunérés pour délivrer des informations et des conseils préventifs à leurs patients).

2. Démédicaliser la prévention ?

a. Des professionnels de santé peu formés

Toutefois, l'implication des professionnels de santé dans les activités de prévention se heurte d'abord à un sérieux déficit en formation initiale. Jusqu'à la fin des années 2000, les structures qui forment ces professionnels ne dispensaient pas toujours de formation en éducation à la santé : c'était, par exemple, le cas de sept écoles de diététiciens sur dix, d'un tiers des instituts de formation en soins infirmiers et de la majorité des facultés de médecine, d'odontologie et de pharmacie. En outre, lorsque cet enseignement est dispensé, c'est souvent par des enseignants qui eux-mêmes ne sont pas formés en éducation pour la santé. D'ailleurs, selon un sondage de l'INPES réalisé en 2005, entre un tiers et un quart des professionnels de la santé et de l'action sociale se sentent mal informés sur les maladies sexuellement transmissibles, la nutrition ou encore les dangers du cannabis.

b. Les médecins ne sont pas forcément les mieux placés pour faire de la prévention

Les recherches menées dans ce domaine soulignent d'autres difficultés. Ainsi, les médecins sont souvent sceptiques quant à l'efficacité de leurs actions de prévention ou enclins à juger que ces actions prennent trop de temps et sont peu gratifiantes. Beaucoup hésitent à aborder des sujets qu'ils jugent très personnels (en particulier la consommation d'alcool) et préfèrent éviter de mettre en péril la relation thérapeutique par des questions indiscrètes et déplaisantes. Plus fondamentalement, ces professionnels adhèrent souvent à la médicalisation des conduites à risque, dont les limites ont été soulignées plus haut : en France, neuf médecins généralistes sur dix estiment que l'obésité est une maladie (la même proportion juge que la toxicomanie est une maladie chronique), tandis que près d'un sur trois considère que les personnes obèses ou en surpoids sont paresseuses et manquent de volonté. On retrouve ici l'interprétation biomédicale des conduites à risque, réduites à des pathologies de la volonté. En outre, si l'on défend le principe d'une prévention plus compréhensive, il n'est pas certain qu'un cabinet médical soit le meilleur endroit pour mener des actions de prévention : la relation qui s'établit entre le médecin et son patient est presque toujours asymétrique. Peut-être faudrait-il aussi songer à renoncer à l'expression « éducation à la santé », qui a le tort de présupposer une relation inégale entre un expert détenteur d'une autorité savante et un profane sommé de se taire et d'écouter.

Finalement, si la prévention des conduites à risque doit aujourd'hui se professionnaliser, elle gagnerait aussi sans doute à être partiellement démédicalisée, en particulier en s'appuyant sur des acteurs qui ne sont pas issus du milieu médical et en privilégiant un modèle pédagogique qui ne reproduise pas l'asymétrie de la relation thérapeutique.

POINTS CLÉS

▶ Aujourd'hui, en France, les principales causes de mortalité prématurée sont des « conduites à risque », en particulier le tabagisme, l'abus d'alcool, les mauvaises habitudes alimentaires et la sédentarité.

▶ Ces conduites à risque, devenues des cibles prioritaires de la prévention, sont hétérogènes et de plus en plus nombreuses : d'une part parce que la santé (et donc aussi ce qui la menace) est définie de façon de plus en plus extensive, d'autre part parce que l'épidémiologie établit sans cesse de nouvelles corrélations statistiques entre des comportements et des problèmes de santé.

▶ Ces conduites à risque sont socialement différenciées : elles sont plus fréquentes parmi les populations les plus défavorisées. Cette différenciation tend à s'accroître malgré (voire à cause) de la prévention.

▶ Ces conduites tendent aujourd'hui à être considérées comme des pathologies, addictives et contagieuses. Or ces conduites sont aussi des pratiques sociales, qui satisfont des besoins, et que les individus apprennent à justifier. Réduire ces conduites à des maladies ne permet donc pas de les comprendre, et cette incompréhension limite significativement l'efficacité des nombreux outils dont dispose la prévention (information, réglementation, taxes, offre d'assistance).

▶ Une prévention plus efficace des conduites à risque implique une meilleure compréhension de ces conduites, mais aussi une professionnalisation des acteurs de la prévention, ainsi qu'une démédicalisation partielle de celle-ci.

Bibliographie

Bocquier A et al. Overweight and obesity : knowledge, attitudes, and practices of general practitioners in France. *Obesity Research* 2005; 13 (4) : 787–95. Pour une synthèse en français : www.se4s-orspaca.org/syntheses_resultats/pdf/05-SY2.pdf.

Khaw KT et al. Combined impact of health behaviours and mortality in men and women : the EPIC-Norfolk prospective population study. *PLoS Medicine* 2008; 5 (3) : e70.

Schroeder SA. We can do better – Improving the health of the American people. *New England Journal of Medicine* 2007; 357 :1221–8.

Principaux facteurs de risque environnementaux des maladies

W. Dab

I. Définition du champ
II. L'environnement, un déterminant de l'état de santé
III. Les nombreuses caractéristiques de l'environnement agissant sur la santé
IV. Une large gamme de problèmes
V. L'étude de la relation environnement–santé grâce à la notion de risque
VI. Risque, danger, exposition
VII. La démarche d'évaluation des risques
VIII. La notion de fardeau des maladies
IX. Le principe de précaution

I. Définition du champ

La santé environnementale désigne un champ particulier de la santé publique qui concerne l'évaluation et la gestion des risques pour la santé humaine liés aux conditions d'environnement (les milieux de vie). Cette notion proposée par l'Organisation mondiale de la santé (OMS) concerne tous les aspects de la santé et la qualité de vie des populations qui résultent de l'action sur l'homme des facteurs d'environnement, qu'ils soient d'origine naturelle ou anthropique. Elle élargit l'ancienne vision hygiéniste se rapportant à l'ensemble des mesures préventives à mettre en œuvre pour acquérir ou conserver la santé. Elle renvoie aux interactions entre l'homme et l'environnement qu'elles soient positives (avantages) ou négatives (inconvénients).

La santé est une notion globale sur laquelle de nombreux facteurs exercent une influence. Bien que la définition ambitieuse de la santé inscrite dans la charte de l'OMS (1948) énonce que la santé n'est pas que l'absence de maladie, on confond souvent santé et médecine, et on considère souvent qu'une assurance-maladie suffit à répondre aux besoins sanitaires.

II. L'environnement, un déterminant de l'état de santé

Il y a quatre principaux déterminants de l'état de santé des populations (fig. 21.1) : les facteurs génétiques et biologiques ; les comportements individuels ; le système de soins ; l'environnement (Hippocrate en parle abondamment).

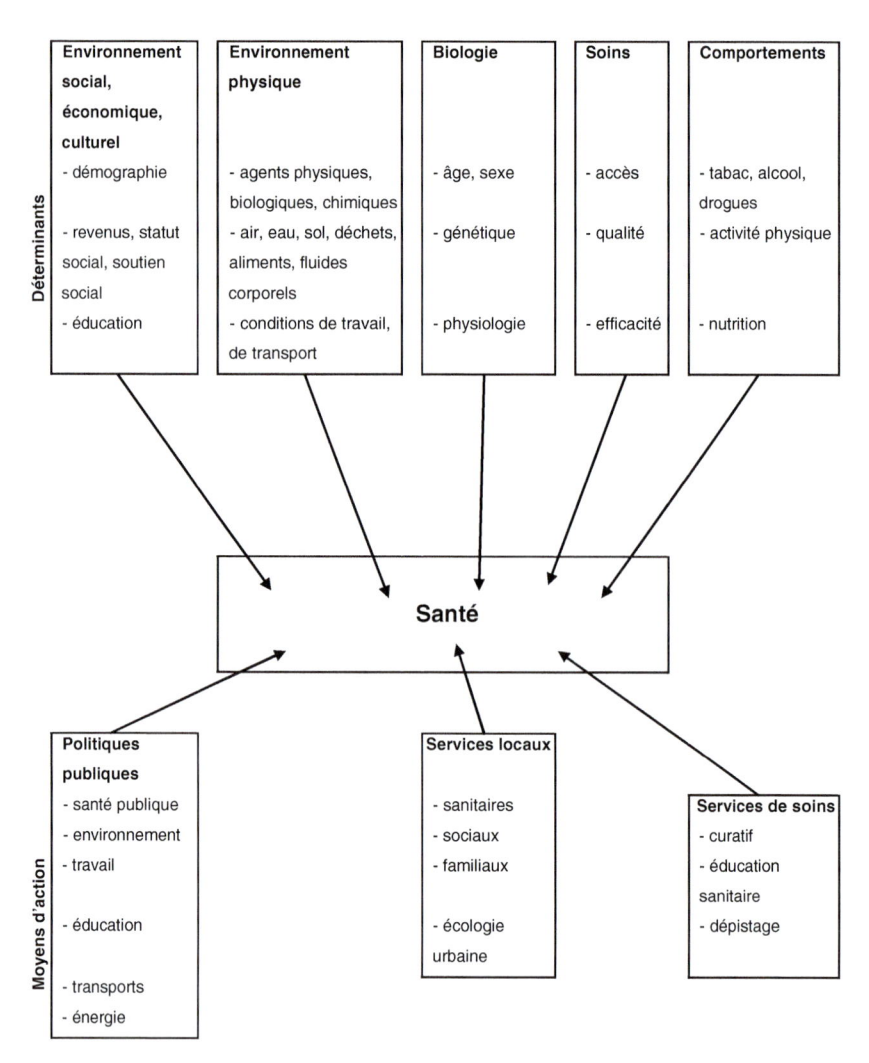

21 Principaux résultats concernant la santé et les soins

	Environnement social, économique, culturel	Environnement physique	Biologie	Soins	Comportements
Déterminants	- démographie - revenus, statut social, soutien social - éducation	- agents physiques, biologiques, chimiques - air, eau, sol, déchets, aliments, fluides corporels - conditions de travail, de transport	- âge, sexe - génétique - physiologie	- accès - qualité - efficacité	- tabac, alcool, drogues - activité physique - nutrition

Santé

	Politiques publiques	Services locaux	Services de soins
Moyens d'action	- santé publique - environnement - travail - éducation - transports - énergie	- sanitaires - sociaux - familiaux - écologie urbaine	- curatif - éducation sanitaire - dépistage

Fig. 21.1.
Principaux facteurs influençant l'état de santé.

Depuis que l'homme a compris que les maladies n'étaient pas d'origine divine, deux écoles ont forgé notre représentation des causes des maux et des souffrances. Pour les uns, les maladies provenaient des dérèglements à l'intérieur du corps humain. C'étaient les altérations des « humeurs » qui nous rendaient malades, ce qu'évoque bien le nom de choléra. Pour les autres, la mauvaise santé résultait des agressions externes, de facteurs exogènes qui provoquent des réactions pathologiques, qu'il s'agisse d'infections, d'inflammations ou de tumeurs. On retrouve cette idée dans des noms de maladies comme influenza (grippe) ou malaria (le mauvais air que l'on a cru à tort responsable du paludisme avant que Laveran découvre sa transmission par un moustique). Il a fallu un siècle de recherches scientifiques pour comprendre la part de vrai que recélait chacune des théories et pour qu'émerge cette notion fondamentale qu'est la plurifactorialité des phénomènes qui concernent le vivant.

III. Les nombreuses caractéristiques de l'environnement agissant sur la santé

Historiquement, l'amélioration de la qualité des milieux de vie a été, avec la lutte contre les épidémies, un des plus puissants moteurs de la santé publique. Au XIXe siècle, c'est surtout l'hygiène de l'eau qui provoque la cassure de la courbe de l'espérance de vie qui s'accroît avant que la médecine devienne efficace. À cette époque, rien ne séparait l'hygiène et la médecine.

Parmi les facteurs d'environnement, on distingue : les agents chimiques, physiques (bruit, rayonnements, vibrations…) et biologiques (bactéries, virus, parasites, prion). Ils sont présents dans les différents milieux de vie et écosystèmes (environnement général, domestique, urbain, professionnel…). Ils entrent en contact avec l'homme par des « médias » : air, eau, sol, déchets, aliments, fluides biologiques soit dans des conditions habituelles, soit dans un contexte de catastrophe environnementale naturelle (tremblement de terre, tsunami, température extrême) ou d'origine humaine (Seveso, Tchernobyl, Bhopal…).

Une autre dimension est importante : les facteurs sociaux. L'organisation sociale, le statut social, les niveaux de revenu et d'éducation, etc. sont également des facteurs influençant la santé. Les facteurs sociaux structurent les inégalités de risques liés aux caractéristiques de l'environnement.

De nombreuses disciplines permettent d'étudier la relation entre l'environnement et la santé : épidémiologie (science d'observation) et toxicologie (science d'expérimentation) au premier chef, mais aussi : psychologie, sociologie, économie, sciences de la matière et écologie.

De nombreuses lois, règlements et normes s'appliquent à l'air, l'eau, la qualité des produits de consommation, au travail, aux pollutions industrielles, aux déchets…

La santé environnementale est ainsi placée au carrefour d'un ensemble de politiques (voir encadré ci-dessous) : solidarité sociale, environnement, travail, énergie, logement, transports, développement industriel et agricole, consommation et répression des fraudes, etc. Le Plan national santé environnement est une politique publique qui vise à articuler et à hiérarchiser l'action dans les différents compartiments de l'environnement. Quasiment tous les ministères sont concernés. Le ministère de la Santé n'a une pleine autorité que sur l'eau d'alimentation dont les normes sont régies par le Code de la santé publique. Sur tous les autres secteurs de l'environnement, il est co-décideur et il est rarement leader.

> **Le deuxième plan national Santé–environnement (2009–2013)**
>
> Il propose un catalogue d'actions définies en considérant le thème santé environnement comme l'ensemble des interactions entre l'homme et son environnement et les effets sur la santé liés aux conditions de vie (expositions liées à la vie privée et/ou professionnelle...) et à la contamination des différents milieux (eau, air, sol...). Douze mesures sont particulièrement promues, mais le plan en propose cinquante-huit pour un budget mobilisé d'environ 500 millions d'euros.
> - 1. Réduire de 30 % les concentrations dans l'air ambiant en particules fines PM2,5 et de six autres substances jugées prioritaires : mercure, arsenic, hydrocarbures aromatiques polycycliques, benzène, perchloroéthylène, polychlorobiphényles.
> - 2. Mettre en place un étiquetage sanitaire des produits de construction.
> - 3. Favoriser les mobilités douces.
> - 4. Assurer la protection des aires de 500 captages d'eau.
> - 5. Réduire les risques liés aux rejets de médicaments dans l'environnement.
> - 6. Mettre en place un programme de biosurveillance.
> - 7. Expérimenter un dispositif de traçabilité des expositions professionnelles.
> - 8. Renforcer les contrôles des substances mises sur le marché.
> - 9. Réduire l'exposition aux substances préoccupantes dans les bâtiments accueillant les enfants.
> - 10. Développer un réseau de conseillers habitat-santé.
> - 11. Poursuivre le programme de lutte contre l'habitat indigne.
> - 12. Identifier et gérer les points noirs environnementaux.

IV. Une large gamme de problèmes

Dans l'interaction entre environnement et santé, trois problématiques différentes se juxtaposent aujourd'hui.

A. Problèmes classiques

Les grandes pollutions, préoccupant les hygiénistes au XIXe siècle, ont conduit à la notion d'assainissement des milieux : eau, air, habitat, alimentation. Ces problèmes restent prévalents dans les pays du Sud où ils ont un impact important sur l'espérance de vie. Liés à de fortes expositions à des agents uniques, ils entraînent des maladies le plus souvent aiguës et faciles à diagnostiquer (tableau 21.I). Ils sont associés à un bas niveau socio-économique.

Quatre milliards de cas de diarrhées surviennent annuellement et plus de deux millions de personnes en décèdent, 75 % des décès étant liés à l'environnement (campylobactériose, choléra, fièvres typhoïdes et paratyphoïdes, salmonelloses, shigellose, giardiase, cryptosporidiose ainsi que les infections à *Escherichia coli* entéro-hémorragique).

Les infections respiratoires aiguës sont les maladies infectieuses les plus meurtrières du monde. Environ 45 % des cas d'infections pulmonaires dans les pays en développement ont une composante environnemen-

Tableau 21.I. **Principales pathologies (hors traumatismes) directement causées par des agents environnementaux.**

Pathologies	Milieux	Principaux agents
Parasitoses	Eau, air (moustiques)	*Plasmodium falciparum*, protozoaires
Diarrhées	Eau, sols (déchets)	Nombreux virus et bactéries
Infections respiratoires	Air	Virus (grippe), bacille de Koch, *Legionella pneumophilia*
Neuropathies aiguës	Aliments, air	Pesticides, prions, solvants, toxines, mercure, plomb
Néphropathies aiguës	Aliments, air	Sels de mercure, cadmium
Zoonoses	Animaux	Rickettsies, borréliose de Lyme, virus de la rage
Hépatites	Eau, aliments	Virus A, B et C
Troubles de la conscience, asphyxie	Air	Monoxyde de carbone

tale, notamment par la pollution de l'air incluant l'air intérieur (utilisation du bois ou du charbon pour la cuisson). Cette proportion est deux fois moindre dans les pays développés.

Le paludisme (malaria), transmis par un moustique, affecte environ 500 millions de personnes, la mortalité étant de plus d'un million par an dont la moitié pourrait être évitée par un management environnemental approprié. La maladie est endémique dans les zones tropicales et subtropicales. La modification de l'environnement par les activités humaines (agriculture, déplacements de populations) est reliée à la progression de la maladie. Les conditions environnementales (climatiques) sont déterminantes quant à la dissémination du paludisme, de même que l'urbanisation rapide des pays en développement.

B. Problèmes actuels

Dans les pays développés, mais aussi de plus en plus dans les pays en développement, l'impact de l'environnement sur la santé se manifeste surtout par des maladies chroniques liées à des expositions prolongées à de faibles doses de contaminants toxiques, principalement des agents chimiques. Les principales pathologies concernées sont listées dans le tableau 21.II. Ces maladies ont des causes multifactorielles et il est impossible de comprendre la part contributive de l'environnement par la seule approche clinique, au cas par cas. Il peut exister une longue latence entre l'exposition et la survenue de la maladie, ce qui complique l'interprétation des liens observés. Les maladies chroniques

Tableau 21.II. **Principales pathologies chroniques déterminées par des agents environnementaux.**

Pathologies	Agents
Pathologies cancéreuses	Tabac, rayonnements ionisants, pesticides, dioxines, particules fines, arsenic, fibres d'amiante, hydrocarbures, benzène
Pathologies cardiaques	Tabac, polluants atmosphériques extérieurs, bruit, chaleur et froid extrêmes
Pathologies respiratoires, dont asthme	Tabac, polluants atmosphériques extérieurs et intérieurs, allergènes
Pathologies endocriniennes	Agents chimiques perturbateurs endocriniens (phtalates, dioxines, furanes, PCB, hydrocarbures)
Pathologies neuro-comportementales	Plomb et autres métaux lourds
Pathologies de l'immunité	Pesticides, PCB, dioxines, furanes, métaux lourds, tabac
Troubles de la reproduction	Rayonnements ionisants, pesticides, polluants atmosphériques, trialométhanes, solvants
Stress et troubles psychosociaux	Bruit, habitat dégradé, conditions de travail, précarité

sont plurifactorielles. L'homme est en contact non pas avec les agents de l'environnement pris un par un, mais avec un ensemble d'agents aux interactions complexes. L'approche clinique individuelle doit donc être complétée par une approche populationnelle, c'est-à-dire épidémiologique.

Les maladies cardiovasculaires (infarctus du myocarde, insuffisance cardiaque, hypertension…) constituent la deuxième cause de mortalité sur la planète, après les maladies infectieuses, causant la mort de plus de 15 millions de personnes par an. Les facteurs de risques environnementaux concernés sont la pollution de l'air extérieur et intérieur (tout particulièrement le monoxyde de carbone, les particules de petite taille), les températures extrêmes ou l'ingestion de métaux toxiques (plomb, arsenic). La fréquence des maladies cardiaques est en augmentation dans les pays en développement ainsi que dans les pays de l'ancien bloc soviétique à mesure que ces sociétés adoptent un mode de vie occidental.

Les maladies respiratoires chroniques regroupent l'asthme, l'emphysème et l'insuffisance respiratoire. Il est démontré que la pollution de l'air extérieur ou intérieur est associée à l'aggravation de l'asthme. Le milieu de travail en constitue une autre cause importante (asbestose, silicose).

Il n'est pas possible de citer toutes les maladies chroniques auxquelles l'environnement peut contribuer tant son rôle est diffus et varié. Parmi les 102 grandes maladies répertoriées par l'OMS, quatre-vingt-cinq sont en tout ou partie liées à des causes environnementales. Des travaux récents montrent les interactions possibles entre l'exposition aux particules fines de l'atmosphère et le risque de diabète, d'obésité et d'hypertension, trois des maladies chroniques les plus fréquentes.

Les cancers sont responsables d'environ 7 millions de décès annuellement. Ils peuvent être liés à une exposition à divers agents de l'environnement général ou du milieu de travail. Le développement d'un cancer est le plus souvent multifactoriel et il est souvent impossible d'en préciser l'origine chez un individu. Ici encore, seule l'analyse au niveau de la population permet d'estimer la contribution de l'environnement. Dans les pays industrialisés, le cancer représente la deuxième cause de mortalité après les maladies cardiovasculaires. Le cancer des poumons fait plus de victimes que tout autre cancer et le tabac en est responsable neuf fois sur dix. Les habitudes de vie (consommation de tabac et d'alcool, mauvaise alimentation, sédentarité), l'exposition à des substances cancérogènes (benzène, particules fines, arsenic...) présentes dans l'environnement, les rayonnements ionisants, l'exposition excessive au soleil (cancer de la peau) et les infections (hépatite B ou papillomavirus humain) sont des causes reconnues de cancer. Dans les pays industrialisés, le tabagisme est responsable de 30 % de toutes les tumeurs malignes et l'alimentation est responsable aussi de 30 % des cancers (20 % dans les pays en développement). L'exposition aux substances cancérogènes dans les pays industrialisés cause 4 % des cas de cancer et les agents infectieux 18 % des cas dans le monde, la plupart se produisant dans les pays en développement.

En France, selon l'Institut de veille sanitaire (InVS), la fréquence des cancers a presque doublé depuis 25 ans. En tenant compte de l'accroissement et du vieillissement de la population, l'augmentation est encore de 50 %. L'amélioration des méthodes diagnostiques explique une part de cet accroissement, notamment pour les cancers de la prostate, du cerveau et de la thyroïde, mais les expositions aux cancérigènes de l'environnement sont suspectées pour certains types de cancer comme les lymphomes, le mélanome de la peau (soleil), le rein, la vessie, les leucémies et de façon certaine pour les mésothéliomes (amiante). Il faut savoir que si le nombre de cancers augmente, le risque de mortalité, lui, diminue grâce à l'efficacité croissante des traitements.

Dans les sociétés industrielles, les expositions actuelles correspondent en général à de faibles doses itératives créant des risques individuels faibles donc difficiles à repérer. Mais lorsqu'un risque faible touche des millions de personnes, le risque attribuable (la proportion du risque global qui peut être imputée à une exposition particulière) peut être important.

C. Problèmes émergents (controversés)

Des risques nouveaux émergent à un rythme élevé en raison de la mondialisation de l'économie, de l'urbanisation qui s'accélère (plus de 50 % des hommes vivent dans des villes) et de l'industrialisation des nouvelles technologies qui se répandent à grande vitesse dans différents secteurs.

Dans le bâtiment, la ventilation, la climatisation et les normes accrues d'isolation créent des risques liés aux légionelloses ou à la qualité de l'air intérieur. L'intensification des transports internationaux facilite la diffusion de nouveaux agents infectieux. De nouveaux matériaux de synthèse apparaissent sans cesse, des centaines de nouvelles substances chimiques sont introduites chaque année sur le marché, alors même que la moitié des substances les plus utilisées n'ont pas de profil toxicologique établi. Ce constat a motivé la promulgation de la nouvelle réglementation européenne dite REACh *(registration, evaluation, authorisation and restriction of chemicals)*.

L'évolution des modes de production est associée à des questions qui préoccupent la population comme la vache folle qui a révélé la vulnérabilité induite par l'industrialisation agro-alimentaire. Aucune technologie ne s'est diffusée aussi vite dans l'histoire de l'humanité que la téléphonie portable bouleversant notre environnement électromagnétique, d'où des craintes sur les effets des ondes générées par les antennes relais ou les bornes WiFi. Autre préoccupation croissante : les nanoparticules manufacturées, désormais incluses dans de nombreux produits de consommation courante.

Au plan planétaire, des menaces globales sont discutées : changement climatique, diminution de la couche d'ozone, contaminations de nombreuses espèces vivantes par des polluants organiques persistants, OGM, etc. Le risque n'est plus une affaire locale. Il peut s'exprimer loin de là où il est produit, ce qu'a illustré jusqu'à la caricature l'affaire des farines animales et du prion.

Le paysage des risques est caractérisé par son incontrôlabilité au niveau individuel (on ne sait pas si on est exposé ou non) d'une part et l'effacement d'une triple frontière d'autre part : spatiale (aucune barrière géographique, administrative ou politique ne peut s'opposer à la diffusion des risques) ; temporelle (longue latence entre l'exposition et les conséquences) ; sociale (la complexité des sources de risques brouille leur traçabilité et se prête à de gigantesques batailles juridiques sur les questions de responsabilité).

Les conséquences sanitaires de ces évolutions sont complexes à évaluer. Les études scientifiques des conséquences des expositions aux agents émergents sont longues à faire, coûteuses et elles fournissent souvent des résultats contradictoires, qui renforcent les soupçons et les craintes. C'est la figure de l'incertitude dont les travaux sociologiques ont montré l'importance dans le niveau de crainte des populations qui est moins lié à l'ampleur du risque qu'aux controverses sur son existence réelle. C'est dans ce sentiment de vulnérabilité qui érode la confiance sociale que se développe le *principe de précaution*. On peut dire que le monde actuel est à la fois plus sûr, mais aussi plus risqué. Cette situation explique la variété des opinions et des perceptions.

V. L'étude de la relation environnement–santé grâce à la notion de risque

Seul le concept de risque (modèle probabiliste) permet d'analyser l'interaction actuelle entre l'environnement et la santé. L'alternative serait une conception déterministe reliant de façon univoque un facteur d'exposition à une maladie. Ce modèle déterministe unicausal (qu'on peut appeler modèle pasteurien) peut convenir pour les problèmes classiques (le saturnisme dû au plomb, la fièvre typhoïde due à la bactérie *Salmonella typhi*, le cancer de la plèvre dû à l'amiante, etc.), mais pas pour la majorité des problèmes actuels caractérisés par la plurifactorialité de leurs déterminants. Il faut moins considérer des maladies « environnementales » que la détermination environnementale des maladies. L'environnement agit en interaction avec les facteurs génétiques et comportementaux.

VI. Risque, danger, exposition

La distinction entre le risque et le danger est fondamentale. Le danger (*hazard* en anglais) est une propriété pathogène. C'est une possibilité, une éventualité, une potentialité, une capacité de créer une maladie, une perturbation biologique ou sanitaire. Le risque (*risk* en anglais) est un indicateur quantitatif de la vraisemblance de la réalisation du danger. C'est la probabilité que le danger survienne. Un risque nul signifie que le danger ne se produira pas. Un risque de 1 indique un danger inéluctable. C'est le niveau d'exposition ou, plus précisément, la dose (la quantité de polluant qui pénètre dans l'organisme) qui fait varier le risque. « Tout est poison, rien n'est poison, seule la dose fait que quelque chose n'est pas un poison », écrivait Paracelse au XVIe siècle.

Par danger, on peut entendre :
- une modification d'une fonction ou d'un paramètre physiologique, incluant les fonctions immunologiques ;
- une lésion organique : cancérogenèse, mutagenèse, tératogenèse, fibrose, etc. ;
- une maladie ;
- le potentiel létal ;
- une altération des capacités de réaliser certaines activités (incapacités, handicaps, atteintes comportementales) ;
- une perturbation psychologique (stress, traumatisme, dépression, etc.).

Pour comprendre les problèmes classiques, la notion de danger était suffisante. Pour analyser les problèmes actuels, il est indispensable de prendre en compte deux notions fondamentales : le risque et l'exposition. Cette approche permet de réaliser que dans l'analyse de l'impact sanitaire de l'environnement, la taille de la population exposée est un paramètre important. En termes épidémiologiques, un risque relatif fort (le facteur multiplicatif du risque lorsqu'on est exposé) pour une exposition rare peut provoquer moins de maladies qu'un risque relatif petit, mais largement répandu.

Sans la notion de risque, la réalité est binaire : le danger est présent ou absent. Avec le risque, on peut faire sortir la dimension sanitaire de la relative invisibilité induite par la plurifactorialité des pathologies, il devient possible d'agir de façon proactive, de protéger la santé en maîtrisant les niveaux d'exposition. C'est un tournant fondamental, celui par lequel l'homme change son rapport à la nature, devient moins fataliste et surtout peut adopter une posture d'anticipation. De plus, la notion de risque permet de traiter l'incertitude scientifique et de faciliter l'identification de solutions de prévention pertinentes. La mesure du risque permet de sortir d'une conception intuitive des relations entre l'homme et son environnement. Elle conduit à réaliser que seule une exposition nulle garantit un risque nul. Or, l'exposition nulle est en règle générale inatteignable. Dès lors, se pose la question de nature politique de savoir quel est le niveau tolérable d'exposition. Poser les problèmes de santé environnementale en termes de risques a pour conséquence de leur conférer une dimension sociotechnique.

VII. La démarche d'évaluation des risques

Une démarche formalisée d'évaluation quantitative des risques existe depuis une trentaine d'années. Jusque-là, pour étudier la relation environnement–santé, on disposait de deux approches scientifiques :

- l'épidémiologie, science d'observation, qui a l'avantage d'étudier l'homme dans ses conditions réelles d'exposition, mais qui nécessite une interprétation prudente pour conclure à une relation de cause à effet ;
- la toxicologie, science expérimentale sur l'animal de laboratoire, les modèles cellulaires ou tissulaires, qui conduit relativement aisément à un jugement de causalité, mais qui nécessite une extrapolation interespèces pour être appliquée à l'homme.

Ces deux approches peuvent fournir des connaissances contradictoires et se pose alors la question de savoir comment on peut les combiner. La démarche d'évaluation des risques est celle qui permet de réaliser une synthèse des connaissances disponibles et de quantifier le risque pour une exposition donnée. Ceci permet de fixer explicitement le seuil de risque que l'on estime raisonnable et d'estimer le niveau d'exposition acceptable du point de vue de la protection sanitaire (valeur toxicologique de référence). Ce processus établit un lien entre les sciences de l'environnement et les démarches de santé publique. L'évaluation des risques vise à fournir aux décideurs et aux praticiens une information synthétique et quantitative, explicitant les incertitudes des connaissances. La formalisation de la démarche est d'autant plus nécessaire

Tableau 21.III. **La démarche d'évaluation quantitative des risques.**

Recherche	Évaluation des risques		Gestion
Toxicologie Épidémiologie Biologie	Identification des dangers	Caractérisation des risques : – quantitative – qualitative	Analyse des impacts
Modélisation mathématique	Extrapolation hautes/basses doses		Analyse des options d'intervention
Mesure des expositions	Estimation de l'exposition		Décision

qu'elle repose à chaque étape sur des hypothèses, des modèles et des consensus susceptibles d'évoluer. Quatre étapes élémentaires sont distinguées, qui sont désormais largement mises en œuvre par les agences françaises et étrangères de sécurité sanitaire (tableau 21.III) :
- la première étape (identification des dangers) juge la réalité du potentiel dangereux sur la base des connaissances épidémiologiques et toxicologiques ;
- la deuxième étape (extrapolation des fortes aux faibles doses) permet, grâce aux méthodes de modélisation mathématique ou statistique, de tracer une courbe reliant chaque exposition à un niveau de risque et de proposer une valeur toxicologique de référence, valeur indiquant le niveau d'exposition sans danger ou, si l'on adopte une relation dose–effet sans seuil, un niveau induisant un risque jugé acceptable ;
- la troisième étape concerne l'estimation des expositions de la population concernée. Ce travail parfois dénommé par le néologisme « expologie » peut relever de différentes approches directes (mesurages biologiques) ou indirectes (questionnaires, mesurages dans les milieux), individuelles ou écologiques. Idéalement, il faut aller jusqu'à estimer la dose, c'est-à-dire la quantité de xénobiotiques (agents étrangers à l'homme) pénétrant effectivement dans l'organisme humain ;
- la dernière étape consiste à caractériser le risque, son niveau et la nécessité de le réduire. C'est une synthèse des étapes précédentes. Au cours de chacune de ces étapes, les connaissances disponibles sont

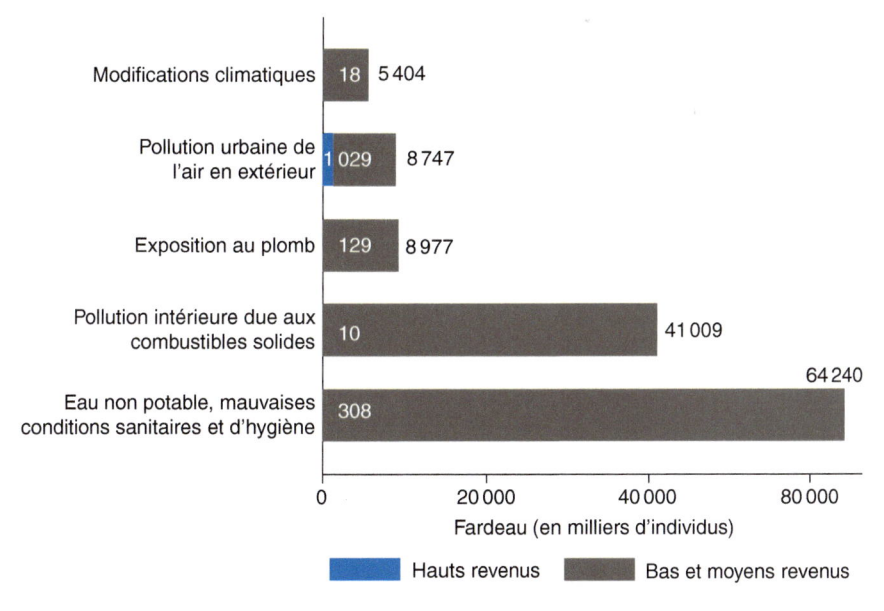

Fig. 21.2.
Fardeau des maladies liées aux agents environnementaux en 2004.
Source : OMS.

ainsi systématiquement analysées, synthétisées et les incertitudes résiduelles sont explicitées.

VIII. La notion de fardeau des maladies

Avec ce type d'approche, l'OMS estime qu'environ un quart du fardeau des maladies (un tiers chez l'enfant) est dû à des facteurs environnementaux modifiables (fig. 21.2). Par fardeau des maladies, il faut comprendre l'impact des pathologies sur la perte du nombre d'années vécues ou passées en bonne santé. Par exemple, on estime que 95 % de la perte en années de vie passées en bonne santé du fait des diarrhées est due au manque d'eau potable, aux défaillances de l'assainissement et de l'hygiène.

Cette estimation valable au niveau de l'ensemble du monde varie évidemment selon les régions du globe. Cependant, ce serait une erreur de croire que seuls les pays pauvres payent un lourd tribut aux pollutions de l'environnement. Dans ceux-ci, les maladies infectieuses sont bien plus fréquentes que dans les pays riches et représentent un fardeau des maladies quinze fois plus fort. Mais ces derniers ont une fréquence élevée de maladies chroniques comme les cancers et les maladies cardiovasculaires. Le poids des facteurs d'environnement sur ces maladies ne varie guère selon les pays. Les enfants sont particulièrement vulnérables à un environnement dégradé. La quantité d'années de vie en bonne santé perdues pour des causes environnementales est cinq fois plus grande chez les enfants de moins de 5 ans que dans le reste de la population. Une évaluation des risques sanitaires de l'environnement pour les pays européens montre que 15 à 20 % du fardeau des maladies en Europe est dû à l'environnement, avec 80 000 décès annuels attribuables pour le cas de la France.

IX. Le principe de précaution

L'incertitude et l'universalité sont communes à ces nouvelles questions de risque sanitaire, ce qui débouche évidemment sur la question de la précaution. En France, le principe de précaution est inclus dans la Charte de l'environnement promulguée en 2005 en tant que loi constitutionnelle. Elle énonce que « chacun a le droit de vivre dans un environnement équilibré et favorable à sa santé ». Le principe de précaution renvoie à l'idée qu'il ne faut pas attendre d'obtenir les preuves d'un danger pour commencer à agir, car quand les preuves seront établies, il pourra être trop tard pour que l'action soit efficace. La précaution fait l'objet de controverses. Pour les uns, l'homme n'est pas suffisamment protégé. Pour les autres, la précaution stérilise l'innovation. En général, l'opinion des pays industrialisés est de plus en plus méfiante et craintive et demande plus de précaution.

La sensibilité accrue des systèmes de veille (surveillance épidémiologique) contribue au climat d'inquiétude. Si on est de mieux en mieux armé pour identifier des menaces, on a aussi de grandes difficultés à rassembler des preuves formelles dans le contexte d'incertitude évoqué plus haut. La science et ses applications créent plus d'incertitudes, donc d'inquiétudes qu'elles ne peuvent en résoudre, d'où un sentiment de perte de maîtrise.

Dans ce contexte, un débat social est légitime, notamment pour définir les critères de choix relatifs aux risques. Vouloir s'en affranchir produit souvent une situation de blocage comme celle que l'on connaît en France en matière d'OGM. Le Grenelle de l'environnement a introduit une nouvelle dynamique qui a en général été accueillie positivement par les parties prenantes.

Les questions sur les risques sanitaires et les incertitudes afférentes dans un contexte de concurrence commerciale forte créent des conflits autour de la notion de risque. La question de savoir ce qui constitue ou pas un risque sanitaire fait débat. Pour les uns, il y a risque quand les études scientifiques montrent des signaux probants d'une atteinte à la santé. Pour les autres, il suffit qu'une hypothèse de danger soit plausible pour parler de risque. Différentes conceptions des risques et les manières de les gérer s'opposent avec schématiquement d'un côté, une philosophie du « laisser faire » (une technologie est sûre jusqu'à preuve du contraire) et de l'autre côté, une approche de précaution (aucune innovation n'est *a priori* inoffensive). Dans cette situation aux multiples enjeux, les professionnels de santé doivent savoir que la démonstration scientifique de l'absence de risque est impossible.

Ainsi, comprendre la notion de santé environnementale est nécessaire pour prendre en charge les maladies chroniques et aussi pour participer aux grands débats que suscite la notion de risque.

POINTS CLÉS

▶ La santé environnementale est un champ particulier de la santé publique qui concerne l'évaluation et la gestion des risques pour la santé humaine liés aux conditions d'environnement.

▶ Les facteurs génétiques et biologiques, les comportements individuels, le système de soins, et l'environnement sont les quatre principaux déterminants de l'état de santé des populations.

▶ L'amélioration de la qualité des milieux de vie a été avec la lutte contre les épidémies un des plus puissants moteurs de la santé publique.

▶ Le plan national *Santé environnement* est une politique publique qui vise à hiérarchiser l'action dans les différents compartiments de l'environnement.

▶ Les grandes pollutions de l'eau, de l'air, de l'habitat et de l'alimentation restent prévalentes dans les pays du Sud où elles ont un impact sur l'espérance de vie.

▶ Dans les pays développés, l'impact de l'environnement sur la santé se manifeste par des maladies chroniques liées à des expositions prolongées à de faibles doses de contaminants toxiques.

▶ Dans les pays industrialisés le cancer représente la deuxième cause de mortalité après les maladies cardiovasculaires.

▶ La majorité des problèmes actuels sont caractérisés par la plurifactorialité de leurs déterminants.

▶ Le risque est la probabilité que le danger survienne. Une démarche formalisée d'évaluation quantitative des risques permet de faciliter l'identification de solutions de prévention pertinentes.

▶ Les pays industrialisés demandent plus de précaution vis-à-vis du risque.

Bibliographie

Bourdillon F. *Traité de santé publique*. Paris : Flammarion ; 2007.

Dab W. *Santé et environnement*. Que sais-je ? n° 3771. Paris : PUF.

Dab W. *Le praticien en l'environnement*. Quotidien du Médecin ; 2010 (accessible gratuitement sur demande à : rubrique-praticien.ve@veolia.com).

Ewald F, Collier C, De Sadeler N. *Le principe de précaution.* Que sais-je ? n° 3596. Paris : PUF.

Tabuteau D. *La sécurité sanitaire*. Berger-Levrault ; 2002.

Approches de la santé : concepts et points de vue ; grands problèmes de santé en France

22

M.-C. Simeoni

I. Approches conceptuelles de la santé
II. Principaux indicateurs de santé en épidémiologie descriptive et sources de données
III. État de santé et principales pathologies

La santé est avant tout un enjeu humain, et parce que ce concept de santé met en jeu des représentations impliquant des conceptions de la vie et de la mort, il est particulièrement polysémique. De très nombreux représentants de la philosophie, de la psychologie, de la sociologie, de l'anthropologie, des neurosciences, de la biologie ou de la physiologie, mais aussi des écrivains ou des artistes se sont intéressés à cette question. Les questions de santé ne relèvent pas du seul domaine médical, mais plus largement de la vie sociale, et impliquent l'échelon collectif autant qu'individuel. Depuis une centaine d'années, la réflexion sur la santé et la maladie s'est attachée à promouvoir une conception renouvelée de la santé dans ses dimensions individuelles, sociales, culturelles et environnementales, mettant en avant une conception profane de la santé et la maladie par opposition au savoir médical.

Les concepts de référence, que sont la santé et les indicateurs de santé, sont au centre de la réflexion sur l'état de santé de la population et les politiques de santé.

I. Approches conceptuelles de la santé
A. Santé et maladie : quelques repères historiques

Deux doctrines opposées ont marqué l'histoire de la médecine au XIXe siècle : la doctrine ontologique et la doctrine fonctionnelle (à laquelle se rattache la doctrine physiologique). Le philosophe et historien des sciences Georges Canguilhem (1904–1995) s'est intéressé aux concepts fondateurs de la médecine en discutant ces doctrines et recentrant le point de vue sur l'individu en tant que tel. Pour lui, les concepts de santé et maladie, normalité et pathologie ne sont pas directement superposables.

1. Doctrine ontologique

La doctrine ontologique présuppose que quelque chose d'extérieur à l'homme lui-même, un être, est la cause de la maladie. Cette doctrine prétend étudier l'être de la maladie, son essence. Cet être peut faire défaut à l'organisme ou s'y introduire pour le perturber, comme le microbe dans les maladies infectieuses. Son paradigme fondateur est la microbiologie de Louis Pasteur (1822–1895). La maladie est donc un être étranger à l'individu malade : santé et maladie sont deux états qui s'opposent.

2. Doctrine fonctionnelle

La doctrine fonctionnelle présuppose que c'est la perturbation de mécanismes physiologiques qui est la cause de la maladie, comme dans le diabète ou d'autres maladies endocriniennes.

Cette doctrine s'enracine dans la doctrine humorale d'Hippocrate. La doctrine humorale considère la santé comme la juste proportion entre quatre humeurs : le sang, le phlegme, la bile jaune et la bile noire ; la maladie résultant d'un déséquilibre lié à l'excès ou au défaut de l'une d'entre elles. Au XIXe siècle, la théorie physiologique de Claude Bernard (1813–1878) met en avant la notion de milieu intérieur : la vie est le rapport qui règle l'harmonie de l'organisme à son milieu. La maladie est une altération de l'équilibre du milieu. Le pathologique est défini comme un état qui s'écarte du normal, il y a une continuité entre eux.

3. Concept de normativité de Canguilhem

Pour Canguilhem, ni la doctrine ontologique, ni la doctrine fonctionnelle ne sont à elles seules capables de rendre compte du pathologique et de la diversité du vivant. La vie est « une activité dynamique de débat avec le milieu ». Santé et maladie sont les deux pôles de cet équilibre vital. Au lieu de subir passivement les effets du milieu, la vie par son adaptation constante contribue à le créer.

Il n'y a pas d'opposition nette entre normal et pathologique car le pathologique comporte quelque chose de normal. Il ne serait pas normal de ne jamais être malade : « être malade, c'est encore vivre, et vivre c'est toujours fonctionner selon des normes ». La vie est donc une activité normative. La normativité permet d'inventer de nouvelles normes pour surmonter les obstacles. Le pathologique n'est pas le contraire de normal mais le contraire vital de sain.

La maladie n'apparaît que dans la mesure où les variations du milieu deviennent insupportables pour le sujet malade et lui causent un « sentiment direct et concret de souffrance, un sentiment d'impuissance et de vie contrariée ». Le sentiment du pathologique naît d'un jugement de valeur (un jugement normatif) posé par le malade. Dans cette perspective, c'est le malade qui donne sa définition de la maladie, et non pas le médecin. Une personne peut se sentir malade sans qu'aucun trouble organique ne soit objectivé.

B. Définitions actuelles de la santé

1. Définition fonctionnaliste

La santé se définit d'abord en négatif par rapport aux notions de maladie ou de déficience. La déficience correspond à une altération d'une structure ou fonction anatomique (déficience physique), physiologique (déficience sensorielle ou viscérale) ou psychologique (déficience mentale). Il s'agit d'un état temporaire ou permanent en référence à une norme biomédicale.

2. Définition fonctionnaliste et sociale

En introduisant une dimension sociale et psychologique, la santé s'oppose également à l'incapacité, au handicap et à la dépendance. L'incapacité se définit comme une réduction partielle ou totale de la capacité d'accomplir une activité d'une façon considérée comme normale pour un être humain. Le handicap est un désavantage social conféré par l'incapacité et la déficience mais aussi par un environnement défaillant : pour un individu, le handicap est fonction des altérations de l'état de santé, des ressources personnelles, de l'environnement personnel et collectif. On utilise le terme de dépendance lorsque les actes élémentaires de la vie courante (se nourrir, s'habiller, se mouvoir, etc.) nécessitent l'aide d'un tiers pour être effectués.

3. Définition de la santé par l'OMS

La définition de la santé formulée par l'OMS à la fin de la Seconde Guerre mondiale (1947) constitue une référence internationale : la santé est un « état complet de bien-être physique, mental et social qui ne consiste pas seulement en l'absence de maladie ou d'infirmité ».

Cette définition présente un double intérêt. D'une part, elle insiste sur les différentes dimensions de la santé. Elle marque un élargissement du champ conféré à la santé et constitue une vision plus positive de ce concept. D'autre part, elle souligne l'aspect subjectif de la santé. C'est le sujet et lui seul qui se dit ou non en bonne santé, puisque c'est son « bien-être » personnel qui définit la santé. Cette approche va dans le sens d'une démédicalisation de la santé.

Par contre, le caractère « statique » de cette définition est largement discuté. La santé est moins un état, avec la connotation inerte que cela comporte, qu'un processus qui se déroule dans le temps. René Dubos (1901–1982) souligne le caractère dynamique mais aussi adaptatif du concept de la santé en replaçant l'individu dans son environnement : pour lui, la santé est un « état physique et mental, relativement exempt de gêne et de souffrance, qui permet à l'individu de fonctionner aussi efficacement et aussi longtemps que possible dans le milieu où le hasard ou le choix l'ont placé ». Ainsi, la santé est-elle la capacité de fonctionner au mieux dans son milieu.

C. Concept de qualité de vie

La santé inclut une perception plus positive et recouvre désormais les notions de bien-être et d'adaptation à l'environnement physique et social. Cette approche dite perceptuelle renvoie à la façon dont les individus apprécient leur propre vie et à ce qu'ils ressentent. On passe du concept de santé à celui de santé perçue ou qualité de vie.

Le concept de qualité de vie présente des significations différentes reflétant l'expérience, la connaissance et les valeurs individuelles. Pour Fagot-Largeault : « La qualité de vie, sous l'angle individuel, c'est ce qu'on se souhaite au nouvel an : non pas la simple survie, mais ce qui fait la vie bonne (santé, amour, succès, confort, jouissances) bref, le bonheur… » Parmi les multiples définitions qui ont été proposées, on peut en citer au moins deux, largement diffusées et qui ont donné lieu au développement d'indicateurs mesurant la qualité de vie des personnes.

1. Définition de l'OMS

La qualité de vie est définie par l'OMS (1993) comme « la perception qu'a un individu de sa place dans l'existence, dans le contexte de la culture et du système de valeurs dans lesquels il vit en relation avec ses objectifs, ses attentes, ses normes et ses inquiétudes. C'est un concept très large influencé de manière complexe par la santé physique du sujet, son état psychologique, son niveau d'indépendance, ses relations sociales ainsi que sa relation aux éléments essentiels de son environnement ».

Dans cette perspective, la qualité de vie des individus dépend de leur état physique, mental et social. Chaque maladie présente ses caractéristiques et donc ses conséquences sur la qualité de vie du patient qui en est atteint. Mais de nombreux facteurs environnementaux peuvent également influencer la qualité de vie des personnes.

2. Définition basée sur les besoins

La qualité de vie peut aussi être définie par rapport aux besoins perçus par les patients. Selon la conception soutenue par Hunt et Mc Kenna (1992), chaque situation pathologique interfère de façon particulière avec la capacité des individus à satisfaire leurs besoins. Si les besoins perçus sont satisfaits, la qualité de vie est augmentée ; s'ils sont peu satisfaits, la qualité de vie est diminuée. Le point clé est alors de comprendre la nature et l'importance des besoins perçus par les patients, et non pas seulement les besoins identifiés par les médecins. Les besoins fréquemment rapportés comme devant être satisfaits afin de présenter des niveaux de qualité de vie élevés sont de nature très diverse : alimentation, sommeil, activité, vie sexuelle, absence de douleur ; logement, sécurité, stabilité ; affection, amour, communication, sentiment de communauté, de filiation ; curiosité, jeux, créativité, sentiment que sa vie a un sens ; identité, reconnaissance sociale, respect, estime de soi, capacité de se réaliser…

D. Synthèse

Schématiquement, l'ensemble des définitions préalables renvoient à quatre grandes approches du concept de santé :
- approche fonctionnelle de la santé ou approche biomédicale qui définit la santé comme la capacité de l'individu à fonctionner ;
- approche perceptuelle de la santé s'accordant avec la notion de bien-être ;
- approche conjuguant les deux précédentes : notions biomédicales et psychologiques de bien-être ;

- approche adaptative ou socio-écologique qui développe une approche de la santé à partir de la capacité pour un individu à s'adapter à son environnement et à ses déficiences.

Le concept fonctionnel de la santé a longtemps prévalu dans le monde médical. Il fonde le modèle médical classique de la santé qui s'oppose à des modèles plus modernes traduisant une vision plus globale de la santé. Selon le modèle choisi en référence, les indicateurs privilégiés pour décrire la santé d'une population ainsi que les politiques de santé envisagées peuvent différer.

II. Principaux indicateurs de santé en épidémiologie descriptive et sources de données

A. Indicateurs de santé

Les indicateurs de santé sont des variables décrivant les caractéristiques de l'état de santé d'une population. Ils sont généralement exprimés sous forme de taux, pourcentages ou ratios. Ils permettent de quantifier et de rendre comparables les informations. Disposer de ces indicateurs de santé pour une population donnée permet, par exemple, de surveiller l'état de santé en effectuant des comparaisons entre différentes périodes de temps ou différentes zones géographiques ou d'évaluer des actions de santé publique.

Il existe différents types d'indicateurs : des indicateurs démographiques concernant les événements de vie que sont les naissances et les décès (espérance de vie, indicateurs de mortalité, de natalité…) et des indicateurs de morbidité (incidence, prévalence…). Les indicateurs démographiques concernant les naissances et les décès ainsi que les sources d'information correspondantes sont présentés dans les chapitres 8 et 19.

1. Indicateurs de morbidité

Les indicateurs de mortalité ne fournissent des informations que sur les maladies mortelles. Ils ne renseignent pas sur le nombre de personnes malades ou sur les maladies non létales. Les indicateurs de morbidité permettent l'étude des maladies dans un groupe de population donné.

Une des difficultés auxquelles se heurte l'analyse de la morbidité réside dans la définition du champ étudié. Schématiquement, on peut distinguer plusieurs types de morbidité :

- morbidité diagnostiquée qui correspond aux affections diagnostiquées et traitées par le corps médical, chez des individus ayant eu recours au système de soins ;
- morbidité ressentie qui recouvre l'ensemble des affections et des troubles, tels que les individus les ressentent et les interprètent, dont un sous-ensemble constitue la morbidité déclarée ;
- morbidité infraclinique qui comprend les affections dont on ne peut encore déceler l'existence, faute de signes cliniques ou de moyens d'investigations suffisamment sensibles.

L'ensemble constitue la morbidité réelle, qui comprend la totalité des affections existant chez un individu, connues ou non de lui, et diagnostiquées ou non. Quel que soit le type d'approche suivi, il n'est pas possible de mesurer la morbidité réelle dans sa globalité.

Il peut exister des différences très importantes entre ces approches de la morbidité. Même lorsqu'on considère la morbidité diagnostiquée, certains cas de maladies peuvent ne pas être repérés. Des troubles ou problèmes de santé bien que ressentis peuvent ne pas faire l'objet d'un recours au système de soins, pour des raisons diverses, notamment liées à l'environnement culturel et social. Par exemple, le nombre de maladies professionnelles ou d'accidents du travail déclarés dépend de la législation et de la façon dont celle-ci est appliquée. En outre, les critères de définition des maladies peuvent être variables (en particulier d'un pays à l'autre ou au fil du temps). Or, concrètement, le calcul des indicateurs de morbidité repose sur l'identification des personnes malades. L'étude de l'évolution de ces indicateurs dans le temps ou entre différentes zones géographiques doit prendre en compte ces limites, relatives notamment aux facteurs influençant le recours aux soins ou aux critères diagnostiques des maladies considérées.

Deux principaux indicateurs sont utilisés pour mesurer la morbidité : la prévalence et l'incidence.

a. Prévalence

Le taux de prévalence correspond à la proportion de personnes atteintes d'une maladie dans une population donnée à un instant donné. On parle de cas prévalents pour désigner les malades existant à un moment déterminé (par exemple un jour donné ou une année donnée).

Deux types de taux sont distingués : les taux bruts et les taux spécifiques. Les taux spécifiques sont calculés dans un groupe particulier de population : par tranches d'âge, par genre. Ainsi, on peut calculer la prévalence du diabète entre 18 et 25 ans en 2000, en faisant figurer au numérateur uniquement les « cas » observés dans la tranche d'âge des 18–25 ans, et au dénominateur l'effectif des personnes de 18–25 ans.

b. Incidence

L'incidence est un indicateur dynamique de morbidité, prenant en compte la vitesse de survenue de la maladie dans la population. Au numérateur de l'incidence figure le nombre de nouveaux cas d'une maladie apparus durant une période de temps donnée, aussi appelés cas incidents. On distingue plusieurs façons de calculer l'incidence.

▶ Incidence cumulée

L'incidence cumulée est le nombre de nouveaux cas d'une maladie survenus durant une période de temps donnée rapporté à la population moyenne à risque d'être malade durant cette même période.

La période de temps considérée est très souvent l'année, ou une période de temps systématique choisie en fonction de la dynamique de la maladie (mois, semaine…). Elle s'exprime sous la forme d'un chiffre compris entre 0 et 1 × cas pour 100 (ou pour 1000, pour 10 000…) personnes par an (ou mois, semaine…).

Le calcul de l'incidence cumulée suppose que la population étudiée est stable et a été suivie pendant toute la période d'étude.

L'incidence est équivalente au risque moyen pour un individu de cette population de contracter la maladie pendant la période étudiée.

▶ **Taux d'attaque**

Le taux d'attaque a la même signification que l'incidence cumulée. Il est utilisé en cas d'épidémie, pour les maladies dont l'exposition au facteur causal est de courte durée (quelques jours ou semaines) comme la grippe, les toxi-infections alimentaires collectives (TIAC). La différence avec l'incidence cumulée concerne la période de mesure qui n'est pas systématique mais correspond à la durée de l'épidémie. La population d'étude est généralement restreinte à la population définie comme population à risque lors de l'étude descriptive des cas.

▶ **Densité d'incidence**

Lorsque la population étudiée est très instable (comptant un grand nombre d'arrivées, de départs, de perdus de vue) pendant la période d'étude, il est nécessaire de prendre en compte ces variations intermédiaires dans le calcul du dénominateur. On utilise le concept de personnes-temps (personnes-années, personnes-mois…). Un individu suivi pendant une période de temps plus longue (par exemple 12 mois) a plus de chance de développer la maladie et qu'elle soit détectée qu'un individu suivi pendant une très courte période (2 mois) : l'individu suivi plus longtemps comptera pour un plus grand nombre de personnes-temps (12 personnes-mois) et « pèsera » donc plus au dénominateur que l'autre sujet (2 personnes-mois).

Le dénominateur ne prend en compte que les périodes d'observation où les sujets sont susceptibles de contracter la maladie. Un sujet suivi 12 mois mais tombant malade à la fin du dixième mois ne comptera que pour 10 personnes-mois. Quand il guérit, il est à nouveau compté dans le dénominateur. S'il guérit et est immunisé, il ne doit plus être comptabilisé.

La densité d'incidence ou taux d'incidence est le nombre de nouveaux cas survenus dans une population durant une période d'étude donnée rapporté à la somme des personnes-temps à risque de développer la maladie durant la même période.

La densité d'incidence s'exprime par un nombre de nouveaux cas pour x personnes-temps.

Si la maladie peut être contractée plusieurs fois par un même individu pendant la période d'étude, cet individu est comptabilisé en autant de cas au numérateur (un individu contractant trois fois la maladie compte pour trois cas)

Les taux de mortalité correspondent à un type particulier d'incidence où le numérateur dénombre des décès (voir chapitre 19).

c. Relation entre incidence et prévalence

Sous certaines conditions, si l'incidence est faible, la population stable, et que l'incidence et la prévalence d'une maladie sont constantes au cours du temps dans une population, alors la prévalence P est le produit du taux d'incidence I par la durée moyenne de la maladie D : $P = I \times D$.

De façon générale, on peut retenir qu'incidence et prévalence sont liées par la durée moyenne de la maladie. Une augmentation de la prévalence n'a donc pas nécessairement un sens péjoratif : à incidence constante, une augmentation de la durée de la maladie induite par les progrès thérapeutiques, permettant une survie plus longue, entraînera une augmentation de la prévalence.

Incidence et prévalence donnent des informations différentes. La prévalence permet d'évaluer l'impact d'une maladie et de planifier sa prise en charge et l'organisation du système de soins. L'incidence est utile en épidémiologie analytique lorsqu'on étudie l'étiologie des maladies.

2. Standardisation des indicateurs

Lorsqu'on étudie la morbidité (ou la mortalité) dans une population ou qu'on compare la morbidité (ou mortalité) dans deux populations, les différences observées peuvent être affectées par des facteurs, comme la structure d'âge ou la répartition par sexe ou catégorie socioprofessionnelle, qui différencient les deux périodes ou les deux populations. L'incidence ou la mortalité de nombreuses maladies sont par exemple liées à l'âge. La standardisation des taux est un moyen pour réduire l'effet de ces facteurs. Ainsi les différences constatées entre les deux périodes ou les deux populations ne seront pas attribuables à l'effet de la variable sur laquelle on a standardisé (âge, sexe, catégorie socioprofessionnelle). Il existe plusieurs techniques de standardisation (standardisation directe et indirecte) que nous ne détaillons pas ici.

Par exemple, l'incidence de la maladie d'Alzheimer étant liée à l'âge, si l'on veut comparer les taux d'incidence entre deux populations présentant des structures d'âge très différentes (80 % des individus ayant moins de 20 ans dans l'une des populations, alors que 80 % des individus ont plus de 70 ans dans l'autre), cette comparaison risque d'être affectée par les structures d'âge qui sont très différentes. On peut alors utiliser la méthode de standardisation directe ou méthode « population type » pour contourner cet écueil : les taux d'incidence spécifiques par âge de chacune des populations à comparer sont appliqués à une population de référence commune. La structure d'âge devient donc la même pour les deux populations à comparer. Les différences d'incidence observées entre les deux populations ne seront donc pas liées à des différences de structure d'âge entre les deux populations.

3. Indicateurs de morbidité étendue

Les indicateurs de morbidité classiques tels que les mesures d'incidence et prévalence présentent plusieurs limites :

- ils ne permettent pas de décrire les répercussions des maladies dans la vie quotidienne des personnes, en particulier leur retentissement psychologique et social ;
- ils reposent sur une approche « négative » de la santé des individus, en décalage avec l'approche plus positive véhiculée par la définition pro-

posée par l'OMS renvoyant au « bien-être » et élargissant le champ de la santé ;
- ils ne rendent pas compte de l'aspect dynamique du concept de santé, c'est-à-dire de la capacité de l'individu à s'adapter à son environnement.

Face à ces constats, d'autres mesures d'état de santé ont été proposées, non détaillées ici, telles que les indicateurs visant à mesurer le handicap ou la qualité de vie des personnes (voir chapitre 19).

B. Principales sources de données

Il existe des sources d'information à l'échelon national et international (européen ou mondial). En France, les grandes sources de données sur la santé et sur les caractéristiques de la population sont multiples et de nature diverse. Les informations concernant la morbidité sont globalement moins systématiques que pour la mortalité. Elles sont nombreuses, mais souvent partielles et de qualité variable. On peut classer les sources d'information en quatre grandes catégories et en citer quelques-unes à titre d'exemple.

1. Des sources à visée exhaustive et permanentes permettent la déclinaison des indicateurs à tous les niveaux du territoire, comme c'est le cas pour les données de mortalité décrites au chapitre 19 :

- système de déclaration obligatoire (DO) de problèmes de santé à l'Institut national de veille sanitaire (InVS) : certaines maladies transmissibles doivent légalement faire l'objet d'une déclaration, par le médecin ou le biologiste qui en fait le diagnostic, au médecin inspecteur de santé publique de la direction départementale des affaires sanitaires et sociales (DDASS), remplacée en 2010 par l'agence régionale de santé (ARS). Cette liste est régulièrement révisée par décrets. Ces informations sont ensuite transmises à l'InVS ;
- bases de données médico-administratives comme les données de remboursement et celles sur les affections de longue durée (ALD) de l'assurance-maladie. Les ALD sont des maladies dont la prise en charge médicale recourt à des soins prolongés ou coûteux justifiant leur prise en charge « à 100 % » (exonération du ticket modérateur). La connaissance du nombre de malades nouvellement admis en ALD pour une année permet donc d'approcher l'incidence de ces pathologies chroniques en population générale ;
- programme médicalisé des systèmes d'information (PMSI) : il permet de décrire l'activité médicale des établissements de santé publics et privés en produisant une information sur les diagnostics pathologiques des patients reçus par l'établissement et sur les actes médico-techniques effectués. Ces informations sont transmises à l'assurance-maladie ;
- certaines mesures environnementales (eau, polluants atmosphériques, etc.) ;
- données de registres de maladies (pas toujours généralisés sur l'ensemble du territoire national) : un registre est une structure permanente qui recueille en continu et de façon exhaustive des données

épidémiologiques nominatives concernant un problème de santé (le cancer du sein) ou un ensemble de problèmes de santé cohérents (les cancers) provenant de différentes sources, dans une population bien définie, généralement par son lieu de résidence sur un territoire (région, département), à des fins de recherche et de santé publique ;
- certificats de santé des enfants : des données standardisées sont recueillies par les services des conseils généraux (protection maternelle et infantile ou PI) au cours des huit premiers jours de vie, aux 9e et 24e mois de vie. Les données recueillies portent sur la mère, la grossesse, l'accouchement et le nouveau-né, le devenir de l'enfant et l'état des vaccinations.

2. Dispositifs dont la vocation est la surveillance épidémiologique en population par échantillons :
- Réseau national télématique de surveillance des maladies transmissibles : il s'agit de médecins généralistes sentinelles, représentatifs de l'ensemble des médecins généralistes français, répartis sur le territoire national déclarant par télématique, de façon hebdomadaire, le nombre de cas diagnostiqués dans leur clientèle. Plusieurs pathologies sont concernées : diarrhées aiguës, syndromes grippaux, varicelle, rougeole, oreillons, hépatites aiguës, urétrites masculines. Les données sont exploitées par une unité de recherche de l'Inserm et adressées à chaque médecin généraliste ;
- groupes régionaux d'observation de la grippe (GROG) : ce réseau constitué de médecins généralistes sentinelles, de services d'urgences médicales, de pharmacies, etc. recueille les syndromes grippaux. Ces données sont publiées dans le *Bulletin épidémiologique hebdomadaire* (BEH) et transmises à l'OMS. Elles jouent un rôle d'alerte épidémiologique.

3. Grandes enquêtes déclaratives nationales en population générale dont la périodicité est variable (annuelle à décennale) :
- enquêtes décennales sur la santé Insee/DREES : l'enquête Santé réalisée par l'Insee en 2002-2003 s'est déroulée auprès de 16 800 ménages. Elle a permis d'appréhender la consommation individuelle annuelle de soins et de prévention, la morbidité déclarée incidente et prévalente ainsi que la santé perçue, en mettant en relation les consommations de soins avec l'état de santé déclaré et les caractéristiques sociodémographiques des individus et des ménages ;
- baromètres santé de l'Institut national de prévention et d'éducation pour la santé (INPES) : ce sont des enquêtes périodiques (triennales) déclaratives, par entretien téléphonique portant sur un échantillon aléatoire (2000 personnes environ). L'enquête porte sur les connaissances, les attitudes et les pratiques en matière de comportement et de santé ;
- enquête sur la santé et les consommations lors de l'Appel de Préparation à la Défense (ESCAPAD) ;
- enquête nationale périnatale (DGS–DREES–PMI–Inserm) ;
- enquêtes Santé–protection sociale (ESPS) de l'Institut de recherche et de documentation en économie de la santé (IRDES) ;

- enquêtes en milieu scolaire (DREES, ministère de l'Éducation nationale) ;
- enquêtes Surveillance médicale des risques professionnels (SUMER) et enquêtes Conditions de travail du ministère du Travail, des Relations sociales et de la Solidarité.

4. Enquêtes et bases de données *ad hoc*, c'est-à-dire constituées ponctuellement pour répondre à un ou des objectifs spécifiques.

III. État de santé et principales pathologies
A. Approche générale de l'état de santé de la population en France
1. Espérance de vie

En 2007, l'espérance de vie à la naissance en France reste l'une des plus élevées d'Europe (84,4 ans pour les femmes et 77,5 ans pour les hommes). En dix ans, les hommes ont gagné 3 ans et les femmes 2 ans, surtout grâce à l'allongement de la durée de la vie. L'espérance de vie à 65 ans (2007) atteignait 22,5 ans pour les femmes (soit 1,6 an de plus qu'il y a 10 ans), et 18,2 ans pour les hommes (soit 1,9 an de plus qu'en 1997).

2. Mortalité
a. Taux brut de mortalité

En 2007, le taux de mortalité globale (taux brut de 8,3 pour 1000) était l'un des plus faibles d'Europe chez les femmes comme chez les hommes. Les tumeurs sont depuis 2004 la première cause de mortalité (29,5 %). Les maladies cardiovasculaires sont au second rang avec 28,4 % des décès (principalement cardiopathies ischémiques ou maladies cérébrovasculaires). Les morts violentes représentent un décès sur quatorze et les maladies de l'appareil respiratoire un décès sur quinze.

b. Taux standardisés de mortalité

Les évolutions de long terme, sur 25 ans, montrent une diminution des taux standardisés de décès toutes causes confondues de 35 %. La diminution des décès liés aux maladies cardiovasculaires est importante, de l'ordre de 50 %, alors que celle des décès dus aux tumeurs est plus modérée, d'environ 11 %.

c. Mortalité prématurée et mortalité prématurée évitable

En revanche, la mortalité prématurée, constituée par convention par l'ensemble des décès survenant avant l'âge de 65 ans, demeure en France plus élevée chez les hommes que dans les autres pays de l'Union européenne (hors nouveaux adhérents d'Europe centrale), et dans une moindre mesure chez les femmes. On comptabilisait 107 307 décès « prématurés » en 2005 (tableau 22.I).

Un tiers de ces décès pourraient être « évités » en réduisant les comportements à risque (tabagisme, alcoolisme, conduites dangereuses, etc.).

Tableau 22.I. Nombre et taux standardisés de mortalité prématurée évitable selon les causes de décès en France métropolitaine en 2005*.

Causes de décès		Nombre de décès			Taux standardisés**		
		Total	Hommes	Femmes	Total	Hommes	Femmes
Tumeurs malignes	Larynx, trachée, bronches et poumon	11 921	9 533	2 388	22,3	36,3	8,7
	Lèvres, cavité buccale et pharynx	2 267	1 951	316	4,2	7,4	1,2
	Œsophage	1 590	1 410	180	1,0	5,3	0,7
Suicides et séquelles de suicide		7 647	5 596	2 051	14,3	21,1	7,6
Accidents de la circulation		7 242	3 325	917	8,2	12,8	3,5
Cirrhose alcoolique du foie et sans précisions		4 474	3 206	1 268	8,3	12,1	4,6
Psychose alcoolique et alcoolisme		2 259	1 825	434	4,2	6,9	1,6
Chutes accidentelles		1 000	762	238	1,9	2,9	0,9
Sida et infections par le VIH		756	579	177	1,4	2,2	0,8
Total mortalité évitable		36 156	28 187	7 969	67,7	107,0	29,4
Total mortalité prématurée		107 307	73 633	33 663	202,8	281,6	126,1

* Source : Inserm-CépiDc.
** Taux de décès pour 100 000 standardisés par âge (Eurostat, population Europe, IARC 1976).

Les causes de décès « évitables » comprennent les cancers des voies aérodigestives supérieures, de l'œsophage, du poumon ; les psychoses alcooliques ; les cirrhoses ; les accidents de la circulation ; les chutes accidentelles ; les suicides et le sida.

4. Morbidité

a. Morbidité déclarée

Selon l'enquête statistique sur les ressources et conditions de vie (SRCV) 2006 de l'Insee, 69,4 % des personnes de 15 ans ou plus se déclarent en bonne ou en très bonne santé, alors que près d'une sur dix rapporte que son état de santé est mauvais, voire très mauvais (tableau 22.II). La perception d'une bonne santé diminue avec l'âge et devient minoritaire chez les personnes de 65 ans ou plus. Quelles que soient les tranches d'âge, la santé perçue des hommes est meilleure que celle des femmes, sauf chez les 75–84 ans.

La proportion de personnes déclarant avoir actuellement une maladie chronique est relativement élevée (34,3 %), y compris chez les plus jeunes. La proportion de personnes déclarant avoir des maladies chroniques augmente fortement avec l'âge, passant de 14 % pour les 15–24 ans à 73 % pour les personnes âgées de 85 ans et plus.

En 2006, 23 % de la population de 15 ans et plus déclare une limitation durable (depuis au moins 6 mois) dans les activités que les gens font habituellement à cause de problèmes de santé. Cette proportion est faible chez les jeunes (6 % chez les 16–24 ans). Elle augmente progressivement avec l'âge, pour atteindre 79 % pour les 85 ans ou plus. Cette proportion est globalement un peu plus élevée pour la population féminine (25 % contre 20 % pour les hommes), la différence étant plus marquée aux âges élevés, notamment chez les plus de 85 ans.

b. Principales causes de morbidité déclarée

L'enquête Santé–protection sociale 2006 de l'IRDES permet d'apprécier la prévalence des principales causes de morbidité déclarée en population générale (tableau 22.III).

Tableau 22.II. **Santé perçue selon le sexe. Distribution des réponses à la question « Comment est votre état de santé en général ? » (en %)*.**

État de santé général	Hommes	Femmes	Ensemble
Très bon	27,9	22,8	25,2
Bon	44,4	44,0	44,2
Assez bon	19,6	22,5	21,1
Mauvais	6,9	9,3	8,1
Très mauvais	1,3	1,4	1,4

* France métropolitaine, population des ménages, personnes âgées de 15 ans et plus. Source : enquête statistique SRCV, SILC-Insee, Eurostat – 2006.

Tableau 22.III. **Principales causes de morbidité déclarées par sexe et âge en % en 2006 (classées par ordre de fréquence décroissante dans la population totale)***.

	Ensemble	< 25 ans	De 25 à 64 ans	65 ans et plus
Maladies ou problèmes oculaires	57,5	27,4	65,2	89,2
Maladies cardiovasculaires	27,4	2,1	27,8	73,7
Maladies concernant les os et les articulations	27,1	4,7	31,0	56,9
Maladies endocriniennes et métaboliques	24,3	4,2	26,1	56,6
Maladies respiratoires et ORL	21,7	22,8	20,6	22,7
Problèmes digestifs	15,4	4,5	16,8	31,5
Maladies ou problèmes psychiques	13,5	4,9	15,9	22,2
Maladies de l'oreille et troubles de l'audition	11,9	7,6	8,8	30,0
Causes externes, facteurs influant sur l'état de santé	11,7	7,8	9,5	25,8
Maladies neurologiques	10,3	4,1	12,0	16,3
Maladies ou problèmes génitaux et urinaires	9,9	3,8	11,3	16,8
Maladies de la peau	9,8	10,5	9,9	8,1
Symptômes, maladies illisibles	5,4	3,2	4,7	11,5
Maladies concernant les dents et les gencives**	4,1	2,8	4,5	5,0
Tumeurs malignes et bénignes	3,7	0,4	3,5	10,8
Maladies infectieuses et parasitaires	1,7	1,8	1,7	1,4
Affections congénitales	1,0	1,3	0,9	0,8
Maladies du sang	0,7	0,3	0,9	0,9

* France métropolitaine, ménages dont un membre au moins est âgé de plus de 15 ans et est assuré de l'un des trois régimes de Sécurité sociale (CNAMTS, MSA, CANAM). Source : Enquête ESPS, IRDES, 2006.
** Prothèses dentaires exclues.

La plupart des maladies déclarées par les jeunes âgés de moins de 25 ans sont bénignes et accompagnent le développement normal de l'individu : troubles de la vision, dont la plupart sont aisément corrigés, pathologies infectieuses de l'appareil respiratoire, maladies de la peau comme les allergies et l'eczéma.

Entre 25 et 64 ans, les affections le plus souvent déclarées sont les maladies de l'œil et les troubles de la vue (65,2 % des personnes). Puis viennent les affections ostéo-articulaires, qui touchent près d'une personne sur trois, et les maladies de l'appareil circulatoire, dominées par l'hypertension artérielle et les troubles veineux. Les maladies psychiques, comprenant notamment les troubles dépressifs, sont fréquemment déclarées par les femmes (20 % contre 11 % chez les hommes). Dans cette classe d'âge, se retrouvent aussi toutes les préoccupations de santé liées à la maternité et à la contraception pour les femmes.

Au-delà de 64 ans, les maladies de l'appareil circulatoire, incluant troubles veineux et hypertension artérielle, concernent plus de 70 % des personnes.

B. Problèmes de santé spécifiques

Maladies transmissibles et maladies chroniques constituent des enjeux importants de santé publique. D'une part, l'exposition aux agents infectieux est l'un des déterminants de la santé le plus anciennement connu et les maladies infectieuses sont encore responsables d'une grande partie de la morbidité. D'autre part, avec le vieillissement de la population, la prise en charge des maladies chroniques et la prévention de la dépendance apparaissent comme des enjeux majeurs au carrefour des champs sanitaires et sociaux.

1. Maladies infectieuses

Le plus souvent banales notamment pour l'enfant, les maladies infectieuses peuvent prendre un caractère plus dramatique pour certaines personnes fragilisées (nourrissons, personnes âgées, atteintes de maladies chroniques, etc.) ou pour certains agents infectieux. Les bactéries et virus sont transmis par l'eau ou l'alimentation (eaux de boisson ou de baignade), l'air (notamment dans les transmissions interhumaines) de façon mixte, ou par d'autres modes (contacts en milieu hospitalier).

La diffusion des maladies transmissibles revêt des formes très diverses :
- foyer sporadique : cas de maladie isolés sans rapport apparent entre eux ;
- épidémie : augmentation brutale du nombre de cas pendant une période donnée et dans un territoire limité ;
- endémie : présence continue à taux de morbidité quasiment constant dans une population ;
- endémo-épidémie : épisodes épidémiques sur fond d'endémie ;
- pandémie : diffusion massive à de nombreux pays (grippe, sida).

a. Tuberculose

La tuberculose est une maladie due à une bactérie qui atteint le plus souvent les poumons mais qui peut atteindre d'autres organes. C'est une maladie transmissible par voie aérienne.

En France, la tuberculose est une maladie à déclaration obligatoire depuis 1964. Depuis la publication du décret de suspension de l'obligation de vaccination contre la tuberculose par le BCG des enfants et des adolescents et de la circulaire d'application en 2007, la vaccination par le BCG ne peut plus être exigée à l'entrée en collectivité mais fait l'objet d'une recommandation forte pour les enfants à risque élevé de tuberculose. Le nombre de cas de tuberculose déclarés était de 5758 cas en 2008, soit 9 cas pour 100 000. L'incidence de la tuberculose a baissé régulièrement depuis 1972, à l'exception du début des années 1990 et semble se stabiliser dans les années récentes. La situation épidémiologique de la France est comparable à celle d'autres pays de l'Europe occidentale. La France est aujourd'hui considérée comme un pays à faible incidence de tuberculose avec cependant des incidences élevées dans certains groupes de population et dans certaines zones géographiques. La maladie touche principalement les sujets âgés, les populations en situation de précarité (SDF, personnes vivant en collectivité…) et les migrants en provenance de régions comme l'Afrique subsaharienne où les prévalences de la tuberculose et de l'infection à VIH sont élevées.

b. Infections par le VIH

Le sida, maladie due à l'infection par le virus de l'immunodéficience humaine (VIH) apparu dans les années 1980, est responsable d'une pandémie majeure. Après une primo-infection, la personne infectée par le VIH reste asymptomatique pendant une période de temps variable avant de développer un sida.

En France, la procédure de déclaration obligatoire du sida existe depuis 1986 et celle de l'infection par le VIH depuis 2003. Le sida est devenu une maladie chronique dans la plupart des cas grâce aux traitements antirétroviraux qui permettent désormais de retarder l'apparition des symptômes et de ralentir l'évolution de la maladie. L'incidence du sida a diminué de façon très marquée en 1996–1997, puis de façon plus faible ensuite. En 2006, la baisse a été de nouveau plus marquée (fig. 22.1). La France, avec un taux d'incidence du sida de 2 pour 100 000 en 2006, reste un des pays du sud de l'Europe occidentale assez touché, mais moins que le Portugal, l'Espagne, l'Italie et la Suisse.

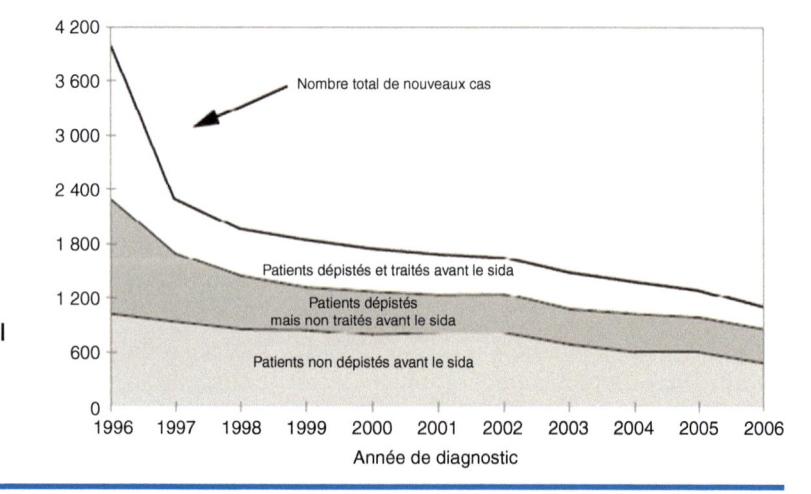

Fig. 22.1.
Évolution du nombre de cas de sida selon la connaissance de la séropositivité et la prescription d'un traitement antiviral en France.
Source : InVS, données au 30 juin 2007 redressées pour les délais de déclaration.

c. Infections sexuellement transmissibles

Le terme d'infections sexuellement transmissibles (IST) est généralement réservé aux germes pour lesquels la transmission sexuelle est le mode exclusif ou prédominant, soit plus d'une trentaine de bactéries, virus ou parasites.

En France, il existe des réseaux de surveillance des infections à gonocoques (Renago) et à *Chlamydiae trachomatis* (Renachla) reposant sur la participation des biologistes volontaires, celui concernant la syphilis étant composé de cliniciens volontaires. Syphilis, gonococcies et chlamydioses sont des IST bactériennes pour lesquelles il existe des traitements antibiotiques efficaces, mais qui restent souvent diagnostiquées à l'occasion de leurs complications. En France, les indicateurs retenus pour le suivi de ces IST montrent une tendance à l'augmentation depuis le début des années 2000. Bien que les hommes soient majoritairement concernés, le nombre de femmes affectées notamment par la syphilis et les gonococcies augmente, suggérant une transmission de ces infections dans la population hétérosexuelle.

d. Hépatites chroniques

La transmission du virus de l'hépatite B (VHB) est principalement parentérale, sexuelle et maternofœtale. La France est un pays de faible endémie (100 000 nouveaux cas par an, prévalence 4 à 6 % dont 0,5 % de porteurs chroniques du virus). La fréquence des porteurs chroniques de l'hépatite B en France est particulièrement importante dans certains groupes de populations (toxicomanes, homosexuels et prostituées) qui sont les mêmes que pour l'infection à VIH. La politique de vaccination contre l'hépatite B en France repose sur deux stratégies : l'identification et la vaccination des personnes à risque élevé d'exposition et, dans la perspective de contrôle à plus long terme de l'hépatite B, la vaccination des nourrissons et le rattrapage des enfants et adolescents jusqu'à l'âge de 15 ans révolus.

La transmission du virus de l'hépatite C (VHC) est essentiellement parentérale. Cette infection évolue dans 20 à 30 % des cas vers des lésions graves du foie. En France, environ 1 % de la population est porteuse du virus.

Pour la première fois en 2001, une enquête a permis d'établir une estimation fiable de la mortalité liée aux virus des hépatites B et C en France métropolitaine. Environ 4000 décès sont imputables à ces virus (2646 pour le VHC et 1327 pour le VHB). L'âge moyen des décès attribués au VHC et au VHB se situe aux alentours de 65 ans, mais il est beaucoup plus précoce en cas d'alcoolisation excessive.

e. Grippe

La grippe est une infection respiratoire aiguë, très contagieuse, due aux virus *Influenzae*. Les virus grippaux se répartissent entre différents types : A, B et C. Les virus A et B sont à l'origine des épidémies saisonnières, qui représentent la forme la plus fréquente de la grippe. Seul le virus A est responsable de pandémies. Le virus C occasionne des cas sporadiques. En France métropolitaine, sur la base des données historiques des épidémies grippales depuis 1984, le réseau de médecins généralistes sentinelles estime, qu'en moyenne 2,5 millions de personnes consultent chaque année pour syndrome grippal lors d'une épidémie de grippe. Entre 25 et 50 % des consultations concernent des jeunes de moins de 15 ans. La grippe peut entraîner des complications sévères chez les sujets à risque (personnes âgées ou sujets fragilisés par une pathologie chronique sous-jacente). Plus de 90 % des décès liés à la grippe saisonnière surviennent chez des personnes de 65 ans et plus. La vaccination contre la grippe saisonnière est recommandée chaque année pour les personnes âgées de 65 ans et plus ainsi que dans certains groupes de personnes présentant des risques particuliers.

f. Infections nosocomiales

Les infections nosocomiales sont des infections contractées dans un établissement de santé. Elles surviennent au cours ou au décours d'une prise en charge (diagnostique, thérapeutique, palliative, préventive ou éducative) d'un patient, et elles ne sont ni présentes, ni en incubation au début de la prise en charge.

En 2006, une enquête a été réalisée à l'échelon national dans 23 337 établissements de santé (environ 95 % des lits d'hospitalisation en France). Les résultats de cette étude montraient que 5 % des patients présentaient une ou plusieurs infections nosocomiales actives, soit un malade sur vingt. Les services de réanimation, où les patients sont plus fragilisés et subissent plus de soins, sont plus touchés (22 % des patients infectés). Les infections urinaires étaient les plus fréquentes (30 %), devant les pneumopathies (15 %) et les infections du site opératoire (14 %). Les trois bactéries le plus souvent en cause étaient *Escherichia coli* (25 %), *Staphylococcus aureus* (19 %) et *Pseudomonas aeruginosa* (10 %). Certaines bactéries multirésistantes ne sont sensibles qu'à un petit nombre de familles d'antibiotiques. De façon globale, le taux de résistance des bactéries responsables d'infections nosocomiales est élevé, et les bactéries multirésistantes sont plus fréquemment observées en France que dans la majorité des pays européens. Le traitement des infections pour lesquels sont impliquées ces bactéries apparaît donc souvent problématique.

5. Maladies chroniques

Les maladies chroniques sont des maladies de longue durée, évolutives, souvent associées à une invalidité et à la menace de complications graves. Avec l'allongement de la durée de vie, la prévalence de la plupart des maladies chroniques augmente. En France, les maladies chroniques touchent 15 millions de personnes atteintes plus ou moins sévèrement, soit 20 % de la population française. Parmi elles, les plus sévèrement atteintes, soit 7,5 millions de ces personnes, disposent d'une prise en charge en affection de longue durée (ALD). Le cancer, le diabète et les maladies cardiovasculaires concernent, avec les maladies psychiques, les trois quarts des personnes en ALD en 2006. Les maladies chroniques sont à l'origine de 60 % des décès dont la moitié survient avant l'âge de 70 ans. Le traitement et la prévention de certaines de ces maladies ont bénéficié de mesures, de programmes ou de plans ciblés sur des pathologies spécifiques (diabètes, maladies cardiovasculaires, cancers, insuffisance rénale chronique, maladies d'Alzheimer, maladies rares, etc.).

Cela représente un défi pour notre système de santé et notre société.

> En 2007, la qualité de vie des patients atteints de maladies chroniques a fait l'objet d'un plan stratégique spécifique intitulé *Améliorer la qualité de vie des personnes atteintes de maladies chroniques (2007-2011)*. C'est l'un des cinq plans stratégiques inscrits dans la loi du 9 août 2004 relative à la politique de santé publique. Une estimation du nombre personnes touchées par les principales maladies chroniques est présentée dans le tableau 22.IV.

Tableau 22.IV. **Estimation du nombre de personnes touchées par les principales maladies chroniques en France.**

Principales maladies chroniques	Nombre de personnes touchées en France
Asthme	3,5 millions
Bronchite chronique	3 millions
Cancer	700 000
Diabète	2,5 millions
Épilepsie	500 000
Hypertension artérielle	7 millions
Insuffisance rénale chronique dont insuffisance rénale terminale (dialysés ou greffés)	2,5 millions 60 000
Maladie d'Alzheimer	900 000
Maladie de Crohn et rectocolite ulcéro-hémorragique	100 000
Maladie de Parkinson	100 000
Maladies rares (drépanocytose, sclérose latérale amyotrophique, mucoviscidose, myopathie, leucodystrophie)	3 millions
Polyarthrite rhumatoïde	300 000
Psychose	890 000
Sclérose en plaques	50 000
Sida	30 000

a. Maladies cardiovasculaires

Les maladies cardiovasculaires recouvrent un ensemble diversifié de maladies fréquentes et graves, avec en premier lieu les cardiopathies ischémiques, les maladies cérébrovasculaires, les maladies vasculaires périphériques, les maladies hypertensives, l'insuffisance cardiaque.

Elles constituent globalement la deuxième cause de décès en France après les cancers et sont la première cause de décès pour les femmes – c'est l'inverse pour les hommes.

▶ Cardiopathies ischémiques

Les cardiopathies ischémiques se composent d'un ensemble de troubles ou maladies consécutives à un arrêt ou une réduction de l'irrigation sanguine du muscle cardiaque, en lien généralement avec l'athérosclérose des artères coronaires. Elles se traduisent par différents syndromes dont l'infarctus du myocarde, l'angine de poitrine, l'insuffisance cardiaque, voire la mort subite.

Les cardiopathies ischémiques (infarctus du myocarde principalement) ont représenté à elles seules 27,1 % des décès cardiovasculaires en 2005. Entre 2000 et 2005, la mortalité par cardiopathie ischémique a diminué de 18 %, alors que le taux standardisé des hospitalisations pour cette maladie a peu évolué. Elles représentent la deuxième cause de décès pour les hommes (après les tumeurs malignes des poumons, de la trachée ou du larynx) et pour les femmes (après les maladies cérébrovasculaires).

▶ Maladies cérébrovasculaires

Les accidents vasculaires cérébraux (AVC) recouvrent un ensemble de syndromes se manifestant par l'apparition brutale d'un déficit neurologique lié à des lésions cérébrales d'origine vasculaire.

Les séquelles des AVC représenteraient la première cause de handicap fonctionnel pour l'adulte et la deuxième cause de démence (après la maladie d'Alzheimer). Les AVC ont motivé près de 103 432 séjours hospitaliers en 2005. Ils ont été la cause initiale de 33 906 décès en 2005, soit 6,4 % de l'ensemble des décès et 22,4 % des décès cardiovasculaires. Les taux standardisés de décès pour maladies cérébrovasculaires ont diminué de façon continue entre 1990 et 2005 (–43 %).

Les données recueillies par le seul registre français des AVC existant actuellement, celui de la ville de Dijon, indiquent que les taux standardisés d'incidence n'ont pas diminué entre 1985 et 2004. Cette stagnation est en partie liée à la plus grande sensibilité des moyens diagnostiques et, pour les dernières années, l'élargissement de la définition des AVC.

▶ Insuffisance cardiaque

L'insuffisance cardiaque chronique est définie comme l'incapacité du cœur à assumer, dans des conditions normales, le débit sanguin nécessaire aux besoins métaboliques et fonctionnels des différents organes. Elle peut compliquer certaines pathologies cardiovasculaires comme les cardiopathies ischémiques ou l'hypertension artérielle.

Les indicateurs de surveillance épidémiologique de l'insuffisance cardiaque sont peu nombreux en France, alors que cette pathologie est fréquente et de mauvais pronostic. Sa prévalence est évaluée entre 2 et 3 % en Europe par la Société européenne de cardiologie et augmente fortement avec l'âge à partir de 75 ans. La prévalence globale de l'insuffisance cardiaque est en augmentation du fait du vieillissement de la population, ainsi que des améliorations du traitement des épisodes coronaires aigus, à la phase aiguë et en prévention secondaire.

En 2005, le nombre de décès par insuffisance cardiaque s'élevait à 21 746 (environ 14 % des décès cardiovasculaires). La quasi-totalité des décès concernait des personnes âgées de 65 ans ou plus (96 %). Malgré le vieillissement de la population française, le nombre de décès par insuffisance cardiaque a diminué de 23 % entre 1990 et 2006, cette réduction étant plus marquée lorsque l'on considère les taux standardisés sur l'âge (−40 %).

▶ Hypertension artérielle et hypercholestérolémie

L'hypertension artérielle (HTA) et l'hypercholestérolémie sont deux facteurs de risque cardiovasculaire majeurs et fréquents représentant une part importante des motifs de consultation après 45 ans, pour les hommes comme pour les femmes. L'année 2006 a été la première année pour laquelle des données sur l'ensemble du territoire ont été disponibles. La prévalence de l'hypertension est estimée à 31 % entre 18 et 74 ans. En ce qui concerne l'hypercholestérolémie, les données des registres de cardiopathies ischémiques montrent une baisse sensible du niveau de cholestérol-LDL dans la population en 10 ans (−6 %).

b. Diabète

Le diabète sucré est une affection métabolique caractérisée par une hyperglycémie chronique liée à une déficience soit de la sécrétion de l'insuline, soit de l'action de l'insuline, soit des deux.

En France, la prévalence du diabète traité est estimée à 4 % de la population. Elle est en forte augmentation en métropole. La prévalence du diabète est plus élevée chez les personnes de niveau socio-économique moins favorisé ainsi que chez les personnes originaires du Maghreb. Elle augmente davantage dans les départements économiquement les moins favorisés.

c. Cancers

Le cancer est la cause de 149 100 décès en 2006. Chez l'homme, la mortalité a augmenté jusqu'en 1989 et diminue depuis de 1,5 % par an, atteignant en 2006 le niveau observé vers 1960 (fig. 22.2). La diminution est principalement due à la baisse de la mortalité des cinq cancers les plus fréquents : poumon, ensemble bouche–pharynx–œsophage–larynx, ensemble côlon–rectum–intestin grêle, prostate et estomac. Chez la femme, la mortalité diminue depuis 1963, avec une diminution un peu plus rapide de 0,7 % par an depuis 1989. La diminution est principalement due à la baisse de la mortalité de cinq cancers fréquents : sein, ensemble côlon–rectum–intestin grêle, ovaire, utérus et estomac. La mortalité est deux fois plus élevée chez les hommes que chez les femmes, à âge égal.

Les évolutions de l'incidence et de la mortalité ne concordent pas toujours. En particulier, l'incidence augmente et la mortalité diminue, au moins dans les années récentes, pour la prostate, le testicule, le sein, la thyroïde et l'encéphale et, seulement chez les femmes, pour les VADS.

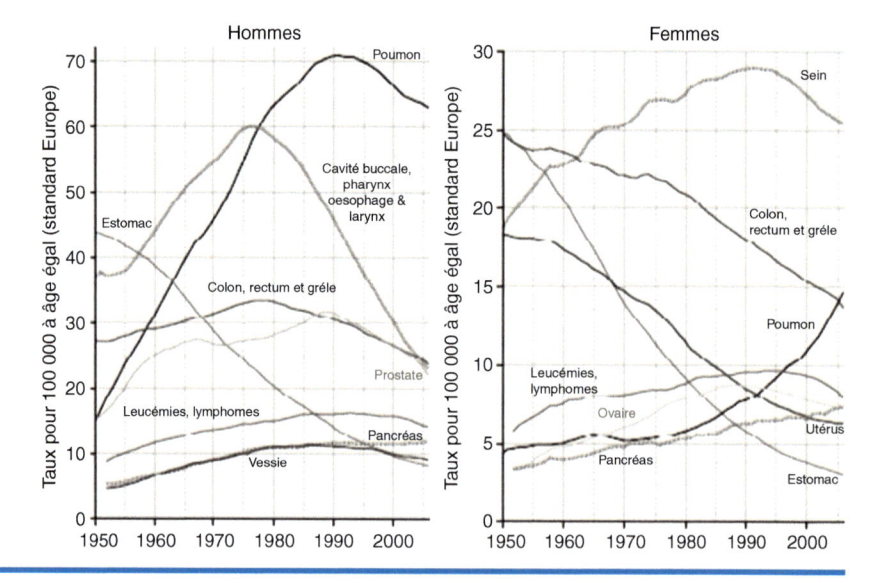

Fig. 22.2.
Évolution de la mortalité pour les principales localisations de cancer en France de 1950 à 2006.
Source : InVS.

Pour la prostate, le sein et la thyroïde, l'augmentation de l'incidence résulte des changements de pratiques diagnostiques. La diminution de la mortalité par cancer du sein est expliquée par la généralisation du dépistage par mammographie, dont l'efficacité pour réduire la mortalité a été démontrée. L'augmentation de l'incidence du cancer de la thyroïde est limitée aux cancers papillaires dont la mortalité est très faible.

d. Maladies respiratoires

▶ **Bronchite chronique et bronchopneumopathie chronique**

La bronchite chronique est définie par la présence d'une toux et d'une expectoration chroniques évoluant pendant plus de 3 mois chaque année. Ces symptômes, généralement banalisés par les fumeurs et parfois également par les médecins, sont souvent les premiers signes d'une bronchopneumopathie chronique obstructive (BPCO). La BPCO est caractérisée par une obstruction bronchique progressive et incomplètement réversible.

La BPCO est une cause importante de recours aux soins et de mortalité, mais les données épidémiologiques restent insuffisantes en France. D'une part, la réalisation d'explorations fonctionnelles respiratoires (EFR) est difficile dans le cadre d'études épidémiologiques en population générale ; d'autre part, la prévalence de cette pathologie lorsqu'elle est basée sur l'autodéclaration de la maladie est sous-estimée en raison de l'importance du sous-diagnostic. La prévalence des symptômes de bronchite chronique permet d'approcher la prévalence de la BPCO.

▶ **Asthme**

L'asthme est une maladie inflammatoire des voies aériennes, dont les premières manifestations surviennent le plus souvent chez l'enfant.

L'asthme est une maladie fréquente qui, en France, touche environ 10 % des enfants et plus de 5 % des adultes selon les grandes études internationales conduites chez l'adulte (enquête ECRHS : *european community respiratory health survey*) et chez l'enfant (enquête ISAAC : *international study on asthma and allergy in childhood*).

La prévalence cumulée de l'asthme (crise d'asthme au cours de la vie) est de l'ordre de 12–13 % selon l'enquête (enquête décennale santé 2003 ou enquêtes du cycle triennal en milieu scolaire) et la prévalence de l'asthme actuel (sifflements dans les douze derniers mois chez un enfant ayant déjà eu des crises d'asthme ou traitement pour crise de sifflements ou d'asthme au cours des douze derniers mois) est de près de 9 % en classes de CM2 et de troisième. Dans l'enquête décennale santé 2003, 4,4 % des personnes âgées d'au moins 15 ans ont déclaré avoir eu une crise d'asthme au cours des douze derniers mois et 4,6 % ont déclaré prendre actuellement un traitement pour l'asthme, soit une prévalence de l'asthme actuel de 6,0 % (crise d'asthme dans les douze derniers mois ou traitement actuel pour asthme).

De 1990 à 1999, les taux annuels standardisés de mortalité par asthme ont diminué chez les hommes, passant de 3,0 à 2,5 pour 100 000. Chez les femmes, ils sont restés stables, passant de 2,4 à 2,2 pour 100 000. Entre 2000 et 2006, en moyenne 1270 décès par asthme ont été enregistrés : les taux de mortalité par asthme ont diminué chez les hommes (de 2,0 à 1,0 pour 100 000, soit −11,4 % par an) et chez les femmes (de 1,8 à 1,0 pour 100 000, soit −7,1 % par an).

Chez les enfants et adultes jeunes (moins de 45 ans), la mortalité par asthme est faible. Entre 2000 et 2006, 84 décès ont été enregistrés en France métropolitaine.

e. Santé mentale

Les maladies psychiques recouvrent un continuum d'états pathologiques allant de troubles relativement mineurs ou n'apparaissant que sur une période limitée de la vie (dépression légère, trouble du comportement passager, etc.) à des états chroniques graves (psychose chronique) ou à des troubles aigus sévères avec risques de passage à l'acte (suicide, mise en danger d'autrui). Ils sont également à l'origine d'altérations importantes de la qualité de vie à la fois pour le malade et pour son entourage. Première cause de reconnaissance d'invalidité professionnelle, leur répercussion économique est considérable, tant par le poids de ces pathologies au sein du système de soins que par leurs conséquences sur le travail et la vie sociale : 1,2 million de personnes vivant à domicile déclaraient à cet égard consulter régulièrement pour ces troubles en 1998 et près de 60 000 personnes étaient hospitalisées. Parmi ces maladies, les troubles anxieux et dépressifs et les démences ont un poids tout particulier en santé publique du fait de l'importance de leur prévalence : de l'ordre de 9 % pour les troubles anxieux caractérisés, de 6 % pour les épisodes dépressifs majeurs et de 7,5 % pour les démences sévères après 75 ans, soit 370 000 malades.

Le suicide est un problème important de santé publique. Au sein de l'Europe des vingt-sept, la France se situe dans le groupe des pays à forte fréquence du suicide. En 2005, elle enregistre 10 713 décès par suicide. Si l'on fait l'hypothèse d'une sous-estimation de 20 %, ce nombre serait après correction de 12 900 décès environ. Entre 15 et 24 ans, le suicide représente 15 % du total des décès et constitue la deuxième cause de décès après les accidents de la circulation. Il représente la deuxième cause de mortalité prématurée évitable pour les hommes comme pour les femmes. Les taux de décès par suicide sont nettement plus élevés pour les hommes et les personnes âgées. Ils varient fortement selon les régions, avec des taux plus importants dans le nord de la France et en Bretagne notamment. Ils ont eu tendance à diminuer entre 1990 et 2005.

POINTS CLÉS

▶ Les approches du concept de santé sont multiples.

▶ L'approche fonctionnaliste définit la santé en négatif par rapport aux notions de maladie ou de déficience, en référence à une norme biomédicale. La définition de la santé formulée par l'OMS (1947) constitue une référence internationale : la santé est un « état complet de bien-être physique, mental et social qui ne consiste pas seulement en l'absence de maladie ou d'infirmité ». Elle va dans le sens d'une démédicalisation de la santé.

▶ Les indicateurs de santé privilégiés ainsi que les politiques de santé envisagées peuvent différer selon l'approche du concept de santé choisie en référence.

▶ Les indicateurs de santé sont des variables décrivant les caractéristiques de l'état de santé d'une population.

▶ On peut distinguer plusieurs approches pour étudier la morbidité (diagnostiquée par le médecin, ressentie ou déclarée par l'individu...), reflétant des points de vue différents et pouvant conduire à des estimations différentes de l'importance d'une maladie ou d'un problème de santé.

▶ Les mesures d'incidence et prévalence sont des indicateurs de morbidité classiques.

▶ D'autres indicateurs visant à mesurer le handicap ou la qualité de vie des personnes ont été développés de façon complémentaire.

▶ En 2007, l'espérance de vie à la naissance en France reste l'une des plus élevées d'Europe (84,4 ans pour les femmes et 77,5 ans pour les hommes).

▶ En 2007, le taux de mortalité globale (taux brut de 8,3 pour 1000) est l'un des plus faibles d'Europe chez les femmes comme chez les hommes.

▶ Les principales causes de mortalité sont : les tumeurs (29,5 % des décès), les maladies cardiovasculaires (28,4 %), les morts violentes (un décès sur quatorze) et les maladies de l'appareil respiratoire (un décès sur quinze).

▶ La mortalité prématurée est constituée par l'ensemble des décès survenant avant l'âge de 65 ans. Un tiers de ces décès pourraient être « évités » en réduisant les comportements à risque (tabagisme, alcoolisme, conduites dangereuses, etc.).

▶ En 2006, 23 % de la population de 15 ans et plus déclarait une limitation durable (depuis au moins 6 mois) dans les activités que les gens font habituellement à cause de problèmes de santé.

▶ Maladies transmissibles et maladies chroniques apparaissent comme des enjeux importants de santé publique au carrefour des champs sanitaires et sociaux.

Résultats concernant les soins III.2

23

Types de soins et santé : dépistage, soins curatifs et palliatifs – modalités d'accès, principaux acteurs concernés

E. Monnet

I. Intervenir pour promouvoir la santé
II. Les soins délivrés par les professionnels de santé
III. Les acteurs de la prévention et des soins en France

Le système de soins est un déterminant important mais non unique de la santé individuelle et collective.

Selon l'OMS, la santé est un « état complet de bien-être physique, mental et social qui ne consiste pas seulement en l'absence de maladie ou d'infirmité ». La santé représente une ressource individuelle et collective, qui dépend à la fois des caractéristiques de chaque individu (patrimoine génétique, vieillissement, comportements et modes de vie, recours aux soins…) et de caractéristiques collectives du milieu de vie (géographie, démographie, valeurs culturelles, contexte économique et niveau de vie, cadre juridique et type de protection sociale, offre et accessibilité des services de soins…). Dans une approche systémique, la santé individuelle et collective peut être considérée comme le résultat d'un système complexe, où interagissent différents sous-systèmes : géographie, démographie et les systèmes culturel, économique, juridique, politique et de soins. Le système de soins, constitué de l'ensemble des services qui délivrent des prestations de soins à la population, est ainsi un déterminant important mais non unique de la santé des individus et des populations. La réflexion conduite par l'OMS pour définir les stratégies susceptibles de promouvoir la santé dans les différents pays et régions du globe est cohérente avec cette analyse. En 1986, la première Conférence internationale pour la promotion de la santé, réunie à Ottawa, a adopté une charte qui stipule que la promotion de la santé va bien au-delà des simples soins de santé délivrés par le système de soins.

La charte d'Ottawa pour la promotion de la santé, promulguée par l'OMS, établit cinq stratégies d'actions à mener conjointement pour améliorer la santé de la population : 1. élaborer des politiques publiques favorables à la santé ; 2. créer un environnement favorable à la santé, en particulier en protégeant les milieux naturels et les espaces construits ; 3. renforcer l'action collective, en favorisant la participation effective et concrète des populations aux stratégies d'amélioration de la santé ; 4. renforcer les aptitudes individuelles pour permettre aux citoyens d'exercer un meilleur contrôle sur les facteurs déterminant leur santé ; 5. réorienter les services de santé, pour une meilleure prise en compte des différents besoins de l'individu considéré dans son intégralité.

I. Intervenir pour promouvoir la santé

A. La santé, enjeu de société

La perspective tracée par la charte d'Ottawa montre que la santé est un enjeu sociétal, qui doit mobiliser, outre les professionnels de la santé, l'ensemble des citoyens et les responsables des politiques publiques. La promotion de la santé individuelle et collective requiert des interventions multisectorielles : sanitaires, conduites à l'intérieur du système de soins, représentées par la dispensation de soins individuels par les professionnels de santé mais aussi concernant d'autres secteurs (tels que l'éducation et la culture, le cadre de vie ou l'environnement du travail) qui ont également un impact important sur la santé. Ces interventions multisectorielles contribuent, en particulier, à la prévention.

B. La prévention et ses différents niveaux

La prévention est l'ensemble des mesures individuelles et collectives visant à éviter ou réduire la gravité des maladies, des accidents et des handicaps. La prévention est un domaine de responsabilité partagée entre les professionnels de santé, les citoyens et les responsables des politiques publiques. Elle associe des mesures individuelles et des mesures collectives. L'OMS distingue trois niveaux de prévention en fonction de l'objectif recherché.

1. La prévention primaire

Elle correspond à l'ensemble des mesures individuelles et collectives destinées à éviter l'apparition des maladies et des accidents. Il s'agit essentiellement de mesures normatives (législation) et éducatives (campagnes d'éducation pour la santé) et pour une moindre part de mesures sanitaires (vaccinations). La lutte contre les différents facteurs de risque de maladie relève de la prévention primaire. Pour plus d'efficacité, les trois types de mesures normatives, éducatives et sanitaires sont volontiers associés. La lutte contre le tabac en offre un exemple : elle combine une législation interdisant son usage dans les lieux publics et sa vente aux mineurs, des campagnes auprès du public incitant à l'arrêt du tabac et des consultations anti-tabac proposées dans le système de soins.

2. La prévention secondaire

Elle correspond à l'ensemble des mesures individuelles et collectives destinées à diminuer la durée et la gravité des maladies. Ces mesures relèvent essentiellement du dépistage. Le dépistage est une mesure sanitaire qui permet de repérer des maladies passées jusqu'alors inaperçues chez des sujets sans symptôme, grâce à des tests applicables rapidement et à grande échelle. Les résultats d'un test de dépistage permettent de faire un premier tri entre les sujets probablement bien portants et ceux susceptibles d'être malades. Des investigations diagnostiques suivies, en cas de confirmation, d'un traitement adapté sont proposées à ces derniers, de façon à réduire la durée et la gravité de la maladie et à augmenter leur chance de guérison. Le dépistage s'adresse à un groupe de population en bonne santé apparente mais identifié comme à risque de maladie, soit en raison de son âge, de son statut physiologique (grossesse), d'un comportement à risque ou de son lieu de vie ou de travail (habitat insalubre, expositions professionnelles). Il est soit mis en œuvre individuellement à l'initiative d'un médecin (dépistage individuel), soit proposé collectivement suite à une réglementation (dépistages obligatoires au cours de la grossesse) ou à l'organisation d'un programme de santé publique (dépistage organisé du cancer du sein chez les femmes de 50 à 74 ans).

3. La prévention tertiaire

Elle correspond à l'ensemble des mesures permettant de ralentir l'évolution d'une maladie avérée et de diminuer le risque de complications, de rechutes et de séquelles. Ces mesures sont essentiellement sanitaires et individuelles : elles correspondent au traitement des maladies chroniques, à l'éducation thérapeutique et aux soins de rééducation et de réinsertion sociale. La prévention tertiaire recouvre ainsi une part importante des soins dispensés par les professionnels de santé aux personnes souffrant d'affections chroniques.

C. Le besoin d'actions concertées et d'une politique de santé

Agir en faveur de la santé d'une population implique une capacité d'actions multisectorielles coordonnées et adaptées aux besoins et au contexte économique et culturel. Pour voir le jour et être efficaces, les actions de santé publique doivent être inscrites sur l'agenda des responsables des politiques publiques. La plupart des États modernes se dotent ainsi d'une politique de santé, qui définit les problèmes et besoins prioritaires, les modalités d'actions et les financements à mobiliser, les objectifs à atteindre le calendrier et les conditions de suivi et d'évaluation des résultats obtenus.

II. Les soins délivrés par les professionnels de santé

Délivrer des soins individuels, adaptés aux besoins de la personne, est la mission primordiale des professionnels de santé.

A. Les soins curatifs

Parce qu'ils correspondent le mieux à la vision biomédicale de la santé, synonymes de lutte contre la maladie, les soins curatifs représentent l'approche privilégiée de la plupart des professionnels de santé, en particulier des médecins. Les soins curatifs visent à guérir la maladie et permettre à la personne tombée malade de retrouver son état de santé antérieur. Les soins curatifs mettent en œuvre des traitements divers : médicaments (traitement antibiotique d'une méningite bactérienne, chimiothérapie d'une affection cancéreuse), intervention chirurgicale (appendicectomie en cas d'appendicite aiguë, exérèse d'une tumeur digestive) ou d'autres techniques médicales diverses (ablation d'un corps étranger inhalé dans les bronches par endoscopie).

B. Les soins palliatifs

Les soins palliatifs sont des soins actifs complets, donnés aux malades dont l'affection ne répond pas au traitement curatif et dont la fin de vie proche est prévisible. Le but des soins palliatifs est d'obtenir la meilleure qualité de vie possible pour les malades et leur famille. Ils n'ont pas pour objet de guérir la maladie causale mais visent à soulager les symptômes physiques, la douleur et la souffrance psychique qui lui sont liés. Les soins palliatifs font appel aux traitements médicamenteux, chirurgicaux ou à d'autres techniques, par exemple pour traiter la douleur rebelle d'une compression tumorale, mais ne se limitent pas aux seuls soins médicaux. Selon les souhaits du malade et en fonction de sa situation sociofamiliale, les soins palliatifs comportent un accompagnement, une écoute et incluent un système de soutien affectif et spirituel et des aides matérielles et/ou humaines pour la vie quotidienne. Dès le début de la prise en charge d'une maladie potentiellement mortelle, certains soins palliatifs sont applicables et doivent être associés aux soins curatifs. La part respective du champ des soins curatifs et palliatifs se modifie en fonction de l'évolution de la maladie, le champ palliatif devenant prédominant en cas d'évolution défavorable et dans la phase terminale, précédant le décès du malade (fig. 23.1).

C. Les soins préventifs

Les soins préventifs correspondent aux mesures de prévention qui sont délivrées ou prescrites au niveau individuel par les professionnels de santé et en particulier par les médecins (on parle pour ces derniers de prévention médicalisée). Ces soins peuvent relever de la prévention primaire (vaccinations), de la prévention secondaire (dépistage d'une maladie asymptomatique curable chez un sujet à risque) ou de la prévention tertiaire (prévention des séquelles d'une fracture par la rééducation fonctionnelle, éducation thérapeutique d'un patient asthmatique). Quelques mesures de prévention primaire, qui s'adressent à tous les individus de la population, relèvent de la prévention dite universelle (conseil d'une alimentation équilibrée et d'une activité physique régulière). En prévention primaire et secondaire, les soins préventifs s'adressent généralement à un groupe particulier de la population défini par une tranche d'âge ou

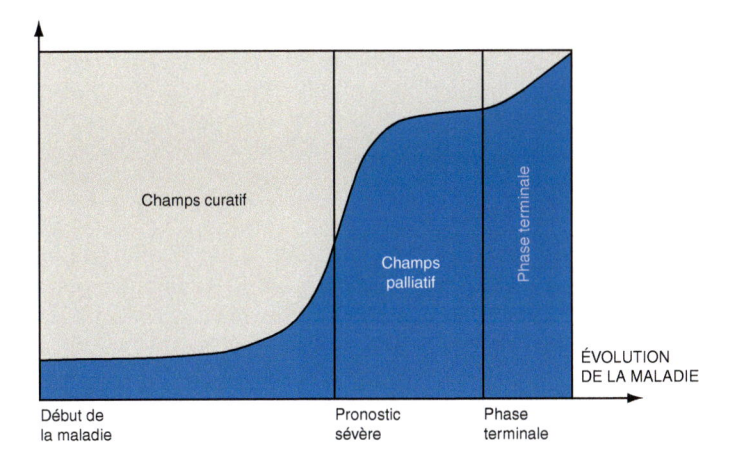

Fig. 23.1.
Part respective du champ des soins curatifs et palliatifs au cours de l'évolution d'une maladie mortelle.
Source : Association pour le développement des soins palliatifs.

une exposition spécifique (vaccination des nourrissons ou de certaines professions, dépistage du cancer colorectal chez les sujets âgés de 50 à 74 ans). En matière de prévention tertiaire, l'éducation thérapeutique du patient suscite un intérêt croissant : c'est un processus par étapes qui fournit une aide aux personnes atteintes d'une maladie chronique et à leur entourage, pour comprendre la maladie et les traitements prescrits, collaborer aux soins, prendre en charge leur état de santé dans le but de conserver et/ou améliorer leur qualité de vie. À ce titre, l'éducation thérapeutique est devenue un soin préventif à part entière, qui est associé au traitement de nombreuses maladies chroniques.

III. Les acteurs de la prévention et des soins en France

Il est fait référence ici à l'organisation définie réglementairement par les lois du 4 mars 2002, du 9 août 2004 et du 22 juillet 2009 (loi dite « hôpital, patients, santé et territoires ») et leurs textes d'application.

A. Acteurs fixant et pilotant les politiques de santé

En France, du fait de la loi, le choix et le pilotage des politiques de santé nationale et régionale incombent aux services de l'État.

1. Au niveau national

Le ministère chargé de la Santé définit en principe tous les 5 ans des objectifs pluriannuels de santé publique qui sont soumis au Parlement. Il est assisté dans cette tâche par trois instances : le Haut Conseil de santé publique, qui fournit une expertise et des conseils pour la définition des objectifs pluriannuels et leur évaluation ; la Conférence nationale de santé, organisme de concertation composé de 110 membres représentant les professionnels et les usagers de santé, qui formule des avis et des propositions et peut organiser des débats publics ; le Comité national de prévention, qui coordonne en principe l'action des différents ministères en matière de sécurité sanitaire et de prévention.

2. Au niveau régional

Le pilotage régional des politiques de santé a été confié aux agences régionales de santé (ARS), mises en place en 2010 dans chaque région et regroupant sept structures régionales antérieures, dont l'agence régionale d'hospitalisation (ARH), les services déconcentrés de l'État (directions régionales et départementales des affaires sanitaires et sociales, DRASS et DDASS) et certains services régionaux de l'assurance-maladie, en particulier l'Union régionale des caisses d'assurance-maladie (URCAM). Le directeur général de l'ARS est assisté par un conseil de surveillance où siègent notamment des représentants des usagers et des collectivités territoriales. Il reçoit des avis de la Conférence régionale de la santé et de l'autonomie (CRSA), instance consultative où siègent en particulier des représentants des collectivités territoriales, des usagers de la santé, des partenaires sociaux et des organismes et associations œuvrant dans le champ de la protection sociale et de la prévention. Le directeur général de l'ARS arrête un programme régional de santé pluriannuel, qui contient les objectifs de santé pour la région et les schémas régionaux de mise en œuvre en matière de prévention, d'organisation de soins et d'organisation médico-sociale. Un Conseil national de pilotage des ARS veille à la cohérence entre politiques de santé régionale et nationale.

B. Principaux opérateurs des programmes de prévention

La conception, la mise en œuvre et le financement des programmes de prévention mobilisent des organismes et institutions nationales, régionales et locales.

1. Échelon national

Depuis une vingtaine d'années, l'État s'est doté d'organismes spécialisés, agences sanitaires et instituts, qui opèrent dans des champs spécifiques en lien avec la santé publique (tableau 23.I).

2. Échelon régional et local

Les collectivités territoriales ont des attributions en matière de prévention. Les conseils généraux organisent et financent des services destinés à certains groupes de population (protection maternelle et infantile, établissements pour personnes âgées ou atteintes de handicap) et peuvent contribuer au fonctionnement de programmes organisés de dépistage des cancers, de vaccination et de lutte contre les maladies infectieuses. Les communes peuvent mettre en place un service municipal d'hygiène et de santé qui intervient en matière de protection de l'environnement, d'éducation pour la santé et de vaccination. De nombreuses associations jouent un rôle important en matière d'actions locales de prévention. L'instance

Tableau 23.I. **Principales agences sanitaires et instituts nationaux ayant des responsabilités de santé publique (2010).**

Organisme	Principales missions
Agence de biomédecine (ABM)	Développer et assurer la qualité, la sécurité et l'évaluation des activités de greffes de cellules, de tissus et d'organes
Agence nationale de sécurité sanitaire de l'alimentation, de l'environnement et du travail (Anses)*	Assurer la sécurité sanitaire humaine dans les domaines de l'environnement, du travail et de l'alimentation
Agence française de sécurité sanitaire des produits de santé (Afssaps)	Assurer et coordonner les vigilances sanitaires vis-à-vis des produits de santé et des produits à finalité cosmétique
Établissement français du sang (EFS)	Gérer les activités de collecte, de préparation, de qualification, et de distribution des produits sanguins labiles
Institut national du cancer (INCa)	Coordonner et développer les actions de lutte contre le cancer, en particulier dans les domaines de la prévention, du dépistage et des soins
Institut national de prévention et d'éducation pour la santé (INPES)	Mettre en œuvre, pour le compte de l'État, les programmes de santé publique et les campagnes nationales de communication Assurer le développement de l'éducation pour la santé sur l'ensemble du territoire
Institut de veille sanitaire (InVS)	Assurer la surveillance et l'observation permanentes de l'état de santé de la population Analyser les risques sanitaires et contribuer à la gestion des situations de crise sanitaire

* Créée en 2010, suite à la fusion de l'Agence française de sécurité sanitaire des aliments (Afssa) et de l'Agence française de sécurité sanitaire de l'environnement et du travail (Afsset).

régionale d'éducation et de promotion de la santé (IREPS), associée à de nombreux partenaires avec un pôle de compétences en éducation et promotion de la santé (PEPS), relaie les campagnes nationales de prévention et développe sur le terrain des actions prioritaires au niveau régional. Les associations de patients, regroupant les personnes atteintes d'une maladie chronique (diabète, asthme, sclérose en plaques…), apportent un soutien aux malades et à leurs proches et peuvent représenter les usagers auprès des pouvoirs publics et des services de soins.

C. Les prestataires de soins pour la population et les conditions d'accès

1. Les services de prévention

En France, des services de soins gratuits spécifiquement dédiés à la prévention individuelle sont prévus par la loi et s'adressent à des groupes spécifiques de population. Les services départementaux de protection maternelle et infantile, placés sous l'autorité des conseils généraux, proposent des consultations médicales préventives, des visites d'infirmières puéricultrices ou de sages-femmes à domicile, des bilans de santé en maternelle. Le service de promotion de la santé en faveur des élèves est placé sous l'autorité du ministère chargé de l'Éducation nationale. Il organise en particulier des examens de dépistage des déficits sensoriels et des troubles de l'apprentissage en maternelle et à l'école primaire et des actions spécifiques pour les enfants handicapés ou en difficulté. Le Code du travail assigne aux employeurs privés et publics l'obligation d'organiser des services de santé au travail, sous la forme de services propres à l'entreprise (pour les plus importantes) ou de services interentreprises. Des médecins du travail spécialistes assurent la surveillance de la santé des salariés et leur protection vis-à-vis des risques auxquels leur travail les expose. Les médecins du travail sont également chargés d'analyser les risques liés aux postes de travail et à leur environnement et de préconiser les mesures à prendre pour les contrôler.

2. Les soins de ville

Les soins de ville sont délivrés par des professionnels de santé libéraux, essentiellement médecins omnipraticiens et spécialistes, chirurgiens-dentistes, sages-femmes, kinésithérapeutes et infirmiers. Les 67 845 omnipraticiens[31], dont 57 339 médecins généralistes, délivrent les soins préventifs et curatifs de premiers recours. Ils sont rémunérés à l'acte, dans le cadre de conventions passées au niveau national avec les caisses d'assurance-maladie qui fixent les tarifs et les conditions de remboursement des soins aux assurés. Depuis 2004, les caisses d'assurance-maladie ont mis en place le dispositif du médecin traitant, qui incite les assurés à choisir et désigner un seul médecin traitant, en leur offrant un meilleur remboursement des soins. Le dispositif du médecin traitant contribue à fidéliser les patients et confère au médecin désigné un rôle de pilotage et de coordination du parcours de soins. Les 54 948 médecins spécialistes assurent des soins de seconde ligne, consultations et actes techniques à vocation diagnostique et thérapeutique. Ils exercent en cabinets et/ou en établissements de santé privés et sont rémunérés à l'acte selon des tarifs qui sont soit fixés par convention avec les caisses d'assurance-maladie (médecins affiliés au secteur 1), soit fixés librement par le médecin (médecins affiliés au secteur 2). L'accès direct des patients aux médecins spécialistes est possible, mais depuis 2004 l'assurance-maladie a instauré un parcours de soins coordonné qui offre un meilleur remboursement des soins aux assurés qui consultent un spécialiste sur avis de leur médecin traitant. Les 82 243 infirmières et les 55 763 kinésithérapeutes[32] libéraux contribuent également à l'offre de soins ambulatoires, sur prescription médicale.

3. Les soins hospitaliers

Les soins hospitaliers sont délivrés en France par des établissements de santé publics (983) et privés (1801)[33]. Ces soins s'accompagnent souvent

---

31. Chiffres DREES, 2011.
32. Chiffres DREES, 2011.
33. Données DRESS-Insee, 2008.

d'un hébergement dans l'établissement (hospitalisation complète) mais de plus en plus souvent, ils se font sans hébergement (hospitalisation partielle). Ils sont dispensés selon différentes modalités. Les soins de court séjour concernent les patients atteints d'affection en phase aiguë et/ou nécessitant le recours à un plateau technique. Ils sont dispensés, selon les cas, dans des services de : médecine, chirurgie, obstétrique, psychiatrie ou odontologie. Les soins de suite ou de réadaptation sont délivrés dans le cadre d'un traitement ou d'une surveillance médicale à des malades requérant des soins prolongés pour permettre leur réinsertion. Les soins de longue durée concernent des patients n'ayant pas leur autonomie de vie et ayant besoin d'une surveillance médicale constante et de traitements au long cours. L'admission dans un établissement de santé nécessite une prescription médicale. Cependant un accueil direct des patients qui se présentent spontanément aux services d'urgence doit être organisé 24 h sur 24 et tous les jours de l'année par les établissements publics de court séjour et par certains établissements privés, dans le cadre de la mission de service public.

POINTS CLÉS

▶ Les soins sont un déterminant important de la santé individuelle et collective.

▶ Selon la charte d'Ottawa, la santé est un enjeu sociétal qui doit mobiliser les professionnels de santé, les citoyens et les politiques.

▶ La prévention est l'ensemble des mesures individuelles et collectives visant à éviter ou réduire la gravité des maladies, des accidents ou des handicaps.

▶ On distingue les soins curatifs, des soins palliatifs et des soins préventifs.

▶ Le choix et le pilotage des politiques de santé nationale et régionale incombent aux services de l'État. Au niveau régional, le pilotage des politiques de santé est assuré par des agences régionales de santé (ARS).

▶ Plusieurs organismes spécialisés, agences et instituts œuvrent chacun dans un domaine de prévention spécifique.

▶ Au niveau individuel, en France, des services de soins gratuits sont dédiés à la prévention.

▶ En médecine de ville, le médecin traitant remplit un rôle de pilotage et de coordination du parcours de soins.

▶ Les soins hospitaliers sont délivrés en France par des établissements de santé publics et privés.

Bibliographie

Bourdillon F. *Traité de prévention*. Paris : Flammarion Médecine-Sciences ; 2009.
San Marco JL, Lamoureux P. Prévention et promotion de la santé. In : Bourdillon F, Brücker G, Tabuteau D. (Eds.) *Traité de santé publique*. Paris : Flammarion Médecine-Sciences ; 2004.

Site Internet

Union nationale des associations pour le développement des soins palliatifs : www.soins-palliatifs.org (rubriques Quelques définitions).

24 Organisation du système de santé en France

C. Binquet, C. Lejeune

I. Système de santé
II. Offre de soins

I. Système de santé

A. Définition

L'Organisation mondiale de la santé (OMS) définit le système de santé comme l'ensemble des éléments (organisations, institutions, ressources, personnes) dont la finalité est d'améliorer la santé de la population.

B. Objectifs et missions

Les systèmes de santé dans le monde ont trois objectifs principaux :
- améliorer la santé de la population desservie ;
- répondre aux attentes des individus concernant par exemple la manière dont ils doivent être traités, dont ils peuvent être pris en charge et couverts pour les soins qui leur sont prodigués ;
- assurer une protection financière face aux dépenses liées à la santé.

L'OMS a montré que les systèmes de santé ont largement contribué à améliorer la santé de la population et ont joué un rôle dans l'allongement de l'espérance de vie au cours du xxe siècle. En France, l'espérance de vie moyenne est passée de 48 ans à 79 ans entre l'année 1900 et l'année 2000, soit une augmentation de 65 %. Cependant des écarts de résultats importants demeurent entre les différents systèmes de santé. Ainsi, des pays possédant apparemment les mêmes ressources et les mêmes possibilités obtiennent-ils des résultats très différents. Ainsi, l'espérance de vie à la naissance aux États-Unis est inférieure d'environ 2 ans à celle de l'Union européenne.

Ces différences peuvent s'expliquer par le fait que le système de santé est un ensemble complexe, influencé par différents « sous-systèmes » économique, social, culturel, politique, juridique… (fig. 24.1). Ainsi les systèmes de santé, caractérisés par ces sous-systèmes, sont propres à chaque pays et résultent d'un choix de société.

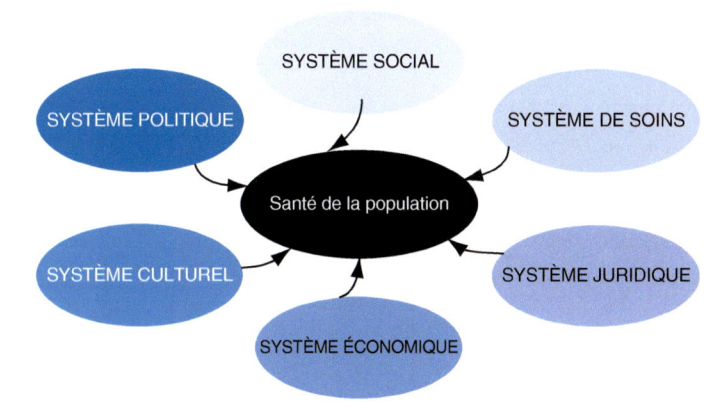

Fig. 24.1.
Les différents sous-systèmes influençant la santé.
Le *système politique* fait référence au principe d'autorité ou de démocratie en vigueur ainsi qu'au rôle de l'État et des pouvoirs publics dans un pays.
Le *système économique* fait référence au niveau de développement d'un pays, sa richesse, ses secteurs d'activité, le niveau de revenu de la population et ses conditions de travail. Le *système social* fait référence aux écarts entre catégories socioprofessionnelles et à l'importance de ces inégalités appréhendées au travers des ressources perçues ou des conditions de travail. Le *système juridique* fait référence aux droits du consommateur et à la protection de ses droits. Il concerne également le secteur de l'entreprise au travers des lois qui gèrent leur fonctionnement.
Le *système culturel* fait référence aux coutumes, croyances, mentalités et niveau d'éducation d'un pays.
Le système de soins correspond à l'ensemble des services qui fournissent des prestations à la population, dans le but d'améliorer sa santé.

C. Organisation des systèmes de santé en Europe

1. Éléments constitutifs d'un système de santé

On peut représenter de manière schématique (fig. 24.2) le système de santé comme l'ensemble des liens existant entre plusieurs acteurs :
- l'*offre* de soins comprenant les professionnels de santé et les établissements de santé ;
- la *demande de soins* représentée par la population, quels que soient l'âge, le statut professionnel et le niveau de revenu. La demande de soins peut être vue sous deux angles : le financement (les usagers et les patients participant au financement du système de santé) et le consommateur de soins (les usagers et les patients bénéficiant des soins) ;
- l'*État* : il fixe la politique de santé et les priorités de santé publique, ainsi que les règles économiques et financières, l'organisation générale des soins et leur remboursement ;
- les *financeurs* sont représentés par l'État, les collectivités territoriales, les caisses d'assurance-maladie publiques obligatoires qui remboursent la majeure partie des soins et contribuent à l'organisation du système de soins, les assurances privées, les assurances-maladie complémentaires, en particulier les mutuelles, qui complètent le remboursement

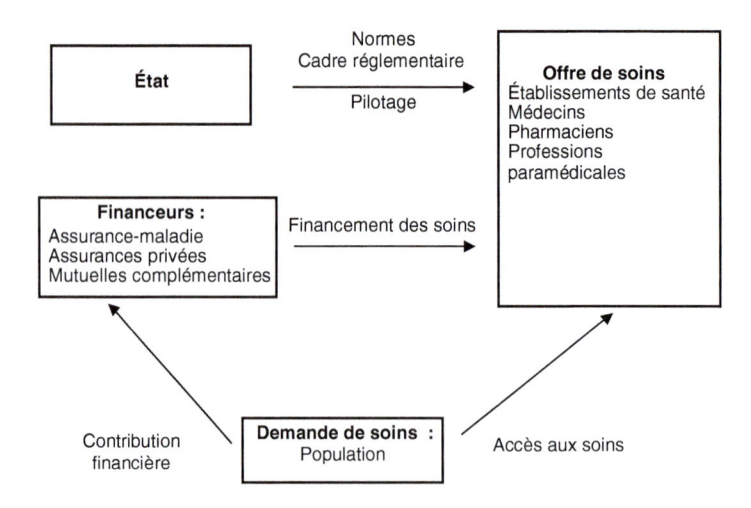

Fig. 24.2.
Les éléments constitutifs d'un système de santé.
Source : adapté de Béresniak A, Duru G. Économie de la Santé. Issy-les-Moulineaux : Elsevier Masson; 2008.

des soins, les syndicats qui co-gèrent les conseils d'administration des organismes d'assurance-maladie obligatoire avec les représentants des entreprises et de la mutualité.

2. Modèles de systèmes de santé

Les systèmes de santé actuels s'inspirent à des degrés divers d'un ou plusieurs des quelques modèles qui ont été mis au point et améliorés depuis la fin du XIXe siècle. Ces modèles se différencient les uns des autres en particulier par la nature des liens qui unissent les différents acteurs d'un système de santé.

a. Le modèle nationalisé

Dans ce modèle (fig. 24.3), l'État joue un rôle principal de contrôleur et de planificateur. En fixant les objectifs et les priorités sanitaires, il détermine le niveau et l'organisation de l'offre de soins. Dans certains pays, il pèse sur les critères de recrutement des hôpitaux et les négociations tarifaires. Il est également, au travers de l'impôt, financeur du dispositif qui relève ainsi exclusivement du secteur public. L'autonomie des usagers est limitée puisque l'inscription sur la liste d'un médecin généraliste est obligatoire pour pouvoir y avoir accès. L'accès aux soins est donc géré par le médecin généraliste. Le système de santé anglais *(national health system)* répond dans ses grandes caractéristiques à ce modèle.

b. le modèle libéral

Le système de santé américain répond encore aux grandes caractéristiques du modèle libéral (fig. 24.4). Une grande autonomie est laissée aux usagers et professionnels offreurs de soins. Le financement du système est assuré par une offre concurrentielle d'assureurs privés censée favoriser une offre de soins au meilleur coût, la limitation des gaspillages et la responsabilisation des acteurs.

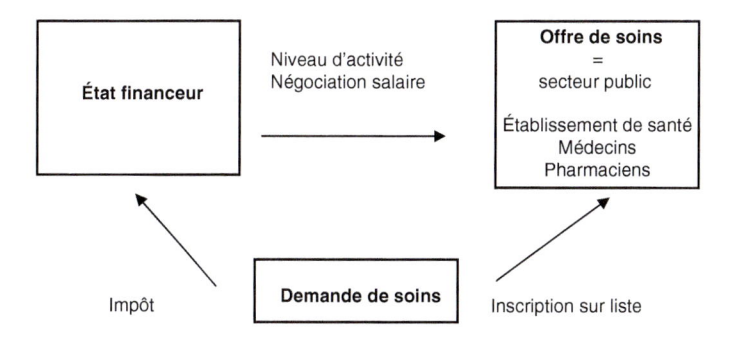

Fig. 24.3.
Le modèle étatique.
Source : adapté de Béresniak A, Duru G. Économie de la Santé. Issy-les-Moulineaux : Elsevier Masson ; 2008.

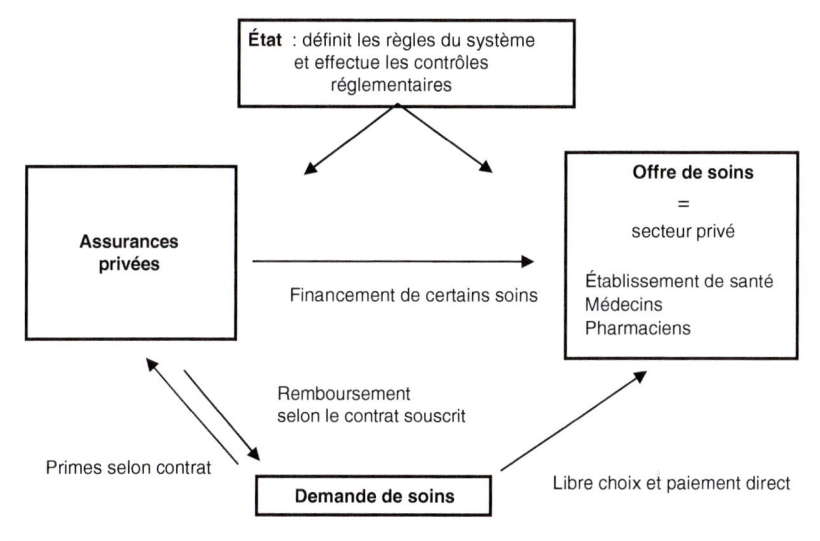

Fig. 24.4.
Le modèle libéral.
Source : adapté de Béresniak A, Duru G. Économie de la Santé. Issy-les-Moulineaux : Elsevier Masson ; 2008.

L'accès de l'usager au système de soins, qui relève exclusivement du secteur privé, est conditionné par le type de contrat souscrit avec son assurance. Ainsi le niveau de protection peut-il varier selon les caractéristiques démographiques, cliniques, socio-économiques et professionnelles de la population.

D. Le modèle d'assurance sociale

Dans ce modèle (fig. 24.5), l'État joue un rôle de pilotage et de contrôle, mais l'essentiel du financement des soins est apporté par une institution particulière appelée assurance sociale qui prélève des cotisations sociales auprès des actifs et des entreprises et qui paye directement les professionnels et les établissements de soins. L'offre de soins est mixte (publique et privée). Les systèmes de santé français et allemand correspondent globalement à ce modèle.

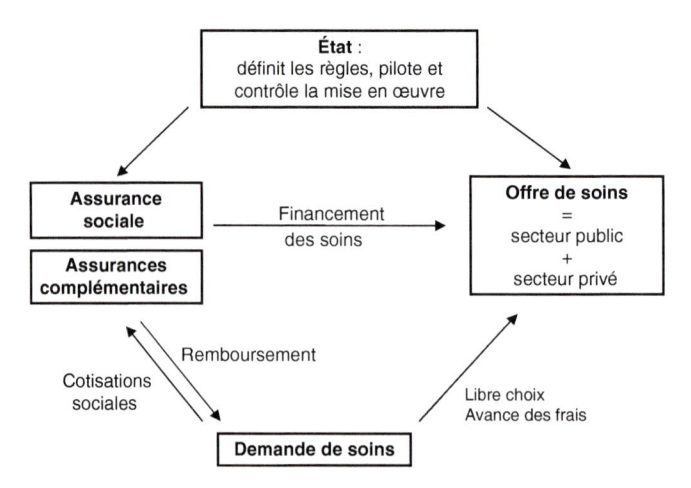

Fig. 24.5
Le modèle d'assurance sociale.

E. Les instances de pilotage du système de santé en France

Le système de santé français correspond au modèle d'assurance sociale. Cependant les avancées réalisées, notamment avec la création de la couverture maladie universelle en 1999 (système permettant l'accès à l'assurance-maladie pour toutes les personnes résidant en France de manière stable et régulière), ont fait de la France un système à mi-chemin entre les systèmes beveridgiens du nord de l'Europe (Irlande à Finlande) et les systèmes professionnels bismarckiens du centre de l'Europe (Allemagne, Autriche) ; voir chapitre 29.

On distingue différentes instances de pilotage en France.

1. Les tutelles exercées par l'État

L'État a une compétence très étendue dans le domaine de la santé. Il est garant de l'intérêt public et de l'amélioration de l'état sanitaire de la population. Il exerce un contrôle sur les institutions de financement, les professionnels et les malades. Il fait appel à plusieurs instances pour exercer ces missions.

a. Au niveau national

On distingue :
- le *Parlement* qui fixe depuis 1996 les objectifs sanitaires et les objectifs en matière de dépenses de santé de l'assurance-maladie ;
- le *ministère chargé de la Santé* qui :
  - conçoit et met en œuvre les politiques et programmes de santé publique,
  - est chargé des questions financières et tarifaires,
  - détermine l'organisation des soins hospitaliers ainsi que la coordination entre soins de ville et secteur médico-social,
  - intervient sur les aspects financiers de la santé et de l'assurance-maladie ;

- le *Comité économique des produits de santé* (CEPS) qui met en œuvre les orientations qu'il reçoit des ministres compétents en matière de fixation des prix, de suivi des dépenses et en matière de régulation financière du marché des médicaments. Dans ce cadre, il peut conclure des accords et conventions avec les entreprises ou groupes d'entreprises du secteur pharmaceutique. Concernant les dispositifs médicaux à usage individuel, il propose les tarifs de remboursement ;
- l'*Institut national de veille sanitaire* (InVS) qui recueille et analyse les risques sanitaires (maladies infectieuses, santé environnement, santé au travail, maladies chroniques). L'InVS dispose également d'antennes régionales capables de relayer localement son action : les Cire (cellules interrégionales).

b. Au niveau local

Les collectivités territoriales ont des compétences limitées pour la santé. On distingue :
- les *conseils généraux* : ils assurent la prévention et la protection sanitaire de la famille et de l'enfance. Ils sont compétents dans le domaine de l'aide sociale, de l'aide aux personnes âgées et handicapées ;
- les *communes* : elles jouent un rôle dans le domaine de l'assainissement et la fourniture d'eau potable, de la collecte et l'élimination des déchets urbains des ménages. Sur un autre plan, au travers des ateliers Santé-Ville, les élus locaux peuvent mener des missions de promotion de la santé (voir chapitre 23) en vue de réduire les inégalités sociales et territoriales en matière de santé.

2. Les agences

On distingue :
- au niveau national : un ensemble d'agences sanitaires auxquelles l'État délègue certaines compétences (voir p. 279) ;
- au niveau régional : les *agences régionales de santé* (ARS) qui ont pour objectif de permettre un pilotage unifié et responsabilisé du système territorial de santé s'appliquant au système médico-social (personnes âgées et personnes handicapées) ainsi que les soins de ville, les soins hospitaliers, la prévention. Elles s'appuient sur les données de l'état de santé recueillies par les observatoires régionaux de santé (ORS).

3. Les structures d'expertise et autorités indépendantes

Ces structures sont placées auprès de l'administration. On peut citer :
- la *Haute Autorité de santé* (HAS), organisme public indépendant d'expertise scientifique dont l'objectif est d'élaborer des recommandations concernant les soins et de promouvoir la démarche d'évaluation dans le domaine des techniques et stratégies médicales ;
- le *Haut Comité de santé publique* (HCSP), chargé d'apporter des éléments d'orientation et d'aide à la décision sur des problèmes de santé publique ou d'organisation des soins ;

- l'*Institut national du cancer* (INCa), agence sanitaire et scientifique. Il permet, l'évaluation et le financement de projets de recherche, apporte son expertise dans le domaine de la cancérologie aux administrations de l'État, aux caisses d'assurance-maladie, et aux autres agences ou aux établissements publics de recherche.

II. Offre de soins

A. Définition

Elle correspond à l'ensemble des services qui fournissent des prestations de soins à la population.

B. Acteurs du système de soins en France

1. Les demandeurs de soins

Ils sont représentés par les usagers et les patients qui occupent une place importante par leur participation financière et par les droits qui les concernent. En effet, la «démocratie sanitaire» a beaucoup progressé en France au cours des trois dernières décennies, et les «droits des malades» sont désormais reconnus par la loi du 11 mars 2002.

2. Les offreurs de soins

a. Les médecins

Au 1er janvier 2011, 216 145 médecins en activité étaient inscrits au conseil national de l'Ordre des médecins (inscription obligatoire pour pouvoir exercer). La population connaît depuis quelques années un certain nombre de modifications :
- la diminution attendue de leur effectif, conséquence du maintien prolongé du *numerus clausus* à un niveau faible dans les années 1980 et 1990 ;
- le vieillissement des effectifs ;
- le déséquilibre au détriment de la spécialité médecine générale et au profit des autres spécialités ;
- la féminisation accrue de la profession ;
- les disparités géographiques, une frontière encore nette séparant les régions du nord et du sud de la France. Ainsi la densité médicale (nombre de médecins pour 100 000 habitants) est jusqu'à deux fois plus importante dans le Sud comparativement au Nord.

b. Les pharmaciens

Au 1er janvier 2010, 73 332 pharmaciens étaient inscrits au conseil national de l'Ordre des pharmaciens. Ils exercent dans différents secteurs : les officines (c'est-à-dire les pharmacies), l'industrie, la distribution en gros, les établissements de santé, le domaine de la biologie.

c. Les établissements de santé

Ils ont vocation à assurer les examens diagnostiques, la surveillance et le traitement des patients et à participer à des actions de santé publique.

Parmi les entités juridiques publiques, trois types d'établissements coexistent :
- les *centres hospitaliers régionaux* (CHR) assurent les soins les plus spécialisés à la population de la région ainsi que les soins courants à la population la plus proche. La plupart des CHR ont conclu une convention avec l'université et sont des centres hospitaliers universitaires (CHU). À ce titre, ils permettent la formation théorique et pratique des futurs professionnels médicaux et personnels paramédicaux ;
- les *centres hospitaliers* (CH) réalisent la majeure partie de la prise en charge hospitalière de la population. Certains d'entre eux sont spécialisés en psychiatrie (CHS) ;
- les *hôpitaux locaux* sont destinés à assurer une offre de proximité. Ils comportent exclusivement des activités de médecine, de soins de suite ou de réadaptation et de soins de longue durée.

Les établissements de santé sont des personnes morales de droit public ou privé. À côté des établissements publics, des établissements privés but lucratif (cliniques) appartiennent à des particuliers ou à des sociétés autorisées à faire des bénéfices et des établissements privés à but non lucratif relevant d'associations, de congrégations ou d'organismes sociaux.

Depuis 15 ans, le paysage hospitalier français s'est beaucoup modifié :
- le nombre d'établissements s'est réduit, en raison de la disparition d'établissements privés sous l'effet de restructurations ;
- la capacité d'accueil dans les établissements de santé s'est modifiée avec la diminution du nombre de lits d'hospitalisation installés à temps complet, au profit du développement d'alternatives à l'hospitalisation (par exemple l'hospitalisation de jour) ;
- une offre de soins hospitaliers inégale : inégale distribution régionale des CHU, et ce indépendamment de la démographie.

3. Les financeurs

On distingue deux sources de financement du système de soins.

a. Sources publiques de financement

Elles comprennent :
- le régime d'assurance sociale obligatoire (c'est-à-dire l'assurance-maladie) financé par les cotisations sociales qui représentent 76 % du financement de la consommation des soins et des biens médicaux en 2010 ;
- l'État et les collectivités territoriales, au travers des impôts et taxes, qui assurent 1,2 % environ du financement de la consommation des soins et des biens médicaux pour 2010.

b. Sources privées de financement

Elles reposent sur deux sources principales :
- les assurances complémentaires de santé (mutuelles) qui interviennent pour compenser les frais non remboursés par l'assurance-maladie ;

- les ménages. Le financement par le patient peut prendre différentes formes : le ticket modérateur représente la fraction des dépenses non remboursée par l'assurance-maladie obligatoire ; il reste donc à la charge de l'assuré social ; les dépassements d'honoraires correspondent au supplément par rapport au tarif ; le forfait hospitalier correspond à la participation du patient aux prestations hôtelières pour tout séjour supérieur à 24 h dans un établissement de santé.

POINTS CLÉS

▶ Le système de santé est l'ensemble des éléments dont la finalité est d'améliorer la santé de la population (OMS).

▶ Le système de santé est un ensemble complexe, influencé par un ensemble de sous-systèmes économique, social, culturel, politique, juridique… propres à chaque pays.

▶ Dans le modèle étatique (ex. : système anglais), l'État joue un rôle principal de contrôleur et de planificateur.

▶ Dans le modèle libéral (ex. : système de santé américain), une grande autonomie est laissée aux usagers et aux professionnels de santé ; le financement du système est assuré par une offre concurrentielle privée.

▶ Dans le modèle d'assurance sociale, un organisme spécifique (ex. : Sécurité sociale en France) finance les établissements et professionnels de santé ; l'offre de soins est mixte (publique et privée).

▶ En France, l'État a une compétence très étendue dans le domaine de la santé ; le Parlement fixe depuis 1996 les objectifs sanitaires et les dépenses de santé financées par l'assurance-maladie.

▶ Les usagers et les patients sont des demandeurs de soins ; les médecins, les pharmaciens et les établissements de santé (CHR, CHU, CH, CHS) sont des offreurs de soins.

▶ On distingue deux sources de financement du système de soins en France : publiques (régime d'assurance sociale obligatoire, État et collectivités territoriales) et privées (assurances complémentaires, ménages).

Bibliographie

Béresniak A, Duru G. *Économie de la Santé*. Issy-les-Moulineaux ; Elsevier Masson : 2008.

Chambaretaud S, Lequet-Slama D. Le système de santé américain. septembre. *ADSP* 2001 ; n°36

OMS. *Rapport sur la santé dans le monde. Pour un système plus performant*. OMS ; 2000. Disponible en ligne : www.who.int/whr/2000/fr/index.html.

Thayer C, Tonneau D. Le système de santé en Angleterre. *Annales des mines*. septembre 2000.

Facteurs du recours aux soins : la demande de soins

25

P. Czernichow, H. Marini

I. Concentration de la consommation de soins
II. Facteurs démographiques du recours aux soins
III. Facteurs socio-économiques du recours aux soins
IV. Influence de l'offre de soins
V. Rôle de la protection sociale : solvabilité de la demande
VI. Facteurs du recours aux soins de prévention

Pour mesurer les soins consommés dans une population, il suffit d'identifier le demandeur de soins, celui ou ceux qui les réalisent, la date, le lieu et le type de soin délivré. Toutefois, expliquer cette consommation nécessite des données supplémentaires, qui rendent cette analyse plus complexe :

- la survenue, ou la présence de problèmes de santé : cette dimension épidémiologique est introduite au chapitre 22 ; on parle volontiers de besoin lorsque les réponses attendues à ces problèmes sont identifiées ;
- divers facteurs démographiques et socio-économiques font que, dans une situation donnée, les personnes ont une certaine représentation de leur santé, qui peut les conduire à souhaiter ou non des soins pour y répondre : la demande de soins désigne la recherche d'une réponse auprès du système de santé ; une difficulté supplémentaire est liée au fait que les personnes sont le plus souvent en difficulté pour identifier les soins qui leur sont nécessaires (asymétrie d'information entre les patients et les professionnels de santé) : c'est généralement le but premier de leur demande ;
- pour que cette demande puisse s'exprimer, il faut que la personne soit en situation de financer ces soins, si ceux-ci ne sont pas gratuits : la protection sociale dont bénéficie la personne intervient donc également ; celle-ci est introduite au chapitre 29, p. 384 ;
- enfin, la satisfaction de la demande suppose évidemment que la personne trouve une offre disponible, et accessible pour elle. Les principales caractéristiques de l'offre de soins sont envisagées au chapitre 26, p. 301.

Une autre difficulté est que les soins recouvrent une grande variété d'interventions, selon : le lieu de réalisation (cabinet, domicile, établissement de santé), les professionnels impliqués (professions médicales, auxiliaires médicaux), le type de soins (tests biologiques, actes d'imagerie, actes chirurgicaux, consultations, séances de rééducation, soins infirmiers, etc.). L'analyse de la consommation de soins peut suivre deux logiques :

- l'une plus qualitative : elle porte sur le fait de recourir ou non à l'un ou l'autre des multiples soins possibles, à un niveau plus ou moins détaillé des soins ;
- l'autre plus quantitative, et plus synthétique : elle prend en compte le niveau des dépenses liées à ce recours, permettant de regrouper les différents soins reçus en une synthèse.

Les résultats qui suivent proviennent de diverses sources de données (voir encadré ci-dessous), les unes issues de l'exploitation de vastes bases de données (PMSI, assurance-maladie), les autres issues d'enquêtes par sondage en population générale, avec des méthodes plus sophistiquées reliant, pour les mêmes personnes, les résultats issus d'enquêtes, à des données recueillies en routine.

> **Connaître les déterminants de la consommation de soins d'une population**
>
> **Programme de médicalisation des systèmes d'information (PMSI) :** dans chaque établissement de santé, public et privé, des données sont recueillies (affections traitées, principaux soins délivrés) de façon permanente et exhaustive pour chaque séjour de patient pour des soins de courte durée (médecine, chirurgie, obstétrique) ; les caractéristiques des patients sont toutefois limitées (âge, sexe, résidence).
> **Système national inter-régimes de l'assurance-maladie (SNIIR AM) :** les actes de soins remboursés par l'assurance-maladie (CNAMTS, MSA, RSI) sont recueillis de façon permanente et exhaustive et stockés sur les trois dernières années ; les caractéristiques des patients sont là aussi réduites, en particulier leur état de santé. L'échantillon permanent des assurés sociaux (EPAS), issu de cette base, permet des études longues.
> **Enquête Santé et protection sociale (ESPS) :** elle est réalisée tous les 2 ans par l'Institut de recherche et documentation en économie de la santé (IRDES) auprès d'un échantillon de ménages ordinaires couverts par un des trois principaux régimes d'assurance-maladie en France, soit 95 % des ménages. Elle porte sur des données détaillées démographiques et socio-économiques, sur la protection sociale et l'état de santé. L'IRDES apparie les données de cette enquête avec celles de l'EPAS.
> **Enquête Handicap-santé :** elle a porté sur les personnes vivant à leur domicile (2008), soit un échantillon de 28 500 individus résidant en France, et sur celles résidant en institutions (2009). Elle repose sur des entretiens en face à face avec des enquêteurs de l'Insee, au domicile des personnes interrogées. La population concernée est plus exhaustive qu'avec l'ESPS, mais la consommation de soins n'est connue que par les réponses des personnes, dont la mémoire n'est pas infaillible.

I. Concentration de la consommation de soins

Le recours aux soins ne touche pas toute la population de façon similaire : il n'y a pas de « français moyen » à ce sujet. Ainsi, on pouvait observer en 1995 :

- des faibles consommateurs de soins : 9 % des personnes ne consommaient aucun soin remboursé par l'assurance-maladie, 30 % en consommaient moins de 2 % et finalement 80 % ne consommaient qu'environ un quart des dépenses de soins ;
- des grands consommateurs de soins : les 10 % plus forts consommateurs concentraient 59 % des dépenses et même les 5 % plus forts consommateurs concentraient à eux seuls près de la moitié des dépenses.

Cette répartition est dynamique : les faibles consommateurs de soins d'une période donnée peuvent être amenés à consommer des soins importants ultérieurement (survenue d'un problème de santé), et de forts consommateurs peuvent réduire ultérieurement leur recours aux soins (guérison).

II. Facteurs démographiques du recours aux soins

A. Effet de l'âge

L'âge est certainement le facteur le plus influant sur le recours aux soins ; son effet s'exerce sur chacun des types de soins.

En ce qui concerne les soins ambulatoires, le taux de recours aux médecins généralistes, qui constituent les médecins traitants de la réforme de 2004 pour l'essentiel, croit fortement avec l'âge (fig. 25.1), du fait du suivi régulier de patients généralement atteints d'affections chroniques, alors que les recours pour un problème urgent sont au contraire moins fréquents à partir de 40 ans.

Ce recours au médecin généraliste s'accompagne d'une consommation de médicaments qui varie dans le même sens, passant de 17,4 % des moins de 16 ans à 86,5 % des 65 ans et plus. Il s'agit pour l'essentiel de médicaments prescrits.

Le recours ambulatoire aux soins infirmiers et aux séances de masseurs-kinésithérapeutes varie exactement dans le même sens ; ainsi la prise en charge des personnes âgées est-elle caractérisée par cette association : recours au médecin généraliste, prescription de médicaments, de soins infirmiers et de rééducation.

En revanche, le recours aux autres spécialités médicales augmente moins nettement avec l'âge, à l'exception des soins de cardiologie.

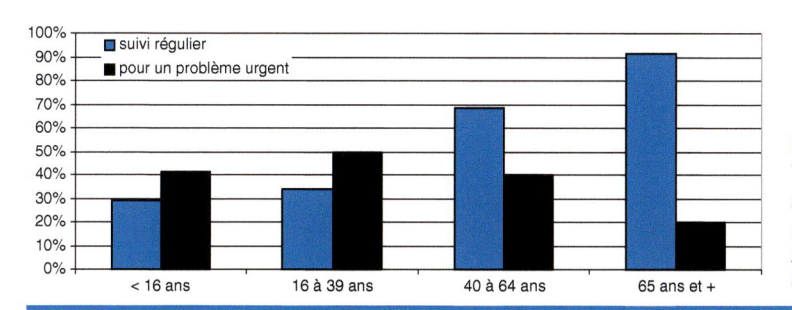

Fig. 25.1.
Taux de recours au médecin généraliste selon l'âge des patients.
Source : enquête ESPS 2008, IRDES.

L'influence de l'âge sur les taux d'hospitalisation est plus contrastée (fig. 25.2) : les admissions en établissements de santé pour des soins de courte durée touchent particulièrement les nourrissons, qui représentent 2,7 % des séjours contre 1,3 % de la population. À partir de 65 ans, le taux d'hospitalisation augmente fortement : près d'un séjour sur trois en soins de courte durée concerne cette classe d'âge.

En 2008, le nombre de patients hospitalisés en France était de 10,5 millions, tous modes d'hospitalisation réunis. Ainsi, 16 % de la population a été hospitalisée au moins une fois dans l'année en médecine, chirurgie ou obstétrique. La majorité des patients (73 %) est hospitalisée une seule fois, les plus âgés ont souvent des séjours multiples.

La signification de cet effet de l'âge sur le recours aux soins est complexe :

- des personnes d'âge croissant sont plus fréquemment touchées par des problèmes de santé plus lourds : les affections de longue durée, touchant 15 % de la population, mais concentrant 62 % des dépenses de soins remboursés, voient leur prévalence passer de moins de 10 % avant 40 ans, à plus de 60 % après 70 ans ; l'âge est donc un marqueur de l'état de santé ;
- certains travaux ont montré qu'une partie de ces dépenses plus élevées avec l'âge était liée à la dégradation de l'état de santé et les soins plus lourds qui précèdent le décès des personnes, quel que soit l'âge de sa survenue : comme les décès surviennent surtout chez des personnes âgées, les dépenses de soins s'en trouvent accrues d'autant ;
- ainsi le vieillissement de la population au cours du temps ne provoque pas « mécaniquement » d'accroissement du recours et des dépenses de soins : tout dépend de l'état de santé, qui va plutôt en s'améliorant en France ;

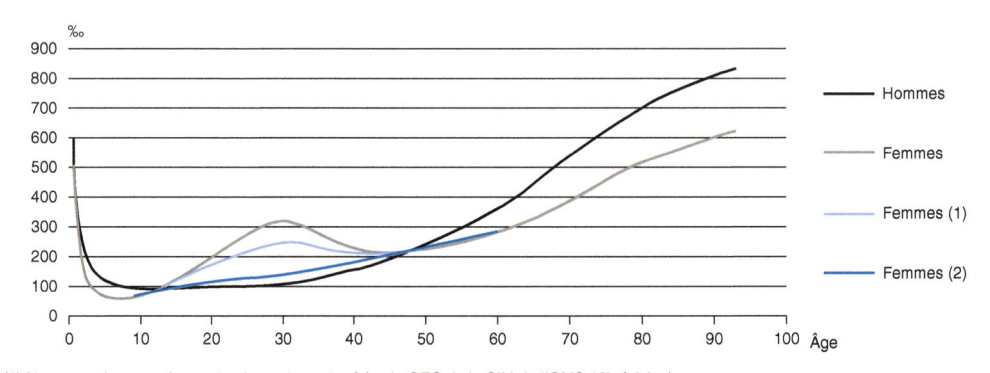

(1) Non compris accouchement unique et spontané (code OEC de la CIM de l'OMS 10ᵉ révision).
(2) Non compris grossesse, accouchement et puerpéralité (chapitre XV de la CIM de l'OMS 10ᵉ révision).

Fig. 25.2.
Taux d'hospitalisation selon l'âge et le sexe dans les services de soins de courte durée en 2008.
Source : PMSI, DREES.

- par ailleurs, l'innovation technique rend possible des soins pour des problèmes de santé jusque-là sans solution : l'accroissement des dépenses de santé au cours du temps reflète aussi ces nouvelles possibilités.

B. Effet du sexe

Les dépenses de soins selon le sexe, à structure d'âge comparable, sont un peu plus faibles chez les femmes (−4 %), mais leur nature est différente : dépenses de ville plus élevées chez les femmes (+10 %) pour les honoraires de spécialistes (+28 %) et d'omnipraticiens (+21 %), les examens biologiques (+27 %) et les soins d'auxiliaires médicaux (+14 %), alors que les dépenses hospitalières sont plus faibles que chez les hommes (−22 %).

Entre 15 et 45 ans, les femmes en âge de procréer ont des taux d'hospitalisation supérieurs à ceux des hommes de même âge, liés à la prise en charge des grossesses difficiles, et aux accouchements.

III. Facteurs socio-économiques du recours aux soins

A. Effet de la catégorie socioprofessionnelle

À âge et sexe comparables, la catégorie socioprofessionnelle de la personne « référente » des ménages exerce également une influence importante (fig. 25.3) ; en référence à la moyenne (base 100), les dépenses de santé sont plus élevées chez les ouvriers non qualifiés (+18 %), un peu plus élevées chez les employés (+7 %) et les ouvriers qualifiés (+1 %) et plus faibles chez les cadres et les professions intermédiaires (−9 %).

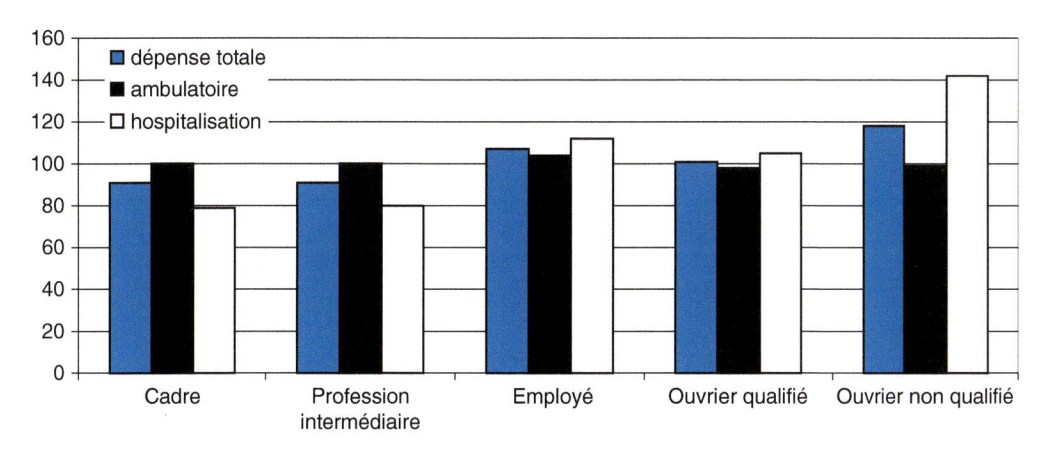

Fig. 25.3.
Influence de la catégorie socioprofessionnelle sur les dépenses de santé chez les assurés sociaux – la base 100 correspond à la consommation moyenne de la population.
Source : EPAS-SPS 2000 et 2002, IRDES, DREES.

Ces contrastes sont amplifiés pour les dépenses d'hospitalisation, très élevées chez les ouvriers non qualifiés (+ 42 %) et faibles chez les cadres (−21 %) et les professions intermédiaires (−20 %).

Ainsi, l'hospitalisation représente 38 % des dépenses de soins des cadres et des professions intermédiaires, contre 45 % pour les ouvriers qualifiés, 46 % pour les employés, et 53 % pour les ouvriers non qualifiés.

Les résultats obtenus par l'IRDES montrent en outre que ces contrastes sont en cohérence avec la distribution de l'état de santé selon ces différents groupes sociaux.

B. Effet du niveau d'études

Les personnes n'ayant pas été scolarisées sont moins nombreuses à recourir aux soins ambulatoires (79 % *versus* 84 % pour toute la population), et aux soins hospitaliers (8 % *versus* 13 % pour toute la population). Cet écart s'applique à tous les soins ambulatoires identifiés.

En outre, comparativement aux personnes ayant une formation secondaire de type collège, CAP ou BEP, celles n'ayant pas été scolarisées ont une dépense de soins ambulatoires plus faible (−13 %), en particulier de médecins spécialistes (−23 %) et d'auxiliaires médicaux (−52 %) et une dépense de soins hospitaliers bien plus élevée (+42 %).

C. Effet du niveau de revenu

Les personnes ayant les niveaux de revenus les plus faibles ont moins souvent recours aux soins ambulatoires, en particulier médecins spécialistes et soins dentaires, et plus souvent recours à l'hospitalisation.

Toutefois, l'élasticité – revenu des dépenses ambulatoires est négative : lorsque le niveau de revenu de la population augmente, les dépenses de santé ambulatoire diminuent.

D. Recours aux soins des immigrés

Les personnes immigrées ont un taux de recours aux soins ambulatoires plus faible que le reste de la population, aussi bien chez les généralistes que les spécialistes. Cette liaison s'explique par la situation sociale défavorisée des immigrés : après contrôle des caractéristiques socio-économiques à l'analyse, elle disparaît.

IV. Influence de l'offre de soins

La présence d'un problème de santé, sa perception comme nécessitant des soins et la possibilité de financer ces soins ne suffisent pas : il faut en outre disposer d'une offre de soins accessible et adaptée.

En France l'offre de soins est globalement abondante mais sa répartition géographique est disparate : quoique soumise à la régulation de l'État, la répartition des établissements de santé sur le territoire est inégale ; c'est encore plus vrai pour les professions de santé exerçant en ville, dont le statut libéral leur permet le libre de choix de leur lieu d'exercice, choix qui ne prend guère en compte la santé de la population. Ainsi, la possibilité de recourir aux soins en France n'est-elle pas identique d'une région à l'autre. À un niveau plus local, les établissements de santé, les médecins spécialistes et certaines autres professions de santé sont concentrés en milieu urbain, de sorte que leur accessibilité est moins bonne pour les habitants des zones rurales.

Une autre dimension de l'offre qui module le recours aux soins est financière : certains médecins libéraux, plus particulièrement dans certaines spécialités et dans certaines régions, pratiquent des dépassements d'honoraires non pris en charge par l'assurance-maladie (voir chapitre 29). La possibilité d'avoir recours à ces médecins est faible pour les usagers disposant de revenus limités ou de couverture sociale partielle ; ici, les difficultés liées à l'offre de soins et celles des usagers se combinent pour gêner le recours aux soins.

Enfin, le système de soins lui-même tient peu compte de l'appartenance sociale ; les inégalités de santé (voir chapitre 42) ne sont guère prises en compte dans les programmes institutionnels ou recommandations de pratique, et plus généralement dans la conception de notre système de soins ; l'inertie de celui-ci pour tenter de corriger ces inégalités peut même contribuer à dégrader la situation.

V. Rôle de la protection sociale : solvabilité de la demande

La traduction d'un besoin perçu par les personnes en recours aux soins dépend de la possibilité de ces personnes de financer ces soins : c'est l'objet même de la protection sociale (voir chapitre 29, p. 384).

En analysant le recours aux soins en fonction du degré de protection sociale dont disposent les personnes, on peut indirectement juger de la réponse qu'ils trouvent ou non à leurs problèmes de santé perçus. Plus récemment, on a interrogé directement les personnes sur leur renoncement éventuel à des soins.

A. Effet de la couverture sociale complémentaire

En 2010, l'assurance-maladie prenait en charge en moyenne 76 % des dépenses de santé ; 94 % de la population disposait en outre d'une couverture complémentaire (assurance, mutuelle, CMU complémentaire), qui joue un rôle déterminant dans le recours aux soins et l'importance des soins consommés. Ainsi, en prenant en compte les autres facteurs individuels :

- la proportion de recours aux soins ambulatoires passe de 84 % en l'absence de couverture complémentaire, à 92 % en cas de mutuelle ou d'assurance, et surtout à 96 % avec la CMU complémentaire ; comparativement aux personnes dépourvues de couverture complémentaire, cet effet s'accompagne en outre de dépenses de soins de 20 % plus élevées (hors dépassements d'honoraires) en cas de mutuelle ou d'assurance et de + 38 % avec la CMU complémentaire ;

- la proportion de recours aux soins hospitaliers passe de 13 % en l'absence de couverture complémentaire, à 15 % en cas de mutuelle ou d'assurance, et 18 % avec la CMU complémentaire.

B. Le renoncement aux soins

En 2008, 16,5 % de la population de 18 à 64 ans a déclaré avoir renoncé à des soins pour des raisons financières dans les douze derniers mois ; ce taux est particulièrement marqué pour les soins de dentistes et de médecins spécialistes.

Le renoncement aux soins est plus fréquent chez les femmes, après 40 ans, chez les personnes dont l'état de santé perçu est altéré, et celles ayant des revenus faibles.

Il est particulièrement élevé (30 %) en l'absence de couverture complémentaire, situation qui n'est que partiellement corrigée (21 %) par la CMU complémentaire comparativement aux personnes disposant d'une mutuelle ou d'une assurance (14 %).

C. Exemple de la contraception

Le recours à la contraception chez les femmes illustre la forte influence de la non-solvabilité sur le recours aux soins ; depuis 1967, la contraception orale chez les femmes a été largement diffusée pour atteindre 60 % des femmes ayant une activité sexuelle. Les pilules dites de troisième génération apparues en 1982, moins dosées et mieux tolérées, ne pas remboursées par l'assurance-maladie en France. Elles sont utilisées par 39 % des femmes utilisant une pilule contraceptive, avec d'importants contrastes :

- seulement 32 % des femmes dont le revenu mensuel par personne dans le ménage est inférieur à 560 euros et 51 % de celles dont ce revenu dépasse 990 euros ;
- 41 % des femmes ayant une mutuelle remboursant cette contraception contre 26 % en l'absence d'une telle mutuelle ;
- 22 % des femmes ayant un niveau de formation jusqu'au BEPC, contre 56 % des femmes diplômées de l'enseignement supérieur ;
- 64 % des femmes cadres, contre 17 % des ouvrières.

VI. Facteurs du recours aux soins de prévention

Le recours à la prévention pourrait corriger les inégalités sociales de santé, les soins préventifs étant peu développés en France ; on dispose de résultats concernant certains actes de prévention médicalisés.

A. Accès à la vaccination

Le Baromètre santé 2005 permet d'identifier les facteurs associés au recours à la vaccination. Dans cette enquête, 64 % des personnes interrogées par téléphone sont certaines d'être à jour de leurs vaccinations. Cette certitude diminue régulièrement avec l'âge, passant de 71 % (15–19 ans) à 62 %

(65–75 ans). Le chômage (59 %) et l'inactivité autre que la retraite (59 %) ont également un effet négatif. La certitude d'être vacciné diminue avec le niveau d'urbanisation de 67 % (agglomérations <20000 habitants) à 59 % (agglomération parisienne). Les revenus plus élevés (>1500 euros par mois) sont liés à une moindre certitude (61 %), de même qu'un niveau de formation du baccalauréat (55 %) et de niveau bac +2 (57 %).

B. Accès au dépistage des cancers

L'enquête Santé et protection sociale 2008 analyse les facteurs liés à la déclaration d'avoir renoncé à des dépistages organisés de cancers, donc en principe justifiés et gratuits :

- dépistage du cancer du sein par mammographie dans les trois dernières années chez les femmes de 50 à 75 ans : le renoncement à ce test était plus élevé chez les femmes de 65 ans et plus (17 %), dans les familles monoparentales (22 %), chez les femmes au chômage (23 %), chez les employées de commerce (20 %) ou ouvrières non qualifiées (21 %), diminuant régulièrement avec le niveau d'étude, et avec le niveau de revenu. Surtout, il atteignait 32 % chez les femmes bénéficiant pourtant de la CMU complémentaire, et même 35 % chez les femmes n'ayant pas de couverture complémentaire ;
- frottis cervico-vaginal dans les cinq dernières années chez les femmes de 20 à 65 ans : le renoncement à ce test augmentait avec l'âge. Il était plus fréquent chez les femmes au chômage (22 %), au foyer (27 %) ou inactives (41 %), dans les familles monoparentales (25 %), chez les employées de commerce (24 %) ou ouvrières non qualifiées (25 %), Il diminuait avec le niveau d'étude et avec le niveau de revenu. Il atteignait 31 % chez les femmes bénéficiant de la CMU complémentaire, et 33 % chez les femmes sans couverture complémentaire ;
- recherche de sang dans les selles pour le dépistage du cancer colorectal chez les hommes et femmes de 50 à 74 ans : le renoncement à ce test était plus faible chez les hommes et après 65 ans ; il était plus fréquent chez les actifs (72 %), chez les agriculteurs (75 %) et les ouvriers non qualifiés (70 %), en cas de niveau d'étude faible (84 %) et de revenu faible (69 %).

POINTS CLÉS

▶ La consommation de soins fait l'objet d'une forte concentration dans la population ; il n'y a pas de «patient moyen».

▶ L'âge est un puissant facteur du recours aux soins, qui est plus marqué chez les nourrissons, les femmes en âge de procréer, et surtout les personnes âgées.

▶ Le recours au soins des personnes âgées est préférentiel pour le médecin généraliste, la prescription de médicaments, les soins infirmiers et de rééducation.

▶ À âge égal, les femmes ont des dépenses de soins plus faibles que celles des hommes : elles sont plus élevées pour les soins de ville et plus faibles pour les soins hospitaliers.

Principaux résultats concernant la santé et les soins

▶ À âge égal, les dépenses de soins des ouvriers non qualifiés et des employés sont plus élevées que celles des cadres et des professions intermédiaires.

▶ Les personnes ayant un revenu faible, peu ou non scolarisées, ont un moindre recours aux soins de ville et des dépenses hospitalières plus élevées.

▶ Par sa répartition géographique, son organisation et la pratique de dépassements d'honoraires, l'offre de soins ne corrige pas les inégalités sociales de santé.

▶ La disponibilité d'une couverture complémentaire (assurance, mutuelle, CMU complémentaire) favorise le recours aux soins et l'importance des soins consommés, en particulier les soins de ville.

▶ En 2008, 16,5 % de la population de 18 à 64 ans a déclaré avoir renoncé à des soins dans les douze derniers mois pour des raisons financières.

▶ Les actes de prévention médicalisée (vaccin, dépistages) sont l'objet de disparités socio-économiques, ce qui favorise les inégalités sociales de santé.

Bibliographie

Allonier C, Dourgnon P, Rochereau T. *Enquête sur la santé et la protection sociale*. Rapport IRDES; 2008. (consultable en ligne www.irdes.fr).

Com-Ruelle L, Dumesnil S. Concentration des dépenses et grands consommateurs de soins médicaux. *Questions d'Économie de la Santé* juillet 1999; n° 20.

Dormont B. Vieillissement et dépenses de santé. In : Bras PL, de Pouvourville G, Tabuteau D. *Traité d'économie et de gestion de la santé*. Paris : Presses de Science Po; 2009.

Pichetti S, Raynaud D, Vidal G. Les déterminants individuels des dépenses de santé. In : Bras PL, de Pouvourville G, Tabuteau D. *Traité d'économie et de gestion de la santé*. Paris : Presses de Science Po; 2009.

Raynaud D. Les déterminants individuels des dépenses de santé : l'influence de la catégorie sociale et de l'assurance maladie complémentaire. *Études et Résultats* 2005; n° 378, (consultable en ligne www.sante.gouv.fr).

L'offre de soins

Les soins ambulatoires en France

F. Le Duff, C. Pradier

I. Définition
II. Évolution des effectifs et des dépenses des soins ambulatoires
III. L'exercice libéral
IV. Les professions de santé
V. Les auxiliaires médicaux d'exercice libéral
VI. Conclusion

Les professions du système de santé comptent près de 1,7 million d'emplois. Elles incluent les professions réglementées par le Code de la santé publique, ainsi que d'autres catégories socioprofessionnelles. On peut séparer ces professionnels selon leur formation ou leur type d'exercice. On distingue les professions médicales (médecins, sages-femmes, dentistes, pharmaciens) et les auxiliaires médicaux (infirmiers, aides-soignants, kinésithérapeutes, laborantins, manipulateurs de radiologie). Selon le type d'exercice, on distingue les professions salariées (issues du secteur public qui concentre 47 % de la totalité des emplois, et du secteur privé) et les professions de santé libérales.

I. Définition

Le terme « ambulatoire » peut être défini comme toute prise en charge médicale, organisationnelle et administrative permettant au patient de quitter le jour même la structure où un acte de soins a été réalisé (actuellement la réglementation prévoit un maximum de 12 heures). Il peut s'agir du retour dans son lieu d'hébergement habituel ou dans un lieu d'hébergement transitoire ou chez un proche. Les opérations ou actes réalisés en ambulatoire sont programmés.

Les soins ambulatoires sont effectués en cabinet de ville, en dispensaire, en centre de soins ou lors de consultations externes d'établissements de santé publics ou privés. Ils se composent des soins dispensés au titre de l'activité libérale par les médecins, les dentistes et les auxiliaires médicaux, des actes d'analyse effectués en laboratoire et des soins dispensés en cures thermales.

Selon l'Union nationale des professions libérales, le professionnel libéral apporte à des personnes physiques ou morales qui l'ont librement choisi, des services non commerciaux sous des formes juridiquement, économiquement et politiquement indépendantes garanties par une déontologie duale : respect du secret professionnel et compétence reconnue. Le professionnel libéral demeure personnellement responsable de ses actes.

II. Évolution des effectifs et des dépenses des soins ambulatoires

Au 1er janvier 2011, le Conseil national de l'Ordre des médecins comptabilisait *216 145 médecins* en activité en métropole, soit une densité médicale de *307 médecins pour 100 000 habitants*. Trois grands problèmes caractérisent actuellement cette profession :

- le non-renouvellement de la médecine générale, en raison d'une faible attractivité, qui se traduit par une désaffection importante (40 % des postes non pourvus) ;
- le non-renouvellement des médecins exerçant en secteur libéral, une baisse de 17 % des effectifs étant attendue dans ce secteur d'ici à 2025 (contre 10 % pour l'ensemble des médecins et 8 % dans le secteur salarié non hospitalier) ;
- une fragilisation de certaines spécialités (notamment psychiatrie, oncologie radiothérapique et stomatologie).

L'analyse de la répartition des médecins en exercice montre que les généralistes en activité régulière (48,6 %) sont légèrement moins nombreux que les spécialistes (51,4 %). Alors que 73 % des médecins sortants exerçaient en milieu libéral en 2008, *les nouveaux venus s'installent en pratique libérale seulement dans 10 % des cas*. Les autres recherchent le salariat (66 %) et 25 % exercent comme remplaçant, certains de manière pérenne : en 2008, le cap de *10 000 remplaçants* a été atteint, soit 5 % des médecins inscrits. Le *vieillissement du corps médical* s'accélère encore puisque les moins de 40 ans diminuent de 12 %, alors que les plus de 50 ans augmentent de 53 %.

A. Une densité nationale élevée

La densité des professions de santé est élevée. Pour les médecins, elle est passée entre 1979 et 2008 de 206 à 322 médecins en activité pour 100 000 habitants, dont 171 généralistes, ce qui est supérieur à la moyenne des pays de l'OCDE (250 médecins pour 100 000 habitants). Ainsi, d'après l'Observatoire national de la démographie des professions de santé (ONDPS), le délai d'accès à un généraliste s'établirait à 4 minutes en moyenne, et moins de 10 minutes dans 95 % des cantons métropolitains. Le rapport 2004 de l'ONDPS évalue à 1 kilomètre la distance moyenne d'accès à un infirmier libéral et à 1,1 kilomètre pour les masseurs-kinésithérapeutes.

Seule la densité des chirurgiens-dentistes a baissé entre 1990 et 2005, passant de 67 à 65 pour 100 000 habitants, taux équivalent à ceux des pays comparables à la France.

On note, avec l'augmentation du *numerus clausus*, un accroissement des effectifs dans le temps. Au 1er janvier 2009, 5166 médecins en activité se sont inscrits à l'Ordre dont 4991 en France métropolitaine. Les nouveaux inscrits sont 3,42 % plus nombreux que l'année précédente.

L'âge moyen de l'entrée à l'Ordre est de 34,7 ans; 33,5 ans pour les femmes et 36 ans pour les hommes. L'entrée dans la vie active se fait de plus en plus tardivement. Selon le conseil national de l'Ordre des médecins (CNOM), un cinquième des médecins nouvellement inscrits à l'Ordre sont de nationalité européenne (hors France) et extra-européenne.

B. Une répartition disparate sur le territoire

La répartition territoriale des professionnels de santé est très inégale. Des écarts de densité très importants sont observés allant, pour les généralistes, de 1 à 1,4 entre les régions et de 1 à 2,5 entre les départements et, pour les spécialistes, de 1 à 2 entre les régions et de 1 à 7,4 entre les départements.

Le rapport 2007 du Haut Conseil pour l'avenir de l'assurance-maladie (HCAAM) estime que ces disparités sont encore plus « criantes » entre les communes, voire les quartiers. Une récente étude de l'Inspection générale des affaires sociales (IGAS) sur la démographie des infirmiers montre que la répartition sur le territoire des infirmiers libéraux est « particulièrement inégale », avec des écarts allant de 1 à 5 entre les régions et de 1 à 7 entre les départements, en faveur notamment du pourtour méditerranéen et de la Corse.

De nombreuses mesures ont tenté de modifier cette hétérogénéité géographique mais toutes ont préservé le principe de la liberté d'installation et l'accès libre au conventionnement. Des mesures incitatives ont tenté de favoriser l'installation ou le maintien des médecins dans des zones où l'offre de soins médicaux est jugée insuffisante par l'État. Parmi ces mesures, on trouve des bourses allouées aux étudiants en médecine sous condition de stage ou d'installation, des aides directes à l'installation ou au maintien (primes, mise à disposition de locaux professionnels ou de logements), des aides indirectes (prise en charge des frais liés aux remplacements temporaires), ainsi que des exonérations fiscales et sociales. Une majoration de 20 % de la rémunération des médecins exerçant en groupe pendant au moins 3 ans dans les zones sous-médicalisées, ainsi qu'un dispositif dérogatoire au parcours de soins, d'une durée de 5 ans, en faveur des médecins installés dans de telles zones sont également prévus. Par ailleurs, des aménagements des conditions d'exercice de la médecine sont favorisés (exercice sur lieux multiples, contrat de collaboration libérale).

C. Une dépense difficile à maîtriser

La France consacre 11 % de son PIB aux dépenses de santé contre 16 % aux États-Unis. Selon les résultats des comptes nationaux de la santé en 2010, les dépenses de soins et biens médicaux en France sont essentiellement financées par la Sécurité sociale puisqu'elle participe à hauteur de 75,8 % de l'ensemble des dépenses. Les complémentaires (mutuelles, sociétés d'assurances, institutions de prévoyance) assurent 13,5 % du financement des dépenses de santé, dont 7,5 % pour les mutuelles contre 3,6 % pour les assureurs.

La part directe des ménages représente actuellement 9,4 %. En 2010, la consommation de soins et de biens médicaux a atteint *175 milliards d'euros*. Elle a progressé de 2,3 % par rapport à 2009.

Les soins de ville, en augmentation en 2010 de 1,8 %, représentent 44 milliards d'euros, soit 25 % de la consommation de soins et de biens médicaux. *La consommation de médicaments a été de 34 milliards d'euros en 2010.* Ce sont surtout les personnes âgées et celles atteintes de maladies graves qui consomment le plus. La part de la consommation médicale dans le PIB a ainsi augmenté beaucoup plus rapidement que celle de la consommation de médicaments : *ces consommations sont passées respectivement de 5,2 % en 1970 à 8,7 % en 2008 contre 1,3 % en 1970 à 1,8 % en 2008.* Cette augmentation, jointe au ralentissement de la croissance économique depuis 1975 et à l'amélioration de la prise en charge collective des soins, a entraîné une situation de déficit chronique de l'assurance-maladie.

Bien que le secteur de la santé représente une charge importante des comptes nationaux, il est également une richesse conséquente. Selon la Direction de la recherche, des études, de l'évaluation et des statistiques (DREES), *le secteur de la santé emploie 2,4 millions de personnes, soit 10 % de la population active*, avec un effet d'entraînement sur l'économie qui représente 800 000 emplois indirects, soit au total 3,2 millions de personnes (près de 13 % de la population active).

III. L'exercice libéral

A. Le conventionnement

Un accord négocié entre l'assurance-maladie et les médecins fixe le tarif des soins en milieu libéral : c'est la convention médicale.

Les médecins ont le choix d'adhérer ou non à la convention et donc de participer au secteur 1 ou au secteur 2. Le patient, dans les deux cas, est remboursé d'une partie du tarif de base (70 %), le ticket modérateur, et les dépassements éventuels restent à la charge de l'assuré.

En secteur 1 (plus de 75 % des médecins libéraux en France), le médecin est dit « conventionné » et s'engage à respecter strictement le tarif conventionnel. L'assurance-maladie tente ainsi de maîtriser ses dépenses. Un dépassement d'honoraires n'est autorisé qu'en cas d'une demande particulière du patient, telle une visite en dehors des heures habituelles d'ouverture du cabinet médical. Ces dépassements ne sont pas remboursés par l'assurance-maladie, même s'ils sont compris dans un parcours de soins coordonnés. Le médecin de secteur 1 bénéficie d'avantages comme l'abattement de la charge d'une partie des cotisations sociales dues par le médecin, d'une partie des retraites, de statistiques annuelles ou d'informations relatives à la vie de son cabinet.

Le médecin conventionné en secteur 2 pratique des honoraires libres. Il est en effet autorisé à pratiquer des dépassements d'honoraires avec « tact et mesure ». Le montant du dépassement n'est pas remboursé par l'assurance-maladie. Réglementé depuis le 13 novembre 1998, l'accès au secteur 2 ne peut se faire que pour les médecins qui s'installent pour la première fois en exercice libéral, ou qui se sont installés pour la première fois entre le 7 juin 1980 et le 1er décembre 1989, et sont titulaires des titres énumérés ci-après acquis dans les établissements publics, ou de certains titres acquis dans les établissements participant au service public hospitalier, ou au sein de la Communauté européenne. Il est conseillé au médecin de ne pas exercer de droit au dépassement d'honoraires dans les prises en charge en urgence. Il est également conseillé de toujours laisser la possibilité aux patients d'accéder à des soins médicaux au tarif conventionnel quand l'offre de soins ne permet pas un choix entre public ou privé. De plus, il est recommandé que tout dépassement d'honoraires fasse l'objet d'une information préalable du patient.

B. Les modes d'exercice

Les médecins ont le choix de s'installer seul ou en groupe. En cas d'exercice isolé, le statut est soit un statut de travailleur indépendant, soit un statut d'exercice à titre de société unipersonnelle. En groupe, le médecin peut soit mettre en commun ses honoraires avec ceux ses confrères (c'est le cas du groupe en indivision ou de la société civile de moyens), soit ne pas mettre en commun ses honoraires (dans le cas de société de fait, de société civile professionnelle [SCP], de société d'exercice libéral [SEL] ou de contrat de collaboration).

Quoi qu'il en soit, les formalités administratives pour exercer sont nombreuses et nécessitent plusieurs étapes :
- inscription au conseil départemental de l'Ordre des médecins et demande de la carte de professionnel de santé (CPS) ;
- enregistrement et visa du diplôme ;
- ouverture d'un compte bancaire professionnel ;
- immatriculation à la Sécurité sociale ;
- impression des ordonnances : selon l'article 79 du Code de déontologie ;
- adhésion à la caisse de retraite ;
- immatriculation à l'URSSAF ;
- affiliation à la caisse d'allocations familiales du lieu d'exercice ;
- assurance en responsabilité civile professionnelle ;
- inscription au centre des impôts.

En cas d'exercice libéral localisé dans un établissement sanitaire privé, comme c'est le cas pour les chirurgiens, il est nécessaire de signer une convention d'exercice libérale qui protège et encadre la pratique à la fois pour le médecin et pour la clinique accueillant le praticien lors de son exercice. Ce contrat fixe les sanctions et les conditions d'exercice acceptées par les deux parties.

La DREES précise sur des données de 2008 que les « médecins auraient perçu en moyenne *92 500 euros de revenu libéral net d*e charges avec des différences importantes selon les spécialités.

C. Les soins médicaux en milieu de ville

Les conditions légales de l'exercice de la médecine en France conformément à l'article L. 4111-1 du Code de la santé publique regroupent trois critères principaux :

- être titulaire d'un diplôme, certificat ou autre titre mentionné à l'article L. 4131-1 du Code de la santé publique ;
- être de nationalité française, de citoyenneté andorrane, ou ressortissant d'un État membre de la Communauté européenne ou partie à l'accord sur l'Espace économique européen, ressortissant d'un pays lié par une convention d'établissement avec la France, du Maroc ou de la Tunisie ;
- être inscrit au tableau de l'Ordre des médecins, cette dernière condition étant subordonnée à la réalisation des deux premières.

Depuis le 13 août 2004, la loi de réforme de l'assurance-maladie a instauré un dispositif reposant sur le choix par chaque assuré ou ayant droit de 16 ans ou plus d'un *médecin traitant*, associé à un parcours de soins coordonnés.

Dans ce *parcours*, le patient est incité à consulter son médecin traitant (déclaré à l'assurance-maladie) en tout premier lieu. Celui-ci le conseille selon sa situation et l'oriente au besoin vers un autre praticien *(médecins correspondants)*, qu'il peut choisir librement, pour :

- une demande d'avis ponctuel ;
- effectuer des soins répétés dans le cadre d'un plan de soins (personnes qui ne sont pas atteintes d'une affection de longue durée ou ALD), ou d'un protocole de soins (personnes atteintes d'une ALD) ;
- effectuer une séquence de soins nécessitant un ou plusieurs intervenants ;
- faire intervenir, de façon ponctuelle ou répétée, un médecin généraliste.

Dans la presque totalité des cas, le médecin traitant est un médecin généraliste.

L'accès direct aux spécialistes est possible dans certains cas précis. C'est une facilité réservée aux patients qui ont déjà déclaré un médecin traitant à la Sécurité sociale. Elle leur permet d'accéder directement à certains soins d'ophtalmologie (prescription de lunettes, suivi d'un glaucome) et de gynécologie (suivi périodique, grossesse, IVG médicamenteuse) sans orientation préalable du médecin traitant et sans minoration de leurs remboursements par l'assurance-maladie

Si le patient n'a pas déclaré de médecin traitant, les mêmes consultations sont prises en charge au niveau d'une consultation de spécialiste « hors parcours de soins » ; elles sont alors moins remboursées par l'assurance-maladie.

Les consultations de psychiatrie sont accessibles librement, sans orientation du médecin traitant, pour les personnes âgées de 16 à 25 ans.

Les *missions du médecin* traitant sont variées et déclinées dans l'arrêté du 3 février 2005 :
- il assure le premier niveau de recours aux soins ;
- il oriente le patient dans le parcours de soins coordonnés ;
- il informe tout médecin correspondant des délais de prise en charge compatibles avec l'état de santé du patient ;
- il assure les soins de prévention (dépistage, éducation sanitaire, etc.) ;
- il contribue à la promotion de la santé ;
- il contribue à la rédaction des protocoles des soins pour ALD, en concertation avec les autres intervenants ;
- il favorise la coordination par la synthèse des informations transmises par les différents intervenants et l'intégration de cette synthèse dans le dossier médical personnel (DMP) ;
- il apporte au malade toutes les informations permettant d'assurer une permanence d'accès aux soins aux heures de fermeture du cabinet.

L'installation en médecine libérale varie, selon le mode d'exercice choisi. Le choix de l'exercice est conditionné par certaines contraintes ou certains avantages aux yeux du praticien : création d'un cabinet (risque financier plus grand), rachat d'un cabinet et reprise de la clientèle (mais charge financière d'emblée), association avec d'autres confrères (confort d'exercice représenté par le travail en commun, partage des frais, mais perte de la liberté du fait des contraintes matérielles et morales vis-à-vis de ses associés).

IV. Les professions de santé
A. Les médecins
1. Spécialités médicales

Elles regroupent les spécialités suivantes : anesthésie réanimation, médecine interne, radiologie, néphrologie, pédiatrie, hépato-gastro-entérologie, neurologie, rhumatologie, pneumologie, cardiologie, dermatologie, oncologie et anatomie pathologie réalisée en milieu de ville. La médecine générale constitue l'essentiel des effectifs de médecins traitants (voir plus haut).

Les conditions d'exercice et d'organisation en ville pour ces spécialités médicales sont similaires à la médecine générale, mise à part la nécessité pour le patient de passer par son médecin traitant pour accéder à certaines spécialités médicales.

L'exercice implique l'investissement nécessaire à l'acquisition d'équipements (actes techniques) et souvent un contrat passé avec une clinique.

2. Spécialités chirurgicales

Elles regroupent les spécialités suivantes : chirurgie générale, orthopédique et traumatologique, gynécologie obstétrique, ophtalmologie, oto-rhino-laryngologie, stomatologie, chirurgie urologique, viscérale pour citer les plus nombreuses.

La chirurgie ambulatoire permet au patient de regagner son domicile le jour même de l'intervention. Comparativement aux autres pays, la France accuse un retard important en matière de développement de cette activité.

Validés par les différentes sociétés savantes et soumis à accord préalable avec l'assurance-maladie, 17 actes chirurgicaux sont concernés par une prise en charge ambulatoire et touchent différentes spécialités.

Les cliniques privées réalisent 75 % des actes ambulatoires, ce qui représente un tiers de leur activité. Les places de chirurgie ambulatoire sont les plus nombreuses dans les régions à dominante urbaine, telles les régions Île-de-France et PACA. La chirurgie ambulatoire dépend du type d'anesthésie pratiquée qui doit permettre un retour à domicile le jour même et une reprise des activités.

3. Autres spécialités

La biologie médicale (2 993 médecins en 2011, dont 1 134 libéraux) est la spécialité impliquée dans le fonctionnement des laboratoires de biologie de ville. Ceux-ci permettent la réalisation d'examens biochimiques, néonatologiques, microbiologiques, etc. pour des patients traités en ville par des médecins libéraux, prescripteurs de ces examens.

La psychiatrie (13 645 médecins en 2011 dont 6 417 libéraux) est la spécialité concernée par la prise en charge des affections mentales les plus lourdes.

Les médecins du travail (5 099 en 2011) sont salariés de grandes entreprises ou des services de médecine du travail inter-entreprises.

Les médecins de santé publique (1 341 en 2011) exercent principalement dans les établissements de santé ou dans les services de l'État ou de l'assurance-maladie, et dans des structures consacrées à des activités de prévention.

B. Les pharmaciens

Les pharmaciens (71 797 en 2011) exercent principalement dans des officines, lieu exclusif de vente de médicaments pour les soins de ville. Les propriétaires des officines ont un statut libéral ; ils sont rémunérés par une part du prix de vente des médicaments. Ils emploient des pharmaciens assistants qui sont leurs salariés.

Certains pharmaciens (4 257 en 2011) sont employés par l'industrie pharmaceutique, en général comme salariés.

D'autres pharmaciens (4 890 en 2011) travaillent dans des laboratoires de biologie, essentiellement avec un statut libéral.

Enfin des pharmaciens sont responsables de la dispensation des médicaments et dispositifs médicaux dans les pharmacies à usage intérieur des établissements de santé publics (5 926 en 2011) ou privés (1 457 en 2011).

C. Les sages-femmes

On décompte environ 16 000 sages-femmes en France et seulement 13 % d'entre elles sont installées en libéral. Les activités essentielles de la sage-femme libérale concernent les consultations pré- et postnatales ;

les échographies obstétricales ; le suivi global des grossesses normales ; les cours de préparation à la naissance ; le suivi des femmes présentant une grossesse à risque, sur prescription d'un médecin, afin d'éviter ou de réduire leur hospitalisation ; les accouchements ; le suivi postnatal lors du retour précoce au domicile, du jour de la sortie de la maternité au septième jour de la naissance, sans prescription médicale ; la rééducation périnéo-sphinctérienne.

Les honoraires des sages-femmes libérales conventionnées sont encadrés par une convention nationale signée par les syndicats représentatifs de la profession et les caisses nationales d'assurance-maladie. Les actes ainsi réalisés par ces professionnelles sont pris en charge par les régimes de Sécurité sociale (remboursement des soins à hauteur de 100 % pour les actes relevant de la maternité).

D. Les chirurgiens-dentistes

Les chirurgiens-dentistes étaient 40 941 en 2011 dont 90 % exerçant *en milieu libéral*. Avec une progression constante ces dernières années, la DREES prévoit à l'horizon 2030, sous l'hypothèse d'un *numerus clausus* inchangé, une densité des chirurgiens-dentistes en France en réduction, passant de 65 pour 100 000 habitants en 2006 à 40 en 2030. La profession continuerait de vieillir jusqu'en 2015. La proportion de femmes au sein de la profession, actuellement 39 %, devrait atteindre 45 % en 2030. Deux scénarios alternatifs viennent compléter cette projection. Toujours forte actuellement, la part de l'activité libérale a toutefois diminué depuis 1995, sous l'effet de la hausse des effectifs salariés et d'une légère décroissance des effectifs libéraux depuis 2006 qui succède à une période de relative stabilité entre 1995 et 2005. Ce taux d'évolution est le plus faible de toutes les professions de santé. Par ailleurs, si l'exercice en cabinet individuel demeure majoritaire (56 % des professionnels), l'exercice en cabinet de groupe ou en société, avantageux en termes de partage d'expérience et de frais d'investissement pour les jeunes diplômés, tend à se développer. Comme les médecins, les chirurgiens-dentistes, dont l'installation est libre, sont inégalement répartis sur le territoire, avec une concentration plus élevée dans le Sud et dans les grandes agglomérations. Selon la commission des comptes de la Sécurité sociale, le revenu moyen issu de l'activité libérale s'élève à 85 500 euros en 2008, plaçant les chirurgiens-dentistes au milieu de l'échelle des revenus des professionnels de santé. L'écart important avec les honoraires traduit un taux de charges relativement élevé de 63 % (incluant notamment le coût des prothèses dentaires), supérieur à celui des autres professions médicales.

V. Les auxiliaires médicaux d'exercice libéral

A. Les infirmiers

Ils prodiguent des soins divers allant du maintien à domicile des personnes âgées ou handicapées aux soins palliatifs, en passant par tous actes que peuvent effectuer les infirmiers, suivant les compétences qui leur sont légalement reconnues. L'infirmier libéral accepte en règle générale les termes de la convention nationale destinée à régir les rapports entre les infirmiers libéraux et les organismes d'assurance-maladie. Comme pour le médecin, l'infirmier libéral s'engage alors à appliquer les tarifs conventionnels pour les soins qu'il dispense et est directement payé par son patient. Les soins sont remboursés aux assurés sociaux sur la base des tarifs fixés (soit, pour les cas généraux, 60 % du tarif conventionnel ; les 40 % restants étant à la charge de l'assuré ou de sa mutuelle). Selon la DRESS, les effectifs salariés et libéraux d'infirmiers ont doublé depuis 1980 pour atteindre *534 378 au 1er janvier 2011*. Dans ce total, les infirmiers libéraux ont crû beaucoup plus rapidement. Ils représentaient 82 243 infirmiers, soit 15 % du total en 2011. La croissance du nombre de libéraux s'est ralentie dans les années 1990 puis accélérée à partir de 2001. Les effectifs des infirmiers devraient continuer de croître car le quota d'étudiants admis en première année d'études préparatoires au diplôme d'État d'infirmier n'a cessé d'augmenter depuis 2000, passant de 26 400 en 2000 à 30 500 en 2009. La profession des infirmiers libéraux reste très féminisée même si la part des femmes diminue légèrement : 83,8 % des effectifs en 2011 contre 86,2 % en 2000. La profession a également vieilli : les infirmiers libéraux de moins de 35 ans représentent en effet 19 % des effectifs en 2011.

Dans l'ensemble 56 % des infirmiers libéraux exercent en cabinet individuel en 2011, 34 % en cabinet de groupe et moins de 10 % sous une autre forme. Les revenus annuels nets moyens des infirmiers libéraux étaient estimés à 43 200 euros, après déduction des charges.

B. Les kinésithérapeutes

Soixante-dix-neuf pour cent des kinésithérapeutes exercent en milieu libéral, soit *55 763 professionnels* installés en 2011. Une très large majorité des masseurs-kinésithérapeutes libéraux (95,6 %) a une activité libérale exclusive, moins de 4 % d'entre eux développent en parallèle une activité salariée ou à l'hôpital. Le nombre total de masseurs-kinésithérapeutes est en augmentation depuis 1990 et représente une densité de 113 professionnels pour 100 000 habitants (entre 71 en Picardie et 163 en Languedoc-Roussillon). Dufour définit la masso-kinésithérapie comme la thérapie de la gestuelle humaine. Elle utilise, corrige et réduit le mouvement par différentes techniques ou par la pose d'une contention afin de rétablir une capacité physique à un corps dont la fonction s'est altérée. L'un des principaux objectifs est d'éliminer la douleur par le massage ou toute autre action mécanique (froid, chaleur, onguents, électrothérapie…) et intervient dans le domaine sportif (en cas de traumatisme musculaire par exemple avec remise en forme, relaxation, massage) et en thalassothérapie (balnéothérapie, hydrothérapie…). Les honoraires moyens nets annuels des masseurs-kinésithérapeutes libéraux étaient estimés à 38 900 euros en 2008 et sont en forte croissance depuis plusieurs années. Plus fréquemment de sexe masculin, les kinésithérapeutes sont répartis inégalement sur le territoire avec des écarts de 1 à 3 entre les départements et une concentration importante dans le sud de la France. L'intervention de cette profession étant assujettie à une prescription médicale, l'installation se rapproche de celle des cabinets médicaux. Cette répartition géographique influe de manière significative sur l'activité et la rémunération des praticiens : ainsi, selon l'assurance-maladie, dans les départements de forte densité, un masseur-kinésithérapeute a, en moyenne, moins de patients mais aussi une rémunération moins élevée que dans des zones où la profession est moins présente.

C. Les orthophonistes

L'orthophonie désigne l'articulation sans défaut d'une langue. On l'assimile le plus souvent à la correction des troubles de la prononciation, ce qui recouvre la rééducation de la voix, de la parole, du langage oral et écrit. L'orthophoniste est donc un thérapeute qui prend en charge les troubles de la communication orale et écrite chez l'enfant, l'adolescent, la personne adulte ou vieillissante, dans un but de prévention et de réadaptation. En tant qu'auxiliaire médical, l'activité de l'orthophoniste dépend des médecins qui prescrivent le bilan orthophonique ou la rééducation nécessaire. À ce titre, il travaille en liaison avec les médecins généralistes ou spécialistes (oto-rhino-laryngologiste, pédiatre, psychiatre, neurologue, médecin de réadaptation fonctionnelle, gérontologue...). Les séances de rééducation, cotées en AMO (auxiliaire médical orthophoniste), sont remboursées à tout assuré social après accord de l'organisme dont il dépend ou prises en charge dans des établissements spécialisés dans le cadre d'un prix de journée. Depuis 1995, l'effectif des orthophonistes libéraux augmente régulièrement. On comptait en 2011, *16 058 professionnels libéraux* dont 96 % de femmes plutôt jeunes, puisque l'âge moyen des professionnelles en exercice est de 42,9 ans.

D. les orthoptistes

L'orthoptie consiste en des actes de rééducation et de réadaptation de la vision effectués par l'orthoptiste et utilisant éventuellement des appareils et destinés à traiter les anomalies fonctionnelles de la vision. La mission de l'orthoptiste est la rééducation de la vision, seul auxiliaire médical habilité à le faire. Toute prise en charge orthoptique commence par un bilan. Certains examens complémentaires nécessaires à affiner le diagnostic médical ou à préciser le diagnostic orthoptique sont aussi de sa compétence. Comme l'orthophoniste, l'orthoptiste est un auxiliaire médical et l'accès par le patient à ce professionnel nécessite une prescription médicale. En 2011, on comptabilisait *2 396 orthoptistes* libéraux sur le territoire français essentiellement concentrés dans les grandes agglomérations.

E. Les pédicures-podologues

En 2011, la profession recensait 11 579 pédicures-podologues dont 11 371 en activité libérale. On compte deux tiers de femmes sur l'ensemble des professionnels et les missions sont encadrées par l'article L. 4322-1 du Code de la santé publique, modifié par la loi n° 2008-1330 du 17 décembre 2008, article 61. Seuls les pédicures-podologues ont qualité pour traiter directement les affections épidermiques, limitées aux couches cornées et les affections unguéales du pied, à l'exclusion de toute intervention provoquant l'effusion de sang. Ils ont également seuls qualité pour pratiquer les soins d'hygiène, confectionner et appliquer les semelles destinées à soulager les affections épidermiques. Sur ordonnance et sous contrôle médical, les pédicures-podologues peuvent traiter les cas pathologiques de leur domaine de compétence. Les pédicures-podologues peuvent adapter, dans le cadre d'un renouvellement, les prescriptions médicales initiales d'orthèses plantaires datant de moins de 3 ans, dans des conditions fixées par décret et sauf opposition du médecin.

VI. Conclusion

Le soin ambulatoire regroupe l'ensemble des professions médicales en milieu de ville. Fait marquant pour la France, les professions médicales et paramédicales participant aux soins ambulatoires sont concentrées dans des régions fortement urbanisées comme l'Île-de-France et PACA. Ces éléments font partie des enjeux de la réforme entamée par la loi « hôpital, patients, santé, territoires » promulguée le 21 juillet 2009.

POINTS CLÉS

▶ Le terme d'ambulatoire désigne à la fois les soins assurés au cabinet par des professionnels libéraux et toute prise en charge médicale, organisationnelle et administrative permettant au patient de quitter le jour même la structure où l'acte ambulatoire a été réalisé.

▶ Si la densité des professions de santé est élevée, leur répartition territoriale est très inégale en dépit des nombreuses réformes entreprises.

▶ Le secteur des soins représente une charge importante des comptes nationaux, il est aussi un important secteur d'emplois.

▶ Plus de 75 % des médecins en France sont conventionnés en secteur 1 et bénéficient ainsi d'un abattement de certaines charges fiscales. Le médecin conventionné en secteur 2 pratique des honoraires libres et le montant du dépassement n'est pas remboursé par l'assurance-maladie.

▶ Les médecins ont le choix de s'installer seul ou en groupe.

▶ Depuis 2004, le choix par chaque assuré d'un médecin traitant autour duquel les partenaires mettent en place le parcours de soins coordonnés est en place.

▶ La chirurgie ambulatoire est peu développée en France par rapport aux autres pays.

▶ Les infirmiers, les kinesithérapeutes, les orthophonistes, les orthoptistes, les podologues sont des auxiliaires médicaux.

Bibiographie

Hermange RT, Thomas PA, Loisance D, Couturier D. Académie nationale de médecine, Institut BVA. *Le rôle et la place du médecin généraliste en France : sondage BVA, mars 2008*. Paris : Académie nationale de médecine ; 2008.

Mornat J, Viguier M, Lange J. Conseil national de l'Ordre des médecins. *L'exercice médical à l'horizon 2020*. Paris : CNOM ; 2004/2006, 49. p.

Palier B. *La réforme des systèmes de santé*. Que sais-je ? n° 3710. Paris : PUF.

L'offre de soins hospitaliers en France

C. Mouchoux, A. Duclos, C. Colin

I. Ressources de l'offre de soins hospitaliers
II. Capacité d'accueil et activités de soins
III. Mode de régulation de l'offre de soins hospitaliers
IV. Perspectives

En 2010, 175 milliards d'euros ont été consacrés à la consommation de soins et de biens médicaux dont 81,2 pour l'hôpital. L'offre de soins en France comprend, notamment, les établissements de santé publics et privés ainsi que ceux assurant des missions de service public.

I. Ressources de l'offre de soins hospitaliers

Les grandes ressources de l'offre de soins hospitaliers sont les établissements de santé, les personnels hospitaliers et les plateaux techniques.

A. Établissements de santé

1. Définition et missions des établissements de santé

Le terme « hôpital » cache une diversité juridique, institutionnelle et médicale, qui s'explique notamment par l'histoire et les missions plus ou moins spécifiques de chaque établissement hospitalier. La loi « hôpital, patient, santé, territoire » (loi HPST), promulguée en juillet 2009, propose une définition unique des établissements de santé fondée sur leurs missions et les services qu'ils apportent à la population. Les établissements de santé :

- assurent les examens de diagnostic, la surveillance et le traitement des malades, blessés et femmes enceintes ;
- délivrent les soins avec hébergement sous forme ambulatoire (voir p. 301) ou à domicile ;
- participent à la coordination des soins avec les médecins de ville et les établissements médico-sociaux ;
- participent à la mise en œuvre de la politique de santé publique et des dispositifs de vigilance destinés à garantir la sécurité sanitaire ;
- mènent, en leur sein, une réflexion éthique liée à l'accueil et à la prise en charge médicale ;
- élaborent et mettent en œuvre une politique d'amélioration continue de la qualité et de la sécurité des soins et une gestion des risques visant à prévenir et traiter les événements indésirables liés à leurs activités. Pour cela, ils organisent la lutte contre les événements indésirables, les infections associées aux soins et la iatrogénie, définissent une politique du médicament et des dispositifs médicaux stériles et

mettent en place un système permettant d'assurer la qualité de la stérilisation des dispositifs médicaux.

La loi HPST transforme le « service public hospitalier » en « missions de service public ». Les établissements de santé privés et autres structures de prise en charge des patients sont désormais autorisés à participer à une ou plusieurs des missions de service public en fonction des besoins appréciés par le schéma régional d'organisation sanitaire (SROS). Les 14 missions de service public sont :

- la permanence des soins ;
- la prise en charge des soins palliatifs ;
- l'enseignement universitaire et post-universitaire ;
- la recherche ;
- le développement professionnel continu des praticiens hospitaliers et non hospitaliers ;
- la formation initiale et de développement professionnel continu des sages-femmes et du personnel paramédical et la recherche dans leurs domaines de compétences ;
- les actions d'éducation et de prévention pour la santé et leur coordination ;
- l'aide médicale d'urgence, conjointement avec les praticiens et les autres professionnels de santé, personnes et services concernés ;
- la lutte contre l'exclusion sociale, en relation avec les autres professions et institutions compétentes en ce domaine, ainsi que les associations qui œuvrent dans le domaine de l'insertion et de la lutte contre l'exclusion ;
- les actions de santé publique ;
- la prise en charge des personnes hospitalisées sans leur consentement ;
- les soins dispensés aux détenus en milieu pénitentiaire et, si nécessaire, en milieu hospitalier, dans des conditions définies par décret ;
- les soins dispensés aux personnes retenues en application de l'article L. 551-1 du Code de l'entrée et du séjour des étrangers et du droit d'asile ;
- les soins dispensés aux personnes retenues dans les centres socio-médico-judiciaires de sûreté.

Ces missions doivent être accomplies dans un souci permanent de sécurité sanitaire, de qualité et d'éthique.

2. Statuts juridiques et institutionnels des établissements de santé

Les établissements de santé sont des personnes morales de droit public ou privé. Leurs statuts ont été modifiés dans la loi HPST.

a. Avant la loi HPST
▶ Établissements de santé publics

Les établissements de santé publics sont des personnes morales dotées de l'autonomie administrative et financière. Ils représentent moins du quart des établissements mais les deux tiers des capacités d'hospitalisation en France.

Depuis la loi du 31 juillet 1991, seules deux catégories d'établissements de santé publics existent : les hôpitaux locaux (HL) et les centres hospitaliers (CH). Ils sont financés de manière identique mais se différencient selon leurs missions.

Les HL, destinés à assurer une offre de proximité, comportent exclusivement des activités de médecine, de soins de suite ou de réadaptation et de soins de longue durée. Ils assurent pour l'essentiel une fonction d'accueil et de soins pour les personnes âgées.

Parmi les CH, peuvent être distingués :

- les centres hospitaliers régionaux (CHR) : centres hospitaliers assurant à la fois les soins les plus spécialisés à la population de la région et les soins courants à la population proche. La plupart des CHR sont également des centres hospitaliers et universitaires (CHU), centres de soins où, dans le respect des malades, sont organisés les formations des professionnels médicaux et paramédicaux. Les CHU participent également à la recherche biomédicale et pharmaceutique ;
- les autres centres hospitaliers (CH) : assurant la majorité de la prise en charge des soins dont certains spécialisés en psychiatrie (centres hospitaliers psychiatriques ou centres hospitaliers spécialisés [CHS] selon une ancienne dénomination).

Quelques hôpitaux militaires assurent également des soins à la population civile. Une part de leur financement est prise en charge par le budget du ministère de la Défense.

▶ Établissements de santé privés

Ils peuvent être à but non lucratif : historiquement, ils proviennent souvent d'initiatives des mondes religieux, caritatifs ou mutualistes. Dans le cas des établissements à but lucratif, souvent dénommés « cliniques », plusieurs personnes morales peuvent coexister, l'une possédant le patrimoine immobilier, l'autre assurant l'activité d'hospitalisation, d'autres encore organisant ou possédant des éléments du plateau technique (appareillages de chirurgie, d'imagerie…). Les établissements privés sont pour plus de la moitié des établissements à but lucratif.

Les établissements privés peuvent être amenés, sur autorisation, à participer au service public. Ils sont alors dénommés établissements privés participant au service public hospitalier (établissement privé « PSPH »). Les centres de lutte contre le cancer (CLCC), spécialisés dans le domaine de la cancérologie, appartiennent à cette catégorie de structure. Les établissements privés relèvent du même régime de financement et de tutelle que les établissements publics et bénéficient des mêmes avantages pour leurs équipements.

Les effectifs des établissements de santé publics et privés recensés au 1er janvier 2008 en France métropolitaine et dans les DOM-TOM sont présentés dans le tableau 26.I. Au cours des dix dernières années, le nombre d'établissements s'est continuellement réduit, essentiellement en raison de la disparition ou du regroupement d'établissements privés. Ces derniers ont vu leur nombre se réduire sous l'effet de la recomposition de l'offre de soins de ce secteur.

▶ **Coopérations hospitalières**

Les établissements de santé publics peuvent s'unir au sein de syndicats interhospitaliers (SIH) pour l'exercice de fonctions communes, par exemple l'utilisation d'équipements lourds (scanner, IRM…).

Les établissements publics et privés peuvent, s'associer au sein d'un groupement de coopération sanitaire (GCS) afin de faciliter, améliorer et développer leurs activités. Le GCS a un but non lucratif et il est de droit public ou privé. Il permet la mise en œuvre de prestations médicales croisées – et donc l'intervention de professionnels médicaux et non médicaux exerçant dans les établissements membres, des professionnels salariés du groupement – ainsi que leur participation à la permanence des soins. Le GCS permet également de réaliser et/ou de gérer, pour le compte de ses membres, des équipements communs ou des activités communes (plateau technique, bloc opératoire, service d'imagerie, pharmacie à usage intérieur…).

Tableau 26.I. **Établissements de santé publics et privés en France au 1er janvier 2008*.**

Catégories	France métropolitaine	DOM-TOM	Total
Secteur public	**1 008**	**58**	**1 066**
centre hospitalier régional (CHR/CHU)	63**	4	67
centre hospitalier (CH)	493	42	535
centre hospitalier spécialisé en psychiatrie (CHS)	88	6	94
hôpital local (HL)	333	6	339
autre unité du service public***	31	-	31
Secteur privé	**2 681**	**144**	**2 825**
établissement de soins de courte durée	760	44	804
centre de lutte contre le cancer (CLCC)	20	-	20
établissement de lutte contre les maladies mentales	296	2	298
établissement de soins de suite et de réadaptation	668	22	690
établissement de soins de longue durée	110	2	112
autre établissement privé***	827	74	901
Ensemble	**3 689**	**202**	**3 891**

* Source : DRASS, SAE – base statistique.
** dont 34 CHR/CHU en Île-de-France.
*** Incluant en particulier services d'HAD, centres de radiothérapie, centres de dialyse et structures d'alternatives à la dialyse en centre.

b. Depuis la loi HPST

▶ **Établissements de santé publics**

Parmi les établissements de santé publics, le terme « hôpital local » est supprimé. Seul demeure celui de CH : ceux-ci peuvent être communaux, intercommunaux, départementaux, interdépartementaux, régionaux et interrégionaux. Les CH à vocation régionale liée à leur haute spécialisation et qui figurent sur une liste établie par décret sont dénommés centres hospitaliers régionaux (CHR). Ils assurent également les soins courants à la population proche. Les CHR ayant passé une convention avec une université comportant une ou plusieurs unités de formation et de recherches (UFR) médicales, pharmaceutiques ou odontologiques sont dénommés centres hospitaliers universitaires (CHU).

▶ **Établissements de santé privés**

Les établissements privés PSPH, dont les CLCC sont devenus des établissements de santé privés d'intérêt collectif (ESPIC).

▶ **Coopérations hospitalières**

La coopération entre établissements de santé est favorisée par la création des communautés hospitalières de territoire (CHT). La CHT est réservée aux établissements de santé publics afin de mettre en œuvre une stratégie commune et de gérer en commun certaines fonctions et activités grâce à des délégations ou des transferts de compétences entre les établissements et grâce à la télémédecine. Un ou plusieurs établissements médico-sociaux publics peuvent participer aux actions menées dans le cadre d'une CHT.

B. Personnels hospitaliers

Généralement véritable ville au cœur de sa zone d'implantation géographique, le fonctionnement de l'hôpital requiert un large panel de métiers et des moyens humains. Deux catégories de professionnels sont schématiquement distinguées à l'hôpital : personnels médicaux et non médicaux. Ces derniers peuvent assurer des fonctions très diverses : soignante, administrative et technique/logistique. Les agents des établissements de santé publics sont des fonctionnaires titulaires d'un grade. Les personnels des établissements privés relèvent de conventions collectives distinctes selon le statut des établissements.

Les personnels médicaux (médecins, biologistes, odontologistes et pharmaciens) intervenant dans les établissements publics de santé sont très majoritairement salariés. Les universitaires, professeurs des universités–praticiens hospitaliers (PU-PH) et maîtres de conférence–praticiens hospitaliers (MCU-PH), sont des fonctionnaires de l'Éducation nationale. Les praticiens hospitaliers sont des contractuels de droit public et interviennent dans l'ensemble des CH. Les établissements de santé publics accueillent également des professionnels de santé en cours de formation (internes ou externes). Dans les cliniques privées, les médecins ont très majoritairement un statut d'exercice libéral, et perçoivent donc directement la rémunération correspondant aux actes médicaux qu'ils réalisent. Les établissements privés « PSPH » peuvent faire appel à des praticiens hospitaliers et accueillir des internes. Le tableau 26.II représente les effectifs des personnels médicaux et des internes en 2008.

Les personnels non médicaux des établissements de santé publics relèvent principalement de la fonction publique hospitalière. Les établissements publics peuvent également recourir à des personnels non statutaires : contractuels à durée déterminée ou indéterminée, intérimaires… Les personnels des établissements publics exclusivement consacrés à des activités médico-sociales et sociales (hébergement de personnes âgées ou handicapés, aide sociale à l'enfance, centres d'hébergement et de réadaptation sociale) dépendent aussi de la fonction publique hospitalière. Le tableau 26.III représente les effectifs des personnels non médicaux (services de soins et hors services de soins) en 2008.

Tableau 26.II. **Effectif des personnels médicaux et internes des établissements de santé en 2008*.**

Fonction	Total**	dont temps partiel**	ETP*** total**
Médecine générale	15 285	6 850	11 260
Spécialités médicales	47 851	20 132	32 192
dont anesthésistes-réanimateurs	6 968	1 145	6 140
Spécialités chirurgicales	17 289	8 392	10 363
dont gynécologues-obstétrique	4 290	2 009	2 737
Psychiatres	9 625	3 280	7 645
Odontologistes	1 579	1 261	667
Pharmaciens	5 589	2 760	4 228
Autres	10 212	4 020	7 032
Total (hors internes)	**107 430**	**46 695**	**73 387**
Internes	23 261	–	23 261

* Source : DRASS, SAE – base statistique.
** Salariés.
*** Équivalent temps plein.

C. Plateaux techniques

Les plateaux techniques sont indispensables aux établissements de santé pour assurer des soins de qualité. Parmi eux, les équipements lourds soumis à autorisation sont les suivants :
- scanner à utilisation médicale ;
- appareil d'imagerie par résonance magnétique nucléaire (IRM) ;

Tableau 26.III. **Effectif des personnels non médicaux des établissements de santé en 2008*.**

Fonction	Effectifs hospitaliers en 2008		
	Total	Dont temps partiel	ETP total
Sages-femmes	14 108	5 220	12 387
Personnels encadrement du personnel soignant	30 742	2 435	3 011
Infirmiers spécialisés	28 406	7 908	26 272
Infirmiers non spécialisés	284 187	71 397	263 052
Aides soignants	252 730	51 791	236 808
ASH	113 923	20 504	106 616
Psychologues	12 760	5 992	9 932
Personnels de rééducation	25 477	10 312	21 233
Total services de soins	**762 333**	**175 559**	**679 311**
Personnels de direction	9 408	1 512	8 577
Directeurs de soins infirmiers	1 209	85	1 154
Autres personnels administratifs	124 201	30 094	115 091
Personnels éducatifs et sociaux	16 479	5 301	14 646
dont assistants de service social	6 853	2 601	5 972
Personnels pharmacie	8 688	2 477	7 893
Personnels laboratoire	20 548	5 465	19 346
Personnels radiologie	17 579	3 881	16 523
Autres personnels médico-techniques	1 826	335	1 661
Personnels techniques et ouvriers	113 997	12 038	109 066
Total hors services de soins	**313 935**	**61 188**	**293 957**
Total	**1 076 268**	**236 747**	**973 268**

* Source : DRASS, SAE – base statistique.

- appareil de spectrométrie par résonance magnétique nucléaire ;
- caméra à scintillation munie ou non de détecteur d'émission de positons en coïncidence, tomographe à émissions, caméra à positons ;
- caisson hyperbare ;
- cyclotron à utilisation médicale.

Le tableau 26.IV recense les équipements lourds ainsi que les examens et les interventions réalisées sur l'ensemble des établissements en 2008.

Tableau 26.IV. **Activité des plateaux techniques en 2008*.**

Équipements et salles	Nombre pour l'ensemble des établissements	
	Équipement	*Examens et interventions (ceux réalisés de nuit)*
Scanner	704	5 304 630 (237 376)
IRM	390	1 565 155 (24 565)
Camera à scintillation	337	646 458
Tomographe – caméra à positons	68	99 722
Lithotripteur	124	23 864
Échographe-doppler	1 851	2 947 647 (50 594)
Total salles d'imagerie	3 645	20 583 927 (1 666 355)
Salles de coronarographie	246	287 819 (7 666)
Salles pour actes sous anesthésie *dont salles d'intervention chirurgicales*	11 048 7 982	5 467 851 3 514 190 (130 599)
Sites anesthésiques	2 871	–
Salle de surveillance postintervention	1 780	–

* Source : DRASS, SAE – base statistique.

II. Capacité d'accueil et activités de soins

En 2008, les établissements de santé publics et privés ont pris en charge plus de 26 millions de séjours. Les établissements publics ont réalisé 29,2 millions de consultations externes et près de 17 millions de passages aux urgences. Ils ont également effectué : 3,2 millions de séances de radiothérapie, 1,8 million de cures de chimiothérapie et 3,6 millions de séances de dialyse. Tous les établissements de santé assurent une gamme de prestations plus ou moins diversifiées et/ou spécialisées. Lorsque les activités de soins sont dispensées avec hébergement, on parle d'hospitalisation à temps complet ou « hospitalisation complète ». Les activités sans hébergement sont dénommées « alternatives à l'hospitalisation ». Elles comportent notamment l'hospitalisation à temps partiel, de jour ou de nuit, l'anesthésie ou la chirurgie ambulatoire, et l'hospitalisation à domicile. Enfin, les séances de traitements et de cures ambulatoires, ou les consultations externes, viennent compléter ces modes de prise en charge des patients à l'hôpital.

La capacité des établissements de santé est mesurée en nombre de lits et places installés au 1er janvier de l'année considérée, c'est-à-dire en état d'accueillir des malades y compris ceux fermés temporairement pour cause de travaux. L'activité hospitalière est mesurée en nombre d'entrées et de journées d'hospitalisation pour l'hospitalisation complète, et en nombre de places et venues dans le cas de l'hospitalisation à temps partiel.

A. Hospitalisation à temps complet

Les tableaux 26.V et 26.VI représentent respectivement la capacité et l'activité en hospitalisation complète des établissements de santé publics et privés par discipline en 1998 et 2008, ainsi que leurs évolutions.

Le nombre de lits d'hospitalisation à temps complet installés (voir tableau 26.V), toutes disciplines confondues, a diminué depuis 1998.

Tableau 26.V. **Évolution du nombre de lits en hospitalisation complète entre 1998 et 2008*.**

Discipline	Nombre de lits en hospitalisation complète		
	1998	*2008*	*Taux évolution 1998-2008*
Médecine	119 312	116 967	–1,6 %
Chirurgie	104 607	87 482	–16,4 %
Obstétrique	25 053	22 276	–11,1 %
Sous-total MCO	**248 972**	**226 725**	**–8,9 %**
Psychiatrie	69 270	58 547	–15,5 %
SSR	91 347	97 452	6,7 %
SLD	82 434	61 604	–25,3 %
Total	**492 023**	**444 328**	**-9,7 %**

* Source : DRASS, SAE – base statistique.

Tableau 26.VI. **Évolution du nombre d'entrées en hospitalisation complète par discipline entre 1998 et 2008*.**

Discipline	Nombre d'entrées en hospitalisation complète		
	1998	*2008*	*Taux évolution 1998-2008*
Médecine	5 319 637	5 890 634	10,7 %
Chirurgie	5 362 287	4 505 532	–16 %
Obstétrique	1 290 035	1 354 842	5 %
Sous-total MCO	**11 971 959**	**11 751 008**	**–1,8 %**
Psychiatrie	613 184	629 860	2,7 %
SSR	855 695	923 078	7,8 %
SLD	57 229	34 116	–40 %
Total	**13 498 067**	**13 338 062**	**–1,2 %**

* Source : DRASS, SAE – base statistique.

Cette tendance ne touche pas toutes les disciplines de manière égale : le nombre de lits en médecine–chirurgie–obstétrique (MCO), en psychiatrie et en soins de longue durée (SLD) a diminué de façon importante alors qu'il a augmenté en soins de suite et de réadaptation (SSR). La diminution de la capacité d'accueil en SLD peut s'expliquer par la transformation de certaines unités en établissements d'hébergement pour personnes âgées dépendantes (EHPAD).

Depuis 1998, l'activité en hospitalisation complète a diminué en nombre d'entrées (voir tableau 26.VI) toutes disciplines confondues et, tout particulièrement, en chirurgie. Cette diminution peut s'expliquer par une modification de la prise en charge des patients avec le développement des alternatives à l'hospitalisation.

B. Alternatives à l'hospitalisation

1. Hospitalisation à temps partiel

Les tableaux 26.VII et 26.VIII représentent respectivement la capacité et l'activité en hospitalisation partielle des établissements de santé publics et privés par discipline en 1998 et en 2008 ainsi que leurs évolutions. L'activité de l'hospitalisation partielle inclut les activités d'hospitalisation de jour et de nuit, d'anesthésie et de chirurgie ambulatoire.

Depuis 1998, la capacité d'accueil (voir tableau 26.VII) et l'activité (voir tableau 26.VIII) en hospitalisation à temps partiel ont fortement augmenté, quelle que soit la discipline. Cela s'explique par une évolution des modes de prise en charge des patients en faveur des innovations en matière de technologies médicales et médicamenteuses, notamment en anesthésie. Ainsi, certaines procédures (explorations endoscopiques, interventions chirurgicales…) ont pu être réalisées en dehors de l'hospitalisation à temps complet.

Tableau 26.VII. **Évolution du nombre de places en hospitalisation partielle par discipline entre 1998 et 2008*.**

Discipline	Nombre de places en hospitalisation partielle**		
	1998	2008	Taux évolution 1998-2008
MCO	14 227	23 576	65,7 %
Psychiatrie	26 776	27 879	4,1 %
SSR	4 110	6 888	67,6 %
Autres***	18	214	10,9 %
Total	45 131	58 557	29,7 %

* Source : DRASS, SAE – base statistique.
** Hospitalisation de jour ou de nuit, anesthésie et chirurgie ambulatoires.
*** Autres que MCO, psychiatrie, SSR et SLD (traitement de l'insuffisance rénale, aide aux insuffisants respiratoires, investigations à visée diagnostique…).

Tableau 26.VIII. **Évolution des venues en hospitalisation partielle par discipline entre 1998 et 2008*.**

Discipline	Nombre de venues en hospitalisation partielle**		
	1998	*2008*	*Taux évolution 1998-2008*
Médecine	2 024 961	2 022 782	−0,1 %
Chirurgie	2 098 166	3 416 207	62,8 %
Obstétrique	70 613	299 328	323,9 %
Sous-total MCO	**4 193 740**	**5 738 317**	**36,8 %**
Psychiatrie	5 288 876	5 150 332	−2,6 %
SSR	1 136 401	2 063 999	81,6 %
Autres***	5 545	32 154	479,9 %
Total	**10 624 562**	**12 984 902**	**22,2 %**

* Source : DRASS, SAE – base statistique.
** Sont comptabilisés les venues en hôpital de jour et de nuit et les venues en anesthésie et chirurgie ambulatoire pour des prises en charge dont la durée est inférieure à 24 heures.
*** Autres que MCO, psychiatrie, SSR et SLD (traitement de l'insuffisance rénale, aide aux insuffisants respiratoires, investigations à visée diagnostique…).

2. Hospitalisation à domicile

L'hospitalisation à domicile (HAD) permet d'assurer au domicile du patient des soins médicaux et paramédicaux afin de raccourcir ou d'éviter une hospitalisation en établissement. Les structures d'HAD dispensent des soins complexes et continus qui nécessitent une coordination médicale entre ses professionnels et le médecin traitant en ville.

En 2008, 226 structures d'HAD ont été recensées. Parmi elles, 111 appartiennent au secteur public, 91 au secteur privé à but non lucratif et 24 au secteur privé à but lucratif. Ces structures n'ont pas la même activité selon leur statut juridique : celles du secteur privé à but non lucratif sont plus présentes sur les prises en charge des soins palliatifs et des soins techniques de cancérologie. Les activités de pansements complexes et soins spécifiques et les prises en charge de périnatalité sont, quant à elles, plus répandues dans le secteur public. Le tableau 26.IX représente le nombre de journées d'HAD recensées en 2008. Celui-ci a fortement augmenté (79,4 %) entre 2004 et 2008 pour l'ensemble des disciplines.

3. Séances et cures en ambulatoires et consultations externes

Le tableau 26.X représente le nombre de séances, cures ambulatoires et consultations externes réalisées en 2008 par les établissements de santé. La majorité des séances de radiothérapie et d'hémodialyse sont réalisées en ambulatoire. Une part importante des « autres traitements et cures ambulatoires », en tant qu'alternative à l'hospitalisation concerne la psychiatrie.

Tableau 26.IX. **Nombre de journées en hospitalisation à domicile par discipline en 2008***.

Discipline	Nombre de journées d'hospitalisation à domicile
Médecine	2 726 284
Chirurgie	–
Obstétrique	65 456
Sous-total MCO	**2 791 740**
Psychiatrie	226 533
SSR	23 821
Autres**	89 744
Total	**3 131 838**

* Source : DRASS, SAE – base statistique.
** Traitement de l'insuffisance rénale, aide aux insuffisants respiratoires…

Tableau 26.X. **Bilan des séances, cures ambulatoires et consultations externes de 2008***.

		MCO	Psychiatrie	SSR	SLD	Autres disciplines de la section hôpital
Alternatives à l'hospitalisation complète (en nombre de séances)	Chimiothérapie	1 796 838	–	–	–	–
	Radiothérapie	3 482 288	–	–	–	–
	Hémodialyse	4 408 321	–	–	–	–
	Transfusion sanguine	94 881	–	–	–	–
	Autres traitements et cures ambulatoires	275 409	7 415 092	141 393	–	–
Consultations externes (en nombre de consultations)	Consultations, soins externes	33 480 737	4 688 947	485 980	–	6 710 281
	Consultations dentaires et soins dentaires	–	–	–	–	870 875

* Source : DRASS, SAE – base statistique.

C. Activités soumises à autorisation

Certaines activités de soins des établissements de santé sont soumises à autorisation, y compris lorsqu'elles sont exercées sous la forme d'alternatives à l'hospitalisation. Parmi elles, peuvent être citées la chirurgie cardiaque, l'obstétrique et les services d'aide médicale urgente (SAMU) mais également la prise en charge des cancers, la réanimation, la chirurgie, la pratique de transplantations d'organes, etc. En 2008, concernant la chirurgie cardiaque, 78 895 admissions et 38 685 circulations extra-corporelles ont pu être recensées ; les établissements de santé publics et privés ont réalisé 802 635 accouchements dont près 162 000 par césarienne ; le SAMU a reçu plus de 25,7 millions d'appels et réalisé 10,8 millions d'interventions.

III. Mode de régulation de l'offre de soins hospitaliers

Afin de mieux réguler le développement des structures et activités (capacités de lits, équipements lourds), la loi du 31 décembre 1970 a instauré une planification de l'offre hospitalière par la carte sanitaire. Ce premier outil de régulation délimitait les secteurs sanitaires et déterminait la nature et l'étendue des installations et des activités de soins d'un coût important nécessaires pour répondre aux besoins de la population. La loi du 30 juillet 1991 a complété ce dispositif en introduisant le schéma régional d'organisation sanitaire (SROS) aux côtés de la carte sanitaire. Soumis à révision tous les 5 ans, ces dispositifs déterminent les évolutions nécessaires de l'offre de soins, en vue de satisfaire d'une manière optimale la demande de santé, sur la base de l'analyse des besoins par territoire. Pour cela, le SROS :

- fixe les objectifs prioritaires de la région en ce qui concerne les capacités et les équipements des établissements avec une mise en œuvre par des contrats d'objectifs et de moyens ;
- détermine la répartition géographique des installations et activités de soins autorisées qui permettront d'assurer une satisfaction optimale des besoins de santé de la population ;
- détermine les transformations de l'offre de soins qui seront nécessaires à sa réalisation (suppressions, créations, regroupements…).

Le SROS développe également les modalités permettant d'améliorer la prise en charge des soins : coordination des soins ville/hôpital, prise en charge médico-sociale et recomposition du tissu hospitalier.

Cette régulation régionale du système hospitalier par le SROS a été renforcée par la création des agences régionales de l'hospitalisation (ARH) dans les ordonnances de 1996. Les ARH représentaient l'autorité de décision pour la planification de l'offre hospitalière. Elles avaient pour missions de définir et mettre en œuvre la politique régionale d'offre de soins hospitaliers à travers l'élaboration des SROS, d'analyser et coordonner l'activité des établissements de santé publics et privés, d'en fixer les ressources et d'en contrôler le fonctionnement. D'autres services déconcentrés de l'État, directions régionales et départementales des affaires sanitaires et sociales (DRASS et DDASS), intervenaient également dans la régulation de l'offre de soins.

La planification de l'offre hospitalière a été modifiée par l'ordonnance du 4 septembre 2003 supprimant la carte sanitaire, faisant ainsi des SROS l'outil central de régulation de l'offre de soins et créant des territoires de santé. Ces derniers représentent une étendue géographique où la population résidente peut disposer d'une offre de soins fondée sur des exigences de sécurité et de qualité. Quelle que soit son étendue, le territoire de santé est le niveau de découpage territorial juridiquement applicable à toutes les activités de soins et à tous les équipements. Le territoire de santé se substitue au secteur sanitaire et devient le cadre obligé de l'organisation des soins. L'optimisation de l'offre hospitalière de soins au niveau des territoires recherche la qualité des soins et l'efficience du système par le développement de la complémentarité entre hôpitaux publics et l'évolution des conditions de participation des établissements privés à des missions d'intérêt général.

L'objectif de cette organisation territoriale est de répondre aux besoins locorégionaux de la population en matière de soins. Dans ce contexte, un acteur unique, l'agence régionale de santé (ARS), a été créé par la loi HPST dans le but d'une meilleure coordination des différents acteurs du monde de la santé (établissements de santé, médecins libéraux, officines…) et du champ médico-social. L'ARS remplace sept organismes chargés de politique de santé en régions, issus de l'État et de l'assurance-maladie : DRASS, DDASS, ARH, groupements régionaux de santé publique (GRSP), caisses régionales d'assurance-maladie (CRAM), unions régionales des caisses d'assurance-maladie (URCAM) et missions régionales de santé (MRS). L'ARS est chargée de veiller à adapter l'offre de soins et le dispositif médico-social aux besoins locorégionaux de la population. En particulier, elle dispose de missions et de compétences fixées par la loi :

- définition et mise en œuvre, au niveau régional, de la politique de santé publique ;
- régulation, orientation et organisation de l'offre de services en santé afin de répondre aux besoins en soins et en services médico-sociaux et de garantir l'efficacité et l'efficience du système de santé. Les ARS déclinent à l'échelon régional les objectifs de la politique nationale de santé ainsi que les principes de l'action sociale et médico-sociale en partenariat avec les conseils généraux.

IV. Perspectives

De nombreuses réformes bouleversent actuellement le système hospitalier français. Il y a 20 ans, un établissement de santé était décrit selon sa capacité d'accueil et son activité. Désormais, la « carte d'identité » d'un établissement de santé contient également des données sur la performance de l'établissement, la qualité et la sécurité des soins dispensés. Cette « carte d'identité » est disponible pour chaque établissement ayant une activité MCO sur la plate-forme d'information sur les établissements de santé (PLATINES) sur le site Internet du ministère chargé de la Santé. Les informations présentées regroupent :

- les principales caractéristiques de l'établissement (capacité d'accueil, équipements et activités) ;
- des données sur les pratiques de l'établissement dans certains domaines (maternité, urgences et réanimation) et pour certaines pathologies ;

L'offre de soins

Établissement X N° FINESS Statut juridique Localisation			Pour l'ensemble des établissements de même catégorie	
Lits et places				
	Hospitalisation complète Nombre de lits	Hospitalisation de jour Nombre de places		
Médecine	190	15	–	
Chirurgie	120	10		
Obstétrique	20	–		
Total MCO	330	25		
Psychiatrie	–	–		
SSR	–	–		
Urgences et réanimation				
	Générales	Pédiatriques	Générales	Pédiatriques
Urgences Autorisation structures d'urgence Nombre moyen de passages/jour	Oui 102	– 25	110	33
Réanimation et soins intensifs Unité de réanimation Nombre de lits de l'unité de réa. Unités de soins intensifs en cardio.	Oui 12 Oui		98 % – 92 %	
Pathologies traceuses				
	Nombre annuel de séjours	Durée moyenne de séjours (en jours)	Âge moyen (en années)	Durée moyenne de séjours (en jours)	Âge moyen (en années)
Prise en charge initiale d'un infarctus du myocarde	358	6,4	64	8,1	68
Chirurgie cancer du sein	17	4,6	55	5,5	61
Lutte contre les infections nosocomiales				
Le score agrégé Classe de l'établissement Score agrégé			A 89,3	
ICALIN (indice composite des activités de lutte contre les infections nosocomiales) Classe de l'établissement Score ICALIN (sur 100)			A 97	
ICSHA (indice de consommation des produits hydro-alcooliques) Classe de l'établissement Pourcentage réalisé			C 67,4	
SURVISO (enquête d'incidence des infections de site opératoire) Réalisation de l'enquête Taux de services participants			Oui 6/7	
Score ICATB (indice composite de bon usage des antibiotiques) Classe de l'établissement Score ICATB (sur 20)			A 20	

Fig. 26.1.
Extrait d'une « carte d'identité » d'un établissement de santé.
Source : PLATINES.

- les résultats obtenus en matière de prévention contre les infections nosocomiales, avec les cinq indicateurs constituant le tableau de bord des infections nosocomiales ;
- les principaux résultats de la procédure de certification.

La fig. 26.1 illustre certaines données extraites de PLATINES pour un établissement. Ces « cartes d'identité » permettent d'informer les patients, les hospitaliers et les décideurs et d'effectuer une comparaison entre établissements de santé à des fins de management et de choix stratégiques.

POINTS CLÉS

▶ La loi « hôpital, patient, santé, territoire » (HPST) introduit une définition unique des établissements de santé, personnes morales de droit public ou privé, fondés sur leurs missions et les services qu'ils apportent à la population.

▶ Il existe 14 missions de service public auxquelles les établissements de santé privés sont désormais autorisés à participer.

▶ Parmi les établissements de santé publics, on distingue les centres hospitaliers communaux, départementaux et régionaux (CHR). Les CHR ayant passé une convention avec une université sont dénommés CHU ou centres hospitaliers universitaires.

▶ Les établissements privés participant au service public hospitalier sont devenus avec la loi HPST des établissements de santé privés d'intérêt collectif (ESPIC). Les communautés hospitalières de territoire sont créées et favorisent la coopération entre établissements de santé publics.

▶ Dans les cliniques privées, les médecins ont un statut d'exercice libéral ; les personnels médicaux intervenant dans les établissements publics de santé sont salariés.

▶ Le nombre de lits d'hospitalisation à temps complet, toutes disciplines confondues, a diminué depuis 1998, en partie compensé par le développement des alternatives à l'hospitalisation : hospitalisation à temps partiel ou à domicile.

▶ La planification de l'offre hospitalière a d'abord été réalisée par la carte sanitaire supprimée en 2003, complétée par le schéma régional d'organisation sanitaire (SROS). Elle repose sur des autorisations délivrées par les ARS.

▶ La loi HPST a créé un acteur unique l'agence régionale de santé (ARS) dans le but d'une meilleure coordination des différents acteurs du monde de la santé et du champ médico-social.

▶ La carte d'identité d'un établissement permet de regrouper des informations utiles pour les patients, les hospitaliers et les décideurs.

Bibliographie

De Kervasdoue J. *L'hôpital*. Que sais-je ? Paris : PUF.
DREES. *L'activité des établissements de santé en 2008 en hospitalisation complète et partielle*. DRESS ; 2010 février (version actualisée).
DREES. *Les comptes nationaux de la santé en 2008*. DREES ; septembre 2009.
La Documentation française. La Réforme de l'hôpital. *Regards sur l'Actualité*, juin-juillet 2009 ; n° 352.

Exemples d'organisations de soins novatrices

V. Migeot

I. Réseaux de santé
II. Principes et limites de la télémédecine
III. Diffusion des connaissances en santé, télésanté ou e-santé

I. Réseaux de santé

Environ 15 millions de personnes, soit près de 20 % de la population française, seraient atteintes de maladies chroniques, c'est-à-dire des maladies de longue durée, évolutives, souvent associées à une incapacité et donc avec un retentissement sur la vie quotidienne. Les besoins de ces patients sont complexes (médicaux, socio-économiques, psychologiques) et les professionnels intervenant dans leur prise en charge sont multiples (personnel hospitalier, ambulatoire, médico-social). Il en résulte souvent des défauts de coordination entre l'hôpital et la médecine de ville, de concertation entre spécialistes et généralistes et de continuité des soins, aboutissant à une mauvaise qualité des soins et à des surcoûts.

A. Définition et objectifs

Les réseaux de santé peuvent se définir comme des organisations effectives et formalisées d'un groupe de professionnels de santé, issus de disciplines différentes et d'organismes à vocation sanitaire ou sociale, qui échangent et collaborent afin de répondre à des besoins de santé complexes et/ou globaux de la population, à un moment donné, sur un territoire donné.

Leurs objectifs, définis par la loi du 4 mars 2002 relative aux droits des malades et à la qualité du système de santé, sont de « favoriser l'accès aux soins, la coordination, la continuité ou l'interdisciplinarité des prises en charge sanitaires, notamment celles spécifiques à certaines populations, pathologies ou activités sanitaires. Ils assurent une prise en charge adaptée aux besoins de la personne tant sur le plan de l'éducation à la santé, de la prévention, du diagnostic que des soins. Ils peuvent participer à des actions de santé publique. Ils procèdent à des actions d'évaluation afin de garantir la qualité de leurs services et prestations ».

B. Une longue histoire

La plus ancienne « organisation en réseau », consacrée à la lutte contre la tuberculose, date de 1914. Toutefois, c'est l'Association de gérontologie, créée dans les années 1970 dans le XIIIe arrondissement de Paris, qui est considérée comme le premier réseau. Plus tard, le constat d'échec d'une prise en charge exclusivement hospitalière des patients atteints du sida a incité certains professionnels à proposer une autre forme de prise en charge : les premiers réseaux *ville-hôpital* se sont alors mis en place. De 1985 à 1991, les professionnels de santé engagés dans ces réseaux, organisés sous la forme associative, étaient le plus souvent des médecins généralistes, bénévoles.

Entre 1991 et 1995, plusieurs circulaires ministérielles ont reconnu officiellement l'existence de ces réseaux ville-hôpital portant sur de nouvelles thématiques comme les addictions, la précarité ou l'hépatite C.

À partir de 1996, des réseaux *expérimentaux* sont mis en avant « comme des formes nouvelles de prise en charge destinées à coordonner les interventions en ville et à l'hôpital, à organiser un accès plus rationnel au système de soins et à permettre une prise en charge globale des patients atteints de pathologies chroniques ou lourdes »[34]. Parallèlement, des réseaux de soins *hospitaliers* se développent, ils sont destinés à ouvrir les établissements de santé sur leur environnement et à renforcer les liens avec les praticiens libéraux. Ces réseaux sont généralement spécifiques à des thématiques (cancérologie, diabétologie).

La création, en 1999, du Fonds d'aide à la qualité des soins de ville (FAQSV) permet le financement de plusieurs centaines de réseaux en France portés par des praticiens libéraux.

La loi du 4 mars 2002 sur les droits des malades et l'organisation du système de santé propose une définition unique des réseaux de santé (voir *supra*) et des critères de qualité.

Puis, en plus du FAQSV, une enveloppe régionale pour le financement des réseaux est créée : la dotation régionale pour le développement des réseaux (DRDR). L'incitation à la constitution des réseaux est forte et bientôt l'enveloppe DRDR ne suit pas la croissance des réseaux. De leur côté, les promoteurs des réseaux doivent garantir la qualité de leurs services et de leurs prestations à partir d'auto-évaluation et d'évaluation externe en évaluant la qualité des soins fournis aux patients, le fonctionnement du réseau et le coût de fonctionnement.

En 2006, un bilan de ces réseaux par l'IGAS conclut à des résultats décevants en termes de service médical rendu aux personnes malades. À partir de 2007, le financement des réseaux n'est plus assuré que par le seul Fonds d'intervention pour la qualité de la coordination des soins (FIQCS) et un nouveau cadre est redéfini.

La loi « hôpital, patient, santé, territoires » continue à promouvoir ces réseaux en tant qu'offreurs de soins et les différents plans de santé publique s'appuient sur ces dispositifs.

C. Offres de service des réseaux de santé

Le réseau de santé doit s'inscrire dans l'organisation territoriale de soins, c'est-à-dire répondre aux besoins identifiés au sein du territoire par l'ensemble des acteurs sanitaires et médico-sociaux de ce territoire. L'offre

---

34. Ordonnance n° 96-345 du 24 avril 1996 relative à la maîtrise médicalisée des dépenses de santé.

proposée par le réseau ne doit pas compenser une offre manquante ou déficitaire. Les offres de service peuvent être un appui pour les professionnels de santé de premier recours dans l'orientation des patients (mise à disposition d'annuaires des professionnels et de répertoire des services et prestations du réseau), un appui pour les patients et les associations de patients (support d'information sur la maladie et le parcours de soins), le développement de l'éducation thérapeutique, l'organisation du maintien à domicile ou du retour en post-hospitalisation.

D. Les grands types de réseaux

Les *réseaux de proximité* répondent à des demandes de soins courants, dans l'environnement le plus proche possible du domicile du patient. Les thèmes abordés par ces réseaux sont généraux (gérontologie, soins palliatifs, douleur, périnatalité…) ou relatifs au domicile, à la santé mentale ou aux addictions. Le déroulement de la prise en charge dans le cadre d'un tel réseau consiste généralement à proposer le patient à la coordination du réseau, par un professionnel de santé, mais aussi par la famille ou un travailleur social. L'équipe du réseau vérifie les critères d'éligibilité du patient et ses besoins. Un projet de prise en charge est proposé et une organisation est planifiée. Une fois l'accord du patient ou de sa famille obtenu, les services adéquats sont mis en place.

Les *réseaux territoriaux subsidiaires* proposent des offres de soins plus spécialisées dites de recours ou d'expertise ou pour des pathologies ne relevant pas du niveau de proximité. Ils sont organisés à un niveau de territoire plus large, généralement la région. On peut citer les réseaux régionaux de cancérologie et ceux de périnatalité. Ils doivent garantir des prises en charge de qualité par la diffusion de recommandations de bonnes pratiques, l'utilisation d'outils de communication facilitant les échanges des professionnels entre les différents niveaux de recours, la formation des professionnels, l'information des patients et l'évaluation des pratiques professionnelles.

II. Principes et limites de la télémédecine

A. Définition

La télémédecine est définie par l'Organisation mondiale de la santé en 1997 comme « la partie de la médecine qui utilise la transmission par télécommunication d'informations médicales (images, comptes rendus, enregistrements, etc.), en vue d'obtenir à distance un diagnostic, un avis spécialisé, une surveillance continue d'un malade, une décision thérapeutique ». La télémédecine regroupe donc un ensemble de pratiques médicales et coopératives permettant de relier à distance un patient et un médecin ou plusieurs professionnels de santé, au moyen d'un dispositif utilisant les technologies de l'information et de la communication.

La télémédecine permet de procéder à une expertise à distance, indépendamment de la localisation d'un patient, d'où des potentialités immenses en matière d'organisation des soins et d'amélioration de l'efficacité des infrastructures de santé.

B. Typologie d'actes de télémédecine

Les principaux actes sont représentés à la figure 26.2.

1. La téléconsultation

Elle a pour objet de permettre à un professionnel médical de donner une consultation à distance à un patient. Un professionnel de santé peut être présent auprès du patient et, le cas échéant, assister le professionnel médical au cours de la téléconsultation. Il s'instaure un dialogue avec le médecin requérant et/ou le(s) médecin(s) téléconsultant(s) requis.

2. La télé-expertise

Elle a pour objet de permettre à un professionnel médical de solliciter à distance l'avis d'un ou de plusieurs professionnels médicaux en raison de leur formation ou de leur compétence particulière, sur la base des informations médicales liées à la prise en charge d'un patient. Elle se réalise en dehors de la présence du patient et se décrit comme un échange entre deux ou plusieurs médecins qui arrêtent ensemble un diagnostic et/ou une thérapeutique sur la base des données cliniques, radiologiques ou biologiques qui figurent dans le dossier médical d'un patient.

3. La télésurveillance médicale

Elle a pour objet de permettre à un professionnel médical d'interpréter à distance les données nécessaires au suivi médical d'un patient et, le cas échéant, de prendre des décisions relatives à la prise en charge de ce patient. L'enregistrement et la transmission des données peuvent être automatisés ou réalisés par le patient lui-même ou par un professionnel de santé.

4. La télé-assistance médicale

Elle a pour objet de permettre à un professionnel médical d'assister à distance un autre professionnel de santé au cours de la réalisation d'un acte médical, chirurgical, de soins ou d'imagerie. Le médecin peut également assister à distance un secouriste ou toute personne portant assistance à personne en danger en attendant l'arrivée d'un médecin.

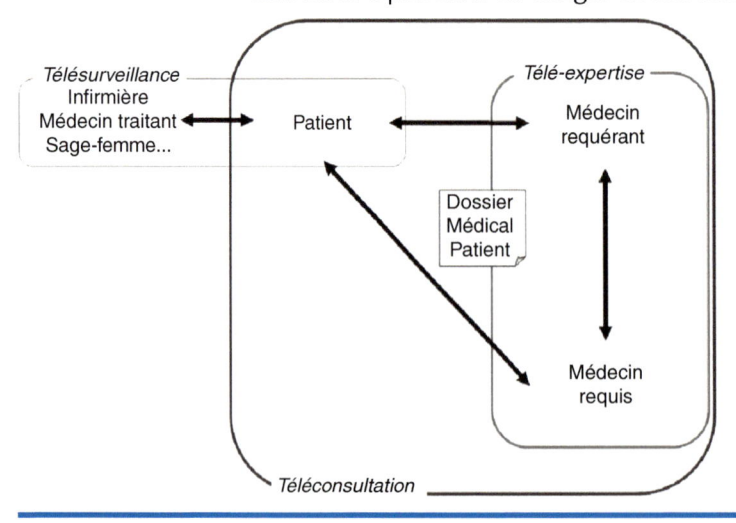

Fig. 26.2.
Trois principaux actes médicaux de télémédecine.
Source : d'après Simon P, Acker D. La place de la télémédecine dans l'organisation des soins. Rapport Conseillers généraux des établissements de santé ; 2008.

5. Cas particulier

La réponse médicale apportée dans le cadre de la *régulation médicale* fait partie des actes de télémédecine.

C. Principes déontologiques

Ils doivent être partagés par l'ensemble de la profession médicale vis-à-vis de ce nouveau mode d'exercice de la médecine :
- *la relation par télémédecine entre un patient et un médecin*, même dans l'exercice collectif de la médecine, *doit être personnalisée*, c'est-à-dire reposer sur une connaissance suffisante du patient et de ses antécédents. Le *consentement* libre et éclairé de la personne à ce nouveau mode d'exercice *doit être obtenu*. Ce consentement peut être exprimé par voie électronique ;
- *le secret professionnel doit être garanti*, ce qui oblige à un dispositif d'échange et de transmission parfaitement sécurisé ;
- *l'exercice de la télémédecine doit contribuer à l'égalité d'accès aux soins, l'amélioration de la qualité des soins et de leur sécurité*, objectifs auxquels toute personne à droit. La télémédecine a l'avantage de raccourcir le temps d'accès et ainsi d'*améliorer les chances d'un patient* lorsqu'il est éloigné d'une structure de soins ;
- la télémédecine doit se réaliser avec un *dispositif technologique fiable* dont les médecins sont en partie responsables. Il faut refuser de pratiquer la télémédecine si la technologie incertaine comporte un risque accru d'erreur médicale.

D. Les enjeux de la télémédecine

La mise en place effective des différents types de télémédecine devrait contribuer à une meilleure prise en charge des patients, à une meilleure qualité de vie des personnes tout en réduisant les coûts liés aux transports des patients et aux déplacements des professionnels et aux hospitalisations. Dans les zones déficitaires sur le plan de l'offre de soins, elle devrait participer à la réduction des inégalités territoriales de santé. À plus long terme, elle a pour but de faciliter le développement de la chirurgie mini-invasive robotisée.

Néanmoins, des freins liés à son déploiement opérationnel existent : crainte des professionnels et des patients vis-à-vis de ces nouvelles technologies et un risque de déshumanisation de la relation médecin–malade ; problèmes techniques ; difficultés organisationnelles ; financements encore imprécis. Il apparaît nécessaire que des évaluations médico-économiques soient réalisées.

III. Diffusion des connaissances en santé, télésanté ou e-santé

La télésanté englobe toutes les applications (sites, portails) que l'on trouve sur Internet et qui sont liées à la santé. Ces sites proposent diverses prestations : conseils, articles, forums, bulletins d'information, voire dossiers médicaux en ligne.

La diffusion de l'Internet au grand public a débuté en France en 1994, date des premières offres d'accès Internet. Depuis, le nombre de foyers équipés d'un accès Internet ne cesse d'augmenter, même si parmi les pays développés, la France a pris du retard, que certains expliquent par l'utilisation du *Minitel*. En 2004, la part des foyers équipés d'un accès Internet à domicile était de 34 % en France contre 70 % en Suisse, 60 % en Allemagne, 56 % au Royaume-Uni. Ces données d'équipement ne permettent pas d'estimer la part des Français qui utilise régulièrement Internet, le domicile n'étant pas le seul lieu d'accès. Ainsi a-t-on recours à des données de mesure d'audience qui permettent d'estimer la part des Français s'étant connectés à Internet au cours du mois précédent l'enquête. Il était de 58 % en juin 2007 contre 70 % aux États-Unis. En septembre 2010, le cap des deux foyers français sur trois connectés à Internet a été franchi. Néanmoins, il existe de grandes disparités géographiques en termes d'accès à Internet sur le territoire français et surtout de fortes disparités sociales tant dans l'accès que dans l'utilisation de cet outil d'information.

A. La recherche d'informations de santé par les internautes

Aux États-Unis, en 2003, une étude réalisée auprès de la population adulte révélait que plus de 40 % des internautes américains avaient déjà recherché des informations de santé sur Internet dans les douze derniers mois. Lors de sondages réalisés périodiquement dans ce pays, ce chiffre atteindrait 80 %. En France, les données sur ce thème sont plus rares, la part des internautes ayant déjà recherché des informations en santé sur Internet variant entre 30 et 50 %.

L'utilisation de l'Internet pour rechercher des informations en santé diminue avec l'âge, le niveau d'éducation et le revenu de l'internaute. Elle est plus fréquente chez la femme que chez l'homme. Le profil type de l'internaute santé est une femme, jeune ou d'âge moyen, avec un niveau d'étude élevé, ayant un emploi, vivant en couple ayant une grande expérience de l'utilisation d'Internet et confrontée à un problème de santé personnel ou dans son entourage proche.

Environ deux tiers des internautes utiliseraient un moteur de recherche généraliste pour effectuer une recherche de santé sur Internet contre un tiers d'entre eux qui s'oriente directement vers des sites ou des portails dédiés à la santé. Moins de la moitié d'entre eux vérifient la source de l'information et la date de mise à jour. Dans la majorité des situations, la recherche est faite pour mieux comprendre ou pour confirmer les informations données par les médecins mais les thèmes de recherche dépendent du profil de l'internaute. S'il s'agit de femmes internautes, celles-ci recherchent des informations sur les médecines douces ou alternatives ou sur les associations de malades. Les internautes plus âgés recherchent davantage des informations sur les traitements, alors que les jeunes s'informent sur les démarches liées au système de protection sociale ou sur le recours aux soins.

B. La qualité des sites de santé

La qualité des sites Internet relatifs au domaine de la santé fait encore l'objet de débats et de développement de solutions. Le manque d'exhaustivité des informations disponibles est l'une des principales critiques faites aux sites de santé. Deux solutions pour évaluer la qualité des sites en santé peuvent être citées : d'une part, des outils d'évaluation et d'autre part, des codes de conduite et des chartes de qualité.

1. Les outils d'évaluation de la qualité des sites Internet

Le Net Scoring® est l'outil français le plus abouti d'évaluation de la qualité de l'information de santé. Développé en 1997, il comporte 49 critères pondérés[35], mais il reste encore peu utilisé.

2. Codes de conduite et chartes de qualité

L'objectif de ces codes et chartes n'est pas de s'assurer de la qualité du contenu des sites de santé, mais de celle de leur conception et de leur structure. La charte de la fondation *Health On the Net* (HON), baptisée HONCode est la plus utilisée dans le monde[36] (voir encadré ci-dessous). La Haute Autorité de santé a établi en mai 2007 un rapport sur l'évaluation des sites e-santé, préconisant que les sites devaient désormais prouver la fiabilité de leur contenu en souscrivant à cette charte.

Les huit principes éthiques régissant la charte de Heath On the Net (HONcode) destinée aux sites Internet médicaux et de santé

- Autorité : indiquer la qualification des rédacteurs.
- Complémentarité : compléter et non remplacer la relation patient–médecin.
- Confidentialité : préserver la confidentialité des informations personnelles soumises par les visiteurs du site.
- Attribution : coter la (les) source(s) des informations publiées et dater les pages de santé.
- Justification : justifier toute affirmation sur les bienfaits ou les inconvénients de produits ou traitements.
- Professionnalisme : rendre l'information la plus accessible possible, identifier le webmestre, et fournir une adresse de contact.
- Transparence du financement : présenter les sources de financements.
- Honnêteté dans la publicité et la politique éditoriale : séparer la politique publicitaire de la politique éditoriale.

---

35. www.netscoring.com
36. www.hon.ch/HONcode/French

C. Conséquences de la recherche d'information de santé sur Internet

La recherche d'information de santé sur Internet peut engendrer des conséquences sur l'état de santé. Des revues de la littérature ont montré que cette recherche pourrait améliorer la connaissance des patients, le sentiment de soutien moral et psychologique grâce aux communautés virtuelles de patients. Seules quelques études isolées montrant un impact négatif sur la santé en rapport avec l'utilisation d'informations retrouvées sur Internet ont été publiées.

Évaluer l'impact de la recherche d'information de santé sur la consommation de soins a été une question soulevée d'emblée par Renahy. Cependant les études menées à ce sujet sont contradictoires ; certaines montrent une augmentation du nombre de consultations pour les utilisateurs de l'Internet, d'autres aucune différence entre les utilisateurs et les non-utilisateurs.

POINTS CLÉS

▶ Les réseaux de santé peuvent se définir comme des organisations effectives et formalisées de professionnels de santé, issus de disciplines différentes et d'organismes à vocation sanitaire ou sociale, qui échangent et collaborent afin de répondre à des besoins de santé complexes et/ou globaux de la population à un moment donné sur un territoire donné.

▶ Les réseaux de proximité répondent à des demandes de soins courants (gérontologie, soins palliatifs, douleur...) ; les réseaux territoriaux subsidiaires proposent des offres de soins plus spécialisées de recours ou d'expertise, à un niveau de territoire plus large (cancérologie, périnatalité).

▶ La télémédecine se définit comme « la partie de la médecine qui utilise la transmission par télécommunication d'informations médicales en vue d'obtenir à distance un diagnostic, un avis spécialisé, une surveillance continue d'un malade, un décision thérapeutique ».

▶ Il existe plusieurs actes de télémédecine, tous soumis à des principes déontologiques fondamentaux.

▶ La télésanté englobe toutes les applications que l'on trouve sur Internet et qui sont liées à la santé.

▶ Depuis 2007, la HAS préconise que les sites prouvent leur fiabilité en souscrivant à la charte de *Health on the net*.

Bibliographie

ANAES. *Réseaux de santé : guide d'évaluation*. Paris : ANAES ; 2004.
Daniel C, Delpal B, Lannelongue C. *Contrôle et évaluation du fonds d'aide à la qualité des soins de ville (FAQSV) et de la dotation de développement des réseaux (DDR)*. Paris : IGAS ; 2006.
Frydel Y. *Internet au quotidien : un Français sur quatre*. Insee Première. Paris : Insee ; 2006.
HAS. *Évaluation de la qualité des sites e-santé et de la qualité de l'information de santé diffusées sur Internet*. Saint-Denis : HAS ; 2007.
Renahy E, Parizot I, Lesieur S, Chauvin P. Enquête WHIST 2006–2007 : enquête web sur les habitudes de recherche d'informations liées à la santé sur Internet/ds3. Disponible en ligne : www.u707.jussieu.fr/ds3_enquetes/WHIST_Inserm_Nov2007.pdf

Démarche qualité et gestion des risques

P. François

I. Le risque iatrogène
II. Méthodes et outils de la gestion des risques cliniques
III. Les dispositifs de gestion des risques cliniques
IV. Méthodes et dispositifs de gestion de la qualité des soins
V. Conclusion

Le concept de « gestion de la qualité » est apparu dans le monde de l'industrie et des entreprises de service au lendemain de la Seconde Guerre mondiale. Des méthodes et des outils qui permettent de garantir au client la qualité des biens et des services ont été développées à très grande échelle et avec succès. Dans les années 1980, les normes 9000 de l'Organisation internationale de standardisation (ISO) ont fixé les bases de l'assurance de la qualité. Dans le même temps, les concepts et les outils d'amélioration continue de la qualité se sont implantés dans les entreprises.

Dans la dynamique de cette évolution du monde de l'entreprise, la nécessité de gérer la qualité des soins s'est imposée aux systèmes de santé dans les années 1990. Les organisations et les professionnels producteurs de soins ont progressivement adopté et adapté les méthodes élaborées par l'industrie. Cela a donné lieu, notamment, au développement de l'évaluation des pratiques médicales (EPP) et à la mise en place de l'accréditation des établissements de santé.

Dans la même période, la publication d'études portant sur les accidents iatrogènes et des événements médiatisés – tels que l'affaire du sang contaminé et celle de l'hormone de croissance ou certaines épidémies d'infections nosocomiales – ont renforcé la conscience de la dangerosité des soins. Le concept de risque sanitaire lié aux soins s'est développé et a conduit à mettre en place des dispositifs visant à améliorer la sécurité des soins.

Dans la première décennie du XXIe siècle, les concepts de « qualité » et de « sécurité » des soins se sont rapprochés au point d'être indissociables, ce que résume la définition, proposée par l'Organisation mondiale de la santé (OMS), de la gestion de la qualité et de la sécurité des soins, soit *« une démarche qui doit permettre de garantir à chaque patient les soins qui lui assureront le meilleur résultat en termes de santé, au meilleur coût, au moindre risque iatrogénique et pour sa plus grande satisfaction »*.

I. Le risque iatrogène

A. Définitions et concepts

En lançant en 2004 son programme *Sécurité du patient* et l'*Alliance mondiale pour la sécurité des patients*, l'OMS précisait : « *La sécurité du patient est un principe fondamental des soins de santé. Chaque étape de l'administration des soins s'accompagne d'un certain risque pour le patient. Des événements indésirables peuvent résulter de problèmes au niveau de la pratique, des produits utilisés, des procédures ou des systèmes sanitaires. Les améliorations de la sécurité pour les patients supposent un effort complexe de l'ensemble du système.* »

De fait, toute action de soins, diagnostique ou thérapeutique, comporte un risque de complication ou risque iatrogène (risque lié aux soins, risque clinique). La réalisation du risque se traduit par un « événement indésirable lié aux soins » (EIS) que l'on qualifie de grave (EIG) quand il entraîne des conséquences pour la santé du patient ou nécessite des soins supplémentaires.

Dans les cas où l'action de soins a été indiquée et réalisée en conformité avec les données actuelles de la science médicale, l'EIS apparaît comme inévitable. C'est un aléa thérapeutique, c'est-à-dire la réalisation d'un risque inhérent à l'action de soins (fig. 27.1).

Mais il arrive aussi que l'action de soins ne soit pas conforme. Si l'erreur n'est pas détectée, elle peut entraîner un EIS plus ou moins grave que l'on peut qualifier d'évitable. Dans le cas où une erreur s'est produite mais a été détectée avant qu'elle n'atteigne le patient, on parle de « presque accident » ou d' « événement porteur de risque » (EPR). L'objectif principal de la gestion des risques cliniques est de prévenir les événements iatrogènes évitables.

B. Épidémiologie des risques iatrogènes

On sait depuis longtemps que les soins de santé comportent des risques, mais ce n'est qu'au début des années 1990 qu'ont été réalisées les premières études visant à décrire et quantifier les EIS.

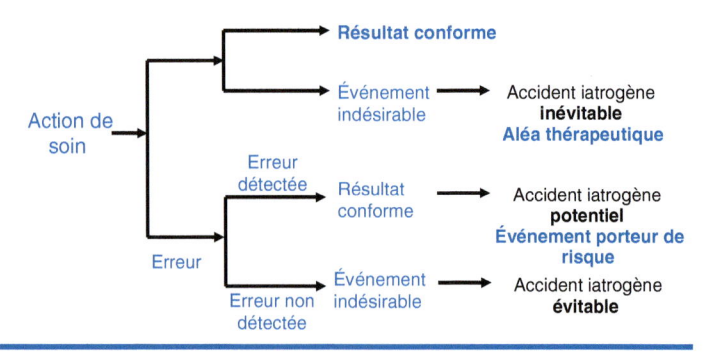

Fig. 27.1.
Définition des risques cliniques.

Aux États-Unis, une équipe de l'université d'Harvard a réalisé plusieurs travaux portant sur la recherche d'EIS dans les dossiers de plus de 30 000 patients hospitalisés dans 51 hôpitaux de l'État de New York. Ces études de l'*Hospital Medical Practice Study* (HMPS) montrent que 3,7 % des patients hospitalisés ont souffert d'un EIS et que 14 % de ces événements ont contribué au décès du patient. Les trois principales causes d'accident étaient les médicaments (19 %), les infections du site opératoire (14 %) et les actes techniques (13 %). Parmi ces EIS, 69 % ont été considérés comme évitables, et 6 % comme potentiellement évitables. L'extrapolation des résultats de l'HMPS à l'ensemble des séjours hospitaliers aux États-Unis a permis d'estimer à 100 000 le nombre de patients qui décédaient chaque année à l'hôpital des suites d'un EIS évitable. Cette estimation a été largement publiée et commentée dans la littérature et a marqué les esprits en donnant un ordre de grandeur du phénomène iatrogène.

En 2004, une étude nationale des événements indésirables liés aux soins (ENEIS) a été réalisée en France par le Comité de coordination de l'évaluation clinique et de la qualité en Aquitaine (CCECQA). L'observation a porté sur 8734 patients hospitalisés dans 292 unités cliniques tirées au sort dans 71 établissements de santé français. Pendant les 7 jours, 450 EIG ont été identifiés dont 45,5 % étaient la cause de l'hospitalisation et 54,5 % étaient survenus pendant l'hospitalisation. Ainsi, 3,94 % des hospitalisations étaient dues à un EIG dont près de la moitié (44,5 %) était considérée comme évitable. L'extrapolation à l'ensemble des séjours hospitaliers permettait d'estimer entre 175 000 et 250 000 le nombre annuel d'hospitalisations motivées par un EIG lié aux soins. En cours d'hospitalisation on observait 6,6 EIG pour 1000 journées, dont 35 % étaient considérés comme évitables. Ces données ont permis d'estimer qu'il survient chaque année entre 350 000 et 450 000 EIG chez des patients hospitalisés dans les établissements de santé français, dont 115 000 à 185 000 seraient évitables.

Cette enquête a été reconduite en 2009 ; les résultats montrent globalement une stabilité de ces risques, malgré les efforts entrepris.

Selon les différentes études, on peut retenir qu'un peu plus de la moitié des EIS compliquent une intervention chirurgicale, 35 % sont dus aux médicaments et 5 % à une procédure de diagnostic. Concernant les médicaments, la majorité des erreurs surviennent au moment de la prescription par le médecin, 34 % sont des erreurs d'administration du médicament par les infirmières et 4 % sont des erreurs de dispensation par le pharmacien.

C. Étiologie des événements indésirables liés aux soins

Selon James Reason (professeur de psychologie à l'université de Manchester), l'erreur est inséparable de l'activité humaine et les systèmes doivent se protéger des faiblesses individuelles par la mise en place de défenses ou « barrières de sécurité ». Cette idée a été schématisée par le modèle du « fromage suisse » qui montre que la trajectoire d'un EIS implique la conjonction de multiples défaillances humaines (fig. 27.2).

Ces erreurs humaines, ou causes immédiates d'un accident, sont rendues possibles par des défauts de l'organisation et l'absence ou la défaillance de barrières de sécurité. Ces facteurs organisationnels sont les causes latentes des accidents iatrogènes. L'approche systémique proposée par Reason consiste à analyser en profondeur chaque EIS pour identifier puis corriger les causes latentes de l'erreur. Ainsi devant un accident iatrogène, il est relativement facile d'identifier la ou les erreurs qui ont été commises par les professionnels de santé. Mais il faut rechercher, à partir d'une cause individuelle immédiate plus ou moins évidente, les facteurs organisationnels, causes latentes ou systémiques de l'erreur (tableau 27.I). Par exemple, si la cause immédiate d'un accident iatrogène est que le professionnel n'était pas compétent pour prendre la décision (ou réaliser un acte), on doit se poser la question de la gestion des compétences au sein de l'organisation. On peut ainsi trouver des faiblesses dans les processus de recrutement, le contrôle des compétences ou encore la formation continue. C'est en identifiant et en corrigeant ces causes latentes qu'on augmente la sécurité du système.

Dans la gestion des risques, il convient de dissocier l'idée d'erreur, qui est une occasion d'améliorer la sécurité, du concept de faute qui renvoie au manquement à l'obligation de moyens et peut conduire à une sanction.

II. Méthodes et outils de la gestion des risques cliniques

Gérer le risque clinique a pour objectif de réduire l'incidence et la gravité des EIS. La gestion réactive, ou prévention *a posteriori*, consiste à identifier et investiguer les EIS survenus. La gestion proactive, ou prévention *a priori*, tend à repérer le risque et agir avant que ne survienne un événement.

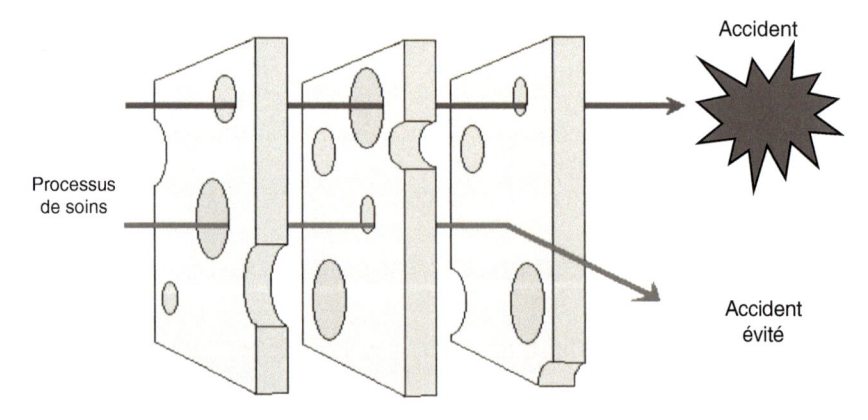

Fig. 27.2.
Modèle du « fromage suisse » représentant les trajectoires des accidents iatrogènes.
Source : d'après Reason J. Human error : models and management. BMJ 2000; 320 : 768–70.

Tableau 27.I. **Exemples de causes individuelles et systémiques d'accident iatrogène.**

Causes individuelles	Causes systémiques
Défaut de compétence	Gestion des compétences : – absence de professionnel compétent – déficit de contrôle des compétences – défaut de formation continue
Défaut d'attention, fatigue, stress	Organisation du travail : – absence de repos de sécurité – durée excessive de travail sans repos
Décision non conforme aux référentiels professionnels	Gestion des documents qualité : – absence de protocole – protocole non accessible – protocole obsolète

A. Prévention *a posteriori*

1. Identifier les événements indésirables

Pour identifier les EIS, il est indispensable de mettre en place un dispositif qui permet à tout professionnel constatant un accident ou un risque de le signaler aux personnes chargées de gérer la sécurité des soins. Cela nécessite que le dispositif de signalement soit opérationnel (fiche de signalement, structure réceptrice) et connu des professionnels. Il faut aussi que les professionnels de santé aient acquis une culture du risque clinique et qu'ils soient convaincus que le signalement n'est pas un procédé de délation mais un moyen efficace d'améliorer la sécurité des patients.

Les plaintes et réclamations adressées par les patients à l'équipe, au directeur de l'hôpital ou aux autorités sont aussi une source d'information sur les défauts du système. Il faut donc les recueillir et les investiguer comme les accidents iatrogènes.

On peut aussi mettre en place des indicateurs fondés sur le recensement d'événements « sentinelles ». Il s'agit d'EIS, par exemple les infections du site opératoire, dont on veut contrôler la fréquence. Si l'incidence paraît trop élevée ou augmente, il faut en trouver la raison et renforcer les mesures de prévention.

Des EIS peuvent aussi être dépistés par des revues systématiques de dossiers dans le cadre d'études *ad hoc* ou de réunions d'équipe, telles les revues de mortalité et de morbidité (RMM).

2. Analyser les événements indésirables

Différentes méthodes ont été proposées pour analyser les événements indésirables, dont la plus connue est la méthode ALARM *(association of litigation and risk management)* proposée par Charles Vincent (professeur de psychologie au collège universitaire de Londres). Toutes ces méthodes sont des variantes d'une même approche qui consiste à interroger individuellement ou en groupe les professionnels impliqués dans l'événement et à procéder par étapes. On doit d'abord reconstituer la chronologie de l'événement et identifier la ou les erreurs qui ont été commises. Puis on recherche systématiquement – dans les circonstances de survenue, l'environnement du travail, l'organisation du service et de l'établissement – les facteurs qui ont contribué à l'erreur. Pour chaque fait identifié on doit se poser la question : pourquoi ce fait est-il survenu ? Puis on propose des solutions pour réduire les causes latentes des erreurs. La correction de ces défauts et la mise en place de défenses permettent d'augmenter la sécurité du système, c'est-à-dire de rendre moins probable la survenue d'un même événement.

B. Prévention *a priori*

Il s'agit d'examiner le système pour en identifier les points faibles et les éléments non conformes susceptibles de générer une erreur.

1. Méthodes fondées sur l'analyse des processus

L'examen méthodique d'un processus consiste d'abord à le décomposer en étapes et en tâches élémentaires, en identifiant à chaque étape les professionnels concernés. Puis on recherche à chaque étape quels dysfonctionnements pourraient se produire et contribuer à un accident. Il convient ensuite de proposer des solutions pour réduire ces défaillances potentielles et obtenir un processus plus sûr. L'analyse de processus peut se faire en particulier dans le cadre de « visites de risque ». Pour les processus de type industriel, il existe des méthodes d'analyse très formalisées telle que l'AMDEC (analyse des modes de défaillance, de leurs effets et de leur criticité) ou l'HACCP *(hazard analysis critical control point)*. Ces méthodes peuvent être appliquées à l'hôpital, en particulier à des processus logistiques, tels que la préparation des repas, la stérilisation des instruments ou la blanchisserie.

2. Méthodes fondées sur le contrôle de la conformité à des normes

Le respect des normes réglementaires et professionnelles est aussi un moyen de limiter les risques. Ces normes sont généralement fondées sur des expériences passées ou des connaissances *a priori* des risques. On sait, par exemple, que le lavage des mains est un moyen important de prévention des infections liées aux soins et qu'il fait partie des normes professionnelles. Il est utile de vérifier périodiquement que les normes sont effectivement appliquées par les professionnels. Ce contrôle relève de l'EPP quand il porte sur des normes professionnelles, ou de l'inspection par les autorités compétentes quand il porte sur des exigences de la réglementation.

III. Les dispositifs de gestion des risques cliniques

Divers dispositifs ont été mis en place pour gérer les risques au niveau d'une équipe, d'un service, d'un établissement de santé ou d'une nation. Certains de ces dispositifs sont génériques, s'intéressant à tous les types de risques pouvant survenir dans le processus de soins, d'autres sont spécifiques d'un domaine de risque (infection liée aux soins, accident transfusionnel, erreur d'identité, etc.).

A. Les dispositifs génériques

Au niveau d'une équipe, d'un service, les risques cliniques peuvent être gérés par un comité de retour d'expérience (CREX), par une RMM ou par le suivi d'indicateurs fondés sur le recensement d'événements « sentinelles ». Un CREX repose sur un dispositif de signalement des EIS survenus dans l'équipe ou le service. Les événements notifiés sont examinés par le CREX, comité multiprofessionnel, qui se réunit périodiquement (une fois par mois en général). Le comité choisit parmi les événements signalés un événement prioritaire et désigne un de ses membres comme « pilote » chargé d'investiguer l'événement en suivant une méthode formelle. Lors de la réunion suivante du comité, le pilote présente son rapport d'analyse et propose des actions d'amélioration. Le comité arrête le plan d'action, organise sa mise en œuvre et suit son exécution.

Au niveau d'un établissement de santé, il est recommandé de désigner un responsable de la sécurité, rattaché à la direction générale et chargé de coordonner tous les acteurs impliqués dans la gestion des risques. Ce responsable de la sécurité est aussi le destinataire des alertes sanitaires et des rapports d'inspection. Il faut aussi mettre en place une cellule ou unité de gestion des risques cliniques comprenant des professionnels formés à l'analyse des accidents iatrogènes. Cette cellule instaure le système de signalement des EIS, investigue les signalements et suit les actions d'amélioration.

Au niveau national, c'est l'Institut national de veille sanitaire (InVS) qui est chargé de recevoir et de traiter les signalements des EIS qui lui sont transmis par les établissements de santé.

B. Les dispositifs spécifiques : les vigilances sanitaires

1. L'exemple de l'infectiovigilance

La lutte contre le risque infectieux lié aux soins est le plus ancien et le plus élaboré des dispositifs de gestion d'un risque clinique particulier. Il repose au niveau des établissements sur des équipes opérationnelles d'hygiène (EOH) et des comités de lutte contre les infections nosocomiales (CLIN). Cette lutte s'effectue par la surveillance des infections et de l'environnement, des études épidémiologiques (enquêtes de prévalence par exemple), l'élaboration de procédures et de recommandations de bonnes pratiques, le suivi d'indicateurs, l'EPP, le contrôle de la réglementation, le signalement et l'investigation des infections, l'expertise au niveau de l'organisation des locaux et du choix des matériels. On voit que la gestion du risque infectieux lié aux soins comprend à la fois des approches réactives et pro-actives et amène à utiliser l'ensemble des outils et des méthodes de la gestion des risques. De plus, les établissements sont tenus de déclarer certaines infections liées aux soins aux autorités sanitaires (agence régionale de santé).

2. Les autres vigilances sanitaires

La pharmacovigilance est un dispositif centré sur les événements indésirables liés aux médicaments qu'elle collecte, analyse et signale à l'Agence française de sécurité sanitaire des produits de santé (Afssaps). L'hémovigilance s'occupe de la sécurité des transfusions de produits sanguins. Elle repose, dans chaque établissement, sur un correspondant chargé de veiller au respect des bonnes pratiques transfusionnelles, de recueillir et d'investiguer les accidents transfusionnels. La matériovigilance est chargée de la sécurité des dispositifs médicaux, objets implantés chez des patients (prothèses) et matériels de soins. La réactovigilance s'occupe des événements indésirables liés aux analyses biologiques et réactifs de laboratoire. La biovigilance veille à la sécurité des greffes et transplantations de cellules, tissus ou organes. Les correspondants locaux d'hémovigilance, matériovigilance, réactovigilance, biovigilance doivent, comme pour la pharmacovigilance, déclarer les événements indésirables à l'Afssaps. Ainsi informée, l'Afssaps peut investiguer certains problèmes au niveau des industriels et prendre, au niveau national, des mesures générales telles que les alertes sanitaires, les retraits de lots ou la suspension de l'autorisation de mise sur le marché de médicaments en cause.

La dernière née des vigilances est l'identitovigilance. Il s'agit de prévenir les erreurs de patient à toutes les étapes du processus de soins. Les patients sont dotés d'un bracelet d'identification et chaque professionnel est tenu de vérifier l'identité du patient avant tout acte de soins. Dans le même objectif, la check-liste du bloc opératoire, obligatoire depuis 2010, consiste à vérifier collectivement, avant chaque intervention un certain nombre de points de contrôle, dont l'identité du patient.

IV. Méthodes et dispositifs de gestion de la qualité des soins

Comme nous l'avons dit en introduction, qualité et sécurité des soins sont indissociables. Cependant la description des méthodes et outils de la gestion des risques ne rend pas compte de la totalité des dispositifs qui sont aujourd'hui en place pour assurer la qualité des soins.

A. L'évaluation des pratiques professionnelles

Le Code de déontologie médicale prescrit que tout médecin, et tout professionnel de santé, doit fonder ses décisions et réaliser ses actes de soins selon les données actuelles de la science. Cependant, le professionnel n'est pas toujours informé des « données actuelles de la science » et il existe une tendance naturelle à dévier peu à peu des pratiques idéales. C'est pourquoi les professionnels de santé sont tenus de mettre à jour leurs connaissances et d'évaluer leurs pratiques. L'obligation de formation continue des médecins a été inscrite dans la loi en 1996, et l'obligation d'évaluation des pratiques en 2004. Finalement, ces obligations ont été étendues en 2009 à tous les professionnels de santé et regroupées sous le terme de développement professionnel continu (DPC).

1. Les référentiels de pratiques

Il n'est pas possible, pour un professionnel de santé de suivre toute la littérature scientifique qui relève de son domaine, c'est pourquoi on réalise régulièrement des synthèses sur les différents thèmes cliniques. Ces synthèses sont réalisées par les sociétés savantes ou par des organismes nationaux tels que l'Afssaps ou la Haute Autorité de santé (HAS). Il existe différentes méthodes pour élaborer ces recommandations de pratiques cliniques (RPC) : conférence de consensus, méthode Delphi, groupes d'experts, etc. Toutes ont en commun une analyse minutieuse de la littérature scientifique portant sur le thème, puis un débat plus ou moins formalisé entre experts. Le but est de définir quelle est la meilleure façon de prendre en charge le problème de santé en fonction du niveau de preuve scientifique obtenu pour chaque élément de cette prise en charge. Les RPC issues de ce travail constituent les bases de la formation continue et servent de référence pour l'EPP. Au niveau des établissements de santé, ces référentiels sont traduits en procédures, protocoles de soins ou formulaires, tels que les check-listes, qui guident au quotidien le travail des professionnels de santé.

2. Les méthodes d'évaluation des pratiques professionnelles

Pour évaluer leur pratique, les professionnels de santé peuvent recourir à différentes méthodes visant à poser un regard critique sur les décisions et les actes réalisés pour la prise en charge de patients réels.

La méthode la plus classique est l'audit clinique. On choisit un thème clinique, par exemple la prise en charge du diabète, puis on analyse les référentiels de bonnes pratiques pour en extraire les critères qui définissent la prise en charge optimale et on élabore une grille d'évaluation. Puis on examine les pratiques réelles par l'examen d'une série de cas pris en charge pour le problème évalué. Le plus souvent, cet examen est réalisé à partir des dossiers d'un échantillon de patients. L'évaluation consiste à identifier les écarts entre la prise en charge réelle et la prise en charge optimale, à comprendre les raisons de ces écarts et à mettre en œuvre des actions visant à les réduire. Ces actions peuvent être, par exemple, la rédaction ou la mise à jour d'un protocole de soins ou un programme de formation continu.

Les RMM sont une autre méthode d'EPP. Elles consistent à réunir périodiquement les professionnels d'une équipe pour qu'ensemble, ils analysent les dossiers des patients qui sont décédés ou qui ont présenté une complication. Il s'agit de revoir *a posteriori* la prise en charge du patient pour discuter les décisions qui ont été prises, vérifier que ces décisions étaient conformes aux RPC et dépister d'éventuelles erreurs. S'il apparaît que la prise en charge du patient n'a pas été optimale, l'équipe doit mettre en œuvre des actions amélioration.

Il existe d'autres méthodes d'évaluation des pratiques professionnelles, dont la revue de pertinence des soins ou le chemin clinique, qui relèvent, comme l'audit clinique, d'une approche par les standards de soins. Il faut citer aussi les groupes de pairs ou les réunions de concertation pluridisciplinaire qui sont fondés, comme les RMM, sur l'analyse collective de cas cliniques.

B. Les indicateurs de qualité et sécurité des soins

Les indicateurs sont des données quantitatives qui mesurent certains aspects de la qualité et de la sécurité des soins. Les établissements et les professionnels de santé sont incités à se doter d'indicateurs permettant de suivre leur performance. Par ailleurs, les tutelles du système de santé développent et utilisent des indicateurs dont certains sont inclus dans des programmes nationaux.

1. Propriétés des indicateurs

Un indicateur est le plus souvent un taux ou un pourcentage dont le numérateur est le nombre d'occurrences d'un événement et le dénominateur exprime la population de référence. Par exemple, pour l'indicateur de prévalence de l'infection liée aux soins dans un hôpital, le numérateur est le nombre de patients traités pour une infection de ce type un jour donné divisé par le nombre de patients séjournant à l'hôpital ce jour-là.

Un indicateur peut porter sur les moyens, les processus, les risques ou les résultats. Un indicateur de moyens quantifie une ressource nécessaire (ex. : nombre de salles de réveil rapporté au nombre d'interventions chirurgicales). Un indicateur de processus porte sur l'organisation ou les pratiques (ex. : taux de patients ayant bénéficié d'une évaluation de la douleur). Un indicateur de résultats porte sur un état sanitaire en rapport avec les soins (ex. : taux de décès, ou sur la satisfaction des patients).

Un indicateur doit d'abord être pertinent : *il doit avoir du sens et donner une représentation acceptable du domaine que l'on veut mesurer*. Il doit être reproductible : *il ne doit pas ou peu varier entre différentes mesures d'un système stable*. Il doit être sensible : *il doit varier quand le système change*. Il doit enfin être faisable : *le coût de production de l'indicateur doit rester raisonnable par rapport à l'importance de l'information qu'il apporte*.

2. Les indicateurs nationaux

Le premier groupe d'indicateurs inclus dans un programme national obligatoire est le tableau de bord des infections nosocomiales, géré par le ministère de la Santé. Ce groupe comprend un indicateur composite de lutte contre l'infection nosocomiale (ICALIN), un indicateur de consommation des gels hydro-alcooliques (ICSHA), un indicateur de surveillance des infections du site opératoire (SURVISO), le taux de staphylocoques résistants à la méthicilline et un indicateur composite du bon usage des antibiotiques (ICATB).

L'autre programme national d'indicateurs pour l'amélioration de la qualité et la sécurité des soins (IPAQSS) est géré par la HAS qui établit chaque année la liste des indicateurs que les établissements de santé doivent obligatoirement renseigner. Les indicateurs du programme IPAQSS portent sur la tenue du dossier du patient, la qualité et le délai des courriers de fin d'hospitalisation, l'évaluation de la douleur, le dépistage des troubles nutritionnels, l'évaluation du risque d'escarres, la tenue du dossier d'anesthésie, la prise en charge de l'infarctus du myocarde, etc.

Les résultats des indicateurs nationaux permettent des comparaisons entre établissements et sont publiés sur la plate-forme d'informations sur les établissements de santé (site PLATINES du ministère de la Santé).

C. L'accréditation–certification des établissements de santé

L'accréditation des établissements de santé a été initiée aux États-Unis et au Canada, puis s'est développée dans de nombreux pays. Il s'agit d'un dispositif d'évaluation des établissements de santé par un organisme extérieur à l'aide d'un référentiel qui décrit tout ce que doit mettre en œuvre un hôpital dans ses différents domaines d'activité pour rendre aux patients un service optimal. L'objectif de l'accréditation est de vérifier qu'un établissement de santé est organisé de manière à garantir et améliorer la qualité et la sécurité des soins.

En France, le dispositif d'accréditation a été rendu obligatoire pour tous les établissements de santé par une loi de 1996 puis a été réformé et renommé certification par une loi de 2004. L'organisme chargé de la certification est la HAS qui est un organisme public national indépendant. La HAS élabore et publie le référentiel ou manuel de certification qui est mis à jour périodiquement. Ce manuel, structuré en chapitres,

Tableau 27.II. **Exemple de référence du manuel de certification des établissements de santé (version 2010).**

RÉFÉRENCE 8. Programme global et coordonné de management de la qualité et des risques		
Critère 8.a. Programme d'amélioration de la qualité et de sécurité des soins		
E1 *Politique ET organisation*	E2 *Mise en œuvre*	E3 *Évaluation et amélioration*
Un programme d'amélioration de la qualité et de sécurité des soins est formalisé Le programme est soumis aux instances	Des plans d'actions d'amélioration de la qualité et de sécurité des soins sont mis en œuvre dans les secteurs d'activité	Le suivi des plans d'actions des secteurs d'activités est assuré L'efficacité du programme d'amélioration de la qualité et de la sécurité des soins est évaluée annuellement

comprend des références qui définissent ce qui est attendu des établissements. Ces références sont déclinées en critères qui sont des objectifs à atteindre, eux-mêmes déclinés en éléments d'appréciations qui sont les dispositifs et actions que l'hôpital doit avoir réalisés (tableau 27.II).

La procédure de certification a lieu tous les 4 ans. Elle commence par une auto-évaluation. L'établissement met en place des groupes de travail multiprofessionnels qui étudient comment l'hôpital se conforme à chaque élément d'appréciation du manuel de certification (totalement, en grande partie, partiellement ou pas du tout). Cette appréciation permet de générer une cote A, B, C ou D pour chaque critère. Le résultat de l'auto-évaluation est transmis à la HAS qui désigne un groupe d'experts–visiteurs chargés de visiter l'établissement. Les experts visiteurs sont des professionnels de santé (médecins, paramédicaux, administratifs) extérieurs à l'établissement. Ils prennent connaissance des résultats de l'auto-évaluation et élaborent un plan de visite. La visite dure de 3 à 15 jours selon la taille de l'établissement. Les experts rencontrent les instances de l'établissement, les groupes de travail, les professionnels de santé, les représentants des usagers et des patients. Ils visitent les locaux, examinent l'organisation et le fonctionnement de certaines filières de soins et prennent connaissance des documents qui tracent les réponses aux éléments d'appréciation. Les experts rédigent un rapport de visite, sur lequel l'établissement peut faire des observations. Rapport de visite et observations de l'établissement sont examinés par le collège de la HAS qui décide de certifier ou non l'établissement. La certification est souvent accompagnée de recommandations, réserves ou réserves majeures qui pointent les points faibles de l'établissement et sur lesquels il est incité à s'améliorer.

V. Conclusion

La prévention des risques iatrogènes et l'amélioration de la qualité des soins sont aujourd'hui des enjeux majeurs des systèmes de santé. Ceux-ci se sont dotés de dispositifs et de méthodes qui doivent permettre aux établissements et aux professionnels de santé de gérer la qualité et la sécurité des soins. Parmi ces dispositifs, la certification des établissements de santé occupe une place centrale, car elle permet de vérifier périodiquement que les établissements organisent le signalement et l'analyse des EIS, suivent des indicateurs, évaluent les pratiques professionnelles…

POINTS CLÉS

▶ Toute action de soins, diagnostique ou thérapeutique, comporte un risque de complication ou risque iatrogène (risque lié aux soins, risque clinique). La réalisation du risque se traduit par un « événement indésirable lié aux soins » (EIS).

▶ Les erreurs humaines, ou causes immédiates d'un accident, sont rendues possibles par des défauts de l'organisation et l'absence ou la défaillance de barrières de sécurité.

▶ Pour identifier et prévenir les EIS, il est indispensable de mettre en place des dispositifs de signalement et d'analyse des accidents par des professionnels de santé ayant acquis une culture du risque clinique.

▶ Les professionnels de santé sont tenus de mettre à jour leurs connaissances et d'évaluer leurs pratiques. Cette obligation a été inscrite dans la loi sous le terme de développement professionnel continu (DPC).

▶ La certification des établissements de santé est un dispositif d'évaluation des établissements par un organisme extérieur dont l'objectif est de vérifier que l'établissement est organisé de manière à garantir et améliorer la qualité et la sécurité des soins.

28 Relation de soins

Relations soignants-soignés : pratiques et enjeux

A. Hartemann

I. Qu'est-ce que soigner ?
II. Le soignant et ses difficultés dans la relation thérapeutique
III. Les différents modes de la relation soignant–patient
IV. L'annonce d'une mauvaise nouvelle

La demande des patients engagés dans une relation de soins a considérablement évolué au cours du XXe siècle : demande d'informations, d'écoute, d'autonomie, de partenariat… Ces demandes sont apparues parallèlement à une affirmation de valeurs sociétales (liberté individuelle, autonomie, respect de la personne humaine…), mais aussi en réaction à un comportement des soignants oubliant souvent avec le développement de la science et des prouesses médicales que l'objet de leurs soins était aussi un sujet. L'idée demeure répandue que « soigner est un art », ce qui sous-entend que la capacité du soignant à prendre en considération la complexité humaine du patient et de ses attentes ne pourrait pas s'enseigner. Cette représentation est d'un autre âge. Être capable d'identifier les différentes situations de souffrance morale induites (ou révélées) par les maladies et se comporter de manière adaptée (annoncer une maladie chronique, une maladie grave…), savoir faire verbaliser sans jugement de valeur ni culpabilisation les difficultés à suivre les traitements, connaître ses propres limites de soignant et comprendre ses propres réactions, demande des compétences.

I. Qu'est-ce que soigner ?

Le soin de la personne humaine comporte deux aspects indissolubles : le « prodiguer des soins » et le « prendre soin ».

Le *« prodiguer des soins »* recouvre tout ce qui concerne la maladie, indépendamment du sujet qui en est porteur : démarche diagnostique, prescription thérapeutique, techniques de soins. Pour cela le soignant interroge le patient avec des questions fermées qui n'attendent qu'un type de réponse (« depuis combien de temps toussez-vous ? »), il examine et explore le corps. Cette « objectivation » est rendue nécessaire par la démarche d'analyse scientifique qu'exige le diagnostic. Mais si le travail de soin se limite au « prodiguer des soins », il est comparable au mieux à de la médecine vétérinaire. La démarche est purement intellectuelle ou technique. Elle fait abstraction du fait que son objet d'investigation et de manipulation est une personne humaine. L'exemple type du soin qui se cantonne au « prodiguer des soins » est la visite hospitalière. Le soignant rentre dans une chambre sans frapper et parle du patient (voire au patient) à la troisième personne. On l'examine ou on parle de lui ou on s'occupe de lui comme d'un objet (« maintenant elle va se mettre sur le côté gauche la petite dame ! »). Le patient perd son identité. Il est réduit à un corps malade. Le soignant induit, en se comportant comme cela, une souffrance morale, ce qui est un comble pour un soignant. Le patient est obligé de mettre en place pour se protéger de cette « maltraitance » des moyens de défense : agressivité (contre le personnel, refus des soins, refus des examens), distanciation (repli sur soi), fuite (il signe sa pancarte), humour (en en parlant avec ses proches), plaintes fonctionnelles. S'il n'a pas les ressources intérieures ou dans son environnement pour se protéger, il peut s'ensuivre un sentiment d'humiliation, de dépréciation, et une augmentation de l'anxiété. Le rapport de confiance envers les soignants est mauvais. L'adhésion du patient aux soins prescrits, par des soignants qui n'ont pas « pris soin » de lui, sera difficile.

Le « *prendre soin* » est l'aspect du soin qui prend en compte la dimension humaine à la fois de « l'objet de soin » (qui devient alors *sujet*) et de la relation de soin (qui passe alors de la compréhension intellectuelle ou technique du soigné par le soignant à la compréhension émotionnelle). C'est porter au patient une attention qui lui permet d'exprimer sa singularité humaine : que ressent-il (douleur, inquiétude…) ? que souhaite-t-il (des informations, du soutien…) ? que craint-il (les examens, les traitements, l'avenir, la réaction de ses proches) ? comment voit-il sa maladie (grave, banale, fatale) ? Le « prendre soin » se préoccupe de la personne porteuse de la maladie, et plus seulement de la maladie ou du corps malade. C'est la composante du soin qui rappelle que la relation de soin est une relation humaine. Elle permet d'apaiser la souffrance morale, elle favorise l'adhésion aux soins.

II. Le soignant et ses difficultés dans la relation thérapeutique

La fonction de soignant induit des émotions qui peuvent dégrader la qualité de la relation de soin.

A. Le sentiment de toute-puissance

Contrairement à ce qu'il croit souvent, le soignant est rarement un altruiste « désintéressé ». Face à un patient qui refusera ses soins ou ses prescriptions, il découvrira, à l'aigreur ou à l'agressivité que cela suscite en lui, son ambivalence vis-à-vis du patient. Le travail de soignant peut en effet donner un sentiment de toute-puissance. Les découvertes scientifiques et médicales ont permis d'allonger de manière spectaculaire l'espérance de vie et de diminuer la mortalité infantile. Les soignants sont jugés et valorisés tout au long de leurs études par leurs pairs uniquement sur ce savoir (ou savoir faire) médical de haut niveau, purement intellectuel ou technique, et pas sur celui du « prendre soin ». Un patient rendu à l'état d'objet de soins, passif et obéissant, permet au soignant de goûter au plaisir narcissique de cette toute puissance. Face à un patient refusant de subir ce comportement dominateur, le soignant peut développer des pensées ou des actions négatives vis-à-vis du patient :

- désinvestissement intellectuel et affectif : espacer les consultations, ne pas répondre à la sonnette, remettre froidement une feuille d'information sans place pour le dialogue… ;
- agressivité (« puisque vous ne suivez pas mes conseils, allez voir un autre confrère ! »), menace (« je vous aurais prévenu ! »).

Le soignant doit apprendre à soigner autrement que dans la domination de l'autre, sous peine de se sentir frustré, démotivé, impuissant, et d'établir une relation soignant–patient délétère pour le soin.

B. Le sentiment d'échec

Les soignants sont formés essentiellement à la prise en charge de la maladie aiguë, curable. Ils ne sont pas formés à l'échec, qu'ils vont pourtant ensuite côtoyer en permanence : maladie chronique non guérissable ou handicapante (diabète, sclérose en plaques, polyarthrite rhumatoïde…), maladie mortelle (cancer, sclérose latérale amyotrophique…), patient ne prenant pas ses traitements, ne faisant pas ses examens… Le soignant devant annoncer une mauvaise nouvelle – ou face à un patient se mettant en danger en refusant les soins – rencontre ses propres limites, ses propres angoisses et ses représentations de la mort. En découvrant qu'il ne peut pas sauver son malade, ou faire son bien contre son gré, le soignant fait l'épreuve de son impuissance en tant que professionnel, mais aussi en tant qu'être humain. S'il n'est pas conscient de cela ou ne sait pas comment réagir, il va adopter plusieurs mécanismes de défense, délétères pour lui et le patient :

- l'évitement, qui peut prendre plusieurs formes : évitement physique (déplacer les rendez-vous pour ne pas avoir à annoncer une mauvaise nouvelle), utiliser un langage médical incompréhensible (« en raison d'une réaction auto-immune vos cellules β ne fabriquent plus d'insuline » pour annoncer un diabète), mentir, donner un faux espoir… ;
- la fuite en avant : tout dire brutalement et froidement, pour ne pas laisser l'émotion prendre le dessus ;
- la dramatisation menaçante, face à l'angoisse déclenchée par le patient qui n'applique pas les recommandations (« à force de ne pas m'écouter, vous finirez en dialyse ! »), plutôt que d'essayer de se centrer sur les difficultés, l'ambivalence ou les craintes du patient ;
- la banalisation du diagnostic ou du traitement (« une petite piqûre d'insuline, ce n'est pourtant pas grand-chose ! »), qui empêche le patient de formuler ses difficultés ;
- l'identification au patient (appelée de manière réductrice « contre-transfert ») : le soignant partage totalement les émotions du patient (il pleure avec lui), ce qui ne permet plus au patient de s'appuyer sur lui.

C. L'épuisement

Appelé encore *burn-out*, c'est la fatigue physique et morale qui fait suite à un investissement important dans des situations émotionnelles exigeantes (douloureuses, décourageantes…). Cet état est causé par un excès de tension psychique. Le soignant s'est beaucoup centré sur l'autre, il a beaucoup donné, parfois sans succès, parfois jusqu'au décès. Le *burn-out* se manifeste par de la fatigue, un isolement du soignant, un découragement profond, de la tristesse. Le soignant doit savoir se protéger en passant la main, en travaillant en équipe.

III. Les différents modes de la relation soignant–patient

A. Le mode « paternaliste »

C'est celui qui a longtemps prévalu : le soignant « gère » le patient comme un enfant, qui se soumet passivement aux soins et obéit. Le soignant décide, dirige et conseille. C'est une combinaison de sollicitude et de domination.

Ce mode relationnel peut être adapté dans la maladie *aiguë*, symptomatique, brève (pyélonéphrite, appendicite…) : le patient demande avant tout qu'on le soulage, il est prêt à se soumettre passivement aux soins, et cela est même nécessaire en cas de situation urgente. Il peut aussi être adapté pour certains patients pour qui la maladie ne peut se gérer qu'en régressant, en « donnant » en confiance leur maladie à leur médecin, et qui acceptent les prescriptions passivement du moment que le médecin est bienveillant.

Mais il est dans la plupart des cas *inadapté dans la maladie chronique*, qui est peu symptomatique en dehors de ses phases aiguës (diabète, hypertension, lupus, insuffisance cardiaque…), et qui demande une part active d'investissement de la part du patient (adopter des attitudes de prévention, faire des auto-injections, prendre quotidiennement des médicaments…). Dans ce cas, le patient doit partager et non pas subir les objectifs et les choix de traitement pour s'investir sur le long terme.

B. Le mode « informatif »

On offre au patient une prestation de soin. Le soignant expose au patient la situation et les possibilités thérapeutiques. Mais il laisse le patient prendre seul les décisions, comme si la question à régler était purement technique. C'est une relation adulte–adulte, mais elle fait complètement abstraction de la charge émotionnelle, pour l'un comme pour l'autre, liée à la présence de la maladie. Or, le patient ne peut pas prendre de décision sur sa santé comme pour réparer sa voiture. On déconseille aux soignants de s'occuper de la santé de leurs proches, car on sait que l'émotion empêche la distance nécessaire à la prise des bonnes décisions en matière de santé. Comment peut-on conseiller à quelqu'un d'adopter cette attitude vis-à-vis de son propre corps ? La maladie nous renvoie à notre fragilité et à notre « finitude ». Envahi par l'émotion, on ne peut pas raisonner froidement vis-à-vis de son corps malade comme vis-à-vis d'un objet extérieur.

C'est un mode relationnel de plus en plus fréquent. Les patients atteints de sida ou de cancer se sont élevés contre la composante autoritaire du comportement paternaliste. Ils ont exigé de pouvoir partager l'information sur leur maladie et de participer aux décisions les concernant (une relation de partenariat). Mais certains soignants, soit parce qu'ils sont atteints de *burn-out*, soit parce qu'ils ne savent pas (ou ne veulent pas) se comporter en partenaires de soin, adoptent ce style relationnel « informatif », en prétendant répondre à la demande d'autonomie et d'information des patients. Pourtant, un soignant qui se contente d'informer, sans partager le fardeau des décisions à prendre avec le patient, induit un état de perplexité anxieuse qui n'est pas du « prendre soin ».

C. Le mode « partenariat »

Le soignant et le patient sont partenaires pour affronter la maladie. Le soignant se centre sur les difficultés et les demandes du patient. Les décisions thérapeutiques sont discutées. Le patient est actif dans les soins. C'est une relation adulte–adulte mais où le soignant investit affectivement dans la relation. Il apporte son soutien et partage le fardeau de la maladie avec le patient. C'est le mode relationnel *recommandé dans la maladie chronique*. Il demande au soignant de se centrer sur le patient, d'écouter plus que de parler, de le faire s'exprimer sur ses représentations de la maladie (« avez-vous vraiment l'impression d'être malade ? ») et de ses traitements (« que pensez-vous de ce médicament ? », « au fond croyez-vous qu'on puisse éviter la dialyse ? »). Il ne juge pas ou ne culpabilise pas le patient comme dans un lien paternaliste. Les difficultés à se soigner doivent être banalisées pour qu'elles puissent s'exprimer (« comment faites-vous pour prendre tous ces médicaments ? La plupart des gens n'y parviennent pas et c'est normal »).

Le patient en fonction de sa personnalité, de son histoire, des différentes étapes ou composantes de sa maladie, *peut avoir besoin parfois d'un mode relationnel paternaliste bienveillant* (par exemple, besoin de se décharger des contraintes quotidiennes des auto-injections d'insuline pour une personne diabétique pendant un temps d'hospitalisation, ou préférer ne pas savoir les détails d'une chimiothérapie et s'en remettre à la décision de l'équipe pour une personne atteinte d'un cancer), *parfois d'un mode adulte–adulte* (besoin de ne pas être dépossédé de son traitement à l'insuline pour une personne diabétique hospitalisée, ou besoin de tout savoir sur les bénéfices et les risques d'une chimiothérapie pour prendre soi-même une décision). La seule solution pour le soignant, pour savoir de quoi a besoin le patient, est d'être à l'écoute et centré sur lui. La médecine n'est pas un art. Le soignant doit *apprendre* à décrypter les besoins, les demandes, les réactions du patient, et savoir s'y adapter. Si art il y a, *c'est l'art d'écouter*.

IV. L'annonce d'une mauvaise nouvelle

La survenue d'une pathologie somatique induit un effet traumatique. Elle réveille des terreurs anciennes, qui avaient été surmontées dans le passé. Elle rappelle que le corps est fragile, périssable. Elle est vécue comme une perte (de sa bonne santé, de son insouciance, de sa liberté,

de son avenir, de sa beauté…). À l'annonce d'une maladie grave, le patient passe par les mêmes phases intrapsychiques que lors du travail de deuil. Ces étapes sont schématiques :
- *1re étape, le choc–sidération* : un déni brutal protège le patient de l'angoisse insupportable produite par l'annonce du diagnostic. Il n'entend plus les messages ;
- *2e étape, la révolte* : le patient commence à percevoir la mauvaise nouvelle mais il se révolte contre cette nouvelle en « agressant » les soignants ou son entourage (il refuse les soins ou agresse verbalement) ;
- *3e étape, le marchandage* : Le patient accepte partiellement la nouvelle. Il accepte une partie seulement des conséquences thérapeutiques. Sentiments contradictoires ;
- *4e étape, réflexion, parfois dépression, puis retour sur soi et acceptation de « faire avec » la maladie* : le patient collabore aux soins. Il est alors demandeur d'informations.

A. Comment annoncer une mauvaise nouvelle ?
- Se mettre dans des *conditions matérielles* appropriées (lieu calme et confidentiel, installation adéquate, temps suffisant…).
- Dans le cas d'une maladie grave (comme le cancer), il est souhaitable de décrypter, en incitant le patient à s'exprimer, la nature exacte des explications attendues par le patient et leurs limites. La dictature du « tout dire tout de suite » ne doit pas se substituer à la dictature antérieure du « non-dit ».
- Annoncer *graduellement* la nouvelle, avec des *mots simples*, en plusieurs fois.
- Manifester son *empathie* par des gestes (tendre un mouchoir), des mots simples (« cette nouvelle vous assomme, c'est dur ce que je viens de vous dire »). L'*empathie* est la capacité à sentir ce que l'autre ressent. Dans certaines spécialités médicales, l'empathie est une obligation morale. Le soignant qui n'est pas (ou plus) capable d'empathie, devrait choisir des activités de soin (laboratoire ? bloc opératoire ?) où elle n'est pas nécessaire.
- Écouter de *façon active* le patient à chaque étape : l'inciter à s'exprimer et à exprimer ses émotions, soit par des temps de silence, soit par des questions ouvertes (« que ressentez-vous ? à quoi pensez-vous ? »).
- Expliquer *ce qui va se passer à court terme* : donner un autre rendez-vous, annoncer l'hospitalisation et ses raisons, offrir l'assistance d'autres personnes de l'équipe, expliquer ce qui va se dérouler pendant l'hospitalisation…

B. Les moyens de défense des patients
Pour supporter la violence de l'irruption de la maladie grave ou définitive, des mécanismes de défense conscients ou inconscients existent :
- le déni consiste à minimiser ou ignorer une partie ou la globalité de la réalité. Un patient peut ne pas entendre le diagnostic de cancer et continuer à parler de kyste ;

- la révolte : agressivité verbale, refus de soin… Elle doit être comprise et légitimée («je peux comprendre que ce qui vous arrive vous mette en colère»);
- le surinvestissement dans la maladie, appelée la maîtrise. Le patient s'informe sur tout, contrôle tout. Son identité se réduit à la maladie et son traitement. Ce comportement est surtout difficile pour l'entourage (par exemple le patient diabétique qui met toute la famille au régime) et les soignants qui peuvent se sentir remis en question;
- la sublimation consiste à donner à la maladie un sens positif : investissement dans une association, soutien aux autres;
- la régression : le patient se met en situation de dépendance vis-à-vis des soignants et de ses proches;
- la pseudo-acceptation : le patient fait comme s'il acceptait la maladie, mais elle n'est de fait intégrée ni dans sa vie ni dans son identité. Elle n'est pas dite à l'entourage, elle est rendue invisible, ses contraintes sont réduites au minimum. Il faut arriver à ce que le patient verbalise ce rejet. Cela ne peut se faire que dans une relation de confiance où le patient n'est pas mis en accusation.

POINTS CLÉS

▶ La demande des patients engagés dans une relation de soins a considérablement évolué au cours du XXe siècle; le médecin doit avoir des compétences scientifiques mais aussi humaines.

▶ Le soin de la personne humaine comporte deux aspects indissolubles : «prodiguer des soins» et «prendre soin».

▶ Le fait de «prodiguer des soins» est une démarche intellectuelle ou technique objective qui a pour but de poser un diagnostic sur un corps malade. Le fait de «prendre soin» comporte une dimension humaine et émotionnelle permettant de considérer le malade comme un sujet de soins. Seule cette dernière approche favorise la confiance et l'adhésion aux soins.

▶ Le sentiment de toute-puisssance, d'échec ou d'épuisement peut rendre la relation soignant–soigné délétère.

▶ La relation soignant–patient paternaliste est une combinaison de sollicitude et de domination dans laquelle le soignant gère le patient comme un enfant qui se soumet passivement aux soins.

▶ Le mode informatif offre au patient une prestation de soins et laisse le patient prendre seul ses décisions en faisant abstraction de la charge émotionnelle d'une telle décision.

▶ Dans le mode «partenariat», le soignant et le patient sont partenaires pour affronter la maladie, les décisions thérapeutiques sont discutées, le patient est actif dans les soins. C'est le mode relationnel recommandé dans la maladie chronique.

▶ L'empathie est la capacité à sentir ce que l'autre ressent; elle est particulièrement utile lors de l'annonce d'une mauvaise nouvelle.

Bibliographie

Buckman R. S'asseoir pour parler. Paris : Masson ; 2001.
Hoerni B. *La relation médecin–malade. L'évolution des échanges patient–soignant.* Paris : IMOTHEP ; 2008.
Kübler-Ross E. *Les derniers instants de la vie.* Genève : Labor et Fides ; 1975.
Mol A. *Ce que soigner veut dire. Repenser le libre choix du patient.* Paris : Presses des Mines ; 2009.
Moley-Massol I. *L'annonce de la maladie. Une parole qui engage.* Éditions DaTeBe ; 2004.

L'implication du patient dans les soins : l'éducation thérapeutique

D. Simon, A. Grimaldi

I. La naissance de l'éducation thérapeutique
II. La pratique de l'éducation thérapeutique
III. Reconnaissance et financement de l'éducation thérapeutique
IV. Conclusion

L'éducation thérapeutique du patient (ETP) s'applique aux maladies chroniques et vise à faire du patient un véritable acteur contribuant au maintien de sa santé et de sa qualité de vie. Elle est sous-tendue par l'objectif de faire du patient chronique un partenaire des soignants en créant une alliance thérapeutique.

I. La naissance de l'éducation thérapeutique

Historiquement, c'est dans le domaine du diabète de type 1 touchant le sujet jeune et nécessitant des injections quotidiennes d'insuline que l'ETP s'est développée, dès les années 1950 chez l'enfant et à la fin des années 1960 chez l'adulte. Cette antériorité de l'ETP en diabétologie nous amène à illustrer notre propos de nombreux exemples empruntés à cette discipline. Initialement, l'objectif de l'ETP était concentré sur un apprentissage technique pour rendre le patient autonome par rapport au maniement des seringues à insuline, à la gestion des doses et à la prévention et au traitement des malaises hypoglycémiques. Assez rapidement, la nécessité d'un accompagnement allant plus loin que l'acquisition de ces simples gestes et procédures est apparue, du fait du hiatus fréquent entre l'acquisition des connaissances et leur mise en pratique. L'ETP est donc d'une part, un apprentissage pratique et spécialisé pour l'acquisition de compétences thérapeutiques et d'autre part, une aide au changement de comportement de soin pour atteindre des objectifs personnalisés. Ce n'est pas l'un sans l'autre. Ce n'est ni une simple information, ni une simple formation, ni un simple accompagnement. L'ETP vise à apprendre au patient à résoudre des problèmes thérapeutiques personnels. Encore faut-il que le patient soit conscient qu'il a un problème.

Longtemps après son application dans le diabète de type 1, l'ETP s'est étendue à de nombreuses maladies chroniques telles que l'asthme, les insuffisances cardiaque et rénale, l'infection VIH, les pathologies inflammatoires chroniques et neurodégénératives, et aussi l'obésité et le diabète de type 2. Quel que soit son domaine d'application, l'ETP suppose un préalable et comporte deux éléments indissociables.

II. La pratique de l'éducation thérapeutique

A. Le préalable thérapeutique

Le préalable est d'ordre thérapeutique. Il ne peut pas y avoir d'ETP si la thérapeutique elle-même est erronée ou inadaptée aux patients. Combien avons-nous vu de patients diabétiques insulinodépendants adressés pour ETP, alors que leurs doses d'insuline retard, trop élevées, interdisaient toute possibilité de pratiquer une insulinothérapie basale–prandiale ? Combien dont l'insuline basale ne couvrait pas les 24 heures et combien dont l'autosurveillance glycémique ne débouchait sur aucune action ? Sans même évoquer ici certaines prescriptions diététiques, aussi impératives qu'infondées ou inobservables dans la durée.

B. La transmission de savoir et de savoir-faire, et l'aide au faire

Une fois ce préalable assuré, l'ETP comporte deux éléments indissociables. C'est d'abord une *transmission de savoir et de savoir-faire*, et c'est ensuite une *aide au faire*. L'ETP vise donc d'abord à améliorer les connaissances du patient sur sa maladie, son évolution et ses complications, et sur les différentes possibilités thérapeutiques, leurs inconvénients et leurs avantages. En même temps, elle assure l'apprentissage des techniques de traitement. Mais c'est aussi une aide au changement de comportement. De nombreux patients, en effet, savent ce qu'il faut faire, savent le faire, mais pourtant ne le font pas ! Il faut se poser la question, et la poser au patient sans jugement : pourquoi, alors qu'il sait et qu'il sait faire, il ne fait pas, alors même qu'il connaît les risques qu'il prend pour sa santé ? C'est que le changement de comportement est certes déterminé par la raison mais à une condition : que le rapport coût émotionnel/bénéfice émotionnel, plaisir/déplaisir, soit positif ou du moins neutre. Or, la personne atteinte de maladie chronique doit affronter et tenter de surmonter deux épreuves anxiogènes : d'une part le travail d'acceptation de la maladie ou travail de deuil au risque d'une dépression, d'autre part la modification du regard des autres au risque d'une altération de l'image de soi.

En effet, la survenue de la maladie chronique introduit une rupture dans la continuité de la vie. Ce ne sera jamais plus comme avant et c'est pour toujours. Ces « jamais plus » et « pour toujours » évoquent inévitablement la mort. C'est pourquoi le travail d'acceptation de la maladie a été assimilé à un travail de deuil. Il n'échappe donc pas aux lois du deuil. Tout nouveau deuil réveille tous les deuils antérieurs. Un deuil non fait interdit tout nouveau deuil, un deuil n'est jamais complètement fini, d'où la notion d'aptitude au deuil développée par Pierre Ferida. Cela souligne l'importance, face à une attitude de déni ou de dénégation, d'interroger l'histoire de vie du patient.

On comprend dès lors la dérision des discours lénifiants qui infiltrent l'ETP, qu'il s'agisse du discours pédagogique, qui pense réduire les difficultés en définissant des « micro-objectifs » personnalisés, ou du discours philosophique à l'image de la grande sagesse d'André Comte-Sponville « la vie fait ce qu'elle peut : santé et maladie ne sont que deux formes de cet effort de vivre… qu'est la vie elle-même ».

La prévention des complications du diabète est un problème angoissant, mais c'est aussi un problème abstrait. En effet, cette prévention ne pourra jamais être vécue comme telle. Tous les soignants participant à l'ETP des patients diabétiques se posent le problème de la concrétisation du risque de complications à long terme. Bien sûr, il y a les autres patients, ceux qui sont atteints de ces complications. Leur rencontre au hasard des consultations peut susciter la peur et même, en l'absence de communication, provoquer la politique de l'autruche, voire la fuite. Au contraire, l'échange, la mise en mots permet de surmonter l'angoisse, de prendre conscience et d'agir pour éviter les complications. Il y a aussi les images (rétinographie, échographie…) plus ou moins explicites ou bien le recours à la métaphore. Les complications sont un problème angoissant et abstrait, mais aussi un problème lointain. En effet, ces complications surviennent 10 à 20 ans après le début du diabète. Penser à un avenir si éloigné, c'est tout naturel pour un adulte économe, précautionneux, qui veille sur son capital santé. Mais quel sens cela a-t-il chez un adolescent pour qui 10 ans sont une éternité, pour un épicurien qui jouit de l'instant, pour un aventurier adepte du « ça passe ou ça casse », pour un précaire qui ne sait pas où il dormira ce soir, pour un déprimé pour qui la vie n'a plus de sens, pour un toxicomane tyrannisé par le manque ou pour un phobique contraint à l'évitement ? Pour aider le malade à mentaliser sa maladie et actualiser le risque, il faut donc chercher à créer du symptôme, ce que font d'ailleurs la plupart des diabétologues en demandant à leurs patients de mesurer leur glycémie grâce à une piqûre au bout du doigt. Mais il ne faut pas se tromper sur la nature du symptôme créé. Il ne s'agit pas réellement de la douleur de la piqûre, mais de l'angoisse suscitée par le résultat. L'angoisse est bien le maître symptôme des maladies chroniques. Beaucoup de médecins pensent que le diabétique de type 2 est un convivial, un bon vivant, un insouciant. En réalité, dans l'immense majorité des cas, le patient diabétique est un angoissé même lorsqu'il cache son angoisse derrière un excès de sociabilité ou qu'il la traite par un excès de nourriture. La question qui se pose alors est comment traiter l'angoisse ? L'angoisse trop importante peut provoquer la panique. L'angoisse répétée sans solution est une méthode expérimentale sur l'animal pour induire une dépression. Lorsque le patient diabétique se trouve dans cette situation, il est naturel qu'il arrête de mesurer ses glycémies capillaires aux résultats stressants, ou qu'il se contente de marquer des chiffres fantaisistes sur son carnet pour faire plaisir au diabétologue. Au contraire, il faut chercher à faire de l'angoisse un moteur pour l'action et proposer au malade d'agir sans délai pour corriger son hyperglycémie et obtenir ainsi le soulagement, voire le plaisir du bon résultat avant que la pratique ne se transforme en routine. Il faut donc que l'action soit efficace en pratique. Il est essentiel de définir précisément avec le patient le type d'action, les algorithmes thérapeutiques, les modalités de l'évaluation du résultat.

On peut donc estimer que l'ETP est un traitement de l'angoisse par l'action. Il s'agit d'ailleurs d'une loi plus générale. Face à un traumatisme important, qu'il soit personnel ou collectif, il est essentiel pour aider les victimes ou les témoins à sortir de la sidération psychologique provoquée par le traumatisme, de les mettre en action. Cependant, pour agir, il faut être motivé. Or, contrairement à ce que pensent la plupart des médecins, ce n'est pas la raison qui est la source de la motivation, c'est plutôt le rapport bénéfice émotionnel/coût émotionnel.

C. Le soigné et l'éducation thérapeutique

Par ailleurs, la maladie chronique est susceptible de modifier l'image que les autres ont de moi. Certes, personne n'est réductible à ce qu'il paraît et à ce qu'il a, mais l'image que les autres ont de nous, forcément réductrice et objectivante, vient perturber l'image purement subjective que chacun a de soi, au risque de provoquer le trouble voire la honte, pouvant entraîner la dissimulation ou le déguisement. En effet, chaque individu présente trois instances du moi, régies par des lois d'homéostasie spécifiques, reliées et surtout hiérarchisées :

- le moi animal est régi par la loi d'homéostasie biologique ;
- le moi rationnel, qui tend à l'universel, est régi par des règles et des normes. Ces normes en médecine sont aujourd'hui issues de l'*evidence based medicine* et sont à l'origine de recommandations de plus en plus internationales ;
- enfin, il existe un moi identitaire qui est d'abord un aspect physique et tout particulièrement un visage. Ce visage vient frapper à votre porte, vous demander de l'aide et, alors que vous ne le connaissez pas, vous lui devez une aide absolue dont la seule limite sera fixée par le tiers social représenté à la fois par les autres patients et les moyens limités mis à la disposition du médecin par la société. Ce moi identitaire, ce sont aussi les traits de caractère innés façonnés par l'empreinte parentale, modulés par la relation aux autres, construits par l'éducation, sélectionnés et renforcés par la vie, plus ou moins identifiés à un moi paradigmatique, qui permet à tout un chacun de se jouer (et parfois de surjouer) sa propre histoire. Finalement, ce moi identitaire, c'est une pure subjectivité faite d'émotions et de représentations, taraudée par l'inconscient, mais régie

par la loi d'optimisation du plaisir, la recherche du bien-être et par-dessus tout l'évitement de la souffrance, qu'elle soit physique ou morale.

Quand l'homéostasie biologique est perturbée, le médecin cherche à rétablir une norme de substitution en suivant les recommandations dictées par l'*evidence based medicine*. Mais si cet effort menace l'homéostasie thymique du patient, celui-ci, pour éviter la dépression, c'est-à-dire la mort psychique, refusera de suivre la norme thérapeutique parfois même au risque de sa vie. Cette dualité entre un moi rationnel et un moi identitaire explique l'ambiguïté de notre rapport à la norme. Chacun veut être dans la norme, de peur d'être exclu de la communauté humaine (d'où le plaisir des patients à avoir des résultats « normaux » et d'où inversement le refus de certains de prendre leur traitement pour « être comme tout le monde ») et en même temps chacun refuse d'être réduit à une norme. On veut bien être différent mais pas anormal. Cette dualité explique également que le contrat thérapeutique n'est pas un contrat entre le patient et le médecin, mais entre le moi rationnel et le moi identitaire du patient, où le médecin doit jouer le rôle d'un tiers se faisant l'avocat des deux parties, sans oublier de se faire l'avocat du diable.

Aux trois instances du moi, doivent correspondre trois compétences de l'équipe d'ETP :

- la première est biomédicale et tout particulièrement thérapeutique, à la fois théorique et pratique. Cette compétence, fruit de la connaissance mais aussi de l'expérience, doit en permanence être actualisée. Sans elle, l'ETP ne saurait être vraiment thérapeutique ;
- la deuxième est d'ordre pédagogique. Pour que les patients apprennent, il ne s'agit pas principalement de dire ou de montrer, mais de partir des connaissances, des croyances, des expériences, des représentations des patients, pour les amener à acquérir d'authentiques compétences personnalisées (savoir faire, savoir analyser, savoir décider, savoir évaluer, savoir rechercher de l'aide…). L'éducation en groupe n'a pas pour fonction de permettre un face à face entre maître et élèves, mais de favoriser une dialectique entre les apprenants où chacun se confronte aux autres pour réévaluer ses savoirs et en acquérir de nouveaux. L'enseignant n'est alors pour l'essentiel qu'un animateur avant d'être un référent ;
- la troisième est d'ordre psychologique et social, pour permettre au patient de donner un sens à sa maladie dans l'histoire de sa vie, d'intégrer les projets de soin dans ses projets de vie et en observant son propre fonctionnement cognitif et psychologique, accéder à la métacognition. On peut être dominant ou conciliant, extra- ou introverti, rapide ou lent, concentré ou dispersé, prévoyant ou insouciant, anxieux ou serein, optimiste ou pessimiste, altruiste ou égoïste… un peu, beaucoup voire trop, et surtout on peut le savoir et essayer de le prendre en compte. La métacognition, ce jeu de clivage, utile pour le soigné l'est aussi pour le soignant l'empêchant de penser que ce qui est bon ou raisonnable ou facile pour lui, l'est forcément pour ses patients.

D. L'éducation thérapeutique dans la relation soignant–soigné

L'ETP s'est développée en s'opposant à deux modes de relations médecin–malade :

- « l'infantilisation », dit encore mode paternaliste, où le malade est réduit au statut d'élève ou d'enfant, le médecin décidant à sa place et pour son bien, en lui demandant seulement une observance scrupuleuse ;
- « l'objectivation », dit encore mode informatif, où le malade n'est plus qu'un porteur d'organes, sommé de répondre précisément à un interrogatoire structuré enchaînant les questions fermées, avant de se soumettre à l'observation scientifique.

Ces deux modèles sont encore très dominants, même s'ils s'expriment sous une forme moins caricaturale que par le passé. Les soignants formés à l'ETP revendiquent à la fois une pratique centrée sur le patient et une prise en charge globale. Cependant, loin de l'autosatisfaction, il est parfois utile de penser contre soi. Nous ne sommes pas en effet à l'abri de tentations qui comportent des formes insidieuses de manipulation du soigné par le soignant. À notre sens, ces « tentations » sont de trois ordres :

- le « pédagogisme », qui semble réduire les difficultés du patient à passer du savoir et du savoir faire au faire, à un simple problème d'éducation. Comme si un bon diagnostic éducatif et une détermination fine d'objectifs personnalisés, voire de « micro-objectifs », scellés par un contrat entre le patient et le soignant y suffisaient. L'élévation de la pédagogie au rang de thérapie tend à ignorer ou du moins à relativiser le vécu subjectif du patient ;
- la seconde « tentation » pourrait être qualifiée de « psychologisme ». Elle relève moins de nos jours des abus d'interprétation psychosomatique qui faisaient d'un conflit psychique irrésolu la cause de la maladie, d'un mauvais équilibre ou de la survenue des complications. Pour les tenants de cette théorie, l'apparition d'un diabète insulinodépendant était la conséquence d'un conflit intrapsychique non verbalisé, provoquant une effraction de la psyché dans le soma, selon la métaphore de l'explosion de la marmite dont le couvercle trop serré empêche la vapeur de s'échapper. Le développement plus récent des théories comportementalistes et de leur utilisation dans les stratégies de marketing se traduit par la vulgarisation de différentes classifications des personnalités, permettant au vendeur de développer un argumentaire adapté à chaque client. La reconnaissance de ces différents types de personnalité n'est pas sans intérêt, à condition de rappeler que le patient n'est pas un client auquel on vendrait un traitement. Il s'agit au contraire d'aider le patient à analyser son propre style de personnalité pour mieux comprendre ses difficultés et prendre appui sur ses points forts pour surmonter les obstacles. À l'opposé de la manipulation commerciale, le but est ici de favoriser la métacognition du patient ;
- la troisième « tentation », qui guette peu ou prou l'ETP, est le « relativisme post-moderne ». Le relativisme s'est développé à partir des

travaux des anthropologues, remettant en cause l'impérialisme culturel et démontrant qu'il n'y a pas de cultures supérieures ou inférieures. En la matière, la notion de progrès n'a pas de sens. Cependant le relativisme culturel, à la fois libérateur et fécond, a engendré un relativisme scientifique. Il n'y aurait pas de vérité, mais seulement des points de vue. Les vérités scientifiques ne seraient que des vérités autoproclamées, ayant pour fonction première de maintenir le pouvoir corporatiste des « prétendus » scientifiques. Ces relativistes nient la « prétention à l'universalisme » de l'*evidence based medicine*, qu'ils qualifient de « médecine académique » ou pire de « médecine officielle ». Parfois adeptes des médecines traditionnelles ou parallèles qualifiées de naturelles ou douces, ils récusent la prétention des scientifiques à soumettre ces thérapies à l'épreuve des études randomisées. S'il n'y a pas de vérité, tout le monde peut donc se dire « expert », le médecin est un expert, mais le malade aussi. La rencontre entre un médecin et un malade n'est que la rencontre entre deux experts, l'un scientifique et l'autre profane. Chacun a sa vérité. L'échange de ces vérités, toutes deux relatives permettra, grâce à un discours croisé, de construire une nouvelle vérité. Finalement, le médecin éduque le patient, tout autant que le patient éduque le médecin. Dès lors, l'ETP n'a plus besoin de définition ni de délimitation. Tout ce qui aide le patient à se soigner devient de l'ETP. Du coup, pourraient se développer de multiples offres prétendues d'« éducation thérapeutique » ayant en réalité peu à voir avec la thérapeutique et le transfert de compétences spécifiques. Des officines d'ETP « polyvalentes », « clés en main » pourraient fleurir, étant plus ou moins cautionnées par des experts et travaillant pour le compte d'assureurs divers, de prestataires ou d'industriels. On en voit bien l'intérêt commercial, moins celui des patients.

III. Reconnaissance et financement de l'éducation thérapeutique

L'ETP a fait récemment son entrée dans la loi. Cette consécration ne peut que réjouir les pionniers de l'ETP. En même temps, elle ne manque pas de les inquiéter. D'abord parce que son financement n'est pas assuré. Feu le budget global laissait une part de liberté aux professionnels dans les hôpitaux publics, liberté certes limitée mais ayant permis que l'ETP s'y développe. Le nouveau mode de financement à l'activité, dit T2A, est devenu le seul financement pérenne pour les hôpitaux. Sans reconnaissance d'une tarification et sans constitution d'un fonds public national spécifique, l'ETP restera marginale, d'autant plus vénérée dans les discours que sa pratique sera limitée. Autre raison d'inquiétude, le zèle des nouveaux convertis qui sont prêts à qualifier d'ETP tout ce qui ne relève pas directement de la médecine prescriptive : information du patient, conseils, aide à la décision par téléphone ou Internet, simple apprentissage technique pour l'utilisation d'un lecteur glycémique ou pour la réalisation d'une injection d'insuline ou pour la manipulation d'une pompe à insuline, accompagnement psychosocial par une psychologue et/ou une assistante sociale, organisation d'activités sportives ou culturelles, aide à l'observance grâce à un pilulier ou un carnet d'autosurveillance… Tout devient ETP !

IV. Conclusion

L'ETP est thérapeutique, c'est-à-dire qu'elle doit être intégrée aux soins. Elle ne se conçoit pas comme une activité indépendante de la prescription thérapeutique, mais cette prescription doit être le résultat d'un partenariat entre le médecin et le patient, transformant la question de l'observance en problème d'auto-observance. Sa prescription doit relever d'une codécision du patient et de son médecin. Son financement doit donc être intégré aux soins sous forme de tarif ou de forfait spécifiques.

POINTS CLÉS

▶ L'éducation thérapeutique (ETP) s'applique aux maladies chroniques et vise à faire du patient un véritable acteur contribuant au maintien de sa santé et de sa qualité de vie.

▶ Il ne peut y avoir d'ETP si la thérapeutique elle-même est erronée ou inadaptée aux patients.

▶ L'ETP est une transmission de savoir (amélioration des connaissances du patient sur sa maladie) et de savoir-faire (apprentissage des techniques de traitement); c'est ensuite une aide au faire (aide au changement de comportement).

▶ Lorsque l'homéostasie biologique est perturbée, le médecin cherche à rétablir une norme de substitution en suivant les recommandations de l'*evidence based medecine*, mais si cet effort menace l'homéostasie thymique du patient, celui-ci refusera de suivre les recommandations du médecin même au risque de sa vie.

▶ L'ETP s'est développée en s'opposant à deux modes de relations médecin–malade : l'infantilisation et l'objectivation où le malade n'est plus qu'un porteur d'organes. Au contraire, l'ETP est une prise en charge globale centrée sur le patient.

▶ Si l'ETP a fait son entrée dans la loi, son financement n'est pas assuré et devrait être intégré aux soins sous forme de tarif ou de forfait spécifiques.

▶ L'ETP doit être intégrée aux soins sur la base d'une co-décision du patient de son médecin.

Bibliographie

Grimaldi A. Observance et diabète de type 2. In : Grimaldi A. (Ed.) *Traité de Diabétologie*. 2ᵉ éd. Paris : Médecine Sciences Flammarion ; 2009, p. 522–6.

Grimaldi A, Sachon C, Hartemann-Heurtier A. Échecs du traitement du diabète de type 1 – Point de vue du diabétologue. In : Grimaldi A. (Ed.). *Traité de Diabétologie*. 2ᵉ éd. Paris : Médecine Sciences Flammarion ; 2009, p. 231–4.

Lacroix A. Échecs du traitement du diabète de type 1 – Point de vue du psychologue. In : Grimaldi A. (Ed.) *Traité de Diabétologie*. 2ᵉ éd. Paris : Médecine Sciences Flammarion, 2009. p. 235–40.

Lacroix A. Quels fondements théoriques pour l'éducation thérapeutique ? In : Grimaldi A. (Ed.) *Traité de Diabétologie*. 2ᵉ éd. Paris : Médecine Sciences Flammarion ; 2009, p. 489–92.

Lacroix A, Assal JP. *L'éducation thérapeutique des patients. Nouvelles approches de la maladie chronique*. Coll. Éducation du Patient. Paris : Vigot ; 1998.

Simon D, Traynard PY, Bourdillon F, Grimaldi A. *Éducation thérapeutique. Prévention et maladies chroniques*. 2e éd. Coll. Abrégés Issy-les-Moulineaux : Elsevier Masson ; 2009.

29 Financement des soins

Modalités du financement des soins en France selon les secteurs et la situation des patients

P. Czernichow, et H. Marini

I. Principes généraux
II. Financement des soins ambulatoires
III. Financement des soins dans les établissements
IV. Financement des produits de santé (dont les médicaments)

Les « soins » recouvrent un large *continuum* de réponses apportées à des personnes atteintes de problèmes de santé : depuis des choix individuels concernant le mode de vie, l'alimentation, les loisirs, qui visent à améliorer le confort et le bien-être, en passant par l'écoute, l'empathie, l'attention des autres à leur égard, les aides plus ou moins importantes dont elles ont besoin dans la vie quotidienne *(care)*, jusqu'aux actes techniques médicochirurgicaux, plus ou moins complexes, visant à stabiliser, faire régresser ou guérir *(cure)* ces problèmes de santé.

Le système de protection sociale (voir p. 384) assure une solidarité plus ou moins importante avec les personnes confrontées à cette dernière situation. Ainsi, les soins peuvent résulter : d'un choix personnel, lié aux préférences d'un patient qu'il doit pouvoir exprimer librement, mais aussi supporter financièrement, ou de l'intervention de professionnels pour répondre à un problème de santé dans le cadre de cette solidarité.

Les systèmes de santé s'appuient donc sur un financement mixte combinant : une part financée par un dispositif socialisé (en France, l'assurance-maladie) qui prend en charge le financement de soins figurant dans une liste limitative de biens et services jugés nécessaires, efficaces et efficients appelés « panier de biens et services » (liste de soins) ; un dispositif dit complémentaire (mutuelles, assurances privées) qui complète le financement assuré par le dispositif précédant ; et enfin des soins (au sens large) choisis par le patient, mais non pris en charge par l'un ou l'autre des dispositifs ci-dessus, et qui sont à sa charge.

Le financement des soins en France est ainsi très différent selon qu'on emprunte le point de vue de l'assurance-maladie ou celui du patient : chacun de ces deux points de vue est ici présenté.

Par ailleurs, l'équilibre entre financement par l'assurance-maladie, ou par un dispositif complémentaire (ou à la charge du patient) est différent selon la nature des soins envisagés : soins plus lourds ou plus complexes, comme ceux réalisés dans les établissements de santé, pour lesquels la part socialisée du financement est plus élevée, ou soins courants, pour lesquels le patient supporte une charge financière plus importante : la présentation est donc structurée par type de soins.

L'ordre de grandeur des financements alloués aux principaux soins est situé relativement à la consommation de biens et services médicaux (CBSM), principal agrégat permettant de caractériser les dépenses de santé en France.

I. Principes généraux

A. Loi de financement de la Sécurité sociale

Le financement des soins a été longtemps marqué par la fixation du prix des diverses prestations de soins, les dépenses de soins constatées *a posteriori* résultant du volume des soins effectivement consommés. L'instauration d'un mécanisme de dotation globale dans les établissements à partir de 1984 a introduit une logique différente de fixation *a priori* des dépenses d'un secteur de soins, même si ce mécanisme n'a que partiellement atteint ses objectifs.

Depuis les ordonnances de 1996, une loi annuelle de financement de la Sécurité sociale est votée par le Parlement qui définit les orientations de la politique de santé et fixe pour l'année suivante un objectif national des dépenses d'assurance-maladie (ONDAM). Ainsi pour 2011, l'ONDAM s'établissait à 167,1 milliards d'euros (M€) ; cet objectif est décliné en « sous-objectifs » :

- soins de ville (77,3 M€) ;
- ONDAM hospitalier pour les établissements de santé tarifés à l'activité (53,9 M€) et les autres dépenses (19 M€) ;
- ONDAM médico-social : contribution aux soins dans les établissements et services pour personnes âgées (7,6 M€) et pour personnes handicapées (8,2 M€) ;
- autres prises en charge (1,1 M€).

L'ONDAM est réparti par le gouvernement par types de dépenses et par région ; certains objectifs de dépenses (soins de ville) sont délégués aux caisses d'assurance-maladie et donnent lieu à une concertation avec les professionnels. Le respect de ces objectifs est assuré si nécessaire par des ajustements portant sur les tarifs ou sur les cotations d'actes (mécanisme prix-volume).

Les dépenses d'assurance-maladie sont soumises au contrôle de l'État (tutelle), qui peut solliciter des évaluations de la part de l'inspection générale des affaires sociales (IGAS). Enfin, des contrôles sont réalisés chaque année par la Cour des comptes.

B. Nomenclature et classification des actes de soins

Le financement des soins a très tôt rendu nécessaire de disposer d'une description des actes de soins en particulier ceux réalisés en secteur libéral.

À partir de 1972, une nomenclature générale des actes professionnels (NGAP) a servi de base pour la rémunération des actes de soins réalisés par les professions médicales et les auxiliaires médicaux en milieu libéral. Chaque acte est caractérisé dans la NGAP par :
- une lettre clé (C : consultation, B : biologie, Z : radiologie, etc.) qui permet de repérer les différents champs d'activité et constitue l'unité de tarif pour ce champ ;
- un coefficient qui précise la valeur des actes les uns par rapport aux autres.

La NGAP ne permet pas d'identifier chaque acte, mais seulement de le valoriser sur le plan financier. La NGAP a été en grande partie remplacée en 2003 par la classification commune des actes médicaux (CCAM) dans laquelle chaque acte est affecté d'un code permettant cette fois de l'identifier ; elle sert de base au financement des actes libéraux et en établissement de santé ; elle est constituée en 18 chapitres (classés par grands appareils). À chaque acte est associé un indice de coût relatif (ICR) qui indique le poids de cet acte par rapport aux autres, en termes de ressources mobilisées.

C. Prestations couvertes

Les soins remboursables sont ceux qui sont prescrits par un médecin (ou une autre profession médicale) : actes inscrits à la nomenclature, rémunérés sous forme d'honoraires (soins en établissement de santé, transports) ou biens médicaux (médicaments, prothèses, optique) jugés remboursables. Certains soins nécessitent une entente préalable de l'assurance-maladie.

D. Bénéficiaires

Le remboursement des dépenses de soins par l'assurance-maladie (prestations en nature) bénéficie à la fois aux assurés sociaux et à leurs ayants droit (enfants, conjoint).

E. Reste à charge

Le financement des soins par l'assurance-maladie en France est en principe partiel, une part (ticket modérateur) restant à la charge des patients qui y ont recours.

Le bénéfice de l'exonération du ticket modérateur (prise en charge financière à 100 % par l'assurance-maladie) peut être obtenu de façon soit temporaire, soit définitive. L'exonération temporaire du ticket modérateur peut être obtenue soit :
- du fait de l'affection en cause (voir encadré p. 370) : pour une des trente affections de longue durée (ALD 30) nécessitant un traitement prolongé ou coûteux, dont la liste est publiée par décret, ou pour une autre maladie grave évolutive ou invalidante, reconnue par le contrôle médical (affections dites « hors liste ») ou pour des affections multiples entraînant un état invalidant, pour un accident du travail ou pour une maladie professionnelle ; fin 2009, 8,6 millions de personnes du régime général bénéficiaient d'une exonération du ticket modérateur pour

ALD, chiffre en augmentation rapide, puisque chaque année plus de 1 million de personnes supplémentaires bénéficie de cette disposition ;
- en raison de la nature des actes pratiqués ou des traitements prescrits : actes affectés d'un coefficient supérieur à 60 à la NGAP, actes inscrits à la CCAM ou soins cumulés de la part du même médecin et dans le même temps, d'un tarif supérieur ou égal à 120 euros ; produits d'origine humaine (sang, etc.) ; hospitalisations de plus de 30 jours ; actes réalisés dans le cadre des campagnes nationales de prévention ; examens ou traitements d'une stérilité ;
- chez les femmes enceintes à partir du début du 6e mois de grossesse, et pour les nouveau-nés hospitalisés dans le mois suivant la naissance.

L'exonération globale (pour tous les soins) et permanente est liée à la situation du bénéficiaire :
- titulaires d'une pension d'invalidité ;
- titulaire d'une pension militaire ;
- personnes présentant, après accident du travail ou maladie professionnelle, une incapacité permanente supérieure ou égale à 66 % ;
- mineurs victimes de sévices sexuels ;
- bénéficiaires de la couverture maladie universelle (CMU) complémentaire, de l'allocation supplémentaire vieillesse.

L'exonération du ticket modérateur implique une demande formalisée du médecin qui assure les soins, la décision étant finalement prise par un praticien conseil pour le compte de l'assurance-maladie.

Lorsque l'exonération du ticket modérateur est liée à une ALD, la gratuité des soins ne vaut que pour les soins de cette affection, ce qui implique que le prescripteur différencie clairement les soins pour l'ALD des autres soins (ordonnances « bizones »).

En outre, depuis la loi du 13 août 2004 portant réforme de l'assurance-maladie, un protocole de soins doit être établi par le médecin traitant pour ses patients en ALD. Celui-ci explicite les soins et traitements requis pour chaque patient, en tenant compte de son état de santé, des recommandations de la Haute Autorité de santé (HAS) et des avancées thérapeutiques. Il est renouvelable. Le patient est informé, signe le protocole et doit le communiquer aux médecins qu'il consulte pour cette affection. Le protocole explicite les soins qui font l'objet de l'exonération du ticket modérateur.

Pour les personnes qui relèvent de la CMU de base, l'avance des frais reste la règle pour le paiement des honoraires, alors que celles qui relèvent de la CMU complémentaire bénéficient de la gratuité des soins remboursables et sont dispensées d'avancer les frais aux professionnels de santé libéraux.

Les personnes de nationalité étrangère, résidant en France en situation irrégulière, bénéficient de l'aide médicale d'État (AME) : leurs soins (maladie ou maternité), de même que le forfait hospitalier sont pris en charge par l'État à 100 %, sans avoir à avancer les frais. Toutefois cette aide est désormais conditionnée par le paiement d'une somme de 30 € par an par bénéficiaire majeur.

F. Modalité de paiement

Le paiement des soins ambulatoires est en principe assuré intégralement par le patient (avance des frais), qui reçoit un remboursement (partiel) de la part de l'assurance-maladie dans un second temps.

> **Liste des affections permettant l'exonération du ticket modérateur**
>
> Affections mentionnées à l'article D. 322–1 du Code de la Sécurité sociale modifié par le décret n° 2004–1049 du 4 octobre 2004
> - Accident vasculaire cérébral invalidant
> - Insuffisances médullaires et autres cytopénies chroniques
> - Artériopathies chroniques avec manifestations ischémiques
> - Bilharzioze compliquée
> - Insuffisance cardiaque grave, troubles du rythme graves, cardiopathies valvulaires graves, cardiopathies congénitales graves
> - Maladies chroniques actives du foie et cirrhoses
> - Déficit immunitaire primitif grave nécessitant un traitement prolongé, infection par le virus de l'immunodéficience humaine (VIH)
> - Diabète de type 1 et diabète de type 2
> - Formes graves des affections neurologiques et musculaires (dont myopathie), épilepsie grave
> - Hémoglobinopathies, hémolyses, chroniques constitutionnelles et acquises sévères
> - Hémophilies et affections constitutionnelles de l'hémostase graves
> - Hypertension artérielle sévère
> - Maladie coronaire
> - Insuffisance respiratoire chronique grave
> - Maladie d'Alzheimer et autres démences
> - Maladie de Parkinson
> - Maladies métaboliques héréditaires nécessitant un traitement prolongé spécialisé
> - Mucoviscidose
> - Néphropathie chronique grave et syndrome néphrotique primitif
> - Paraplégie
> - Périartérite noueuse, lupus érythémateux aigu disséminé, sclérodermie généralisée évolutive
> - Polyarthrite rhumatoïde évolutive grave
> - Affections psychiatriques de longue durée
> - Rectocolite hémorragique et maladie de Crohn évolutives
> - Sclérose en plaques
> - Scoliose structurale évolutive (dont l'angle est égal ou supérieur à 25°) jusqu'à maturation rachidienne
> - Spondylarthrite ankylosante grave
> - Suites de transplantation d'organe
> - Tuberculose active, lèpre
> - Tumeur maligne, affection maligne du tissu lymphatique ou hématopoïétique

Le ticket modérateur pris en charge par les mutuelles ou assurances complémentaires occasionne également un remboursement secondairement.

Toutefois l'avance des frais fait l'objet de dérogations : on parle de tiers payant en cas de règlement direct du prestataire des soins par l'assurance-maladie (et éventuellement la mutuelle ou l'assurance), le malade n'a plus alors à avancer que la part des frais qui n'est pas remboursable.

II. Financement des soins ambulatoires

En 2010, le financement des soins ambulatoires a représenté 44,0 M€ (soit 25,1 % de la consommation de soins et de biens médicaux), répartis entre les médecins (18,4 M€) les dentistes (9,9 M€), les auxiliaires médicaux (11,0 M€), les analyses (4,3 M€) et les cures thermales (0,3 M€).

A. Professions de santé d'exercice libéral

Elles sont essentiellement rémunérées à l'acte, ce qui implique une fragmentation des soins en actes élémentaires, plus ou moins nombreux, plus ou moins complexes. Chacun est identifié par un code au sein d'une nomenclature ou d'une classification, et associé à un prix. Ce mécanisme est généralement considéré comme encourageant les professionnels à multiplier les actes, c'est-à-dire leur rémunération, sans limiter le nombre des actes pour la prise en charge d'un patient donné.

La capitation est un mode de rémunération fondé sur le choix préalable d'un professionnel par les patients, et le professionnel est alors rémunéré en fonction du nombre de patients qui l'ont choisi. Ce mode n'est guère utilisé en France ; tout au plus, les médecins reçoivent une rémunération spécifique annuelle forfaitaire pour chaque patient en ALD qui l'ont choisi comme médecin traitant (voir plus haut encadré). Cependant depuis 2009, un contrat d'amélioration des pratiques individuelles (CAPI) est proposé aux médecins généralistes volontaires ; celui-ci offre une rémunération supplémentaire en échange de l'atteinte d'objectifs à la fois sanitaires (couverture du dépistage du cancer du sein, standardisation des pratiques) et économiques (prescription de médicaments génériques) ; la rémunération varie selon la taille de la patientèle, et le degré d'atteinte des objectifs. Ce contrat, accepté par près d'un tiers des médecins concernés, a introduit en France le principe d'une rémunération « à la performance ».

1. Tarif des actes

a. Convention médicale

Historiquement, selon la Charte de la médecine libérale (1927), la rémunération à l'acte des médecins libéraux, sous forme d'honoraires, était fixée par entente directe entre chaque médecin et son patient. Il était recommandé au médecin de fixer ses honoraires avec « tact et mesure ».

Depuis 1960, les relations entre les médecins libéraux et l'assurance-maladie résultent d'accords négociés et formalisés par une convention, devenue nationale depuis 1970. Celle-ci est signée entre :

- les syndicats jugés représentatifs des médecins libéraux ;
- la Caisse nationale d'assurance-maladie des travailleurs salariés (CNAMTS), le régime social indépendant (RSI) et la Mutualité sociale

agricole (MSA), fédérés depuis 2003 au sein de l'Union nationale des caisses d'assurance-maladie (UNCAM).

Pour être applicable, la convention ainsi négociée doit être ensuite agréée par le ministère chargé de la Santé. En l'absence de convention, un règlement conventionnel minimal est arrêté par le gouvernement et s'impose aux médecins concernés.

b. Tarif des actes médicaux

Le contenu des conventions médicales a d'abord porté sur la fixation d'un tarif unitaire pour les actes de soins ; toutefois, comme le niveau des dépenses de soins ambulatoires dépend également du volume des actes pratiqués, le principe d'une « valeur flottante » des actes a été introduit par le ministère chargé de la Santé, réduisant le tarif d'actes dont le volume d'activité évolue au-delà des prévisions.

c. Système d'information

Les échanges entre patients, professionnels de santé et assurance-maladie sont l'objet d'un vaste système d'information :

- chaque assuré social dispose d'une carte à puce, dite « carte Vitale », contenant des informations administratives et comportant désormais une photo ;
- chaque médecin, comme les autres professionnels de santé, dispose d'une carte de professionnel de santé (CPS) ;
- les médecins sont incités à transmettre par voie électronique (télétransmission) les données des feuilles de soins (patient, médecin, acte réalisé) à l'assurance-maladie.

À partir de ces données, le suivi de l'activité des médecins est assuré grâce au système d'information interrégime de l'assurance-maladie (SNIIR-AM) qui fournit de nombreuses données quantitatives par médecin, comme les relevés individuels d'activité et de prescription (RIAP). Le codage détaillé des actes médicaux et des prescriptions (y compris les médicaments) en milieu libéral est en œuvre mais le codage des pathologies, plus complexe, a été décidé mais non établi. Seules les ALD font l'objet d'un codage systématique ; les motifs des soins délivrés hors ALD ne sont donc pas explicitement connus de l'assurance-maladie.

Depuis 2007, l'assurance-maladie met à disposition des médecins à partir du SNIIR-AM un historique des remboursements des douze derniers mois pour chaque patient (sans le résultat des actes), accessible par Internet :

- consultations chez un médecin ou chez un chirurgien-dentiste ;
- médicaments remboursés (nom et posologie) ;
- actes de radiologie et de biologie (nature de l'examen et date) ;
- hospitalisations (durée et nature du séjour, date d'admission) ;
- transports (date et mode de transport).

d. Les différents secteurs conventionnels

Lors de la convention de 1980, les médecins qui le souhaitaient (dits de secteur 2) ont été autorisés à pratiquer des dépassements des tarifs conventionnels. L'extension de cette disposition défavorable aux patients à faibles revenus – en particulier dans certaines régions ou pour certaines spécialités – a par la suite été bloquée (« gel du secteur 2 ») et limitée aux médecins s'installant et titulaires de certains titres hospitalo-universitaires ou hospitaliers.

En 2011, 122 791 médecins avaient une activité libérale au moins partielle, donc relevant de la convention médicale : 71 % des généralistes et 51 % des autres spécialistes[37].

- Les médecins du secteur 1 représentent environ trois quarts du total (mais 89 % des généralistes et 59 % des spécialistes) : ils s'engagent à appliquer les tarifs conventionnels sauf exigence particulière du malade, ou patient hors parcours de soins pour les spécialistes. En contrepartie, les caisses d'assurance-maladie participent au financement de leurs cotisations sociales. Un dépassement exceptionnel peut être appliqué pour certains soins de durée longue ou réalisés selon une exigence particulière du malade.

- Les médecins du secteur 2 peuvent dépasser les tarifs conventionnels ; leurs honoraires sont donc libres, le médecin devant faire preuve de « tact et de mesure ». Ils doivent toutefois respecter les tarifs conventionnels pour leurs patients relevant de la CMU qui bénéficient également du tiers payant. En revanche, ils ne profitent pas des avantages sociaux liés au secteur 1 et doivent payer intégralement leurs cotisations sociales. Les patients sont remboursés par l'assurance-maladie sur la base des tarifs conventionnels, le supplément étant à leur charge (ou éventuellement à celle de leur mutuelle ou assurance privée).

- Les rares médecins libéraux exerçant en dehors de la convention (<1 %) fixent librement leurs honoraires « avec tact et mesure » et supportent l'intégralité de leurs cotisations sociales. Les remboursements de leurs patients par l'assurance-maladie se font sur la base des "tarifs d'autorité" très faibles (fixés par l'arrêté du 9 mars 1966, non réévalués). Leurs prescriptions sont toutefois remboursées aux patients.

e. Autres objectifs conventionnels

Par la suite, les conventions ont introduit le principe d'objectifs quantifiés touchant aux pratiques médicales (maîtrise médicalisée des dépenses), négociés dans le cadre de la convention, suivis au niveau local par des commissions paritaires. L'atteinte de ces objectifs permet d'obtenir en contrepartie des revalorisations du tarif des actes.

Ainsi actuellement, la convention médicale comporte des objectifs concernant une diminution des prescriptions d'antibiotiques, d'anxiolytiques et d'hypnotiques et de statines ; un recours accru aux médicaments génériques ; une diminution des prescriptions d'arrêts de travail.

---

37. Source : DREES. Les médecins au 1er janvier 2011. *Série Statistique* 2011 ; n° 157.

f. La convention médicale de 2005

Cette convention, toujours en vigueur en 2011, approuvée par le ministre chargé de la Santé le 3 février 2005, concerne les généralistes et les spécialistes. Elle a fait l'objet de 31 avenants en 6 ans. Elle a introduit le principe du parcours coordonné de soins, qui passe par le choix par le patient d'un interlocuteur préférentiel pour ses soins : le médecin traitant. Il s'agit de structurer des soins primaires en France, à l'instar d'autres pays européens.

- Le médecin traitant, le plus souvent un généraliste, assure les soins de première ligne ; il oriente si besoin le patient vers un autre spécialiste ou bien vers un établissement de santé ; il coordonne les informations relatives à son patient et contribue à la formalisation de protocoles de soins en cas d'ALD. Il assure des missions de prévention (éducation pour la santé, dépistage, éducation thérapeutique). Le patient choisit son médecin traitant et peut en changer à tout moment.
- Le médecin correspondant intervient sur demande du médecin traitant et assure des soins de recours lorsqu'ils sont jugés nécessaires. Il contribue lui aussi au protocole de soins en cas d'ALD. Il s'engage à un retour d'information vers le médecin traitant.
- Certains spécialistes peuvent être directement consultés sans passage préalable par le médecin traitant : pédiatrie, gynécologie médicale, ophtalmologie, stomatologie, psychiatrie (pour les patients de moins de 26 ans).

Pour les patients qui ne suivent pas le parcours coordonné de soins, le remboursement de leurs soins est plus faible.

Une nouvelle convention négociée en 2011 est encore soumise à l'aval du ministère chargé de la Santé. Elle étend le principe du paiement à la performance introduit par le CAPI en 2009.

g. Revenus des médecins libéraux

Les honoraires perçus par les médecins généralistes proviennent pour 85 % des consultations et visites et, pour les autres spécialités médicales, pour 64 % des actes techniques.

Le revenu annuel des médecins libéraux (après déduction des rétrocessions d'honoraires aux médecins remplaçants et des charges de fonctionnement du cabinet) était de 92 540 euros en moyenne pour 2008 ; il est très dispersé, avec des écarts de plus de 1 à 3 entre :

- les psychiatres (61 960 euros), les dermatologues (62 680 euros), les pédiatres (69 950 euros) et les omnipraticiens (71 690 euros), d'une part ;
- les anesthésistes (183 340 euros) et les radiologues (216 170 euros), d'autre part.

h. Convention des autres professions de santé

D'autres professions de santé font l'objet de conventions similaires à celle des médecins :

- chirurgiens-dentistes : la convention approuvée par l'arrêté du 14 juin 2006, en vigueur, porte notamment sur la prévention et l'édu-

cation sanitaire ; des mesures de valorisation des soins conservateurs ; des mesures de maîtrise médicalisée de l'évolution des dépenses et de qualité des soins ; les modalités d'exercice conventionnel ; la transmission par voie électronique des documents nécessaires au remboursement ou à la prise en charge ; des dispositions sociales concernant les chirurgiens-dentistes libéraux ; en moyenne, le revenu des chirurgiens-dentistes libéraux était estimé à 85 470 euros en 2008 ;
- sages-femmes : la convention approuvée par l'arrêté du 10 décembre 2007, en vigueur, traite de prévention et d'éducation sanitaire, de maîtrise médicalisée des dépenses, de maîtrise médicalisée de l'évolution des dépenses ; de dispositions sociales concernant les sages-femmes libérales ;
- infirmiers : leur convention, approuvée par l'arrêté du 18 juillet 2007, traite de la valorisation de l'activité, de l'accès aux soins infirmiers et de la qualité des soins, de leur coordination, et des modalités d'exercice conventionnel ; l'avenant n° 1 prévoyait des mesures visant à favoriser l'installation et le maintien dans les zones « très sous-dotées », alors que l'accès au conventionnement ne peut intervenir que si un infirmier libéral conventionné cesse définitivement son activité dans les zones « sur-dotées ». Une revalorisation des soins a été également convenue ; en moyenne, le revenu des infirmiers libéraux était estimé à 43 160 euros en 2008 ;
- masseurs-kinésithérapeutes : leur convention approuvée par l'arrêté du 10 mai 2007, traite de qualité et d'efficience des soins, de valorisation de leur activité, de mise en œuvre des références professionnelles élaborées par la HAS, des soins de kinésithérapie à domicile en sortie d'hospitalisation en substitution de séjours de soins de suite et de réadaptation. En moyenne, le revenu des masseurs-kinésithérapeutes libéraux était estimé à 38 920 euros en 2008.

2. Reste à charge

En principe, le niveau de remboursement par l'assurance-maladie des différentes prestations de soins ambulatoires diffère selon que les soins s'inscrivent ou non dans le parcours coordonné de soins :
- pour les honoraires de soins médicaux réalisés dans le parcours coordonné (et les soins des chirurgiens dentistes) : 70 % ;
- pour les honoraires de soins médicaux réalisés hors parcours coordonné : 30 % ;
- pour les honoraires d'analyses ou soins réalisés par des auxiliaires médicaux : 60 %.

Ces pourcentages s'appliquent aux tarifs conventionnels (tableau 29.I), cependant une participation du patient de 1 euro intervient depuis 2005, sauf pour les personnes de moins de 18 ans, les femmes enceintes à partir du 6e mois de grossesse et les bénéficiaires de la CMU complémentaire ou de l'AME.

En ce qui concerne les autres actes de soins, un ticket modérateur forfaitaire de 18 euros est à la charge des patients pour les actes dont le coefficient à la

Tableau 29.I. **Tarif conventionnel de quelques actes de soins des professions de santé (au 1er janvier 2011 en métropole).**

Actes	Lettre clé	Tarifs* (€)
Médecins généralistes		
Consultation au cabinet	C	23
Majoration de coordination (secteur 1)	MCG	3
Rémunération spécifique annuelle pour un patient en ALD (secteur 1)	RMT	40
Visite à domicile	V	23
Médecins spécialistes		
Consultation au cabinet	CS	25
Consultation pour les psychiatres, neuropsychiatres, neurologues	CNPSY	34,30
Rémunération spécifique annuelle du médecin traitant pour un patient en ALD	RMT	40
Consultation pour les cardiologues	CSC	45,73
Visite	VS	23
Visite pour les psychiatres, neuropsychiatres, neurologues	VNPSY	34,3
Autres actes de spécialité	K	1,92
Actes de sage-femme		
Consultation		17
Forfait accouchement simple	SF 118	312,7
Forfait accouchement gémellaire	SF 130	344,5
Actes de sage-femme	SF	2,65
Actes infirmiers		
Soins infirmiers de pratique courante	AMI	3,15
Soins infirmiers et gardes au domicile des malades	AIS	2,55
Actes de masseur-kinésithérapeute		
Actes multiples effectués au cours de la même séance	AMK	2,04
Acte de masseur-kinésithérapeute effectué en établissement	AMC	2,04
Actes de rééducation des affections orthopédiques et rhumatologiques	AMS	2,04

* À titre indicatif, pour un médecin traitant.

nomenclature générale des actes professionnels (NGAP) est égal ou supérieur à 60 ou pour les actes inscrits à la classification commune des actes médicaux (CCAM) dont le tarif est égal ou supérieur à 120 euros.

Une franchise est déduite des remboursements aux patients par la caisse d'assurance-maladie ; elle s'applique aux actes paramédicaux (0,50 euro par acte), et aux transports sanitaires (2 euros par transport). Elle est plafonnée à 50 euros par an au total et ne peut dépasser 2 euros par jour sur les actes paramédicaux et 4 euros par jour pour les transports sanitaires. Les personnes exemptées de la participation de 1 euro (voir ci-dessus) sont également exemptées de cette franchise.

Les dépassements éventuels pratiqués par les médecins du secteur 2 restent à la charge des patients ou parfois de leur mutuelle.

3. Modalités de paiement

Pour les soins ambulatoires, le principe de l'avance des frais s'applique, à l'exception des bénéficiaires de la CMU complémentaire et de l'AME.

B. Professionnels de santé salariés

Le salariat repose sur une relation contractuelle, ou un statut (fonctionnaire) liant le professionnel à une institution, dont il relève. Sa rémunération dépend alors de sa qualification (formation), de son ancienneté et de son temps de travail (temps complet ou partiel).

Peu de professionnels de santé délivrant des soins sont rémunérés par un salaire, en dehors des établissements de santé : ainsi en 2010 : infirmiers exerçant dans des services de soins à domicile ou des institutions surtout de prévention, médecins de prévention ou exerçant en centre de santé, dentistes exerçant en centre de santé, sages-femmes exerçant surtout en PMI, masseurs-kinésithérapeutes.

Les pharmaciens exerçant en officine (environ 26 000 en 2011) sont salariés du pharmacien titulaire de l'officine (environ 28 000) ; le Code de la santé publique impose l'emploi de pharmaciens assistants salariés, en fonction du chiffre d'affaires de l'officine, de façon à garantir la délivrance des produits de santé par un pharmacien.

III. Financement des soins dans les établissements

En 2010, le financement des soins dans les établissements de santé a représenté 81,2 M€ (soit 46,4 % de la consommation de soins et de biens médicaux), répartis entre les établissements publics (61,8 M€) et privés (19,5 M€).

A. Soins en établissements de santé

1. Analyse d'activité dans les secteurs de soins de courte durée

Les besoins de financement des soins délivrés dans les établissements de santé varient dans des proportions considérables selon la nature des soins, qui sont très différenciés dans chaque établissement, et très variables d'un établissement à l'autre, et au cours du temps. Les indicateurs d'activité administratifs traditionnels (séjours, journées) ne rendent pas compte de cette diversité. En France depuis les années 1980 un long processus a permis de mettre en place un système d'information permettant de décrire l'activité de chaque établissement, en permanence, dans des termes propres à déterminer son financement : c'est le programme de médicalisation du système d'information (PMSI). Celui-ci a été généralisé dans les établissements publics en 1989 et étendu aux établissements privés à but lucratif en 1996.

Le PMSI repose sur la collecte standardisée, pour chaque séjour d'un patient, de données :

- liées au patient : date de naissance, sexe, code postal du lieu de résidence ;
- « administratives » concernant le séjour : dates et modes d'entrée et de sortie ;
- « médicales » : diagnostics codés selon la classification internationale des maladies (CIM), actes médico-techniques codés selon la classification commune des actes médicaux (CCAM).

L'ensemble de ces données constitue le résumé de séjour standardisé (RSS).

Le principe du PMSI, établi aux États-Unis par le chercheur Robert Fetter, consiste à regrouper les innombrables combinaisons possibles entre les milliers de diagnostics et les milliers d'actes, en un nombre limité de catégories, dites groupes homogènes de malades (GHM) correspondant chacune à une certaine cohérence médicale, et à un coût de soins voisin. Dans la version 11 du groupeur, en vigueur depuis 2009, il existe environ 2300 GHM.

En France, dans chaque établissement, un département de l'information médicale (DIM) classe les RSS en GHM, à l'aide d'un logiciel « groupeur ». La répartition des GHM constitue le case-mix de l'établissement ; elle influence fortement son financement.

2. Tarification à l'activité (T2A) dans les secteurs de soins de courte durée

Depuis 2004, un mécanisme unique de financement des établissements de santé, publics et privés, a été instauré pour les activités de soins de courte durée : la T2A. Les ressources allouées aux établissements reposent directement sur la nature et le volume de leur activité analysés en GHM selon le PMSI.

Pour les soins externes (consultations, actes externes), les mécanismes de financement sont identiques à ceux en vigueur dans les soins libéraux (voir plus haut).

Une étude nationale de coûts (ENC) permanente, menée sur un échantillon d'établissements, estime un coût moyen pour chaque GHM. Sur cette base, un tarif est fixé chaque année au niveau national par le ministère chargé de la Santé pour chaque GHM ; on parle alors de groupe homogène de séjour (GHS). Ce tarif est modulé par des suppléments en cas de passage en unité de réanimation, ou de séjours particulièrement longs, et par des abattements en cas de séjours particulièrement brefs. Certaines activités (passages aux urgences, séances d'hémodialyse, interruptions de grossesse, etc.) font l'objet d'un tarif forfaitaire un peu différent.

L'ensemble des tarifs constitue une « échelle » nationale, dont les valeurs pour les mêmes GHS diffèrent entre établissements publics (le tarif couvre l'ensemble des charges de l'établissement) et établissements privés à but lucratif (le tarif exclut les honoraires médicaux qui sont payés à part par l'assurance-maladie). Le ministère chargé de la santé recherche cependant une « convergence » à terme entre les deux échelles de tarifs.

Sur cette base, chaque établissement reçoit un financement directement lié à son activité mesurée en GHS. Outre ce financement, certains médicaments et dispositifs médicaux coûteux font l'objet de suppléments sous réserve du respect des bonnes pratiques d'usage.

Ce mécanisme incite les établissements à réduire leurs coûts internes en s'appuyant sur un pilotage médico-économique et des outils de gestion (comptabilité analytique).

D'autres activités, dont le lien avec les soins est moins direct, font l'objet d'une enveloppe annuelle particulière dite missions d'intérêt général et aides à la contractualisation (MIGAC) représentant au niveau national 8 M€ en 2010. Celles-ci comportent :
- les missions d'enseignement, de recherche, de référence et d'innovation (MERRI) ;
- la participation à des missions de service public (Samu, équipes mobiles, dépistages, etc.) ;
- certaines activités comme la permanence des soins, les soins aux détenus, les soins à des populations précaires ou extérieures aux établissements, etc. ;
- les aides à la contractualisation, fixées par chaque Agence Régionale de Santé (ARS), pour la mise en œuvre des objectifs déterminés dans le schéma de l'offre de soins du projet régional de santé.

3. Financement des soins dans les autres secteurs

La T2A s'applique au secteur de soins de courte durée et également aux soins réalisés dans le cadre de l'hospitalisation à domicile (HAD). Elle doit être étendue au secteur des soins de suite et de réadaptation (SSR), financé jusqu'à présent par une dotation globale.

Les secteurs de psychiatrie sont financés par une dotation globale.

4. État prévisionnel des recettes et des dépenses

Chaque établissement de santé doit préparer un état prévisionnel des recettes et des dépenses (EPRD) chaque année pour l'année suivante, sur la base de prévisions de recettes, qui conditionnent les dépenses qu'il pourra financer, et le résultat financier qui en découlera.

Cette prévision porte sur :
- les produits versés par l'assurance-maladie (titre 1), les autres produits de l'activité hospitalière (titre 2) et les autres produits (titre 3) ;
- les charges de personnel (titre 1), à caractère médical (titre 2), à caractère hôtelier et général (titre 3) et d'amortissements, de provisions et dépréciations, financières et exceptionnelles (titre 4).

Les recettes et les dépenses doivent en principe être en équilibre ; après la fin de l'année, l'établissement doit établir ses comptes, permettant d'apprécier un résultat, excédent ou déficit.

5. Reste à charge

Les frais d'hospitalisation dans les établissements de santé publics ou privés conventionnés sont en principe remboursés à 80 % par l'assurance-maladie. Toutefois les critères d'exonération du ticket modérateur (voir plus haut) sont fréquents chez les patients hospitalisés (séjours pour ALD, nécessité de soins lourds, maternité), ils sont alors entièrement pris en charge par l'assurance-maladie.

Le forfait journalier hospitalier est une contribution du patient aux frais hospitaliers (18 euros par jour, 13,50 euros par jour en psychiatrie) pour tout séjour de plus de 24 heures. Le patient peut sous certaines conditions en être exonéré ou être pris en charge par une mutuelle s'il en a une.

6. Modalités de paiement

Les frais à la charge de l'assurance-maladie, et souvent des mutuelles ou assurances, font l'objet du tiers payant. Seule la part à la charge du patient doit être réglée si la mutuelle ou l'assurance éventuelle ne pratique pas le tiers payant.

B. Établissements médico-sociaux

Pour les personnes âgées dépendantes ou atteintes d'un handicap, les soins courants dont elles font l'objet sont financés par un forfait global de soins dont les modalités sont définies dans le cadre d'une convention tripartite signée avec l'assurance maladie (et le conseil général). Ce forfait tient compte du niveau de soins requis par les résidents (évalué par la méthode PATHOS).

Les autres soins sont assurés par des professionnels de santé libéraux qui interviennent dans l'établissement comme ils le feraient au domicile, et sont rémunérés de la même façon.

IV. Financement des produits de santé (dont les médicaments)

En 2010, le financement des produits de santé a représenté 46 M€, dont 34,4 M€ pour les médicaments (soit 19,7 % de la consommation de soins et de biens médicaux).

Par rapport aux autres biens, ce financement présente plusieurs particularités :
- la commercialisation d'un médicament est subordonnée à une autorisation de mise sur le marché (AMM) qui s'assure de l'efficacité et de l'innocuité du produit ;
- les médicaments sont protégés pendant une durée de 20 ans par un brevet, au-delà de laquelle ils peuvent faire l'objet de copies (génériques) ;
- toutes les étapes du processus qui les concernent (recherche et développement, production, dispensation) font l'objet d'un monopole pharmaceutique ;
- en vue d'un remboursement, l'utilité des médicaments est évaluée, en principe de façon indépendante du laboratoire, comparativement aux autres produits disponibles, pour déterminer le niveau du financement assuré par l'assurance-maladie.

A. Autorisation de mise sur le marché (AMM)

L'Agence française de sécurité sanitaire des produits de santé (Afssaps) évalue le rapport bénéfice-risque des nouveaux produits, sur la base de critères de qualité pharmaceutique, de sécurité préclinique et d'efficacité clinique, compte tenu des résultats et de la qualité des essais cliniques réalisés dans ce cadre. Cette évaluation peut conduire à la délivrance de l'AMM. L'Agence européenne pour l'évaluation des médicaments (EMEA) est également susceptible de délivrer une AMM communautaire, valable dans tous les États membres de l'Union européenne. Dans tous les cas, une demande d'étude (plan de gestion des risque) peut être associée à la délivrance de l'AMM.

B. Médicaments non remboursables

Lorsqu'un laboratoire ayant obtenu l'AMM pour un médicament ne souhaite pas de remboursement par l'assurance-maladie, il peut en assurer d'emblée la commercialisation par l'intermédiaire des officines.

Le prix de ces médicaments est alors libre. Ils peuvent faire l'objet d'une publicité auprès du grand public, et sont accessibles directement pour les patients sans prescription (médicaments dits *« over the counter »* ou OTC), sauf exception.

C. Médicaments remboursables

Lorsqu'un laboratoire ayant obtenu l'AMM pour un médicament souhaite obtenir son remboursement par l'assurance-maladie, deux étapes supplémentaires sont alors requises.

1. Remboursement par l'assurance-maladie

La Haute Autorité de santé, par sa commission de la transparence, évalue les demandes de remboursement de médicaments présentées par les industriels en se fondant sur :
- le service médical rendu (SMR) par un médicament ayant obtenu l'AMM ;
- son intérêt par rapport aux thérapeutiques déjà sur le marché (amélioration du service médical rendu ou ASMR).

Elle donne ensuite un avis sur d'une part, l'inscription du produit sur la liste des spécialités agréées aux collectivités publiques (utilisation à l'hôpital) et d'autre part, le caractère remboursable aux assurés sociaux (environ 1850 produits à ce jour), et sur le taux de remboursement :

- médicaments irremplaçables et coûteux des affections graves et invalidantes (vignette blanche barrée) : 100 % ;
- médicaments symptomatiques d'affection sans gravité ou dont le « service médical » est faible ou nul (vignette bleue) : 30 % ;
- médicaments à vignette orange : 15 % ;
- autres médicaments (vignette blanche), préparations magistrales : 65 %.

La décision de remboursement est prise par le ministre chargé de la Santé.

Ce taux de remboursement s'applique sur la base du prix de vente fixé réglementairement (voir plus loin) ou sur le tarif forfaitaire de responsabilité (TFR) correspondant au médicament générique, lorsqu'il existe (environ 850 produits concernés).

Des études relatives aux modalités d'utilisaton des médicaments, ou à la survenue d'effets indésirables, études dites "post-inscriptions", peuvent être exigées.

Les dispositifs médicaux (traitements et matériels d'aide à la vie, aliments diététiques et articles pour pansements, orthèses et prothèses externes), les dispositifs médicaux implantables et les véhicules pour personnes atteintes de handicap font l'objet d'une liste des produits et prestations remboursables par l'assurance-maladie, précisant les barèmes applicables.

2. Fixation des prix

Elle diffère selon le lieu de délivrance :

- pour les médicaments vendus en officine, le Comité économique des produits de santé (CEPS), instance interministérielle, propose les prix des médicaments (et des dispositifs médicaux à usage individuel), qui sont ensuite fixés par le ministre chargé de la Santé ; le CEPS suit les dépenses correspondantes et participe à la régulation financière du marché ; il est destinataire des avis de la commission de la transparence. Il peut conclure des accords avec les entreprises portant sur le prix des médicaments et leur évolution, sur les remises, sur les engagements des entreprises concernant le bon usage des médicaments et les volumes de vente, sur les modalités de participation des entreprises à la mise en œuvre des orientations ministérielles ; il peut lui aussi exiger des études portant sur le suivi des médicaments ;
- pour les médicaments dispensés dans les pharmacies à usage intérieur (PUI) des établissements : l'achat des médicaments se fait par appels d'offres respectant le Code des marchés publics (prix libres contraints par des mécanismes de régulation). Pour certains médicaments, inscrits sur des listes limitatives (médicaments rétrocédables et molécules onéreuses), un tarif de prise en charge par l'assurance-maladie est publié au *Journal officiel*. Un accord entre l'industrie pharmaceutique et l'État prévoit pour ces médicaments la déclaration par l'industrie de ses prix de vente au CEPS.

3. Incitation à l'usage de médicaments génériques

Les médicaments génériques, d'un prix moins élevé que les médicaments *princeps*, sont l'objet d'incitations à la prescription de la part de l'assurance-maladie. Les pharmaciens ont le droit de les substituer à des prescriptions de médicaments *princeps*, sous certaines conditions.

La part des génériques dans l'ensemble du marché des médicaments remboursables est ainsi passée en valeur de 4,1 % en 2002 à 12 % en 2009.

D. Reste à charge

Il dépend à la fois :
- du taux de remboursement propre au médicament (voir plus haut) ;
- de la situation du patient, qui peut être exonéré du ticket modérateur du fait d'une ALD (si les produits sont destinés au traitement de celle-ci) ou pour un autre motif ;
- du complément de remboursement apporté par la mutuelle ou l'assurance éventuelle.

Une franchise de 0,50 euro par boîte de médicaments est déduite des remboursements aux patients par la caisse d'assurance-maladie ; elle est plafonnée à 50 euros par personne et par an au total.

Par ailleurs, les tarifs de remboursement par l'assurance-maladie de certaines prestations (optique, prothèses dentaires et auditives) sont très faibles, ce qui correspond de fait à un transfert de charge vers les patients ou leurs organismes ou assurances complémentaires, lorsqu'ils en bénéficient.

E. Modalités de paiement

Le tiers payant s'applique largement aux biens médicaux, à condition d'accepter une éventuelle substitution d'un médicament *princeps* par un générique, à l'initiative du pharmacien.

Ce tiers payant est souvent pratiqué également par les mutuelles, de sorte que le patient ne paye que la partie non remboursable des produits qu'il acquiert.

POINTS CLÉS

▶ Le financement des soins en établissements de santé représentait 81,2 milliards d'euros, les soins de ville 44 milliards d'euros, et les produits de santé (médicaments) 46 milliards d'euros (34,4 milliards d'euros) en 2010.

▶ Le niveau de financement des soins est très différent selon qu'on prend le point de vue de l'assurance-maladie (soins remboursés) ou celui du patient (reste à charge).

▶ Le financement des soins par l'assurance-maladie est en principe partiel (ticket modérateur). Il existe toutefois des situations conduisant à la gratuité des soins du fait de l'affection en cause, de l'importance des actes de soins ou du fait de la situation du patient.

▶ Les soins de ville sont financés à l'acte, à partir d'une classification (ou nomenclature) des actes.

▶ Le tarif unitaire des actes est négocié pour chaque profession de santé libérale entre les syndicats représentatifs de la profession et l'assurance-maladie dans le cadre d'une convention.

▶ La tarification à l'activité des soins dans les établissements de santé publics et privés repose sur une description médicalisée des soins (PMSI) conduisant à identifier des groupes homogènes de séjour pour chaque établissement.

▶ Le tarif des groupes homogènes de séjour est fixé chaque année au niveau national par le ministre chargé de la Santé.

▶ Le caractère remboursable d'un médicament est étudié par la Haute Autorité de Santé sur la base du service médical rendu et de l'amélioration par rapport aux produits existants; le ministère chargé de la santé décide du remboursement.

▶ Le prix des médicaments remboursables vendus en officine est négocié avec le laboratoire, puis fixé par le ministère chargé de la santé; il comporte des engagements relatifs au bon usage et au volume des ventes.

Bibliographie

Fénina A, Le Garrec MA, Koubi M. Comptes nationaux de la santé 2009. *Série Statistiques – document de travail DREES,* septembre 2010; n° 149.

Protection sociale

E. Rusch

I. Principes de la protection sociale
II. Les comptes de la protection sociale en France
III. Perspectives

La protection sociale, telle que nous la connaissons aujourd'hui, en France, est une construction résultant de nombreux déterminants.

Ainsi, selon les pays et selon les époques, la protection sociale est une entité et une organisation collective à dimensions variables.

L'expression « organisation collective » a ici son importance. En effet, les actions individuelles de protection (ex. : épargne personnelle en prévision de la retraite), en dehors d'un cadre organisé et collectif, ne sont pas considérées dans le champ de la protection sociale.

À l'intersection d'enjeux éthiques, politiques, sociaux et économiques, la protection sociale, au sein d'un pays, ne cesse de se modifier et d'évoluer.

La protection sociale témoigne des principes de fraternité et de solidarité mises en œuvre au sein d'une société.

I. Principes de la protection sociale

Au cours de l'histoire, les sociétés humaines ont toujours assuré une « certaine » protection à une partie ou à la totalité de la population vis-à-vis de certaines situations ou événements.

Ces situations ou ces événements ont été très divers : famine, abris, maladie, vieillesse, invalidité, maternité, enfant, accident, décès, chômage, catastrophe naturelle, guerre…

Dans le cadre de la protection sociale, ces situations ou événements sont appelés « risques sociaux ».

A. Risque social

La définition du risque social peut s'envisager à partir de ses causes ou de ses effets.

À partir de ses causes : un risque social serait inhérent à la vie en société, en collectivité ou en communauté. Une telle approche est cependant peu discriminante : si la guerre ou le chômage peuvent être considérés comme le résultat d'une organisation sociale, la maladie, la vieillesse ou la maternité, tout en étant en partie issues de représentations ou de constructions sociales, apparaissent étroitement liées à la condition humaine elle-même et à son substrat biologique.

À partir de ses effets : un risque social correspond à des situations ou des événements ayant un retentissement sur la situation économique des individus soit en diminuant leurs revenus *(maladie, vieillesse, chômage…)*, soit en induisant une augmentation de leurs dépenses *(maladie, naissance d'un enfant)*.

Pour faire face à ces risques, les sociétés ont mis en place des organisations permettant d'identifier les personnes concernées et de mettre en œuvre des mécanismes d'entraide, par l'intermédiaire de prestations en nature (aides destinées à financer des services) ou en espèces (aides sous forme monétaire).

B. Protection sociale : enjeux et définitions

La protection sociale peut, ainsi, se définir comme une organisation ayant pour objectif de garantir la sécurité économique des individus.

Cependant les événements ou situations à risque, menaçant la sécurité économique d'un individu, peuvent être très nombreux. La sélection des risques sociaux pris en charge par le système de protection social relève donc d'un choix collectif.

Par ailleurs, si le constat d'une situation d'insécurité économique ou d'indigence chez un individu peut déclencher la mise en œuvre de mécanismes de soutien, la protection sociale s'apparente alors plus à un système de réparation qu'à un système de prévention.

Toutefois la protection sociale, au-delà de la recherche d'une sécurité économique pour l'individu, s'attache plus généralement à permettre l'épanouissement de la personne humaine.

Un système de protection sociale peut ainsi répondre « *à la préoccupation de débarrasser les travailleurs de l'incertitude du lendemain, de cette incertitude constante qui crée chez eux un sentiment d'infériorité et qui est la base réelle et profonde de la distinction des classes entre les possédants sûrs d'eux-mêmes et de leur avenir, et les travailleurs sur qui pèse, à tout moment, la menace de la misère* »[38].

La protection sociale est définie comme un ensemble de mécanismes de prévoyance collective permettant la couverture de charges pesant sur l'individu, lorsqu'il est atteint par des situations (risques sociaux) qui augmentent ses besoins et/ou diminuent ses ressources.

En pratique, la protection sociale orgamise une redistribution de ressources destinée à garantir la sécurité économique de certaines personnes.

C. Protection sociale et redistribution

La redistribution correspond aux prélèvements effectués sur les revenus primaires de certaines personnes, prélèvements qui sont ensuite transférés et attribués à d'autres personnes en fonction de certains droits reconnus par la société.

Les revenus primaires sont ceux liés à l'activité économique. Ils sont issus des revenus du travail (principalement les salaires), des revenus de la propriété (ex. : revenus fonciers ou immobiliers) et des revenus de l'entreprise (ex. : profit).

À partir de ces revenus primaires, différentes formes de prélèvements interviennent, comme les impôts (destinés à l'État ou aux collectivités territoriales) ou les cotisations sociales (destinées à la Sécurité sociale).

Ces prélèvements procurent des revenus de transfert permettant de modifier la répartition initiale des richesses pour compenser des injustices sociales (solidarité) ou encore favoriser la croissance économique (encourager la consommation).

Les transferts peuvent être réalisés sous forme monétaire et financière (ex. : pension retraite, allocation familiale, indemnité chômage) ou sous forme de mise à disposition de biens ou services collectifs (ex. : équipement sportif, tribunal de justice, action sociale...), auxquels chacun peut avoir accès qu'il ait ou non participé financièrement à sa production.

Le *revenu disponible* d'une personne correspond alors à ses revenus primaires auxquels ont été soustraits les prélèvements et auxquels on ajoute les éventuels transferts effectués.

Le *revenu élargi* d'une personne correspond alors à son revenu disponible auquel on ajoute son usage des biens et services collectifs.

D. Protection sociale et financement

Deux grandes modalités de financement de la protection sociale sont identifiées.

---

38. Extrait de l'exposé des motifs de l'ordonnance du 04 octobre 1945 portant création de la Sécurité sociale.

Le financement par répartition repose sur le versement par certaines personnes (souvent des « actifs ») de cotisations, primes ou autres prélèvements qui sont réutilisés au cours d'une même année pour fournir des prestations à d'autres personnes. Il s'agit par exemple du financement des pensions de retraite versées par la Sécurité sociale.

Le financement par capitalisation repose, lui, sur le versement de ressources financières fournies par des personnes, ressources qui sont placées (investies) collectivement et redistribuées (en fonction de leur rendement) plus tard (plusieurs années) lors de la survenue du risque.

E. Approche historique de la protection sociale

De tout temps, hommes et femmes ont donc cherché à se protéger des risques de l'existence. Quatre « formes » d'organisation « support » de la protection sociale peuvent être individualisées.

1. La famille

Elle constitue un cadre où peuvent s'organiser différentes formes de solidarités. C'est la forme la plus ancienne assurant en son sein une protection pour ses membres. Toutefois, le concept de famille diffère selon les époques et les cultures : famille indivise ou élargie, famille souche, famille nucléaire, famille monoparentale et famille recomposée. La taille de la famille, sa composition, la qualité des liens qui s'y tissent et ses ressources déterminent, pour une part, le niveau de protection qu'elle peut assurer.

2. L'assistance

C'est l'aide prodiguée aux personnes les plus démunies.

L'assistance privée ou charité relève d'une décision et d'une action individuelle et volontaire. Cependant elle est bien souvent encouragée et organisée à un niveau collectif : ordres hospitaliers au Moyen Âge, institutions d'origine confessionnelles ou laïques aujourd'hui.

L'assistance publique renvoie à de nouvelles représentations de l'État, de ses responsabilités et de l'action publique. La Révolution française en 1789 a introduit une nouvelle conception de l'assistance. L'assistance publique se développe et vient se substituer ou compléter l'entraide issue de la famille et de la charité. Le préambule de la constitution de 1793 indique ainsi : « *La société doit la subsistance aux citoyens malheureux, soit en leur procurant du travail, soit en assurant les moyens d'exister à ceux qui sont hors d'état de travailler.* »

L'aide sociale est une dimension importante de l'assistance publique.

3. L'assurance

Les assurances, de statut commercial privé ou mutualiste, garantissent l'individu vis-à-vis de certains risques sociaux choisis et définis.

L'adhésion à une assurance repose habituellement sur une base volontaire et individuelle. Cependant elle peut s'inscrire dans une démarche collective, comme dans le cadre d'une entreprise (institutions de prévoyance).

Ainsi, les assurances mutualistes, sans but lucratif, se sont développées notamment à partir de métiers, corporations ou professions.

À la fin du XIXe siècle et au début du XXe siècle, apparaît une réglementation tendant à systématiser et à généraliser la couverture de certains risques sociaux :

- loi du 9 avril 1898 concernant les accidents du travail, instaurant la responsabilité sans faute de l'employeur et incitant celui-ci à s'assurer ;
- loi du 5 avril 1910 concernant un régime d'assurance vieillesse obligatoire pour les salariés du commerce et de l'industrie ;
- lois du 5 avril 1928 et du 30 avril 1930 concernant une assurance pour les risques maladie, maternité, invalidité, vieillesse et décès pour les salariés titulaires d'un contrat de travail ; celle-ci ne sera guère appliquée du fait de la conjonction sociale et économique ;
- loi du 11 mars 1932 concernant le risque famille (allocations familiales).

La France dispose ainsi en théorie, avant la Seconde Guerre mondiale, d'un système d'assurances sociales assez complet. En pratique, il apparaît fragile et parfois peu attractif (ex. : pensions retraites insuffisantes).

Ces assurances sociales préfigurent toutefois le système de la Sécurité sociale mis en place au sortir de la Seconde Guerre mondiale.

4. La Sécurité sociale

« La Sécurité sociale est la garantie donnée à chacun qu'en toutes circonstances il disposera des moyens nécessaires pour assurer sa subsistance et celle de sa famille dans des conditions décentes. (…) La Sécurité sociale appelle l'aménagement d'une vaste organisation nationale d'entraide obligatoire qui ne peut atteindre sa pleine efficacité que si elle présente un caractère de très grande généralité à la fois quant aux personnes qu'elle englobe et quant aux risques qu'elle couvre. Le but final à atteindre est la réalisation d'un plan qui couvre l'ensemble de la population du pays contre l'ensemble des facteurs d'insécurité.[39] *»*

Mise en place et développée en France au lendemain de la Seconde Guerre mondiale, la Sécurité sociale se caractérise ainsi par :

- son caractère obligatoire (cotisation) et la couverture de ce fait d'une population hétérogène (âge, professions et catégories socioprofessionnelles) ;
- la couverture de quatre risques (maladie, famille, vieillesse, accident du travail et maladie professionnelle, chacun faisant l'objet d'une branche) ;
- la dissociation entre le niveau de cotisations versées et le niveau de prestations reçues (à des prestations identiques, notamment pour le risque maladie, peuvent correspondre des montants de cotisations différents).

Si la Sécurité sociale s'est progressivement étendue à la quasi-totalité de la population française, l'unité organisationnelle de la Sécurité sociale n'a pu être réalisée. Ainsi plusieurs régimes coexistent et peuvent se

---

39. Extrait de l'exposé des motifs de l'ordonnance du 04 octobre 1945 portant création de la Sécurité sociale.

distinguer, pour un ou plusieurs des risques concernés, par des niveaux de cotisations sociales et des niveaux de prestations sociales différentes.

Le régime général des travailleurs salariés (RGTS) constitue le principal régime de la Sécurité sociale.

La présentation de ces quatre formes d'organisation de la protection sociale peut donner l'impression d'une certaine progression (un « progrès ») au cours du temps. Cependant, l'apparition d'une nouvelle « forme » ne s'accompagne pas de la disparition de la « forme » précédente. Ces quatre formes d'organisation coexistent aujourd'hui et se complètent les unes vis-à-vis des autres.

De même, certaines formes d'organisation peuvent ne pas « survivre » à des guerres, des catastrophes naturelles ou des crises économiques.

C'est pourquoi, aux régimes obligatoires de la Sécurité sociale qui assurent, pour les quatre risques sociaux considérés, des prestations de bases, les assurances privées ou mutualistes peuvent apporter des prestations complémentaires.

De même, si les prestations de la Sécurité sociale sont, pour la plupart, contributives (obtenues par l'individu lors de la survenue du risque social et après avoir participé à leur financement par le versement de cotisations), les prestations de l'aide sociale (assistance publique) sont non contributives. En effet, elles n'impliquent pas une contribution financière préalable de la personne concernée.

Une prestation de l'aide sociale ne peut s'envisager que lorsque la personne ne bénéficie pas de la Sécurité sociale ou que la Sécurité sociale ne couvre pas le risque social considéré et que la personne concernée ne dispose pas de ressources suffisantes.

II. Les comptes de la protection sociale en France

En France, les comptes de la protection sociale, comptes satellites des comptes nationaux, délimitent un ensemble de dépenses et de financements.

A. Les institutions de la protection sociale

Les comptes de la protection sociale recouvrent différentes institutions, correspondant aux différentes formes d'organisation évoquées précédemment (tableau 29.II) :

- les régimes d'assurances sociales comprenant : les régimes de la Sécurité sociale *(RGTS et les autres régimes)*, les régimes d'indemnisation du chômage (UNEDIC), le Fonds de solidarité vieillesse et les régimes complémentaires de la Sécurité sociale *(notamment pour la retraite)* rendus obligatoires par une extension des accords collectifs (AGIRC, ARRCO, RAFP…) ;
- les régimes directs d'employeurs *(dont les prestations sont directement versées par l'employeur, notamment les versements de prestations vieillesse et maladie de la part des employeurs publics)* ;

Tableau 29.II. **Répartition des dépenses par institution de la protection sociale en 2009.**

Dépenses	Mds €	%
Régime général des travailleurs salariés, Sécurité sociale	266	44,6
Autres régimes de la Sécurité sociale	74	12,3
Fonds spéciaux	2	0,4
Régimes complémentaires de la Sécurité sociale	66	11,0
Régimes d'indemnisation du chômage	26	4,3
Régimes directs d'employeurs	48	8,1
Prestations extralégales d'employeurs	12	2,0
Régimes de la mutualité, de la retraite supplémentaire et de la prévoyance	28	4,7
Régimes d'intervention sociale des pouvoirs publics	66	11,0
Régimes d'intervention sociale des institutions sans but lucratif	9	1,6
TOTAL	598	100,0

Sources : DREES.

- les régimes d'employeurs, publics ou privés qui peuvent proposer, dans le cadre de contrat collectif, des prestations extralégales ;
- les régimes de la mutualité, de la retraite supplémentaire et de la prévoyance *(pour les risques santé et vieillesse en complément de la Sécurité sociale)* ;
- les régimes d'intervention sociale des pouvoirs publics, État ou collectivités locales, qui versent diverses prestations de solidarité *(aide sociale : allocation adultes handicapés, allocation de logement…)* ;
- les régimes d'intervention sociale des institutions sans but lucratif au service des ménages qui procurent gratuitement ou presque des services aux personnes handicapées ou en difficulté sociale, principalement sur la base de subventions et de dons.

Il convient de rappeler ici que les assurances conclues dans un cadre individuel sont exclues de ces comptes.

Sur le plan du montant des prestations versées, la Sécurité sociale occupe une place très importante dans le champ de la protection sociale.

B. Les dépenses par risque social de la protection sociale

Les risques sociaux pris en compte sont au nombre de six et sont donc plus larges que ceux de la Sécurité sociale (tableau 29.III) :
- santé (ex. : remboursement de soins et indemnités journalières en cas de maladie, invalidité, accident du travail et maladie professionnelle) ;
- vieillesse–survie (ex. : pensions de retraite, allocation personnalisée d'autonomie, assurance veuvage, pension de réversion) ;
- maternité–famille (ex. : indemnités journalières pour maternité, allocation pour jeune enfant, remboursement des soins, congé paternité) ;
- emploi (ex. : prestations chômage, préretraites, recherche–adaptation à un nouvel emploi, perte de salaire pour formation) ;

Tableau 29.III. **Répartition des dépenses par risque social en 2009.**

Dépenses	Mds €	%
Santé	209	35,0
Vieillesse–survie	272	45,5
Maternité–famille	54	9,0
Emploi	36	6,0
Logement	16	2,7
Exclusion sociale	11	1,8
TOTAL	**598**	**100,0**

Sources : DREES.

- logement (ex. : allocation de logement à caractère familial, social et aide personnalisée au logement) ;
- exclusion sociale (ex. : revenu de solidarité active ou RSA).

Les prestations versées peuvent être des prestations en espèces correspondant à des revenus de remplacement (pension de retraite, indemnité journalière en cas de maladie), ou des prestations en nature (accès à des biens ou services comme une consultation d'un professionnel de santé).

La santé se situe ainsi au deuxième rang en termes de montant de prestations sociales derrière le risque vieillesse–survie.

Les dépenses de protection sociale ont augmenté en 2009 de 4,7 % par rapport à 2008. Ce taux de croissance annuelle a été voisin de 4 à 5 % depuis le début des années 2000 (tableau 29.IV).

Le taux de redistribution sociale *(prestations de protection sociale/produit intérieur brut)* était en 2009 de 31,3 %. Il a progressé de près de 7 points (24,5 à 31,3 %) en 30 ans (tableau 29.V).

Tableau 29.IV. **Évolutions des prestations sociales (2001–2009).**

	2001	2002	2003	2004	2005	2006	2007	2008	2009
%	4,2	6,1	4,9	5,4	4,1	4,1	4,0	3,9	4,7

Sources : DREES.

Tableau 29.V. **Évolution du taux de redistribution sociale (1981–2009).**

	1981	1990	2000	2005	2006	2007	2008	2009
%	24,5	25,8	27,7	29,4	29,3	29,0	29,3	31,3

Sources : DREES.

C. Les recettes de la protection sociale

La protection sociale est financée par trois circuits :
- les cotisations sociales, représentant en 2009 près de 57 % des ressources ;
- les impôts et les taxes directement affectés au financement de la protection sociale (notamment la contribution sociale généralisée ou CSG), représentant près de 22 % des ressources ;

• les contributions publiques (ex. : celles du conseil général dans le cadre de l'allocation personnalisée d'autonomie ou APA), représentant près de 10 % des ressources.

III. Perspectives

L'avenir du système de protection sociale en France est sous-tendu par différentes interrogations et pour certaines d'entre elles par les réponses que nous leur apporterons. Ainsi par exemple, les interrogations pourront porter :

- *sur le plan des recettes* : Quel niveau de prélèvement obligatoire et donc quel niveau de redistribution retenu ? Quelle assiette de prélèvement et quelle répartition entre le revenu du travail, le revenu de la propriété et le revenu de l'entreprise ? Quelles évolutions prévisibles de la richesse nationale et donc des capacités de prélèvements ?
- *sur le plan des dépenses* : Quels seront les besoins de protection sociale en lien avec les évolutions de la population française (vieillissement de la population, modification de la famille et des liens sociaux, inégalités sociales) ? Quelle priorité établir entre les différents risques sociaux ?

Bibliographie

Caicedo E. Les comptes de la protection sociale en 2009. In : *Études et Résultats*, février 2011 ; p. 755.

POINTS CLÉS

▶ La protection sociale témoigne des principes de fraternité et de solidarité mis en œuvre au sein d'une société.

▶ La protection sociale est une organisation ayant pour objectif de garantir la sécurité économique des individus. C'est un ensemble de mécanismes de prévoyance collective permettant la couverture de charges pesant sur l'individu lorsqu'il est atteint par des situations (risques sociaux) qui augmentent ses besoins et/ou diminuent ses ressources.

▶ La redistribution correspond aux prélèvements effectués sur les revenus primaires de certaines personnes, prélèvements qui sont ensuite transférés et attribués à d'autres personnes en fonction de certains droits reconnus par la société.

▶ La famille, l'assistance, l'assurance et la Sécurité sociale sont les quatre formes d'organisation support de la protection sociale.

▶ La Sécurité sociale est obligatoire. Elle couvre quatre risques (maladie, famille, vieillesse, accident du travail et maladie professionnelle).

▶ Les assurances privées ou mutualistes apportent des prestations complémentaires aux régimes obligatoires de la Sécurité sociale.

▶ Les risques sociaux pris en compte par la protection sociale sont plus larges que ceux de la Sécurité sociale : santé, vieillesse–survie, maternité–famille, emploi, logement, exclusion sociale.

▶ La santé est au deuxième rang en termes de montant de prestations sociales derrière le risque vieillesse–survie. Les dépenses de protection sociale ont un taux de croissance annuelle de 4 à 5 % depuis le début des années 2000.

▶ La protection sociale présente trois circuits de financement : les contributions publiques (10 %) ; les impôts (22 %) et les cotisations sociales (57 %).

Protection sociale et équité

A.-L. Le Faou

I. Les principes de fonctionnement des systèmes de protection sociale
II. Le système de protection sociale français
III. Le concept d'équité
IV. Conclusion

En France, les années de croissance forte et continue entre 1945 et 1975 ont permis de développer un système de protection sociale très élaboré qui utilise près de 30 % de la richesse nationale. Or, depuis le milieu des années 1970, les dirigeants politiques s'orientent vers une maîtrise de la croissance des dépenses sociales. Ces orientations concernent l'ensemble des pays européens en raison de défis communs : l'évolution démographique avec un vieillissement des populations, la flexibilité du marché du travail (difficultés d'emploi chez les jeunes et les plus de 50 ans) et le poids de la financiarisation de l'économie (crise bancaire qui a conduit à la crise économique depuis 2008).

I. Les principes de fonctionnement des systèmes de protection sociale

La construction du système français de protection sociale s'est appuyée sur deux logiques radicalement opposées, la logique d'assurance dite « bismarckienne » du nom du chancelier Bismarck en Allemagne et la logique dite « beveridgienne » du nom de Beveridge, spécialiste de l'action sociale et chargé de mettre en place une sécurité sociale au Royaume-Uni entre 1942 et 1945.

A. Le système bismarckien

Le système des assurances sociales mis en place par Bismarck entre 1883 et 1889 avait pour objectif de protéger les personnes ayant une activité professionnelle contre les risques liés à la survenue d'une maladie (incapacité de travail), d'un accident du travail (incapacité de travail) ou de l'avancement en âge (retraite).

Le lien avec une activité professionnelle est obligatoire pour bénéficier des prestations et services liés à l'assurance, prestations et services qui varient en fonction des revenus et des statuts de personnes. Le système d'assurance prélève des cotisations, proportionnelles aux revenus d'activité. En cas de survenue du risque, par exemple l'arrêt de travail pour maladie, les personnes qui perçoivent un certain niveau de revenus en période d'activité professionnelle vont bénéficier de revenus de remplacement proportionnels à leurs revenus antérieurs dans la limite d'un plafond.

B. Le système beveridgien

Contrairement au système bismarckien, le plan Beveridge avait trois fondements : l'unité (un seul système), l'uniformité (des prestations identiques pour tous, quels que soient les revenus antérieurs) et l'universalité (toutes les personnes sont couvertes et peuvent recevoir les prestations sans contribution financière obligatoire). Ces prestations délibérément basses sont financées par l'impôt *(national insurance contribution)*. Ainsi, la protection sociale compte pour 20 % dans la richesse produite par le Royaume-Uni.

C. Les fondements du système français

Le système de sécurité sociale mis en place en 1945 avait des objectifs plutôt beveridgiens, notamment la couverture universelle et a utilisé des méthodes plutôt bismarckiennes, dont les principes de l'assurance. Ainsi, le souhait d'extension universelle affirmé lors de la création de la Sécurité sociale était contradictoire avec le principe de cotisations sociales prélevées sur les salaires et il a fallu attendre une fiscalisation partielle de l'assurance-maladie pour que soit mise en place en 2000 une couverture maladie universelle de type beveridgien.

Un système fondé sur l'assurance suppose une contribution financière des personnes qui vont bénéficier de cette assurance. Un système fondé sur l'assistance n'exige pas de ses bénéficiaires une contribution : par exemple, le revenu minimum d'insertion (RMI), mis en place en 1988 et transformé en revenu de solidarité active (RSA) en 2009, ou encore la couverture maladie universelle.

Le système français est une forme hybride entre les systèmes beveridgien et bismarckien et il couvre les risques sociaux suivants : maladie, maternité, vieillesse, famille et retraite grâce au système de sécurité sociale.

Le système français de protection sociale est cogéré depuis sa création en 1945 par le patronat et les représentants des salariés, les syndicats. Jusqu'en 1967, date des ordonnances Jeanneney, les représentants des salariés comptaient pour les deux tiers dans les caisses de Sécurité sociale par rapport au patronat, pourtant principal financeur de la Sécurité sociale. Depuis 1967, les caisses sont gérées de façon paritaire (désignation à égalité de représentants de salariés et d'employeurs). À partir de 1995, date du plan Juppé, le système de protection sociale évolue vers un modèle beveridgien avec une intervention plus importante de l'État dans la Sécurité sociale (projet de loi de financement de la Sécurité sociale, élaboré par le gouvernement et voté chaque année au Parlement).

La protection sociale en France ne se limite pas à la Sécurité sociale. Elle comprend en outre la protection contre le chômage, pour l'emploi et l'insertion. L'aide sociale, les prestations familiales et la solidarité sont par ailleurs des mesures de protection sociale dites non contributives pour les personnes qui en bénéficient : ces bénéficiaires n'ont pas besoin d'avoir payé au préalable sous forme de contributions sociales pour pouvoir en bénéficier.

La répartition des dépenses de protection sociale est représentée par la fig. 29.1.

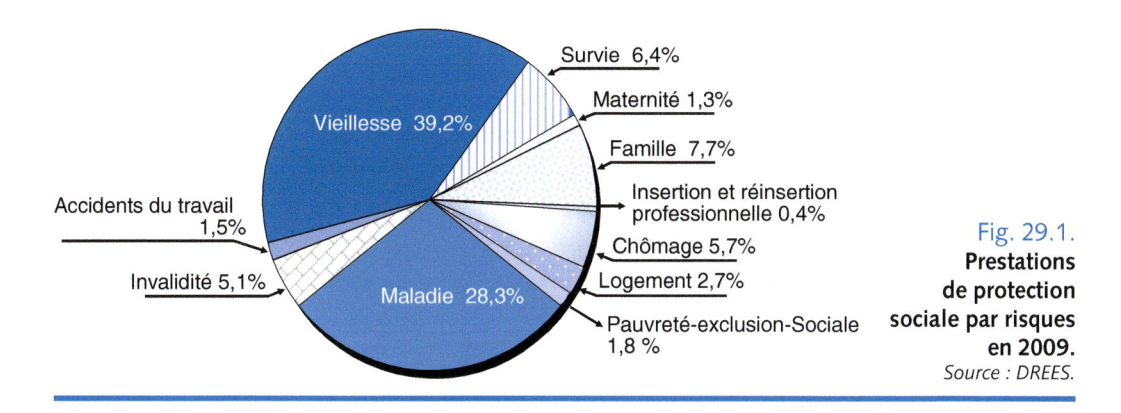

Fig. 29.1.
Prestations de protection sociale par risques en 2009.
Source : DREES.

II. Le système de protection sociale français

Les débats actuels sur le financement des retraites en France et l'accroissement des dépenses du système de santé sont des éléments récurrents de l'actualité depuis la crise de l'État-providence, à partir des années 1970. Ces débats sont communs à l'ensemble des pays qui ont mis en place un système de protection sociale organisé, les pays européens en premier lieu mais aussi l'Amérique du Nord, notamment les États-Unis. Dans ces pays, un certain nombre de contraintes sont apparues : le vieillissement de la population et la modification de la société – réduction du nombre d'enfants par foyer, accroissement de l'activité professionnelle des femmes, familles monoparentales – éléments qui sont venus influer les ressources financières du système de protection sociale et la nature de ses dépenses. En outre, des contraintes financières internationales sont apparues : phénomène de mondialisation, avec notamment l'arrêt d'activités économiques dans les pays riches (ex. : le textile ou la sidérurgie dans le Nord de la France), activités qui sont maintenant effectuées dans les pays où la main-d'œuvre est à bas coût et la protection sociale minimale, voire inexistante.

A. Le financement

En 2009, les prestations de protection sociale (en dehors de celles relatives aux politiques de l'emploi) représentaient 31,3 % du produit intérieur brut (PIB) en France. Leur financement repose principalement sur les cotisations sociales.

1. Les cotisations sociales

Elles sont versées au système de protection sociale par prélèvement sur les revenus du travail des employeurs, des salariés, des professions indépendantes. Les cotisations ont constitué jusqu'en 1990 la source essentielle du financement.

Ainsi, l'État et la Sécurité sociale sont deux institutions distinctes. Contrairement à l'idée reçue, le rôle de l'État dans la protection sociale en France reste moins important que dans l'ensemble des pays européens. Ainsi, la part des cotisations sociales était de 80 % en 1980. Elle a décru à partir des années 1990 pour atteindre 57 % en 2009. Cette décroissance est liée à la mise en place d'un impôt social, la contribution sociale généralisée (CSG) à partir de 1990.

2. La contribution sociale généralisée

a. Pourquoi a-t-on mis en place la CSG ?

Cette évolution répond à la nécessité de ne pas faire peser le financement de la protection sociale sur les seuls revenus d'activité, et de distinguer le financement des prestations relevant de la solidarité nationale de celles relevant de l'assurance.

Le débat politique s'est orienté à partir des années 1980 sur le coût du travail en France et les solutions pour le réduire. Ces solutions se sont axées principalement sur deux points :

- la nécessité de réduire les cotisations sociales pour les bas salaires et le travail non qualifié ;
- l'inadéquation entre la notion d'assurance sociale, financée par des cotisations, et les dépenses non liées au travail comme les prestations familiales et les dépenses de santé. En revanche, les pertes de revenus liées à un arrêt maladie et donnant lieu au versement de revenus de remplacement relèvent du système d'assurance sociale.

b. L'augmentation du financement de la protection sociale par la CSG

En 1991, la CSG a d'abord été prélevée sur 1,1 % de tous les revenus : les revenus du travail et les revenus du capital ainsi que les revenus de remplacement versés par le système de protection sociale. Ces fonds ont été versés à la Caisse nationale des allocations familiales (CNAF).

En 1993, le taux a été relevé à 2,4 % dont 1,3 % destiné au Fonds de solidarité vieillesse (FSV) qui finance les retraites non contributives (minimum vieillesse pour les personnes qui ont insuffisamment ou pas cotisé au système de retraites).

En 1997, le taux a été augmenté à 3,4 % en diversifiant les revenus non salariaux sur lesquels la CSG est prélevée (gains des casinos, des courses de chevaux...) et ces ressources supplémentaires ont été affectées à la Caisse nationale d'assurance maladie des travailleurs salariés (80 % des personnes assurées en France). Cette mesure s'est accompagnée d'une baisse de 1,3 % du taux des cotisations des salariés.

En 1998, le taux de CSG a fortement augmenté (+ 4,1 %) s'élevant à 7,5 % sur les salaires et les revenus du capital et 6,2 % sur les revenus de remplacement.

Enfin, la Caisse nationale de solidarité pour l'autonomie (CNSA) mise en place en 2005 a nécessité d'augmenter les taux de CSG à 6,6 % sur les pensions de retraite, 8,2 % sur les revenus du patrimoine et 9,5 % sur les recettes de jeux.

La France, par l'augmentation de la CSG, s'est ainsi rapprochée de la structure moyenne de financement de la protection sociale des pays de l'Union européenne, même si elle demeure parmi les pays mettant le plus à contribution les revenus du travail.

3. La Sécurité sociale

La mise en place, en France, d'un État-providence développé s'est concrétisée par la création de la Sécurité sociale le 4 octobre 1945. Le système français de protection sociale conjugue aujourd'hui les dimensions d'assistance et d'assurance sociale afin de garantir contre les « risques » vieillesse, maladie, chômage et famille.

La Sécurité sociale finance les retraites, la santé et la famille mais pas le chômage. Depuis la fin des années 1970, on parle de « crise de l'État-providence ». Le ralentissement de la croissance, la montée du chômage et les difficultés de financement de la protection sociale remettent en cause son efficacité et son adaptation aux nouveaux besoins sociaux (exclusion, vieillissement démographique).

Les cotisations sociales sont des versements obligatoires effectués par les non-salariés, les employeurs et leurs salariés pour acquérir des droits à des prestations sociales. Il existe quatre cotisations de Sécurité sociale qui correspondent aux différents risques couverts. Il s'agit des cotisations :
- d'assurance maladie–maternité–invalidité–décès ;
- d'assurance vieillesse ;
- d'assurance veuvage ;
- d'accidents du travail.

Enfin, depuis le 1er juillet 2004, la nouvelle contribution de solidarité pour l'autonomie (CSA) a été mise en œuvre. Elle est due par les employeurs privés et publics redevables de la cotisation patronale d'assurance-maladie. Son taux est de 0,3 %.

La fig. 29.2 montre la répartition des dépenses de Sécurité sociale entre la vieillesse, la maladie, la famille et les accidents du travail–maladies professionnelles (AT-MP).

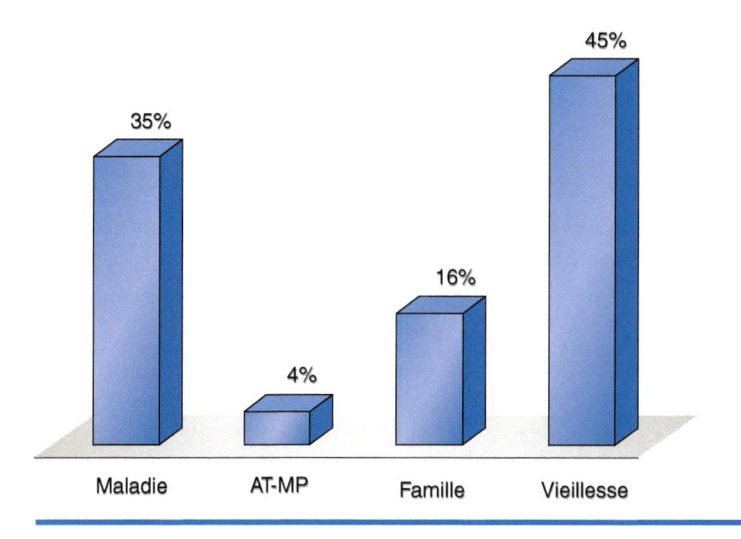

Fig. 29.2.
Répartition des cotisations par risque en 2009.
Source : Les comptes de la Sécurité sociale « Résultats 2009 – prévisions 2010–2011 ». Rapport, septembre 2010.

B. Les prestations sociales du système français

Les retraites représentent un enjeu financier important, le système de santé étant décrit au chapitre 24. Il s'agit d'une prestation d'assurance. Les individus cotisent au cours de leur vie professionnelle et lorsque le risque se produit, ils reçoivent normalement une pension. Dans ce système, il faut un équilibre des recettes (cotisations sociales) et des dépenses (pensions de retraite).

1. Les retraites

Ce système illustre bien les modalités extrêmement variées de la protection sociale : mécanismes assurantiels publics et privés, épargne individuelle. Mais l'État intervient pour les personnes âgées les plus démunies via le Fonds de solidarité vieillesse, qui comme son nom l'indique est une prestation de solidarité.

a. Répartition

Le système actuel repose sur les principes de l'assurance sociale et de la répartition : les cotisations sociales recueillies dans l'année sont directement affectées aux pensions pendant cette même année. Ce système repose donc sur une forte solidarité entre générations. Son équilibre financier dépend du rapport entre le nombre de cotisants et celui des retraités. Les taux de croissance des revenus et de la population active occupée constituent dès lors les deux principaux facteurs d'évolution. Les premières assurances sociales mises en place dans les années 1930 reposaient sur un système de retraites par capitalisation. Mais au sortir de la Seconde Guerre mondiale, l'idée de solidarité s'est imposée. Les ordonnances de 1945 créant la Sécurité sociale ont institué un régime par répartition, qui prévaut encore aujourd'hui pour les régimes de base et complémentaires.

b. Capitalisation

Dans un régime de retraite par capitalisation, la logique est différente : les actifs d'aujourd'hui épargnent en vue de leur propre retraite. Les cotisations font l'objet de placements financiers ou immobiliers, dont le rendement dépend essentiellement de l'évolution des taux d'intérêt. Cette capitalisation peut être effectuée dans un cadre individuel ou collectif (ex : accords d'entreprise), ce qui peut permettre de réintroduire une dose de solidarité.

c. Organisation en France

Plus de 14 millions de personnes perçoivent une retraite en France : celle-ci est en moyenne de 1069 euros par mois.

Trois grands types de régimes distribuent plus de 90 % des pensions de retraite :

- le régime général (la Caisse nationale d'assurance vieillesse des travailleurs salariés – CNAVTS) couvre les salariés du secteur privé, y compris les cadres. Ce régime couvre 75 % de la population retraitée et verse 35 % du montant des retraites. La pension de base couvre 50 % du salaire brut et ne peut dépasser un plafond de 2859 euros par mois ;

- les régimes complémentaires (AGIRC pour les cadres mis en place en 1947, ARRCO pour l'ensemble des salariés, mis en place en 1961 et IRCANTEC pour les salariés non fonctionnaires de la fonction publique) complètent les retraites de base versées par le régime général. L'adhésion à ces régimes complémentaires est devenue obligatoire pour tous les salariés en 1972. Il s'agit de régimes par répartition. Leur originalité tient au fait que ce n'est pas le nombre d'années de contribution qui est pris en considération pour le calcul de la retraite mais le nombre de points accumulés en contrepartie des cotisations. Les cotisants achètent des points avec un système de cotisations définies et le retraité perçoit une retraite complémentaire qui correspond à la valeur du point que multiplie le nombre de points. Ils distribuent 23 % des retraites ;
- les régimes particuliers et spéciaux : ils protègent les salariés du secteur public (les fonctionnaires). Ils sont considérés comme bénéficiaires de conditions de départ à la retraite plus favorables que les salariés du secteur privé (ex. : calcul de la retraite sur la base des six derniers mois d'activité). Certains fonctionnaires peuvent en effet partir à la retraite à 50, 55 ou 60 ans. Toutefois, les primes des fonctionnaires n'étaient pas comprises dans le calcul des retraites jusqu'en 2003, date de création d'un régime additionnel.

d. Perspectives d'évolution des retraites

Les craintes concernant la viabilité des systèmes de retraite s'appuient sur deux constats.

Le premier constat, d'ordre démographique, est commun à tous les pays industrialisés : le vieillissement continu de la population, résultant de l'allongement constant de l'espérance de vie et de la baisse du taux de fécondité, contribue à l'accroissement structurel du poids des plus de 65 ans dans la population. Égal à 16,5 % de la population totale aujourd'hui, il atteindrait 29 % en 2040. Cette évolution à long terme devrait être majorée dans les prochaines années par un phénomène plus conjoncturel : l'accès à la retraite des classes d'âge nombreuses de l'après-guerre entraînant une augmentation du nombre de retraités et des dépenses du système de retraites.

Le second constat, d'ordre économique et social, est plus spécifique à l'Europe continentale et particulièrement accentué en France : il s'agit de la diminution de la durée de la vie active. Elle s'explique à la fois par une entrée plus tardive des jeunes sur le marché du travail (22 ans aujourd'hui contre 18 ans, il y a 30 ans) et par une diminution importante de l'âge moyen de cessation d'activité (58,9 ans contre 62,4 ans, il y a 30 ans) qui tient à la chute du taux d'activité des salariés âgés de 55 ans et plus (30 % actuellement contre 60 %, il y a 30 ans). La réduction du nombre de cotisants, accentuée par les périodes de chômage et d'inactivité, se traduit par une baisse des ressources du système.

La situation des retraites en France est préoccupante pour l'avenir, et les débats sont souvent vifs : système par répartition ou par capitalisation, durées de cotisation, niveaux des pensions, régimes spéciaux, épargne retraite… Au-delà de la diversité des solutions proposées pour assurer la pérennité du système français de retraites, le constat partagé est celui d'un déséquilibre financier à venir de très grande ampleur. Dans le scénario économique de référence du Conseil d'orientation des retraites (COR), le maintien de la réglementation actuelle entraînerait une élévation de ces dépenses à près de 14 % du PIB en 2020 et 16 % en 2040. Malgré cette hausse, le rapport entre la pension moyenne et le revenu moyen d'activité passerait de 0,78 à 0,64.

Plusieurs pays, face notamment aux difficultés de financement des retraites, ont décidé d'introduire une dose de capitalisation privée dans leurs systèmes de protection sociale (ex. : Allemagne en 2001). La France a pour l'instant privilégié les dispositifs publics, à travers la mise en place en 1999 d'un fonds de réserve des retraites, qui doit permettre de constituer une réserve d'épargne collective suffisante afin de lisser les efforts de financement des régimes entre 2020 et 2040. Il vise à financer les à-coups démographiques du système liés à l'arrivée des classes nombreuses à l'âge de la retraite, mais il n'est pas destiné à couvrir à long terme le besoin de financement des différents régimes de retraite par répartition.

Le besoin de financement du système serait de 2 points de PIB en 2020 et de 4 points en 2040. Le maintien du taux actuel de remplacement de la pension moyenne par rapport au revenu d'activité net (0,78 aujourd'hui) conduirait à un besoin de financement supplémentaire par rapport au scénario de référence de 2,5 points de PIB, le faisant passer à 6,5 % de la richesse nationale en 2040.

En 2012, le débat reste toujours le même que lors de la réforme Fillon en 2003, les retraites représentent le premier poste de dépenses de la protection sociale comme nous l'avons vu.

2. Les dépenses sociales en dehors du champ de la Sécurité sociale

La fig. 29.3 présente l'évolution des dépenses nettes d'aide sociale en France (en milliards d'euros). Les aides aux personnes handicapées ainsi que l'aide sociale à l'enfance ont été mises en place dans les années 1970, années où le système de protection sociale était encore en expansion. Ces prestations n'étaient pas contributives. En revanche, à partir des années 1980, l'instauration du RMI (1988) puis du revenu de solidarité active (RSA) en 2009 implique une démarche d'insertion. Le RSA bénéficie à plus de 3,5 millions de personnes en France et remplace le RMI et l'allocation de parent isolé. La population des personnes au RSA croît avec la crise économique. Le RSA regroupe des personnes sans perspective d'emploi, des personnes employées en situation de précarité (emplois à temps insuffisant et mal payés) et le groupe plus favorable des personnes qui retrouveront une activité professionnelle. Une majoration de la prestation est prévue à chaque emploi nouveau trouvé. Cette mesure d'incitation financière vise à favoriser l'insertion dans le travail.

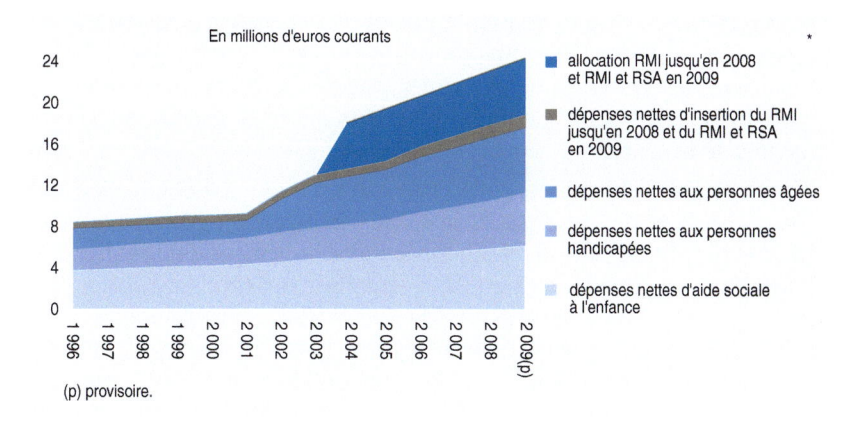

Fig. 29.3.
Évolution des dépenses nettes d'aide sociale en milliards d'euros – hors frais de personnel, services communs et autres interventions sociales; (p) : provisoire.
Source : DREES. Mai 2011; n° 762.

III. Le concept d'équité

La notion de retraite à 60 ans pour tous apparaît comme une mesure d'égalité. Toutefois, quelqu'un obtenant une retraite à taux plein à 60 ans (voire bien plus jeune, à 50 ans à la RATP ou la SNCF) aura le maximum de revenus auquel il peut prétendre, quand *a contrario*, une personne prenant sa retraite ou poussée vers la retraite sans avoir travaillé le nombre d'années suffisantes sera éventuellement en difficulté financière si elle arrête son activité professionnelle.

Les constitutions européennes garantissent une protection sociale pour tous (avec des financements et des prestations extrêmement variables selon les pays, et faibles dans l'Est de l'Europe des vingt-sept). Certains pays prévoient des dispositifs spécifiques pour aider les plus défavorisés (leur donner plus, ce qui correspond à une mesure d'équité). Ces mesures s'inscrivent dans le domaine de la protection sociale.

Un pays comme la France doit aussi garantir du travail pour ses citoyens, car il s'agit d'une disposition inscrite dans la Constitution. Or, la mondialisation et la financiarisation de l'économie conduisent à des pertes d'emploi, ce qui module également les politiques en faveur de l'emploi (échec du contrat première embauche, emplois précaires…). Les mesures visant à remettre les personnes dans le circuit de l'emploi sont comme nous l'avons vu des exemples de mesures d'équité.

A. La définition de l'équité

Les économistes se consacrent essentiellement à la dynamique des systèmes productifs alors que les philosophes étudient l'équité. Or, dans le domaine social et celui de la santé en particulier, les modalités de répartition des ressources rares, lorsque les préférences des agents économiques sont divergentes (dépenses de retraites ou dépenses de santé?), montrent que le thème de l'efficience des mécanismes d'allocation des ressources doit être élargi aux concepts de justice distributive. La crise financière des systèmes de sécurité sociale, conduisant à des réformes dans tous les pays occidentaux, met en valeur les approches économiques de la santé.

L'analyse des systèmes de santé d'un point de vue de l'équité s'appuie sur les théories de la justice sociale, qui dégagent de grands principes pour la distribution de soins (qui diffèrent de ceux gouvernant le comportement des acteurs de santé). La légitimité des droits aux soins (cas de la couverture maladie universelle en France) étant reconnue, doit-on définir un « panier de soins remboursables » avec des possibilités d'accès à des services et biens médicaux complémentaires via des systèmes privés (mutuelles ou assurances) ? Ou peut-on mettre en place un système uniforme dans des conditions de qualité identique (comme en principe le système national de santé britannique financé par l'impôt) ? Quelle est la place de l'État dans la mise en place d'un système de santé ? Est-elle justifiée (relatif échec de la réforme Obama aux États-Unis *versus* application des décisions étatiques en France comme avec la loi « hôpital, patients, santé, territoires ») ?

B. La place de la science économique dans le champ social et politique : les choix publics

La science économique est présente dans les débats contemporains : réduction du chômage garantissant une augmentation des contributions sociales, financement des retraites, instruments de relance de la croissance économique, oscillation des valeurs et cours de l'euro face à celui du dollar américain. Les crises économiques depuis les années 1970 ont conduit à la nostalgie des Trente Glorieuses (1945–1975) ainsi qu'à une longue période d'incertitude dans laquelle les théories économiques ne trouvaient pas de solution à l'augmentation de la demande sociale.

Les théories libérales postulent la non-intervention en matière de répartition des richesses et la loi du marché, soit un silence en matière sociale. Cependant, John Maynard Keynes, en publiant en 1936 la *Théorie générale de l'emploi, de l'intérêt et de la monnaie*, convainc les opinions publiques de la nécessité de l'intervention de l'État pour réguler l'économie mieux que le marché.

Le rôle de l'État ainsi redéfini comporte un rôle de production des biens publics ainsi qu'un rôle de redistribution. L'État produit des biens et services publics qui font l'objet d'une consommation collective, comme la défense (entretien d'une armée), la justice, les réseaux routiers. Ces biens ne peuvent être produits par le secteur privé. En ce qui concerne la redistribution, la justice sociale est une condition nécessaire de stabilité et de cohésion des sociétés. Les pouvoirs publics disposent de moyens leur permettant de réduire les inégalités. Ainsi, une partie des contributions sociales et fiscales peut être distribuée aux plus démunis. Par cette fonction, l'État contribue à une plus grande équité. Selon Keynes, « *l'économie est une science morale dans laquelle l'intuition et*

l'éthique, "l'introspection et les valeurs" jouent des rôles aussi importants que la méthodologie appelée scientifique ». Keynes ajoute que l'économie s'occupe des motivations, des anticipations, d'incertitudes psychologiques. Les motifs de l'intervention de l'État sont divers :
- souci de solidarité en fournissant par exemple un revenu minimum à tous, quelles que soient les circonstances de la vie (chômage, maladie, vieillesse, invalidité…) ;
- politique de stabilisation conjoncturelle par une distribution plus égalitaire des revenus ou une augmentation des salaires au détriment des profits, de façon à stimuler la consommation ;
- action sur les préférences des consommateurs pour encourager l'usage de certains biens ou services (instruction, soins médicaux, assurances…) appelés *biens de tutelle* et susceptibles d'avoir des retombées ou externalités positives sur l'ensemble de la collectivité : une population plus instruite représente un atout pour la croissance et des individus bien portants sont plus productifs.

Toute l'activité de l'État et des collectivités publiques, qui implique d'une part des prélèvements fiscaux et sociaux, et d'autre part des dépenses, est redistributrice. La modification des ressources des individus transforme leur usage global. En conséquence, l'intervention de l'État est génératrice de coûts qu'il faut comparer aux avantages recherchés. L'étude de la logique de l'État a été développée par la pensée libérale à partir des années 1950. Le rôle prééminent du marché pouvait se comprendre avant le XXe siècle car la part des dépenses publiques était faible. Mais lorsque celle-ci s'élève à plus de la moitié du PIB (cas de la France), le thème de l'État devient primordial et conduit à la rencontre de l'économie et des sciences politiques. Depuis les années 1970, l'école des « choix publics » montre que l'État ne peut être assimilé à « un despote omniscient et bienveillant » se consacrant au seul service de l'intérêt général. Dans une démocratie représentative, les gouvernements et leurs administrations doivent prendre en compte les réactions des citoyens et de leurs organisations représentatives, même si celles-ci sont parfois contradictoires. La perspective des élections n'est jamais complètement absente de leurs décisions. Les conséquences qui en découlent sont les suivantes :
- à court terme, les échéances futures sont en général sous-estimées. La recherche de la paix sociale immédiate est un enjeu considérable même si le prix à payer est reporté de plusieurs années (cas de l'âge de la retraite ou du remboursement de la dette sociale ou RDS, tous éléments qui comptent dans la répartition des dépenses sociales, donc des dépenses de santé). Ainsi, dans le domaine de la santé, le montant des dépenses n'était pas fixé *a priori* avant 1996, c'est pourquoi les acteurs du secteur santé revendiquent des « droits acquis » en matière de progression des dépenses sociales ;
- un découplage entre les avantages et les coûts. Ainsi, une scission apparaît entre ceux qui bénéficient des prestations et ceux qui les financent sous forme d'impôts ou de cotisations sociales. Il crée une illusion de gratuité qui incite les bénéficiaires à abuser du système.

Ce comportement de « passager clandestin » explique une partie de la dérive des dépenses de santé malgré la multiplication des plans de réforme (impossibilité des pouvoirs publics de redéfinir les affections prises en charges à 100 %).

C. La théorie de Rawls

La philosophie politique et les théories de la justice ont été marquées par la publication en 1971 de la *Théorie de la justice* de John Rawls, professeur à l'université de Harvard. Rawls, philosophe et partisan de la lutte contre la pauvreté et pour les droits civils *(civil rights)* a intégré les données de la recherche économique dans sa construction d'une théorie procédurale de la justice. Ces théories admettent l'existence de différences, qui sont des contraintes sur ce que l'on peut considérer comme juste.

La philosophie politique de la justice se partage en deux groupes : les théories *téléologiques*, qui subordonnent le juste au bien, et les théories *déontologiques*, qui donnent la prééminence du juste sur le bien. La théorie de Rawls s'inscrit dans le second courant et met en évidence les conditions dans lesquelles la coopération entre les agents aboutit à des solutions justes. Ainsi « *la justice procédurale pure s'exerce quand il n'y a pas de critère indépendant pour déterminer le résultat correct ; au lieu de cela, c'est une procédure correcte ou équitable qui détermine si un résultat est également correct ou équitable, quel qu'en soit le contenu, pourvu que la procédure ait été correctement appliquée* ». Le fonctionnement correct de la procédure repose sur la création d'un système d'institutions justes, administrées de manière impartiale pour appliquer à la répartition la notion de justice procédurale pure. Cette démarche normative apparaît comme la méthode la plus adaptée pour définir les principes d'organisation d'un juste système de distribution des soins.

Son ouvrage est considéré comme un apport majeur au débat entre efficacité économique et justice sociale. La présentation des deux principes par Rawls est la suivante : d'abord la liberté, puis la justice. « *En premier lieu : chaque personne doit avoir un droit égal au système le plus étendu de libertés de base égales pour tous qui soit compatible avec le même système pour les autres ; et dans cet ensemble, les libertés politiques, et seulement celles-ci, doivent bénéficier d'une garantie de valeur équitable pour tous. En second lieu : les inégalités sociales et économiques doivent être organisées de façon à ce que, à la fois a) elles apportent aux plus défavorisés les meilleures perspectives ; b) qu'elles soient attachées à des positions et à des fonctions ouvertes à tous, conformément à la juste (fair) égalité des chances ; c) permettre le plus grand avantage aux membres de la société les plus défavorisés.* » Ce second principe est connu sous le nom de principe de différence. Bien que s'inscrivant dans la tradition libérale, Rawls introduit la dimension sociale et l'intègre dans la structure de la société. Pour certains, c'est un théoricien libéral de la justice mais les ultralibéraux lui ont reproché ses positions très interventionnistes. Son second principe d'inégalité sociale en matière d'accès à l'éducation, à la formation ou à la culture a conduit à justifier les *« discriminations positives »* *(affirmative action)*, apparues aux États-Unis en 1965 qui définissent des politiques de quotas en faveur des minorités[40]. Sa théorie de la *« justice comme équité »* *(justice as fairness)* dépasse la notion d'égalité au sens d'égalité des droits. Les travaux de Rawls sont une référence dans les pays occidentaux.

D. Les travaux de Sen

Sen, économiste indien, prix Nobel d'économie en 1998, fréquemment dénommé « prix Nobel des pauvres », a proposé dans un ouvrage, paru aux États-Unis en 1992, sa lecture de la théorie rawlsienne de la justice comme équité. Sen reconnaît la place essentielle de cette théorie, considérant que *« les philosophes de la politique doivent désormais ou bien travailler à l'intérieur de la théorie de Rawls, ou bien expliquer pourquoi ils ne le font pas »*. L'engagement de Sen pour le développement l'a conduit à un concept nouveau, la *« capabilité »* qui permettrait de rendre compte de l'usage « effectif » des libertés. Elle est définie par tout ce à quoi un être humain peut souhaiter légitimement accéder, qu'il exerce ou non ce pouvoir : être bien nourri, échapper à une morbidité évitable, rester digne à ses propres yeux, participer à la vie de la communauté. Sen les a qualifiées de *« libertés concrètes »*. En outre, pour Sen, le revenu n'est pas le seul critère permettant de définir les inégalités. Son approche convertit les biens premiers en *« capabilités »* qui varient en fonction des personnes. L'accent est mis ici sur les occasions et le libre choix des individus. On peut s'interroger sur cette notion d'égalitarisme qui rend la notion de pauvreté relative. Elle s'applique aux pays en développement où la protection sociale n'est pas encore organisée. Toutefois, certains pays comme le Brésil ont une croissance très forte et commencent à tenter de combler les inégalités sociales par des programmes sociaux.

E. L'avenir de la protection sociale en France

La lutte contre l'inégalité de revenus se révèle efficace. Les systèmes de protection sociale des pays européens, garantis par l'État, s'inscrivent dans la logique de Rawls. Ainsi, en France, les personnes bénéficiaires du RSA peuvent obtenir une assurance-maladie complémentaire à coût réduit, ce qui correspond à une application de la théorie de Rawls ; les Britanniques ont défini des *health action zones* pour lutter contre les

---

40. Le gouvernement démocrate de Johnson mettait en place de façon concomitante les programmes médicaux destinés aux personnes âgées *(Medicare)* ainsi qu'aux populations pauvres *(Medicaid)*.

inégalités sociales de santé et apporter des services médicaux dans les quartiers les plus défavorisés. Toutefois, ces dispositifs ne sont possibles que si un financement durable permet leur mise en œuvre et leur pérennité. L'ouverture de l'Union européenne vers les pays de l'Europe de l'Est ainsi que la financiarisation de l'économie au détriment de la production locale conduisent à des difficultés de financement du secteur social. L'évolution des comptes du régime général (principal régime de Sécurité sociale en France) montre un déficit important pour les deux postes de dépenses majeurs : retraites et santé.

Les déficits mentionnés ne prennent pas en considération les dettes accumulées qui sont à rembourser à la Caisse d'amortissement de la dette sociale (CADES) : 0,5 % de tous les revenus.

Le débat sur la protection sociale dépasse de loin la question de la réforme des systèmes de retraite et de santé : il met en jeu la situation des ressources financières des pays riches, du moins qui l'ont été jusqu'aux années 2000. La France a renoncé à beaucoup de ses secteurs de production et n'a pas mis en œuvre contrairement aux États-Unis, au Japon et à la Corée des mesures de dumping (vendre sa production moins chère à l'export que sur le marché domestique pour favoriser la production intérieure). L'Union européenne, contrairement aux États-Unis, n'a pas mis en place de mesures de protectionnisme vis-à-vis des pays produisant à bas coût comme la Chine et l'Inde, où la main-d'œuvre est payée environ 100 euros par mois.

Or, les études actuelles montrent que le maintien des programmes sociaux (emploi, logement) est fondamental pour conserver une population en bonne santé et aussi important que l'augmentation du financement du système de santé en tant que tel. Les données comparables de 15 pays de l'Organisation de coopération et de développement économiques (Autriche, Belgique, Danemark, Finlande, France, Allemagne, Grèce, Irlande, Italie, Luxembourg, Pays-Bas, Portugal, Espagne, Suède et Royaume-Uni) ont montré qu'une augmentation de 100 dollars américains dans le secteur social (aides aux familles, retraites, pensions, veuvage, santé, aides au logement, allocations chômage et politiques d'aide à l'emploi) était liée à une réduction de 1,19 % de toutes les causes de mortalité.

IV. Conclusion

Contrairement à l'idée d'évolution vers la destruction du système de protection sociale en France, il apparaît que la protection sociale maintient son rôle de stabilisateur social, notamment en cas de crise. Les questions de son financement sont en conséquence essentielles.

POINTS CLÉS

▶ Le système de protection sociale français est une forme hybride entre les systèmes beveredgien et bismarkien. Il ne se résume pas à la Sécurité sociale et comprend en outre la protection contre le chômage, pour l'emploi et l'insertion ainsi que l'aide sociale, les prestations familiales et la solidarité.

▶ Le système de Sécurité sociale a été mis en place en 1945 avec des objectifs beveredgiens comme la couverture maladie universelle (CMU) créée en 2000 ; des méthodes bismarckiennes ont été utilisées comme les principes de l'assurance.

▶ Le système français couvre les risques sociaux suivants : maladie, maternité, vieillesse et retraite grâce au système de Sécurité sociale. Le chômage n'est pas financé par la Sécurité sociale mais par l'UNEDIC.

▶ Les caisses de Sécurité sociale sont gérées de façon paritaire par des représentants de salariés et d'employeurs. Depuis les ordonnances Juppé, on note une intervention plus importante de l'État.

▶ Depuis la crise de l'État-Providence des années 1970, le financement des retraites en France ainsi que l'accroissement des dépenses du système de santé sont des sujets d'actualité dans les pays européens comme aux États-Unis.

▶ Les prestations de protection sociale représentaient 31 % du PIB en 2009. Leur financement repose sur les cotisations sociales, source essentielle jusqu'en 1990, pour décroître ensuite au profit de la contribution sociale généralisée (CSG) qui est un impôt social.

▶ Le système des retraites illustre les modalités variées de la protection sociale. Sa viabilité nécessite des réformes pour faire face aux difficultés de financement.

▶ J.M. Keynes, convainc en 1936 les opinons publiques de la nécessité de l'intervention de l'État pour réguler l'économie contrairement au postulat de base de la théorie libérale qui prône la non-intervention de l'État en matière de répartition des richesses.

▶ *La théorie de la justice* de J. Rawls publiée en 1971 donne la prééminence au juste sur le bien et introduit la dimension sociale dans la structure de la société inspirant les systèmes de protection sociale des pays occidentaux. Les travaux de Sen en 1992 introduisent le nouveau concept de « capabilité » ou de « libertés concrètes » dans le cadre des pays en voie de développement où la protection sociale n'existe pas.

Bibliographie

Barbier JC, Théret B. *Le système français de protection sociale*. Paris : La découverte ; 2009.

Clément E. Les dépenses d'aide sociale départementale en 2009. *Études et Résultats*, mai 2011, n° 762.

Monnier JM. *Dynamiques économiques de l'équité*. Paris : Economica ; 2004.

Palier B. *Gouverner la sécurité sociale – les réformes du système français de protection sociale depuis 1945*. Paris : PUF ; 2005.

Rawls J. *Théorie de la justice*. Paris : Le Seuil ; 1987.

Dépenses de santé en France : principaux postes, sources de financement, évolution

S. Bahrami, I. Durand-Zaleski

I. Les dépenses de santé et leur évolution
II. Le financement des dépenses de santé
III. Les enjeux

La population française consacre chaque année aux soins de santé une part importante de ses revenus : en 2010, les dépenses de santé représentaient 12,1 % de l'ensemble des richesses produites sur le territoire (mesurées par le produit intérieur brut).

Le financement de ces dépenses est principalement assuré par la branche maladie de la Sécurité sociale (l'assurance-maladie) ; aujourd'hui, celle-ci finance directement 75,8 % des dépenses, le reste provenant principalement des assurances complémentaires et des paiements directs des ménages.

L'assurance-maladie est elle-même financée par des cotisations sociales prélevées sur les salaires et par des impôts qui lui sont affectés, selon un principe de solidarité face à la maladie : le niveau de contribution est lié au revenu, et non au risque de tomber malade.

Dans ce système, rien ne contraint *a priori* l'évolution des dépenses à suivre celle des recettes.

Portées par l'amélioration de l'accès aux soins et de leur couverture, par les progrès médicaux et le vieillissement de la population, les dépenses de santé ont crû rapidement au cours des cinquante dernières années.

La croissance des recettes de l'assurance-maladie a en revanche été soumise aux aléas de la conjoncture économique : rapide pendant les Trente Glorieuses, elle a ralenti à partir du milieu des années 1970, freinée par le ralentissement de l'activité économique et la montée du chômage.

L'assurance-maladie est ainsi confrontée, depuis plusieurs décennies, à des difficultés récurrentes de financement qui mettent en péril son existence même. L'État doit de ce fait intervenir régulièrement pour assurer l'équilibre de son budget et préserver le modèle actuel de solidarité. Il dispose pour cela de trois grandes options : trouver de nouvelles sources de financement ; freiner la croissance des dépenses ; renoncer au financement public d'une partie d'entre elles.

L'étude des dépenses de santé permet de clarifier les enjeux associés à ces différentes options. Nous présentons les concepts utilisés pour décrire les dépenses de santé, leurs principaux postes et leur évolution puis les modalités de financement de ces dépenses depuis les années 1950, en précisant notamment les rôles respectifs de l'État et de la Sécurité sociale. Enfin, les causes de la croissance des dépenses seront abordées, afin d'éclairer les enjeux associés à l'évolution de leur financement public.

I. Les dépenses de santé et leur évolution
A. Les dépenses de santé en 2010

On peut définir, de manière générale, les dépenses de santé comme l'ensemble des dépenses engagées par les financeurs publics et privés[41] pour le fonctionnement du système de santé.

L'État évalue chaque année ces dépenses dans le cadre des comptes de la santé, qui sont un compte satellite de la comptabilité nationale (voir encadré ci-dessous). Une fois par an, les comptes de la santé retracent et présentent, de manière globale et détaillée, l'ensemble des dépenses effectuées au titre de la santé. Au niveau global, les résultats sont synthétisés sous la forme d'*agrégats* qui regroupent des postes élémentaires de

---

Comptabilité nationale et comptes satellites

La *comptabilité nationale* est un système de représentation chiffrée de l'économie française qui fournit chaque année une description globale et détaillée de l'activité économique. Son principal agrégat, le *produit intérieur brut*, est une évaluation de la richesse produite chaque année.

---

dépense, dont les deux principaux sont la *consommation de soins et de biens médicaux* et la *dépense courante de santé*.

Pour certains secteurs de l'économie, des *comptes satellites* viennent compléter les données fournies par la comptabilité nationale. On dispose notamment de comptes satellites pour l'éducation, la santé, la protection sociale et l'environnement.

1. La consommation de soins et de biens médicaux (CSBM)

Elle représente la somme des dépenses engagées pour des soins ou des biens médicaux au cours d'une année, sur l'ensemble du territoire français (tableau 29.VI). En 2010, elle atteignait 175,0 milliards d'euros, soit 2698 euros par habitant et 9,0 % du PIB. La CSBM regroupe les sommes consacrées aux soins hospitaliers (publics et privés), aux soins ambulatoires (essentiellement ceux des professionnels de santé

---

41. Ces termes sont précisés p. 413.

Tableau 29.VI. **Consommation de soins et de biens médicaux, 2009.**

Consommation de soins et de biens médicaux, 2009	En millions d'euros
Soins hospitaliers	**81 200**
Secteur public	61 800
Secteur privé	19 500
Soins ambulatoires	**44 000**
Médecins	18 400
Auxiliaires médicaux	11 000
Dentistes	9 900
Analyses de laboratoire	4 300
Cures thermales	300
Médicaments*	**34 400**
Autres biens médicaux*	**11 600**
Transports de malades	**3 800**
Total	**175 000**

* En ambulatoire.
Source : DREES. Comptes de la santé 2009.

libéraux), aux transports de malades, aux médicaments délivrés en ambulatoire, et aux autres biens médicaux délivrés en ambulatoire[42].

Ces différents postes de dépenses contribuent inégalement au montant de la CSBM : les soins hospitaliers, les soins ambulatoires et les dépenses de médicaments représentaient 91,2 % de la CSBM en 2010, tandis que les sommes correspondant aux consommations d'autres biens médicaux et aux transports de malades ne représentaient que 8,8 % de celle-ci (fig. 29.4).

Les soins hospitaliers constituent la principale composante de la CSBM. En 2010, ils représentaient 46,4 % de celle-ci. Les soins effectués dans les établissements du secteur public constituent plus des trois quarts de ces dépenses (76,1 % en 2010), les soins effectués dans le secteur privé (principalement des établissements à but lucratif) un peu moins d'un quart de celles-ci (23,9 % en 2010).

---

42. Les médicaments et autres biens médicaux délivrés au cours d'une hospitalisation sont comptabilisés dans les soins hospitaliers. Les dépenses de médicaments ou d'autres bien médicaux dans ce chapitre correspondent toujours à des dépenses effectuées en ambulatoire (c'est-à-dire hors hospitalisation).

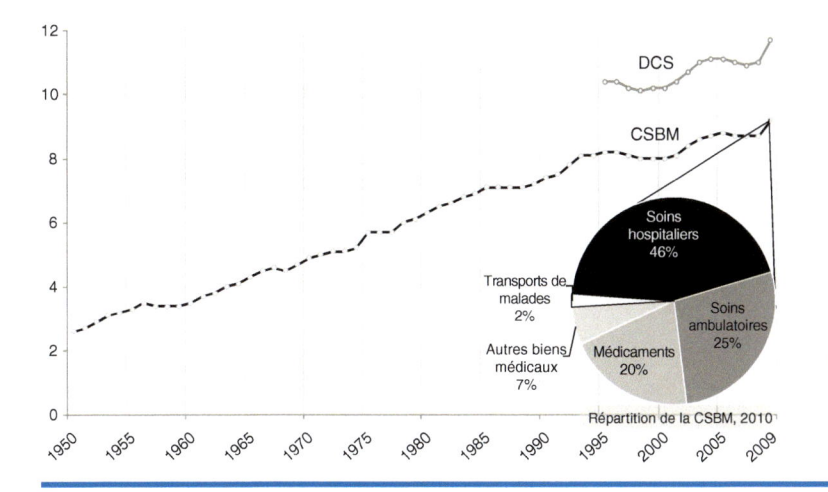

**Fig. 29.4.
Part de la CSBM dans le PIB, 1950–2009, et répartition de la CSBM en 2010.**
Source : Éco-santé France 2010 ; DREES. Comptes de la santé 2010.

Les soins ambulatoires constituent le deuxième poste de dépenses. Ils comprennent les soins prodigués par les professionnels de santé libéraux, mais aussi les consultations externes des hôpitaux publics et les soins dispensés dans d'autres structures ambulatoires telles que les dispensaires. En 2010, la consommation de soins ambulatoires représentait le quart de la CSBM (25,1 %). Les soins délivrés par les médecins représentaient 42 % de celle-ci, les soins délivrés par les « auxiliaires médicaux » (infirmiers, masseurs-kinésithérapeutes, orthophonistes, orthoptistes) 25 %, et les soins de dentisterie 22,5 % ; les prélèvements et analyses de laboratoire et les soins prodigués en cure thermale ne représentaient respectivement que 9,8 % et moins 1 % de la consommation de soins ambulatoires.

Les médicaments occupent le troisième poste de dépenses de la CSBM. En 2010, la consommation de médicaments atteignait 34,4 milliards d'euros, soit 19,7 % de la CSBM.

Enfin, les dépenses d'optique, de prothèses, de matériel d'aide aux personnes dépendantes ainsi que le petit matériel médical (« petits matériels et pansements »), regroupées dans la catégorie « autres biens médicaux », et les dépenses pour les transports de malades représentaient respectivement 6 % et 2 % de la CSBM en 2010.

2. La dépense courante de santé (DCS)

Cet agrégat, plus large que la CSBM, comptabilise l'ensemble des dépenses effectuées pour le secteur de la santé (tableau 29.VII). À la CSBM s'ajoutent : les dépenses de prévention organisée (notamment les vaccinations) ; les soins aux personnes âgées en hébergement collectif de longue durée et les indemnités journalières (maladie, maternité ou accident du travail), regroupés dans la catégorie des « autres dépenses engagées en faveur de la santé des patients » ; les dépenses d'enseignement et de recherche dans le domaine médical et les subventions au système de soins (« dépenses pour le système de soins ») ; les dépenses de gestion du système de santé. En 2010, ces dépenses hors CSBM

Tableau 29.VII. **Dépense courante de santé, 2010.**

Dépense courante de santé, 2010	En millions d'euros
CSBM	175 000
Autres dépenses pour les malades	29 700
Soins aux personnes âgées en établissement	7 700
Soins aux personnes handicapées en établissement	8 300
Indemnités journalières	12 500
Prévention	5 900
Prévention individuelle	3 500
Prévention collective	2 500
Dépenses pour le système de soins	11 800
Subvention au système de soins*	2 400
Recherche médicale et pharmaceutique	7 600
Formation	1 900
Coût de gestion de la santé	15 900
Double compte**	−4 255
Total	234 000

* Prise en charge partielle des cotisations des professionnels de santé.
** Recherche pharmaceutique comprise dans les dépenses de médicaments.
Source : DREES. Comptes de la santé 2010.

représentaient 47,4 milliards d'euros (2,5 % du PIB); la DCS s'élevait ainsi à 234,1 milliards d'euros, soit 12,1 % du PIB.

B. L'évolution des dépenses de santé depuis 1950

Le secteur sanitaire représente donc aujourd'hui un secteur majeur de l'économie française. Si le montant des dépenses de santé suscite des débats, c'est cependant leur évolution qui concentre l'essentiel des enjeux.

La croissance rapide des dépenses de santé, à un rythme supérieur à celui du PIB, constitue en effet le phénomène principal concernant les dépenses de santé. Ceci apparaît clairement sur la fig. 29.5 : la part de la CSBM dans le PIB a progressé de manière quasi systématique depuis 1950, passant de 2,6 % du PIB à 4,9 % en 1970, 7,4 % en 1990 et 9,0 % en 2010. La progression a été relativement régulière jusqu'au milieu des années 1990 ; elle présente depuis lors une évolution plus chaotique, les périodes de forte croissance alternant avec celles de relative stabilité. On note de plus que cette évolution est représentative de celle de l'ensemble des dépenses de santé : l'évolution de la DCS, représentée sur le graphe (voir fig. 29.5) pour les quinze dernières années, est parallèle à celle de la CSBM.

Les comptes de la santé permettent d'affiner l'analyse des variations de dépenses effectuée ci-dessus en distinguant la part de la croissance due aux changements de « volume » et celle due aux changements de prix (voir encadré ci-dessous). Au cours des soixante dernières années, les prix des soins et des biens médicaux, fixés par l'État pour la plupart, ont augmenté moins vite que les prix des biens de consommation courante. La croissance des dépenses de santé est donc essentiellement due à une croissance en volume, c'est-à-dire due d'une part, à une plus grande utilisation des soins et de biens existants, et d'autre part, à l'apparition de nouveaux soins et biens qui viennent compléter ou remplacer ceux qui existaient auparavant.

Pour éclairer les enjeux liés au financement des dépenses, il faut cependant aller plus loin et identifier la nature et les causes des changements de volume observés au sein du système de santé. Nous reviendrons sur ce point, après avoir décrit le financement des dépenses de santé.

Valeur, prix et volume

Le montant des dépenses effectuées chaque année est obtenu en multipliant la quantité de chaque soin (ou bien de santé) consommée dans l'année par le prix moyen de ce bien, et en sommant les montants obtenus. Les variations de dépenses d'une année à l'autre peuvent ainsi être liées à des variations de prix, à des variations de quantités ou à l'apparition de nouveaux biens.

On appelle variations en *prix* les variations dues aux changements de prix, et variations en *volume* celles dues aux changements de quantité ou à l'apparition de nouveaux biens.

Les variations globales, résultant des deux effets, sont appelées variations en valeur.

II. Le financement des dépenses de santé
A. Les différentes sources de financement

Schématiquement, on distingue quatre sources de financement des dépenses de santé :
- l'*État* (qui prélève des impôts) ;
- les *organismes d'assurance-maladie obligatoire* (qui prélèvent des cotisations sociales) ;
- les *organismes d'assurance complémentaire* (facultative), voir encadré ci-après ;
- les *ménages*, qui paient directement la part du montant des soins non couverte par les assurances (reste à charge).

On qualifie généralement les deux premières de financement *public*, et les deux dernières de financement *privé*.

Ces deux types de financement s'opposent par leur caractère obligatoire ou facultatif : le versement d'impôts ou de cotisations sociales est en effet imposé par la loi, tandis que la décision de souscrire une assurance complémentaire ou d'obtenir des soins non couverts revient généralement aux individus concernés.

De plus, les financements publics et privés sont associés à des conceptions distinctes de la solidarité face à la maladie. Les impôts prélevés et les cotisations sociales dépendent du revenu, et non du risque de tomber malade ; les ménages dont les revenus sont élevés contribuent donc plus largement que les ménages aux revenus modestes au financement public des soins. Le financement privé, en revanche, est généralement dissocié du niveau de revenu, et donc moins équitable sur le plan financier et potentiellement générateur d'inégalités d'accès aux soins (si les plus démunis ne peuvent souscrire une assurance complémentaire ou payer le reste à charge) ; en contrepartie, il laisse une plus grande marge de liberté aux individus quant à l'utilisation de leurs revenus.

Les assurances complémentaires

Une grande partie de la population souscrit une assurance complémentaire pour couvrir les dépenses de soins non prises en charge par les régimes obligatoires d'assurance-maladie.

Les trois grands types d'organismes offrant ce type de contrat sont les mutuelles, les sociétés d'assurances privées et les institutions de prévoyance.

Les *mutuelles* sont des groupements à but non lucratif qui mènent des actions de prévention et de solidarité dans l'intérêt de leurs membres. Sur le plan juridique, elles sont régies par le Code de la mutualité.

Les *sociétés d'assurances* sont des sociétés commerciales à but lucratif, régies par le Code des assurances.

Les *institutions de prévoyance* sont des organismes à but non lucratif, gérés paritairement par les entreprises et les salariés adhérents, régis par le Code de la Sécurité sociale.

Il faut également mentionner la *couverture maladie universelle complémentaire* (CMU-c), qui est une assurance complémentaire offerte aux personnes disposant de faibles revenus, financée par les autres organismes d'assurance complémentaire. Les dossiers des bénéficiaires de la CMU-c peuvent être gérés par les organismes d'assurance-maladie ou par un organisme d'assurance complémentaire.

B. Le financement des dépenses de santé depuis 1945

La Sécurité sociale est l'institution créée par l'État afin de permettre l'accès aux soins pour tous. Nous présentons tout d'abord les grandes étapes de son développement et de sa contribution au financement des dépenses de santé depuis 1945, avant de décrire son financement actuel.

1. Le développement de la Sécurité sociale (1945-1980)

En France, la Sécurité sociale a été créée en 1945, avec une organisation de type bismarckien – le financement reposant sur les cotisations sociales – mais avec une ambition d'inspiration beveridgienne, l'objectif étant de couvrir, à terme, l'ensemble de la population.

Les dépenses de soins et de biens médicaux ont ainsi été, dès 1950, financées majoritairement (51 %) par les cotisations sociales. Les primes versées aux assurances complémentaires (dont les mutuelles) et les paiements directs des ménages couvraient alors 37 % des dépenses. La part restante (12 %) était assumée par l'État dans le cadre de l'aide sociale (aide médicale gratuite) : l'État finançait ainsi les soins aux plus démunis et ceux aux personnes de revenus modestes qui ne bénéficiaient pas d'une couverture maladie.

Entre 1945 et 1970, la couverture maladie par la Sécurité sociale a progressivement été étendue, sous l'impulsion de l'État, à l'ensemble de la population sous forme de régimes multiples (les salariés d'abord, puis les professions agricoles et les professions indépendantes)[43]. L'assurance-maladie s'est ainsi substituée à l'aide sociale aux personnes non couvertes et à une partie du financement privé : en 1980, elle couvrait 80 % des dépenses. La part de l'État était alors réduite à 3 %, les 17 % restants étant à la charge des ménages et des assureurs complémentaires.

La croissance des recettes était alors assurée par l'extension du nombre de personnes affiliées et par la hausse des taux des cotisations sociales, sous l'impulsion des partenaires sociaux.

La dégradation de la conjoncture économique (ralentissement de la croissance, montée du chômage) à partir du milieu des années 1970 a cependant limité les possibilités de croissance des ressources de l'assurance-maladie : dans un contexte difficile sur le plan économique, employeurs et employés ne souhaitaient plus augmenter les cotisations sociales. Le système de gestion qui avait fonctionné pendant les Trente Glorieuses s'est ainsi retrouvé dans une impasse, entraînant un déséquilibre entre les recettes et les dépenses de l'assurance-maladie qui perdure aujourd'hui.

2. Le rôle croissant de l'État (1980-2010)

a. Des mesures successives pour faire face aux déficits

L'État a dû depuis intervenir de manière croissante pour éviter la faillite de l'assurance-maladie. Il a pour cela mis en œuvre des mesures ayant trois types d'objectifs :
- l'augmentation des ressources de l'assurance-maladie ;
- la maîtrise de la croissance des dépenses ;
- le report d'une partie des dépenses sur le financement privé (assurances complémentaires et ménages).

---

[43]. La couverture de l'ensemble des personnes résidant sur le territoire français a été achevée en 2000 avec la mise en place de la couverture maladie universelle (CMU).

En ce qui concerne les nouvelles sources de financement, l'État, après avoir imposé, au cours des années 1970 et 1980, des hausses de cotisations aux partenaires sociaux, a mis en place des impôts destinés au financement de la Sécurité sociale. À cet égard, le fait marquant a été en 1998 la quasi-suppression des cotisations sociales payées par les employés (réduites de 6,8 % à 0,75 %) et l'augmentation, en compensation, d'un des impôts affectés à l'assurance-maladie : la contribution sociale généralisée (CSG). À l'issue de cette réforme, les taxes affectées au régime général de l'assurance-maladie représentaient près de 40 % de ses ressources (39 % en 2000), contre seulement 1 % en 1990.

De plus, l'État a eu recours à l'emprunt pour financer les déficits récurrents de la Sécurité sociale (notamment ceux de la branche maladie). Afin d'assurer une bonne gestion de la dette accumulée, l'État a créé, en 1996, d'une part, la Caisse d'amortissement de la dette sociale (CADES), dont la mission est d'assurer le remboursement progressif de la dette qui lui est transférée et, d'autre part, un impôt destiné au remboursement de cette dette, la contribution au remboursement de la dette sociale (CRDS). L'État transfère depuis régulièrement une partie de la dette de la Sécurité sociale à la CADES, qui se charge de négocier les emprunts et d'effectuer les remboursements nécessaires : entre 1996 et 2009, la CADES a pris en charge 135 milliards d'euros de dette et en a amorti (remboursé) 43 milliards.

Une deuxième série de mesures adoptées avait pour objectif de ralentir la croissance des dépenses. Parmi celles-ci, on peut citer la réforme du financement des établissements publics de santé en 1983 (remplacement de la tarification au prix de journée par un financement par une dotation annuelle reconductible, le « budget global »), ou la limitation de l'accès des médecins au secteur 2 en 1990.

Enfin, d'autres mesures ont concouru à transférer une partie des dépenses vers les financements privés. À titre d'exemple, le ticket modérateur (qui définit la part du tarif conventionnel des soins ambulatoires non pris en charge par l'assurance-maladie), qui était de 20 % en 1955 et de 25 % en 1968 pour les honoraires des médecins et des auxiliaires médicaux, a atteint, en 1993, 30 % pour les soins médicaux et 40 % pour les soins pratiqués par des auxiliaires médicaux et les analyses biologiques. Plus récemment, les mesures successives, adoptées depuis 1998, de non-remboursement de médicaments dont le bénéfice (le « service médical rendu ») pour les patients est jugé insuffisant relèvent de cette approche.

b. La légitimation du rôle de l'État : LFSS et ONDAM

Les interventions récurrentes de l'État dans la gestion de l'assurance-maladie ont été légitimées en 1996 par la création d'un nouveau type de loi, les lois de financement de la Sécurité sociale (LFSS). Chaque automne, depuis 1996, un projet de loi de financement de la Sécurité sociale (PLFSS) est présenté et discuté au Parlement. Ce projet contient notamment un exercice de prévision des dépenses et des recettes de l'assurance-maladie pour l'année à venir, ainsi qu'une proposition d'objectifs pour la croissance des dépenses : c'est l'objectif national de dépenses de l'assurance-maladie (ONDAM). En votant la LFSS, le Parlement se prononce sur l'ONDAM et

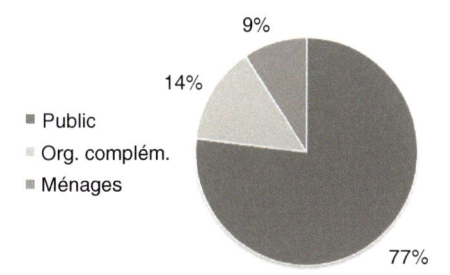

Sécurité sociale de base	75,8
État et CMU-c org. de base	1,2
Organismes complémentaires	13,5
dont Mutuelles	7,5
Sociétés d'assurances	3,6
Institutions de prévoyance	2,5
Ménages	9,4
TOTAL	100,0

Fig. 29.5.
Structure du financement de la CSBM en 2010.
Source : DREES. Comptes de la santé 2010.

sur les mesures permettant d'assurer le financement de ces dépenses : il intervient donc directement dans la gestion de l'assurance-maladie.

3. Le financement des dépenses de santé en 2010

a. La structure du financement en 2010

Compte tenu de la solidarité financière de l'État et de l'assurance-maladie, nous regroupons désormais ces deux sources de financement. Nous décrivons ici le financement de la CSBM, agrégat représentatif des enjeux liés à la croissance des dépenses[44], en distinguant le financement public du financement privé, et en isolant, au sein de ce dernier, les dépenses couvertes par les assurances complémentaires et le reste à charge des ménages.

La fig. 29.5 présente la structure du financement de la CSBM en 2010. Schématiquement, la Sécurité sociale et l'État contribuent aux trois quarts du montant de la CSBM, le quart restant étant financé aux trois cinquièmes par les assurances complémentaires, et aux deux cinquièmes par les contributions directes des ménages. Cette répartition globale recouvre cependant des structures de financement bien différentes selon le type de soins considéré (fig. 29.6 et tableau 29.VIII).

Les soins hospitaliers sont principalement financés par la Sécurité sociale. En 2010, elle a assuré 90,9 % de leur financement ; les organismes complémentaires privés ont, quant à eux, pris en charge 4,9 % de ces dépenses, laissant 3,2 % de celles-ci à la charge des ménages.

Pour les dépenses de soins ambulatoires, la part des financeurs publics est plus faible que pour les soins hospitaliers. En 2010, la Sécurité sociale et l'État finançaient les deux tiers des dépenses ambulatoires (65 %). Les organismes privés d'assurance complémentaire finançaient quant à eux 22,3 % des dépenses ambulatoires. Enfin, le reste à charge des ménages pour les postes de dépenses des soins ambulatoires était de 12,7 %. Il faut cependant noter que la structure du financement des dépenses ambulatoires est hétérogène selon

---

44. La part du financement public est légèrement plus importante pour l'ensemble de la DCS que pour la CSBM : en 2010, elles étaient respectivement de 79,1 % et 77,0 %.

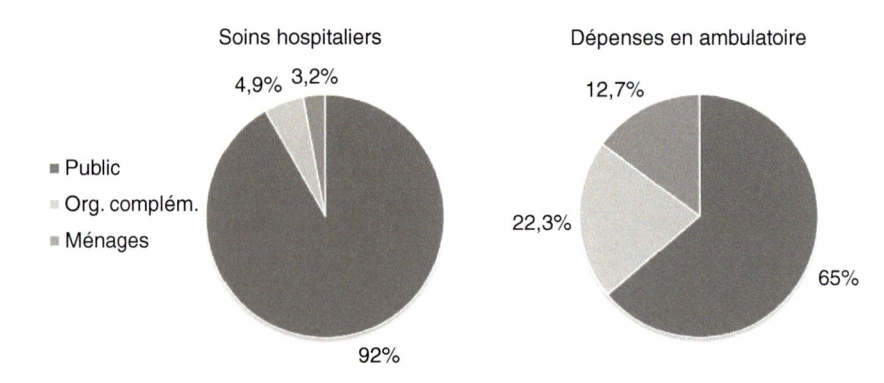

Fig. 29.6.
Structure de financement des dépenses hospitalières et ambulatoires, 2010.
Source : DREES. Comptes de la santé 2010.

Tableau 29.VIII. **Financement de la CSBM par type de poste en 2010 (en millions d'euros).**

	Soins hospitaliers	Soins ambulatoires	Médicaments en ambulatoire	Autres biens médicaux en ambulatoire	Transports de malades	Total
Public	74 648	28 538	23 216	4 958	3 513	134 874
Organismes complémentaires	3 962	9 813	5 606	4 138	169	23 688
Ménages	2 594	5 603	5 626	2 481	101	16 406
Ensemble	81 204	43 953	34 449	11 578	3 784	174 968

Source : DREES. Comptes de la santé 2010.

les situations cliniques considérées, les dépenses ambulatoires pour affection de longue durée (ALD) étant intégralement prises en charge par l'assurance-maladie (voir encadré ci-dessous).

S'agissant des médicaments, le financement public était en 2010 de 67,4 %, celui des organismes privés de financement complémentaire était de 16,3 % et le reste à charge des ménages de 16,3 %.

> **Affections de longue durée (ALD)**
>
> Les ALD concernent environ 8 millions de personnes en France. Ces affections dont la liste et les critères d'entrée font l'objet de révisions annuelles représentent environ les deux tiers des dépenses de l'assurance-maladie et 75 % de la croissance annuelle. Les personnes qui souffrent d'une de ces affections bénéficient de la gratuité totale des soins pour cette affection. Cette gratuité s'explique par :
> - la charge financière que représenterait le ticket modérateur pour ces affections ;
> - l'importance de suivre un traitement conforme aux protocoles de soins.

Enfin, le poste des transports de malades est très largement financé par la Sécurité sociale (92 % en 2010).

b. Le financement de l'assurance-maladie

En ce qui concerne l'équilibre financier de l'assurance-maladie, les recettes sont inférieures à ses dépenses. Entre 2000 et 2009, les comptes annuels sont ainsi systématiquement soldés par un déficit, compris entre −1,6 milliard d'euros (en 2000) et −11,6 milliards d'euros (en 2004), les fluctuations étant essentiellement liées à la conjoncture économique et à l'ampleur des mesures de maîtrise des dépenses mises en place chaque année. En 2009, ce déficit était de −10,4 milliards d'euros.

III. Les enjeux

Malgré des difficultés de financement récurrentes depuis le milieu des années 1970, le financement public s'est donc maintenu jusqu'à présent à un niveau proche de son maximum historique du début des années 1980. Pour cela, l'État, à qui incombe désormais pleinement la responsabilité de l'équilibre des comptes de l'assurance-maladie, doit chaque année arbitrer entre différents types de mesures pour financer la croissance des dépenses de santé.

A. Les déterminants de la croissance des dépenses de santé

Au cours des dernières années, de nombreux travaux de recherche ont tenté d'identifier les causes structurelles de la croissance des dépenses de santé. On peut retenir trois déterminants principaux :

- l'amélioration de l'accès aux soins explique la croissance des dépenses de santé durant les trois décennies qui ont suivi la création de la Sécurité sociale. En effet, au cours de cette période, l'assurance-maladie a progressivement été étendue à l'ensemble de la population française ; simultanément, des investissements importants ont été réalisés pour développer les infrastructures de soins (notamment les hôpitaux publics) sur l'ensemble du territoire ;
- les changements de pratiques de soins liées aux innovations médicales jouent également un rôle important dans la croissance de ces dépenses. L'apparition d'outils diagnostiques plus précis et de traitements plus efficaces et plus sûrs permet d'améliorer la prise en charge des patients, de traiter des maladies auparavant incurables et d'étendre les traitements à des patients autrefois jugés trop fragiles pour les recevoir. Ces changements de pratiques sont aujourd'hui considérés comme la principale cause de la croissance des dépenses de santé. On peut à cet égard citer l'exemple de la chirurgie de la cataracte[45], dont la technique s'est améliorée, ce qui a permis d'obtenir de meilleurs résultats fonctionnels pour les patients opérés, mais

---

45. Cité par Dormont B. Les dépenses de santé – une augmentation salutaire ? *Opuscule du Cepremap n° 15*. Éditions Rue d'Ulm ; janvier 2009.

également de traiter des patients plus âgés (le risque opératoire étant moindre) et des patients dont la gêne est moins sévère (la balance bénéfice-risque leur étant désormais favorable). Les exemples sont nombreux : la tomographie par émission de positons (PET-scan), les tests génétiques ou encore les biothérapies, dont la diffusion est susceptible d'accroître les dépenses de santé ;
- enfin, le vieillissement de la population joue un rôle dans la croissance des dépenses, la consommation de soins augmentant progressivement avec l'âge. Cependant, contrairement à une idée reçue, le vieillissement de la population n'explique à lui seul qu'une très faible part de la croissance des dépenses de santé : il a ainsi été estimé qu'entre 1992 et 2000, la part de la croissance due au vieillissement n'était que de 3 %, tandis que la part due aux changements de pratiques était de 58 %.

B. Comment financer la croissance des dépenses ?

Le fait majeur expliquant la croissance des dépenses de santé est donc l'évolution dynamique des pratiques médicales, portées par la survenue d'innovations diagnostiques et thérapeutiques.

Parmi les trois types de mesures prises par l'État pour assurer la pérennité de l'assurance-maladie, seules deux sont susceptibles de répondre à la croissance des dépenses sur le long terme. En effet, les mesures de maîtrise des dépenses, si elles incitent à une meilleure organisation des soins, n'apportent pas de réponse aux besoins de financement des innovations médicales. Sur le long terme, seules une augmentation des ressources de l'assurance-maladie ou une limitation du périmètre des soins et biens couverts par celle-ci permettront d'assurer l'équilibre du financement public des dépenses de santé. L'État devra ainsi déterminer, de manière explicite ou implicite, quelles seront les places respectives du financement public et du financement privé dans l'accès aux innovations médicales. Il s'agit donc d'arbitrer entre le maintien d'une *relative égalité d'accès aux soins*, au prix d'une *augmentation pour tous* du poids des prélèvements publics, et l'*émergence d'inégalités d'accès*, afin de laisser une plus grande marge de liberté aux individus quant à l'*utilisation de leurs revenus*.

POINTS CLÉS

▶ Les dépenses de santé se définissent comme l'ensemble des dépenses engagées par les financeurs publics et privés pour le fonctionnement du système de santé.

▶ Les comptes de la santé, compte satellite de la comptabilité nationale, retracent chaque année l'ensemble des dépenses effectuées dans le domaine de la santé.

▶ Les deux principaux agrégats sont la consommation de soins et de biens médicaux (CSBM = 9,0 % du PIB en 2010) et la dépense courante de santé (DCS = 12,1 % du PIB en 2010).

▶ Les soins hospitaliers constituent la principale composante de la CSBM soit 46,4 %, viennent ensuite les soins ambulatoires : 25,1 % des dépenses, puis les médicaments avec 19,7 %, les autres biens médicaux avec 6,6 % de la CSBM, et enfin les dépenses pour les transports de malades : 2,2 %.

▶ La DCS est un agrégat plus large que la CSBM puisqu'elle comptabilise en outre les dépenses de prévention organisée, les soins aux personnes âgées en hébergement collectif de longue durée et les indemnités journalières, les dépenses d'enseignement et de recherche dans le domaine médical, les subventions au système de soins, les dépenses de gestion du système de santé.

▶ La croissance des dépenses de santé se fait à un rythme supérieur à celui du PIB.

▶ Il existe quatre sources de financement des dépenses de santé : l'État, les organismes d'assurance-maladie obligatoire, les organismes d'assurance complémentaire (facultative) et les ménages.

▶ La dégradation de la conjoncture économique depuis les années 1970 a limité les possibilités de croissance des ressources de l'assurance-maladie. L'État a dû intervenir par la mise en place d'impôts (CSG), l'emprunt, la maîtrise des dépenses, le report d'une partie des dépenses sur le financement privé.

▶ Depuis 1996, la loi de financement de la Sécurité sociale prévoit les dépenses et les recettes de l'assurance-maladie pour l'année à venir ainsi qu'une proposition d'objectifs pour la croissance des dépenses : c'est l'ONDAM ou objectif national des dépenses d'assurance-maladie.

▶ La Sécurité sociale et l'État contribuent aux trois quarts du montant de la CSBM, le quart restant est financé aux trois cinquièmes par les assurances complémentaires et aux deux cinquièmes par les contributions directes des ménages.

▶ Trois déterminants principaux expliquent la croissance des dépenses de santé : l'amélioration de l'accès aux soins, les progrès techniques dans les soins et le vieillissement de la population.

Bibliographie

Albouy V, Bretin E, Carnot N, Deprez M. Les dépenses de santé en France : déterminants et impact du vieillissement à l'horizon 2050. *Documents de travail de la DGTPE*, juillet 2009 ; n° 11.

Dormont B. Les dépenses de santé – une augmentation salutaire ? *Opuscule du Cepremap n° 15*. Éditions Rue d'Ulm ; janvier 2009.

Fenina A. Cinquante-cinq années de dépenses de santé. Une rétropolation de 1950 à 2005. DREES, *Études et Résultats*, mai 2007 ; n° 572.

Fenina A, Le Garrec MA, Koubi M. Comptes nationaux de la santé 2010. DREEES, *Études et Résultats*, septembre 2011 ; n° 773.

Sites Internet

Base de données Éco-santé France 2010 : www.ecosante.fr.

Haut Conseil pour l'avenir de l'assurance maladie. Vieillissement, longévité et assurance maladie. . Note adoptée le 22 avril 2010 : www.securite-sociale.fr/institutions/hcaam/avis/hcaam_avis_220410.pdf.

Pilotage et contrôle du système de santé en France

P. Czernichow

I. Principaux objectifs poursuivis
II. Principes du pilotage
III. Principales procédures de pilotage et de contrôle
IV. Principaux acteurs du pilotage et de contrôle

Pour l'essentiel, les soins ne sont pas distribués selon une logique marchande, comme les autres biens et services. Le système de santé est piloté par l'État du fait qu'il vise un but d'intérêt général (préserver ou rétablir la santé de la population), qu'il est principalement socialisé (c'est-à-dire financée par la collectivité) et soumis à des principes éthiques. Ce pilotage poursuit des objectifs qui lui sont assignés, amène les nombreux acteurs concernés à y contribuer, vérifie régulièrement que les résultats obtenus vont dans ce sens (contrôle) et, le cas échéant, adapte les mesures nécessaires pour y parvenir.

I. Principaux objectifs poursuivis

Chercher à préserver ou rétablir la santé de la population implique une combinaison d'objectifs multiples, dont les dimensions sont à la fois techniques, sociales, économiques et éthiques.

A. Efficacité

Les résultats des soins sur l'état de santé des patients ne sont pas garantis, dans la mesure où ceux-ci comportent pratiquement toujours un aléa, c'est-à-dire un risque d'échec non prévisible, en dehors de toute erreur dans leur choix et leur délivrance. Cependant, l'État est responsable de la mise en œuvre de soins qui, en principe, doivent permettre d'améliorer la santé des patients qui y ont recours.

B. Sécurité

La mise en œuvre de soins, y compris l'utilisation de produits de santé (dont les médicaments), comporte un risque d'altération de la santé, indépendamment de leur efficacité : on parle alors d'événements indésirables (EI). Ceux-ci peuvent, ici encore, être le fait d'un aléa ou bien résulter d'une erreur humaine ou d'un dysfonctionnement, en particulier un défaut d'organisation.

C. Équité

Les problèmes de santé sont très inégalement répartis au sein de la population, en particulier en France, mais l'accès aux soins doit être équitable, c'est-à-dire adapté aux besoins de soins de chacun. L'égalité porte sur les droits d'accès aux soins, voire la qualité des soins délivrés, et non, évidemment, sur le type de soins reçus, différents d'un patient à l'autre.

D. Rationnement et efficience

Le mot « rationnement » fait craindre une restriction des soins à un niveau insuffisant. En fait, il a la même origine que le mot « rationnel » et signifie plutôt « fixé à un niveau donné », ce qui indique que les ressources disponibles pour financer les soins ne sont pas infinies, et que leur quantité tend à être fixée à un niveau qui peut être satisfaisant ou, en effet, insuffisant.

L'efficience a un objectif différent : elle consiste à choisir les soins qui, pour une efficacité et une sécurité données, sont les moins onéreux.

E. Pertinence et délivrance en temps utile

Les soins sont dits pertinents lorsqu'ils sont justifiés et adaptés à l'état du patient qui les reçoit, compte tenu de l'état des connaissances. Un objectif supplémentaire est que ces soins ne subissent pas de retards, susceptibles de réduire ou d'annuler le résultat espéré.

En définitive, la multiplicité et la complexité des objectifs poursuivis au sein du système de santé justifient la place centrale de l'évaluation des soins, de sorte que ceux qui sont délivrés au quotidien dans le système ne s'écartent pas trop de ceux qui sont recommandés, compte tenu des connaissances. Cette complexité nécessite aussi de poursuivre la recherche consacrée aux services de santé *(health services research)* qui vise à mettre au point ou améliorer les procédures et l'organisation des soins pour contribuer à atteindre ces objectifs.

II. Principes du pilotage

A. Mettre à disposition des soins adaptés

Le choix des soins requis pour un patient donné est une décision complexe, qui passe par une démarche individuelle, personnalisée, dans des conditions relationnelles aussi favorables que possible, et en respectant des principes éthiques : une telle démarche ne peut être conduite que par un professionnel de santé, ou une équipe de soins. Le pilotage du système de santé vise à rendre cette démarche possible en permettant aux habitants de recourir aux soins dont ils ont besoin. Ainsi l'action de l'État porte-t-elle principalement sur :

- la mise à disposition d'une offre de soins (établissements de santé, professionnels de santé et produits de santé) aussi adaptée que possible à ces besoins, en qualité et en qualité ;
- la définition des conditions et des règles permettant aux patients d'accéder à cette offre.

B. Impulser une démarche de santé publique

Toutefois, la logique fondée sur la disponibilité d'une offre de soins ne permet généralement pas d'obtenir dans l'ensemble de la population, pour chaque problème de santé, les meilleurs résultats possibles. On peut ainsi identifier des problèmes de santé préoccupants dans certains groupes ou certaines régions, par comparaison avec d'autres groupes et d'autres régions, ou bien des anomalies, telles que des inégalités sociales ou régionales dans le recours aux soins.

Il convient alors de mettre en œuvre des mesures particulières pour remédier à ces situations.

C. Soigner : prévenir, guérir et/ou pallier

Pour répondre aux problèmes de santé observés dans la population, une combinaison de différents soins doit être déterminée (voir chapitre 23) :
- chercher à éviter la survenue de ces problèmes par des actions de prévention primaire ;
- chercher à mieux prendre en charge les problèmes apparus par un dépistage, quand cela est pertinent, ou par des soins curatifs visant la guérison ;
- chercher à stabiliser les problèmes apparus, quand on ne peut pas les guérir, en évitant leur aggravation et les complications, et en recherchant la meilleure qualité de vie possible.

D. Agir sur des déterminants de la santé autres que les soins

L'état de santé n'est pas seulement la conséquence des soins auxquels la population peut recourir, il résulte aussi (et même surtout) des conditions de vie auxquelles cette population est soumise : qualité de l'environnement, accès à l'éducation, niveau des revenus, etc. Ces déterminants autres que les soins sont eux aussi l'objet de politiques publiques. Ainsi, la politique poursuivie vis-à-vis de la santé résulte-t-elle d'une combinaison de mesures, certaines passant par le système de santé, d'autres relevant d'autres secteurs de la société. On comprend donc que les politiques de santé publique soient intersectorielles.

Toutefois, certains problèmes de santé sont très fortement liés à des mesures de soins (par exemple : santé périnatale ou pronostic de l'infection à VIH).

E. Centraliser, déconcentrer ou décentraliser

Le pilotage du système de santé s'inscrit en France dans un système politique largement centralisé, c'est-à-dire piloté par l'État au niveau national. Cette logique a en principe l'avantage d'une cohérence de décision, les mesures s'appliquant de façon équitable en tout point du territoire. La contrepartie est une réactivité médiocre et une faible capacité d'adaptation aux spécificités locales.

Dans les années 1970, l'organisation politique centralisée en France a évolué vers un certain degré de déconcentration, en déléguant au représentant de l'État en région (préfet) la prise de décision locale. En revanche, aucune compétence notable touchant à la santé et aux soins n'a été transférée aux collectivités territoriales (région, départements ou communes) : on ne peut donc pas parler de décentralisation dans ce domaine.

III. Principales procédures de pilotage et de contrôle

Pour atteindre les nombreux objectifs cités plus haut, les pouvoirs publics mettent en œuvre de multiples procédures, certaines au niveau national, d'autres dans chaque région. Celles-ci sont spécifiques de chaque composante de l'offre de soins – établissements de santé, soins ambulatoires, produits de santé – et bien souvent d'un objectif en particulier. La liste qui suit n'est pas exhaustive, mais résume les principales procédures mises en œuvre.

A. Répartir l'offre de soins sur le territoire

1. *Numerus clausus* et spécialisation des professions de santé

La présence de professionnels de santé est évidemment la condition majeure d'accès aux soins; s'agissant d'un déterminant de la santé (parmi bien d'autres), cette présence concerne à ce titre les pouvoirs publics. Le financement de ces professionnels est aussi très majoritairement public (voir chapitre 29, p.384). Depuis les années 1970, le ministère chargé de la Santé décide donc chaque année du nombre maximum de professionnels de santé susceptibles d'être admis en formation, pour chaque profession : c'est le *numerus clausus*.

Pour les professions de santé spécialisées, comme les médecins, ce « calibrage » annuel ne suffit pas à adapter l'offre aux besoins, si les étudiants sont libres de choisir une spécialité ou une autre, d'autant que les revenus sont très différents entre elles). C'est pourquoi l'examen national classant (ENC) qui oriente la fin de formation des médecins détermine des effectifs maximaux de médecins pour les spécialités médicales et chirurgicales, et pour certaines autres spécialités comme la psychiatrie ou l'anesthésie.

Ce mécanisme a été progressivement utilisé par les pouvoirs publics pour freiner la forte croissance des effectifs de professionnels de santé observée depuis les années 1960, devenue difficile à supporter financièrement dans le contexte de ralentissement de l'économie à partir des années 1980.

Cependant la plupart des professionnels de santé exerçant en dehors des établissements de santé ont un statut libéral, qui leur laisse la liberté de choix de leur lieu d'installation. De fait, une très importante disparité de densité des professions de santé par rapport à la population est observée entre les régions en France, ce qui renforce les disparités de recours aux soins. Aussi des tentatives de régulation des installations se sont multipliées, essentiellement sous forme de mesures incitatives (aides à l'installation, « bourses » aux étudiants prenant l'engagement d'exercer dans des zones de faible densité pour leur profession). Ces disparités persistantes entretiennent de fait des inégalités d'accès aux soins selon les populations.

2. Planification sanitaire

Pour garantir la disponibilité d'une offre de soins à la population, dans les situations où des soins plus lourds ou complexes sont nécessaires, les pouvoirs publics mettent en œuvre une procédure administrative, dans chaque région, qui détermine l'offre de soins assurée par les établissements de santé. Cette procédure s'inscrit au sein d'un découpage de chaque région en territoires de santé, zones géographiques au sein desquelles les besoins sont analysés et le dispositif de soins organisé pour y répondre. Dans chaque région, cette procédure vise à faire évoluer le dispositif de soins vers une organisation d'ensemble, constituant le schéma régional d'organisation des soins, discutée préalablement avec les professionnels et les établissements, et qui est opposable à ces établissements (mais non aux professions libérales).

Cette organisation repose sur un principe de « gradation », logique hiérarchisée (voir chapitre 26, p. 313) dans laquelle :

- la base, très développée, au contact de la population, permet de répondre en proximité à des besoins de soins simples et fréquents : c'est le dispositif de soins dit de premier recours (autrefois appelé soins primaires) qui s'appuie sur les médecins généralistes, les pharmaciens d'officine, les chirurgiens dentistes, les infirmières libérales en particulier ;
- la partie médiane correspond aux établissements de santé dits de proximité, capables d'assurer des soins plus importants : interventions chirurgicales, accouchements, soins médicaux comportant des examens ou des traitements plus « invasifs » ;
- le sommet est réservé à un nombre très réduit d'établissements de santé dits de référence, qui concentrent les soins les plus lourds (réanimation lourde, greffes d'organes, prise en charge de maladies rares et complexes…) mais dont l'accès peut nécessiter un déplacement des patients. Un centre hospitalier régional (CHR) permet de répondre aux situations les plus complexes, dispose d'équipements très spécifiques et des disciplines médicales les plus spécialisées dans chaque région ; il est le plus souvent lié par convention avec une université pour assurer des missions de formation et de recherche : on parle alors de centre hospitalier universitaire (CHU).

Pour mettre en œuvre ce schéma, chaque agence régionale de santé (ARS) dispose du pouvoir d'autoriser :

- les installations, c'est-à-dire les capacités d'hospitalisation (nombre de lits et de places) dans chaque discipline (médecine, chirurgie et gynécologie obstétrique, soins de suite et de réadaptation, soins de longue durée) ;

- les équipements lourds, nécessaires pour certains soins spécialisés (par exemple, postes d'hémodialyse pour les malades atteints d'insuffisance rénale ou appareil de radiothérapie pour traiter les malades atteints de cancers) ;
- certaines activités de soins comme la prise en charge des urgences, les soins autour de la naissance (périnatalité), les interventions chirurgicales, la prise en charge des cancers ou la réanimation.

Ces autorisations nécessitent des dossiers argumentés de la part des établissements demandeurs. Elles sont délivrées pour 5 ans et renouvelables après évaluation.

3. Officines

Les pharmaciens disposent en France d'un monopole reconnu par le Code de la santé publique en ce qui concerne les médicaments. L'ouverture, le regroupement ou le transfert d'officines sont soumis à l'octroi d'une licence par le directeur général de l'ARS, conditionnée par le nombre d'officines déjà en place, selon des ratios rapportés au nombre d'habitants (différents en zones urbaines et extra-urbaines). Par conséquent, leur installation n'est pas libre, bien que le statut des officines soit privé.

B. Garantir l'efficacité des soins

Les pouvoirs publics sont garants de la mise en œuvre de soins considérés comme efficaces ; plusieurs procédures s'inscrivent dans cette exigence.

1. Formation et qualification des professionnels

L'exercice de professions de santé est l'objet d'un monopole défini en France par le Code de la santé publique (quatrième partie) ; il est associé à des contraintes de formation (diplôme) dont le contenu et les modalités sont réglementés et contrôlés. L'inscription à un ordre professionnel est obligatoire pour les professions de santé qui en sont dotées.

Les professions médicales (médecins, chirurgiens dentistes et sages-femmes) et pharmaceutiques sont contraintes au développement professionnel continu (DPC) associant évaluation des pratiques professionnelles, perfectionnement des connaissances, amélioration de la qualité et de la sécurité des soins, prise en compte des priorités de santé publique et maîtrise médicalisée des dépenses de santé.

2. Efficacité des produits de santé

La commercialisation d'un produit ayant le statut de médicament est conditionnée par une autorisation de mise sur le marché (AMM) délivrée en France par une agence sanitaire (Agence française de sécurité sanitaire des produits de santé : Afssaps) ou par la Commission européenne après avis de l'Agence européenne du médicament (EMA) en cas de procédure dite « centralisée ». L'AMM est conditionnée par un important dossier apportant des garanties d'efficacité et d'innocuité du médicament. Elle est accordée pour 5 ans et est renouvelable ; le médicament est autorisé pour certaines indications.

Le remboursement par l'assurance-maladie d'un produit de santé est décidé par le ministère chargé de la Santé, à la suite d'un avis rendu par une commission de la transparence, relevant de la Haute Autorité de santé (HAS), prenant en compte le service médical rendu (SMR) du produit et son amélioration éventuelle (ASMR) comparativement aux produits déjà disponibles.

3. Recommandations relatives aux soins

La HAS met en œuvre une expertise et une analyse de la littérature scientifique aboutissant à formuler des recommandations relatives aux soins nécessaires pour la prise en charge d'une affection donnée. Ces recommandations constituent un protocole de soins dans le cas des affections de longue durée (ALD). Ce protocole établi par le médecin traitant est signé du patient et validé par un médecin conseil de l'assurance-maladie.

4. Certification des établissements de santé

La HAS met également en œuvre une importante procédure de certification des établissements de santé publics et privés (voir chapitre 27). Elle repose sur un manuel explicitant de nombreux critères tenant à l'organisation et aux pratiques de soins ; ces critères servent de base à une autoévaluation par les équipes des établissements elles-mêmes ; un contrôle sur place est effectué pour le compte de la HAS par des experts visiteurs ; le résultat de cette procédure est rendu public.

Cette procédure contribue à la qualité des soins, y compris leur sécurité.

5. Le paiement à la performance

La proposition d'un contrat d'amélioration des pratiques individuelles (CAPI) aux médecins généralistes libéraux en 2009 consistant à offrir une rémunération supplémentaire en échange de l'atteinte d'objectifs d'efficacité des soins, en particulier dans le suivi des pathologies chroniques (diabète, HTA), a introduit une logique nouvelle dans le système de soins ; celle-ci devrait voir son champ d'application sensiblement étendu avec la nouvelle convention médicale négociée en 2011 et soumise au ministère chargé de la Santé.

C. Garantir la sécurité des patients

La sécurité des soins, encore appelée sécurité des patients, désigne l'ensemble des dispositifs et procédures destinés à prévenir les EI liés aux soins. Elle s'inscrit dans la sécurité sanitaire, qui inclut en outre d'autres facteurs susceptibles de représenter une menace pour la santé de la population, comme les infections, certains aliments ou certaines caractéristiques de l'environnement.

Cette exigence générale de sécurité lors des soins est complexe, car elle doit prendre en compte à la fois les bénéfices attendus pour la santé des patients, et certains EI inévitables, quelle que soit la qualité des soins délivrés.

1. Produits de santé : AMM et études post-inscriptions

La procédure d'AMM ne s'appuie que sur une expérience courte d'utilisation d'un produit, en condition de recherche, et sur un nombre limité de patients. Elle ne peut éviter que certains produits, apparemment dépourvus de risque, se révèlent nocifs à plus long terme, sur des patients en nombre supérieur ou différents de ceux inclus dans les études pour l'AMM.

Le dispositif de pharmacovigilance a pour but d'assurer une surveillance de tels effets, après la commercialisation des médicaments. Il est organisé par l'Afssaps au niveau national, et s'appuie sur des centres régionaux. En outre, des plans de gestion des risques peuvent être imposés pour certains médicaments, afin d'assurer une surveillance accrue dans leurs conditions réelles d'utilisation après l'AMM (études dites *post-inscriptions*).

2. Signalement et surveillance des événements indésirables

La survenue d'EI peut résulter d'erreurs ou de problèmes d'organisation qui, s'ils ne sont pas corrigés, peuvent reproduire les mêmes effets. Il y a donc une importance particulière à identifier chaque EI, en analyser les causes possibles et à réagir à chacune le cas échéant. Cette gestion des risques justifie l'obligation réglementaire de signaler les EI aux autorités compétentes. C'est le cas pour les infections liées aux soins et pour les EI en rapport avec des médicaments, quoique cette obligation ne soit pas respectée de façon exhaustive.

À côté de ces signalements, la surveillance correspond au recueil systématique de certains EI jugés particulièrement importants ou significatifs, à analyser leur fréquence de survenue compte tenu de celle des soins en cause, à diffuser cette information aux équipes de professionnels concernés pour qu'ils agissent dans toute la mesure du possible sur les facteurs en cause. Une telle surveillance a démontré son efficacité dans la prévention des infections liées aux soins.

3. Indicateurs de sécurité des soins

La place prise par les questions de sécurité des soins dans l'opinion publique et une exigence accrue de transparence ont conduit les pouvoirs publics à contraindre les établissements de santé à recueillir et rendre publique des données portant sur les moyens mis en œuvre, les activités de prévention et même les résultats obtenus dans leur activité de soins et la prévention des EI qui leur sont liés.

Ces indicateurs de sécurité des soins ont d'abord été introduits dans le champ des infections liées aux soins, avec par exemple :

- l'indice composite d'activité de lutte contre les infections nosocomiales (ICALIN), qui renseigne sur les moyens mis en œuvre et l'organisation de la prévention de ces infections ;
- l'indice de consommation de solutés hydro-alcooliques (ICSHA), supposé refléter les pratiques individuelles d'antisepsie des professionnels de santé.

Des indicateurs similaires sont en cours d'extension à d'autres risques que les risques infectieux.

4. Lutte contre la iatrogénie médicamenteuse

Dans le cadre du CAPI (voir plus haut), des incitations financière à la réduction du recours à des médicaments jugés dangereux chez les personnes de 65 ans et plus ont été introduites.

D. Garantir l'équité de l'accès aux soins

Le recours aux soins suppose la perception d'un besoin par les usagers, la disponibilité d'une offre adaptée et l'absence de barrière financière, quoique le système repose sur le principe d'une participation des patients aux frais de leurs soins.

L'action publique porte sur la répartition de l'offre sur le territoire (voir plus haut), mais aussi ses modalités de fonctionnement et la capacité de financement (solvabilité) des patients socialement défavorisés (voir chapitre 29, p. 393).

1. Missions de service public

Un service public est une mission d'intérêt général, que les pouvoirs publics garantissent à tous les citoyens (considérés comme usagers), en l'assurant directement ou par l'intermédiaire d'un prestataire.

Dans le domaine des soins, cette mission de service publique couvre en particulier :
- la permanence des soins la nuit et le week-end, en dehors des heures d'ouverture habituelles des cabinets libéraux ;
- la disponibilité des médicaments prescrits dans les mêmes situations ;
- l'aide médicale urgente ;
- l'accueil et le traitement des urgences dans les établissements de santé.

D'autres missions de service public concernent notamment la formation et la recherche, la prévention, la lutte contre l'exclusion sociale.

Certains établissements de santé, les officines et les médecins libéraux assurent ces missions.

2. Couverture maladie universelle (CMU)

Il s'agit d'un important dispositif de lutte contre les exclusions, mis en œuvre depuis 2000, visant à faciliter l'accès aux soins.

La CMU de base donne le bénéfice de l'assurance-maladie à toute personne en résidence stable et régulière en France dès lors qu'elle ne bénéficie pas d'une couverture de base dans un régime. Elle est gratuite pour les personnes dont le revenu fiscal ne dépasse pas 9029 € par an pour une personne seule (2011), ou pour celles qui reçoivent le revenu de solidarité active (RSA), et est payante pour les autres personnes. Elle concernait 2,2 millions de personnes en 2010. Les personnes résidant en France en situation irrégulière relèvent de l'aide médicale d'État (AME).

La CMU complémentaire est une couverture santé gratuite qui complète les remboursements par l'assurance-maladie pour les personnes dont les ressources ne dépassent pas 7611 € par an (2010), soit 4,2 millions de personnes. Les prestations peuvent être versées au choix par un organisme d'assurance-maladie, une mutuelle, une institution de prévoyance ou une entreprise d'assurances.

3. Tarifs pour les soins

La liberté des honoraires peut contraindre des patients à devoir renoncer à certains soins, faute de pouvoir les payer. Pour éviter cette situation, jugée non éthique, des tarifs sont fixés périodiquement pour les soins de chaque profession de santé libérale dans le cadre d'une convention après une négociation entre les syndicats représentant cette profession et les caisses d'assurance-maladie, puis approbation par le ministère chargé de la Santé. Certains médecins ont cependant la possibilité de dépasser ces tarifs (convention dite de secteur 2), sauf pour les patients bénéficiant de la CMU complémentaire.

De même le ministère chargé de la Santé fixe périodiquement les tarifs des différents types de séjours dans les établissements de santé publics et privés.

Enfin, le prix de vente des médicaments est fixé (en fonction du SMR et de l'ASMR) par le ministre chargé de la Santé, sur proposition du comité économique des produits de santé (CEPS), organisme interministériel.

4. Tiers payant

Dans les systèmes de protection sociale reposant sur des assurances sociales, les patients doivent en principe payer d'abord les professionnels de santé (avance des frais) qui leur délivrent des soins, puis ils sont remboursés par l'assurance-maladie. Toutefois les patients sont dispensés de cette avance des frais dans diverses situations : soins hospitaliers, achat de médicaments prescrits, l'assurance-maladie payant alors directement le prestataire des soins (on parle alors de tiers payant).

Cette dispense vaut également pour les patients qui bénéficient de la CMU complémentaire.

5. Exonération du ticket modérateur

La fixation d'un tarif des soins n'empêche pas qu'une part significative des assurés déclare renoncer à certains soins (voir chapitre 42), du fait de la part du financement qu'ils devraient supporter (reste à charge, ticket modérateur).

Toutefois, cette participation des patients est supprimée (voir chapitre 29, p. 366) :

- lorsque le patient est atteint d'une affection grave figurant dans une liste de 30 maladies définies par des critères explicites (ALD). Les soins correspondants sont définis dans un protocole précis (voir plus haut) ;
- lorsque les soins reçus sont lourds ou pour certains médicaments indispensables, intégralement remboursés ;

- pour certains patients de façon temporaire (femmes enceintes à partir du 6ᵉ mois de grossesse) ou permanente (personnes bénéficiant d'une pension d'invalidité par exemple).

6. Permanences d'accès aux soins de santé (PASS)

Il s'agit de cellules médico-sociales, implantées pour la plupart dans des établissements de santé, souvent à proximité d'un service d'urgences, dont le but est d'accompagner les personnes démunies dans les démarches nécessaires à la reconnaissance de leurs droits vis-à-vis des soins.

E. Assurer le rationnement et rechercher l'efficience des soins

Depuis les années 1970, l'économie connaît un fort ralentissement en France ne permettant plus guère d'assurer le développement rapide du système de santé, et des dépenses qui y sont liées. Le constat de ce différentiel de croissance a conduit les pouvoirs publics à de très nombreuses mesures limitatives, combinant :

- la tentative de fixer à l'avance le niveau des dépenses de santé socialisées ;
- la recherche systématique d'un moindre coût des soins.

1. Loi de financement de la Sécurité sociale (LFSS)

Une mesure phare de la réforme Juppé a été de doter le Parlement, avec les ordonnances de 1996 et la révision de la Constitution, d'un droit de regard sur l'équilibre financier de la Sécurité sociale, sur les grandes orientations des politiques de santé et de sécurité sociale et sur leur financement : c'est l'objet des *lois de financement de la Sécurité sociale* votées chaque année par le Parlement.

Ces lois prévoient chaque année les recettes, sous la forme d'un objectif national de dépenses d'assurance-maladie (ONDAM), réparties en « enveloppes » destinées aux soins de ville, en établissements de santé, et en établissements pour personnes âgées dépendantes ou personnes atteintes de handicaps. Toutefois le Parlement ne fixe pas réellement les recettes et prévoit les dépenses de santé remboursées, sans véritablement les limiter : ce mécanisme nouveau n'a donc pas fait disparaître l'écart entre recettes et dépenses de l'assurance-maladie.

2. Limitations d'activité

Pour tenter de respecter l'ONDAM, les pouvoirs publics peuvent tenter de contraindre le volume des soins délivrés. Cette limitation peut évidemment entrer en contradiction avec une réponse à certains problèmes de santé au sein de la population, d'une part, et avec les revenus de professionnels de santé qui tirent leurs revenus des soins qu'ils délivrent, d'autre part.

Cette démarche de restriction *a priori* du volume des soins est surtout perceptible dans le périmètre des établissements de santé. Ainsi, des mesures réglementaires (« circulaires frontière ») définissent avec précision certains soins qui ne peuvent donner lieu à une admission et chaque région, chaque territoire de santé et chaque établissement se voient notifier un nombre maximum de séjours admissibles chaque année dans une dizaine de domaines. Ces « objectifs régionaux de l'offre de soins » (OROS) pourraient à l'avenir être accompagnés de sanctions financières en cas de dépassement.

Mais cette recherche de limitation du volume des soins n'a guère été concrétisée pour le moment dans le périmètre des soins de ville libéraux.

3. Parcours coordonné de soins

Ce parcours vise à encadrer les recours aux soins en identifiant un interlocuteur préférentiel du patient : le médecin traitant. Celui-ci, le plus souvent généraliste, assure les soins de premier recours ; il oriente si besoin le patient vers un autre spécialiste ou un établissement de santé ; il coordonne les informations relatives à son patient et participe au protocole de soins en cas d'ALD. Il assure des missions de prévention. Le patient choisit son médecin traitant et peut en changer à tout moment. Le médecin correspondant spécialiste intervient sur demande du médecin traitant, assure des soins de recours si nécessaire. Il participe aussi au protocole de soins en cas d'ALD. Il doit assurer un retour d'information vers le médecin traitant. Certains spécialistes peuvent être directement consultés sans passage préalable par le médecin traitant : pédiatre, gynécologue médical, ophtalmologiste, stomatologue, psychiatre (pour les patients de moins de 26 ans). Le patient est incité à suivre ce parcours, c'est à dire à consulter d'abord son médecin traitant, car le niveau de remboursement de ses soins est alors supérieur pour lui.

4. Tarifs pour les soins

La fixation périodique d'un tarif pour chaque type de soins – séjours dans les établissements de santé, actes réalisés par les professions de santé libérales – constitue évidemment un moyen de régulation des dépenses de santé, complémentaire au précédent.

5. Mécanismes prix–volume

La fixation isolée du tarif des soins ne garantit pas nécessairement le respect d'objectifs de dépenses de santé. Des tentatives de « compensation » d'une limitation des prix peuvent se manifester par des volumes de soins accrus. Des mécanismes dits « prix–volume » ont ainsi été mis en place dans le domaine des médicaments, la fixation du prix pour un médicament remboursé étant conditionnée par le respect d'un volume maximum de vente pour ce médicament, faute de quoi le prix est alors mécaniquement réduit.

Un mécanisme similaire a été utilisé pour répondre à une augmentation d'activité jugée injustifiée de certaines spécialités médicales, les pouvoirs publics ayant décidé d'une baisse du tarif des honoraires des spécialistes concernés.

Les baisses des tarifs des séjours fixés ces dernières années par le ministère chargé de la Santé entrent dans cette même logique.

6. Le paiement à la performance

Le principe d'une rémunération supplémentaire évoqué plus haut (CAPI) pour les médecins libéraux concerne également l'atteinte d'objectifs économiques comme par exemple l'importance des prescriptions de médicaments génériques le cas échéant.

F. Évaluer la pertinence des soins

Dans un système où les professionnels de santé et les établissements sont financés sur la base du volume des actes et des séjours réalisés, la vérification du bien-fondé des soins, chez les patients qui en font l'objet, est nécessaire pour limiter le risque d'autoprescription des soins. Cette démarche contribue aussi à la sécurité des patients. Elle correspond à diverses mesures.

1. Études post-inscriptions des produits de santé

Outre les plans de gestion des risques, signalés plus haut, la commission de la transparence ou le CEPS peuvent imposer à un laboratoire de réaliser des études dites post-inscriptions, pendant la commercialisation d'un produit, afin de connaître les conditions réelles dans lesquelles il est effectivement utilisé, le cas échéant au-delà des indications de l'AMM, et aussi pour identifier d'éventuels effets indésirables qui n'auraient pu être identifiés antérieurement.

Le constat de tels effets peut amener au retrait du produit en cause.

2. Comparaisons interrégionales des soins consommés

Dans divers pays développés, des disparités de recours à certains soins ont été constatées entre régions, non expliqués par des différences épidémiologiques, suggérant que certains soins sont sur-utilisés, au-delà des besoins avérés de la population, du fait d'une sur-prescription néanmoins délicate à mettre en évidence : on parle alors de demande de soins « induite » par l'offre.

De telles disparités ont déjà été constatées par l'assurance-maladie en France, elles n'ont pas jusqu'alors conduit à des mesures de restriction systématisées.

3. Contrôles médicalisés

Dans les années 2000, les principaux régimes d'assurance-maladie se sont dotés du remarquable système d'information interrégime de l'assurance-maladie (SNIIR-AM). Celui-ci repose sur l'identification des assurés et ayants droit (carte Vitale), des professionnels de santé (carte professionnelle de santé : CPS) et le codage des actes de soins réalisés, à l'exception du résultat de ces actes. Ce système est relié à celui qui décrit les séjours dans les établissements de santé (programme de médicalisation des systèmes d'information : PMSI). Il est ainsi possible de « chaîner » les actes de soins et les séjours effectués par un même patient.

Par ailleurs, l'assurance-maladie s'appuie sur des référentiels de pratique professionnelle, comme ceux consacrés aux ALD.

La comparaison entre les soins effectivement reçus par les patients et ceux recommandés dans ces référentiels, et l'analyse systématique des soins délivrés par les professionnels de santé d'une même zone géographique permettent d'identifier des écarts, qui peuvent alors faire l'objet d'une démarche « ciblée » des praticiens conseils de l'assurance-maladie, visant à comprendre et expliquer, parfois à avertir, voire à sanctionner certains professionnels considérés comme ayant une pratique professionnelle non justifiée, dans le sens d'une « sur-prescription » de certains soins ou de certains médicaments.

De tels contrôles peuvent concerner les patients (arrêts de travail, par exemple).

G. Mettre en œuvre une politique de santé publique

En cas de problèmes de santé mal réglés, ou insuffisamment prévenus, ou de situations jugées anormales ou inacceptables, un ensemble de mesures visant spécifiquement à y remédier peut être décidé sous forme de plans ou de programmes de santé publique. Il s'agit de :

- expliciter d'abord les objectifs à atteindre pour ces problèmes (mieux éviter, mieux dépister, mieux prendre en charge, développer la recherche…) ;
- quantifier ces objectifs dans un horizon donné (en général 3 à 5 ans) ;
- choisir les actions susceptibles d'atteindre chaque objectif ;
- organiser la mise en œuvre et le suivi de ces actions ;
- évaluer les résultats obtenus, compte tenu des ressources supplémentaires affectées.

Ces plans ou programmes s'inscrivent dans le cadre d'une liste générale d'objectifs de santé à atteindre, figurant en annexe de la loi de santé publique du 9 août 2004. Plusieurs dizaines de tels plans et programmes sont définis et mis en œuvre au niveau national (comme les plans cancer, Alzheimer, santé environnement ou périnatalité).

Ces multiples plans ont vocation a être mis en œuvre dans les régions par les ARS au sein d'un projet régional de santé (voir plus loin).

Dans le cadre du CAPI (voir plus haut), une rémunération supplémentaire « à la performance » est proposée depuis 2009 en échange de l'atteinte d'objectifs de santé publique, comme la couverture du dépistage organisé du cancer du sein chez les femmes de 50 à 74 ans, ou celle de la vaccination antigrippale chez les personnes de plus de 65 ans.

IV. Principaux acteurs du pilotage et de contrôle

L'État exerce la mission générale de pilotage et de contrôle du système de santé. Toutefois l'exercice de cette responsabilité a évolué dans trois directions :

- la survenue de crises sanitaires a contraint le ministère chargé de la Santé à créer des agences spécialisées dans le domaine de la sécurité sanitaire, agences auxquelles il a délégué le pilotage et le contrôle de certaines activités ;
- l'évolution du système de protection sociale a conduit à de nouvelles relations avec l'assurance-maladie ;
- les inconvénients d'un système politique centralisé dans le champ de la santé et des soins ont amené à développer au niveau régional un pilotage et un contrôle déconcentré, qui a fait l'objet d'une restructuration majeure en 2010 avec la mise en place des ARS.

L'État dispose d'un pouvoir de contrôle (tutelle) sur différents acteurs du système de santé, qu'il exerce directement ou par des institutions déléguées. Ce contrôle consiste à vérifier la conformité de décisions prises avec les lois et règlements ; il peut même comporter, dans certains cas, le pouvoir d'approuver des décisions préalablement à leur mise en œuvre, ou d'annuler ou de substituer certaines décisions jugées non conformes.

Le pilotage du système de santé est donc complexe, impliquant une concertation et une répartition de tâches entre différentes institutions, ce qu'on désigne désormais par le mot gouvernance. Dans ce contexte, les relations entre institutions sont volontiers formalisées par des engagements réciproques, portant sur les objectifs poursuivis et les ressources qui doivent permettre de les atteindre : contrats d'objectifs et de moyens.

A. Au niveau national

1. Ministère chargé de la Santé

C'est l'instance chargée, au sein du gouvernement, de définir et mettre en œuvre la politique relative à la santé et aux soins, en cohérence avec les lois votées par le Parlement.

L'individualisation d'un ministère en charge de la Santé remonte en France à 1920, avec un intitulé et une organisation très variable selon le gouvernement, soit individualisé, soit regroupé, selon le cas, avec le travail, l'emploi, les affaires sociales, la sécurité sociale ou même les sports.

En réalité, de nombreuses questions touchant à la santé et aux soins concernent aussi d'autres ministères, comme ceux en charge de l'Éducation (santé des jeunes d'âge scolaire), de l'Environnement (effets de celui-ci sur la santé), de la Défense (santé des militaires) et, surtout, de l'Économie (financement des mesures). Ainsi, les politiques relatives à la santé et aux soins impliquent-elles très souvent une concertation et une mise en œuvre interministérielles.

Selon la Constitution, le ministre chargé de la Santé est nommé par le président de la République sur proposition du Premier ministre, en fonction de la majorité parlementaire. Ce ministre s'entoure d'une équipe de collaborateurs directs, constituant son cabinet. Sa mission est temporaire, le temps que dure le gouvernement, de quelques mois à un petit nombre d'années.

La mise en œuvre de la politique définie par le ministre s'appuie sur une administration d'État, au sein du ministère chargé de la Santé, qui quant à elle demeure stable quel que soit le ministre. Cette administration est organisée selon un modèle très hiérarchisé en directions, sous-directions et bureaux. Plusieurs directions ont un rôle majeur dans le pilotage et le contrôle du système de santé :

- la Direction générale de la santé (DGS) est chargée de la politique de santé publique, en application de la loi de santé publique du 9 août 2004, notamment sous forme de plans et programmes nationaux, en relation avec les ARS ;
- la Direction générale de l'offre de soins (DGOS) élabore, met en œuvre, contrôle et évalue les politiques relatives à l'offre de soins de ville et en établissements de santé, en relation avec les ARS ;
- la Direction de la Sécurité sociale (DSS) assure la tutelle des organismes de Sécurité sociale des différents régimes et des organismes de protection complémentaire. Elle est chargée des politiques relatives à la sécurité sociale et assure leur mise en œuvre, afin d'assurer l'adéquation des prestations avec les besoins de la population, tout en veillant à l'équilibre financier des ressources ;
- la Direction de la recherche, de l'évaluation, des études et des statistiques (DREES) fournit, aux décideurs et aux citoyens, des informations et des analyses sur les populations et les politiques sanitaires et sociales, et sur l'offre de soins.

En outre, l'Inspection générale des affaires sociales (IGAS) dispose des pouvoirs d'inspection, et de contrôle des opérateurs de l'État et des agences sanitaires, lui permettant d'intervenir en réponse à des crises sanitaires ou à des dysfonctionnements, ou de son propre chef. Ses compétences portent sur des questions de : santé publique, veille et sécurité sanitaire, formations et pratiques de professionnels de santé, financement et organisation des soins.

2. Agences sanitaires

Elles ont été créées par la loi du 1er juillet 1998 instituant un dispositif de veille et de sécurité sanitaire. Elles ont généralement le statut d'établissement public et sont placées sous la tutelle du ministère chargé de la Santé :

- Institut de veille sanitaire (InVS) : il est chargé d'assurer les missions de surveillance de l'état de santé de la population, de veille et de vigilance sanitaire. Il donne également l'alerte lors de crise sanitaire et en assure la gestion le cas échéant ;
- Agence française de sécurité sanitaire des produits de santé (Afssaps) : elle a pour mission d'évaluer les bénéfices et les risques liés à l'utilisation des produits de santé et coordonne la vigilance sanitaire relative à ces produits. Dans ce cadre, elle assure l'évaluation scientifique et médico-économique des produits de santé, exerce le contrôle des produits dans ses laboratoires et de la publicité et inspecte les établissements ;

- Agence de la biomédecine : elle assure l'organisation du prélèvement et de la greffe d'organes, de tissus et de cellules. Ses champs de compétences concernent également les domaines de la procréation, de l'embryologie et de la génétique humaines ;
- L'Agence nationale de sécurité sanitaire de l'alimentation, de l'environnement et du travail (ANSES) résulte de la fusion de deux agences en 2010. Elle est chargée de l'expertise, de la sécurité sanitaire, de l'évaluation et de la gestion des risques dans son domaine de compétence (alimentation, environnement et travail) ;
- Établissement français du sang (EFS) : il gère les activités de collecte, de préparation, de qualification et de distribution des produits sanguins labiles et approvisionne en plasma le Laboratoire français du fractionnement et des biotechnologies qui fabrique les médicaments dérivés du sang ;
- Institut de radioprotection et de sûreté nucléaire (IRSN) : il exerce des missions d'expertise et de recherche dans le domaine des risques liés aux rayonnements ionisants utilisés dans l'industrie ou la médecine, ou encore les rayonnements naturels ;
- Institut national de prévention et d'éducation pour la santé (INPES) : il met en œuvre les actions de prévention en ce qui concerne notamment l'information des populations et l'éducation pour la santé dans les plans et programmes de santé publique ; il joue un rôle de formation dans ce domaine ; il participe à la gestion des situations urgentes ou exceptionnelles ayant des conséquences sanitaires collectives. Il est également chargé du développement de l'éducation pour la santé sur l'ensemble du territoire.

3. Haute Autorité de santé

C'est une autorité publique à caractère scientifique, créée par la loi du 13 août 2004 relative à l'assurance-maladie. Contrairement aux agences sanitaires, elle est indépendante et dispose de l'autonomie financière.

Elle est chargée en particulier de :
- évaluer l'intérêt des produits de santé et des actes de soins, et proposer au ministère chargé de la Santé leur remboursement ou non par l'assurance-maladie ;
- promouvoir les bonnes pratiques et le bon usage des soins auprès des professionnels de santé et des usagers de santé ;
- améliorer la qualité des soins dans les établissements de santé (en particulier par leur certification) et en médecine de ville ;
- veiller à la qualité de l'information médicale diffusée ;
- informer les professionnels de santé et le grand public.

Pour assurer ces missions, la HAS s'appuie sur le collège composé d'*une instance délibérante de huit membres* et de *huit commissions spécialisées* :
- commission d'amélioration des pratiques et sécurité des patients ;
- commission de la transparence ;

- commission nationale d'évaluation des dispositifs médicaux et des technologies de santé ;
- commission affections de longue durée et qualité du parcours de soins ;
- commission évaluation économique et de santé publique ;
- commission certification des établissements de santé ;
- commission qualité et diffusion de l'information médicale ;
- commission des recommandations de bonne pratique.

4. Assurance-maladie

La Sécurité sociale constitue un ensemble institutionnel particulièrement complexe, ce chapitre ne traitant que la branche maladie. Elle est en fait constituée de différents régimes (voir chapitre 29, p. 384) réunis dans le cadre de l'Union nationale des caisses d'assurance-maladie (UNCAM) pour les négociations conventionnelles par exemple. L'État ne peut se passer de l'assurance-maladie pour assurer sa mission de pilotage et de contrôle :
- les orientations conventionnelles ont un rôle majeur dans le secteur des soins de ville ;
- le SNIIR-AM éclaire de façon irremplaçable le fonctionnement du système de santé et les pratiques des professionnels ;
- les praticiens conseils de l'assurance-maladie ont une compétence avérée pour évaluer ces pratiques au regard des référentiels professionnels.

Ainsi cette gouvernance s'inscrit dans un contrat État–assurance-maladie d'objectifs et de moyens.

5. Expertise

Les pouvoirs publics ne disposent pas toujours en interne des multiples compétences scientifiques et techniques nécessaires pour les décision qu'ils ont à prendre dans le domaine de la santé et des soins, ils s'appuient donc régulièrement sur :
- les agences sanitaires et la HAS (voir plus haut) ;
- le Haut Conseil de la santé publique (HCSP), organisme chargé de contribuer à la définition des objectifs de santé publique, d'évaluer leur réalisation, de conseiller les pouvoirs publics en matière de risques sanitaires, de prévention, de sécurité sanitaire et de santé publique. Il comprend un collège et six commissions spécialisées (maladies transmissibles ; maladies chroniques ; risques liés à l'environnement ; sécurité des patients ; prévention, éducation et promotion de la santé ; évaluation, stratégie et prospective) ainsi que des comités techniques ;
- l'université, les instituts de recherche (INSERM, CNRS…) et les sociétés savantes, le cas échéant.

Le recours à ces expertises justifie des précautions de principe : pluralisme des avis, procédures contradictoires, permettant de repérer les points d'accord et de désaccord entre experts, vérification d'indépendance (déclarations d'intérêts des experts).

6. Concertation

Les décisions prises par les pouvoir publics sont nécessairement légitimes. Ces décisions sont d'autant mieux acceptées qu'elles sont précédées d'un débat permettant l'expression, et éventuellement la prise en compte des remarques, critiques ou propositions de ceux qu'elles concernent plus particulièrement. Cette participation des usagers, des professionnels et des institutions aux débats préparatoires à ces décisions s'inscrit dans une perspective de *démocratie sanitaire*.

La Conférence nationale de santé (CNS) est un organisme consultatif dont les membres sont désignés par décret. Elle participe à la concertation sur les questions de santé. Elle est consultée sur la politique de santé publique, élabore un rapport annuel sur le respect des droits des usagers du système de santé et formule des avis et propositions sur les plans et programmes, en vue d'améliorer le système de santé. Elle comprend des représentants du système de santé dans son ensemble (malades et usagers, professionnels de santé, établissements de santé, industries de santé, organismes d'assurances-maladie, conférences régionales de santé et d'autonomie, organismes de recherche) et diverses personnalités qualifiées (experts).

B. Au niveau régional

1. Agences régionales de santé (ARS)

Les ARS sont de nouvelles instances en région, mises en place par la loi « hôpital, patients, santé, territoire » du 21 juillet 2009, qui assurent l'ensemble des missions de pilotage et de contrôle du champ de la santé et des soins. Elles remplacent les unions régionales des caisses d'assurance-maladie (URCAM), les directions départementales et régionales des affaires sanitaires et sociales (DDASS et DRASS), les groupements régionaux de santé publique (GRSP) et les agences régionales d'hospitalisation (ARH).

Ces missions sont mises en œuvre en étroite relation avec le pilotage national assuré par le ministère chargé de la Santé : un comité de pilotage national des ARS oriente les choix effectués dans chaque région, un contrat d'objectifs et de moyens liant chaque ARS avec le ministère.

Les ARS sont désormais compétentes pour toute question portant sur l'organisation des soins en ville comme dans les établissements de santé, la santé publique et les questions médico-sociales. Elles sont en relation avec les conseils généraux qui, dans chaque département, sont en charge de ces dernières questions.

Chaque ARS élabore un projet régional de santé. Cette procédure complexe doit nécessairement associer :

- un plan stratégique régional de santé, qui doit faire apparaître les difficultés principales de chaque région, dans les trois champs de compétence ci-dessus et proposer des priorités à mettre en œuvre au cours du projet de 5 ans ;

- trois schémas de prévention, d'offre de soins (voir plus haut) et médico-social, qui doivent décrire le dispositif de soins à mettre en place dans la région, dans ces trois domaines ;
- ainsi que plusieurs programmes à caractère sectoriel, par exemple consacrés à un problème de santé prioritaire, ou transversal comme ceux consacrés à la pauvreté et la précarité dans la région ;
- en outre, chaque projet régional doit explicitement préciser les orientations dans plusieurs domaines : les personnes atteintes de handicap et de vieillissement, la périnatalité et la petite enfance, les maladies chroniques, la santé mentale et les addictions, la sécurité sanitaire.

2. Conférence régionale de santé et d'autonomie (CRSA)

Il s'agit d'une instance de concertation dans chaque région, dont les membres (moins de 100) sont désignés par le directeur général de l'ARS et répartis en huit collèges (collectivités territoriales, usagers, conférences de territoire, partenaires sociaux, acteurs de la cohésion et de la protection sociales, acteurs de la prévention et de l'éducation pour la santé, offreurs des services de santé, personnalités qualifiées). Elle est organisée en une assemblée plénière, une commission permanente et quatre commissions spécialisées (prévention, organisation des soins, prises en charge et accompagnements médico-sociaux, droits des usagers du système de santé).

Elle est principalement chargée de donner un avis sur un projet régional de santé et ses différentes composantes.

POINTS CLÉS

▶ Le pilotage et le contrôle du système de santé en France sont assurés par l'État.

▶ L'État poursuit dans le domaine de la santé et des soins de multiples objectifs : efficacité, sécurité, équité, rationnement et efficience, pertinence et délivrance en temps utile.

▶ Les professions de santé sont l'objet d'un *numerus clausus* fixé chaque année ; leur formation et les diplômes délivrés sont contrôlés par l'État ; l'installation des professions libérales n'est pas contrôlée.

▶ Dans les établissements de santé, les installations, les équipements et certaines activités sont soumises à autorisation des agences régionales de santé.

▶ L'implantation des officines pharmaceutiques est soumise à autorisation des agences régionales de santé.

▶ La Haute Autorité de santé, autorité publique indépendante, élabore les recommandations professionnelles en matière de soins et organise la certification des établissements de santé.

▶ L'efficacité et la sécurité des produits de santé reposent sur les procédures d'autorisation de mise sur le marché, sur des études post-inscription et sur la pharmacovigilance.

- ▶ La sécurité des patients repose sur le signalement des événements indésirables.
- ▶ L'équité vis-à-vis des soins est recherchée par les missions de service public, la couverture maladie universelle, la fixation du tarif des soins, le tiers payant et l'exonération du ticket modérateur.
- ▶ Les lois de financements de la Sécurité sociale fixent chaque année un objectif national de dépenses d'assurance-maladie.
- ▶ Le parcours coordonné de soins repose sur le choix d'un médecin traitant par chaque patient ; il permet des conditions plus favorables de financement des soins.
- ▶ L'assurance-maladie effectue des contrôles ciblés des pratiques de soins des professionnels et des établissements en s'appuyant sur son système d'information.
- ▶ Des plans et programmes de santé publique sont mis en œuvre par l'État pour certains problèmes de santé.
- ▶ Le ministère chargé de la Santé comporte en particulier la direction générale de la santé et la direction générale de l'offre de soins.
- ▶ De nombreuses agences sanitaires mettent en œuvre des missions pour le compte de l'État.
- ▶ Les agences régionales de santé pilotent et contrôlent le système de santé dans chaque région en matière de prévention, de soins et de prise en charge médico-sociale.

Bibliographie

Les références relatives au pilotage et au contrôle du système de santé sont très nombreuses. En outre les institutions qui en sont chargées, et les procédures mises en œuvre, sont l'objet de changements incessants. Pour obtenir des précisions, on peut consulter utilement le site www.legifrance.gouv.fr qui permet de consulter les principaux textes législatifs concernés par ce chapitre :
– Code de la santé publique. Loi n° 2004-806 du 9 août 2004 relative à la politique de santé publique ; loi n° 2009-879 du 21 juillet 2009 portant réforme de l'hôpital et relative aux patients, à la santé et aux territoires (HPST) ;
– Code de la Sécurité sociale. Loi n° 2004-810 du 13 août 2004 relative à l'assurance-maladie.

Sites Internet

Sites des principales institutions citées dans ce chapitre :
Ministère chargé de la santé : www.sante.gouv.fr pour l'organisation du ministère, les principaux programmes de santé publique et des dossiers sur les grandes questions de santé.
Haute Autorité de santé : www.has-sante.fr pour l'organisation de la HAS, et la procédure de certification des établissements
Caisse nationale d'assurance-maladie : www.ameli.fr pour le texte des conventions et les tarifs des actes de soins par profession, ainsi que les modalités du parcours coordonné de soins.
Agences sanitaires, en particulier l'Afssaps : www.afssaps.fr pour l'organisation et les missions poursuivies et l'Invs : www.invs.sante.fr pour des exemples de démarches de sécurité des patients.

Introduction aux systèmes de santé de l'Union européenne

A.-L. Le Faou

I. Qu'est-ce qu'un système de santé ?
II. L'offre de soins
III. Réformes des systèmes de santé ayant des conséquences sur l'accès aux soins
IV. Conclusion

Dans les 27 pays de l'Union européenne (UE), le développement économique au xxe siècle a favorisé l'émergence de systèmes de santé.

Aujourd'hui tous les pays de l'UE en possèdent un. Le principe de subsidiarité s'applique à la santé en Europe : ce sont les États qui ont la responsabilité de la santé de leur population. L'UE n'a pas en conséquence de pouvoir sur l'organisation des soins. Toutefois, la mobilité des Européens implique une couverture santé européenne (carte européenne d'assurance-maladie).

Cinq pays sont présentés : l'Allemagne, la France, le Royaume-Uni, l'Espagne et la Pologne.

Les systèmes de santé des cinq pays sont ici présentés en cherchant à distinguer le mode de financement : par impôt ou par assurance publique. *Dans un système financé par des assurances publiques,* ce sont les actifs qui contribuent au financement. Le montant des ressources est donc fortement dépendant de l'activité économique. *Dans un système financé par l'impôt,* c'est toute la population qui contribue au financement, les ressources sont fixées (votées par le Parlement) de sorte que l'impact de l'activité économique peut mieux être contenu. Cette distinction implique aussi une gestion différente des ressources, dont la responsabilité revient aux partenaires sociaux dans le cas de l'assurance publique et au gouvernement dans le cas du financement par l'impôt. Il en résulte souvent des modes de financement fiscalisés, un impact sur les modalités d'accès aux soins (notamment la part forte des soins ambulatoires par rapport aux soins dispensés à l'hôpital). La part du financement privé dans chaque pays (compagnies d'assurances, mutuelles ou paiement direct par les patients) est également détaillée, car celle-ci a un impact clair sur l'égalité d'accès aux soins.

En outre, l'offre de soins, de services et de technologies est présentée pour mieux comprendre l'évolution des systèmes de santé présentés : réformes proposées, convergence ou non des mesures mises en place dans un contexte économique de crise. L'avenir des systèmes de santé européens sera discuté compte tenu des contraintes financières actuelles.

I. Qu'est-ce qu'un système de santé ?
A. Les concepts de base
1. La définition
Le système de santé est l'ensemble des moyens organisationnels (ministère de la Santé, administration de la Sécurité sociale), financiers (contributions sous forme d'impôts ou contributions sociales), humains (personnels médicaux, paramédicaux, administratifs, associations de malades) destinés à réaliser les objectifs d'une politique de santé.

2. Les objectifs
Le système de santé a trois grands objectifs :
- préserver ou améliorer la santé de la population ;
- fournir des services qui répondent aux attentes (médicales et autres) du public (par exemple, accès aux soins 24 heures sur 24 ; accès aux spécialistes dans un délai acceptable) ;
- veiller à ce que tous les ménages aient accès aux services publics et qu'ils soient protégés aussi bien les uns que les autres contre les risques financiers liés à la maladie (par exemple, accès à des services publics d'urgences médicales et chirurgicales ; possibilité de percevoir des revenus qui remplacent un salaire en cas de maladie).

3. Les fonctions
Le système de santé assume quatre fonctions essentielles. La première, la prestation de services de santé, repose sur les trois autres.
- Prestation de services de santé : soins de santé personnels (diagnostic, traitement, réadaptation, etc.) ou services comme l'éducation à la santé (campagnes en faveur d'une alimentation équilibrée ou d'une activité physique régulière) et l'hygiène (par exemple, affiches préconisant le lavage des mains régulier et le port du masque en cas de toux au cours de la campagne de lutte contre la grippe H1N1).
- Fourniture et gestion des ressources pour faire fonctionner le système (personnel médical, installations, médicaments, matériel, connaissances).
- Financement : percevoir des recettes et affecter des ressources financières aux différentes activités.
- Administration : uniformiser les règles grâce à une administration avisée (organisation, établissement des priorités, mesure du rendement, promotion, élaboration de politiques et de règlements, protection des consommateurs).

Il existe une relation entre le niveau de développement économique et l'existence d'un système de santé. De nombreux pays parmi les 192 États membres de l'OMS n'ont pas de système de santé organisé faute de développement économique suffisant, comme les pays africains. *A contrario*, le pays le plus riche du monde, les États-Unis d'Amérique, n'offrait pas encore de couverture maladie à 17 % de sa population en 2010, les projets de la réforme Obama ayant pour objectif, sans changer l'architecture générale de ce système, de réduire le pourcentage de personnes sans assurance-maladie à 5 % de la population. Dans les pays européens, la majorité des personnes qui résident en situation régulière sur le territoire ont un accès au système de santé.

Les pays de l'UE consacrent une part de leur richesse nationale (produit intérieur brut ou PIB) à la santé, l'Allemagne et la France étant les deux pays y consacrant le plus de ressources. La fig. 31.1 montre que cette part varie en fonction des pays. Notamment, il faut remarquer que la Pologne, pays relativement riche parmi les pays de l'ex-bloc de l'Est, consacre beaucoup moins d'argent pour la santé de ses citoyens que les pays européens de l'Ouest.

Dans les pays ayant un système de santé organisé et financé, l'accessibilité à des moyens techniques (diagnostics dans les centres hospitaliers de soins aigus, scanners, IRM), thérapeutiques (greffes d'organes, accès aux traitements anticancéreux ou antirétroviraux) ou de prévention (dépistage précoce du cancer du sein, oncogénétique) est supérieure.

B. Présentation des systèmes de santé selon leur mode de financement

Les cinq pays retenus se caractérisent par une part importante de financement collectif : les pouvoirs publics consacrent de l'argent au système de santé, collecté de façon socialisée par des prélèvements sous forme soit d'impôts, soit de contributions sociales (cotisations).

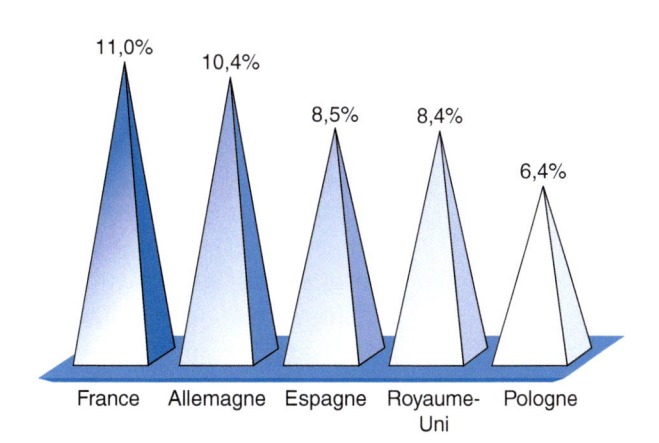

Fig. 31.1.
Dépenses de santé totales en pourcentage du PIB – 2007.
Source : OECD Health data, novembre 2009.

France 11,0% — Allemagne 10,4% — Espagne 8,5% — Royaume-Uni 8,4% — Pologne 6,4%

31 Principaux résultats concernant la santé et les soins

☐ Assurance sociale ▨ Administration publique (État)

- Royaume-Uni : 81,7 %
- France : 79 %
- Allemagne : 76,9 %
- Espagne : 71,8 %
- Pologne : 70,8 %

Fig. 31.2.
Part publique des dépenses totales de santé – 2007.
Source : OECD Health data, octobre 2009.

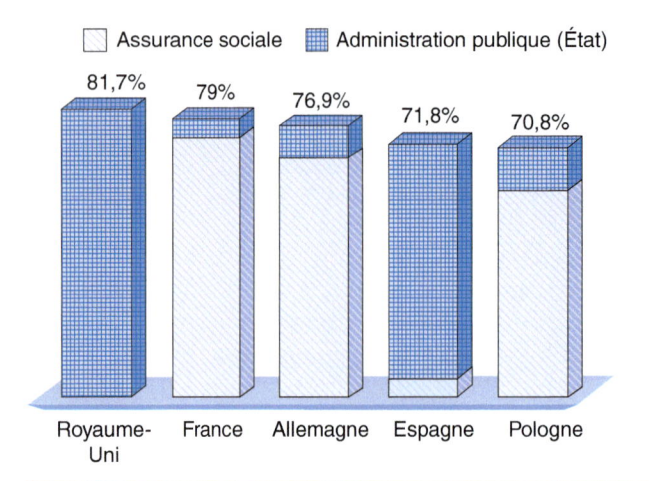

La fig. 31.2 montre la part des dépenses publiques dans les dépenses de santé dans chaque pays.

1. Financement par l'impôt

a. Un financement étatique pour un fonctionnement étatique : le Royaume-Uni

Le modèle anglais dit « beveridgien », issu du plan Beveridge de 1942, assure le principe de la gratuité des soins à l'ensemble de la population dans le but de garantir une couverture universelle. Ainsi, le bénéfice de la couverture du risque maladie est attaché à un critère de résidence sur le territoire national. De cette protection universelle découle un financement assuré par l'impôt et une forte prédominance du secteur public dans l'offre de soins.

Le financement public implique que la régulation du système de santé soit étatique. Si dans les pays appartenant à ce modèle, la définition *a priori* du budget de santé alloué aux gestionnaires a permis de limiter les dépenses publiques, elle a pour corollaire le rationnement des soins. La principale faiblesse de ce modèle est la longueur des listes d'attente, du fait du manque d'investissement et de la lourdeur de l'organisation du système. Pour répondre à ces difficultés, les réformes des années 1990 ont permis d'introduire des mécanismes de marché : mise en concurrence entre les producteurs de soins, recours à des modes de rémunération plus incitatifs des médecins ou responsabilisation des gestionnaires de santé.

Toutefois, 12 % de la population (groupe dont les revenus sont les plus importants) choisit de souscrire une assurance santé privée qui permet, en échange d'une prime d'assurance, d'accéder notamment directement aux spécialistes. Ce groupe d'assurés privés participe cependant également au financement des soins publics.

b. Un financement étatique pour un fonctionnement décentralisé : l'Espagne

Le système national de santé espagnol, financé par l'impôt, est très fortement décentralisé, donnant la responsabilité aux 17 régions autonomes du pays. Le gouvernement fédéral alloue à chaque région une somme fixe annuellement, fondée sur des critères démographiques (effectifs, catégories d'âge de chaque région). Chaque région décide de ce qu'elle va financer dans son territoire et peut décider d'octroyer des fonds complémentaires à la dotation de l'État. En conséquence, les dépenses de santé varient de façon importante selon la région considérée ainsi que les priorités décidées en termes de dépenses.

Douze pour cent de la population espagnole souscrit à un contrat d'assurance santé privée, ce qui conduit comme au Royaume-Uni à une double couverture maladie, publique et privée. Dans les villes riches, le pourcentage de personnes couvertes par une assurance privée est élevé (25 % à Madrid et à Barcelone).

Les dépenses d'assurance privée représentent 21 % de la totalité des dépenses de santé du pays.

2. Financement par l'assurance sociale

a. Un financement sur les revenus du travail : l'Allemagne

L'Allemagne est le pays précurseur en termes de protection sociale. L'assurance-maladie allemande, mise en place par le chancelier Bismarck en 1883, a fonctionné d'emblée par la conclusion de contrats entre les caisses de sécurité sociale, créées sur une base professionnelle, et les médecins de la circonscription pour fournir gratuitement soins et médicaments aux assurés sociaux. Le modèle bismarckien se caractérise par le principe de l'assurance, la protection maladie étant liée au travail et financée par des cotisations sociales. Ainsi, l'affiliation au système, dont le financement est assuré par les salariés et les employeurs, dépend de l'exercice d'une profession. Il faut cotiser pour être couvert par l'assurance-maladie. Les mêmes principes perdurent après la Seconde Guerre mondiale en République fédérale allemande dans le cadre de l'économie sociale de marché (*Sozialmarktwirtschaft*).

En Allemagne, l'assurance santé est obligatoire et sa gestion est assurée par les partenaires sociaux. Mais la possibilité de souscrire une assurance santé privée à la place de la cotisation à l'assurance publique est offerte aux Allemands dont les revenus dépassent 46 300 euros par an. Cette possibilité est utilisée par 10 % de la population. En effet, les trois quarts des personnes dont les revenus sont supérieurs à ce seuil choisissent le système des caisses d'assurance-maladie publiques.

La réunification du pays a conduit à aligner à partir de 1990 les cinq régions (*Länder*) de l'Est (17 millions d'habitants) sur les onze de l'Ouest

(63 millions d'habitants) avec un prélèvement exceptionnel sur les onze de façon à adapter le système de santé de l'ex-République démocratique allemande (RDA) dont l'organisation et les structures étaient radicalement différentes, fondées sur le système soviétique étatisé. En conséquence, le niveau des dépenses de santé s'est brutalement alourdi après 1990, conduisant à des réformes.

b. Un financement sur les revenus du travail qui a évolué vers la fiscalisation : la France

Le débat politique s'est orienté à partir des années 1980 sur l'inadéquation entre la notion d'assurance sociale, financée par des cotisations, et les dépenses non liées au travail, comme les dépenses de santé. En revanche, les pertes de revenus liées à un arrêt maladie et donnant lieu au versement de revenus de remplacement relèvent du système d'assurance sociale. L'augmentation du financement de l'assurance-maladie par la contribution sociale généralisée (CSG) s'est faite progressivement à partir de 1997. L'assurance-maladie est dorénavant presque totalement financée par la CSG pour les salariés, sauf pour ce qui concerne le remplacement des revenus du travail en cas d'arrêt de travail chez les salariés (indemnités journalières).

c. Un système étatique ayant évolué vers un système d'assurance publique : la Pologne

La Pologne a hérité en 1990 d'un système de santé de type soviétique avec une couverture universelle et des prestations assurées par des établissements (dispensaires, hôpitaux) appartenant à l'État et gérés par celui-ci. Le système de santé était extrêmement centralisé, onéreux, très spécialisé et il avait généré des inégalités régionales dans l'affectation des ressources. Des « dessous-de-table » étaient habituellement versés aux professionnels de santé qui avaient des revenus faibles comme dans tous les pays de l'ex-bloc de l'Est.

En 1999, le financement a été réformé par la création d'un système généralisé de cotisations d'assurance-maladie versées à 16 caisses régionales. Ces caisses pouvaient acheter par appel d'offres pour leurs assurés des prestations de soins auprès des dispensaires et des hôpitaux. Les assurés recevaient ensuite les soins gratuitement dans ces établissements.

En 2003, L'État a supprimé les caisses régionales et les a remplacées par un fonds national de santé (FNS) en conservant le système de contrats conclus avec les établissements de santé. En 2004, les cotisations sociales finançaient 57 % de l'assurance-maladie et étaient gérées par des caisses d'assurance-maladie. La réforme du financement s'est accompagnée d'une décentralisation de l'administration, les instances locales élues étant chargées de la gestion de l'assurance-maladie. Ces instances se sont fortement opposées aux projets de restructuration issus du gouvernement.

3. L'accès aux soins et ses modalités

a. Le Royaume-Uni

Les Britanniques sont inscrits chez un médecin généraliste qui contrôle (*gate-keeper*) l'accès au spécialiste. Toutefois, l'accès au généraliste peut être réduit. Ainsi, en 2004, pour contenir les dépenses de santé, le gouvernement a négocié des baisses de revenus pour les généralistes en leur permettant de réduire leurs heures de présence. Très peu sont dorénavant joignables la nuit et le week-end. En outre, les listes d'attente pour avoir accès aux soins spécialisés sont légendaires. Près de 40 % des patients atteints de cancer ne voient jamais d'oncologues. Le gouvernement avait fixé en 2008 un délai maximum de 18 semaines pour l'accès à des examens diagnostiques. Mais pour la majorité des spécialités, seuls 30 % à 40 % des patients sont traités dans ce délai, excepté pour l'orthopédie (20 %).

Des expérimentations ont cependant cherché à réduire les listes d'attente, puis ont été étendues à l'ensemble du pays. Il s'agit par exemple du *London Patient Choice Project* : les patients atteints de maladies coronariennes ayant attendu un spécialiste plus de 6 mois ont finalement le droit de consulter parmi un groupe de quatre professionnels.

Enfin, il existe un rationnement explicite des soins pour un certain nombre de procédures et technologies coûteuses (dialyse rénale, chirurgie cardiaque), et les patients considérés comme trop malades ou trop âgés au regard du rapport coût–efficacité des traitements sont récusés.

Le développement du secteur privé s'explique par cette restriction de liberté de choix de professionnels et par les listes d'attente pour consulter les spécialistes. Les patients y sont parfois affiliés par leur employeur mais peuvent y adhérer à titre individuel. Cependant, le secteur des assurances de santé privées n'est que très peu contrôlé par le gouvernement et les primes versées sont calculées en fonction du risque santé.

Pourtant, le budget du système de santé britannique a triplé entre 1997 et 2010.

b. L'Espagne

La Constitution espagnole garantit à tous les citoyens le « droit à la santé », soit un accès égal aux soins préventifs, curatifs et de réadaptation (toutefois, les soins dentaires, l'optique et les soins de masseurs-kinésithérapeutes ne sont pas couverts par le système de santé ainsi que nombre de soins psychiatriques). La couverture de santé est quasi universelle et estimée à 98,5 % de la population (contre 60 % en 1970) L'accès aux soins est gratuit pour le patient. Le système est orienté vers les soins de santé primaires (médecine générale et pédiatrie). Les soins médicaux aigus, chirurgicaux, d'urgence et de longue durée ainsi que les médicaments (avec quelques co-paiements pour certains médicaments) sont fournis gratuitement aux patients.

Les Espagnols ne peuvent choisir leur médecin, généraliste ou spécialiste. Un médecin généraliste leur est attribué, à partir de la liste de leur communauté géographique. Si des soins spécialisés sont nécessaires, le médecin généraliste adresse les patients à un spécialiste déterminé. Il arrive même que des Espagnols déménagent afin de changer de médecin généraliste ou pour trouver des réseaux de spécialistes comportant des listes d'attente moins importantes que là où ils vivaient précédemment. Ces listes d'attente pour les soins sont un problème important partout dans le pays : la durée d'attente est de 65 jours en moyenne pour voir un spécialiste (mais dans certaines régions, ce délai peut être beaucoup plus long). La situation varie aussi en fonction de la spécialité médicale : délai d'attente moyen national de 71 jours en gynécologie et de 81 jours en neurologie.

Les dépenses de santé restant à la charge des Espagnols représentent 24 % de l'ensemble des dépenses de santé du pays, soit plus que la majorité des pays européens (sauf la Grèce).

Compte tenu de l'existence d'assurances privées, les Espagnols à revenus élevés peuvent payer des soins non offerts par le système national de santé et les personnes pauvres n'accèdent qu'aux soins standard. Les soins de réadaptation, palliatifs et aux personnes âgées sont délégués aux familles.

c. L'Allemagne

Le système de santé allemand garantit à ses citoyens l'accès aux médecins de ville, à l'hospitalisation, et la prise en charge de la prévention, des maladies chroniques, des actes diagnostiques, des médicaments prescrits et d'une partie des soins dentaires. Étant donné que le système est fondé sur les revenus du travail, les caisses d'assurance-maladie versent des revenus de remplacement aux salariés malades, de l'ordre de 70 à 90 % de leurs revenus bruts, et ce pour une durée s'étendant jusqu'à 78 semaines.

Depuis 2004, des co-paiements ont été imposés aux patients pour accéder au système de santé : 10 euros par quadrimestre pour voir un médecin généraliste, 10 euros par journée d'hospitalisation, 10 euros par prescription ainsi que d'autres droits d'accès pour recourir aux médecins spécialistes. Les co-paiements les plus importants concernent les médicaments (10 % des prescriptions médicamenteuses). Les Allemands ont à leur charge (outre les cotisations maladie) 13 % des dépenses de santé, soit juste un peu moins qu'aux États-Unis. Ces droits d'entrée dans le système de santé ont réduit de peu l'utilisation des services de santé et les coûts.

Il n'existe pas de données en Allemagne concernant les listes d'attente, mais une étude a mentionné que certains patients très sévèrement atteints n'étaient pas « attractifs » pour les hôpitaux compte tenu de leurs objectifs budgétaires.

d. La France

L'assurance-maladie couvre les soins hospitaliers et ambulatoires, les soins donnés par les médecins généralistes et spécialistes, les actes paramédicaux, les actes diagnostiques et les médicaments prescrits. Les services couverts sont décrits dans la réglementation de l'assurance-maladie et notamment le niveau financier de couverture : 100 %, 80 %... De fait, la plupart des services proposés nécessitent des co-paiements de 10 à 40 %. Les Français ont à leur charge (outre les contributions maladie) 13 % des dépenses de santé, soit une situation voisine de celle de l'Allemagne et des États-Unis. Le marché de l'assurance complémentaire privée s'est fortement développé en France car d'une part, un certain nombre de services de santé sont peu ou non couverts (optique, soins dentaires) et d'autre part, beaucoup de praticiens libéraux n'acceptent pas les tarifs de la Sécurité sociale (dépassements d'honoraires pour un tiers des praticiens, 80 % à Paris), honoraires qui sont partiellement ou totalement pris en charge par les assurances complémentaires (118 assurances complémentaires). Plus de 80 % de la population est affiliée à une complémentaire santé, soit à but non lucratif (mutuelle), soit à but lucratif (compagnie d'assurance). Les familles doivent s'acquitter de primes d'assurance dont les montants augmentent avec l'âge. En conséquence, les personnes dont les revenus sont suffisants peuvent s'offrir des assurances complémentaires, mais il en résulte un système à double vitesse et des résultats en termes de santé qui varient en fonction du revenu.

Depuis 2005, l'accès au médecin généraliste et spécialiste est codifié par le « parcours de soins », de façon à limiter les remboursements liés à des consultations répétées auprès de praticiens différents. L'inscription chez un médecin traitant est obligatoire sous peine de pénalités financières et ce médecin adresse si nécessaire le patient au spécialiste (sauf l'ophtalmologiste, le pédiatre, le gynécologue-obstétricien et le psychiatre). En cas d'accès direct au spécialiste, le patient est moins remboursé ou les co-paiements sont plus élevés.

Contrairement à d'autres systèmes nationaux de santé, il n'existe pas de files d'attente pour les soins, sauf pour des traitements très spécialisés ou pour l'accès à des technologies diagnostiques comme l'IRM. Il n'y a cependant pas de rationnement explicite des soins.

e. La Pologne

La réforme de 2003 avait donné une autonomie de gestion à l'ensemble des institutions du secteur santé. Depuis lors, les dispensaires, hôpitaux et caisses d'assurance-maladie doivent subvenir à leurs dépenses, car ils reçoivent de moins en moins de subventions de l'État. Leurs ressources viennent des contrats de services conclus avec le FNS et des services privés qu'ils peuvent proposer à une clientèle qui paie ses soins. Pour avoir des ressources, les établissements de santé cherchent à développer des soins privés, d'où une sélection des patients aisés.

En conclusion, il faut retenir que dans tous les pays, un pourcentage des dépenses de santé est couvert par des fonds privés (fig. 31.3).

Enfin, dans tous les pays, les dépenses d'assurance-maladie privée (couvertes par des primes) sont augmentées du « reste à charge des

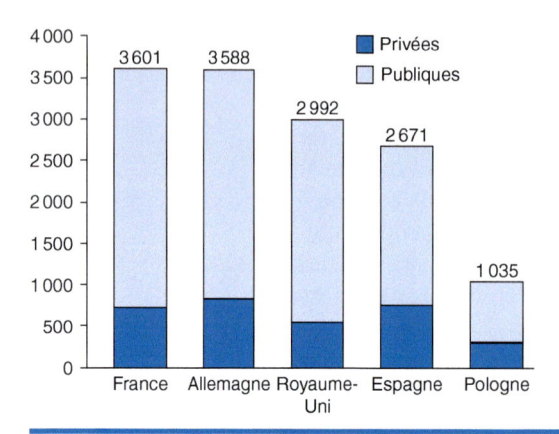

31 Principaux résultats concernant la santé et les soins

Fig. 31.3.
Dépenses de santé totales privées et publiques par habitant – 2007 (USD – *United states dollars* **PPA).**
Source : OECD Health data, octobre 2009.

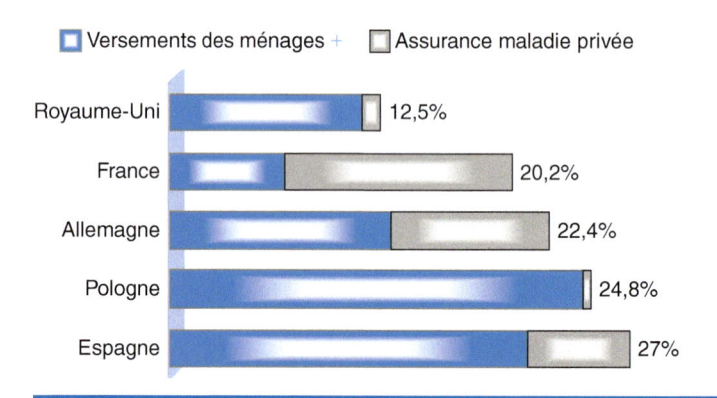

Fig. 31.4.
Reste à charge et couverture privée des dépenses d'assurance-maladie – 2007 (pourcentage des dépenses totales de santé).
Source : OECD Health data, octobre 2009.

patients » : ces dépenses privées représentent un pourcentage relativement faible des dépenses totales de santé au Royaume-Uni, mais sont supérieures à 20 % dans les autres pays pris en exemple. Ainsi en France, les assurés paient les contributions pour l'assurance-maladie, 80 % de la population paient une prime pour une complémentaire santé et il reste encore à charge des patients (reste à charge se traduisant par *out-of-pocket*) ce qui n'est couvert ni par l'assurance-maladie obligatoire, ni par les complémentaires, par exemple les médicaments non remboursés et l'euro prélevé sur chaque acte depuis 2004 (fig. 31.4).

II. L'offre de soins

A. Les professionnels de santé

La fig. 31.5 présente la densité médicale pour chaque pays et la fig. 31.6, la répartition entre généralistes et spécialistes pour 1000 habitants.

Le Royaume-Uni a une densité paramédicale plus importante que les pays d'Europe continentale. Ainsi, certains actes médicaux effectués par des médecins en France ou en Allemagne fassent partie des prérogatives infirmières au Royaume-Uni (sigmoïdoscopie, certains actes

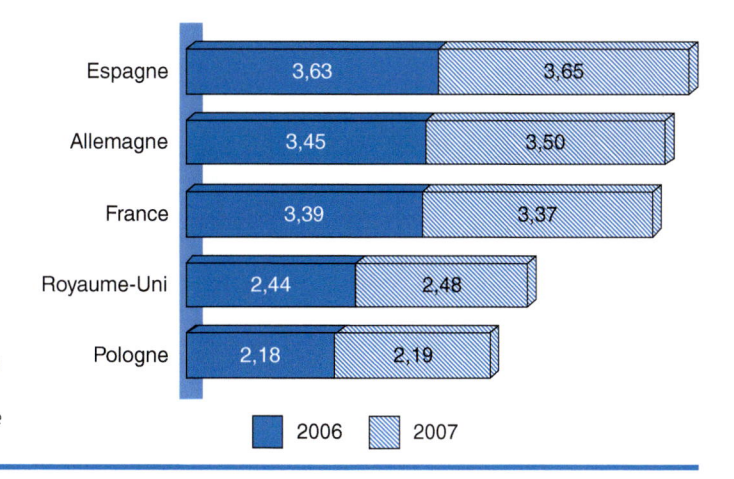

Introduction aux systèmes de santé de l'Union européenne

Fig. 31.5.
Médecins en activité pour 1000 habitants – 2006/2007.
Source : OECD Health data, novembre 2009.

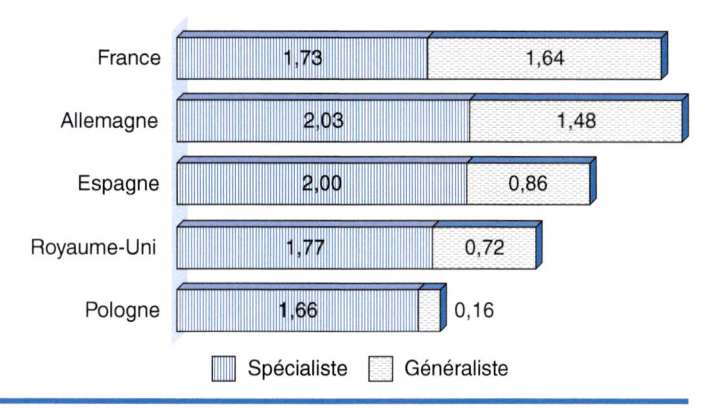

Pays	2006	2007
Espagne	3,63	3,65
Allemagne	3,45	3,50
France	3,39	3,37
Royaume-Uni	2,44	2,48
Pologne	2,18	2,19

Fig. 31.6.
Médecins généralistes et spécialistes pour 1000 habitants – 2007.
Source : OECD Health data, octobre 2009.

Pays	Spécialiste	Généraliste
France	1,73	1,64
Allemagne	2,03	1,48
Espagne	2,00	0,86
Royaume-Uni	1,77	0,72
Pologne	1,66	0,16

d'échographie ; une liste limitée de prescriptions). Toutefois, la densité infirmière de l'Allemagne est plus élevée que celle de la France.

B. Les hôpitaux

La fig. 31.7 présente la densité de lits hospitaliers et, en particulier, de lits de soins aigus pour 1000 habitants. Elle montre bien que les pays riches d'Europe de l'Ouest cherchent à réduire progressivement la densité hospitalière. C'est au Royaume-Uni et en Espagne que cette densité est la plus faible, engendrant des listes d'attente pour des interventions non urgentes.

La fig. 31.8 présente l'évolution du secteur hospitalier privé dans l'UE. La France se caractérise par un secteur hospitalier privé à dominante lucrative (les hôpitaux privés à but non lucratif sont pour beaucoup en situation financière difficile en 2010). Cette prédominance du privé lucratif distingue, en particulier, la France de l'Allemagne.

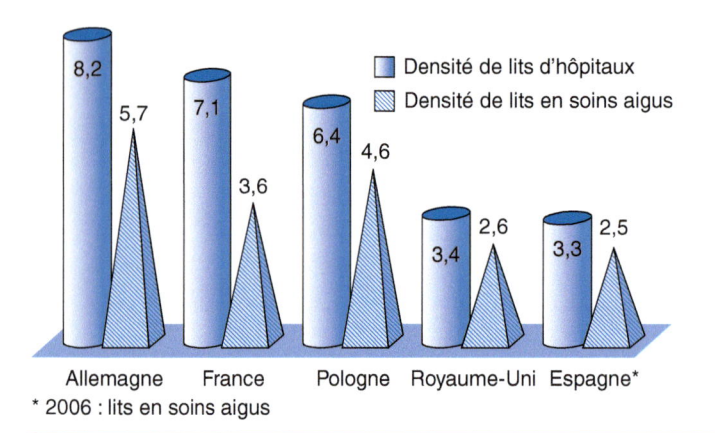

31 Principaux résultats concernant la santé et les soins

Fig. 31.7.
Densité de lits d'hôpitaux et de lits en soins aigus pour 1000 habitants – 2007.
Source : OECD Health data, novembre 2009.

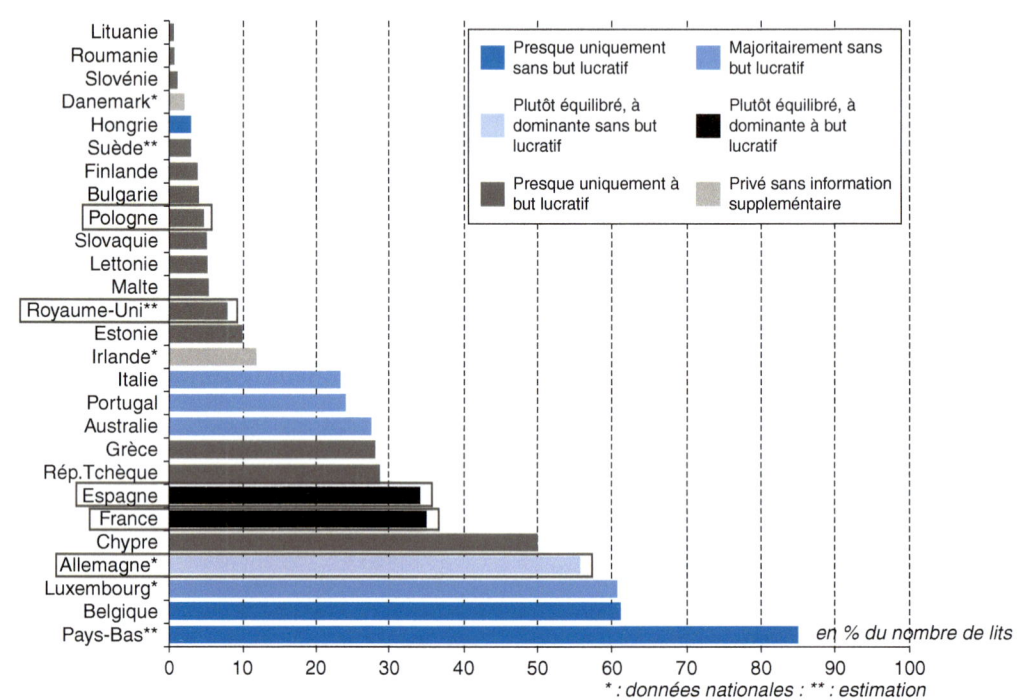

Allemagne : 8,2 / 5,7
France : 7,1 / 3,6
Pologne : 6,4 / 4,6
Royaume-Uni : 3,4 / 2,6
Espagne* : 3,3 / 2,5

* 2006 : lits en soins aigus

Fig. 31.8.
Place du secteur hospitalier privé en nombre de lits en 2006 et répartition entre établissements sans but lucratif et à but lucratif dans l'Union européenne.
Source : OMS, 2009.

NB : la répartition entre secteurs privé à but lucratif et à but non lucratif provient de statistiques nationales

* : données nationales ; ** : estimation

C. Les technologies médicales

La fig. 31.9 présente la densité d'équipements coûteux (CT-scanners et IRM) pour 1 000 000 habitants dans chaque pays. L'Allemagne, l'Espagne et le Royaume-Uni sont mieux équipés que la France en

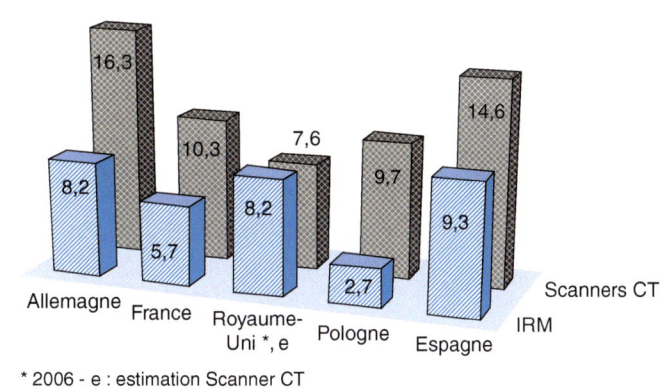

Introduction aux systèmes de santé de l'Union européenne **31**

Fig. 31.9.
CT-scanners et appareils d'imagerie par résonance magnétique (IRM) par million d'habitants.
Source : OECD Health data, novembre 2009.

Allemagne : 8,2 / 16,3
France : 5,7 / 10,3
Royaume-Uni *, e : 8,2 / 7,6
Pologne : 2,7 / 9,7
Espagne : 9,3 / 14,6

Scanners CT
IRM

* 2006 - e : estimation Scanner CT
* 2007 - e : estimation IRM

matière d'IRM. L'Allemagne est bien plus dotée que la France en scanners (l'Allemagne produisant des appareils d'imagerie médicale, contrairement à la France).

III. Réformes des systèmes de santé ayant des conséquences sur l'accès aux soins

A. Dans les pays à financement fiscalisé

1. Le Royaume-Uni

Avant son élection, David Cameron, leader du parti conservateur, avait proposé des mesures assez radicales concernant l'accès aux soins : refuser de traiter les patients ne modifiant pas leur style de vie, tels que les fumeurs ou les personnes en surpoids. Il proposait également que le gouvernement prenne en charge les abonnements aux salles de gymnastique et subventionne l'achat des fruits et légumes.

Après son succès électoral en mai 2010, les réformes annoncées sont les suivantes :
- les médecins généralistes deviennent responsables de la gestion des dépenses maladie des patients ;
- un projet de décentralisation du budget santé de la population aux médecins traitants est proposé ;
- sur 160 milliards de dollars, 100 à 120 milliards seraient délégués aux médecins généralistes pour acheter les soins courants et les médicaments et payer les dépenses hospitalières (dont l'hospitalisation à domicile) ;
- le projet prévoit aussi de réduire de 45 % les dépenses administratives du système de santé pour 2014, ayant notamment pour conséquence des pertes d'emploi au sein du *National Health Service* (NHS);
- cette réforme annonce ainsi la suppression des 150 *primary care trusts*, organismes créés par le gouvernement Blair en 1997, dotés d'une autonomie de gestion et regroupant les professionnels de santé et sociaux du secteur de soins primaires et chargés de la prise en charge des patients ;

- le nouveau gouvernement envisage enfin que les hôpitaux deviennent des fondations autonomes *(foundation trusts)*, fonctionnant de façon indépendante des organismes de contrôle du système de santé, et responsables financièrement devant une institution régulatrice dotée d'autonomie. Fin 2011, ce projet a été reporté à une date ultérieure.

2. L'Espagne

Les Espagnols tiennent à leur système de santé. La situation économique actuelle conduit à une forte baisse des recettes fiscales du système car 20 % de la population est au chômage. Les salaires des fonctionnaires, notamment du système de santé, baissent mais les soins de base restent offerts à la population.

B. Dans les pays à assurance publique : l'Allemagne et la France

1. L'Allemagne

Une réforme structurelle du système de santé a été adoptée en 2007, se fondant notamment sur la création d'un fonds de santé fédéral *(Gesundheitsfond)* qui collecte les contributions sociales pour les répartir ensuite entre les caisses publiques des 16 *Länder*. Or, depuis 1996, les assurés peuvent choisir librement leur caisse ce qui a conduit à une réduction de leur nombre. Depuis 2009, les cotisations à l'assurance-maladie obligatoire sont uniformisées et égales à 15,5% (employeurs et salariés). Les caisses maladie reçoivent du fonds de santé un même montant pour chaque assuré. Si les caisses ont la responsabilité financière de patients les plus à risques (comportements à risque, maladies chroniques), elles peuvent être amenées à demander des contributions complémentaires aux personnes couvertes. En effet, en 2010, vingt-trois des 157 caisses publiques en activité ont été en difficulté financière et un déficit de 11 milliards d'euros a été estimé pour 2011.

Parallèlement à la centralisation du financement, les pouvoirs publics ont décidé qu'une part de fiscalité serait introduite dans le financement du système de santé allemand : l'assurance gratuite des enfants des affiliés en particulier, avec un soutien de l'État fédéral augmentant chaque année pour plafonner à une somme totale de 14 milliards d'euros. L'assurance santé est devenue obligatoire pour tous depuis 2009 et les caisses privées doivent dorénavant assurer leurs nouveaux affiliés sur un tarif de base.

Enfin, depuis février 2010, une commission interministérielle a été mise en place pour proposer une refonte du système de santé, impliquant outre le ministre de la Santé, les ministres de l'Intérieur, de la Justice, des Finances, de l'Économie et des Technologies, de l'Emploi et des Affaires sociales, de l'Agriculture et de la Protection des consommateurs, de la Famille, des Seniors, des Femmes et de la Jeunesse.

Un nouveau plan de rigueur sur les médicaments a été voté en 2010. Les prix gelés jusqu'en 2013 doivent conduire à une économie de 1,5 milliard d'euros pour les caisses. L'Allemagne demeure, avec Malte et le Danemark, l'un des derniers pays d'Europe où l'industrie pharmaceutique fixe librement ses prix. Des contraintes financières vont aussi peser sur les honoraires et sur l'hôpital. Ces réformes sont très mal acceptées par le corps médical qui s'est manifesté en faisant des grèves très suivies en 2005, tant dans le secteur hospitalier que le secteur ambulatoire.

2. La France

a. L'hôpital

La régulation de l'offre hospitalière publique et privée est au centre de la loi « hôpital, patients, santé, territoires » (HPST). L'autonomisation de la gestion des hôpitaux, en concurrence avec les cliniques privées dans le cadre d'une planification régionale de l'offre, annonce des restructurations majeures du paysage hospitalier.

b. La médecine de ville

Les réformes visant à la régulation de la médecine de ville ont été des échecs : régulation de l'installation, organisation de la permanence des soins. Les agences régionales de santé (ARS) ont dans leurs attributions l'organisation des soins de ville avec des difficultés attendues : radicalisation de la position des médecins libéraux et aggravation de la scission entre la médecine de ville et l'hôpital public notamment.

c. Le médicament

Les plans de déremboursements de médicaments se succèdent. En 2006, la vignette orange était apparue pour les médicaments veinotoniques. Deux ans plus tard, elle avait disparu et les patients devaient payer la totalité du prix pour ces produits. En 2008, il avait été proposé de réduire la prise en charge des médicaments de confort au taux habituel de 35 % pour les personnes couvertes à 100 % et ce, afin d'économiser 250 millions d'euros. Devant les vives protestations, le projet avait été retiré. Depuis 2010, 200 médicaments sont remboursés à 15 % (vignette orange) au lieu de 35 % (vignette bleue) pour une économie attendue de 145 millions d'euros. Les malades couverts à 100 % ne sont pas concernés par cette mesure.

d. Le renoncement aux soins

Les enjeux du système de santé français reposent sur l'accès aux soins. Nous avons vu que le système fonctionne car 80 % des personnes ont une complémentaire santé. La Commission européenne considère les mutuelles à but non lucratif comme des assurances. Il est possible que les valeurs de solidarité qui les caractérisent les fassent évoluer, sous la pression réglementaire, vers un statut commercial.

3. La Pologne

En Pologne, le gouvernement de coalition, mené par Donald Tusk (droite libérale) depuis 2007, cherche à refondre le système de santé, qui est au bord de l'implosion financière. La situation financière s'est aggravée avec la crise économique, les cotisations sociales baissant automatiquement, même si la Pologne avait maintenu une croissance économique en 2009. Le gouvernement a donc décidé une nouvelle réforme de l'assurance-maladie, réforme en suspens depuis l'élection du nouveau président polonais en 2010.

En conclusion, on note que les problèmes posés par le modèle d'assurance publique résident dans l'absence de maîtrise des dépenses de santé entraînant des déficits persistants des caisses d'assurance-maladie. L'augmentation des cotisations et de la contribution des malades aux frais des soins ne suffit plus à enrayer les dérives des dépenses de santé. La régulation de l'offre de soins ainsi que l'introduction des méthodes de gestion privée figurent au cœur des réformes dans ces pays. La première mesure décidée dans ces systèmes est le déremboursement, c'est-à-dire que l'assurance sociale réduit la prise en charge financière des actes effectués en médecine de ville ou ambulatoire, à l'hôpital ainsi que la couverture financière des médicaments. Il en résulte des barrières financières aux soins et produits de santé d'où des inégalités d'accès aux soins.

IV. Conclusion

Tous les pays dont le système de santé est organisé et financé ont à faire face à une augmentation des coûts de santé et à des difficultés d'accès aux soins. Les systèmes nationaux de santé, à financement assurantiel ou fiscalisé, ont tous à relever les mêmes défis. Les données présentées en ont illustré quelques-unes. La couverture santé ne signifie pas que l'accès aux soins soit universel. Même en cas de couverture universelle de la population, le rationnement existe ou l'on observe des listes d'attente pour les soins. Tous les pays cherchent des solutions financières pour alimenter le système de soins : augmentation des cotisations, des impôts, déficit budgétaire et réduction des prestations de soins. Dans les pays à financement fiscalisé, les patients ont de plus longues listes d'attente, des restrictions dans le choix des médecins et un rationnement de certains soins. Dans les pays à financement assurantiel collectif, un certain nombre de mécanismes de marché sont introduits : compétition, participation financière des assurés aux soins, choix des professionnels de santé ou des hôpitaux.

La tendance de tous les systèmes de santé dans le contexte économique actuel est de tenter l'association d'une décentralisation du système de santé avec l'introduction de mécanismes de marché. La seule solution à la crise financière des systèmes de santé est l'augmentation du taux d'emploi de la population européenne, notamment les jeunes et les plus de 50 ans.

POINTS CLÉS

▶ Dans un système de santé financé par des assurances publiques, ce sont les actifs qui contribuent au financement, le montant des entrées est donc fortement dépendant de l'activité économique. Dans un système de santé financé par l'impôt, c'est toute la population qui contribue au financement et donc l'impact de l'activité économique peut être mieux contenu.

▶ En Angleterre, le modèle dit «beveredgien» assure le principe de la gratuité des soins à l'ensemble de la population dans le but de garantir une couverture universelle. Le financement est assuré par l'impôt, le système régulé par l'État, le secteur public est prédominant. La longueur des listes d'attente constitue la principale faiblesse de ce système. Douze pour cent de la population choisit de souscrire une assurance santé privée afin de pouvoir accéder aux spécialistes.

▶ En Espagne, le système national de santé est financé par l'impôt, décentralisé et donnant la responsabilité aux 17 régions autonomes du pays. Les Espagnols ne peuvent pas choisir leur médecin, généraliste ou spécialiste. Il existe des assurances privées et donc les Espagnols à revenus élevés peuvent payer des soins qui ne sont pas offerts par le système national de santé.

▶ En Allemagne, le modèle bismarckien se caractérise par le principe de l'assurance, la protection maladie étant liée au travail et financée par des cotisations sociales. Une réforme structurelle du système de santé a été adoptée en 2007, se fondant sur la création d'un fonds de santé fédéral qui collecte les contributions sociales pour les répartir ensuite entre les caisses publiques des 16 Länder. Un nouveau plan de rigueur sur les médicaments a été voté en 2010 même si l'industrie pharmaceutique fixe librement le prix des médicaments.

▶ En France, l'assurance-maladie est presque totalement financée par la CSG en ce qui concerne les assurés. L'assurance maladie couvre les soins hospitaliers et ambulatoires, les soins donnés par les médecins généralistes et spécialistes, les actes paramédicaux, les actes diagnostiques et les médicaments prescrits. Les Français ont à leur charge 13 % des dépenses de santé soit une situation voisine de celle de l'Allemagne. Depuis 2005, l'accès au médecin est codifié par le choix d'un médecin traitant et le «parcours de soins» afin de limiter le nombre de consultations médicales. Les plans de déremboursement des médicaments se succèdent.

▶ En Pologne, le système étatique a évolué vers un système d'assurance publique. Depuis 2003, les hopitaux doivent subvenir à leurs dépenses car ils reçoivent de moins en moins de subventions de l'État. Les établissements de santé cherchent donc à développer des soins privés, d'où une sélection de patients aisés.

▶ Tous les pays dont le système de santé est organisé et financé ont à faire face à une augmentation des coûts de santé et à des difficultés d'accès aux soins. La solution à la crise financière des systèmes de santé est l'augmentation du taux d'emploi de la population européenne.

Grands règnes du monde vivant III.3

Évolution et biodiversité

J.M. Le Minor

I. Biodiversité : systématique et principes de taxonomie
II. Grands règnes du monde vivant
III. Embranchement des Vertébrés
IV. Classe des Mammifères
V. Ordre des Primates : Singes, Grands singes et espèce humaine
VI. Caractéristiques morphologiques de l'espèce humaine actuelle
VII. Échelles de temps dans l'évolution du vivant
VIII. Hominidés fossiles
IX. Marqueurs de l'hominisation

Dès l'Antiquité, l'humain a tenté d'établir un inventaire complet des espèces vivantes avec le souci de tout collectionneur d'en effectuer la classification comme en témoignent les célèbres *Historia animalium* d'Aristote (384–322 av. J.-C.) ou *Historia naturalis*, en 37 volumes, de Pline l'Ancien (23–79). À l'heure actuelle, environ 1 850 000 espèces vivantes sont identifiées. Le monde vivant est ici défini comme ayant une unité d'organisation : la cellule (issue d'autres cellules), avec pour support de l'information génétique, l'acide désoxyribonucléique (ADN). De nombreuses disciplines contribuent à la systématique et taxonomie de la biodiversité : anatomie comparée, zoologie, botanique, paléontologie, embryologie descriptive, cytogénétique (caryotype : chromosomes), biochimie (et phylogénie moléculaire : ADN, protéines). La prise de conscience de l'importance vitale du maintien de la biodiversité est récente et concerne trois niveaux principaux : biodiversité des écosystèmes, biodiversité des espèces et biodiversité génétique. La biodiversité actuelle est le résultat des processus de l'évolution (spéciation et phylogenèse). La connaissance de la biodiversité est fondamentale pour toutes les disciplines biologiques et pour la compréhension des spécificités de l'espèce humaine.

I. Biodiversité : systématique et principes de taxonomie

A. Systématique et taxonomie

La *systématique* est la science qui a pour étude d'abord l'identification, la description et l'inventaire des êtres vivants présents et disparus, puis leur classification.

La *taxonomie* (= taxinomie) – du grec *taxis* : ordre, arrangement, et *nomos* : loi – est la science des lois de la classification. Carl Linné (1707–1778), auteur de l'ouvrage *Systema naturae*, a été le premier systématicien moderne.

La *systématique phylogénétique* (= cladistique), utilisée à l'heure actuelle, correspond à une révolution conceptuelle issue des travaux de l'entomologiste Willy Hennig (1913–1976). Cette classification ayant pour objectif de refléter le déroulement phylogénétique de la vie ne reconnaît comme valide que des groupes monophylétiques, c'est-à-dire issus d'un ancêtre commun.

B. Catégories taxonomiques

Une catégorie (= rang) correspond à un niveau hiérarchique de la classification des êtres vivants. Plusieurs types peuvent être définis :
- *taxon* : groupe ou regroupement d'organismes reconnu en tant qu'unité formelle à chacun des niveaux de la classification hiérarchique ;
- *clade* : groupe monophylétique comprenant un ancêtre commun exclusif et la totalité de ses descendants ;
- *phylum* : série évolutive dérivant d'un même ancêtre et caractérisée par un même plan général d'organisation (souvent synonyme d'embranchement) ;
- *grade* : groupe défini par le degré général d'organisation d'organismes vivants actuellement (sans fondement phylogénétique, ex. : Invertébrés, Poissons, Reptiles).

C. Notion de caractère (= trait) taxonomique

Un caractère est un attribut observable d'un organisme. La comparaison de caractères significatifs est à la base des classifications. Un caractère utilisable en taxonomie doit être comparable entre différents taxons avec la notion de similarité et d'homologie. Les caractères utilisés sont souvent de type binaire (absent/présent).

Les principaux caractères utilisés sont de types constitutionnels (anatomiques, histologiques ou moléculaires). Les activités (locomotion, habitat, alimentation...) n'apportent pas d'informations valides.

L'absence d'un caractère, longtemps utilisée pour définir des taxons (ex. : Invertébrés n'ayant pas de vertèbres, ou Agnathes n'ayant pas de mandibule) n'est pas informative.

Du point de vue évolutif, il existe deux types principaux de caractères :
- caractère primitif (= ancestral) dit *plésiomorphe* (plésiomorphie) ;
- caractère dérivé (= nouveau) dit *apomorphe* (apomorphie).

La systématique phylogénétique est fondée sur la chronologie d'apparition de caractères dérivés propres au cours de l'évolution.

La diagnose correspond à la liste des caractères utilisés pour définir un taxon zoologique.

D. L'unité élémentaire biologique en taxonomie : l'espèce

1. Définition de l'espèce

La notion d'espèce (en latin, *species*), ou taxon spécifique, a évolué en fonction des connaissances biologiques.

a. Définition ancienne : critère de ressemblance

Une espèce regroupe des individus présentant une ressemblance morphologique et anatomique externe et interne (concept typologique de Linné, avec la notion de « type »). La notion de ressemblance est souvent subjective et trompeuse.

b. Définition actuelle : critère d'interfécondité

Avec l'utilisation actuelle du « critère d'interfécondité », une espèce peut être définie d'après une réalité biologique : « *appartiennent à la même espèce, tous les individus qui peuvent se croiser et qui ont des descendants fertiles* » (Mayr, 1942) ; ou encore, en tenant compte de la variabilité, de l'évolution, et de la spéciation : « *ensemble des individus qui ne sont pas encore assez différenciés pour cesser d'avoir des descendants communs* ». Le concept d'espèce inclut à la fois polymorphisme et variabilité.

Entre deux espèces, il existe donc une « barrière reproductive ».

2. Dénomination d'une espèce : nomenclature binominale

Pour nommer une espèce, une nomenclature binominale est actuellement utilisée :

- suite de deux mots : *1.* Nom (= genre), avec une initiale majuscule + *2.* adjectif, en minuscules ;
- en latin (langue scientifique internationale) ;
- en italique (ex. : *Homo sapiens*) ou souligné (ex. : Homo sapiens) ;
- éventuellement suivi du nom de famille du premier descripteur et de l'année de première description (ex. : *Homo sapiens* [Linné, 1758]).

Au nom « savant » latin correspond la dénomination « commune » : nom vernaculaire (= nom populaire). Ex. : *Homo sapiens* = espèce humaine = « Homme ».

3. Notion d'hybrides

Pour certaines espèces, la barrière reproductive n'est pas absolue et le croisement peut se faire, avec toutefois une descendance stérile. Parmi les exemples classiques figurent :

- Mulet : hybride mâle stérile de l'Âne et de la Jument ;
- Bardot (petit mulet) : hybride mâle stérile du Cheval et de l'Ânesse ;
- Mule : hybride femelle stérile de l'Âne et de la Jument (ou du Cheval et de l'Ânesse) ;
- Tigron = Tiglon : hybride du Tigre et de la Lionne.

4. Particularités de la taxonomie des espèces fossiles (ou éteintes)

a. Définition

Pour les espèces fossiles ou subfossiles, éteintes ou disparues (notion de paléoespèces), il n'est pas possible d'appliquer le critère d'interfécondité.

Seul l'ancien critère de ressemblance peut être utilisé. Comme il existe une variabilité morphologique au sein de toute espèce, cela conduit au risque de décrire, en paléontologie, un individu de morphologie inhabituelle ou extrême au sein d'une espèce connue comme appartenant à une nouvelle espèce.

b. Nomenclature

Les espèces fossiles (ou éteintes) sont désignées par une croix † placée avant ou après le nom de l'espèce (ex. : † *Mammuthus primigenius* ou *Mammuthus primigenius* † = Mammouth laineux de Sibérie).

Pour les Hominidés fossiles, un surnom facilement mémorisable est souvent donné pour favoriser la communication et répondre à la pression médiatique. Par exemple : un individu de l'espèce *Australopithecus afarensis* † surnommé « Lucy » (1974) ; ou un individu de l'espèce *Sahelanthropus tchadensis* † surnommé « Toumaï » (2001).

E. Particularités au sein d'une espèce : taxons infraspécifiques

Au sein de certaines espèces, il est possible de distinguer des particularités pour certaines populations et de définir des taxons dits infraspécifiques (ne présentant pas, par définition, de barrière reproductive entre eux).

1. Notion de sous-espèces

a. Définition

Une sous-espèce (en latin, *subspecies*) est un taxon de niveau infraspécifique dont il n'existe pas de définition biologique précise et univoque (contrairement à l'espèce). Les sous-espèces décrites pour certaines espèces, de manière plus ou moins consensuelle, par les spécialistes des taxons considérés, correspondent le plus souvent à des particularités liées à la répartition géographique ou temporelle.

b. Dénomination

Une dénomination trinominale est utilisée, par exemple : *Gorilla gorilla beringei* = Gorille de montagne (en voie d'extinction) ; ou *Homo sapiens sapiens* = espèce humaine actuelle.

2. Notion de races

Une race est un taxon infraspécifique correspondant à des particularités obtenues au sein d'une espèce sous l'action humaine de la domestication (Chien, Chèvre, Mouton, Vache, Porc, Âne, Cheval…). Pour les chiens, par exemple, appartenant tous à la même espèce *Canis familiaris*, plus de 350 races sont reconnues (et définies, en particulier, par la Fédération cynologique internationale créée en 1911), plus ou moins liées à une fonction spécifique (chasse, garde, trait, agrément et compagnie), avec une exceptionnelle variété morphologique (ex. : bassets, bouledogues, caniches, chihuahuas, cockers, dobermans, épagneuls, fox terriers, huskys, labradors, lévriers, pékinois, saint-bernard, setters, teckels, yorkshires, etc.).

> **Remarque**
> Le concept classique de « races humaines » est, quant à lui, totalement dépassé et sans support biologique. Les dénominations anciennes de « Blancs », « Jaunes », « Noirs » ou « Caucasiens » doivent donc être bannies du langage scientifique actuel. Toutes les approches biologiques, moléculaires, génétiques ont démontré qu'il existait un grand polymorphisme au sein des populations composant l'espèce humaine actuelle, *Homo sapiens*, avec des répartitions et gradients géographiques complexes se recouvrant.

3. Notion de variétés et de cultivars

Une *variété* est un taxon infraspécifique défini, en règle générale, pour des espèces végétales. Il s'agit de variantes locales à l'intérieur de sous-espèces. Une dénomination quadrinominale est utilisée (ajout d'un quatrième mot : adjectif).

Un *cultivar* est une variété végétale résultant d'une mutation, d'une sélection ou d'une hybridation, naturelle ou provoquée, et cultivée pour ses qualités agronomiques et utilitaires. Par exemple, les Pommes, fruits du pommier commun *Malus pumila*, comportent près de 20 000 variétés décrites à travers le monde : reinettes, boskoops, goldens, granny smiths, etc.

F. Catégories hiérarchiques ascendantes : taxons supraspécifiques

Les différentes espèces sont regroupées en catégories de niveau hiérarchique croissant. Il n'existe pas de définition biologique précise et univoque (contrairement à l'espèce) pour ces taxons supraspécifiques. Parmi les plus utilisés figurent, par ordre hiérarchique croissant, le genre, la sous-famille, la famille, la superfamille et l'ordre.

1. Genre

Un genre (en latin, *genus*) regroupe une ou plusieurs espèces considérées comme proches. La dénomination du genre correspond au premier mot de la dénomination binominale (nom avec initiale majuscule) des espèces qui y sont regroupées. Par exemple, en botanique, le genre *Solanum* regroupe les différentes espèces : *Solanum tuberosum* = Pomme de terre ; *Solanum lycopersicum* = Tomate ; *Solanum melongena* = Aubergine, etc. Le genre humain regroupe les diverses espèces humaines actuelles ou fossiles : *Homo habilis*, *Homo erectus*, *Homo sapiens*, etc.

2. Sous-famille

Une sous-famille regroupe plusieurs genres et est désignée par le suffixe –*inae* (en français, –inés) ajouté à l'un des genres contenus dans cette sous-famille (ex. : *Homininae* ; en français, Homininés).

3. Famille

Une famille regroupe plusieurs sous-familles et est désignée par le suffixe –*idae* (en français, –idés) ajouté à l'un des genres utilisés pour dénommer une des sous-familles contenues dans cette famille (ex. : *Hominidae* ; en français, Hominidés).

> **Remarque**
> Pour les végétaux, suffixe *-aceae* (en français, -acées), ex. : *Rosaceae* (en français, Rosacées).

4. Superfamille

Une superfamille regroupe plusieurs familles et est désignée par le suffixe *–oidea* (en français, –oïdes) ajouté à l'un des genres utilisés pour dénommer une des familles contenues dans cette superfamille (ex. : *Hominoidea* ; en français, Hominoïdes).

5. Ordre

Un ordre (en latin, *ordo*) regroupe plusieurs superfamilles. Pour les animaux, il n'existe pas de règle pour la construction de la dénomination d'un ordre (pour les différents ordres de Mammifères, voir p. 474). L'ordre des Primates regroupe en particulier la superfamille des Hominoïdes dans laquelle sont classés le genre humain *Homo* et l'espèce humaine *Homo sapiens*.

> **Remarque**
> Pour les végétaux, suffixe *-ales* (en français, -ales), ex. : *Rosales* (en français, Rosales).

II. Grands règnes du monde vivant

Les données classiques de la classification générale des êtres vivants ont l'avantage d'être simples et suffisantes pour comprendre la place de l'espèce humaine au sein de la biodiversité. Les nouvelles classifications issues de la systématique phylogénétique sont plus exactes sur le plan biologique mais aussi beaucoup plus complexes, et seules quelques données élémentaires sont présentées ici principalement sous forme de commentaires.

Au total, environ 1 850 000 espèces vivantes sont identifiées à l'heure actuelle.

A. Branches du vivant

Trois branches (domaines) sont actuellement distinguées (d'après séquences du gène codant l'ARN ribosomique 16S/18S) :
- **Archées** (environ 500 espèces actuelles), sans noyau (Procaryotes) et à paroi cellulaire présentant des lipides spécifiques ;
- **Eubactéries** (10 000 espèces), sans noyau (Procaryotes) et à paroi cellulaire présentant des glycoprotéines spécifiques, en particulier l'acide muramique (organismes étudiés par la bactériologie) ;
- **Eucaryotes**, présentant dans chaque cellule un noyau délimité par une membrane nucléaire et des mitochondries.

B. Règnes

Au sein des Eucaryotes, deux règnes étaient classiquement distingués (mais non valides en systématique phylogénétique actuelle) :
- **Règne végétal**, étudié par la botanique, correspondant aux Plantes (environ 260 000 espèces) et aux Champignons (90 000 espèces) ;
- **Règne animal**, étudié par la zoologie, correspondant aux Animaux (environ 1 500 000 espèces).

> **Remarque**
> La taille des organismes du règne végétal varie de quelques micromètres pour des organismes unicellulaires à 100 mètres de hauteur pour des arbres comme le Séquoia ou 110 mètres pour certains Pins Douglas. Des longévités exceptionnelles de 2 000 à 5 000 ans sont observées pour certains Conifères.

C. Sous-règnes

Au sein du règne animal, deux sous-règnes étaient classiquement distingués :
- **Protozoaires** (Protistes) : organismes unicellulaires (Paramécies, Amibes…), catégorie artificielle non valide en systématique phylogénétique actuelle ;
- **Métazoaires** (Animaux proprement dits), environ 1 200 000 espèces : organismes pluricellulaires, correspondant effectivement à un taxon monophylétique, caractérisés par la présence de collagène, protéine fibreuse constituant la trame fondamentale de la matrice extracellulaire.

D. Embranchements

Au sein du taxon monophylétique des Métazoaires, de nombreux embranchements (dits aussi Phylums) sont décrits et en particulier :
- **Spongiaires** - Éponges (environ *10 000 espèces*) : embranchement vraisemblablement artificiel et polyphylétique ;
- **Cnidaires** - Méduses, Hydres, Anémones de mer, Coraux *(9 000)* : présentant des cellules spécialisées urticantes (cnidocytes) ;
- **Plathelminthes** *(14 000)* : vers plats, de taille variant de 1 mm à 5 mètres de longueur (Ténia) ;
- **Annélides** *(14 000)* : vers cylindriques segmentés (corps formé de nombreux anneaux), de taille variant entre 0,5 mm et 3 mètres de longueur ;
- **Nématozoaires** *(20 000)* : parmi lesquels les Nématodes, vers ronds non segmentés ;
- **Mollusques** *(118 000)*, présentant une coquille visible ou cachée, parmi lesquels : *Gastéropodes (105 000)* - Escargot, Bigorneau, Limace : coquille unique ou spiralée, une ou deux paires de tentacules sensoriels sur la tête et pied-plat porteur ; *Bivalves (12 000)* - Moule, Huître, coquille Saint-Jacques : coquille en deux parties, taille variant de 2 mm à 1,50 m ; *Céphalopodes (750)* - Poulpe, Calmar, Seiche,

Nautile : nombreux tentacules préhensiles ou tentacules à ventouses sur la tête, taille variant de 1 cm à 25 mètres (Calmars géants), vivant jusqu'à 6 000 mètres de profondeur ;
- **Arthropodes** *(1 000 000)* correspondant au phylum animal actuel à la biodiversité la plus étendue, présentant un squelette extérieur ou carapace et des pattes articulées, parmi lesquels : *Hexapodes* = Insectes *(850 000)* ; *Malcostracés* = Crustacés *(23 000)* ; *Myriapodes (12 000)* ; Arachnides = Araignées *(75 000)* ;
- **Échinodermes** - Étoiles de mer, Oursins *(6 000)* : présentant un squelette dermique (dénommé test) et de petits pieds à ventouses ;
- **Vertébrés** *(50 000)* : possédant un squelette interne cartilagineux ou osseux (et en particulier une colonne vertébrale d'où leur dénomination) ; embranchement contenant le plus grand des Métazoaires vivants (Rorqual bleu : 33 mètres de longueur, 130 000 kg, voir p. 473).

> **Remarque**
> Chaque embranchement était classiquement divisé en classes ; chaque classe était ensuite divisée en multiples ordres (en latin, *ordo*).

E. Apports de la systématique phylogénétique

La systématique phylogénétique, ayant pour objectif de refléter le déroulement phylogénétique de la vie, est fondée sur la chronologie d'apparition de caractères dérivés (apomorphies) propres au cours de l'évolution. Les principaux caractères apparus successivement au cours de l'évolution permettant une classification en catégories hiérarchiques monophylétiques des êtres vivants jusqu'aux Vertébrés sont :
- noyau cellulaire : Eucaryotes (environ *1 840 000 espèces*) ;
- organismes pluricellulaires avec collagène (protéine fibreuse constituant la trame fondamentale de la matrice extracellulaire) : Métazoaires *(1 200 000)* ;
- symétrie bilatérale du corps avec axe longitunal antéro-postérieur : Bilatériens *(1 190 000)* ;
- système nerveux dorsal (= épineuriens), premier pore de l'embryon devenant l'anus, bouche de formation secondaire, squelette interne : Deutérostomiens *(60 000)* ;
- chorde (axe rigide dorsal longitudinal formé de tissu conjonctif) : Chordés *(53 000)* ;
- crâne (arcs cartilagineux et plaques fibreuses : neurocrâne) : Craniates *(51 000)* ;
- vertèbres (pièces squelettiques entourant la chorde) : Vertébrés *(50 000)*.

III. Embranchement des Vertébrés

> En nomenclature latine, *Vertebrata*.

Les Vertébrés (environ 50 000 espèces) constituent un groupe monophylétique comprenant donc un ancêtre commun exclusif et la totalité de ses descendants.

A. Diagnose des Vertébrés

Les Vertébrés se caractérisent par un squelette interne (cartilagineux ou osseux) et tout particulièrement par un squelette axial, la colonne vertébrale, entourant la moelle spinale et constituée par la succession de pièces osseuses élémentaires (notion de métamérie) : les vertèbres (d'où le nom de cet embranchement).

B. Vertébrés tétrapodes

Parmi les Vertébrés, les Tétrapodes (Amphibiens, Reptiles, Oiseaux, et Mammifères : 25 000 espèces) constituent un groupe monophylétique caractérisé par la présence de quatre membres (appendices) :
- membres antérieurs (= supérieurs) droit et gauche ;
- membres postérieurs (= inférieurs) droit et gauche.

Le plan de base primitif des membres, et en particulier leur squelette (dit appendiculaire), est identique pour tous les Tétrapodes (notion d'homologie), avec dans le sens proximo-distal :
- *cingulum* = ceinture (scapulaire ou pelvienne) ;
- *stylopode*, constitué d'un seul os (humérus ou fémur) ;
- *zygopode*, constitué de deux os parallèles (radius + ulna ou tibia + fibula) ;
- *autopode* (main ou pied) avec cinq rayons digitaux (pentadactylie), constitué par : 1. basipode (os du carpe ou du tarse) ; 2. métapode (os métacarpiens ou métatarsiens) ; 3. acropode (phalanges des doigts ou des orteils : deux phalanges pour le 1er rayon digital pouce ou hallux, et trois phalanges pour les rayons latéraux).

C. Classes de Vertébrés

Au sein des Vertébrés, cinq classes étaient classiquement distinguées (mais non toutes valides en systématique phylogénétique actuelle) : Poissons, Batraciens, Reptiles, Oiseaux, et Mammifères.

1. Poissons

> En nomenclature latine, *Pisces*, d'où le terme de pisciculture pour la production de poissons par élevage.

La classe des Poissons (environ 25 000 espèces), correspondant à des Vertébrés caractérisés par une vie aquatique et l'absence de pattes, regroupe artificiellement, comme démontré par la systématique phylogénétique, des taxons de significations évolutives très différentes (= groupe para-phylétique = grade) :
- **Pétromyzontides** *(40 espèces)*, anciennement Agnathes = Cyclostomes (Lamproies) : sans mandibule et avec une bouche en ventouse ;
- **Chondrichtyens** *(1 000)* - Requins *(700)*, Raies et Torpilles *(200)*, Chimères *(35)* : poissons cartilagineux ;
- **Ostéichtyens** *(24 000)*, poissons osseux, parmi lesquels : *Actinoptérygiens (24 000)* : nageoires avec rayons (= rayonnées) ; *Sarcoptérygiens* : avec appendices pairs, parmi lesquels Actinistiens *(1)* - Coelacanthe, et Dipneustes *(6)* avec plaque dentaire broyeuse.

> L'ichtyologie (du grec, *ikhthys* = poisson) est la science de l'étude des Poissons (d'où aussi le suffixe -ichtyens).

2. Batraciens

> En nomenclature latine, *Batrachia*.

La classe des Batraciens (anciennement aussi Amphibiens, latin : *Amphibia*) (environ *5 000 espèces*), est monophylétique et est subdivisée en deux taxons principaux : les Urodèles *(450)* - Salamandres, Tritons, etc., et les Anoures *(4 500)* - Grenouilles, Crapauds, Rainettes…

> L'herpétologie (du grec *herpeton* : animal rampant, reptile) est la science de l'étude des Amphibiens et des Reptiles.

3. Reptiles

> En nomenclature latine, *Reptilia*.

La classe des Reptiles (environ *7 000 espèces*), correspondant à des Vertébrés amniotes à écailles, regroupe artificiellement, comme démontré par la systématique phylogénétique, des taxons de significations évolutives très différentes (= groupe paraphylétique = grade) :

- **Chéloniens** *(300)* - Tortues : avec une carapace sur le dos et le ventre ;
- **Lépidosauriens** *(6 700)*, avec des caractères spécifiques du squelette du pied (en particulier, une fusion du talus et du calcanéus), parmi lesquels : Squamates *(environ 6 700)* - Lézards, Serpents ; Sphénodontiens = Rhynchocéphales *(2)* - Sphénodon ;
- **Crocodiliens** *(25)* - Crocodile, Alligator, Caïman : en réalité plus proches des Oiseaux (même groupe des Archosauriens) que des autres Reptiles.

4. Oiseaux

> En nomenclature latine, *Aves*, d'où les termes aviculture (élevage des oiseaux ou des volailles) et aviaire (relatif aux oiseaux).

La classe des Oiseaux *(9 500 espèces)*, est monophylétique. Ce sont des Vertébrés possédant des plumes (de type rémige) et capables de pratiquer le vol battu (membres antérieurs spécialisés en ailes). Les données de la systématique phylogénétique montrent que les Oiseaux sont proches des Crocodiliens (même groupe des Archosauriens).

> L'ornithologie (du grec *ornis, ornithos* : oiseau) est la science de l'étude des Oiseaux.

5. Mammifères

La Classe des Mammifères *(4 500 espèces)* est monophylétique (voir p. 474).

D. Apports de la systématique phylogénétique

Les principaux caractères apparus successivement au cours de l'évolution des Vertébrés permettant une classification en catégories hiérarchiques monophylétiques jusqu'aux Mammifères sont :

- squelette axial avec vertèbres : Vertébrés ;
- mâchoires (supérieure : maxillaire ; inférieure : mandibule) : Gnathostomes *(50 000 espèces)* ;
- os (cartilage évoluant en os enchondral) : Ostéichthyens *(50 000)* ;
- appendices pairs charnus attachés au tronc par une ceinture et un seul os proximal (stylopode) : Sarcoptérygiens *(26 000)* ;
- poumons alvéolés fonctionnels, cœur avec deux atriums : Rhipidistiens *(26 000)* ;
- quatre membres pairs : Tétrapodes *(25 000)* ;
- amnios (membrane protectrice et liquide amniotique entourant l'embryon) : Amniotes ;
- glandes mammaires, poils, articulation temporomandibulaire : Mammifères *(4 500)*.

IV. Classe des Mammifères

En nomenclature latine, *Mammalia*, d'où le nom de mammalogie, science de l'étude des Mammifères, et l'adjectif mammalien.

Les Mammifères (*environ 4 500 espèces*, regroupées en environ 1 050 genres et 135 familles) constituent un groupe monophylétique comprenant donc un ancêtre commun exclusif et la totalité de ses descendants.

Des tailles (et des adaptations) très diverses existent entre les extrêmes représentés par :

- la Musaraigne étrusque (= Pachyure étrusque, *Suncus etruscus* ; ordre des Eulipotyphles, anc. Insectivores) : le plus petit mammifère vivant (longueur 5 cm, poids 2 g) ;
- la Baleine bleue (= Rorqual bleu = Rorqual de Sibbald, *Balaenoptera musculus* ; ordre des Cétacés) : non seulement le plus grand mammifère actuel mais certainement le plus volumineux de tous les animaux ayant vécu sur la Terre (longueur 30 mètres, poids 150 000 kg).

A. Diagnose des Mammifères

Les caractères de leur définition ou diagnose sont :
- Vertébrés amniotes : développement embryonnaire intra-utérin dans une poche liquidienne, l'*amnios* (et non dans un œuf) ;
- poils couvrant le corps = pilifères (et non plumes ou écailles) ;
- homéothermie : régulation de la température corporelle (anciens « animaux à sang chaud ») ;
- glandes mammaires (= mamelles ; en nomenclature latine, *mamma*, d'où le nom de Mammifères) : sécrétant le lait (allaitement du nouveau-né) ;
- crâne de morphologie spécifique et, en particulier, articulation temporo-mandibulaire caractéristique : mandibule constituée par le seul os dentaire articulé avec le squamosal (chez les Reptiles et Oiseaux, mandibule composée des os dentaire, angulaire et articulaire, et s'articulant avec le carré ; chez les Mammifères, articulaire devenant le marteau et carré devenant l'enclume au niveau de l'oreille moyenne) ;

- denture caractéristique constituée primitivement de 44 dents réparties en : incisives, canines, prémolaires et molaires.

B. Les différents ordres de Mammifères

Au sein des Mammifères, il existe 20 ordres principaux répartis classiquement en trois infraclasses : Protothériens, Métathériens, et Euthériens.

1. Protothériens

Correspondant au taxon le plus primitif des Mammifères, ils présentent des glandes mammaires sans téton s'ouvrant au niveau de champs mammaires et sont ovipares.

Un seul ordre (monophylétique) est décrit dans cette infraclasse : **Monotrèmes** (3 espèces) (Ornithorhynque, Échidné).

2. Métathériens

Ce taxon est caractérisé par des glandes mammaires avec tétons et un développement quasi ovovivipare s'achevant dans la poche marsupiale.

Un seul ordre (monophylétique) est décrit dans cette infraclasse : **Marsupiaux** *(300 espèces)* – Kangourous, Opossums, Koala.

3. Euthériens

Ce taxon monophylétique est caractérisé, en particulier, par un développement embryonnaire long, s'effectuant entièrement dans l'utérus avec placenta (d'où l'ancienne dénomination de Placentaires), et par la séparation des orifices terminaux des voies digestives et urogénitales (disparition du cloaque).

Cette importante infraclasse *(4 200 espèces)* comporte 18 ordres principaux (de type monophylétique), avec par ordre alphabétique :

- **Artiodactyles** *(200)* dont Tylopodes (Dromadaires, Chameau, Lamas, Vigogne) ; Suines (Porc, Sanglier) ; Ruminants (Bœuf et Bovins, Mouton et Ovins, Chèvre, Cerf, Antilopes, Girafes) ; Hippopotamidés (Hippopotames…) ;
- **Carnivores** *(270)* : Chats et Félins, Chiens et Canidés, Phoques, Morse… ;
- **Cétacés** *(80)* : mammifères marins (Baleines, Cachalot, Dauphins) proches des Artiodactyles et plus particulièrement des Hippopotamidés ;
- **Chiroptères** *(1 000)*, soit environ 25 % des espèces de Mammifères : mammifères volants de type Chauve-souris ;
- **Dermoptères** *(2)* : Galéopithèque = Écureuil volant ;
- **Eulipotyphles**, anciennement Insectivores *(300)* : Musaraignes, Taupes, Hérissons ;
- **Hyracoïdes** *(6)* : Damans ;
- **Lagomorphes** *(80)* : Lapins, Lièvres ;
- **Macroscélides** *(15)* : « Rats à trompe » dont Elephantulus et Rhynchocyon ;

- **Périssodactyles** *(20)* : Cheval, Rhinocéros, Tapir, Zèbre ;
- **Pholidotes** *(7)* : Pangolins ;
- **Primates** *(250)* : ordre parmi lequel est classée l'espèce humaine ;
- **Proboscidiens** *(2)* : Éléphants ;
- **Rongeurs** *(2 000)* - environ 40 % des espèces de Mammifères : Souris, Rat, Hamster, Cobaye, Castor… ;
- **Scandentiens** *(20)* : Toupaye ;
- **Siréniens** *(5)* : Lamantin, Dugong ;
- **Tubulidentés** *(1)* : Oryctérope ;
- **Xénarthres**, anciennement Édentés *(30)* : Fourmilier.

> **Remarque**
> Au total, environ 65 % des espèces de Mammifères, soit les deux tiers, appartiennent donc à seulement deux ordres : Rongeurs (40 %) et Chiroptères (25 %).

Les relations complexes entre les différents ordres mammaliens ont été complètement revues par les approches de la systématique phylogénétique.

V. Ordre des Primates : Singes, Grands Singes et espèce humaine

Au sein des Mammifères, l'ordre des Primates occupe une place toute particulière puisque l'espèce humaine y est classée. La primatologie est la science de l'étude des Primates.

La dénomination de Primates, donnée à cet ordre par Linné en 1758 (du latin *primatus* : premier rang, prééminence, supériorité), correspond à la vision anthropocentrique de l'époque selon laquelle cet ordre était constitué des espèces situées au premier rang de la création et de l'échelle de la nature.

Cet ordre monophylétique (avec donc un ancêtre commun pour tous les Primates), peu important numériquement, comprend environ 250 espèces (nombre variable suivant les auteurs) regroupées en environ 60 genres et 11 familles. Des tailles (et des adaptations) très diverses existent entre les extrêmes représentés par le Microcèbe, *Microcebus* (10 cm, 50 g), et le Gorille, *Gorilla* (160 cm, 200 kg).

A. Diagnose des Primates

La diagnose des Primates nécessite d'associer de multiples caractéristiques dont aucune, prise isolément, n'est suffisante :
- adaptations à l'arboricolisme (vie dans les arbres) ;
- mammifères euthériens peu spécialisés ;
- conservation du plan de base des membres des Vertébrés tétrapodes primitifs : pentadactyles ; radius et ulna non soudés permettant des mouvements de pronation et supination ; clavicule constante ;

- caractères locomoteurs : plantigrades (marchant sur la paume ou la plante) ; premier rayon digital (pouce et hallux) mobile formant une pince palmaire et une pince plantaire ;
- caractères crâniens et cérébraux : crâne volumineux par rapport à la face ; frontalisation des orbites orientées vers l'avant et fermées en arrière par un anneau complet ; encéphale particulièrement développé par rapport à la masse du corps ; sens visuel prépondérant et performant (avec vision binoculaire stéréoscopique) ; tendance à la réduction de l'appareil olfactif ;
- caractères dentaires : réduction du nombre de dents à 36 ou 32 dents selon les groupes (44 primitivement chez Mammifères) ; molaires multituberculées ;
- caractères des parties molles : une seule paire de glandes mammaires ; onguiculés (ongles plats et sans griffes ou sabots).

B. Systématique des Primates actuels

Les données classiques de la classification des Primates ont l'avantage d'être simples et suffisantes pour comprendre la place de l'espèce humaine au sein de cet ordre. Les nouvelles classifications issues de la systématique phylogénétique sont plus exactes sur le plan biologique mais aussi beaucoup plus complexes, et seules quelques données élémentaires en sont présentées ici, principalement sous forme de commentaires.

Quatre groupes principaux de Primates peuvent être distingués.

1. Prosimiens *(Prosimii)*

La dénomination classique de ce groupe évoque des Primates de type primitif ne possédant pas les caractères spécifiques des Simiens (= Simiiformes = Singes) et qui ont été anciennement considérés comme des « pré-singes » ; contrairement à une approximation populaire, tous les Primates ne sont, en effet, pas des Singes.

Les Prosimiens présentent tous les caractères de la diagnose des Primates mais avec plusieurs caractéristiques propres parmi lesquelles :
- appareil olfactif développé (macrosmatique) avec un rhinarium (région nasale muqueuse humide dite « truffe »), doté de vibrisses, des fosses nasales complexes avec des os turbinaux très développés, et un organe voméro-nasal (de Jacobson), sensible aux phéromones ;
- communication des fosses orbitaires et temporales (simple anneau post-orbitaire) ;
- persistance de la suture métopique entre les os frontaux droit et gauche ;
- persistance de la symphyse mandibulaire entre hémimandibules droite et gauche ;
- 36 dents avec, au niveau mandibulaire, la formation d'un peigne dentaire constitué par six dents allongées (quatre incisives et deux canines) et fortement proclives.

Leur taille varie de 50 g à 10 kg environ.

Représentant environ 40 % des genres de Primates, ils correspondent classiquement à trois superfamilles :
- **Lémuroïdes**, avec comme exemples de genres : Microcèbe *(Microcebus)*, Propithèque *(Propithecus)*, Indri *(Indri)*, Makis *(Eulemur)*, Lémur *(Lemur)* (souvent désignés comme « Lémuriens ») ;
- **Lorisoïdes**, avec comme exemples de genres : Loris *(Loris)*, Potto *(Perodicticus)*, Galago *(Galago)* ;
- **Tarsioïdes**, avec la seule famille des Tarsiidés et avec le seul genre les Tarsiers *(Tarsius)*.

Les Prosimiens regroupent artificiellement, comme démontré par la systématique phylogénétique, des taxons de significations évolutives différentes (= groupe para-phylétique = grade) : les Lémuroïdes et Lorisoïdes sont proches appartenant au groupe des Strepsirrhiniens, alors que les Tarsioïdes présentent une mosaïque de caractères les plaçant entre les Prosimiens et les Simiens (dans le groupe des Haplorrhiniens, voir p. 479).

2. Singes du Nouveau Monde = Platyrrhiniens *(Platyrrhini)*

En anglais, *New World Monkeys* (NWM).

Les Singes (= Simiens = Simiiformes) sont caractérisés par :
- appareil olfactif réduit (microsmatique) avec un nez « vrai » (recouvert de peau) ;
- cloisonnement orbitaire ;
- fusion des os frontaux droit et gauche ;
- fusion des hémimandibules droite et gauche.

Les Platyrrhiniens se caractérisent par :
- narines très écartées et orientées latéralement ;
- 36 dents (deux incisives, une canine, trois prémolaires, trois molaires par hémi-arcade).

Certaines espèces, en particulier le Singe-araignée *(Ateles)*, ont une queue préhensile. Leur taille varie entre 100 g et 10 kg environ. Leur répartition dans le « Nouveau Monde » correspond à l'Amérique du Sud et l'Amérique Centrale.

Représentant environ 25 % des genres de Primates, ils correspondent à une seule superfamille : les **Céboïdes**.

Parmi les genres de ce groupe figurent les : Ouistitis *(Callithrix)*, Capucins *(Cebus capucinus)*, Singes hurleur *(Alouatta)*, Singes-araignées *(Ateles)* (6 à 8 kg), Singes de nuit *(Aotus)*, Sapajous ou Singes-écureuils *(Saimiri)*, Tamarins *(Saguinus)*.

3. Singes de l'Ancien Monde = Catarrhiniens *(Catarrhini)*

En anglais, *Old World Monkeys* (OWM).

Les Catarrhiniens, présentant les caractéristiques communes aux Singes (= Simiens = Simiiformes) déjà exposées, se caractérisent par :

- narines séparées par une fine cloison et orientées vers le bas ;
- 32 dents (deux incisives, une canine, deux prémolaires, trois molaires par hémi-arcade).

Leur taille varie entre 5 et 40 kg. Leur répartition dans l' « Ancien Monde » correspond à l'Afrique et à l'Asie.

Représentant environ 25 % des genres de Primates, ils correspondent à une seule superfamille : les **Cercopithécoïdes** (et même à une seule famille : les Cercopithécidés).

Parmi les genres de ce groupe figurent les Cercopithèques *(Cercopithecus)* avec près de 20 espèces, Macaques *(Macaca)* avec près de 20 espèces dont le macaque Rhésus dit Rhésus *(Macaca mulatta)*, Babouins *(Papio)* avec environ sept espèces, Colobes *(Colobus)* et Semnopithèques *(Semnopithecus)*.

4. Hominoïdes *(Hominoidea)*

La caractéristique morphologique principale des Hominoïdes est la disparition de la queue, composée de vertèbres caudales, présente chez de nombreux mammifères et chez la majorité des Primates (Prosimiens, Platyrrhiniens et Catarrhiniens). Les Hominoïdes (« Singes sans queue ») présentent à la place une structure osseuse vestigiale composée de quatre vertèbres atrophiées : le coccyx. Les Hominoïdes présentent par ailleurs certaines des caractéristiques des Catarrhiniens :
- narines séparées par une fine cloison et orientées vers le bas ;
- 32 dents (deux incisives, une canine, deux prémolaires, trois molaires par hémi-arcade).

Les Hominoïdes, hormis l'espèce humaine, sont également appelés « Grands Singes » (en anglais, *Apes*). Représentant environ 10 % des genres de Primates, ils correspondent, comme leur dénomination l'indique, à une superfamille propre et comprennent cinq genres actuels.

a. Genre *Hylobates* = Gibbon

Ce genre localisé au Sud-Est asiatique comprend de dix à vingt espèces selon les auteurs. Ce sont les plus primitifs et les plus petits des Hominoïdes (5 à 8 kg). Certains auteurs individualisent le Siamang, espèce de Gibbon *Hylobates syndactylus*, en un genre particulier : *Symphalangus*. Plus récemment, d'autres ont proposé d'individualiser de nouveaux genres pour les Gibbons *(Nomascus, Bunopithecus)*.

b. Genre *Pongo* = Orang-Outan

Il s'agit d'un Grand singe asiatique. Ce genre ne comprend qu'une seule espèce actuelle : *Pongo pygmaeus*, localisée à Bornéo et Sumatra (avec deux sous-espèces décrites). Genre fortement menacé par la déforestation, il subsisterait environ de 5 000 à 15 000 individus sauvages selon les estimations.

La taille varie de 1,20 à 1,50 m, et le poids de 30 à 50 kg pour les femelles et de 50 à 90 kg pour les mâles (avec souvent une obésité jusqu'à 150 kg pour les individus vivant dans les zoos). La durée de vie est de 30 à 40 ans.

Évolution et biodiversité

c. Genre *Gorilla* = Gorille

Il s'agit d'un des deux Grands Singes africains. Ce genre ne comprend qu'une seule espèce actuelle : *Gorilla gorilla* (avec trois sous-espèces décrites dont *Gorilla gorilla beringei* = Gorille des montagnes, fortement menacé de disparition).

La taille varie de 1,30 à 1,70 m, et le poids de 70 à 140 kg pour les femelles et de 140 à 220 kg pour les mâles (avec souvent également une obésité jusqu'à 350 kg dans les zoos). La durée de vie est de 30 à 50 ans.

d. Genre *Pan* = Chimpanzés

Il s'agit de l'autre des deux Grands Singes africains. Ce genre comprend deux espèces actuelles :

- Chimpanzé commun *(Pan troglodytes)*, localisé en Afrique occidentale et centrale comportant trois sous-espèces décrites, avec environ 150 000 à 200 000 individus au total ; la taille varie de 1,20 à 1,70 m, et le poids de 25 à 50 kg pour les femelles et de 35 à 70 kg pour les mâles ; la durée de vie est d'environ 45 ans ;
- Bonobo = Chimpanzé nain *(Pan paniscus)*, confiné le long du fleuve Zaïre avec environ 15 000 individus au total ; la taille varie de 0,90 à 1,30 m, et le poids de 25 à 40 kg pour les femelles et de 35 à 60 kg pour les mâles ; la durée de vie est de 40 à 60 ans.

e. Genre *Homo* = genre humain

Ce genre ne comprend qu'une seule espèce actuelle : *Homo sapiens*.

C. Quelques remarques taxonomiques

Taxonomie et systématique ne sont pas figées, elles doivent être le reflet consensuel des progrès de la biologie, d'où de nécessaires discussions.

1. Division Strepsirrhiniens/Haplorrhiniens

La systématique phylogénétique a permis de distinguer deux grands groupes parmi les Primates :

- **Strepsirrhiniens** (= *Strepsirrhini*) : les plus primitifs, correspondant aux Lémuroïdes et Lorisoïdes (donc Prosimiens sauf Tarsioïdes) ;
- **Haplorrhiniens** (= *Haplorrhini*) : correspondant aux Tarsioïdes, Platyrrhiniens (= Céboïdes), Catarrhiniens (= Cercopithécoïdes), et Hominoïdes.

Les caractéristiques morphologiques des Haplorrhiniens sont liées principalement à la réduction de l'olfaction ; ils sont microsmatiques en comparaison avec de nombreux Mammifères et avec les Strepsirrhiniens qui sont macrosmatiques :

- présence d'un nez « vrai » (par opposition à la « truffe » = rhinarium, région muqueuse humide) ;
- simplification des fosses nasales (cornets simples remplaçant les os turbinaux particulièrement complexes) ;
- disparition de l'organe voméro-nasal (de Jacobson), sensible aux phéromones ;

- réduction relative de la face ou museau (= prognathisme réduit);
- disparition des vibrisses;
- cloisonnement orbitaire (par rapport à la fosse temporale).

2. Taxonomie des Hominoïdes

Ces discussions souvent passionnées sont le reflet de la problématique de la définition du « propre de l'Homme » et influencées par des convictions anthropocentriques. Au-delà des concepts scientifiques, affleurent ici des concepts philosophiques et spirituels.

a. Regroupement des genres d'Hominoïdes en familles ou sous-familles

Les auteurs s'accordent à placer les Gibbons dans la famille propre des Hylobatidés. En revanche, plusieurs conceptions existent, sans consensus actuel, concernant la définition des Hominidés et des Homininés :
- conception classique avec deux familles : 1°) Pongidés = Grands Singes non humains *(Pongo, Gorilla, Pan)* et 2°) Hominidés = seul genre humain *(Homo)* ;
- conception « africaine » avec deux familles : 1°) Pongidés = seuls Grands Singes asiatiques *(Pongo)* et 2°) Hominidés = deux sous-familles avec Gorillinés ou Paninés *(Pan + Gorilla)* et Homininés *(Homo)* ;
- conception extensive : Hominidés = trois sous-familles avec Pongidés *(Pongo)*, Gorillinés *(Gorilla)* et Hominidés *(Pan et Homo)*.

b. Regroupement d'espèces d'Hominoïdes en genres

Les Gorilles, classiquement placés dans un genre propre *Gorilla*, seraient, pour certains auteurs, à rattacher au genre *Pan*, formant ainsi l'espèce *Pan gorilla*.

Les Chimpanzés et l'espèce humaine seraient, pour d'autres, à placer dans le même genre avec ainsi trois espèces : *Homo sapiens*, *Homo troglodytes* et *Homo paniscus* (dans ce même cadre certains, peut-être plus provocateurs aussi, ont proposé de placer l'espèce humaine dans le genre *Pan* = *Pan sapiens*).

VI. Caractéristiques morphologiques de l'espèce humaine actuelle

Parmi les caractéristiques morphologiques de l'espèce humaine actuelle, il est particulièrement informatif de dégager celles liées aux relations phylogénétiques entre taxons animaux et celles reflétant les relations structures-fonctions au cours de l'évolution.

A. Morphologie humaine et relations phylogénétiques entre les taxons animaux

L'espèce humaine possède inclusivement les caractéristiques déjà décrites pour les différentes catégories hiérarchiques auxquelles elle appartient : Vertébrés, Tétrapodes, Amniotes, Mammifères, Primates, Haplorrhiniens, et Hominoïdes.

Évolution et biodiversité

B. Caractéristiques morphologiques liées à l'encéphalisation

L'encéphalisation est le développement marqué de l'encéphale (constitué principalement par le cerveau) ; elle concerne l'ensemble des Primates mais est exceptionnellement marquée dans l'espèce humaine.

1. Taille absolue du cerveau – capacité crânienne

Le développement cérébral peut être estimé par :
- mesure du poids absolu ou du volume absolu du cerveau (avec une équivalence entre les deux, la densité du cerveau étant proche de 1 : 100 cm^3 = 100 g) ;
- mesure de la capacité crânienne (= volume endocrânien).

Les variations chez les Mammifères sont considérables : les plus petits cerveaux pèsent environ 0,1 g (Eulipotyphles, anc. Insectivores), alors que les plus gros sont observés chez l'Éléphant (5 000 g) et la Baleine (jusqu'à 10 000 g).

Pour les Primates, les Prosimiens ont un cerveau d'environ 25 à 50 g, les Simiens et les Gibbons de 90 à 150 g, les Hominoïdes (Orang-outan, Gorille, Chimpanzé) de 300 à 500 g, et enfin l'espèce humaine de 1 400 g en moyenne. Le cerveau humain est donc environ 3 fois plus volumineux que les plus gros cerveaux d'autres primates vivants.

Aucun primate non humain vivant n'ayant une capacité crânienne supérieure à 500 cm^3, cette valeur a été classiquement fixée comme seuil pour définir un fossile étant engagé dans la lignée évolutive humaine (notion de « Rubicon cérébral »).

2. Taille relative du cerveau

Pour quantifier et comparer l'encéphalisation entre différentes espèces, il est instructif de tenir compte de l'influence de la taille du corps. Le rapport entre le poids du cerveau et le poids total du corps est d'environ 1/100 000e chez certains Reptiles (Dinosauriens), 1/10 000e chez la Baleine, et 1/1000e chez le Porc.

Chez les Hominoïdes, ce rapport est d'environ 1/200e et dans l'espèce humaine, d'environ 1/50e, démontrant l'exceptionnel développement du cerveau humain.

3. Morphologie du cerveau

Les différentes portions du cerveau ne sont pas touchées de la même manière par l'encéphalisation ; ainsi, dans l'espèce humaine, le développement touche particulièrement le lobe frontal alors que le rhinencéphale (cerveau olfactif) est extrêmement réduit (espèce microsmatique).

Un autre aspect de l'encéphalisation est l'apparition dans l'espèce humaine d'un aspect plissé de la surface cérébrale, avec des sillons délimitant des circonvolutions (= gyrus), permettant d'augmenter la surface corticale totale qui est d'environ 5 000 cm^2 chez les Hominoïdes et de 22 000 cm^2 dans l'espèce humaine.

4. Influence de l'encéphalisation sur la forme du crâne

L'exceptionnelle encéphalisation humaine se traduit par un crâne (neurocrâne) particulièrement développé par rapport à la face (splanchnocrâne).

Le développement spécifique du lobe frontal humain a pour conséquence l'apparition d'un front verticalisé, très différent du front fuyant de la plupart des autres Primates.

C. Caractéristiques morphologiques liées au régime alimentaire

Le régime alimentaire des Hominoïdes est essentiellement végétarien de type folivore (feuilles), et celui de l'espèce humaine, omnivore (varié). Une réduction des contraintes masticatrices et de l'appareil masticateur est caractéristique de l'espèce humaine actuelle.

1. Morphologie craniofaciale

En comparaison avec les autres Hominoïdes, le crâne humain se caractérise par :
- disparition du bourrelet (= torus) supra-orbitaire ;
- disparition de la crête sagittale par réduction des muscles temporaux ;
- diminution de taille de la branche montante de la mandibule par réduction du muscle masséter ;
- gracilisation de la mandibule ;
- réduction du prognathisme (développement antérieur de la face) ;
- menton marqué (par rapport au menton fuyant des autres espèces), lié au retrait et à la verticalisation de la face.

2. Morphologie dentaire

Le nombre de dents est normalement de 32 dans l'espèce humaine comme chez les Catarrhiniens et les autres Hominoïdes ; toutefois, il existe une tendance humaine à la disparition des troisièmes molaires (M3 = « dents de sagesse ») avec des individus présentant 30 ou 28 dents (variantes de la normale).

Les canines humaines sont fortement réduites comparées à celles des autres Hominoïdes avec un alignement de leur cuspide dans le plan occlusal et la disparition de l'espace, appelé diastème, précanin au niveau maxillaire ou rétrocanin au niveau mandibulaire.

Les molaires sont de taille décroissante dans l'espèce humaine (M1 > M2 > M3), contrairement aux autres Hominoïdes.

3. Morphologie de l'arcade dentaire

L'arcade dentaire humaine a une forme parabolique spécifique, liée à la réduction des canines, alors qu'elle a une forme rectangulaire (ou en « U ») chez les autres Hominoïdes.

D. Caractéristiques morphologiques liées à la bipédie

1. Modes locomoteurs

Il existe quatre modes locomoteurs principaux chez les Primates, caractérisés dans leur ensemble par une adaptation à la vie dans les arbres (arboricolisme) :

- *quadrupédie = marche quadrupède* : mode locomoteur primitif des Vertébrés tétrapodes le plus répandu chez les Mammifères ; observé avec prédilection chez les Singes (Simiens), avec deux sous-types : arboricole (sur les branches des arbres) et terrestre (sur le sol) ;
- *grimper et saut arboricole* (en anglais, *leaping*) : sur les troncs et les branches des arbres, observé chez les Prosimiens ;
- *brachiation* : déplacement dans les arbres en suspension par les membres supérieurs avec mouvements pendulaires ; observé chez le Singe-araignée et chez les Hominoïdes non humains (Gibbon, Orang-outan) ; le Gorille, de morphologie adaptée à la brachiation, adopte du fait de son poids élevé une locomotion terrestre particulière dénommée *knuckle-walking* ;
- *bipédie = marche bipède (et station érigée)* : déplacement en rectitude sur les seuls membres inférieurs, caractéristique de l'espèce humaine.

2. Influence de la bipédie sur la morphologie de la colonne vertébrale

Chez la plupart des Mammifères et l'ensemble des Primates non humains, la colonne vertébrale présente deux courbures sagittales : lordose cervicale et cyphose thoraco-lombale.

Dans l'espèce humaine, afin d'aligner les différents centres de gravité segmentaires en station érigée, apparaît une troisième courbure spécifique : la lordose lombale (concavité dorsale) ; dans ce cadre, la 5e vertèbre lombale (L5) prend un aspect cunéiforme à grande base ventrale.

3. Influence de la bipédie sur la morphologie crânienne

Dans la bipédie, la tête est située au-dessus du tronc et de la colonne vertébrale qui est verticale, alors que dans la quadrupédie, la tête est située en avant du tronc et de la colonne vertébrale qui est horizontale. La morphologie crânienne est donc influencée par le mode locomoteur.

a. Position du foramen magnum

Le plus gros orifice de la base du crâne, le foramen magnum, situé au niveau de l'os occipital, permet le passage du tronc cérébral (portion de l'encéphale) qui se continue par la moelle spinale au niveau de la colonne vertébrale.

Chez les quadrupèdes, le foramen magnum est situé dans un plan frontal, c'est-à-dire qu'il regarde vers l'arrière.

Dans l'espèce humaine, bipède, le foramen magnum est situé dans un plan horizontal, c'est-à-dire qu'il regarde vers le bas.

Chez les Hominoïdes (Orang-outan, Gorille, Chimpanzé), brachiateurs, la disposition est intermédiaire et le foramen magnum regarde obliquement à 45° vers le bas et l'arrière.

b. Morphologie de la région occipitale

Chez les quadrupèdes, le maintien de la tête en position horizontale nécessite de puissants muscles de la nuque se terminant au niveau du crâne; l'insertion de ces muscles est à l'origine d'un relief transversal très marqué appelé crête occipitale.

Dans l'espèce humaine, bipède, le crâne est placé en quelque sorte en équilibre sur la colonne vertébrale, et le rôle de l'action musculaire est moindre; les muscles de la nuque sont réduits; la crête occipitale disparaît et il ne subsiste que des reliefs peu marqués, les lignes nuchales.

4. Influence de la bipédie sur les proportions des membres

Les proportions des membres peuvent être quantifiées par l'indice intermembral = (longueur membre antérieur/longueur membre postérieur) × 100.

Chez les quadrupèdes, le tronc étant horizontal, les membres antérieurs et postérieurs ont la même longueur et l'indice intermembral est voisin de 100 %.

Chez les brachiateurs (Gibbon, Orang-outan, Gorille, Chimpanzé), pratiquant un mouvement pendulaire en suspension par les membres antérieurs, ces derniers sont très allongés ce qui présente un avantage biomécanique, et l'indice intermembral peut atteindre 200 % (avec un aspect de mains « traînant à terre » en position debout).

Dans la bipédie, caractérisant l'espèce humaine, il existe un mouvement pendulaire inversé et, biomécaniquement, ce sont les membres postérieurs (= inférieurs) qui ont avantage à être allongés; l'indice intermembral humain est d'environ 70 %.

5. Influence de la bipédie sur la morphologie du bassin osseux

La bipédie a une influence marquée sur la morphologie pelvienne en raison des contraintes mécaniques qui s'exercent sur le bassin et les articulations sacro-iliaques et de la hanche (= coxo-fémorales) au cours de la marche.

Le bassin humain a en conséquence une morphologie spécifique parmi les Primates, avec en particulier :

- aspect trapu (notion de « bassin en compression »);
- ailes iliaques, pratiquement frontales chez les autres Hominoïdes, s'incurvant sagittalement vers l'avant afin de permettre l'insertion latérale de muscles glutéaux (= fessiers) nécessaire pour l'abduction dans l'équilibre du corps dans un plan frontal (appui monopodal).

6. Influence de la bipédie sur la morphologie des autopodes (mains et pieds)

a. Autopodes chez les Primates

Pour la plupart des Primates non humains, la morphologie de la main et la morphologie du pied sont similaires et restées proches de celle de l'autopode primitif des Tétrapodes, avec en particulier :

- cinq rayons digitaux (pentadactylie) ;
- troisième rayon digital le plus long et portant l'axe fonctionnel de l'autopode (= mésaxonie) ;
- premier rayon digital (pouce ou hallux) mobile, permettant de réaliser une pince palmaire et une pince plantaire facilitant la locomotion sur les branches (arboricolisme caractérisant l'ensemble des Primates).

b. Morphologie primitive de la main humaine

Dans l'espèce humaine, la main a conservé une disposition primitive et est similaire à celle des autres Primates. Contrairement à ce qui a souvent été écrit, la main n'est pas le « propre de l'Homme » ; même l'opposition du pouce n'est pas spécifique.

c. Morphologie spécifique du pied humain

Le pied humain est fortement spécialisé et transformé par la bipédie, avec en particulier :

- développement marqué du tarse ;
- perte de la mobilité du premier rayon (hallux) qui est accolé aux autres orteils ;
- robustesse du premier rayon ;
- déplacement médial de l'axe fonctionnel du pied sur le deuxième orteil (= entaxonie) ;
- réduction importante des orteils latéraux et en particulier du cinquième orteil ;
- position du pied en pronation sur le sol ;
- apparition d'une voûte plantaire longitudinale.

Les Primates non humains peuvent être ainsi considérés comme ayant quatre mains, d'où l'ancienne dénomination de « Quadrumanes », alors que l'espèce humaine n'en a que deux, d'où « Bimanes ».

Le « propre de l'Homme » (bipède) n'est donc pas sa main mais son pied, en relation avec le mode locomoteur, pratiquement unique chez les Vertébrés, qu'est la bipédie.

E. Dimorphisme sexuel réduit

Le dimorphisme sexuel correspond à des différences de morphologie entre le mâle et la femelle d'une même espèce. Parmi les Hominoïdes, un dimorphisme marqué existe chez l'Orang-outan, le Gorille et les Chimpanzés ; il se manifeste chez le mâle en particulier par :

- taille (et donc un poids) supérieur (ex. : Gorille mâle 160 à 200 kg, femelle 80 à 100 kg) ;
- morphologie crânienne typique avec une crête sagittale et une crête occipitale très développées ;
- canines plus volumineuses ;
- robustesse de l'ensemble des os.

À l'inverse, les Gibbons présentent une absence presque totale de dimorphisme sexuel. Dans l'espèce humaine, le dimorphisme est très réduit au niveau squelettique (mais marqué au niveau des parties molles).

Une relation très intéressante existe entre l'importance du dimorphisme sexuel et le type de structure et d'organisation sociale chez les Primates. De manière schématique, il existe deux types extrêmes :
- espèces à couples monogames (= monogamie), comme les Gibbons, pour lesquelles le dimorphisme est inexistant ou réduit ;
- espèces à structure en groupes (= clans = troupes) de type unimâle (= polygynie unimâle = harem) avec notion de mâle dominant (Orang-outan, Gorille et Chimpanzé), pour lesquelles le dimorphisme est particulièrement marqué.

VII. Échelles de temps dans l'évolution du vivant

A. Méthodes de datation en géologie et paléontologie

1. Méthodes de datation absolue = radiochronologiques = radio-isotopiques

Ces méthodes issues de la découverte de la radioactivité par Henri Becquerel (1852–1908) en 1896 (Prix Nobel en 1903) et des progrès de la physique nucléaire ont été appliquées à l'archéologie et à la paléontologie après la Seconde Guerre mondiale (1946).

Parmi les principales méthodes figurent :
- *méthode carbone 14 (C14) = méthode du radiocarbone* : présentant une période de 5 570 ans, utilisable pour la matière organique de nos jours à –40 000 ans ;
- *méthode potassium–argon 40 (K40-Ar40) = méthode du radiopotassium* : présentant une période de 1,25 Ma, utilisable de –100 000 ans à –5 Ma ;
- *méthode rubidium–strontium (Rb87-Sr87)* : présentant une période de 48 800 Ma et utilisable pour les roches les plus anciennes.

2. Méthodes de datation relative

Ces méthodes utilisables pour les terrains et roches sédimentaires reposent sur le principe de superposition de couches (= strates), la couche inférieure étant la plus ancienne. Plusieurs méthodes complémentaires existent selon le type d'information utilisé pour caractériser les couches :

- *lithostratigraphie* : utilisant le type géologique et minéralogique des roches caractérisant les différentes couches (du grec *lithos* : pierre) ;
- *biostratigraphie (= biochronologie)* : utilisant les espèces fossiles caractérisant les différentes couches ;
- *magnétostratigraphie* : utilisant les variations de l'orientation du nord magnétique dans les différentes couches (paléomagnétisme).

3. Horloge moléculaire

Le principe de l'horloge moléculaire, applicable, en particulier, aux protéines (séquences polypeptidiques), à l'ARN et à l'ADN (séquences nucléotidiques), repose sur l'existence de mutations se faisant à un taux donné au cours du temps : par exemple, modification de 2 à 4 % de l'ADNmt mitochondrial (théoriquement neutre) par million d'années. Cette méthode permet d'établir des phylogénies moléculaires et d'établir des distances temporelles entre espèces et taxons (en particulier datation du dernier ancêtre commun [DAC], en anglais, *last common ancestor* [LCA]).

B. Échelle chronologique des temps géologiques

Les temps géologiques sont des estimations qui nécessitent toujours des adaptations en fonction des progrès méthodologiques. Les datations sont principalement données en millions d'années (Ma ; en anglais *Mya : million years ago*) ou en milliards d'années (Ga : giga-année = 1 000 Ma) ; les dates sont données avant le présent, fixé par convention à 1950 (en anglais : *before present* = BP).

L'ancienneté de la Terre est actuellement estimée à –4 500 Ma (= –4,5 Ga). Les principales périodes géologiques et ères biologiques sont présentées dans le tableau 32.I.

C. Dynamique de la surface terrestre et évolution des continents

La compréhension de l'évolution et de la répartition des espèces nécessite de prendre en compte les données de la dérive des continents décrite par Alfred Wegener (1880–1930) en 1912 et de la tectonique des plaques (1967).

Les grandes plaques lithosphériques (eurasienne, africaine, indo-australienne, nord-américaine, sud-américaine, pacifique et antarctique) formaient entre –250 et –200 Ma une masse continentale unique dénommée Pangée qui s'est progressivement fragmentée pour arriver à la disposition actuelle.

D. Repères temporels dans l'évolution des espèces

Pendant des siècles a régné dans l'Occident chrétien le récit biblique de la Genèse (la Création) avec pour corollaire la notion de fixité des espèces (fixisme et créationnisme). Le XIXe siècle a été marqué par une révolution conceptuelle avec la démonstration de l'évolution des

Tableau 32.I. **Principales périodes géologiques et ères biologiques.**

Périodes géologiques	Durée	Ères biologiques
QUATERNAIRE	1,8 Ma à nos jours	CÉNOZOÏQUE
- Holocène	11 400 ans à nos jours	
- Pléistocène supérieur	120 000 à 11 400 ans	
- Pléistocène moyen	750 000 à 120 000 ans	
- Pléistocène inférieur	1,8 Ma à 750 000 ans	
TERTIAIRE	65 à 1,8 Ma	
- Pliocène	5,3 à 1,8 Ma	
- Miocène	23 à 5,3 Ma	
- Oligocène	34 à 23 Ma	
- Éocène	56 à 34 Ma	
- Paléocène	65 à 56 Ma	
SECONDAIRE	250 à 65 Ma	MÉSOZOÏQUE
- Crétacé	145 à 65 Ma	
- Jurassique	200 à 145 Ma	
- Trias	250 à 200 Ma	
PRIMAIRE	540 à 250 Ma	PALÉOZOÏQUE

espèces, en particulier par les travaux de Jean-Baptiste de Monet, chevalier de Lamarck (1744–1829) et Charles Darwin (1809–1882)[46].

L'apparition du vivant est actuellement datée de –3 800 Ma (Terre : –4 500 Ma) avec la notion théorique de premier organisme unicellulaire et dernier ancêtre commun (en anglais, *last unicellular ancestor [LUCA]*) et identifiée par des marqueurs fossiles des premières bactéries (stromatolithes : roches sédimentaires en feuillets produits par l'activité de cyanobactéries).

Les estimations temporelles d'apparition des principaux taxons du vivant, en fonction des plus anciens fossiles actuellement retrouvés, sont les suivantes : Eucaryotes –2 000 Ma ; Métazoaires –600 Ma ; Vertébrés (Poissons) –500 Ma ; Tétrapodes *(Ichtyostega)* –380 Ma ; Batraciens –360 Ma ; Reptiles (œufs à coquille) –300 Ma ; Mammifères primitifs (Reptiles mammaliens) –220 Ma ; Oiseaux –145 Ma ; Mammifères euthériens –100 Ma ; Primates primitifs –75-70 Ma ; Primates –50 Ma ; Simiens –35 Ma ; Hominoïdes –20 Ma.

---

46. Ouvrages majeurs : *L'origine des espèces au moyen de la sélection naturelle*, 1859 et *L'ascendance de l'Homme*, 1871.

VIII. Hominidés fossiles

L'étude des Hominidés fossiles occupe une place toute particulière étant donné l'intérêt très ancien des humains pour connaître et comprendre leur origine, le sens de leur existence, leur place dans l'univers, et leur destinée. Reprenant le récit biblique de la Création, il a été considéré jusqu'au XVIIIe siècle que l'Homme avait été créé avec la Terre et les autres espèces. Le premier fossile humain identifié fut l'Homme de Néanderthal découvert en 1856 (près de Düsseldorf en Allemagne).

Environ 250 espèces fossiles de Primates ont été décrites. Les Hominoïdes, dont les fossiles les plus anciens sont datés de –20 Ma environ *(Dryopithecus, Proconsul)*, ont connu une diversification et une expansion importante entre –20 et –7 Ma (Miocène : Tertiaire).

A. Systématique des Hominidés fossiles

Parmi les problèmes majeurs de la systématique des Hominidés fossiles figurent :
- absence de consensus actuel sur la définition de la famille des Hominidés et de la sous-famille des Homininés (voir p. 480) ;
- impossibilité d'utilisation du critère d'interfécondité et donc le retour au critère de ressemblance souvent subjectif et trompeur ;
- difficultés, dans certains cas de dimorphisme sexuel marqué, de pouvoir préciser s'il s'agit de deux espèces différentes ou du mâle et de la femelle de la même espèce ;
- pression médiatique concernant la découverte de nouvelles espèces (et nouveaux genres) pouvant inciter à en décrire artificiellement de nouvelles.

Parmi les principaux genres d'Hominidés fossiles figurent six genres.

1. Genre *Sahelanthropus*

Décrit en 2002, avec comme espèce *Sahelanthropus tchadensis* (individu surnommé « Toumaï ») et daté de –7 à –6 Ma, il correspondrait au plus ancien Hominidé identifié et serait, pour certains, bipède.

2. Genre *Orrorin*

Découvert en 2000, avec comme espèce *Orrorin tugenensis* (surnommé « Millenium man ») et daté de –6 Ma, il correspondrait au premier Hominidé bipède.

3. Genre *Ardipithecus*

Décrit en 2001, avec comme espèce *Ardipithecus ramidus* et daté de –4,5 Ma, il a été interprété par certains comme le plus ancien Homininé.

4. Genre *Australopithecus* : Australopithèques

Ce genre est le mieux connu des Hominidés fossiles. La première découverte d'un Australopithèque a été faite en 1925 (crâne de Taung, Afrique du Sud). De nombreuses découvertes ont été faites après 1959.

Les Australopithèques sont datés de –4,2 à –2,5 Ma. Parmi les espèces figurent : *Australopithecus anamensis*, *Australopithecus afarensis* (dont « Lucy »), *Australopithecus africanus*, *Australopithecus bahrelghazali* (surnommé « Abel ») et *Australopithecus garhi*.

5. Genre *Paranthropus*

Ce genre était anciennement rattaché au genre *Australopithecus*. Les individus de ce genre sont datés de –2 à –1 Ma. Parmi les espèces figurent : *Paranthropus robustus* et *Paranthropus boisei*.

6. Genre *Homo* : genre humain

Les premiers représentants du genre *Homo*, appartenant à l'espèce *Homo habilis*, sont datés de –2,5 à –1,7 Ma et étaient donc contemporains de certains Australopithèques. Parmi les espèces (pour certaines encore discutées) figurent : *Homo rudolfensis, Homo georgicus, Homo erectus, Homo antecessor, Homo ergaster,* et *Homo heidelbergensis*.

Les premiers *Homo sapiens* archaïques sont datés de –500 000 à –300 000 ans. Les plus anciens *Homo sapiens sapiens* (parfois appelés Proto-Cro-Magnon) seraient apparus en Afrique vers –120 000 ans, puis seraient arrivés au Moyen-Orient il y a –110 000 ans, puis en Asie et en Europe, il y a –50 000 ans. Le célèbre Homme de Cro-Magnon découvert en 1868 (Eyzies-de-Tayac, Dordogne, France) est un *Homo sapiens sapiens* typique daté d'environ –30 000 ans.

De nombreuses discussions actuelles concernent la position des Néanderthaliens (Hommes de Néanderthal), ayant vécu de –250 000 à –28 000 ans environ, avec deux interprétations :
- sous-espèce de l'espèce humaine actuelle : *Homo sapiens neanderthalensis* ;
- ou espèce humaine propre (et donc barrière reproductive avec *Homo sapiens*) : *Homo neanderthalensis*.

B. Scénarios évolutifs des Hominidés

Les schémas évolutifs linéaires classiques sont totalement abandonnés (*Australopithecus* ancêtres des *Homo habilis*, ancêtres eux-mêmes des *Homo erectus*, ancêtres des *Homo sapiens*). À l'heure actuelle, s'il peut exister un relatif consensus concernant la définition des genres et espèces d'Hominidés fossiles, les relations phylogénétiques entre ces taxons restent totalement hypothétiques et de multiples scénarios évolutifs sont proposés.

IX. Marqueurs de l'hominisation

L'hominisation correspond à l'ensemble des processus biologiques, sociaux et culturels qui caractérisent l'évolution au cours du temps de l'animal au genre humain *Homo* et à l'espèce humaine actuelle *Homo sapiens* (« origine de l'Homme »).

L'existence d'un marqueur unique absolu (parfois appelé « trait magique »), recherchée par de nombreux auteurs, semble illusoire tant les définitions de ce qui fait la spécificité humaine et « le propre de l'Homme » sont diverses selon les approches anatomiques, biologiques, culturelles, philosophiques ou métaphysiques.

L'étude du matériel récolté lors de missions de recherches paléontologiques et de fouilles archéologiques permet de définir deux types principaux de marqueurs de l'hominisation : les marqueurs anatomiques et les marqueurs de la cognition et des activités humaines.

A. Marqueurs anatomiques de l'hominisation

Les marqueurs anatomiques utilisés correspondent aux caractéristiques morphologiques de l'espèce humaine actuelle déjà exposées plus haut, avec principalement :

- marqueurs anatomiques de la bipédie ;
- encéphalisation avec la notion de « Rubicon cérébral » (Vallois) : volume cérébral supérieur à 500 cm^3 ;
- réduction des canines (et disparition du diastème précanin) ;
- réduction du dimorphisme sexuel.

B. Marqueurs de la cognition et des activités humaines

La plupart des définitions proposées pour caractériser l'espèce humaine reposent sur l'intelligence et les capacités cognitives dont certaines paraissent propres à l'Homme. De nombreux philosophes ont estimé que parmi les particularités uniques de l'esprit humain figuraient : raison, conscience, langage, imagination, culture, sens social, politique, altruisme, sens artistique, utilisation d'outils, travail… La dénomination même de l'espèce *Homo sapiens* se réfère à ces particularités cognitives (en latin, *sapiens* : intelligent, sage, raisonnable, prudent).

Mais des études à long terme de groupes sociaux de Primates en milieu naturel réalisées à partir de 1960 environ ont mené à des révolutions conceptuelles en démontrant des limites floues et des gradients entre l'espèce humaine et les Grands Singes pour les concepts de langage, culture, sens social, politique ou utilisation d'outils (en particulier études de Jane Goodal chez les Chimpanzés et de Diane Fossey chez les Gorilles de montagne, et plus récemment celles de Franz de Waal chez les Chimpanzés et les Bonobos).

Quelques exemples concrets de marqueurs de l'intelligence et des capacités cognitives sont ici évoqués.

1. Outils – objets manufacturés

L'utilisation d'outils a longtemps été considérée comme caractéristique du genre humain. De nombreuses observations sur le terrain ont permis de démontrer, en particulier chez les Chimpanzés, que cette affirmation n'était pas valide : brindilles utilisées pour attraper des termites, gros cailloux utilisés pour casser des noix, feuilles broyées pour éponger de l'eau, branches lancées pour intimidation (armes rudimentaires ?), etc.

Les plus anciens outils identifiés, les galets d'Olduvaï, sont datés de −3 à −2,5 Ma ; il est à l'heure actuelle difficile de préciser s'ils sont dus à *Australopithecus africanus* ou à *Homo habilis*.

L'Âge de la Pierre a duré de −2,5 Ma à −10 000 ans, avec :
- Paléolithique ancien (= inférieur) - Oldowayen = galets aménagés ou « choppers » ; puis Acheuléen = bifaces : −2,5 Ma à −150 000 ans ;
- Paléolithique moyen (Moustérien) : −150 000 à −35 000 ans ;
- Paléolithique supérieur (Gravettien, Aurignacien, Solutréen, Magdalénien) : −35 000 à −10 000 ans ;
- Mésolithique : période transitionnelle mal définie ;
- Néolithique : −10 000 à −3 500 ans.

L'Âge des métaux (protohistoire) a fait suite comportant :
- Âge du cuivre (Chalcolithique) : −3 500 à −2 500 ans ;
- Âge du bronze : −2 500 ans (correspondant à l'épanouissement des premiers grands empires : Égypte, Assyrie, Inde, Chine) ;
- Âge du fer : −1 000 ans.

2. Maîtrise du feu

La maîtrise du feu, qui a joué un grand rôle dans les processus d'hominisation, remonterait à −500 000 ans et serait due à *Homo ergaster*.

3. Langage et parole articulée

Le langage serait apparu il y a −2 Ma, et la parole articulée il y a −250 000 à −100 000 ans. Le langage longtemps considéré comme spécifiquement humain a été réinterprété à la lumière de multiples expériences d'apprentissage de langages variés chez les Grands Singes. Les études de l'évolution des diverses langues et de linguistique comparée apportent des informations instructives sur la diversification des populations humaines souvent corrélées avec des données moléculaires.

4. Sépultures – inhumations

L'attitude face à la mort de proches, en particulier par l'usage de sépultures et de l'inhumation, a été considérée comme un marqueur important caractéristique de l'espèce humaine révélateur de spiritualité. Les plus anciennes sépultures sont datées d'environ −100 000 ans.

5. Art

Les productions artistiques paraissent aussi un marqueur important caractéristique de l'espèce humaine révélateur de la pensée symbolique et du sens de l'harmonie. Les plus anciennes sont datées de −100 000 ans. L'art pariétal de la grotte Chauvet est daté de −30 000 ans et celui des grottes de Lascaux et Altamira de −15 000 ans environ.

6. Révolution néolithique

La révolution néolithique, datée de −10 000 à −8 000 ans, correspond aux débuts de l'agriculture, à la sédentarisation et aux premières villes

et cités. Une spécialisation des activités professionnelles apparaît alors également (pasteurs, architectes, meuniers, potiers, tisserands, soldats). De cette époque date la domestication d'espèces :
- animales : Chien avec une origine un peu plus ancienne (Asie –15 000 ans) ; Chèvre, Mouton, Vache, Porc (Croissant Fertile –10 000 ans) ; Âne (Éthiopie –6 000 ans) ; Cheval (Asie –6 000 ans) ;
- végétales : Blé, Orge (Croissant Fertile –11 000 ans), Maïs (Amérique Centrale –9 000 à –7 000 ans), Riz (Chine –8 000 ans), Pomme de terre (Andes –7 000 ans).

7. Écriture

L'apparition de l'écriture marque, par définition, la fin de la Préhistoire et le début de l'Histoire. Parmi les premières traces d'écriture figurent des plaquettes d'argiles avec pictogrammes de Mésopotamie (Irak actuel) datées d'environ –3 400 ans.

8. Violence, armes, guerres

La violence et le meurtre ont pu paraître être spécifiques de l'espèce humaine (faisant discuter le qualificatif de *sapiens*) mais des observations ponctuelles existent chez les Grands Singes. Au total, 600 à 1 000 guerres principales sont inventoriées dans l'histoire humaine, les premières datant du Néolithique et de l'Âge du bronze. L'ampleur des conflits est source de grande méditation : Première Guerre mondiale (1914–1918) avec environ 9 millions de morts (et 21 millions de blessés), Seconde Guerre mondiale avec une estimation vraisemblable de 65 millions de victimes dont 11 millions de déportés (6 millions de déportés pour raison raciale et 5 millions de déportés politiques).

9. Modifications de l'environnement et des milieux naturels

L'hominisation s'est accompagnée de modifications considérables de l'environnement et des milieux naturels. Parmi les nombreux aspects préoccupants figurent :
- déforestation, avec environ 13 millions d'hectares de forêts disparaissant par an (soit l'équivalent de la surface de l'Angleterre) ;
- disparition d'espèces et la réduction de la biodiversité sous l'action anthropique (chasse et pêche, pollutions) ;
- vraisemblable (mais discutée) augmentation progressive de la concentration en gaz carbonique (CO_2) depuis la révolution industrielle (XVIIIe siècle), avec une augmentation de 25 % en 200 ans dont 10 % dans les trente dernières années.

C. Démographie des *Homo sapiens sapiens*

La croissance exponentielle de l'espèce humaine est aussi une caractéristique importante avec la question de la surpopulation. Les premières populations humaines (–100 000 ans) sont estimées de 300 000 à 1 million d'individus, puis de 1 à 10 millions en –10 000, de 5 à 20 millions en

−5000 et de 300 millions en l'an 0. En 1700, la planète comptait 650 millions d'habitants. Le 1er milliard a été atteint en 1830; le 2e milliard en 1920, le 4e milliard en 1975, le 5e milliard en 1987, et le 6e milliard en 1999. Au 1er janvier 2011, la population mondiale était estimée à 6,9 milliards d'habitants et le 7e milliard a été officiellement annoncé par l'Organisation des Nations unies (ONU) comme atteint le 31 octobre 2011.

L'accroissement de la population mondiale est d'environ 150 individus par minute (250 naissances par minute et 100 morts par minute).

Une caractéristique des populations humaines est l'accroissement des populations urbaines; en 1950 : 30 % (1/3), actuellement 50 % (1/2) et, en projection en 2025, 65 % (2/3). La première ville du monde et de l'histoire de l'humanité ayant dépassé 1 million d'habitants a été Beijing en 1800. En 1900, les dix plus grandes mégapoles du monde étaient : Londres *(6,5 millions d'habitants)*, New York *(4,2)*; Paris *(3,3)*; Berlin *(2,7)*; Chicago *(1,7)*; Vienne *(1,7)*; Tokyo *(1,5)*; Saint-Pétersbourg *(1,4)*; Manchester *(1,4)*; Philadelphie *(1,4)*.

En 2005, les dix plus grandes villes du monde étaient : Tokyo *(35 millions d'habitants)*; Séoul *(24)*; New York *(21)*; Mexico *(20)*; Sao Paulo *(19)*; Bombay *(18)*; Los Angeles *(17)*; Le Caire *(17)*; Delhi *(17)*; Jakarta *(17)*.

Santé et soins : dimensions socio-démographiques III.4

Conception, maternité, santé et soins

33

F. Nguyen

I. La conception
II. La maternité
III. Santé et soins
IV. Conclusion

Selon l'Organisation mondiale de la santé, la santé génésique s'inscrit dans le cadre de la définition de la santé, à savoir « Un état de complet bien-être physique, mental et social, et qui ne consiste pas seulement en une absence de maladie ou d'infirmité. »

La santé génésique s'intéresse non seulement aux problèmes de santé liés à la sexualité (infertilité, avortement, infections sexuellement transmissibles en particulier l'infection à VIH, mutilations sexuelles), mais également aux mécanismes de la procréation et au fonctionnement de l'appareil reproducteur à tous les stades de la vie tant chez la femme que chez l'homme.

La conception et la maternité sont deux événements, deux périodes distinctes abordées dans ce chapitre.

Aujourd'hui, les usagers et les associations d'usagers comme le CIANE (Collectif interassociatif autour de la naissance regroupant plus de 140 associations) prennent davantage la parole et exigent des pouvoirs publics l'émergence d'une nouvelle politique de santé périnatale qui ne se résume pas exclusivement aux aspects de la sécurité médicale de l'accouchement à l'hôpital. Les usagers comparent les différentes pratiques de suivi et prise en charge de la maternité dans les différents pays tant sur le plan humain que médical, social et psychologique ainsi que le rapport coût/efficacité et sont consultés pour tous les sujets qui concernent la périnatalité.

La place des différents acteurs de santé influence la perception et la représentation sociale de l'événement naissance et de l'acte accouchement (mise au monde d'un nouvel être) et, de fait, influence la demande des usagers faite au système de santé. La vision des différents acteurs de santé de l'événement naissance est souvent différente de la vision qu'en ont les usagers.

En France, la grossesse est considérée d'emblée comme une situation médicale à traiter comme on prend en charge et traite une maladie. Un certain nombre de médecins prennent en charge les soins de santé primaires en ville, puis adressent les femmes présentant une grossesse à risque à l'hôpital où elles sont examinées en premier lieu par une sage-femme.

Les rôles des professionnels de santé sont souvent mal distribués. Dans d'autres pays comme le Royaume-Uni, les Pays-Bas, les femmes enceintes voient la sage-femme, praticien de premier recours, en consultation prénatale qui dépiste ou non des risques et adresse la femme au médecin le cas échéant.

Une réflexion sur la distribution des fonctions et missions est à aborder compte tenu de la démographie des médecins, notamment dans les spécialités comme l'obstétrique, la pédiatrie, l'anesthésie et la réanimation : le renouvellement des professionnels n'étant pas assuré du fait du vieillissement et de la défection par les étudiants en médecine de ces spécialités dites à risque.

Plus de 80 % des femmes mènent une grossesse normale, accouchent normalement (non pas seules) et mettent au monde des enfants bien portants avec l'aide d'un professionnel médical : une sage-femme.

Dans ce chapitre, la conception, la maternité, le fait de devenir mère, la naissance, l'événement autour duquel est réuni le couple ne sont abordés que partiellement et superficiellement bien que les dimensions privées soient fondamentales : affectives, psychologiques, sexuelles, philosophiques et religieuses.

Nous traiterons de la place de la maternité dans la sphère publique, les actions politiques et citoyennes. Cet aspect est lié à la place accordée aux femmes dans les différentes sociétés, à l'image des différentes représentations du couple, et de la famille, notamment dans le cadre de l'assistance médicale à la procréation et aujourd'hui avec les interrogations sur la gestation d'une femme pour une autre, communément appelée gestation pour autrui.

Quelques situations particulières grèvent le pronostic obstétrical : les lourds handicaps physiques ou mentaux, les situations de vulnérabilité et de précarité telles que la maltraitance physique et psychologique, les violences sexuelles, les femmes étrangères en situations irrégulières.

I. La conception

Événement de la sphère privée, il intéresse au premier chef les femmes, les couples. Le choix de la maternité, donc de devenir enceinte, n'est plus une fatalité subie par les femmes mais elle est, pour la majorité des femmes en France, un choix, grâce notamment à l'émancipation des femmes, aux progrès scientifiques et médicaux, à l'accès à la contraception hormonale (1967) et à la légalisation de l'avortement (1975) obtenue de haute lutte par madame Simone Veil.

« Un enfant si je veux et quand je veux », ce slogan résume bien la volonté de toutes les femmes qui ont lutté contre les grossesses nombreuses et rapprochées.

Pour un certain nombre de femmes qui vivent un parcours d'infertilité, la maternité est rendue possible grâce aux progrès médicaux et scientifiques et à l'assistance médicale à la procréation (AMP).

Cependant, à différents moments de l'histoire, les États ont pu décider d'une politique volontariste en matière de régulation des naissances, en valorisant la maternité par des mesures de protection des femmes enceintes, en montrant une représentation sociale du travail des femmes plus accessoire, ramenant les femmes au foyer ou obligeant, de fait, les femmes à faire carrière avant d'être enceintes. Ainsi, l'État français reconnaît la fonction maternelle comme fonction sociale : fête des mères (1926), assurance maternité (1928), allocations familiales (1932), allocation de la mère au foyer (1938)[47]. En Allemagne réunifiée, les crèches ont fermé les unes après les autres, les femmes mères ayant comme seul choix de cesser leur activité professionnelle pour garder leurs enfants en bas âge et les femmes non-mères repoussant leur désir de grossesse. Ainsi, l'âge des mères avance, posant un certain nombre de problèmes.

L'âge moyen à la maternité augmente régulièrement. Il était de 29,8 ans en 2007 et 21 % des naissances concernaient des femmes âgées de 35 ans et plus. Les difficultés à concevoir vont donc devenir plus importantes. Elles ont recours à l'AMP dont le corollaire est le nombre important de grossesses multiples. Le nombre de grossesses à risque est en augmentation.

Cependant, d'autres grandes questions de santé publique ont un impact majeur sur la conception et le devenir des grossesses, à savoir le choix et la maîtrise du moyen de contraception (dont la contraception d'urgence) et l'accès à l'IVG. En France, nous notons un nombre élevé et stable d'IVG, soit plus de 210 000 avec un taux en augmentation pour les jeunes femmes mineures (13 000 IVG en 2006).

Les addictions aux produits licites et illicites – héroïne, cocaïne, cannabis, alcool (8 % des femmes disent consommer quotidiennement de l'alcool) et tabac (30 % des femmes fument) – touchent davantage les femmes aujourd'hui. La recrudescence des infections sexuellement transmissibles (IST), telles l'infection à VIH et la syphilis, suit également cette tendance.

Ces situations placent les femmes dans des conditions peu favorables pour démarrer une grossesse – c'est-à-dire pour l'identifier comme telle au premier trimestre, la déclarer et la faire suivre de manière satisfaisante – et augmentent les grossesses à risque, voire à haut risque compromettant leur issue.

Cependant, la France affiche plus de 800 000 naissances par an. Elle est devenue, devant l'Irlande, le pays le plus fécond d'Europe. La fécondité s'établit aujourd'hui à 2 enfants en moyenne par femme et la descendance en fin de vie féconde est de 2,14 enfants par femmes.

II. La maternité

A. Définition de la maternité

La maternité est un mot qui possède deux acceptions :
- le fait de devenir mère, qui pour les femmes dure toute la vie, dans leur tête, dans leur corps, dans leur cœur ;
- le lieu des accouchements : dès le XVIIIe siècle, lieu hospitalier ou lieu dans l'hôpital, où accouchaient les indigentes, les femmes pauvres, les

---

47. Halpern C. Maternité en révolutions. *Femmes, combats et débats* 2005, novembre-décembre ; n° spécial 4.

prostituées, les femmes malades, comme à l'Hôtel-Dieu ou à la maternité de Port-Royal à Paris.

Quelle étrange idée d'avoir amalgamé les deux acceptions, favorisant une certaine confusion entre d'une part cet événement qui appartient à l'individu–femme enceinte et bouleverse sa vie intime et privée, et d'autre part ces lieux publics devenus au fil du temps lieux de pratiques et de techniques de la science et de la médecine de plus en plus sophistiqués. C'est ainsi que le ventre des femmes est devenu comme un lieu public d'investigation, selon Ivan Illich, vérifiant le bien-être du futur enfant à naître ; ce n'est plus tant la santé des femmes qui préoccupe au premier chef le corps médical mais bien le fœtus, cet inconnu.

B. Mortalité maternelle

Les chiffres de mortalité maternelle restent peu satisfaisants en France, comparés à ceux de ses voisins, malgré les efforts des différents plans de périnatalité successifs, notamment concernant les morts évitables mises en évidence par les différentes revues de morbidité/mortalité maternelle instaurées dans les réseaux de périnatalité régionaux. Ainsi, les recommandations professionnelles concernant les prises en charge de l'hémorragie du post-partum immédiat et de la pré-éclampsie, pourtant issues d'un consensus de la communauté médicale au niveau international, ne sont malheureusement pas assez respectées.

Le taux de mortalité maternelle est le nombre de décès maternels observés durant une année rapporté au nombre des naissances vivantes de la même année, généralement exprimé pour 100 000.

La mortalité maternelle est définie par :

- « les décès par cause obstétricale directe : ce sont ceux qui résultent de complications obstétricales (grossesse, travail et suites de couches), d'interventions, d'omissions, d'un traitement incorrect ou d'un enchaînement d'événements résultant de l'un quelconque des facteurs ci-dessus » ;
- « les décès par cause obstétricale indirecte : ce sont ceux qui résultent d'une maladie préexistante ou d'une affection apparue au cours de la grossesse sans qu'elle soit due à des causes obstétricales directes, mais qui a été aggravée par les effets physiologiques de la grossesse »[48].

C. Politiques de santé publique concernant la maternité en France

Il s'agit en France de mettre en place une stratégie de prévention et de parcours – chemin clinique – de la femme enceinte. La Haute Autorité de santé (HAS) a diffusé plusieurs recommandations pour la pratique clinique, réalisées par des groupes de travail composés des différents acteurs de la périnatalité : médecins obstétriciens, sages-femmes, médecins généralistes, pédiatres néonatalogistes, anesthésistes-réanimateurs, psychologues, pédopsychiatres, puéricultrices, assistantes sociales

---

48. Classification internatinale des maladies (CIM 10).

et médecins de spécialité selon le thème abordé (obésité, diabète gestationnel). La coordination ville–hôpital s'organise grâce aux réseaux de périnatalité qui formulent des objectifs à atteindre à partir de l'élaboration de protocoles de travail communs, améliorant la communication et les transmissions de chacun et luttant contre la méconnaissance et la méfiance des acteurs entre eux. L'hôpital ouvre ses portes aux acteurs de santé ayant un exercice professionnel en libéral et en ville.

Les différents plans de périnatalité sont élaborés au sein de la Commission nationale de la naissance, à partir des travaux fournis par les commissions régionales de la naissance réunissant toutes les catégories des acteurs de la périnatalité. Les priorités données sont : échanger les informations, permettre la saisie plus exhaustive des données épidémiologiques de la périnatalité pour pouvoir comparer des données épidémiologiques de la France avec celles d'autres pays recouvrant des champs identiques et comparer les pratiques françaises à celles des autres pays.

L'État définit ainsi des enveloppes budgétaires notamment pour améliorer le transfert *in born*, le transfert *in utero*, évitant aux femmes parturientes, en travail, d'accoucher dans un endroit inadapté à leur situation clinique qui requiert des soins spécifiques pour elles ou leur bébé. Cet objectif a été atteint pour les accouchements prématurés. Les enfants prématurés ne sont plus transférés après leur naissance vers un hôpital ayant un service de néonatalogie ou un service de réanimation néonatale, ils sont pris en charge par l'équipe de pédiatres néonatalogistes dès les premiers instants de vie, évitant ainsi des complications liées au manque de moyens techniques et humains spécialisés. Cette mesure pallie également la séparation mère–nouveau-né imposée par la prise en charge très spécialisée des nouveau-nés prématurés nécessitant une assistance respiratoire. Les maternités sont organisées en trois types de maternités qui définissent des niveaux d'organisation et de prise en charge :

- maternité type I : centre hospitalier MCO (médecine, chirurgie, obstétrique) ;
- maternité type II : MCO et service de néonatologie accueillant des nouveau-nés au-delà de 32 semaines ;
- maternité type III : MCO et service de réanimation néonatale (assistance cardiorespiratoire) pour les nouveau-nés en deçà de 32 semaines.

La définition de ces différents types de maternités sous-entend que dans l'établissement avec une maternité de type III, il y a la possibilité de chirurgie interventionnelle d'hémostase et un service de réanimation médico-chirurgicale d'adultes.

Aujourd'hui, on peut s'étonner que les femmes à faible risque aient la même prise en charge qu'une femme dont l'état nécessite une prise en charge très médicalisée et spécialisée.

Le vécu personnel et affectif du couple, des futurs parents est modifié et les attentes parfois exprimées dans le projet de naissance sont souvent déçues.

Le projet de naissance est une adaptation française des préconisations anglo-saxonnes des années 1980 « *changing child birth* ». Ce n'est pas un contrat écrit mais une négociation entre la femme enceinte, le couple et le personnel de la maternité. La femme exprime ses souhaits concernant le suivi de sa grossesse, le travail et l'accouchement, la période de suites de couches à la maternité pour la création du lieu mère–enfant. Le projet de naissance met en mots les craintes, les souhaits, les valeurs des futurs parents à l'égard de cet événement exceptionnel dans leur vie. La naissance ne se résume pas au moment de l'accouchement, c'est un acte médical pour les soignants. Les soignants ont à modifier leur manière de dispenser les actes de soins, comme des actes du prendre soin *(care)* qui envisage l'autre comme un individu bien en vie et unique et ayant son libre arbitre et non pas une succession d'actes techniques à réaliser sur une personne lambda.

Ce projet de naissance a des chances de réussite pour les usagers et les professionnels lorsque les deux parties dialoguent sur les contraintes institutionnelles le plus tôt possible dans la grossesse, ce qui est réalisable quand la femme déclare sa grossesse avant 15 semaines d'aménorrhée, s'inscrit dans la maternité où elle souhaite accoucher et organise son suivi médical avec les acteurs du réseau de périnatalité.

III. Santé et soins

L'organisation du suivi de la grossesse et de l'accouchement et des soins à mettre en œuvre répond à des objectifs de santé ambitieux : maintenir l'état de santé des femmes et leur permettre de mettre au monde des enfants en bonne santé.

Ainsi, la femme peut demander l'entretien précoce prénatal qui aide à définir avec elle le meilleur chemin clinique. La prise de rendez-vous est planifiée à l'avance pour les sept consultations prénatales réalisées par une sage-femme ou un médecin de son choix, les trois échographies obstétricales de dépistage avant 15, 22 et 32 semaines. Elles sont préconisées mais non obligatoires et prises en charge dans le cadre de l'assurance maternité, émanation de la branche maladie de la Sécurité sociale.

Les séances de préparation à la naissance et à la parentalité sont également proposées et dispensées par les sages-femmes libérales ou hospitalières. Un certain nombre de dépistages sont obligatoirement proposés à la femme enceinte et requièrent son consentement éclairé : sérologie du VIH, toxoplasmose, syphilis, rubéole, groupe sanguin et Rhésus, phénotype, dépistage de la trisomie 21.

Concernant les échographies obstétricales, il s'agit d'un dépistage et non d'un diagnostic anténatal. La femme enceinte peut exprimer son souhait de ne pas être informée du sexe du fœtus et de ne pas recourir aux examens complémentaires de diagnostic anténatal en cas de suspicion d'anomalies morphologiques du fœtus vues à l'échographie. Le suivi des grossesses fait la distinction entre les activités de dépistage, de prévention et les activités liées au diagnostic des maladies.

Le dépistage de la trisomie 21 classe la femme enceinte dans un groupe à risque ou non, selon un calcul de risque qui prend en compte la mesure de la clarté de la nuque entre 12 et 15 semaines, le prélèvement sanguin de la portion libre des β-HCG, l'âge de la femme. Toute femme ayant un calcul à 1/250 est considérée à risque. Le médecin lui propose la poursuite des examens pour établir le diagnostic de la trisomie 21. La femme choisit librement, en fonction des informations données, si elle désire l'établissement du diagnostic, et en toute connaissance de cause de poursuivre ou interrompre sa grossesse : recours à l'interruption médicale de grossesse (IMG).

La décision de la femme de poursuivre ou d'interrompre sa grossesse doit être respectée par l'ensemble des personnels de santé. La déclaration d'accouchement, la possibilité d'organiser des obsèques, la délivrance du livret de famille sont devenues des droits reconnus aux familles.

Ces nouvelles mesures imposent également la mise en place des soins palliatifs et l'accompagnement psychologique de fin de vie dans les services de maternité. La formation des personnels est une nécessité. On naît et on meurt à l'hôpital, on peut naître et mourir également à la maternité.

L'OMS préconise quatre consultations prénatales et une échographie obstétricale à 19 semaines.

Les pouvoirs publics français ont mis en place, depuis les années 1970, trois plans de périnatalité successifs (1970–1975, 1995–2000 et 2005–2007), ayant pour but de renforcer la sécurité médicale et affective des moments de l'accouchement et de la naissance, en améliorant les relations humaines, le dialogue entre soignées et soignants, et les aspects de la prévention. Ces plans devaient répondre à une demande d'écoute des usagers par les professionnels de santé plus respectueuse, formulée par les usagers, et à une demande de diversification de l'offre de soins.

La mise en œuvre du dernier plan a mis l'accent sur les notions de « sécurité–qualité » et « humanité–proximité » dans le sens de « bien-traitance » des usagers dans l'institution. Le plan de 2005–2007 avait pour objectif de parachever la mise aux normes des maternités et des services. Ces plans ont également encouragé le travail en réseau ville–hôpital : hôpitaux publics et privés, espaces territoriaux dits PMI (protection maternelle et infantile), secteur ambulatoire, secteur social.

Cependant, l'évolution des besoins des femmes, des familles dans la société actuelle nécessitent une approche plus humaine et de proximité. L'évolution sociologique de la composition et recomposition des familles ainsi que la forte émergence des familles monoparentales, l'avancée de l'âge des femmes primipares, l'augmentation des situations sociales de détresse, de pauvreté, de vulnérabilité transforment rapidement la qualité des réponses à apporter aux usagers concernant l'événement grossesse, maternité, accouchement et naissance.

En outre, l'hospitalisation dans la période de suites de couches va être de plus en plus courte afin de répondre aux impératifs de la tarification à l'acte (T2A) des établissements de santé qui doivent opérer des choix financiers, alors que les suites de couches sont une période difficile pour les femmes sur le plan psychologique et affectif (remaniements psychiques) mais aussi sur le plan matériel (accompagnement à la parentalité, aux soins de puériculture dont l'allaitement, l'alimentation du nourrisson ; complications médicales éventuelles).

Cette période trop courte dans les services de maternité empêche les personnels – sages-femmes, infirmières, assistantes sociales – d'étayer un certain nombre de mesures pour seconder la femme devenue mère. Les structures ambulatoires, les services de PMI, les sages-femmes libérales sont encore en nombre insuffisant pour répondre de manière satisfaisante aux sollicitations des usagers dans la période post-natale.

IV. Conclusion

La maternité, celle des femmes et en particulier l'événement de la naissance, concentre de nombreux espaces très différents. Il s'agit, bien sûr d'un événement privé mais également public : déclaration de grossesse, cortège de préconisations de toutes sortes, déclaration d'accouchement, déclaration de naissance à l'état civil. Il s'agit, pour la femme, mère, d'un acte « gratuit » dans le sens du don, mais objet de toute une économie, elle-même divisée en une économie privée et une économie publique. La maternité doit faire face à différentes formes de contrôle.

Alors que les institutions hospitalières cherchent à combler les déficits budgétaires, les enjeux de la maternité sont de plusieurs ordres. Il est essentiel que l'événement privé de la naissance et de la construction d'une famille soit respecté dans les espaces publics et par les agents de l'État.

Le dispositif de suivi médical pourra être modulé en fonction du niveau de risque pour la femme et l'enfant à naître et organisé selon les compétences et l'évolution de la démographie des professionnels de santé de la périnatalité : médecins, sages-femmes, infirmières, psychologues, assistantes sociales notamment.

Le moment de la maternité est un moment propice de prévention et d'éducation. Les femmes ont davantage envie de faire attention à leur santé quand elles se sentent responsables de leur futur enfant. Il est plus aisé de capter l'attention des femmes sur leur état de santé : prévention des maladies chroniques (hypertension, diabète, obésité, prévention) et prise en charge des addictions, informations et conseils sur la contraception, réponses à apporter sur la sexualité, attentions à porter sur les actions de prévention concernant la santé des tout-petits et la maltraitance dans le cercle familial. Pour le moment, même si les jeunes filles ont des accidents de contraception, elles ont recours en France à l'IVG, alors qu'on observe davantage des maternités précoces au Royaume-Uni. Les maternités à des âges avancés risquent d'augmenter les pathologies maternofœtales.

On note également une plus grande précarité et vulnérabilité des familles monoparentales, souvent des femmes seules qui élèvent leurs enfants et font face à des difficultés pour se maintenir dans un emploi dans le contexte actuel de crise économique, l'emploi des femmes étant touché. Le devenir n'est pas simple.

L'accueil dans les hôpitaux se complique, de nombreux services de maternité ont fermé. La concentration des femmes enceintes hospitalisées et des accouchements dans des services de plus de 5000 accouchements par an compliquera les stratégies et projets de services en faveur de plus d'humanité et de proximité.

La période de suites de couches est de moins en moins accompagnée par les spécialistes de la périnatalité, alors que plus de 15 % de femmes rencontrent des difficultés psychologiques, des difficultés de relation et d'attachement avec leur enfant, voire des troubles psychiatriques spécifiques de ce moment de la maternité.

La sécurité médicale est peut-être assurée, qu'en est-il de la sécurité affective? Pour reprendre une expression de Hannah Arendt, quelle place donnons-nous à cet événement exceptionnel qu'est la venue au monde d'un nouvel être?

POINTS CLÉS

▶ La conception et la maternité sont des événements privés mais ils tiennent aussi une place importante dans la sphère publique, les actions politiques et citoyennes.

▶ En France, l'âge moyen à la maternité augmente régulièrement. Il était de 29,8 ans en 2007 et 21 % des naissances concernaient des femmes âgées de 35 ans et plus.

▶ La France affiche plus de 800 000 naissances par an. Elle est le pays le plus fécond d'Europe après l'Irlande avec deux enfants en moyenne par femme.

▶ Les chiffres de mortalité maternelle restent peu satisfaisants en France, comparés à ceux de ses voisins.

▶ En France, la Haute Autorité de santé (HAS) a diffusé plusieurs recommandations pour la pratique clinique, afin de mettre en place une stratégie de prévention et de parcours clinique de la femme enceinte.

▶ Les réseaux de périnatalité organisent la coordination ville–hôpital.

▶ Trois types de maternités sont distingués en fonction des niveaux d'organisation et de prise en charge.

▶ Le projet de naissance est une négociation entre la femme enceinte, le couple et le personnel de la maternité concernant le suivi de la grossesse, le travail et l'accouchement, la période de suites de couches à la maternité.

▶ Le suivi de la grossesse et de l'accouchement et les soins à mettre en œuvre reposent sur différents dispositifs : entretien précoce prénatal, séances de préparation à la naissance et à la parentalité, dépistages obligatoirement proposés à la femme enceinte, échographies obstétricales, mise en place des soins palliatifs et de l'accompagnement psychologique de fin de vie dans les services de maternité…

▶ Les pouvoirs publics français ont mis en place trois plans de périnatalité successifs (1970–1975, 1995–2000 et 2005–2007), pour renforcer la sécurité médicale et affective des moments de l'accouchement et de la naissance, en améliorant les relations humaines, le dialogue entre soignées et soignants, et les aspects de la prévention.

▶ L'évolution sociologique des familles (recomposées, monoparentales…), l'avancée de l'âge des femmes primipares, l'augmentation des situations sociales de détresse transforment rapidement la qualité des réponses à apporter aux usagers concernant les événements grossesse, maternité, accouchement et naissance.

34 Petite enfance : santé et soins

P. Gerbouin-Rerolle

I. La nécessité d'un abord global du développement de l'enfant dans son environnement
II. Les politiques publiques de la petite enfance en France

I. La nécessité d'un abord global du développement de l'enfant dans son environnement

La petite enfance est la phase la plus importante du développement de l'être humain au cours de son existence, en raison d'une croissance rapide, d'un développement cérébral très intense et d'une importante sensibilité aux influences de l'environnement extérieur. C'est sur cet argument, étayé par une riche littérature scientifique, que repose le plaidoyer de l'Organisation mondiale de la santé (OMS) pour des politiques sanitaires en faveur de cette tranche d'âge : « *Investir dans la santé des enfants répond non seulement à des raisons de santé publique et a une obligation morale, mais est aussi sensé sur le plan économique, puisqu'il y a réellement une rentabilisation pour l'individu et pour la société.* »

Les études de cohortes de naissances menées au cours des dernières décennies dans de nombreux pays (Royaume-Uni, Nouvelle-Zélande, pays scandinaves) ont en effet montré, par leur abord global des problèmes de santé, incluant les facteurs sociaux, psychologiques et génétiques, que la santé mentale et physique des adultes se joue dans la petite enfance. Ainsi, une étude de cohorte néo-zélandaise a mis en évidence les liens statistiques existant entre les troubles des conduites dans la petite enfance et des problèmes tels que la délinquance grave, l'addiction aux drogues ou des troubles mentaux à l'âge adulte. Les relations entre le développement à l'âge adulte de problèmes de santé chroniques (comme le diabète, les maladies cardiaques, l'alcoolisme ou la dépression) et des expériences physiques et mentales défavorables dans la petite enfance ont aussi fait l'objet de nombreux travaux. Les données de cohortes de naissances britanniques ont ainsi permis d'analyser les liens entre les relations parents–enfant et l'état de santé à l'âge adulte et de montrer que des situations émotionnelles, telles que les conflits de famille, l'éducation rigide et le manque d'affection, étaient associées à un état de santé médiocre à l'âge adulte.

En précisant les interactions entre patrimoine génétique et expériences précoces ainsi que les liens entre bien-être affectif, habiletés sociales et aptitudes cognitives et langagières, les recherches en neurosciences et les études comportementales montrent l'intérêt d'une prise en compte globale du développement de l'enfant dans son environnement (soins de santé, modes de garde, enseignement préscolaire, protection de l'enfance, santé mentale des adultes, soutien économique aux familles). Par ailleurs, la recherche évaluative sur les programmes de prévention a confirmé l'efficacité des interventions précoces.

C'est avec cette approche globale du bien être de l'enfant que l'Organisation de coopération de développement économique (OCDE) compare la situation de l'enfance dans ses états membres en termes de dépenses publiques, de stratégies d'intervention et de résultats, à l'aide d'une série d'indicateurs décrivant le bien-être matériel, le logement et l'environnement, l'éducation, la santé et la sécurité, les comportements à risque et la qualité de la vie scolaire. Le dernier rapport recommande, pour des raisons d'efficacité et d'équité sociale, d'investir davantage à un stade précoce de l'enfance et de prioriser les enfants vulnérables. Il souligne les carences en matière d'évaluation des politiques publiques et de données fiables sur le bien-être des enfants.

La littérature internationale montre que la qualité de l'accueil préscolaire extrafamilial est le déterminant essentiel de son impact positif sur le développement des enfants, indépendamment de son type. Les différentes caractéristiques de la structure d'accueil (taux d'encadrement, taille des groupes, niveau d'expérience et de formation du personnel accueillant, stabilité de ce personnel, adéquation des locaux) et de son fonctionnement (qualité de l'environnement éducatif, des interactions et de la réponse du personnel aux intérêts et besoins des enfants, mise en place d'activités appropriées à leur âge) agissent sur le développement cognitif, langagier, social et affectif des enfants en interaction les unes avec les autres ainsi qu'avec les caractéristiques des enfants eux-mêmes. La qualification et la stabilité du personnel, la petite taille des groupes d'enfants et leur interaction avec des adultes référents stables et en nombre restreint semblent des éléments essentiels de cette qualité, indépendamment du lieu de garde.

Bien que la nécessité d'un abord global du développement de l'enfant soit largement reconnue, les politiques publiques et les dispositifs institutionnels sont le plus souvent segmentés. La politique « petite enfance » est alors définie, au sens le plus étroit du terme, comme « l'ensemble des dispositifs visant à garder les enfants à l'extérieur du foyer parental, et les dépenses afférentes » et les soins de santé et la prévention sanitaire en sont donc exclus. Avec des priorités et des modèles d'intervention variables selon les pays, la politique « petite enfance » vise généralement :

- l'insertion sur le marché du travail tout particulièrement des mères et/ou la conciliation entre vie familiale et vie professionnelle ;
- le développement psychique et cognitif des enfants avec ou non ciblage des enfants les plus à risque ;
- le soutien matériel aux familles, avec un ciblage plus ou moins prononcé des plus défavorisées.

Enfin, un objectif plus global d'équilibre démographique (augmentation du taux de fécondité) est souvent présent, même implicitement.

II. Les politiques publiques de la petite enfance en France

Rappelons d'abord que la France métropolitaine compte 2,4 millions d'enfants de moins de 3 ans, autant d'enfants âgés de 3 à 6 ans et qu'on enregistre environ 800 000 naissances chaque année depuis 2003 (source Insee).

L'organisation segmentaire décrite ci-dessus est aussi observée en France. La politique « petite enfance » concerne essentiellement les modes de garde, la scolarisation en école maternelle et les diverses aides financières aux familles, elle mobilise des moyens importants (11,7 milliards d'euros en 2008 pour l'accueil des moins de 3 ans, effort très supérieur à la moyenne des pays de l'OCDE) et fait l'objet d'études nombreuses et d'évaluations régulières. L'action publique en matière de soins et de prévention sanitaire est à la fois moins visible et moins documentée, hormis certaines thématiques (vaccination, obésité).

A. L'accueil de la petite enfance

La politique d'accueil comprend trois axes :
- l'appui matériel aux familles par le biais de prestations financières généralistes (allocations familiales de base) ou ciblées (logement, parent isolé, enfant handicapé) versées par les caisses d'allocations familiales, d'avantages fiscaux (quotient familial et déductions diverses) et de retraite ;
- l'amélioration de l'offre des modes de garde et de son accessibilité économique par la création de structures publiques, l'aide financière aux familles et aux opérateurs privés par les caisses d'allocation familiale et les collectivités territoriales, l'encadrement réglementaire et le contrôle des dispositifs ;
- l'accueil des enfants de 2 à 3 ans dans les écoles maternelles prévu, selon le Code de l'éducation, « *en priorité dans les écoles situées dans un environnement social défavorisé, que ce soit dans les zones urbaines, rurales ou de montagne et dans les régions d'outre-mer* ».

Ce dispositif présente ainsi plusieurs spécificités. L'accueil en crèche peut être précoce (3 mois *versus* 12 ou 18 mois dans les pays nordiques) comme l'accès à l'école maternelle. Les parents bénéficient d'un double « libre choix » entre activité professionnelle et congé parental d'une part, et du mode de garde d'autre part, avec le développement d'une offre de garde diversifiée et compatible avec l'emploi à temps plein des parents.

Les modes de garde soutenus par la collectivité (parents ; assistante maternelle agréée ; crèche collective, d'entreprise, parentale, familiale ou halte-garderie ; garde simple ou partagée à domicile) font intervenir plusieurs types d'acteurs publics :
- les départements qui, au titre de leur compétence obligatoire de protection maternelle et infantile (PMI), sont responsables de l'agrément, de la formation et de la surveillance des assistants maternels ainsi que du contrôle des structures d'accueil ;

- les collectivités locales (communes, départements) qui gèrent des équipements collectifs dédiés à l'accueil des tout-petits, directement ou en s'appuyant sur des opérateurs privés ;
- la Caisse nationale des allocations familiales, qui soutient financièrement des structures collectives et verse des prestations aux parents recourant à une assistante maternelle ou une garde à domicile et à ceux qui cessent ou réduisent leur propre activité professionnelle.

Ces dispositifs bénéficient d'un soutien variable en termes de sources, montants et modalités, et le niveau global des dépenses publiques correspond à environ 1 % du produit intérieur brut.

1. L'utilisation des modes de garde (hors école)

Les structures collectives comprennent les crèches et les jardins d'enfants pour l'accueil régulier et les haltes-garderies pour l'accueil occasionnel. Le nombre de places (régulières et occasionnelles) offertes aux moins de 6 ans était d'environ 340 000 en 2008. L'offre d'accueil augmente régulièrement (environ 2,6 % par an depuis 2004), en raison du développement des établissements multi-accueil qui proposent au sein d'une même structure un accueil régulier ou occasionnel, collectif ou familial et permettent par leur souplesse une meilleure adaptation aux besoins ; ils représentaient en 2008 plus de 54 % de la capacité d'accueil collectif en France métropolitaine. Le nombre d'assistantes maternelles agréées a fortement progressé depuis 20 ans ; en 2008, elles étaient environ 270 000 en exercice et gardaient en moyenne 2,7 enfants dont 76 % avaient moins de 3 ans.

Au total, l'ensemble de ces modes de garde offraient près d'un million de places en 2008 ce qui, rapporté à la population totale des moins de 3 ans, équivaut à 44 places pour 100 enfants. Les disparités géographiques sont très importantes et le potentiel d'accueil variait ainsi de 15 à 77 places pour 100 enfants selon les départements en 2005. Alors que la natalité reste élevée et qu'un nombre croissant de femmes souhaitent poursuivre leur vie professionnelle, le déficit global de l'offre serait d'environ 320 000 places (année 2008).

On dispose de données nationales sur l'utilisation de ces dispositifs par les familles, régulièrement actualisées et publiées par la DREES. Ainsi, en 2007, 63 % des enfants de moins de 3 ans étaient gardés à titre principal par leurs parents (le plus souvent la mère), 18 % par une assistante maternelle agréée et 10 % en structure collective, 4 % par les grands-parents, 2 % en école maternelle et 2 % en garde à domicile. De fortes disparités territoriales et sociales sont observées. Ainsi, la crèche est plus utilisée en agglomération urbaine qu'en zone rurale (21 % dans l'agglomération parisienne *versus* 3 % dans les communes rurales), alors que l'assistante maternelle l'est beaucoup moins (12 % *versus* 26 %). La garde à domicile n'est développée que dans l'agglomération parisienne (7 % *versus* 0 %) et ne concerne que les enfants issus des ménages les plus aisés. Enfin, 69 % des enfants des 20 % de ménages les plus aisés sont gardés par quelqu'un d'autre qu'un parent *versus* 9 % de ceux issus des ménages les plus modestes (premier quintile de revenus).

Ces disparités reflètent à la fois un équipement en structures de garde variable et globalement insuffisant sur le territoire et une attractivité financière des différents modes de garde très variable selon le revenu, la situation familiale et le statut professionnel des parents.

Plusieurs rapports récents constatent la grande hétérogénéité des modes de garde en termes de socialisation et de projet éducatif et analysent les insuffisances de cette politique publique en matière d'égalité des chances. Alors que des études suggèrent l'efficacité à long terme d'un accueil préscolaire extrafamilial de qualité sur le développement cognitif et socio-émotionnel ainsi que sur les performances scolaires des enfants de milieux défavorisés, 91 % des enfants des ménages les plus défavorisés sont gardés par leurs parents.

2. L'école maternelle

D'après les comparaisons internationales, l'école maternelle est un mode d'accueil préscolaire parmi d'autres. En France, le taux de scolarisation à 3 ans est massif (100 % depuis 1990–1991) alors qu'il est de 0 % aux Pays-Bas (100 % à 5 ans) et de 72 % en Allemagne (87 % à 5 ans). Le taux de scolarisation entre 2 et 3 ans est aujourd'hui d'environ 20 %. Enfin, la gratuité de l'école publique française contribue à ces taux élevés de scolarisation précoce.

L'accueil dès l'âge de 2 ans à l'école maternelle fait, depuis quelques années, l'objet de controverse, en raison des faibles possibilités d'accueil personnalisé de l'enfant, de l'adaptation insuffisante de son mode de fonctionnement, de l'organisation des activités dans le temps et l'espace et de la configuration des locaux aux particularités des enfants de 2 à 3 ans et de sa difficulté à répondre aux besoins des enfants cumulant des difficultés personnelles, familiales et sociales. Des structures intermédiaires entre la crèche et l'école ont été créées, comme les classes passerelles, mais en nombre tout à fait insuffisant. La mise en place à titre expérimental de structures spécifiques pour l'accueil des 2–3 ans avec contribution financière des familles, les « jardins d'éveil », est actuellement envisagée.

3. Les insuffisances actuelles du dispositif

Ce dispositif, en raison des enjeux économiques et sociaux de l'accueil de la petite enfance, fait l'objet d'une attention soutenue et d'évaluations régulières par les pouvoirs publics. Il présente, dans son ensemble, des insuffisances tant quantitatives que qualitatives : nombre global de places inférieur aux besoins, manque de lisibilité de l'offre (diversité des modes d'accueil, disparité de leur couverture sociale et territoriale) et carence de coordination entre les nombreux acteurs publics et privés.

B. Les soins et la prévention sanitaire dans l'enfance

Les enfants en France bénéficient d'un double système de santé :

- un dispositif de prévention et protection créé par les ordonnances de 1945 qui repose principalement sur les services de PMI (de 0 à 3 ans) et sur le service de promotion de la santé en faveur des élèves (santé scolaire, à partir de 3 ans) ;

- le libre accès au secteur curatif général de soins et notamment aux cabinets des médecins généralistes libéraux.

Les structures de prévention sanitaires agissent donc en complémentarité avec le secteur libéral, l'hôpital, des structures spécialisées dans le dépistage et la prise en charge de certaines pathologies, mais aussi le service social et l'aide sociale à l'enfance (ASE).

1. Le suivi médical du développement

La surveillance de la santé et du développement de l'enfant est une pratique solidement ancrée en France. L'intérêt d'un dépistage précoce de certaines pathologies en raison de leur prévalence et de leurs conséquences sur le développement et la santé future a été réaffirmé par le Haut Comité de santé publique en 1997 et la loi du 9 août 2004 relative à la santé publique. En outre, des expertises collectives menées par l'Institut national de la santé et de la recherche médicale (Inserm) ont produit des recommandations concernant les déficiences et handicaps d'origine périnatale, les troubles visuels et auditifs, l'obésité, certains troubles mentaux et les troubles des apprentissages.

Le suivi médical du jeune enfant fait l'objet d'une réglementation importante. Il repose sur :

- vingt examens médicaux obligatoires entre 0 et 6 ans : prévus selon un calendrier précis et entièrement pris en charge par l'assurance-maladie, ils ont pour objet la surveillance de la croissance staturo-pondérale, du développement physique, psychomoteur et affectif de l'enfant ainsi que le dépistage précoce des anomalies ou déficiences ;
- les certificats de santé : ils doivent être établis lors des trois examens réalisés à des âges clés du développement (8e jour, 9e mois et 24e mois de l'enfant) et leur exploitation statistique est réalisée par le service départemental de PMI et la DREES ;
- le carnet de santé : remis à la famille à la naissance de l'enfant, c'est un document médical confidentiel détenu par les parents. Il est conçu comme un support de dialogue avec les parents et un lien entre les différents professionnels de santé. Il constitue ainsi le principal support écrit de la surveillance médicale de l'enfant.

Ce suivi médical peut être réalisé, selon le choix des parents, par le service de PMI et/ou des médecins du secteur libéral. Jusqu'à l'âge de 16 ans, l'enfant est affranchi du parcours de soins.

Par ailleurs, le service de PMI a pour mission d'organiser des activités de prévention médico-sociale en faveur de l'enfant de moins de 6 ans et l'établissement d'un bilan de santé pour les enfants âgés de 3 à 4 ans, notamment en école maternelle. Ce bilan de santé en école maternelle n'est donc ni obligatoire ni systématiquement organisé.

La visite médicale obligatoire au cours de la sixième année est organisée sous la responsabilité des services en charge de la santé scolaire au ministère de l'Éducation nationale. Elle vise à dépister les pathologies, les maladies et les déficiences pouvant entraver la scolarité des élèves et est centrée sur les acquisitions et le développement nécessaire à une bonne insertion scolaire (notamment les compétences neurosensorielles nécessaires à l'apprentissage des langages). Elle a été récemment complétée par d'autres visites à 9, 12 et 15 ans dans le cadre de la loi du 5 mars 2007 réformant la protection de l'enfance, cependant les décrets d'application n'étaient pas encore publiés début 2010.

2. Les vaccinations

La politique de vaccination est élaborée par le ministre chargé de la Santé qui fixe, après avis du Haut Comité de santé publique, le calendrier des vaccinations applicables en fonction de l'âge et des facteurs de risque particuliers (de complications, d'exposition ou de transmission). Pour les enfants, depuis 2010, seules sont obligatoires les vaccinations contre la diphtérie, le tétanos et la poliomyélite avant l'âge de 18 mois. Sont fortement recommandés, pour les nourrissons et jeunes enfants, ceux contre la coqueluche, *Haemophilus influenzae* (Hib), la rougeole, les oreillons, la rubéole (ROR), l'hépatite B et le vaccin pneumococcique conjugué (PCV7). Le vaccin BCG est recommandé pour les nourrissons appartenant à des groupes à risque.

Les vaccinations sont pratiquées principalement par les médecins libéraux (pédiatres et généralistes), mais aussi par les services de PMI et, plus marginalement, par les services de santé scolaire.

3. La protection de l'enfance

La politique de protection de l'enfance est issue d'une lente prise de conscience de la nécessité de lutter contre les violences faites aux mineurs, en particulier celles exercées par les personnes qui en ont la charge. La description en 1868 par Ambroise Tardieu, professeur de médecine légale à Paris, du syndrome de l'enfant battu a largement contribué à la mise en place des premières lois de « protection des enfants maltraités ou moralement abandonnés » (loi du 24 juillet 1889). La répression judiciaire s'est progressivement accompagnée d'une politique sociale – la protection administrative confiée aux conseils généraux – qui est aujourd'hui centrale. Les critères d'intervention ont été peu à peu élargis à la notion de danger et, depuis la loi du 5 mars 2007 réformant la protection de l'enfance, visent toutes les « difficultés risquant de mettre en danger la santé, la sécurité, les moralités de ces mineurs ou de compromettre gravement leur éducation ou leur développement physique, affectif, intellectuel et social ».

En 2008, la synthèse d'une série d'articles publiés par *The Lancet* a permis d'établir le taux de maltraitance[49] à 10 % en moyenne dans la population des enfants des pays occidentaux à hauts revenus. Une synthèse récente des données disponibles en France conforte cette estimation. La famille est le lieu d'élection de la maltraitance. Elle commence en général dès les premières semaines de la vie et concerne toutes les classes sociales. Certaines formes de mauvais traitements physiques

---

49. Ce taux a été calculé selon une définition incluant toutes les formes de maltraitance, de négligence et d'exposition au risque, ce qui correspond à la définition française du « danger ».

infligés à de très jeunes enfants engagent généralement le pronostic vital ou sont à l'origine de handicaps sévères. Il en est ainsi pour le SBS (syndrome du bébé secoué) : selon les auteurs, ce sont entre 9 et 30 % des enfants qui en meurent et entre 30 et 77 % qui ont des séquelles majeures (retard mental important, cécité principalement).

La politique de protection de l'enfance repose sur le repérage et le dépistage des situations de maltraitance ou de danger par de nombreux acteurs : services sociaux de secteur, PMI, école et médecine scolaire, hôpital, médecins libéraux et, plus largement par le biais du « 119 Allô enfance maltraitée ». Les informations préoccupantes sont ensuite transmises à la cellule départementale de recueil, traitement et évaluation. Les mesures de protection prises par le service départemental de l'ASE peuvent être un maintien à domicile avec un accompagnement éducatif de la famille ou un placement. La justice peut être saisie pour la protection de l'enfant ou la poursuite pénale des auteurs des faits, quand leur chronicité ou leur gravité le justifient.

4. L'utilisation du système de santé par les enfants

La PMI dispose de budgets insuffisants dans de nombreux départements. L'inégale répartition des difficultés socio-économiques dans la population et du poids démographique de la petite enfance sur le territoire national, ainsi que l'existence de priorités politiques différentes conduisent à de grandes disparités. Ainsi « la moitié des départements dispose d'un service de PMI sous-encadré à l'égard des normes fixées en application de la loi de 1989 ».

La médecine scolaire ne dispose pas d'un effectif suffisant de médecins et on compte très peu d'infirmières et aucune assistante sociale pour les écoles maternelles et primaires. La réalisation de la visite médicale obligatoire et gratuite de la sixième année est, en conséquence, loin d'être exhaustive et les pratiques varient selon les académies. Les derniers chiffres nationaux disponibles datent de 2000–2001 avec un taux de couverture moyen de 80 %.

Ce sont donc les médecins libéraux qui assurent pour l'essentiel ce suivi des jeunes enfants : 80 % des certificats de santé du 9e mois sont effectués par un médecin libéral (16 % en PMI). L'examen est réalisé par un pédiatre dans un cas sur deux seulement. Une étude réalisée en 2004 sur les consultations des 9e et 24e mois réalisées par des omnipraticiens montre que 21 % avaient recherché des facteurs de risque de troubles visuels et réalisé au moins un test de dépistage ; 81 % avaient effectué au moins un test auditif ; pour l'examen du 9e mois, 63 % avaient recherché des troubles de la relation, du sommeil et des conduites alimentaires et, pour celui du 24e mois, 57 % seulement avaient aussi recherché des troubles du comportement et du langage.

Les médecins généralistes suivent environ 80 % des enfants de plus de 2 ans. Ces consultations sont plus courtes que celles des adultes (14 minutes en moyenne) et se rapportent à une affection des voies respiratoires dans 55 % des cas. Treize pour cent des consultations d'enfants de moins de 16 ans sont dédiées à la prévention (vaccination et/ou examen systématique associé), 44 % des enfants vus dans ce cadre ont moins de 4 ans.

Les enfants issus de familles défavorisées consultent autant que les autres les médecins généralistes mais significativement moins pour des motifs de prévention. Ils ont aussi moins recours aux soins des médecins spécialistes et des dentistes.

5. Les carences actuelles du dispositif

La PMI et la médecine scolaire ont des difficultés à assurer leur mission de prévention. L'organisation et la répartition territoriale de l'offre de soins spécialisés sont insuffisantes, notamment dans le domaine de la santé mentale. Dans son rapport de 2006, Sommelet souligne l'absence d'une politique globale ciblée sur les besoins de prévention, d'éducation, de soins de l'enfant et de l'adolescent et préconise un renforcement du rôle de la PMI, une meilleure articulation entre santé et social et coordination entre les différents acteurs.

Elle constate par ailleurs l'insuffisance des connaissances épidémiologiques sur l'état de santé des enfants et adolescents. Les données recueillies en routine à partir des dispositifs nationaux (certificats de santé et examens médicaux en milieu scolaire) manquent d'exhaustivité et sont de qualité limitée, par manque de moyens, inadéquation des méthodes de recueil des données et aussi par refus de certains professionnels de mentionner dans les documents obligatoires comme les certificats de santé, des informations considérées comme sensibles et « stigmatisantes » pour l'enfant et/ou sa famille ou de réaliser certains dépistages.

Depuis 1999, un cycle triennal d'enquêtes s'appuyant sur les bilans de santé effectués en milieu scolaire, auprès d'échantillons d'enfants en grande section de maternelle, en CM2 et en 3e, fournit des informations sur quelques pathologies (obésité, asthme, déficiences visuelles et auditives, état de santé dentaire) et leur distribution sociale et territoriale. Les enquêtes menées en milieu scolaire indiquent aussi que les couvertures vaccinales restent élevées dans l'enfance, en particulier pour la DT-Polio, la coqueluche, la rougeole–rubéole–oreillons, mais moins à l'adolescence. La vaccination contre l'hépatite B présente des couvertures très basses (33 à 42 %).

Alors qu'une étude menée en 2005 par la Fondation MGEN suggère que le pourcentage d'enfants entre 6 et 11 ans présentant des troubles psychologiques soit loin d'être négligeable et que le rapport Sommelet évoque l'augmentation massive depuis 10 ans du nombre des consultations en pédopsychiatrie, on dispose encore de peu de données sur la santé mentale des enfants.

La loi du 5 mars 2007 portant sur la réforme de la protection de l'enfance visait notamment à accroître la connaissance épidémiologique de la maltraitance par la remontée des données départementales. Elle connaît des difficultés dans sa mise en œuvre et n'a pas encore provoqué d'effets en matière de production de données.

POINTS CLÉS

▶ La petite enfance est une phase importante du développement de l'être humain, en raison d'une croissance rapide, d'un développement cérébral très intense et d'une importante sensibilité aux influences de l'environnement extérieur.

▶ La nécessité d'un abord global du développement de l'enfant est largement reconnue, mais les politiques publiques et les dispositifs institutionnels sont le plus souvent segmentés.

▶ La France métropolitaine compte 2,4 millions d'enfants de moins de 3 ans, et autant d'enfants âgés de 3 à 6 ans.

▶ En France, la politique «petite enfance» concerne essentiellement les modes de garde, la scolarisation en école maternelle et les diverses aides financières aux familles; elle mobilise des moyens importants.

▶ En France, le taux de scolarisation à 3 ans est massif (100 % depuis 1990–1991) et est d'environ 20 % entre 2 et 3 ans.

▶ Le dispositif d'accueil de la petite enfance présente, dans son ensemble, des insuffisances : nombre global de places inférieur aux besoins, manque de lisibilité de l'offre et carence de coordination entre les nombreux acteurs publics et privés.

▶ Les enfants en France bénéficient d'un double système de santé : un dispositif de prévention et protection reposant principalement sur les services de PMI (de 0 à 3 ans) et sur le service de promotion de la santé en faveur des élèves (santé scolaire, à partir de 3 ans); le libre accès au secteur curatif général de soins.

▶ Pour les enfants, depuis 2010, seules sont obligatoires les vaccinations contre la diphtérie, le tétanos et la poliomyélite avant l'âge de 18 mois.

▶ Le taux de maltraitance est estimé à 10 % en moyenne dans la population des enfants des pays occidentaux, dont la France. La maltraitance concerne toutes les classes sociales; la famille en est le lieu d'élection.

▶ La PMI et la médecine scolaire disposent de moyens insuffisants; les médecins libéraux assurent pour l'essentiel le suivi des jeunes enfants.

▶ Les enfants issus de familles défavorisées consultent autant que les autres les médecins généralistes mais significativement moins pour des motifs de prévention. Ils ont aussi moins recours aux soins des médecins spécialistes et des dentistes.

Bibliographie

Ananian S, Robert-Bobée I. Modes de garde et d'accueil des enfants de moins de 6 ans en France en 2007. *Études et Résultats, DREES,* février 2009; n° 678.

Antona D. Couverture vaccinale des enfants et des adolescents en France : résultats des enquêtes menées en milieu scolaire 2001–2004. *Bull Épidémiol Hebd* 2007; 6 : 45–49.

Bailleau G. L'offre d'accueil collectif des enfants de moins de 6 ans en 2008 ». *Études et résultats, DREES,* février 2010; n° 715.

Franc C, Le Vaillant M, Rosman S, Pelletier-Fleury N. La prise en charge des enfants en médecine générale : une typologie des consultations et visites. *Études et résultats DREES,* août 2007; n° 588.

Inserm. *Santé de l'enfant : propositions pour un meilleur suivi.* Coll. Expertise collective. Paris : Éditions Inserm; 2009; 152 p.

Sommelet D. L'enfant et l'adolescent : un enjeu de société, une priorité du système de santé. In : *Rapport de mission sur l'amélioration de la santé de l'enfant et de l'adolescent*, remis à Paris : le 28 octobre 2006, au Ministre des Solidarités, de la Santé et de la Famille.

Tabarot M. *Le développement de l'offre d'accueil de la petite enfance. Rapport parlementaire*. Paris : La Documentation française ; juillet 2008, 276 p.

Tursz A, Gerbouin-Rérolle P. *Enfants maltraités. Les chiffres et leur base juridique en France*. Paris : Éditions Lavoisier ; 2008.

Voisin J. Développement de la garde d'enfant. In : *Rapport de l'Inspection générale des Affaires sociales*. Paris : La Documentation française : mars 2009, 171 p.

Les jeunes : santé et soins

35

V. Halley des Fontaines

I. Les jeunes : qui sont-ils ? comment vivent-ils ? quels dangers menacent leur santé ?
II. Un mode de vie évolutif : de la recherche d'identité à l'insertion sociale
III. Les enfants précieux : la prévention et le capital santé
IV. Des comportements banalisés jusqu'aux conduites dangereuses pour la santé
V. Les principaux problèmes de santé des jeunes
VI. Comment les jeunes se soignent-ils ?
VII. La réponse des politiques publique : le Plan *Santé jeunes* (ministère de la Santé, de la Jeunesse et des Sports, février 2008)
VIII. Conclusion

I. Les jeunes : qui sont-ils ? comment vivent-ils ? quels dangers menacent leur santé ?

La langue française ne connaît pas l'équivalent du terme anglophone « *teenagers* » mais désigne les 12–19 ans comme des adolescents (10 % de la population française), et la tranche d'âge supérieure, proportionnellement équivalente en nombre, est considérée comme celle des jeunes majeurs ou jeunes adultes. Si l'entrée dans l'âge adulte est définie par l'autonomie et l'insertion sociale, cette étape peut durer jusqu'à la fin de la deuxième décennie de la vie, et même au-delà dans une conjoncture de récession économique. Donc, dans le langage courant, les jeunes ne sont plus tout à fait des adolescents et pas encore des adultes. Ce qui est communément admis, c'est que l'état de développement des 15–24 ans n'est pas définitif. C'est dire combien il est important de prévenir les menaces physiques, psychiques et environnementales susceptibles de porter atteinte à la santé des jeunes de cette tranche d'âge, force vive des populations.

II. Un mode de vie évolutif : de la recherche d'identité à l'insertion sociale

Les adolescents d'aujourd'hui héritent d'un monde en rapide changement, façonné par les influences normalisatrices qui s'exercent au niveau mondial dans le domaine des échanges économiques et culturels. La nature du travail change et exige de nouveaux savoir-faire et capacités. Les prises de décision se décentralisent et conditionnent de nouvelles formes d'exercice du pouvoir. Les populations migrent en raison de carences économiques ou de conflits sociaux. Les modes de vie sont plus urbanisés mais entraînent un plus grand isolement. Les structures familiales se fragilisent et les membres des familles se dispersent.

Des trafics de drogues et d'êtres humains resurgissent à l'échelle mondiale et sont à l'origine d'économies parallèles attirantes et criminelles.

Dans ce contexte, on observe que les nouvelles technologies de communication et les médias internationaux créent une culture planétaire de la jeunesse qui consomme les mêmes produits et adopte les mêmes styles à Tokyo, Londres ou Buenos Aires. Les groupes de loisirs sont investis à tour de rôle sans attachement particulier. Ce qui diffère c'est l'éventail des services mis à disposition en fonction des lieux de vie et de l'origine sociale. Certaines régions sont évidemment moins équipées en sources de distraction et l'écart culturel se creuse lorsque les jeunes n'ont pas accès à l'éducation et restent sans emploi.

À la fin d'une période de leur vie qui a déjà duré un quart de siècle, plus de la moitié des jeunes occupent ou recherchent un emploi, les autres poursuivent une formation. Selon les statistiques les plus récentes en France (source : Insee), un jeune sur deux, à 23 ans, vit dans un logement indépendant, un sur trois est en couple, mais 40 % connaissent des difficultés financières et 25 % reçoivent encore de l'aide de leur famille.

Ces chiffres attestent de tendances générales en Europe, où l'on observe la baisse de la fécondité à ces âges, l'allongement du temps d'instruction, la croissance du chômage des jeunes et la précarisation du travail. Le cumul de conditions sociales difficiles augmente les risques de dégradation et d'inégalités des états de santé. Les cas d'abandon précoce de la scolarité, de bouleversement des liens familiaux, les carences du soutien social et l'absence de défis éducatifs ou professionnels renforcent l'exclusion sociale et augmentent les risques de survenue de maladies.

III. Les enfants précieux : la prévention et le capital santé

Dans nos régions industrielles l'enfant est accompagné de soins attentifs. On parle d'enfants précieux : les familles sont moins nombreuses mais l'éducation affiche la nécessité de construire l'estime de soi et de renforcer les capacités individuelles. L'activité corporelle quotidienne est valorisée. L'ensemble des programmes dits de prévention en appelle au renforcement des capacités personnelles des jeunes (les termes anglais sont multiples : *empowering, enabling, coping*) vis-à-vis des situations difficiles et ce, parfois en oubliant le rôle majeur du contexte familial et social dans la construction des apprentissages. On sait que le manque d'estime de soi peut conduire à la perte de conscience de soi et à l'insécurité intérieure et induire des conduites dommageables pour la santé.

Toutefois, si on les questionne, les jeunes se déclarent globalement en bonne santé et de fait, ils le sont pour la plupart d'entre eux. Si l'on retient que la santé est un état de bien-être ressenti physiquement, mentalement et socialement par les individus et par la collectivité, les jeunes sont objectivement, en grande majorité, en très bonne santé. Au moyen d'enquêtes auprès d'eux et des institutions qu'ils fréquentent, il est possible de voir si leurs comportements sont favorables ou défavorables pour la santé, de mieux connaître le nombre et la répartition des troubles et maladies qu'ils subissent, et surtout la manière dont ils se soignent. À partir de cette observation, on peut apprécier les facteurs de risque liés à l'environnement physique et social qui sont susceptibles de les aider à conserver et améliorer leur santé. Par exemple, on sait que les modes de vie de la famille, la manière dont la scolarité et les autres apprentissages ont été vécus, ainsi que l'intégration dans des groupes de pairs influencent la santé.

Un questionnaire de quatre pages sur la santé, à remplir de soi-même, a été réalisé par un organisme de l'administration centrale (source : DREES) en 2007. Il comprenait des questions sur :

- l'état de santé en général : la santé telle qu'elle est perçue (tableaux 35.I et 35.II), l'existence d'un ou de plusieurs handicaps, les événements de santé importants ayant entraîné ou non des interruptions d'activité, la santé mentale et ses retentissements sur la vie au quotidien, la survenue de pensées suicidaires ;
- le recours aux soins : les soins préventifs et curatifs, le renoncement aux soins, la consommation habituelle de médicaments (somnifères, anxiolytiques, antidépresseurs), l'observance ou non d'un traitement ;
- les habitudes de vie : les horaires de sommeil souhaités et réels, l'alimentation équilibrée ou non, la pratique d'une activité sportive régulière, les constantes taille/poids et la perception de son corps, la consommation régulière/quotidienne de tabac, la consommation régulière d'alcool et les moments d'ivresse, le recours au dépistage du VIH, l'inquiétude du jeune par rapport à certains comportements à risque : l'expérience d'accidents de la circulation, la crainte de maladies graves et du sida en particulier ;
- les événements importants du passé : des événements ayant concerné les parents, la parenté plus large, le cercle d'amis, le recours à un psychothérapeute, psychologue ou psychiatre dans l'enfance/adolescence, les mauvais traitements subis dans l'enfance/adolescence, l'expérience de placements extrafamiliaux.

Tableau 35.I. **Profils et comportements des jeunes selon l'état de santé général*.**

État de santé déclaré	« Bon » ou « très bon » (en %)	« Altéré » (en %)
IMC		
poids normal	74	67
sous-poids	10	16
surpoids	13	12
obésité	4	6
Perception de soi		
« à peu près du bon poids »	58	42
« un peu » ou « beaucoup » trop maigre	10	19

35 Principaux résultats concernant la santé et les soins

Tableau 35.I. **(suite).**

État de santé déclaré	« Bon » ou « très bon » (en %)	« Altéré » (en %)
« un peu » ou « beaucoup » tros gros(se)	31	40
Difficulté de sommeil		
rarement ou jamais	57	28
quelquefois par mois	25	23
une ou plusieurs fois par mois	18	48
Nervosité		
« quelquefois », « rarement », « jamais »	85	50
« souvent », « très souvent », « en permanence »	15	50
Pratique sportive		
ne pratique pas d'activité sportive	51	64
pratique au moins une fois par semaine	49	36
Alimentation		
« bien équilibrée » ou « plutôt équilibrée »	66	46
« pas très équilibrée » ou « pas du tout équilibrée »	34	54
Tabagisme		
non-fumeurs	54	46
fumeurs quotidiens	39	47
Consommation d'alcool		
non-comsommateurs	26	36
consommateurs à risque ponctuel	39	33
consommateurs à risque chronique	7	7
Situation du jeune		
étudiant	35	37
a terminé ses études et travaille	54	44
a terminé ses études, est sans emploi	11	19
Ensemble	**91**	**9**

* Les variables sélectionnées dans ce tableau sont celles apparues significatives lors d'une analyse multivariée de la santé perçue. Lecture : sur 100 jeunes qui se perçoivent en « bon ou très bon » état de santé, 74 déclarent un poids normal contre 67 parmi ceux qui évoquent une santé altérée.
Source : Depp-Insee, panel d'élèves entrés en 6e en 1995, enquête complémentaire santé 2007.

Tableau 35.II. **Perception de l'état de santé et indicateurs de santé*.**

	Garçons (en %)	Filles (en %)	Ensemble (en %)
État de santé déclaré			
« bon » ou « très bon »	92	90	91
« altéré »	8	10	9
Souffre d'une maladie chronique au moins	**11**	**16**	**14**
état de santé déclaré « bon » ou « très bon »	9	12	11
état de santé déclaré « altérée	39	47	43
Est limité ou fortement limité**	**7**	**8**	**8**
état de santé déclaré « bon » ou « très bon »	4	5	4
état de santé déclaré « altéré »	45	35	40

* Lecture : 14 % des jeunes souffrent d'une maladie chronique, dont 11 % de ceux qui se sont déclarés en bonne ou très bonne santé et 43 % de ceux qui ont un état de santé altéré. Source : Depp-Insee, panel d'élèves entrés en 6e en 1995, enquête complémentaire santé 2007.
** Depuis au moins 6 mois dans ses activités quotidiennes à cause d'un problème de santé.

IV. Des comportements banalisés jusqu'aux conduites dangereuses pour la santé

Le constat est habituel : certains jeunes, en quête d'émotions extrêmes (sports intensifs sans protection, déambulation nocturne, voyages en errance) ou de nouvelles expérimentations (absorption de produits toxiques, compulsions alimentaires, recherche d'ivresse), s'écartent des standards de l'hygiène quotidienne de vie, de la répartition horaire des activités ordinaires, du sommeil et de la détente.

La dérive vers des consommations de substances connues comme psychotoxiques – le tabac, l'alcool et d'autres substances non autorisées, telles que le cannabis – illustre bien ces conduites : à l'âge de 17 ans, l'expérimentation de produits nuisibles pour la santé touche au moins la moitié des jeunes des deux sexes. Ainsi la consommation de cannabis est adoptée comme un mode de gestion du stress ; son abus peut être à long terme dommageable pour la santé, avec l'altération des facultés intellectuelles et le risque majeur de favoriser l'apparition de troubles psychotiques chez des sujets prédisposés. Un autre type d'abus est le recours à l'ivresse ponctuelle et massive *(binge drinking)*, qui présente des risques immédiats, tels que le coma éthylique ou encore la mise en danger avec des accidents de la circulation ; cette conduite est aujourd'hui plus fréquente chez les jeunes gens. L'attrait des médicaments psychotropes, comme les amphétamines, les vasodilatateurs euphorisants, connus sous le nom de poppers, et l'accès facile à la cocaïne transforment vite ces conduites d'essai en dépendances. Par ailleurs, on constate un lien fort entre les habitudes de polyconsommation

– c'est-à-dire la consommation simultanée de plusieurs produits psychoactifs – et les actes de violence agis ou subis, les tentatives de suicide et les accidents.

V. Les principaux problèmes de santé des jeunes

En France, comme dans la plupart des pays, eu égard aux données épidémiologiques et à la pression de la société civile et politique, les signaux d'alarme concernant la santé des adolescents s'observent dans des domaines très différents.

A. La santé mentale et la souffrance psychique

On constate une augmentation de la souffrance psychique, c'est-à-dire des signes de souffrance sans qu'il y ait une maladie décelable, mais aussi des troubles anxieux et des pulsions suicidaires. On observe également que les troubles du comportement sont moins tolérés dans la population générale; il y a, en quelque sorte, une médicalisation des conduites déviantes et ainsi les violences agies et subies (viols, inceste, sévices) font l'objet de programmes de prévention. En raison de carences affectives, d'échecs, de ruptures, certains mineurs ne savent pas bénéficier du soutien des structures traditionnelles. On observe des débordements plus fréquents en matière de conduites violentes pour eux-mêmes ou pour les autres.

En 2003, des chantiers prioritaires ont été définis pour repérer la souffrance psychique et prévenir les crises suicidaires, afin de développer les mécanismes d'adaptation et de défense des jeunes face aux difficultés qu'ils rencontrent et permettre la prise en charge précoce des troubles du comportement, de l'anxiété et des phobies, symptômes mal connus des professionnels de la jeunesse. Le ministère de l'Éducation nationale s'est associé à cette démarche de prévention en contribuant au repérage des signes de souffrance psychique et en orientant les élèves en souffrance vers des structures de prise en charge adéquate. Ainsi, il existe un dispositif de prise en charge multiple par des professionnels appartenant au milieu des soins, de la justice et des affaires sociales. Le plus difficile reste, après le dépistage des troubles par des personnels qualifiés, de disposer, derrière la ligne de premier recours, de soins de suite spécialisés.

B. La santé génésique (sexualité et reproduction)

La découverte de la sexualité active est variable, de même que ses modalités. La relation amoureuse n'implique pas obligatoirement les relations sexuelles et beaucoup de jeunes subissent le contrecoup d'une certaine «insécurité sexuelle» héritée de la génération sida. Si l'âge d'entrée dans la vie sexuelle ne varie pas beaucoup (autour de 17 ans), les prises de risque dans les pratiques sexuelles – contraception peu fiable, multipartenariat – sont importantes et aboutissent à des grossesses trop précoces et non désirées. L'attitude prudente d'une bonne utilisation du préservatif n'est plus de mise et l'on observe une certaine incohérence entre la volonté de protection contre les maladies sexuellement transmissibles et l'oubli de la nécessité d'une contraception. La contraception d'urgence est en augmentation (1/3 des jeunes femmes y ont recours au moins une fois) mais le nombre d'interruptions volontaires de grossesses reste élevé : les demandes ont doublé en 5 ans pour les moins de 25 ans et concernent une IVG sur deux. Les grossesses précoces qui représentent 2 % des naissances en France sont déclarées tardivement pour la plupart et se terminent par une césarienne dans 12 % des cas.

C. L'hygiène de vie et du milieu

Les difficultés économiques et psychosociales modifient l'hygiène alimentaire, le sommeil ; plus rarement, elles induisent des comportements actifs pour modifier le milieu de vie et le rendre plus favorable.

Les troubles nutritionnels sont un exemple de renforcement des inégalités sociales de santé. À deux âges de la vie, les très jeunes adolescents et les presque adultes présentent des surcharges pondérales proches, de l'ordre de 17 % pour le surpoids dont 4 % pour l'obésité. Ils ont également une insatisfaction persistante face à leur image corporelle : 38 % des adolescentes se trouvent « plutôt ou très grosses ». Pour ces deux populations, l'obésité apparaît comme un marqueur d'inégalité sociale : dans les classes de collège en 3e, la prévalence de l'obésité est six fois plus élevée chez les adolescents dont le père est ouvrier comparés à ceux dont le père est cadre. Chez les jeunes adultes, l'obésité concerne 3 % des étudiants alors que cet état touche 8 % des jeunes sortis du système éducatif et sans emploi. Refréner l'accès à des produits fragilisant pour l'organisme, par exemple l'abus de denrées alimentaires riches, est un travail de longue haleine pour lequel la reconnaissance sociale ne sera pas évidente.

Un autre indicateur des risques liés à l'environnement et au milieu de vie est la forte incidence des accidents engendrant des handicaps. Si les décès sont l'exception dans cette tranche d'âge (0,7 pour 1000, contre 9 pour 1000 en population générale), les statistiques médicales de décès corroborent la gravité des principales pathologies de l'adolescence : les deux tiers des décès sont dus à des accidents et à des suicides. C'est entre 15 et 24 ans que les blessés et les décès par accident de la circulation sont les plus nombreux : 30 % des blessés et 27 % des décès en 2008, alors que cet âge ne représente que 13 % de la population générale. Trois fois sur quatre, les jeunes hommes sont touchés. Les traumatismes et leurs séquelles handicapantes sont le tribut payé aux conduites d'essai, aux accidents de sport et aux accidents de la circulation.

VI. Comment les jeunes se soignent-ils ?

Le recours au médecin généraliste est accepté mais pas en tant que médecin de famille : on observe un « vagabondage médical » chez certains jeunes qui fuient le médecin des parents comme complice naturel de la famille. Les motifs de consultation ne sont pas spécifiques de l'âge et sont comparables à ceux de leurs parents.

L'hôpital est souvent utilisé : 10 % des adolescents fréquentent les urgences hospitalières au cours d'une année et ce pour des malaises mal définis, la fièvre et la douleur étant le premier motif (44 %). Les problèmes cutanés, les allergies et les problèmes gynécologiques viennent en deuxième position (18 %). Mais en matière d'urgences adressées, les urgences médico-légales reçoivent un nombre important d'adolescents pour coups, blessures ou agressions sexuelles (14 % des examens). Les tentatives de suicide représentent 9 à 26 % des admissions.

VII. La réponse des politiques publiques : le Plan *Santé jeunes* (ministère de la Santé, de la Jeunesse et des Sports, février 2008)

Ce plan comporte une série de mesures visant à mieux protéger la santé des jeunes de 16 à 25 ans, et à répondre à leur besoin d'autonomie et de responsabilité. Une place plus grande est donnée aux activités sportives régulières et une politique nutritionnelle active est encouragée pour promouvoir des habitudes nutritionnelles équilibrées et lutter contre les troubles du comportement alimentaire (anorexie et boulimie, défense des jeunes mannequins). Une politique contraceptive active est encouragée. En vue de retarder les pratiques addictives, la vente de boissons alcoolisées aux mineurs est encadrée et protectrice.

Pour les aider à devenir « acteurs » de leur santé, les jeunes reçoivent, dès 16 ans, la carte Vitale d'assurance-maladie et ont droit à une consultation annuelle gratuite chez un médecin généraliste, sans accord parental pour les mineurs. Ils disposent alors d'un « passeport santé » rappelant leurs droits et indiquant les structures de soins les plus proches de leur domicile. Les étudiants bénéficient de facilités de paiement pour leurs cotisations à la Sécurité sociale. Le centre de médecine universitaire est à la fois un centre de soins et de prévention.

La création de « maisons des adolescents » destinées aux jeunes en grande vulnérabilité a été encouragée dans tous les départements ; des équipes mobiles pluridisciplinaires y sont formées pour aller au-devant des jeunes en situation d'exclusion.

VIII. Conclusion

Il est difficile de procéder à une évaluation au long cours de l'ensemble des actions qui contribuent à forger la santé des futurs adultes. Promouvoir la santé des jeunes est une mission à long terme. Le ministère de l'Éducation nationale conduit des programmes d'éducation à la santé, inclus dans l'éducation à la vie et à la citoyenneté. Conjointement et en dehors de la voie académique, l'éducation pour la santé s'impose et se développe non pas comme une science spécialisée mais comme une démarche d'adulte responsable. Il s'agit d'un accompagnement exercé tout au long du parcours des adolescents qui a pour objectif de développer leur capacité à choisir une vie de bonne qualité physique et relationnelle.

De nombreux professionnels forgent leurs compétences auprès des adolescents et les transmettent au sein de réseaux d'adultes responsables. Cette forme de travail pluridisciplinaire favorise l'essai de mesures innovantes. La difficulté majeure reste la capacité à attirer les jeunes lorsqu'ils n'ont pas été associés au projet initial. Des initiatives différentes, individuelles ou collectives, émanent de politiques de la ville, d'associations actives, de modèles plus internationaux, telles les Écoles en santé de l'OMS. La diversité des demandes implique aussi des actions multiples parfois antagonistes de professionnels isolés qui œuvrent souvent dans l'ombre et, malgré leurs limites, assurent une présence irremplaçable. Ces interventions auprès des jeunes modifient les aléas des états de santé, et mieux encore, agissent sur leur qualité de vie.

POINTS CLÉS

▶ La langue française désigne les 12–19 ans comme des adolescents (10 % de la population française) et la tranche d'âge supérieure comme les jeunes adultes ou jeunes majeurs.

▶ L'état de développement des 15–24 ans n'est pas définitif ; il est important de prévenir les menaces physiques, psychiques et environnementales susceptibles de porter atteinte à leur santé.

▶ En France, comme en Europe, on observe chez les jeunes la baisse de la fécondité, l'allongement du temps d'instruction, la croissance du chômage et la précarisation du travail.

▶ Les jeunes se déclarent globalement en bonne santé et de fait, ils sont objectivement, en grande majorité, en très bonne santé.

▶ Les conditions sociales difficiles, les modes de vie de la famille, la manière dont la scolarité et les autres apprentissages ont été vécus, ainsi que l'intégration dans des groupes de pairs influencent la santé.

▶ En France, les signaux d'alarme concernant la santé des adolescents s'observent dans différents domaines : la santé mentale et la souffrance psychique, la santé génésique (sexualité et reproduction), l'hygiène de vie et du milieu.

▶ Dans la tranche d'âge des 15–24 ans, les décès sont l'exception (0,7 pour 1000, contre 9 pour 1000 en population générale), mais témoignent de la gravité des principales pathologies : les deux tiers des décès sont dus à des accidents et à des suicides.

▶ En février 2008, le ministère de la Santé, de la Jeunesse et des Sports a lancé le Plan Santé jeunes, qui vise à mieux protéger la santé des jeunes de 16 à 25 ans, et à répondre à leur besoin d'autonomie et de responsabilité.

▶ Le ministère de l'Éducation nationale conduit des programmes d'éducation à la santé, inclus dans l'éducation à la vie et à la citoyenneté.

▶ Les actions d'éducation pour la santé proposées aux jeunes sont multiples et reposent sur des initiatives différentes, individuelles ou collectives (émanant de politiques de la ville, d'associations actives, de modèles plus internationaux…).

Bibliographie

Conférence biennale sur la santé des jeunes, dossier coordonné par la DRESS, avec la contribution de l'INPES, InVS, OFDT, 29 octobre 2009, consultable sur Internet : www.sante.gouv.fr/IMG/pdf/santejeunes.pdf

Halley des Fontaines V. Les adolescents en France : données épidémiologiques et contexte sociologique. In : Mazet P. Difficultés et troubles à l'adolescent. Paris : Masson, 2004.

Inserm. *Santé des enfants et des adolescents. Propositions pour la préserver.* Expertise opérationnelle, « De l'expertise collective à l'action ». 2ᵉ éd. Paris : Inserm ; 2009.

Sites Internet à l'attention des jeunes

www.filsantejeunes.com (site du réseau École des Parents)
www.portailsantejeunes.com (site de l'INPES)

Travail et santé

M. Goldberg, E. Imbernon

I. Place des facteurs professionnels parmi les déterminants de la santé de la population : un poids important, mais mésestimé
II. Cancer
III. Troubles musculosquelettiques
IV. Stress professionnel
V. Le poids global du travail
VI. Expositions professionnelles et inégalités sociales de santé
VII. Réparation des maladies professionnelles
VIII. Le coût de la santé au travail

I. Place des facteurs professionnels parmi les déterminants de la santé de la population : un poids important, mais mésestimé

Les facteurs professionnels pèsent largement sur la santé des populations. Les maladies d'origine professionnelle sont nombreuses et diverses : cancers, troubles de l'audition, affections respiratoires, affections articulaires et troubles musculosquelettiques, troubles psychologiques et dépressifs, troubles dermatologiques et allergiques, asthmes professionnels, troubles de la reproduction, maladies cardiovasculaires, accidents, etc. De fait, pratiquement l'ensemble de la pathologie, somatique et psychique, est potentiellement concerné par des facteurs de risque d'origine professionnelle. Ceux-ci sont eux-mêmes très nombreux et de nature variée. Les classiques nuisances chimiques se comptent en dizaines de milliers et sont présentes dans de nombreux secteurs d'activité. Les facteurs physiques concernent le bruit, la température, les vibrations, les rayonnements... Les agents biologiques se retrouvent en milieu de soins ou dans les secteurs agro-alimentaire et du nettoyage, notamment. Les contraintes physiques et posturales sont aussi nombreuses : port de charges lourdes, travaux dans des positions inconfortables et pénibles, gestes répétitifs. L'organisation du travail génère des contraintes de charge mentale et de stress, d'horaire, de rythme de travail, etc., qui peuvent être fortes et retentir sur la santé des opérateurs : ainsi connaît-on aujourd'hui l'influence considérable des facteurs psychosociaux associés à l'organisation du travail, et leurs conséquences pour la santé concernent aussi bien la sphère somatique que mentale. Au total, les risques professionnels ne concernent pas une pathologie ou un déterminant, mais un monde immense.

La contribution des facteurs professionnels à la survenue des problèmes de santé au niveau populationnel est encore mal connue en France. On dispose malgré tout de quelques indications permettant d'évaluer la part du travail vis-à-vis de l'occurrence de certains problèmes de santé à l'échelle de la population. Quelques exemples sont évoqués ici, ils doivent être considérés comme des « marqueurs » permettant d'évaluer l'ampleur de l'impact des facteurs professionnels sur la santé de la population.

II. Cancer

Plus de la moitié des cancérogènes avérés chez l'homme se trouvent dans l'environnement professionnel, et l'exposition à des cancérogènes professionnels concernerait en France plus de deux millions de personnes. Les expositions professionnelles sont associées à de nombreux types de cancer. Le poumon est l'organe cible le plus fréquent des cancérogènes certains, suivi de la vessie, de la peau, des leucémies, des cancers nasosinusiens, du foie et du larynx, mais pratiquement tous les types de cancer peuvent être concernés. Le Centre international de recherche sur le cancer (CIRC) publie régulièrement des monographies sur la cancérogénicité d'agents chimiques, physiques, biologiques, de composés et mélanges complexes, de procédés industriels ou de circonstances d'exposition. Les agents ou mélanges de l'environnement professionnel et les professions ou industries classés comme des cancérogènes sont présentés respectivement dans les tableaux 36.I et 36.II.

La part attribuable aux facteurs professionnels dans l'étiologie des cancers est importante dans les pays industrialisés : selon les estimations, elle serait de l'ordre de 4 à 8 % de tous les décès par cancer.

L'amiante constitue de loin le facteur professionnel à l'origine du plus grand nombre de décès par cancer : il est responsable de la très grande majorité des cas de mésothéliomes de la plèvre (compris entre 535 et 645 chez les hommes et 152 et 210 chez les femmes) et, selon les hypothèses, d'environ 8 à 13 % de tous les cancers du poumon masculins, générant de 1500 à 2400 nouveaux cas et de 1250 à 2000 décès par cancer du poumon chaque année pour les classes d'âge de 25 à 75 ans (source : DST-InVS).

De très nombreux travailleurs ont été exposés à l'amiante, même si la fréquence diminue depuis l'interdiction de ce matériau en 1997, passant de 24,1 % des hommes en 1950 (3,7 % des femmes) à 1,1 % des hommes en 2007 (0,1 % des femmes) (tableau 36.III).

La fig. 36.1 présente, pour chaque profession et chaque secteur d'activité économique, le risque de mésothéliome. Ce risque est estimé par un odds-ratio (OR) qui correspond au risque parmi les sujets ayant exercé au moins un an dans la profession ou le secteur considéré comparativement aux sujets qui n'y ont jamais travaillé.

Des risques élevés existent non seulement dans les secteurs de la transformation de l'amiante, mais également dans des secteurs où de grandes quantités d'amiante ont été utilisées : construction et réparation navale, isolation et maintenance des installations et des machines, travail des métaux, bâtiment et travaux publics, construction de matériel ferroviaire. Les professions les plus à risque sont les tuyauteurs industriels, les chaudronniers, les tôliers industriels, les plombiers, les chauffagistes et les soudeurs à métaux.

Tableau 36.I. **Expositions professionnelles classées comme cancérogènes pour l'homme.**

Nuisance	Type de cancer
Rayonnements ionisants	Poumon, leucémies, os, thyroïde, foie, autres
Rayonnement solaire	Peau, mélanome
Poussières de bois	Cavités nasosinusiennes
Silice cristalline	Poumon
Amines aromatiques (benzidine, amino-4-diphényle, 2-naphtylamine)	Vessie
Arsenic	Peau Poumon
Arséniure de gallium	Poumon
Béryllium	Poumon
Chrome hexavalent	Poumon
Nickel (certains composés)	Poumon Cavités nasosinusiennes
Cadmium	Poumon
Huiles de schiste	Peau
Goudrons et brais de houille	Peau, poumon, vessie
Suies	Peau, poumon
Huiles minérales, peu ou non raffinées	Peau, poumon, vessie
Benzène	Leucémie
Chlorure de vinyle	Foie (angiosarcome)
Formaldéhyde	Nasopharynx
Bis(chlorométhyl)éther	Poumon
Oxyde d'éthylène	Leucémie
2,3,7,8 TCDD (dioxine)	Tous cancers combinés
Brouillards d'acides forts contenant de l'acide sulfurique	Larynx, poumon
Gaz moutarde	Poumon, voies aérodigestives supérieures
Tabagisme passif	Poumon

Source : CIRC.

Tableau 36.II. **Professions ou industries classées comme cancérogènes pour l'homme.**

Profession ou industrie
Aluminium (production d')
Auramine (fabrication d')
Magenta (fabrication)
Caoutchouc (industrie du)
Charbon (gaséification)
Coke (production de)
Fonderie de fonte et d'acier
Chaussures (fabrication et réparation)
Hématite (extraction souterraine avec exposition au radon)
Isopropanol (fabrication de l') – procédé à l'acide fort
Meubles (fabrication) et ébénisterie
Peintres

Source : CIRC.

Tableau 36.III. **Évolution de la prévalence d'exposition instantanée à l'amiante entre 1950 et 2007.**

	Tous niveaux d'exposition confondus	
	Hommes	*Femmes*
1950	24,1 %	3,7 %
1960	17,2 %	1,9 %
1970	15,7 %	2,1 %
1980	14,4 %	1,4 %
1990	12,5 %	1,0 %
2000	6,2 %	0,4 %
2007	1,4 %	0,1 %

Source : DST-InVS.

III. Troubles musculosquelettiques

Les troubles musculosquelettiques (TMS) constituent aujourd'hui l'une des questions les plus préoccupantes en santé au travail et santé publique du fait d'un coût humain et socioprofessionnel considérable en termes de douleurs et gênes dans le travail et la vie quotidienne, de séquelles fonctionnelles parfois irréversibles, de réduction d'aptitude

Travail et santé 36

A

Secteur d'activité (Nace Rév. 1)	OR	IC 95 %
Construction et réparation de navires (3511)	9,40	5,27 - 16,8
Transformation de l'amiante*	9,30	3,42 - 25,3
Chaudronnerie (2830)	6,48	2,86 - 14,7
Plomberie (4533)	4,26	2,03 - 8,92
Fabrication de constructions métalliques (2811)	3,25	1,38 - 7,65
Menuiserie (4542)	2,75	1,18 - 6,39
Construction de matériel ferroviaire roulant (3520)	2,40	1,13 - 5,10
Production et distribution d'électricité (4010)	2,15	0,93 - 4,99
Travaux de construction (4521)	1,96	1,32 - 2,91
Construction aéronautique et spatiale (3530)	1,89	1,04 - 3,42
Autres travaux de construction (4525)	1,86	0,95 - 3,62
Travaux d'installation électrique (4531)	1,85	0,94 - 3,64
Fabrication de meubles divers (3614)	1,67	0,74 - 3,78
Fabrication de charpentes, de menuiseries (2030)	1,63	0,74 - 3,60

* 2665, 2681, 2682 (croisés avec 3699, Citi rév. 2)

B

Profession (PCS Ed. 1994)	OR	IC 95 %
Tuyauteur industriel qualifié (6222)	17,5	5,13 - 59,7
Chaudronnier, tôlier industriel qualifié (6221)	7,12	3,71 - 13,7
Plombier et chauffagiste qualifié (6344)	4,89	2,03 - 11,8
Soudeur qualifié sur métaux (6223)	4,50	1,77 - 11,5
ONQ* travaillant par formage de métal (6722)	4,11	2,08 - 8,13
Mécanicien qualif. d'entret. d'équip. indust. (6201)	3,22	1,84 - 5,65
ONQ* : métallurgie, verre, céramiq. (6761)	3,05	1,21 - 7,66
OQ* : métallurgie, verre, céramiq. (6261)	2,86	1,14 - 7,15
Monteur qualif. d'ensembles mécaniques (6231)	2,49	1,28 - 4,84
ONQ* des TP, du travail du béton (6741)	2,46	1,29 - 4,70
ONQ* du gros oeuvre du bâtiment (6841)	2,36	1,21 - 4,62
ONQ* travaillant par enlèvement de métal (6721)	2,12	1,01 - 4,48
ONQ* du travail du bois (6791)	2,10	1,01 - 4,42
Menuisier qualifié du bâtiment (6332)	2,04	0,99 - 4,19

* O : Ouvrier ; Q : Qualifié ; N : Non

Fig. 36.1.
Risque de mésothéliome pleural par secteur d'activité et par profession chez les hommes (cas incidents 1998–2002).
Source : DST-InVS.

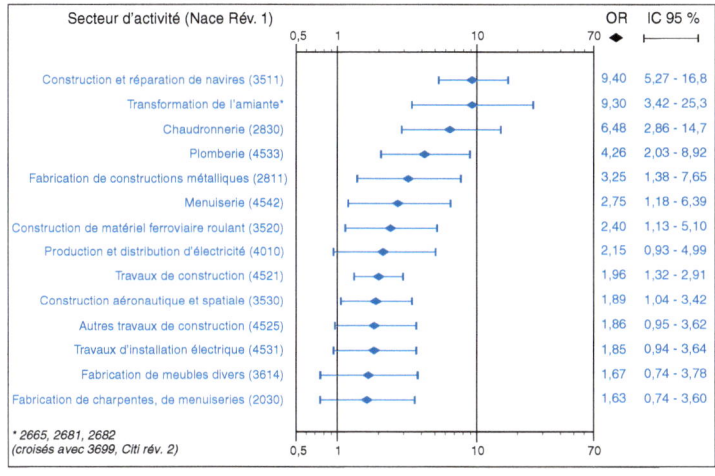

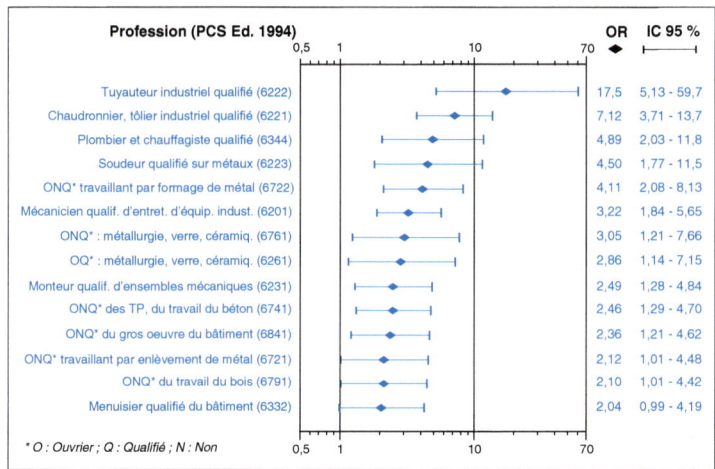

au travail et de risque de rupture de carrière professionnelle. Il s'agit d'un enjeu économique important du fait de ses conséquences sur le fonctionnement des entreprises et de la constante augmentation de leur fréquence. Les TMS et les lombalgies vont poser dans les années à venir des problèmes croissants du fait de l'effet conjugué prévisible du vieillissement de la population active et de l'intensification du travail. Il s'agit du problème de santé au travail le plus répandu en France, en Europe ou aux États-Unis. Les TMS représentent en France la première cause de maladies professionnelles indemnisées, en augmentation constante. La fig. 36.2 illustre l'évolution entre 1979 et 2001 du nombre de TMS indemnisés au titre des maladies professionnelles (tableau MP 57) qui explique presque entièrement le nombre total de maladies professionnelles[50].

En 2003, environ 25 000 cas de TMS ont été reconnus en France, ce qui représente 75 % des maladies professionnelles indemnisées. Ces maladies professionnelles ont entraîné la perte de plus de 6 millions de journées de travail. Les coûts d'indemnisation des TMS pour le seul régime général de la Sécurité sociale se sont élevés, en 2003, à près de 600 millions d'euros pour les maladies professionnelles. Le coût global des TMS pour la société est considérable et avoisinerait pour l'Agence européenne pour la santé et la sécurité au travail, 1,5 % environ du PIB européen. Les coûts indirects pour les entreprises et l'État sont mal connus mais s'élèvent à plusieurs milliards d'euros chaque année. Les TMS des membres et du rachis sont la première cause d'invalidité avant 45 ans et arrivent en tête parmi les causes de limitation dans le travail pour des raisons de santé.

Les mécanismes le plus souvent avancés pour expliquer la très forte croissance du nombre de ces affections sont l'élévation de la productivité liée aux contraintes économiques, avec le développement des méthodes de travail en « flux tendus », de « juste à temps », d'absence de stocks et de dépendance économique en situation de sous-traitance : de ce fait, le travail segmenté, qui implique des tâches répétitives, est devenu plus fréquent.

IV. Stress professionnel

Ce qu'il est souvent convenu d'appeler « stress » fait l'objet d'études de plus en plus nombreuses depuis une vingtaine d'années. Le stress d'ori-

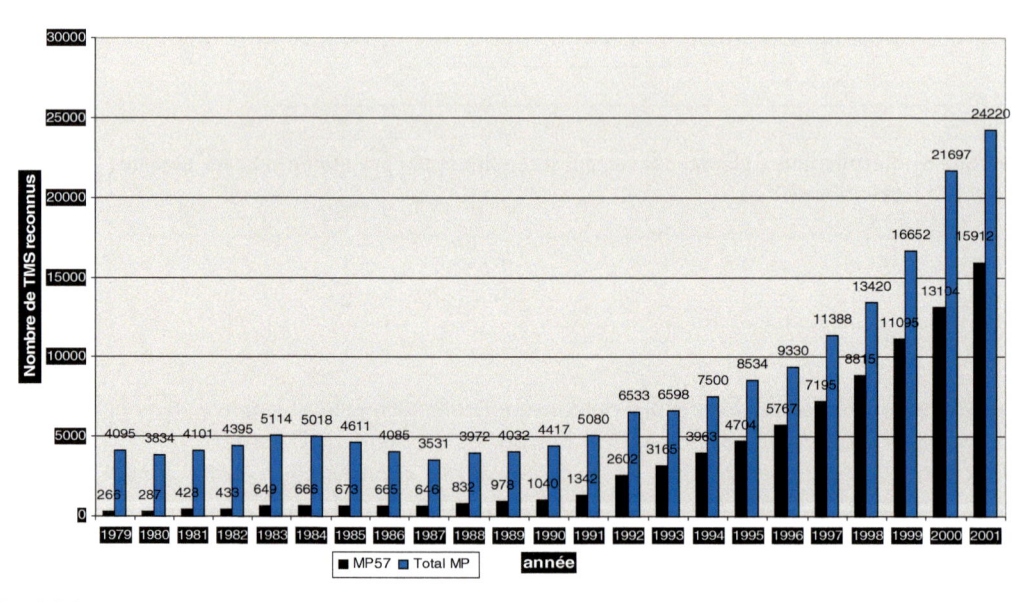

Fig. 36.2.
Évolution entre 1979 et 2001 du nombre de TMS indemnisés au titre des maladies professionnelles.
Source : CNAMTS.

50. Pour une explication du système d'indemnisation des maladies professionnelles, voir p. 535.

gine professionnelle est évalué par la «tension au travail» *(job strain)*, qui repose notamment sur l'interaction entre l'autonomie dans l'exécution des tâches professionnelles, la demande psychologique et le soutien reçu de la part de l'entourage au travail, et plus récemment par un modèle fondé sur l'équilibre entre les efforts fournis par l'individu et les récompenses reçues. Ces modèles ont été utilisés avec succès dans de nombreuses études, qui ont clairement démontré le rôle des facteurs psychosociaux au travail vis-à-vis de la pathologie cardiovasculaire et de l'incidence des troubles mentaux, dont la dépression. Les mécanismes invoqués sont à la fois directs et indirects. Les facteurs psychosociaux défavorables induisent un stress qui modifie directement certaines variables physiologiques, dont la tension artérielle, le taux de cholestérol, la concentration sanguine de fibrinogène et de catécholamines, ainsi que celle du cortisol; associés à une hyperstimulation physiologique, ils contribueraient à un «vieillissement précoce» de l'organisme et favoriseraient l'apparition de nombreuses pathologies. Les conditions psychosociales pourraient également jouer de façon indirecte, en favorisant l'exposition à des facteurs de risque reconnus, comme les consommations de tabac et d'alcool ou le surpoids.

V. Le poids global du travail

Plusieurs tentatives visant à évaluer le poids global des facteurs professionnels sur la santé de la population générale ont été faites dans des pays qui disposent de données adéquates.

L'analyse de la mortalité imputable à des facteurs professionnels ne donne qu'une vision partielle du poids de ces facteurs, puisque de très nombreux et très importants problèmes de santé d'origine professionnelle n'entraînent pas le décès (troubles musculosquelettiques, dermatologiques, allergiques, etc.). Cette analyse montre que, globalement, la fraction de la mortalité totale attribuable à des facteurs professionnels serait d'environ 4 %. Ainsi, chaque année, dans notre pays, environ 20 000 décès seraient dus à des facteurs professionnels (dont presque 90 % concernant les hommes).

De plus, ces décès sont répartis inégalement selon les secteurs d'activité, comme l'illustre la fig. 36.3 indiquant les risques relatifs de décès par secteurs d'activité en France.

VI. Expositions professionnelles et inégalités sociales de santé

Les expositions à des facteurs de risque professionnels contribuent largement aux inégalités sociales de santé. Même pour les cancers très fortement liés à des comportements personnels à risque (tabac et alcool vis-à-vis des cancers du poumon, de la vessie et de certains cancers des voies aérodigestives supérieures), la contribution des facteurs d'origine professionnelle aux inégalités sociales est considérable, le quart à la moitié des différences sociales s'expliquant, non par des comportements individuels, mais par l'exposition à des cancérogènes en milieu de travail. C'est en France que la différence de mortalité entre les hommes

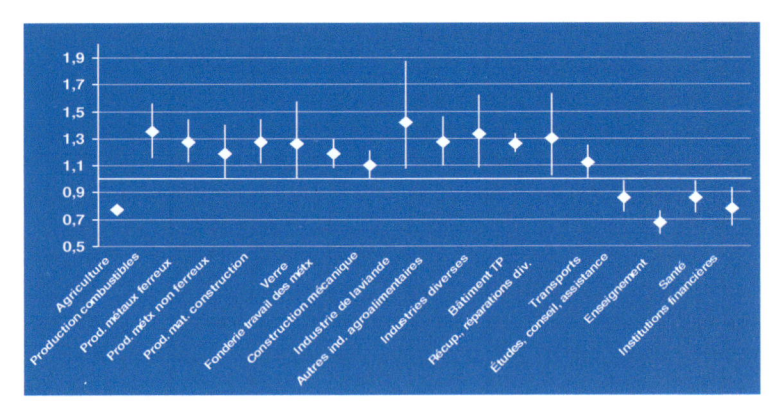

Fig. 36.3.
Risques relatifs de décès par secteurs d'activité en France.
Source : DST-InVS.

exerçant une profession manuelle et les autres est la plus forte d'Europe : la différence des taux de mortalité entre ces catégories y est beaucoup plus élevée que dans des pays comme l'Italie, l'Espagne, le Portugal, la Suède ou le Danemark (fig. 36.4).

VII. Réparation des maladies professionnelles

Le système français de réparation des maladies professionnelles repose sur la déclaration par les victimes et sur l'existence de « tableaux ». Ces tableaux sont créés et révisés régulièrement par décret. Il existe actuellement une centaine de tableaux de maladies professionnelles au régime général de la Sécurité sociale. Ils contiennent une définition stricte des maladies concernées, des conditions d'exposition aux nuisances et de délais entre la cessation de l'exposition et l'apparition de

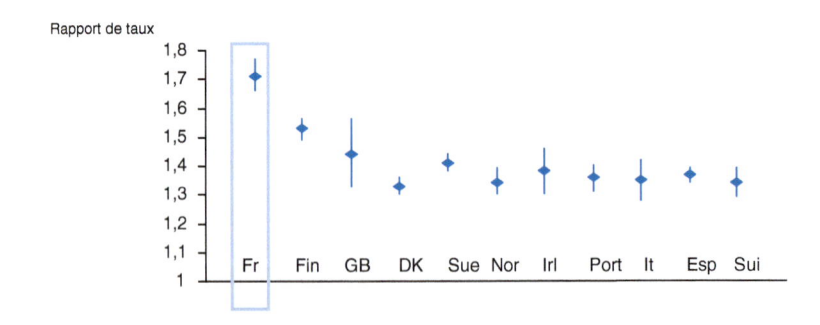

Fig. 36.4.
Comparaison des taux de mortalité chez les hommes travailleurs manuels et non manuels dans différents pays européens.
Source : Kunst AE et al. Occupational class and cause specific mortality in middle aged men in 11 European countries : comparison of population based studies. EU Working Group on Socioeconomic Inequalities in Health. [Comment.] BMJ 1998; 316(7145) : 1636–42.

la maladie. Toute affection répondant aux conditions définies par un tableau fait l'objet d'une «présomption d'origine» professionnelle. Ce système ayant des limites évidentes, un système complémentaire permet de réparer un certain nombre de maladies n'entrant pas dans le cadre strict des tableaux, mais imputables à l'activité professionnelle.

Cependant, le système est régulièrement mis en cause, notamment en raison d'une forte «sous-réparation». Celle-ci est vraisemblablement de grande ampleur. On a quelques indications concernant les cancers, les TMS ou les accidents du travail. Cependant, on manque encore de travaux exhaustifs et fiables visant à quantifier l'ensemble de ce phénomène. Un autre aspect du problème de la réparation des maladies professionnelles est celui des inégalités géographiques, car on observe en France d'importantes différences régionales du taux de maladies professionnelles reconnues. Une étude concernant spécifiquement le mésothéliome pleural a permis de montrer que, à risque égal, le taux de reconnaissance diffère très fortement selon les régions : pour la période 1986–1993, la probabilité pour qu'un mésothéliome soit reconnu, est en moyenne 2,5 fois moins élevée à Montpellier, et environ 10 fois moins élevée à Clermont-Ferrand, que dans la région de Nantes (la «meilleure»).

VIII. Le coût de la santé au travail

Ces quelques données, malgré leur caractère très partiel, montrent bien que le poids des facteurs d'origine professionnelle sur la santé de la population est beaucoup plus important que ne pourraient le laisser penser la place qui leur est accordée en France dans les priorités de santé publique et les moyens attribués à leur prévention et à leur prise en charge. De plus, le coût de leur prise en charge médicale et économique (arrêts de travail, indemnisation, etc.) est élevé et important pour la collectivité : le comité économique et social européen (CESE) estime les coûts des maladies liées au travail de 2,6 à 3,8 % du PNB dans les pays industrialisés.

POINTS CLÉS

▶ Pratiquement l'ensemble de la pathologie, somatique et psychique, est potentiellement concerné par des facteurs de risque d'origine professionnelle (nuisances chimiques, facteurs physiques, contraintes physiques et posturales, facteurs psychosociaux...).

▶ Plus de la moitié des cancérogènes avérés chez l'homme se trouvent dans l'environnement professionnel ; l'exposition à des cancérogènes professionnels concernerait en France plus de deux millions de personnes.

▶ Le poumon est l'organe cible le plus fréquent des cancérogènes certains.

▶ L'amiante constitue de loin le facteur professionnel à l'origine du plus grand nombre de décès par cancer.

▶ Les troubles musculosquelettiques (TMS) constituent aujourd'hui un enjeu économique important du fait de leurs conséquences sur le fonctionnement des entreprises et de la constante augmentation de leur fréquence.

▶ En 2003, environ 25 000 cas de TMS ont été reconnus en France, ce qui représente 75 % des maladies professionnelles indemnisées.

▶ Des études ont démontré le rôle des facteurs psychosociaux au travail vis-à-vis de la pathologie cardiovasculaire et de l'incidence des troubles mentaux, dont la dépression.

▶ La fraction de la mortalité totale attribuable à des facteurs professionnels serait d'environ 4 % ; chaque année, dans notre pays, environ 20 000 décès seraient dus à des facteurs professionnels (dont presque 90 % concernant les hommes).

▶ Les expositions à des facteurs de risque professionnels contribuent largement aux inégalités sociales de santé.

▶ Le système français de réparation des maladies professionnelles repose sur la déclaration par les victimes et sur l'existence de « tableaux », créés et révisés régulièrement par décret.

▶ Le coût de la prise en charge médicale et économique des maladies liées au travail (arrêts de travail, indemnisation, etc.) est élevé et important pour la collectivité (2,6 à 3,8 % du PNB dans les pays industrialisés).

Bibliographie

Abadia G, Delemotte B, Delepine A *et al*. Les maladies professionnelles. Guide d'accès aux tableaux du régime général et du régime agricole de la sécurité sociale. Paris : INRS ; 2001.

Geoffroy-Perez B, Imbernon E, Goldberg M. *Projet Cosmop : Cohorte pour la surveillance de la mortalité par profession – Premiers résultats*. Saint-Maurice : InVS ; 2005.

Risques professionnels : quelle veille sanitaire ? *Bulletin Épidémiologique Hebdomadaire* 21 novembre 2006 ; n° 46–47.

Site Internet

Toutes les publications de l'Institut de veille sanitaire sont téléchargeables à l'adresse suivante, rubrique Santé et Travail : www.invs.sante.fr/publications/default.htm

37. Vieillissement : santé et soins

M. Dramé, D. Jolly, J.-L. Novella

I. Définitions et modes de vieillissement
II. Quelques notions sur les indicateurs démographiques
III. Problèmes de santé rencontrés chez les personnes âgées et morbi-mortalité
IV. Les théories d'évolution de l'état de santé des personnes âgées
V. Spécificité des soins aux personnes âgées
VI. Conséquences sociales et économiques du vieillissement

I. Définitions et modes de vieillissement

A. Définitions

Certains auteurs ont défini le vieillissement comme « l'action du temps sur les êtres vivants ». Selon l'OMS, une personne entre dans la vieillesse à partir de l'âge de 65 ans. Sur le plan social, la vieillesse correspond souvent à l'âge de cessation d'activité professionnelle. Dans notre pays, au sein des services de soins et des institutions destinés aux personnes âgées, l'âge est en moyenne 85 ans.

Sur le plan biomédical, le vieillissement pourrait se définir comme « l'ensemble des processus moléculaires, cellulaires, histologiques, physiologiques et psychologiques qui accompagnent l'avancée en âge », ces processus résultant d'interactions diverses entre des facteurs génétiques et des facteurs environnementaux, expliquant ainsi sa diversité.

Être une personne âgée en 2009 n'a ni le même sens ni les mêmes conséquences qu'il y a un siècle. Les styles de vie et les besoins des personnes âgées ont changé. Le troisième âge n'est plus systématiquement synonyme de vieillesse et le quatrième âge survient de plus en plus tard. Aujourd'hui, le nombre de centenaires ne cesse d'augmenter.

Toutefois bien que les progrès scientifiques nous assurent une espérance de vie de plus en plus grande, les définitions de la vieillesse renvoient souvent à la fragilité physique, aux troubles cognitifs et aux problèmes d'adaptation à des deuils de plus en plus fréquents.

B. Modes de vieillissement

Une bonne connaissance des modes de vieillissement est indispensable pour distinguer les effets propres du vieillissement, de ceux des maladies dont les personnes âgées peuvent être victimes. Attribuer à tort des symptômes aux effets du vieillissement conduit souvent à méconnaître des problèmes de santé et ainsi à négliger leurs prises en charge et leurs traitements.

Classiquement, trois modes de vieillissement sont décrits : le vieillissement « usuel », le vieillissement « pathologique » et le vieillissement « réussi ».

1. Le vieillissement « usuel »

Le vieillissement « usuel » ou « habituel », ou encore vieillissement « normal », est caractérisé par « la réduction des capacités ou de certaines d'entre elles, sans que l'on puisse attribuer cet amoindrissement des fonctions à une maladie de l'organe concerné ». Ces réductions commenceraient très tôt à l'âge adulte et s'opéreraient de façon progressive et continue.

Son évaluation reste donc basée sur la capacité fonctionnelle physiologique des individus.

2. Le vieillissement « pathologique »

Le vieillissement « pathologique » s'accompagne d'une polypathologie, association de plusieurs maladies, pour lesquelles l'âge ne représente qu'un facteur de risque. Ces maladies, plus souvent chroniques, concernent particulièrement la sphère psychoaffective (dépression), le statut cognitif (démence), les capacités locomotrices (arthrose, incapacités), la sphère sensorielle (diminution de l'audition et de la vue) et l'état cardiovasculaire. Ces maladies sont fréquemment associées à des troubles nutritionnels et peuvent exposer à un risque majoré de maladies aiguës, en particulier infectieuses ou traumatiques. Elles doivent de ce fait être considérées comme des déficiences, à l'origine d'incapacités fonctionnelles parfois majeures et de handicaps authentiques.

3. Le vieillissement « réussi »

Havighurst introduit le concept dans les années 1960, mais il faut attendre 1987 pour que Rowe et Kahn en proposent une définition : le vieillissement réussi se définit par « l'absence ou la faible diminution des fonctions physiologiques liée à l'âge ». En 1989, Guralnik et Kaplan définissent ce terme comme « la présence de peu, voire d'aucune maladie ou incapacité ou la persistance d'un niveau de performance physique élevé ». Avec ces deux définitions, la proportion de personnes âgées respectant ces critères reste relativement basse (20 à 30 %).

En 1994, Schmidt propose une définition moins restrictive, considérant le vieillissement « réussi » comme une « faible perturbation des fonctions habituelles, bien que les signes et les symptômes minimes de maladies chroniques puissent être présents ». Baltes et Carstensen, quant à eux, définissent le vieillissement « réussi » comme « la capacité pour chacun de donner le meilleur de soi-même ». Ces deux dernières définitions permettent de classer un plus grand nombre de personnes âgées dans le vieillissement « réussi » car elles incluent la présence de maladies chroniques.

En 1998, Rowe et Kahn proposent une extension de leur première définition et la rendent plus opérationnelle. Selon eux, le vieillissement « réussi » requiert trois conditions :

- une faible probabilité de maladie, d'incapacité et de facteurs de risque, tels que tabagisme, hypertension artérielle, obésité… ;
- de bonnes capacités physiques et intellectuelles ;
- un engagement actif dans la vie (relations avec d'autres personnes, implication dans des activités de production…).

Cette définition présente l'avantage d'être très opérationnelle, mais ses détracteurs lui reprochent d'être très biomédicale et de ne pas assez tenir compte des aspects plus subjectifs tels que le bien-être.

4. La fragilité du sujet âgé

Le vieillissement, tout réussi qu'il puisse être, ne protège pas de la fragilité qui pourrait être définie comme un état de désadaptation des systèmes homéostatiques. Concept relativement nouveau, la fragilité est apparue pour objectiver les conséquences progressives du vieillissement. Elle reste un concept difficile à définir, cet état ne correspond à aucune maladie particulière mais plus à la présence de facteurs de vulnérabilité fortement prédictifs d'issues défavorables (incapacités physiques, pertes intellectuelles, vulnérabilité socio-économique…) pouvant évoluer ainsi jusqu'au décès.

La ligne qui sépare la fragilité du vieillissement est parfois tellement ténue que certains pensent qu'à un certain âge, toutes les personnes âgées deviennent fragiles. Elle se caractérise par un déficit progressif des fonctions physiologiques et cellulaires avec une incapacité de la personne âgée à répondre de manière adaptée à une situation de stress (maladie aiguë, chute, hospitalisation…).

II. Quelques notions sur les indicateurs démographiques

A. La pyramide des âges en France

L'évolution de la pyramide des âges en France, montre une rectangularisation (fig. 37.1), indiquant la part de plus en plus importante des personnes âgées dans la nation française, comme dans d'autres pays industrialisés. Cette rectangularisation va continuer à se majorer dans les années à venir.

B. L'espérance de vie

L'espérance de vie à la naissance, encore appelée durée moyenne de vie, représente l'âge moyen au décès d'une génération fictive soumise aux conditions de mortalité de l'année concernée. Elle permet de caractériser la mortalité quelle que soit la structure par âge. L'espérance de vie à la naissance est un cas particulier de l'espérance de vie à un âge donné. Elle représente l'âge moyen au décès des individus d'une génération fictive d'un âge donné qui auraient, à chaque âge, la probabilité de décéder observée au cours de l'année concernée au même âge.

En d'autres termes, elle représente le nombre d'années restant à vivre à partir de l'âge x dans les conditions de mortalité par âge de l'année considérée.

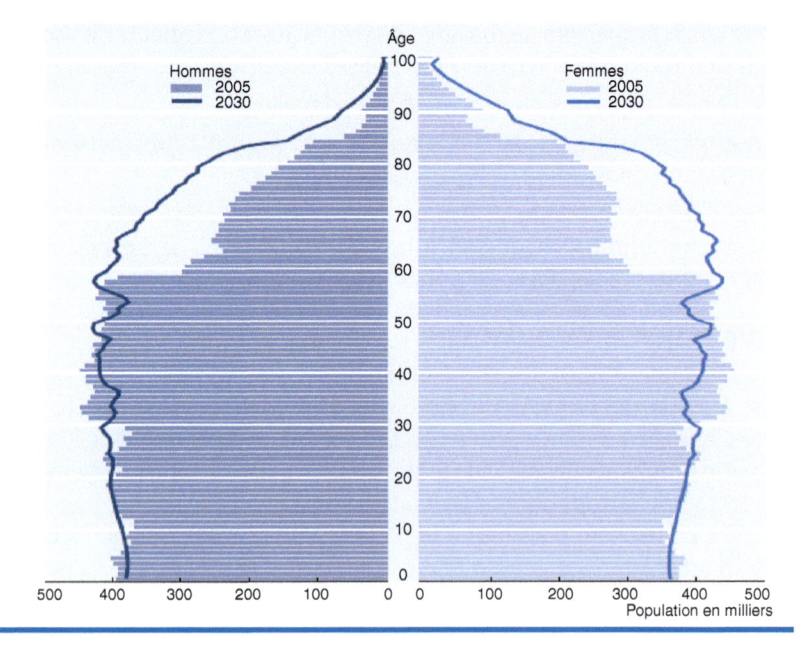

37 Principaux résultats concernant la santé et les soins

Fig. 37.1.
Pyramide des âges en France en 2005 et projection en 2030.
Source : Bilan démographique 2005 et projection de population, Insee.

En deux siècles et demi, la durée moyenne de vie a plus que triplé en France, passant de 25 ans en 1740 à 43 ans en 1850 puis à plus de 80 ans aujourd'hui (fig. 37.2). Au fil du temps, les grandes catastrophes (famines, épidémies, guerres…) se sont espacées (voire ont disparu) et de grands progrès scientifiques ont été accomplis dans les domaines de l'éducation et de la santé ayant pour conséquences une réduction de la mortalité liée aux maladies infectieuses et une diminution de la mortalité infantile.

L'arrivée aux âges avancés de la génération du baby-boom associée à un allongement de l'espérance de vie à la naissance (un quart d'année

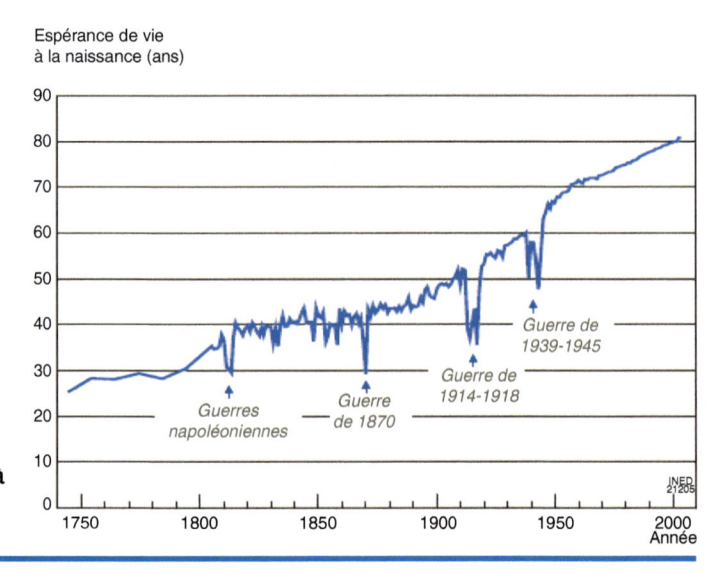

Fig. 37.2.
Évolution de l'espérance de vie à la naissance en France de 1740 à 2005.

540

de vie gagnée par an depuis les années 1950) est responsable d'une augmentation notable du nombre de personnes âgées, entraînant un vieillissement global de la population française.

La France se caractérise par un écart d'espérance de vie entre les deux sexes. En effet, tandis que les femmes françaises font partie du peloton de tête, les hommes se situent dans la moyenne européenne. Au 1er janvier 2009, la population de la France était estimée à 64,3 millions d'habitants parmi lesquels 5,6 millions de 75 ans et plus. L'espérance de vie à la naissance était de 77,5 ans pour les hommes et 84,3 ans pour les femmes.

Quelles que soient les hypothèses formulées, la population de la France métropolitaine continuera à croître au moins jusqu'en 2025. Les projections font état d'estimations entre 58 et 70 millions d'habitants selon les différents scénarios de l'Insee.

Dans le scénario central des estimations, les 75 ans et plus passeront de 4,2 millions (en 2000) à 11,6 millions (en 2050), soit une hausse de 176 %. Au même moment, les 85 ans et plus passeront de 1,3 à 4,8 millions (hausse de 269 %). Quelle que soit la tranche d'âge, on notera une surreprésentation des femmes chez les personnes âgées : en 2050, elles représenteront 59 % des 75 ans et plus et 64 % des 85 ans et plus.

Aujourd'hui, être centenaire n'est plus un phénomène anecdotique : environ une centaine en 1900, un millier en 1970, puis 6577 en 1997. Ils étaient près de 18 000 en 2010 et devraient être 21 000 en 2020.

Quelles que soient les hypothèses d'évolution démographique, les projections montrent que l'espérance de vie à la naissance devrait continuer à augmenter en France, au moins jusque dans les années 2050 (voir fig. 37.2).

C. L'espérance de vie sans incapacité

La population française vieillit certes mais son état de santé s'améliore parallèlement, y compris aux âges élevés. L'espérance de vie en bonne santé (ou « sans incapacité ») à la naissance s'exprime par le nombre d'années restant à vivre sans incapacité modérée à un nouveau-né si les taux de prévalence des incapacités ou de mortalité restent ceux observés l'année de sa naissance. Il s'agit d'un indicateur conjoncturel, représentatif de la prévalence des incapacités et de la mortalité du moment, qui n'a donc pas de caractère prospectif puisqu'il ne tient pas compte de l'évolution future des taux de prévalence des incapacités et de mortalité par âge. Pour la France, l'espérance de vie sans incapacité était de 68,1 ans pour les hommes et 69,7 ans pour les femmes en 1997. L'espérance de vie sans incapacité est plus faible en France que dans d'autres pays européens, nous nous situons en effet derrière l'Italie, la Grande-Bretagne, la Suède, l'Espagne, Malte, le Danemark… qui ont pourtant des espérances de vie globale inférieures à la nôtre. Plus le niveau d'éducation est important et plus l'espérance de vie sans incapacité l'est aussi.

III. Problèmes de santé rencontrés chez les personnes âgées et morbi-mortalité

Selon l'enquête décennale santé de 2002–2003, les personnes interrogées déclaraient en moyenne 2,9 troubles de santé. Les femmes déclaraient plus de maladies que les hommes (3,2 maladies pour les femmes *versus* 2,5 pour les hommes). Quel que soit le sexe, le nombre de maladies déclarées était en moyenne de six pour les personnes de 80 ans et plus. Toutes maladies confondues, la morbidité prévalente augmente avec l'âge, quel que soit le sexe (fig. 37.3).

En termes de morbidité prévalente, les maladies cardiovasculaires et ophtalmologiques tiennent le haut du pavé à partir de 65 ans (fig. 37.4).

Chez les personnes âgées, tous âges confondus, les maladies cardiovasculaires et tumorales sont celles qui sont le plus pourvoyeuses de décès (fig. 37.5).

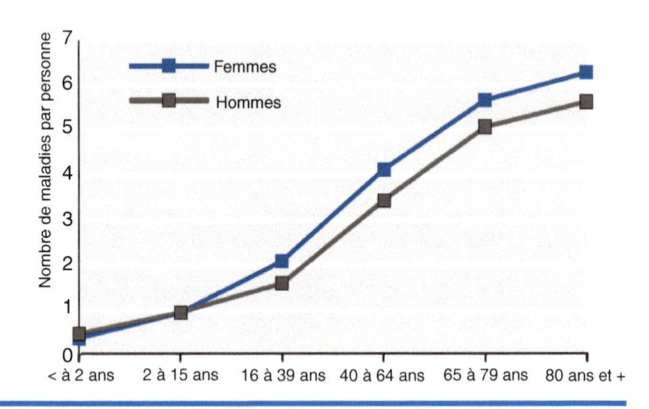

Fig. 37.3.
Nombre de maladies ou troubles de santé déclarés par groupe d'âge et par sexe.
Source : IRDES, enquête décennale santé Insee 2002–2003.

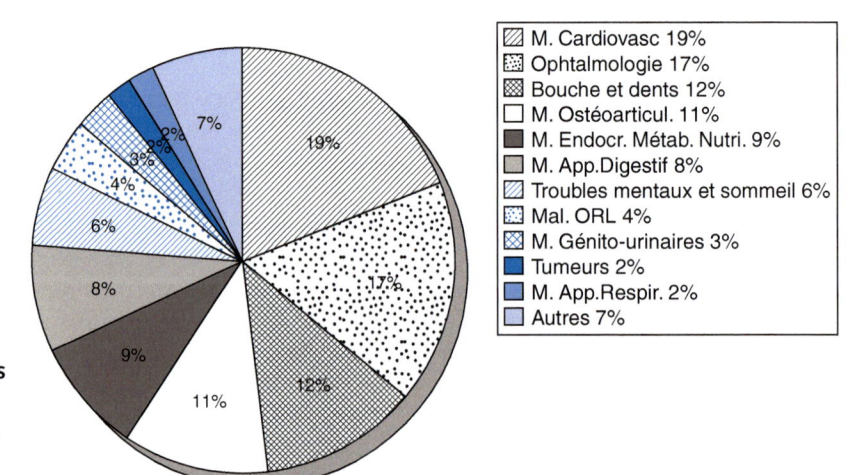

Fig. 37.4.
Morbidité prévalente chez les personnes âgées de plus de 65 ans.
Source : CREDES, 1998.

- M. Cardiovasc 19%
- Ophtalmologie 17%
- Bouche et dents 12%
- M. Ostéoarticul. 11%
- M. Endocr. Métab. Nutri. 9%
- M. App. Digestif 8%
- Troubles mentaux et sommeil 6%
- Mal. ORL 4%
- M. Génito-urinaires 3%
- Tumeurs 2%
- M. App. Respir. 2%
- Autres 7%

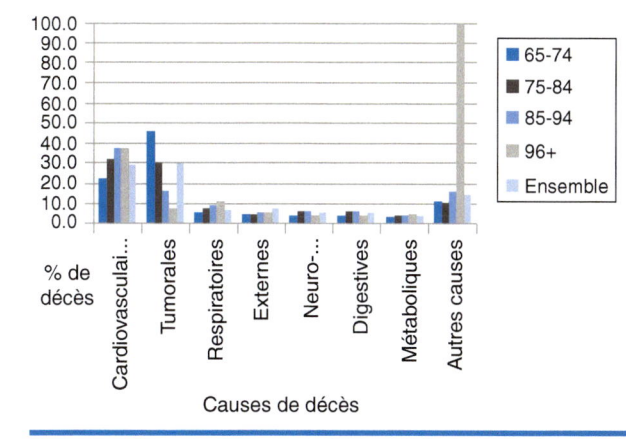

Fig. 37.5.
Répartition des causes de décès chez les personnes âgées en 2005 (données Insee).
Maladies métaboliques = maladies métaboliques, endocriniennes et nutritionnelles.

En termes de santé publique, les états polypathologiques et les altérations fonctionnelles qui en découlent méritent d'être soulignées. Notre société est également exposée aux problèmes de plus en plus importants de la démence, en particulier de la maladie d'Alzheimer.

IV. Les théories d'évolution de l'état de santé des personnes âgées

Les gains d'espérance de vie accumulés au cours des décennies amènent à se poser la question de la qualité des années de vie gagnées, notamment chez les personnes âgées. En effet, en repoussant de plus en plus la mort, quel sera l'état de santé de notre population ? Plusieurs théories ont tenté d'y répondre.

Selon Gruenberg ou Kramer, on assistera à une pandémie de troubles mentaux, de maladies chroniques et d'incapacités. Ces auteurs pensent que la date d'apparition des maladies va rester identique, mais la durée de survie avec maladie va augmenter du fait de la baisse de leur taux de létalité liée au progrès de la médecine. L'hypothèse est qu'en repoussant le moment du décès, on verra apparaître des maladies de plus en plus sévères. On assistera alors à une dégradation de l'état de santé avec une diminution de l'espérance de vie sans incapacité et/ou du ratio espérance de vie sans incapacité/espérance de vie.

D'après Fries, on assistera à une compression de la morbidité. Il anticipe une amélioration de l'état de santé. L'âge moyen d'apparition des maladies sera retardé, alors que l'espérance de vie va rester constante. La morbidité sera donc compressée dans une courte période de temps (vers la fin de la vie). Ce phénomène entraînera une rectangularisation de la courbe de survie.

Manton parie sur un équilibre dynamique dans lequel la hausse de l'espérance de vie sera expliquée en partie par le développement des maladies chroniques. La prévalence des maladies va donc augmenter, mais les affections seront moins sévères. On assistera à un statu quo.

V. Spécificité des soins aux personnes âgées

La prise en charge des personnes âgées malades doit être replacée dans l'éthique des soins justes et adaptés aux situations pathologiques à chaque personne et ce d'autant que l'âge est avancé.

Schématiquement, on pourrait proposer trois types de situations :

- un abord normal des soins comme pour tout malade, pour les sujets âgés avec un vieillissement réussi ;
- un abord très spécifique pour les sujets âgés porteurs de polypathologies et dont l'espérance de vie à court terme est limitée. L'objectif thérapeutique se rapproche alors des soins palliatifs avec mise en place de mesures d'accompagnement de la fin de vie ;
- un abord spécialisé des personnes âgées dites fragiles, en insistant sur l'importance d'un bilan gériatrique standardisé nécessaire à l'identification des facteurs de fragilité avant la mise en place de soins curatifs adaptés, de mesures préventives et d'une prise en charge en réadaptation.

A. Les établissements pour personnes âgées

Les établissements pour personnes âgées ont des appellations multiples et répondent à des besoins différents.

Il faut savoir que le terme générique de maison de retraite englobe un ensemble très hétérogène dans lequel il faut distinguer diverses structures qui peuvent dépendre des secteurs public ou privé. Dans le secteur privé, les établissements peuvent avoir le statut d'une société commerciale ou d'une association à but non lucratif, dans le public, les établissements peuvent relever du secteur sanitaire (hospitalier) ou de la commune.

Par ailleurs, les établissements peuvent être plus ou moins médicalisés selon qu'ils ont pour vocation d'accueillir des personnes âgées autonomes, en perte d'autonomie ou dépendantes.

Enfin le séjour peut être de longue durée ou temporaire. Un séjour temporaire correspond à un séjour d'été, un séjour de convalescence ou bien à un séjour d'essai renouvelable. Il peut se transformer en un séjour de longue durée. Certains établissements offrent la possibilité d'un accueil de jour.

1. Les « maisons de retraite » ou le secteur d'hébergement

Les *personnes âgées en perte d'autonomie* peuvent être hébergées en *maison de retraite* (terme générique utilisé pour désigner l'ensemble des établissements accueillant des personnes âgées de plus de 60 ans). Aujourd'hui, on parle d'*EHPA* (établissements d'hébergement pour personnes âgées) ou d'*EHPAD* (établissements d'hébergement pour personnes âgées dépendantes).

L'EHPAD est un établissement ayant signé une convention tripartite de 5 ans avec le département et l'État qui l'oblige à respecter un cahier des charges et à avoir une démarche qualité, ce qui assure donc aux personnes âgées un accueil dans les meilleures conditions de sécurité, d'hygiène et de confort. La DDASS effectue des contrôles réguliers et garantit le bon fonctionnement de ces établissements. On trouve également d'autres appellations : *MAPA* (maison d'accueil pour personnes âgées), *MARPA* (maison d'accueil rural pour personnes âgées), *MAPAD* (maison d'accueil pour personnes âgées dépendantes).

Les maisons de retraite peuvent dépendre du secteur privé ou public. Les EHPAD permettent aux personnes âgées en perte d'autonomie de bénéficier de l'attention et des soins d'un personnel permanent comprenant des médecins, des infirmier(ières)s, des aides-soignants, des auxiliaires de vie, des kinésithérapeutes, des orthophonistes, des animateur(rice)s.

2. Les unités de soins longue durée

Appelées autrefois « hospices » puis « centres de long séjour », ces unités relèvent aujourd'hui du secteur hospitalier et accueillent des personnes qui ont perdu leur autonomie et dont l'état nécessite une aide constante en matière de soins et pour les gestes de la vie quotidienne ainsi qu'une surveillance médicale constante.

3. Les résidences avec services

Ce type d'hébergement collectif est conçu pour servir d'intermédiaire entre le logement personnel et la maison de retraite traditionnelle.

Ces établissements existent sous le nom de *Foyer logement* (ils relèvent le plus souvent du secteur social et médico-social et 70 % sont publics) ou de *Résidence services* (privés). Ce sont des structures d'hébergement pour personnes âgées non dépendantes qui offrent à la personne âgée un substitut à son logement d'origine. En dehors de la restauration, ces établissements peuvent proposer certaines prestations telles que entretien du linge, animation, sorties… Ils ne sont pas, en général, médicalisés et ne sont pas adaptés pour accueillir des personnes âgées présentant des détériorations intellectuelles. Ils visent à privilégier l'*autonomie du sujet âgé*.

Il existe également des *établissements d'hébergement spécialisés pour la maladie d'Alzheimer* : les *Unités de vie Alzheimer*. Ces unités permettent de prendre en charge de manière optimale des patients en période de décompensation ou lorsque leur maintien à domicile n'est plus possible. Ces unités s'organisent au sein des EHPAD. Elles doivent satisfaire à des critères précis : admission des résidents, adaptation architecturale, qualification du personnel, participation des familles, projet de vie et de soins spécifiques.

Enfin, lorsqu'il s'agit d'offrir un répit à l'aidant, la personne âgée peut être accueillie en *Accueil de jour* : ce sont des lieux de vie qui s'inscrivent pleinement dans une politique de soutien à domicile et d'aide aux aidants. Ce sont des structures non médicalisées qui accueillent les malades à la journée, une à plusieurs fois par semaine. L'accueil de jour dispose d'un personnel qualifié et compétent pour la prise en charge des malades Alzheimer et apparentés. L'objectif de cette prise en charge est double : stimulation thérapeutique du malade et répit de l'aidant.

On distingue aussi l'hébergement temporaire dont la définition est donnée par la circulaire 2002–222 : « L'hébergement temporaire est une formule d'accueil limitée dans le temps. Il s'adresse aux personnes âgées dont le maintien à domicile est momentanément compromis du fait d'une situation de crise ou d'isolement, de l'absence des aidants, d'un départ en vacances, de travaux dans le logement, etc. Il peut également s'utiliser comme premier essai de vie en collectivité avant l'entrée définitive en établissement ou servir de transition avant le retour à domicile après une hospitalisation, mais ne doit pas se substituer à une prise en charge de soins de suite. »

B. Les soins hospitaliers des personnes âgées

Les personnes âgées présentant des problèmes de santé aigus nécessitent fréquemment l'hospitalisation en secteur public ou privé. Cette hospitalisation se fait le plus souvent par un recours au service des urgences, ou parfois directement par admission dans un service hospitalier spécialisé, notamment vers le court séjour gériatrique.

1. Recours aux services des urgences

En 2000, une étude de la DREES réalisée en France métropolitaine a estimé à 12 720 000 le nombre de passages aux urgences, tous âges et tous sexes confondus. Sur l'ensemble de ces passages, 66 % concernaient les services d'accueil des urgences (SAU) et 34 % les unités de proximité, d'accueil et de traitement, et d'orientation d'urgence (UPATOU) dont 25 % relèvent du secteur public et 9 % du secteur privé.

Les personnes âgées de 80 ans et plus représentent le deuxième contingent (40 %) derrière les nourrissons de moins d'un an (48 %). Ils occuperaient le premier rang si on avait considéré les personnes de 70 ans et plus.

Alors qu'en deçà de 15 ans, la présence d'un accompagnant est quasi systématique (90 % des cas), seule une personne sur deux de plus de 70 ans arrive accompagnée aux urgences.

À partir de 70 ans, les maladies neurologiques (AVC par exemple) et infectieuses se surajoutent aux maladies cardiovasculaires et pulmonaires et se renforcent après 80 ans.

En dehors de la simple fréquentation des services des urgences, on peut constater qu'aujourd'hui les personnes âgées sont celles dont le recours au SAU apparaît comme le plus justifié. Les taux d'hospitalisation sont largement influencés par l'âge et par le motif de consultation (fig. 37.6). En effet, les personnes âgées qui arrivent aux urgences sont plus souvent hospitalisées que les sujets plus jeunes ; les maladies somatiques donnent plus souvent lieu à une hospitalisation que les affections traumatiques.

2. Hospitalisation : meilleure coordination des soins intra-hospitaliers et définition d'une filière gériatrique

La définition d'une filière gériatrique est une condition essentielle permettant un fonctionnement coordonné pour cette population. La filière gériatrique est constituée des différentes phases de la prise en charge en associant dans chaque établissement de santé, siège d'un service des urgences, les services ci-après :

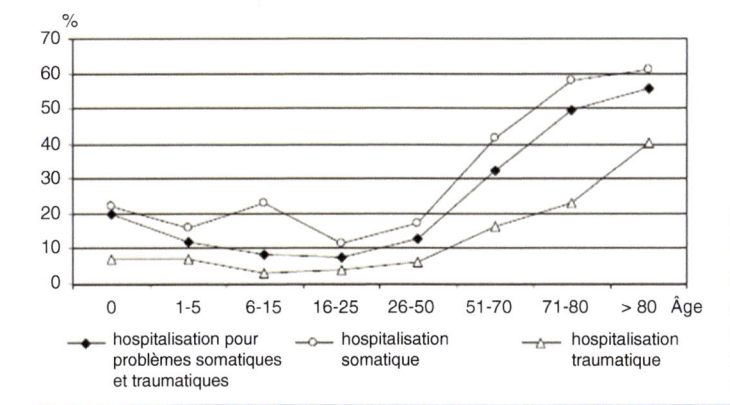

Fig. 37.6.
Répartition des taux d'hospitalisation des patients admis aux urgences selon l'âge et le motif.
Source : enquête Usagers des services d'urgence, 2002. Exploitation DREES.

- un service de médecine aiguë gériatrique ;
- un secteur de soins de suite et de réadaptation gériatrique (SSR) ;
- un site d'activités de consultation et/ou de bilan gériatriques (HDJ) ;
- une unité mobile de gériatrie (UMG) ;
- une ou des unités de soins longue durée (USLD).

L'ensemble est en relation avec les médecins de ville, en particulier dans le cadre de la maladie d'Alzheimer, mais aussi avec le secteur médico-social et/ou des structures de santé ou d'hébergement partenaires (hôpitaux locaux, Foyers logements, EHPAD…).

C'est le gériatre hospitalier, aussi bien dans les unités de gériatrique aiguë qu'en unités mobiles de gériatrie dans les services de spécialités et/ou dans les SAU, qui devrait jouer le rôle de coordinateur des soins. Il doit par ses compétences médicales et ses connaissances de la complexité et de la « fragilité » de la personne âgée, équilibrer, ajuster et gérer le recours aux spécialistes en centrant la prise en charge sur l'individu plus que sur ses pathologies.

L'identification des facteurs prédictifs de prolongation des séjours et de perte d'autonomie fonctionnelle doit permettre de considérer l'hospitalisation comme une opportunité d'évaluer les problématiques médicales, psychologiques et sociales par une évaluation gériatrique systématique et d'initier des actions de prévention et/ou des actions thérapeutiques.

Ainsi, une collaboration étroite est nécessaire entre les médecins généralistes, les spécialistes traitants et les services de soins à domicile, portant principalement sur :

- l'information concernant les diagnostics posés ;
- l'information concernant les problématiques dépistées ;
- les modifications thérapeutiques opérées ;
- l'initiation d'une démarche de prévention ;
- la transmission de conseils de prise en charge ou de soutien ;
- le recueil d'informations concernant les modes de vie à domicile ;
- les difficultés de prise en charge et de suivi ambulatoire…

VI. Conséquences sociales et économiques du vieillissement

La perception du vieillissement n'est généralement pas des plus optimistes. La liste des difficultés qui jonchent la route du vieillissement est assez longue. On retrouve les événements de vie (décès de personnes proches, survenue de maladies graves, perte de la capacité de conduire…) et les tracas de la vie quotidienne (insécurité financière, inquiétudes au sujet de sa santé…). L'avancée en âge est aussi usuellement perçue comme étant très liée à l'isolement social, la précarité, mais aussi l'augmentation de la consommation de soins.

Ce phénomène du vieillissement impose donc de s'interroger et de réfléchir sur les politiques publiques en direction des personnes âgées, notamment en termes de gestion des retraites mais aussi de dépenses de santé et de prise en charge de la dépendance. Cette dépendance pose le problème de l'adéquation entre solidarité familiale et solidarité collective. Cet équilibre entre ces deux solidarités est dynamique et risque d'évoluer dans les années à venir. En effet, le nombre moyen d'aidants potentiels par personne âgée dépendante aura tendance à décroître du fait de la réduction de la taille des familles et de son éclatement géographique.

Les « baby-boomers » auront un nombre d'aidants potentiels moins important que ne l'ont leurs parents aujourd'hui. Les nouvelles générations de femmes auront davantage accès au marché de l'emploi et seront de moins en moins disponibles pour aider leurs proches entrés dans la dépendance. Ces mutations démographiques, médicales, sociales et économiques appellent à repenser les politiques de santé et l'organisation sanitaire. Par exemple, il y a eu une adaptation des institutions d'hébergement au vieillissement de leurs pensionnaires. En effet, l'âge moyen d'entrée en institution est de plus en plus en plus élevé (autour de 83 ans aujourd'hui). Il y a eu la création de nouvelles prestations et de services d'aides et de soins pour remédier aux situations de dépendance pour les actes essentiels de la vie quotidienne.

Les opinions restent cependant contrastées quant à l'impact du vieillissement de la population sur les coûts de soins. Alors que certains pensent que les prochaines décennies seront insupportables pour les finances publiques, d'autres, au contraire, considèrent que le vieillissement n'aura qu'un impact limité sur les dépenses de santé. En réalité, le vieillissement n'aura pas le même impact selon que l'on vieillit en bonne santé ou que l'allongement de la vie s'accompagne d'un lourd fardeau de maladies et d'incapacités. Les effets de l'âge sur l'état de santé demeurent donc une question centrale.

La morbidité est le principal facteur qui expliquerait la relation entre âge et dépenses de santé. Selon une étude du CREDES, toutes choses égales par ailleurs, une première maladie ajouterait 360 euros par an aux dépenses de santé, une deuxième 620 euros et une quatrième 1830 euros. Un autre facteur explicatif, selon la même étude, serait la couverture par une assurance complémentaire. En revanche, ni les revenus ni le niveau d'études n'auraient d'influence significative. Après ajustement sur l'état de santé et sur la couverture complémentaire, cette étude du CREDES a montré que l'âge avait tendance à diminuer les dépenses de santé. En effet, pour une personne de 70 ans, toutes choses égales par ailleurs, une augmentation d'une année d'âge réduirait en moyenne les dépenses de santé de 10 euros.

POINTS CLÉS

▶ Le vieillissement peut se définir comme « l'ensemble des processus moléculaires, cellulaires, histologiques, physiologiques et psychologiques qui accompagnent l'avancée en âge ».

▶ On distingue trois modes de vieillissement : le vieillissement usuel, pathologique et réussi.

▶ Le vieillissement fragile se définit comme un état de désadaptation des systèmes homéostatiques.

▶ La part des personnes âgées dans la population française est de plus en plus importante et en augmentation pour les années à venir. L'espérance de vie à la naissance est de 77,5 ans pour les hommes et de 84,3 ans pour les femmes, elle devrait continuer à augmenter jusqu'en 2050 au moins.

▶ Quel que soit le sexe, le nombre de maladies déclarées est en moyenne de six pour les personnes de plus de 80 ans. Toutes maladies confondues, la morbidité prévalente augmente avec l'âge quel que soit le sexe. Les maladies cardiovasculaires et tumorales sont les plus pourvoyeuses de décès.

▶ Le terme générique de maison de retraite englobe un ensemble très hétérogène dans lequel il faut distinguer des structures privées et publiques. Les établissements peuvent être plus ou moins médicalisés selon qu'ils accueillent des personnes âgées autonomes ou dépendantes.

▶ Pour la maladie d'Alzheimer, il existe des établissements d'hébergement spécialisés : les unités de vie Alzheimer organisées au sein des EHPAD ; les accueils de jour sont des structures non médicalisées qui accueillent les patients à la journée permettant une stimulation thérapeutique du malade et un répit de l'aidant.

▶ Les personnes âgées de 70 ans et plus représentent le premier contingent de recours aux services des urgences.

▶ Le développement d'une filière gériatrique est essentiel au bon fonctionnement de l'hospitalisation des personnes âgées.

▶ Les mutations démographiques, économiques, médicales et sociales nécessitent de repenser les politiques de santé et l'organisation sanitaire françaises.

38 La mort

R. Clément, O. Rodat

I. Le processus de la mort
II. La conception de la mort
III. Les enjeux de la mort
IV. Conclusion

> « La société civilisée ne survit que fallacieusement, sur la base d'un mensonge premier qui consiste à nier la mort – celle-ci consacrant, précisément, la disparition des personnes, des ego, dans le néant. »
>
> Léon Tolstoï

La mort, dit le dicton, fait froid dans le dos. De plus en plus exposée au travers des séries télévisées, indicateur médiatique le plus significatif des catastrophes frappant ce monde, la mort est paradoxalement rejetée de notre société. Ne faisant plus partie de notre espace de vie, elle n'apparaît plus comme un phénomène naturel. Pourtant, apprendre à philosopher, c'est apprendre à mourir, et la religion chrétienne dispose que les fidèles doivent être spirituellement préparés à la mort. La mort n'existe plus en tant qu'acte soudain et instantané. Le passage entre le vivant et la mort n'est plus, depuis longtemps, un instant bref. La mort se réfère à un processus, qui implique des étapes et qui conduit la personne à être de plus en plus mort.

Dans ce chapitre, nous aborderons les différentes définitions données au processus de la mort. La mort sera ensuite abordée selon les considérations sociétales contemporaines. Les enjeux de la mort seront exposés avec une section consacrée à la notion d'euthanasie. Les dispositions légales qui codifient la fin de la vie termineront ce chapitre.

I. Le processus de la mort

A. Définition

Intuitivement la mort se caractérisait par un arrêt irréversible des fonctions vitales. Celles-ci étant nécessaires au maintien de l'intégrité de l'organisme, leur cessation définitive entraînait la mort. Mais la détermination du décès de l'être humain, a évolué au fur et à mesure des siècles, sous-tendue par la crainte originelle du processus de la mort ne s'inscrivant pas dans une situation de noms.

B. Évolution historique de la définition de la mort

Après l'approche respiratoire – rendre son dernier souffle – la mort a été ensuite cardiaque, puis est maintenant neurologique (mort cérébrale). De l'approche du croque-mort qui tentait de vérifier que la personne ne réagissait pas aux manœuvres douloureuses, en passant par celle des familles qui veillaient la personne décédée pour, notamment, dépister de possibles signes de réveil du défunt, le concept du processus de la mort est aujourd'hui morcelé et brisé. La définition de la mort peut être clinique, cérébrale ou encéphalique, administrative, physiologique ou cadavérique.

En effet, en raison de l'essor des techniques de réanimation et du développement de la greffe au lendemain de la Seconde Guerre mondiale, l'arrêt cardiaque ne pouvait plus être le socle de la définition du processus de la mort. Mais ce ne sont pas là, les deux seuls coupables. C'est la société dans son ensemble qui cherche depuis à déterminer la légitimité de la fin de la réanimation tant du point de vue du respect de la vie du patient et de sa qualité de vie, que de la volonté de disposer des lits de réanimation occupés par les personnes en état de coma dépassé et d'obtenir des organes pour les transplanter aux vivants.

1. La mort clinique

C'était la constatation médicale de l'arrêt des mouvements respiratoires (apnée), de l'arrêt cardiaque par disparition des pouls et de la suspension de la conscience. Selon les époques, certains tests étaient utilisés pour mettre en évidence les arrêts de fonctionnement de ces organes vitaux. Par exemple, le médecin mettait devant la bouche un miroir pour constater l'absence de formation de buée signifiant la disparition du flux respiratoire. Pour l'arrêt de la circulation cardiaque, étaient employées des épreuves d'artériotomie radiale (ouverture d'une artère du poignet et pas de flux sanguin) ou d'introduction d'aiguille dans le cœur (qui ne bougeant pas certifiait l'absence de contraction du cœur).

2. La mort cérébrale

En 1959, le professeur Mollaret et son équipe décrivaient le coma dépassé « *dans lequel se surajoute à l'abolition totale des fonctions de la vie de relation (...), une abolition également totale des fonctions de la vie végétative* ». En 1968, le *Ad hoc Commitee of the Harvard Medical School*, intégrait ce concept et fixait un nouveau critère de la mort fondé sur des examens attestant qu'à la mort de la surface du cortex cérébral et swdu tronc cérébral, pouvait correspondre la mort de la personne. Elle inaugurait de la prééminence du cerveau dans la mort. En France, la circulaire Jeanneney du 24 avril 1968 validait le concept de mort cérébrale par les « *altérations du système nerveux central dans son ensemble* [lorsqu'elles sont] *à caractère destructeur et irrémédiable* ». Deux jours plus tard, le professeur Christian Cabrol réalisait la première greffe en Europe. Mais il s'agissait plus d'une coïncidence que d'une volonté d'inventer un concept pour fournir des organes à la transplantation.

3. La mort administrative

La mort administrative est intervenue par cette même circulaire Jeanneney : « *l'irréversibilité de lésions incompatibles avec la vie* ». Le pronostic s'établissait sur la concordance de signes cliniques et paracliniques. Cette mort administrative a évolué avec les textes juridiques du 2 décembre 1996 *« relatifs au constat de la mort préalable au prélèvement d'organes, de tissus et de cellules à des fins thérapeutiques ou scientifiques »*. Légalement, les diagnostics précoces de la mort encéphalique sont établis. Deux régimes de constat sont élaborés : l'un dit simplifié, propre aux décès liés à un arrêt cardiorespiratoire, et l'autre renforcé concernant les patients en réanimation. Pour le premier, le diagnostic médical se fonde sur la présence simultanée de trois signes cliniques : *« 1. absence totale de conscience et d'activité motrice spontanée; 2. abolition de tous les réflexes du tronc cérébral; 3. absence totale de ventilation spontanée »*. Pour le régime renforcé, le diagnostic médical exige en plus la détermination paraclinique du *« caractère irréversible de l'activité encéphalique »*. Celui-ci se démontre par *« soit deux EEG nuls et aréactifs effectués à intervalle minimal de quatre heures (…), soit une angiographie objectivant l'arrêt de la circulation encéphalique »*. Mais le dilemme, entre le respect de l'intégrité du patient en lui évitant tout acharnement thérapeutique et celui de constituer potentiellement un réservoir d'organe, a été réactivé depuis l'établissement de procédure de prélèvements d'organes « à cœur arrêté ». Des manœuvres hautement invasives, visant à réanimer un patient « décédé », sont appliquées dans le « seul » but de préserver des organes.

Mais déterminer l'incompétence cérébrale comme caractéristique de la mort ne saurait servir de passerelle entre vie et mort. En effet, le critère de temps est essentiel et reste contraire à la nécessité de prélever le plus tôt possible les organes. Le fait que la personne doit être aussi morte que nécessaire, mais aussi vivante que possible (adage anglo-saxon : *« As dead as necessary, as alive as possible. »*) met en évidence un réel conflit.

4. La mort physiologique ou cadavérique

Une fois le processus de la mort abouti, le corps de la personne décédée subit des modifications physiologiques. Ce corps devient froid, sa température corporelle diminue pour s'équilibrer avec celle du milieu ambiant. Une contraction de l'ensemble des muscles de l'organisme apparaît, lui conférant une rigidité musculaire, pour ensuite disparaître, laissant place habituellement à des phénomènes de putréfaction. Des lividités (coloration rouge à violacée liée à un déplacement passif du sang vers les parties déclives du cadavre) s'extériorisent précocement à la peau.

Cette dernière approche très médico-légale sépare deux notions distinctes : le corps et la personne. Mais dans nos sociétés contemporaines, quelles conceptions de la mort sont admises ?

II. La conception de la mort

> « Dans la conscience des hommes, l'image de la mort est très étroitement liée à l'image de soi, de l'être humain qui prédomine dans la société à laquelle ils appartiennent. »
>
> Norbert Elias

Il est un fait que la prise de conscience de la mort peut engendrer la peur et l'angoisse. Tout ce qui touche au malheur doit être vaincu. Il existe actuellement une indéniable volonté de la rejeter du champ social. Chacun apporte sa pierre à l'édifice d'enfermer la mort, d'enfermer sa mort pour qu'elle ne puisse pas s'exposer à la collectivité. Par exemple, les funérailles doivent maintenant refléter les volontés du défunt au détriment de ce que sa famille pourrait ressentir. Cette ultime manifestation de l'autonomie du défunt a pris le pas sur la notion de bienfaisance vis-à-vis des survivants.

De tout temps, l'homme se refuse aux caractères irréductible, irréversible et inexorable de la mort. Si elle est universelle, chaque homme s'imagine être le premier à mourir. La mort représente la fin du parcours terrestre. Mais penser le mourir, c'est envisager une question de vie, selon la formule de Montaigne : « *Tu ne meurs pas de ce que tu es malade, tu meurs de ce que tu es vivant.* » Reste que la mort nous fait peur, nous attriste et nous renvoie à notre pauvreté, à notre vulnérabilité et certainement à de fausses valeurs auxquelles nous donnions du prix. Elle est le chaos intuitif de l'existence.

De familière et acceptée dans les sociétés holistiques, la mort est devenue dans une société individualiste, cachée, taboue. Autrefois, agoniser devait prendre du temps. La mort redoutée était celle qui survenait à l'improviste. En quelques siècles, un changement radical s'est opéré. Aujourd'hui, la mort souhaitée est celle qui intervient brutalement, sans que la personne ne puisse s'en rendre compte, de préférence dans son sommeil. Il existe un véritable déni de la mort car mourir en citoyen, c'est consentir à mourir seul. Hans Jonas disait : « *la mort n'apparaît plus comme une nécessité faisant partie de la nature du vivant* », ainsi l'homme moderne cherche à fuir devant cette ultime échéance. Certains ont caractérisé notre époque comme une période d'hyperindividualisation. Il existe une recherche perpétuelle du plaisir (hédonisme), voire une véritable tyrannie du plaisir : « *Quand l'hédonisme s'impose en valeur absolue, mort et souffrance deviennent des peurs, non-sens intolérable d'atteinte à nos droits.* » (J. Guilleraud.) La mort d'une personne ne doit pas perturber l'ambiance collective. L'intimité des cérémonies, le déclin du port du deuil, l'augmentation de la crémation et l'art des thanatologues de camoufler les signes de mort sur le visage de celui qui est décédé sont autant de manières de refouler la mort de nos vies.

Face à ce refoulement, notre mort ne peut plus être une fatalité. Elle n'est plus naturelle. Comme l'homme est libre, il peut donc être un sujet de moralité et agir selon sa propre volonté. La mort devient alors un objet de consentement.

III. Les enjeux de la mort

L'approche ressentie de la mort convoque la société, les proches, la famille et les soignants à répondre et à faire face aux troubles qu'engendre l'approche de la mort.

A. La peur de la déchéance

> « La douleur qui se tait n'en est que plus funeste. »
>
> Jean Racine

La mort et le temps de fin de vie qui la précède sont une période redoutée par nos concitoyens, celle de constater et ressentir sa propre déchéance. Nous appréhendons les douleurs physiques liées au processus de la mort, les troubles psychologiques (angoisse, anxiété) qui résultent de l'approche de la mort, et la dépendance vis-à-vis des proches par la perte d'autonomie que provoquerait le processus de la mort (être une charge pour les autres). Les équipes de soins « palliatifs » savent aussi que pendant cette période de fin de vie, les mourants, comme on les dénomme maintenant, expriment des demandes spirituelles et ont besoin d'être entourées et d'être aimées.

Mais tant du point de vue médical que moral, la prise en charge par les équipes de soins permet de quasiment soulager tous les patients de leurs troubles. La douleur n'a plus cette valeur rédemptrice et les médicaments antalgiques sont maniés de façon très performante. Le temps est révolu comme le constatait Paul Ricœur où *« les dérives spirituelles du dolorisme (...) ont pu parfois encourager la résistance à l'emploi d'antalgiques »*. Le pape Pie XII en 1957 établissait que *« le christianisme n'enseigne ni la sacralisation de la vie biologique ni la valeur rédemptrice de la douleur »*. Mourir apaisé est difficile, mais très certainement possible afin que la mort puisse être *« la dernière parole, la plus pleine de sens »*.

B. La demande de mort

> « Mal nommer les choses c'est ajouter du malheur au monde. »
>
> Albert Camus

Aujourd'hui, la crainte de sa propre déchéance chez les personnes bien portantes fait intervenir de façon récurrente la question de la légalisation de l'euthanasie. Mais qu'est-ce que l'euthanasie ?

1. Les définitions du terme euthanasie

Étymologiquement, l'euthanasie vient du mot grec « *eu* » = bien et « *thanatos* » = mort. Dans le Larousse, la définition est *« mort sans souffrance »*. Celle-ci est agrémentée d'une explication *« est ainsi sous-entendue la théorie selon laquelle il serait licite d'abréger la vie d'un incurable pour mettre fin à ses souffrances »*. Le concept de mort sans douleur, d'une « fin de vie » paisible est très ancien. L'empereur romain Auguste réagissait ainsi « chaque fois qu'il entendait dire que quelqu'un était mort rapidement et sans souffrance, il demandait aux dieux, pour lui et les siens, une semblable euthanasie ». Celle-ci a recouvert par la suite l'idée du principe permettant de soulager les souffrances de fin de vie et d'éviter les affres de l'agonie aux mourants. En 1605, Francis Bacon, chancelier d'Angleterre, dégageait les principes d'une mort douce : « *Il appartient aux seuls médecins de faciliter et d'adoucir de leurs propres mains les souffrances de l'agonie et de la mort.* »

À la fin du XIXe siècle, grâce aux avancées dans le domaine de la thérapeutique, le progrès scientifique a pu faciliter une « bonne » mort. Ce mot d'euthanasie a été conduit à désigner, dans les pays anglo-saxons, la mort donnée médicalement dans le but de pitié et de compassion. C'est le *mercy-killing*. Un changement radical s'est enclenché par la suite. Les médecins passent du savoir bien mourir vers le savoir du comment faire mourir un malade incurable.

L'évolution sémantique du mot euthanasie s'est poursuivie avec le développement des techniques médicales. Ces dernières, sauvant des vies et permettant de maintenir des personnes en coma artificiel, ont modifié le sens de l'euthanasie. Ainsi est apparu un distinguo entre euthanasie active et passive. La première désigne l'action de provoquer la mort des incurables pour abréger leurs souffrances ou leur agonie douloureuse par l'utilisation d'antalgiques à des doses létales. L'euthanasie passive ou indirecte consiste à laisser mourir le malade de son propre processus physiopathologique par l'abstention ou l'arrêt d'un traitement. Cette distinction entre laisser mourir ou faire mourir ne s'accordait pourtant pas à la réalité des pratiques médicales dans les situations de « fin de vie ». Louis-Vincent Thomas soulignait la confusion des termes passif/actif mais également ceux d'immédiat/différé, direct/indirect, naturel/artificiel, soins minima/soins maxima. « *Quelle différence entre débrancher les appareils et poser la perfusion qui tue ? On s'interroge donc sur le fait de savoir si s'abstenir d'un geste qui prolonge la vie n'équivaut pas, dans la pratique, au geste qui l'arrête.* » Ce concept d'euthanasie ainsi employé mettait en évidence « *une relation de causalités et de responsabilités entre la mort d'un malade et l'attitude de ceux qui le soigne* ». L'euthanasie renvoyait exclusivement ainsi à la décision de mettre fin à la vie d'un malade incurable dont les souffrances étaient jugées insupportables par lui ou son entourage.

C'est le père Patrick Verspieren qui a proposé d'unifier la définition en un seul sens : « Tout comportement suivi d'effets dont l'objectif est de provoquer la mort d'une personne pour lui éviter ainsi des souffrances. » Pour autant, le concept d'euthanasie se définit par trois axes : une mort provoquée par un tiers, dans l'intention délibérée de la donner, pour un malade atteint d'une maladie incurable, qui affecte la qualité de vie (actuelle, future) de façon péjorative. Dans les pays anglo-saxons, les décisions médicales de fin de vie sont définies et explicitées. Les termes décrivent précisément l'action médicale, la demande ou non du malade, l'intention explicite du médecin et/ou du patient et les conséquences envisageables de l'acte. C'est sur ces quatre paramètres que s'articulent les actions médicales de fin de vie. l'euthanasie est une administration de drogues avec intention explicite d'une fin de vie à la demande explicite du patient ; le suicide médicalement assisté est une prescription ou interruption de traitement avec l'intention explicite du patient lui permettant de mettre fin à sa vie après sa demande explicite ; la fin de vie sans demande explicite du malade concerne le soulagement des douleurs et des symptômes (intention explicite) prenant en compte la possibilité que la mort puisse être hâtée ou l'agonie raccourcie avec les traitements employés.

2. Les principes légaux de la fin de vie en France

> « Une chose n'est pas juste parce qu'elle est loi, mais elle doit être loi parce qu'elle est juste. »
>
> Montesquieu

Dans le cadre de la « fin de vie », des pratiques restaient clandestines ou arbitraires. Certaines affaires médiatiques ont poussé le législateur à clarifier les situations de fin de vie. Baptisée loi sur le « laisser mourir » ou « loi Leonetti » (du nom du député rapporteur), la loi du 22 avril 2005 replace les personnes en « fin de vie » au cœur du dispositif de prise en charge en leur accordant respect et autonomie.

3. La reconnaissance d'un droit à s'opposer à l'obstination déraisonnable

Sur les critères d'inutilité et de disproportions, l'obstination médicale peut être jugée déraisonnable, et interrompue. Elle sous-entend une logique médicale de passage d'une attitude curative, à une prise en charge palliative : *« Ces actes ne doivent pas être poursuivis par une obstination déraisonnable lorsqu'ils apparaissent inutiles, disproportionnés et n'ayant d'autres effets que le seul maintien artificiel de la vie, ils peuvent être suspendus ou ne pas être intégrés. (...) Dans ce cas, le médecin sauvegarde la dignité du mourant et assure la qualité de sa vie. »* (ArticleL. 1110-5, alinéa 2 du Code de la santé publique.)

4. Codification des bonnes pratiques médicales en fin de vie

La loi envisage certaines des situations de fin de vie (article 1110-11 du Code de la santé publique). Par exemple, le patient en fin de vie *(« en phase avancée ou terminale d'une affection grave et incurable »)* est conscient et décide de limiter ou d'arrêter tout traitement, le médecin *« respecte sa volonté après l'avoir informé des conséquences de son choix »*. Lorsque le patient est inconscient, les équipes de soins doivent s'enquérir de la présence de volonté du malade portée par la personne de confiance (personne choisie et désignée par le malade) et/ou d'élaboration de directives anticipées (écrit rédigé par la personne sur les questions de limitation ou d'arrêt de traitement).

Le traitement antalgique et l'obligation de sauvegarder la dignité du mourant sont des principes directeurs de la loi Léonetti. Toute personne a le droit de recevoir des soins visant à soulager sa douleur. La théorie du « double effet » est légalisée : il s'agit de préserver la qualité de vie dans le cadre d'une bienfaisance (« faire le bien du malade ») permettant l'administration à un malade incurable, souffrant de douleurs intolérables, d'antalgiques à doses adaptées et fortes quand bien même le traitement pourrait raccourcir la vie. Le texte stipule en effet : « *Les professionnels de santé mettent en œuvre tous les moyens à leur disposition pour assurer à chacun une vie digne jusqu'à la mort. Si le médecin constate qu'il ne peut soulager la souffrance d'une personne, en phase avancée ou terminale d'une affection grave et incurable, quelle qu'en soit la cause, qu'en lui appliquant un traitement qui peut avoir pour effet secondaire d'abréger sa vie, il doit en informer le malade.* » (Article L. 1110-5, alinéa 5 du Code de la santé publique.)

IV. Conclusion

Sujet en perpétuelle mouvance, les considérations sociétales sur le processus de mort et la mort ne cessent pas de nous interroger. Mais de tout temps, on n'apprend pas à mourir. Les peurs de la mort font probablement partie des sentiments universels de l'homme. La tentation contemporaine est celle du court-circuit de la vie provoqué par la mort. Mais certains en fin de vie ont pu crier « on me frustre de ma mort » et d'autres développer des impulsions de vie (« *à l'ombre de la mort, la vie n'en a plus que d'éclats* » Horace). Toutefois, la loi ne réglera pas les problèmes juridiques concernant la fin de vie, ce que Robert Badinter avait deviné : « *La fin de vie est une question bien trop intime, bien trop personnelle pour être confiée à la loi et il y a certains domaines dans lesquels l'éthique est préférable à la loi.* »

S'engager dans les métiers de la santé, c'est pouvoir faire face aux peurs et aux angoisses de la mort, troubles qu'il ne faut absolument pas esquiver. C'est aussi être « là » face au désespoir de l'autre. Car enfin comme Tolstoï, il serait envisageable de constater : « *Et la mort ? Où est-elle ? Quelle mort ? Il n'y avait pas de peur parce qu'il n'y avait pas de mort. Au lieu de la mort, il y avait la lumière... C'est donc cela ! dit-il soudain à voix haute. Quelle joie !* » ; et d'évoquer avec un poète contemporain, J. Gauthier, « *Son repos final démasquait l'indolente gestation la germination chaude d'une étreinte.* »

POINTS CLÉS

▶ La mort a d'abord été définie comme l'arrêt des fonctions respiratoires, puis cardiaques et maintenant on se réfère à la mort cérébrale selon une approche neurologique.

▶ La mort administrative est définie légalement par deux concepts médicaux que sont le constat clinique dit simplifié d'arrêt des signes de vie et celui dit renforcé de démonstration paraclinique de la mort encéphalique.

▶ Depuis toujours, l'homme refuse la mort qui engendre chez lui peur et angoisse. Actuellement, la mort est rejetée du champ social.

▶ La crainte de sa propre déchéance fait intervenir de façon récurrente la question de la légalisation de l'euthanasie.

▶ Le concept d'euthanasie se définit par trois axes : une mort provoquée par un tiers, dans l'intention délibérée de la donner, pour un malade atteint d'une maladie incurable qui affecte la qualité de vie de façon péjorative.

▶ La fin de vie est réglementée en France par les dispositions de la loi Léonetti du 22 avril 2005.

▶ La loi Léonetti reconnaît à l'individu le droit de s'opposer à l'obstination déraisonnable ; elle légalise le traitement à double effet et permet la rédaction de directives anticipées.

▶ Le respect de la dignité du malade est un principe essentiel du dispositif légal de fin de vie.

Bibliographie

Aumonier N, Beignier B, Letellier P. *L'euthanasie*. Coll. Que sais-je ? Paris : PUF ; 2001.

Jonas H. *Le principe de responsabilité. Une éthique pour la civilisation technologique*. Paris : Les Éditions du Cerf ; 1997.

Poisson JF. *La dignité humaine*. Bordeaux : Les Études Hospitalières ; 2004.

Ricot J. *Philosophie et fin de vie*. Rennes : Éditions E.N.S.P ; 2003.

Thomas LV. Euthanasie, approche conceptuelle et perspective anthropologique. *Bulletin de la Société de thanatologie–Études sur la mort* 1976 ; 31 : 53–85.

Zarifian É. *Le goût de vivre ; retrouver la parole perdue*. Paris : Odile Jacob ; 2005.

Genre, santé et soins

F. Beck, F. Maillochon

I. Le rapport à la santé
II. Femmes et santé somatique
III. Femmes et santé mentale
IV. Recours aux soins
V. Conclusion : genre et inégalités sociales de santé

L'espérance de vie à la naissance des femmes est plus élevée que celle des hommes. Ce différentiel a des origines multiples qui relèvent de certaines différences biologiques initiales, mais surtout de différences dans les modes de vie et les comportements de santé qui se cumulent tout au cours de la vie. Or rien ne justifie biologiquement que ces pratiques diffèrent suivant le sexe. Pourtant femmes et hommes n'ont pas la même perception de la santé, n'observent pas les mêmes règles de prévention et ne se soignent pas de la même façon. Le genre qui désigne la construction sociale de l'identité sexuelle, c'est-à-dire le modelage des comportements des hommes et des femmes en tant qu'êtres sexués, semble donc essentiel pour rendre compte de certaines différences entre les états de santé des hommes et des femmes.

Les comportements à l'égard de la santé diffèrent donc suivant le genre, c'est-à-dire en fonction de la dimension sociale des différences et des spécificités des sexes, et non pas de leur ancrage biologique. L'épidémiologie qui accorde une place importante à la question de la différenciation homme/femme a donc intérêt aussi à considérer sa dimension sociale, le genre, ce qu'elle ne fait que depuis peu. Si les pays anglo-saxons ont une longue expérience des *gender studies*, la France accuse un certain retard dans ce domaine. Cette approche permet non seulement de mieux appréhender les pathologies développées par les femmes et les hommes, mais aussi leurs comportements spécifiques à l'égard de la santé. Sans chercher à traiter, d'une manière qui serait forcément lapidaire, l'ensemble des maladies sous l'angle du genre, nous nous attardons sur quelques thèmes concernant à la fois le somatique et le psychique pour lesquels les différences de prévalence entre hommes et femmes sont particulièrement marquées et ont des origines évidentes dans la construction sociale des rôles sexués.

I. Le rapport à la santé

A. État de santé général

L'état de santé d'une personne peut être appréhendé à travers la description médicale de l'ensemble de ses troubles et affections, mais aussi à travers la perception subjective que l'individu en donne. Les enquêtes *Santé et protection sociale* (ESPS) réalisées par l'Institut de recherche et documentation en économie de la santé (IRDES) depuis 1988 montrent que, parmi les assurés sociaux ou ayants droit, les femmes déclarent plus de problèmes de santé que les hommes quel que soit leur âge. Les femmes de moins de 25 ans évoquent en moyenne 1,1 maladie ou trouble de santé (contre 0,8 pour les hommes du même âge), les femmes entre 25 et 64 ans en énoncent 3,1 (contre 2,1) et les plus âgées 6,3 (contre 5,3).

Pour toutes les classes de maladies ou de symptômes correspondant à des entités cliniques proches, les femmes déclarent toujours plus d'affections que les hommes. Les maladies les plus fréquemment citées par les femmes sont l'hypertension artérielle (16 %), le mal de dos (14 %), l'anxiété (14 %) et l'excès de lipides dans le sang (13 %). Ces problèmes concernent également les hommes mais dans une moindre mesure. Parmi les affections moins fréquentes, les pathologies de la thyroïde, les migraines et les infections urinaires sont plus souvent déclarées par les femmes, même si, à l'exception peut-être de ces dernières, elles ne sont pas spécifiquement féminines. Dans ces conditions, on comprend mieux pourquoi les femmes se sentent généralement en moins bonne santé que les hommes : 29 % des femmes trouvent leur état de santé moyen, mauvais ou très mauvais, contre 23 % des hommes.

B. Hygiène de vie (manger, bouger, dormir)

Les femmes font preuve d'un plus vif intérêt pour les questions de santé comme en témoigne leur plus grande consultation de différentes sources d'information : émissions télévisuelles, magazines spécialisés et désormais Internet, dont la plupart des forums médicaux sont nourris de communications de femmes internautes.

Les femmes apparaissent plus concernées par les questions de santé que les hommes, que ce soit pour elles ou pour les autres membres de leur famille. Ce souci ne relève pas d'une simple compétence féminine (une plus grande sensibilité, par exemple) mais reflète plus vraisemblablement le partage encore inégal des tâches domestiques et en particulier des soins accordés aux enfants d'une part et aux ascendants d'autre part. Les fonctions d'éducation, de veille, d'entretien, de soin et d'attention (*care* en anglais) sont en effet traditionnellement dévolues aux femmes et restent toujours majoritairement accomplies par elles. Ce plus grand souci des autres varie suivant l'âge et le milieu socioculturel, ce qui conforte son caractère social et appris.

Globalement, les femmes semblent donc porter une plus grande attention aux messages préventifs diffusés dans les campagnes de santé publique. Elles témoignent, dans les discours du moins, d'un plus grand intérêt au respect d'une bonne hygiène de vie, qu'il s'agisse d'observer une alimentation équilibrée, d'effectuer une activité physique régulière ou de s'accorder un temps de sommeil suffisamment réparateur. Les enquêtes sur les pratiques alimentaires montrent toutefois une situation plus nuancée. Les femmes déclarent plus fréquemment que les hommes faire attention à leur alimentation, limiter leur consommation de produits gras ou sucrés, consommer des fruits et légumes quotidiennement. Elles sont d'ailleurs plus nombreuses que les hommes à surveiller leur poids, que ce soit dans un but esthétique ou prophylactique. En revanche, les femmes sont moins nombreuses que les hommes à déclarer une activité physique d'intensité suffisante, et ce malgré des effets bénéfiques sur la santé pourtant désormais largement reconnus. Elles sont également moins assidues dans leur pratique ce qui, là encore, doit être moins associé à leur constitution physique ou psychique qu'à d'autres facteurs comme l'organisation sociale du temps quotidien qui laisse aux femmes une plus faible place pour le temps libre.

Les femmes déclarent enfin plus de problèmes de sommeil, avec des insomnies et des temps d'endormissement en moyenne plus long que ceux des hommes. Les raisons invoquées dans la littérature scientifique pour l'expliquer sont soit d'ordre hormonal ou génétique, soit s'appuient sur le rôle social des femmes, en particulier lorsqu'elles élèvent des enfants en bas âge. Une étude récente a permis d'observer que les femmes y apparaissent surtout vulnérables lorsqu'elles endossent un rôle social susceptible de peser sur leur qualité de vie, notamment en termes de souffrance mentale.

C. Prises de risques

Les comportements de prévention ne sont pas toujours bien respectés par les femmes, notamment lorsqu'ils concernent certaines pratiques à risque (absence de précautions contre les IST par exemple, ou encore consommation de tabac responsable de 60 000 décès par an dont environ 6000 pour les femmes, ce chiffre étant en augmentation). Alors que la proportion d'hommes fumeurs ne cesse de décroître depuis l'apparition des campagnes d'information sur sa nocivité, la fréquence du tabagisme chez les femmes reste stable depuis 30 ans, malgré la mise en place d'une politique active de dénormalisation du tabac. Actuellement, 27 % des femmes entre 12 et 75 ans fument régulièrement ou occasionnellement, une proportion très proche de celle des hommes (30 %).

La consommation d'alcool, autre grand facteur de risque sanitaire, apparaît au contraire très sexuellement différenciée. Sur ce point, les femmes sont trois fois moins nombreuses que les hommes à déclarer une consommation régulière d'alcool, c'est-à-dire au moins trois consommations d'alcool par semaine durant l'année passée (10 % des femmes de 18 à 64 ans contre 29 % des hommes) ou à avoir traversé un moment d'ébriété (7 % contre 22 %). Parmi elles, la consommation régulière d'alcool concerne surtout les plus âgées et ce sont, en revanche, les plus jeunes femmes qui déclarent le plus souvent, et en plus grand nombre, les ivresses récentes.

Concernant les drogues illicites, le cannabis est le produit psychoactif le plus consommé, en particulier par les jeunes. Parmi les 15–64 ans, 23 % des femmes (resp. 38 % des hommes) l'ont expérimenté ; 2,5 % des femmes (resp. 7 % des hommes) en ont consommé dans le mois. L'usage du cannabis est masculin mais s'avère davantage féminisé que l'alcool.

Si certaines substances sont plus consommées par les hommes (alcool, cannabis et autres drogues illicites) et d'autres par les femmes (médicaments psychotropes), ces tendances peuvent néanmoins varier suivant l'âge, le niveau d'éducation et le milieu social des individus. Les modes de consommation apparaissent moins liés au sexe des individus qu'aux rôles sociaux, c'est-à-dire au genre. C'est lui qui modèle en grande partie les rapports aux produits des hommes et des femmes en fonction des places qui leur sont assignées dans la société et des représentations attendues de leurs comportements. La plus grande clandestinité des pratiques addictives des femmes, généralement imputée à leur plus forte stigmatisation, est observée depuis longtemps. Les femmes usagères de drogues connaissent un certain nombre de problèmes spécifiques : plus grande vulnérabilité sociale, dépendance plus fréquente, accès plus limité aux soins médicaux, exposition plus importante à la violence, inadaptation des structures mixtes aux besoins et aux demandes spécifiques du public féminin et quasi-absence de structures de soins spécifiques disposant de services adaptés aux femmes (douches, conseils médicaux, écoute…).

D'un autre côté, plusieurs travaux montrent qu'un certain rapprochement des conduites d'usages de substances psychoactives des hommes et des femmes semble aller de pair avec une dynamique d'uniformisation des rôles sociaux, qui apparaît plus importante dans les classes favorisées que dans les classes populaires, et parmi les actifs occupés que les inactifs ou chômeurs. Dans le même ordre d'idée, des études internationales ont montré que plus l'égalité des sexes est respectée dans un pays, moins les différences de genre, sur l'alcoolisation par exemple, s'avèrent importantes.

II. Femmes et santé somatique

L'étude nationale *Nutrition santé* (ENNS) indique que la proportion d'obèses parmi les femmes de 18 à 74 ans est proche de celle des hommes (respectivement 18 % et 16 %). En revanche, il existe une moins grande proportion de femmes en surpoids (24 % contre 41 %). L'excès de poids léger ou sévère est généralement considéré comme un facteur de risque de nombreuses pathologies, notamment de l'hypertension artérielle. D'une manière générale, la pression artérielle des femmes est plus basse que celle des hommes et augmente avec l'âge. Les femmes sont légèrement moins fréquemment hypertendues que les hommes (28 % des femmes de 18 à 74 ans contre 34 % des hommes à tout âge). La prévalence plus faible de l'hypertension chez les femmes n'est pas à mettre en regard de leur seule tension artérielle, en moyenne plus faible que celle des hommes, mais doit aussi être rapprochée de leurs comportements de santé en général, favorisant souvent une alimentation moins grasse, moins salée et une moindre consommation d'alcool.

L'hypertension artérielle est un facteur de risque cardiovasculaire majeur qui n'est pas identique pour les hommes et les femmes. Ainsi, l'incidence des accidents cardiovasculaires cérébraux est plus faible dans la population féminine. Toutefois, le taux d'hospitalisation pour ce genre de problème est également plus faible pour les femmes, ce qui traduit aussi vraisemblablement l'isolement des femmes, le plus souvent âgées, concernées par ce problème. Cet exemple montre une fois de plus combien même les troubles en apparence les plus mécaniques sont le produit de déterminants variés où le social joue toujours un rôle.

III. Femmes et santé mentale

Les troubles anxiodépressifs sont les troubles mentaux les plus courants dans la population générale. Leur fréquence varie, selon les enquêtes, en fonction des instruments de mesure sur lesquels elles s'appuient. La plupart des études menées en population générale indiquent une prévalence de ces troubles 1,5 à 3 fois plus élevée chez les femmes que chez les hommes, cette différence s'installant dès l'adolescence. Ainsi, l'ensemble des sources converge pour estimer à environ 10 % la part des femmes adultes ayant souffert d'un épisode dépressif au cours de l'année. La prévalence de l'épisode dépressif majeur au cours des douze derniers mois, mesurée dans *Baromètre santé* 2005 de l'INPES, est estimée à 10 % chez les femmes contre 5 % chez les hommes. Les chiffres de l'anxiété généralisée apparaissent inférieurs, avec une prévalence au cours de la vie de 3 % chez les hommes contre 7 % chez les femmes.

L'importance des troubles mentaux chez les femmes a longtemps été attribuée à leur constitution biologique et notamment à une origine hormonale. De nombreuses études montrent désormais l'importance des facteurs sociaux, notamment de genre, dans l'étiologie de ces maladies. La plus grande fréquence des troubles anxiodépressifs déclarés par les femmes pourrait être nuancée par une propension moins grande des hommes à déclarer des états comme la tristesse ou le mal-être, qui permettent de repérer l'épisode dépressif. Toutefois, l'ampleur des différences ne peut être réduite à des biais de déclaration. Pour certains auteurs, l'écart de déclaration pourrait aussi être lié au fait que, pour les hommes, la dépression présenterait une symptomatologie impliquant moins la tristesse et l'anhédonie (absence de plaisir), ce qui la rendrait plus difficile à diagnostiquer à travers les tests classiquement utilisés. En outre, les inégalités face à la dépression sont dues en partie à des situations économiques et sociales qui exposent davantage les femmes aux troubles dépressifs. Ainsi ces dernières sont plus souvent chômeuses ou inactives (au sens économique) : des situations associées à une prévalence élevée des épisodes dépressifs.

L'expression d'attentes sociales différenciées pour les hommes et pour les femmes et leurs conséquences sur la santé mentale se perçoit également dans la fréquence des troubles des conduites alimentaires. Les femmes, et en particulier les adolescentes, sont plus touchées que les hommes par les troubles du comportement alimentaire. Des travaux récents ont établi que l'anorexie mentale et la boulimie nerveuse touchaient respectivement 0,9 % et 1,5 % des femmes et 0,3 % et 0,5 % des hommes. Les crises de boulimie, quant à elles, concernent 28 % des adolescentes et les stratégies de contrôle du poids 19 %. Les complications somatiques des troubles des conduites alimentaires sont nombreuses et graves, mais leur fréquence est mal connue. Ces complications sont aiguës ou tardives, liées à la dénutrition et/ou aux vomissements (troubles cardiaques, digestifs, métaboliques, dentaires, rénaux, ostéoporotiques et infectieux). Les comorbidités psychiatriques sont très fréquentes : dépression, anxiété, troubles de la personnalité, abus de substances. Une étude française a montré que les symptômes alimentaires sont associés à une augmentation de la fréquence des pensées suicidaires chez les 12–19 ans. Les tentatives de suicide toucheraient entre 3 et 20 % des personnes souffrant de l'anorexie mentale et entre 25 et 35 % des personnes souffrant de la boulimie nerveuse.

Enfin, alors que le taux de décès par suicide s'avère trois fois plus élevé chez les hommes que chez les femmes, les tentatives de suicide sont néanmoins nettement plus fréquentes chez ces dernières. Ainsi, d'après le *Baromètre santé* 2005, 5 % des personnes de 12 à 75 ans ont déclaré avoir déjà tenté de se suicider au cours de leur vie (7 % des femmes et 3 % des hommes). Les pensées suicidaires au cours des douze derniers mois concernent 5 % des personnes de cette tranche d'âge, la différence entre hommes et femmes s'avérant bien moindre (4,5 % contre 5,9 %).

IV. Recours aux soins

De manière générale, un net accroissement des consommations de soins concernant les troubles mentaux – regroupant troubles névrotiques et psychotiques, anxiété, dépression, troubles de l'enfance et troubles du sommeil – est observé en France depuis une dizaine d'années aussi bien en médecine de ville que dans les secteurs de psychiatrie générale. En 2007, les affections psychiatriques de longue durée représentaient la quatrième cause d'admission en ALD (affection de longue durée) ? Elles concernent 0,9 million de bénéficiaires du régime général de l'assurance-maladie dont 55 % de femmes. Le suivi des épisodes dépressifs, les troubles affectifs bipolaires et les troubles anxieux concernent majoritairement des femmes (autour de 70 % pour ces pathologies), ce qui est conforme au fait qu'elles déclarent plus souvent ces types de troubles.

La prise en charge des troubles dépressifs est plus fréquente chez les femmes, même si elle peut être encore largement améliorée. En prenant en compte les diverses sources de données, on observe qu'environ un homme sur deux souffrant d'un épisode dépressif déclare ne pas avoir consommé de médicaments, ni rencontré un professionnel de la santé, ni séjourné dans une structure de soins. Ces proportions sont plus faibles chez les femmes (trois à quatre femmes sur dix). D'autres troubles mentaux, touchant principalement les femmes, font l'objet d'un moindre suivi. C'est le cas en particulier de l'anorexie mentale pour laquelle la moitié des sujets atteints (surtout des jeunes filles) ne sont pas traités, alors qu'elle est parmi les pathologies psychiatriques ayant la plus forte mortalité.

La consommation de soins, en particulier celle de médicaments, apparaît également plus élevée chez les femmes que chez les hommes et cet écart semble en augmentation. Ces différences, notamment concernant les hospitalisations, s'expliquent en partie par un effet de structure d'âge (les femmes vivant plus longtemps que les hommes) ainsi que par des recours aux soins spécifiques, notamment en gynécologie-obstétrique. Les femmes sont plus nombreuses à consulter leur médecin généraliste et elles le font plus régulièrement et en moyenne plus souvent. Elles ont également une approche plus diversifiée de la médecine et se tournent davantage vers d'autres spécialités comme l'acupuncture ou l'homéopathie (un quart des femmes contre un dixième des hommes).

Si les femmes semblent accorder un plus grand intérêt au suivi médical, aussi bien dans un but préventif que curatif, les résultats sur leur état de santé général ne semblent pas automatiques. Bien que les femmes se soignent apparemment mieux que les hommes, elles sont également les plus nombreuses à renoncer à un traitement pour des raisons financières (17 % d'entre elles contre 12 % pour les hommes). Le renoncement à recourir à des soins pour raisons financières est le résultat de la confrontation d'une demande de soins et de la capacité à la financer, qui peut à terme avoir de graves conséquences sur l'état de santé de l'individu. Toutefois, le niveau de renoncement est plutôt en baisse sur la période récente, notamment grâce à la mise en place de la couverture maladie universelle (CMU) et du chèque santé. Ces renoncements concernent essentiellement les soins dentaires et d'optique peu remboursés par l'assurance-maladie, mais également les soins de spécialistes sujets aux dépassements (ophtalmologiste, gynécologues et dermatologues). L'enquête *Santé et protection sociale* (ESPS) de l'IRDES permet d'étudier les femmes bénéficiaires de la couverture maladie universelle complémentaire (CMUC) et, depuis 1988, celles ayant dû renoncer à des soins pour raisons financières. Ainsi, disposant de revenus modestes, souvent peu diplômées, exposées au chômage, les femmes bénéficiaires de la CMUC cumulent les facteurs de fragilité économique. Elles sont, à tous les âges, plus nombreuses à déclarer un état de santé dégradé que les femmes avec ou sans couverture complémentaire.

V. Conclusion : genre et inégalités sociales de santé

Plusieurs études récentes fournissent de précieuses informations sur les spécificités de la santé des femmes et sur l'inscription du genre dans la problématique des inégalités sociales de santé (voir encadré ci-dessous).

> **Genre et inégalités sociales dans le champ de la prévention et de la promotion de la santé sexuelle**
>
> Des inégalités sociales sont encore repérables dans les pratiques préventives (utilisation du préservatif au premier rapport, recours au dépistage des IST ou encore médicalisation de la contraception), qui

39 Principaux résultats concernant la santé et les soins

> sont moins élevées parmi les femmes les moins favorisées socialement. L'exposition au risque de grossesse non désirée et de transmission d'une infection sexuellement transmissible (IST) apparaît ainsi plus fréquente dans les milieux sociaux les moins favorisés. De telles inégalités relèvent sans doute autant de difficultés financières que d'une plus grande distance sociale à l'égard du discours préventif. En revanche, la forte hausse, entre 1995 et 2005, du pourcentage de mammographies effectuées, dans le cadre du dépistage organisé, par les femmes ayant les revenus les plus modestes est un signe encourageant, preuve que la question des inégalités de santé peut être prise en compte avec efficacité par les pouvoirs publics.

Dans le champ de la prévention et de la promotion de la santé, les défis à venir concernent notamment la santé sexuelle et les comportements à risque, en particulier pour les jeunes femmes. Il faut également prendre en compte le fait que la monoparentalité expose plus souvent les femmes aux situations de pauvreté et, incidemment, aux problèmes de santé déjà évoqués. En outre, le vieillissement de la population, l'isolement des femmes âgées et l'augmentation du nombre des démences risquent de poser à terme des problèmes de prise en charge spécifiquement féminins.

Les femmes se perçoivent toujours en moins bon état de santé que les hommes et déclarent en moyenne plus de maladies qu'eux. Néanmoins une moindre prise de risques dans certains domaines, de moindres comportements dommageables pour la santé (notamment en termes d'alimentation), un recours aux soins plus fréquent et une plus forte implication dans la prévention permettent d'expliquer que leur mortalité aux différents âges de la vie est plus faible que celle des hommes et, par conséquent, leur espérance de vie plus importante. Malgré ces avantages, des freins dans l'adoption de certaines mesures d'hygiène de vie (comme le sport), de certaines pratiques de prévention (notamment sexuelles) ou de recours aux soins (en particulier pour les urgences hospitalières) sont perceptibles.

L'adoption de certaines pratiques permettant de conserver ou d'améliorer la santé des femmes est encore limitée lorsque celles-ci entrent en concurrence avec certains rôles sociaux des femmes, notamment de soins à l'égard de l'ensemble de la famille. Ces différences sont sensibles suivant les milieux sociaux. Quel que soit l'indicateur observé, revenu ou catégorie sociale, les femmes les moins favorisées socialement se déclarent toujours en moins bon état de santé, déclarent plus de maladies et ont globalement un moindre recours aux soins (DREES) que les femmes de milieux privilégiés, ce qui réduit considérablement leur espérance de vie. Néanmoins, les différences de comportements entre hommes et femmes – et ses conséquences visibles du point de vue de l'espérance de vie – sont moins marquées dans les milieux favorisés que dans les milieux populaires, suggérant que la prévention, si elle a à gagner à prendre le sexe en considération, ne peut faire l'économie d'accorder une place importante aux contextes sociaux de sa construction.

POINTS CLÉS

▶ L'espérance de vie à la naissance des femmes est plus élevée que celle des hommes.

▶ Ce différentiel relève de certaines différences biologiques initiales, mais surtout de différences dans les modes de vie et les comportements de santé qui se cumulent tout au cours de la vie.

▶ Le genre désigne la construction sociale de l'identité sexuelle, c'est-à-dire le modelage des comportements des hommes et des femmes en tant qu'êtres sexués.

▶ Les femmes se perçoivent en moins bon état de santé que les hommes et déclarent en moyenne plus de maladies qu'eux.

▶ Les femmes apparaissent plus concernées par les questions de santé que les hommes ; ceci reflète vraisemblablement le partage encore inégal des tâches domestiques et des soins accordés aux enfants et aux ascendants.

▶ Les comportements de prévention ne sont pas toujours bien respectés par les femmes, notamment lorsqu'ils concernent certaines pratiques à risque (absence de précautions contre les IST, consommation de tabac...).

▶ Certaines substances sont plus consommées par les hommes (alcool, cannabis et autres drogues illicites) et d'autres par les femmes (médicaments psychotropes), mais ces tendances peuvent varier suivant l'âge, le niveau d'éducation et le milieu social des individus : ces modes de consommation apparaissent liés au genre.

▶ L'hypertension artérielle est un facteur de risque cardiovasculaire majeur qui n'est pas identique pour les hommes et les femmes.

▶ Les femmes, et en particulier les adolescentes, sont plus touchées que les hommes par les troubles mentaux (troubles anxiodépressifs, troubles du comportement alimentaire...).

▶ Le taux de décès par suicide s'avère trois fois plus élevé chez les hommes que chez les femmes ; les tentatives de suicide sont néanmoins nettement plus fréquentes chez ces dernières.

▶ Les femmes se soignent apparemment mieux que les hommes, mais elles sont les plus nombreuses à renoncer à un traitement pour des raisons financières (17 % d'entre elles contre 12 % pour les hommes).

▶ Les femmes les moins favorisées socialement se déclarent toujours en moins bon état de santé, déclarent plus de maladies et ont globalement un moindre recours aux soins que les femmes de milieux privilégiés, ce qui réduit considérablement leur espérance de vie.

Bibliographie

Allonier C, Dourgnon P, Rochereau T. 2008, *Enquête sur la santé et la protection sociale 2006*. IRDES ; avril 2008, rapport n° 1701.
Beck F, Guilbert P, Gautier A. *Baromètre santé 2005 : attitudes et comportements de santé*. St-Denis : INPES ; 2005, 593 p.
Déchaux JH. Les femmes dans les parentèles contemporaines : atouts et contraintes d'une position centrale. *Politiques Sociales et Familiales* 2009 ; n° 95 : 7–17.
DREES. *La santé des femmes en France*. DREES, Études et recherche statistiques. Paris : La Documentation française ; 2009, 298 p.
Insee. In : *Femmes et hommes : regards sur la parité*. Insee Référence. Insee ; 2008, 238 p.

40 Précarité et inégalités de santé

L. Gerbaud

I. La précarité, un concept flou ?
II. Les dimensions de la précarité
III. Mesurer la précarité
IV. Quels sont les problèmes de santé des plus précaires ?
V. Quelles attitudes avoir ?

I. La précarité, un concept flou ?

La précarité est « l'état de ce qui est précaire, c'est-à-dire qui n'offre nulle garantie de durée, de stabilité, qui peut toujours être remis en cause ou qui est d'une sécurité douteuse » (dictionnaire *Larousse*). D'une certaine façon, tout être vivant est précaire et ce qui est précaire n'est pas durable. Alors comment en est-on venu à parler, durablement, de précarité dans le domaine de la santé ?

L'apparition du terme précarité provient du rapport Wresinski, où elle est définie comme « l'absence d'une ou plusieurs des sécurités permettant aux personnes et aux familles d'assumer leurs responsabilités élémentaires et de jouir de leurs droits fondamentaux ». Il s'agit alors d'un état d'insécurité chronique, qui s'est développé progressivement dans la société française depuis le milieu des années 1970.

Depuis la Seconde Guerre mondiale, la croissance économique semblait capable de résoudre les questions de pauvreté, de misère et d'inégalités d'état de santé qui en découlaient. La principale question en termes de santé était de solvabiliser (c'est-à-dire de rendre solvable) des personnes trop pauvres pour affronter le coût réel des soins, ce qui était fait par l'extension de la couverture d'assurance-maladie, par l'augmentation des personnes couvertes directement ou indirectement (ayants droit) ou en créant des systèmes d'accès aux droits pour les personnes ne relevant d'aucune prise en charge assurantielle (telle l'aide médicale d'État – AME). Dès le début des années 1970, les régimes d'assurance-maladie ont pris en charge 75 % de la consommation de soins et biens médicaux et couvraient presque tous les soins coûteux (à travers les mécanismes d'exonération des longues maladies, aujourd'hui affections de longue durée – ALD). Deux mécanismes ont contribué à remettre en cause cette politique de réduction progressive des inégalités de santé par l'extension des droits sociaux : la reconnaissance des inégalités de santé reposant sur un mécanisme plus complexe, non uniquement déterminé par la capacité à payer des soins, et les changements intervenus à partir de 1973, marquant la fin progressive du modèle de développement économique existant en France depuis la Seconde Guerre mondiale. Ce modèle, fondé sur l'extension progressive du salariat unique à toute la société, permettait l'inclusion dans le système de soins via l'accès à l'assurance-maladie. Il a été peu à peu remplacé par des parcours professionnels marqués par des changements de postes et de carrières, un risque constant de chômage et une nécessité d'adaptation permanente à de nouvelles compétences, de nouveaux rythmes de travail…

Faute de qualification initiale ou continue, de capacité à s'adapter ou parce que ces capacités sont atteintes par un handicap, un vieillissement précoce lié à un travail pénible, une partie de la population ne peut suivre la hausse du niveau général des qualifications. Comme, dans le même temps, le marché du travail peu qualifié, à faible productivité, se réduit, cette population se retrouve en situation de vulnérabilités multiples : économique, sociale, sanitaire…, surtout si elle est sans héritage ou soutien familial solide. Cette vulnérabilité peut conduire à une grande pauvreté, lorsque plusieurs domaines de l'existence sont affectés durablement, compromettant les chances de reconquérir ses droits, sa capacité à être responsable et à se situer dans un avenir prévisible.

II. Les dimensions de la précarité

Si le mot est nouveau, les questions posées par la précarité ne sont pas nouvelles. Il faut faire attention au fait que la réapparition de problèmes anciens se traduit souvent par le recours à des termes nouveaux. Or, si les mots sont nouveaux, les maux le sont rarement : le « SDF » remplace le clochard, mais tous deux n'ont guère d'endroit où dormir, se laver, ranger ses affaires… Plusieurs concepts plus anciens doivent être associés à la précarité :

- *pauvreté* : « l'état ou la condition d'une personne qui manque de ressources, de moyens matériels pour mener une vie décente » (définition du CNTRL[51]). Longtemps masquée, considérée comme en voie de résorption par le développement économique et des régimes d'assurances sociales, c'est avant tout elle qui fait un retour remarqué dans nos sociétés ;
- *misère* : « extrême pauvreté, condition pénible de nature physique, matérielle ou morale, susceptible d'inspirer la pitié » (CNTRL). Ceux que l'on aurait appelé autrefois des miséreux sont au cœur de ce que le rapport Wresinski a défini comme étant le quart monde ;
- *exclusion* : « action d'exclure d'un groupe (…) en économie : action d'exclure du monde du travail, donc de la société » *(Larousse)*, qui marque l'un des risques de la précarité : en perdant son travail on peut se retrouver exclu, en dehors de la société ;
- *marginalité* : état d'une « personne vivant ou se situant en marge d'un groupe social déterminé ou plus généralement de la société dans laquelle elle vit » (CNTRL). Elle n'est pas nécessairement une conséquence de la précarité : elle peut être choisie, lorsque l'on rejette le mode de vie dominant. Lorsqu'elle est subie, à l'issue de plusieurs défaillances socio-économiques, familiales ou sanitaires, elle est alors proche de l'exclusion.

---

51. Centre national de ressources textuelles et lexicales : www.cnrtl.fr

III. Mesurer la précarité

L'image de la précarité qui vient le plus souvent à l'esprit est celle du SDF. Cette image est déformante, fondée sur une situation extrême et masque une précarité sociale plus diffuse et multiforme. La précarité associe plusieurs dimensions : économique (disposer ou non d'un revenu, être propriétaire de son logement...), sociale (pouvoir être aidé par sa famille, ses amis, disposer d'un réseau social permettant de trouver du travail...), sanitaire (être malade, avoir un handicap, devoir prendre un traitement chronique...), culturelle (disposer de ressources personnelles permettant de s'adapter à une nouvelle situation, maîtriser la langue du pays où l'on vit, accéder à la culture...), affective... Établir que quelqu'un est précaire relève d'un réel diagnostic social, de la pratique des travailleurs sociaux. Si les définitions sont imparfaites, elles sont néanmoins intéressantes car permettant de présenter plusieurs aspects de la précarité.

A. Les définitions dites administratives

Les définitions dites administratives sont fondées sur l'ouverture de droits : être boursier (lorsque l'on fait ses études), être inscrit dans une mission locale pour l'emploi de jeunes (lorsque l'on n'a ni travail, ni étude), être reconnu comme chômeur de longue durée, bénéficier d'un revenu de survie sociale (autrefois le RMI – revenu minimum d'insertion, aujourd'hui le RSA – revenu de solidarité active), avoir une aide à la couverture des soins (être bénéficiaire de la CMU – couverture maladie universelle, de l'AME – aide médicale d'État)... Les définitions administratives posent deux problèmes : elles demandent une démarche pour faire ouvrir ses droits (ce qui suppose souvent un domicile fixe, une bonne compréhension de la langue écrite...) et elles ne prennent pas en compte des personnes situées juste au-dessus des seuils de reconnaissance de droits, mais qui peuvent aussi être atteintes par la pauvreté : ainsi en est-il des travailleurs pauvres, dont les salaires sont trop modiques pour accéder à un logement décent ou qui cumulent des contrats à durée déterminée entrecoupés de périodes de chômage, des mères célibataires employées à temps partiel...

B. Les indices géographiques de précarité

Les indices géographiques de précarité cherchent à déterminer les secteurs pauvres sur un territoire donné. Utilisés pour cartographier les îlots de pauvreté et planifier des interventions sur des territoires prioritaires, ces indices sont dits géocodés. Par exemple, à partir des données du recensement, ils permettent de cibler les quartiers prioritaires en termes de politique sociale, scolaire ou d'accès aux soins. Les trois indices les plus couramment utilisés, et qui sont liés à des inégalités d'état de santé, sont repris dans le tableau 40.I.

C. Les scores individuels de précarité

Les scores individuels de précarité, de développement plus récent, visent à identifier, dans une population donnée et à partir de questions simples, les personnes à risque de précarité et d'inégalités d'état

Tableau 40.I. **Principaux indices géographiques de précarité.**

Indice géographiques de précarité*	Townsend	Carstairs	Pampalon
Variables	Taux de chômage % de foyers possédant une voiture % de foyers propriétaires de leur logement % de foyers surpeuplés	Taux de chômage chez les hommes % de foyers possédant une voiture % d'ouvriers/employés % de foyers surpeuplés	Taux de chômage % d'adultes non diplômés % de personnes ayant plusieurs revenus % de personnes vivant seules % de personnes séparées, divorcées ou veuves % de familles monoparentales

* Par ordre chronologique de création.

de santé en lien avec la précarité. L'un des scores les plus récents est le score EPICES, qui établit un lien fort entre précarité et inégalités de santé. Ce score est basé sur onze questions (voir encadré ci-dessous). Il permet aussi de repérer des personnes précaires parmi celles échappant aux définitions administratives.

Les onze questions du score EPICES

- 1. Rencontrez-vous parfois un travailleur social ?
- 2. Bénéficiez-vous d'une assurance-maladie complémentaire ?
- 3. Vivez-vous en couple ?
- 4. Êtes-vous propriétaire de votre logement ?
- 5. Y a-t-il des périodes dans le mois où vous rencontrez de réelles difficultés financières à faire face à vos besoins ?
- 6. Vous est-il arrivé de faire du sport au cours des douze derniers mois ?
- 7. Êtes-vous allé au spectacle au cours des douze derniers mois ?
- 8. Êtes-vous parti en vacances au cours des douze derniers mois ?
- 9. Au cours des six derniers mois, avez-vous eu des contacts avec des membres de votre famille autres que vos parents ou vos enfants ?
- 10. En cas de difficultés, y a-t-il dans votre entourage des personnes sur qui vous puissiez compter pour vous héberger quelques jours ?
- 11. En cas de difficultés, y a-t-il dans votre entourage des personnes sur qui vous puissiez compter pour vous apporter une aide matérielle ?

IV. Quels sont les problèmes de santé des plus précaires ?

Les conséquences de la précarité en termes de santé sont nombreuses et toutes en défaveur des personnes précaires :
- prévalence plus élevée de pathologies courantes, telles que hypertension artérielle, diabète de la maturité, obésité, pathologies cardiovasculaires… Ces pathologies sont dépistées plus tardivement et leur traitement est plus souvent en échec, notamment pour le diabète ou l'obésité ;

- incidence plus élevée des cancers et moindre efficacité des traitements en cas de cancer ;
- prévalence plus élevée des facteurs de risque, que ceux-ci soient individuels (consommation de tabac ou d'alcool), liés à une moindre qualité du logement (exposition au bruit, à la pollution aérienne, au plomb…), de l'alimentation (les aliments « bas de gamme » contiennent plus fréquemment du sucre, du sel, des lipides de mauvaise qualité, des polluants…), à l'exposition à des polluants sur le lieu de travail, à des métiers plus pénibles… ;
- fréquence plus élevée de dépression, d'une plus faible estime de soi, d'une projection négative vers le futur ;
- moindre accès aux programmes de dépistage, moindre efficacité des campagnes de prévention ;
- perception plus négative de son propre état de santé.

Plus choquant, les personnes précaires sont plus souvent de victime de refus de soins ou d'une moindre qualité des soins (refus de leur donner un rendez-vous, stigmatisation…). Les mécanismes de ce rejet par certains professionnels de santé sont complexes. Ils traduisent pour partie le sentiment que les précaires seraient de toute façon négligents quant à leur état de santé, tout autant qu'un sentiment d'impuissance des professionnels.

V. Quelles attitudes avoir ?

La prise en compte de la précarité est complexe pour un professionnel de santé. Il est certain que l'accès aux droits et la solvabilisation d'un patient sont des étapes essentielles à sa prise en charge. Tout comme l'existence de soins de proximité, effectués dans une langue compréhensible, respectueux des sujets et amenant à les responsabiliser pour qu'ils se prennent en charge, est importante. Comme le souligne le conseil national de l'Ordre des médecins, plus la précarité est grande, plus le professionnel de santé doit faire preuve d'un comportement déontologique irréprochable, doit développer ses capacités d'empathie et travailler en réseau, notamment avec des travailleurs sociaux.

Les précaires sont souvent accusés d'être négligents pour leur santé. Il faut tenir compte de leurs propres priorités : lorsque l'on ne sait pas où l'on se logera dans 1 an, ce que l'on pourra manger en fin de mois, la santé passe au second plan, du moins tant que le corps ne fait pas trop mal. Une expérience récente, conduite par les centres d'examen de santé de l'assurance-maladie en France a montré que 80 % des précaires auxquels on avait dépisté une maladie (diabète, HTA…) – et auxquels avaient été ouverts des droits sociaux – se faisait suivre 1 an après pour celle-ci. Ce suivi chute à 50 % pour les problèmes dentaires, qui sont, hélas, moins bien pris en charge. Quant à ceux qui ne sont pas suivis, ils sont en général en situation de misère profonde et de grande exclusion, ce qui relève d'autres stratégies de prise en charge, plus lourdes et plus complexes.

Par-delà de simples actes de soins, la prise en charge de la précarité renvoie à la fois aux conditions préalables à la santé et à un accès large aux soins de santé primaire, tels que définis dès 1978 par l'OMS, à Alma-Ata (tableau 40.II).

Tableau 40.II. **La santé pour tous – conférence d'Alma-Ata, OMS, 1978.**

Disposer des conditions indispensables à la santé	Avoir accès aux soins de santé primaire
Se loger Accéder à l'éducation et à l'information Se nourrir convenablement en quantité et qualité Disposer d'un revenu suffisant, certain et stable Bénéficier d'un écosystème stable, protecteur Compter sur un apport durable de ressources Avoir droit à la justice sociale et à un traitement équitable	Éducation sur les problèmes de santé, leur prévention et leur contrôle Promotion d'une alimentation suffisante et saine Accès à une eau sûre et une évacuation sanitaire des eaux usées Accès à un système de santé maternel et infantile, y compris la planification familiale Vaccination contre les principales infections Bénéficier de la prévention et du contrôle des endémies locales Disposer des traitements appropriés des maladies et blessures courantes Avoir accès sans barrière aux médicaments essentiels

POINTS CLÉS

▶ La précarité est définie comme « l'absence d'une ou plusieurs des sécurités permettant aux personnes et aux familles d'assumer leurs responsabilités élémentaires et de jouir de leurs droits fondamentaux » (rapport Wresinski).

▶ Cet état d'insécurité chronique s'est développé progressivement dans la société française depuis le milieu des années 1970.

▶ Plusieurs concepts plus anciens doivent être associés à la précarité : pauvreté, misère, exclusion, marginalité.

▶ La précarité associe plusieurs dimensions : économique, sociale, sanitaire, culturelle, affective…

▶ Les définitions dites administratives, fondées sur l'ouverture de droits, posent deux problèmes : elles demandent une démarche pour faire ouvrir ses droits ; elles ne prennent pas en compte des personnes situées juste au-dessus des seuils de reconnaissance des droits, mais qui peuvent aussi être atteintes par la pauvreté.

▶ Les indices géographiques de précarité cherchent à déterminer les secteurs pauvres sur un territoire donné. Les indices de Townsend, Carstairs et Pampalon sont les plus couramment utilisés ; ils sont liés à des inégalités d'état de santé.

▶ Les scores individuels de précarité visent à identifier, dans une population donnée et à partir de questions simples, les personnes à risque de précarité et d'inégalités d'état de santé en lien avec la précarité. L'un des scores les plus récents est le score EPICES.

▶ Les conséquences de la précarité défavorables à la santé des personnes précaires sont nombreuses : prévalence plus élevée de pathologies courantes (hypertension artérielle, diabète de la maturité, obésité, pathologies cardiovasculaires) et des facteurs de risque ; incidence plus élevée des cancers ; fréquence plus élevée de dépression, d'une plus faible estime de soi, d'une projection négative vers le futur ; moindre accès aux programmes de dépistage ; perception plus négative de son propre état de santé.

▶ La prise en charge de la précarité renvoie aux conditions préalables à la santé et à un accès large aux soins de santé primaire, tels que définis dès 1978 par l'OMS, à Alma-Ata.

Bibliographie

Ducloux M, Delga ME, Montané F. *Rôle du médecin face à la précarité. Rapport de la Commission nationale permanente adopté lors des assises du conseil national de l'Ordre des médecins du 5 juin* 1999 ; consultable sur Internet www.conseil-national.medecin.fr/system/files/precarite.pdf ? download=1.

Hirsch M. *La pauvreté en héritage*. Paris : Robert Laffont ; 2006.

Labbe E, Moulin JJ, Géguen R, Sass C, Chatain C, Gerbaud L. Un indicateur de mesure de la précarité et de la « santé sociale » : le score EPICES. Revue de l'IRES 2007 ; n° 53, 1 : 5–49.

Wresinski J. *Grande pauvreté et précarité économique et sociale. Rapport présenté au Conseil économique et social les 10 et 11 février 1987*. Journal officiel de la République française ; 1987.

Santé des migrants en France

P. Revault, D. Maille

I. La population des migrants
II. Les différentes situations administratives
III. Les droits sociaux
IV. De l'accès aux soins à la promotion de la santé

I. La population des migrants

D'après le recensement de la population en 2007 en France (tableau 41.I), le nombre des immigrés était de 5,3 millions (soit 5,8 % de la population) et celui des étrangers de 3,7 millions (voir terminologie : encadré ci-après). La proportion d'étrangers est pratiquement stable en France depuis un demi-siècle. La répartition en 2007 selon les pays de naissance (pour les immigrés) et les nationalités (pour les étrangers) est proche :

- Europe : environ 39 % (en particulier Portugal et Italie) ;
- Afrique : environ 41 % (en particulier Algérie et Maroc) ;
- Asie : 14 % (en particulier Turquie).

Comme pour tout groupe de population, les représentations liées aux cultures jouent un rôle important dans la perception et l'appropriation des messages de santé.

Cependant la représentation sociale des migrants/étrangers comporte souvent, en ce qui concerne les politiques publiques, une confusion entre les missions de protection de la santé et celles de la sécurité et du contrôle, qui relèvent du ministère de l'Intérieur. Cette confusion conduit à une interprétation restrictive du droit à la santé et un traitement d'exception des étrangers, différent du droit commun, interrogeant les politiques de santé à l'œuvre. Les rapports entre santé et migration posent donc en premier lieu la question des valeurs d'une

Tableau 41.I. **Données démographiques relatives aux migrants en France*.**

Nombre d'étrangers vivant en France	3 682 000 (Insee, 2007)
Nombre d'immigrés vivant en France	5 253 000 (Insee, 2007)
Nombre d'étrangers en séjour irrégulier	200 000 à 400 000**
Nombre de bénéficiaires de l'AME	228 000***

* Source : SGII–DSED (2009).
** Estimation 2006 selon le ministère de l'Intérieur.
*** Source : ministère de la Santé – direction de la Sécurité sociale, ce chiffre incluant les ayants droit (2010).

société et l'organisation de la solidarité en son sein. Le rapport du Programme des Nations unies pour le développement de 2009 éclaire cette réalité, documente l'apport positif de la migration et explicite des recommandations susceptibles de bénéficier tant aux communautés de destination, qu'aux migrants accueillis.

Près d'un million de personnes issues de la migration vivent en France en situation de vulnérabilité sociale, incluant la précarité administrative. Chez ces personnes, les difficultés d'accès au système de soins résultent, outre les contraintes financières, des facteurs de vulnérabilité suivants :

- le statut administratif (voir plus loin) ;
- les barrières linguistiques ;
- les discriminations liées aux origines, doublées le cas échéant de celles liées au genre ;
- les conditions d'accueil défavorables (en particulier l'absence d'hébergement) et l'isolement social ;
- le traumatisme lié à l'exil et aux violences subies.

Il n'existe pas de pathologies propres aux personnes issues de la migration ; les différences de prévalence des affections s'expliquent par les régions d'origine, les parcours d'exil et les conditions d'accès au système de santé. Il est donc utile pour les soignants, au-delà du diagnostic biomédical, de caractériser les nationalités, les parcours et les statuts administratifs des personnes soignées, et de préciser les facteurs de vulnérabilité avec les services sociaux. Les situations administratives et les droits sociaux doivent être appréhendés de façon complémentaire pour permettre la continuité d'un soin global.

Enfin les soins *(global care)* ne doivent en aucun cas être limités aux seuls traitements curatifs ; ils comportent, comme pour toute personne, les éléments appropriés de prévention primaire (éducation pour la santé), l'accompagnement social, et l'éducation thérapeutique, la prise en compte de la santé mentale et la prise en charge du handicap éventuel.

Les différents termes utilisés autour des migrations et de la santé doivent être distingués (voir encadré ci-dessous).

> **Principaux termes utilisés**
>
> **Migrant** : personne ayant vécu à l'étranger et résidant désormais en France, terme utilisé notamment en santé publique.
> **Immigré** : personne née étrangère dans un pays étranger et résidant désormais en France, terme et définition du Haut Conseil à l'intégration utilisés pour le recensement démographique (Insee). Une personne reste immigrée même si elle acquiert la nationalité française.
> **Étranger** : personne qui n'a pas la nationalité française, terme utilisé par les autorités de police et les associations de soutien juridique. L'expression *« étranger malade »* correspond à la définition administrative du droit au séjour pour raison médicale (carte de séjour pour soins).

> **Exil/exilé** : terme évoquant les conséquences psychologiques et sociales des migrations, et souvent personne contrainte de vivre hors de son pays d'origine.
> **Demandeur d'asile** : personne ayant demandé le statut de réfugié au titre de la convention de Genève de 1951.
> **Réfugié** : personne ayant obtenu le statut de réfugié ou la protection subsidiaire accordés par l'OFPRA (Office français de protection des réfugiés et apatrides) ou la Cour nationale du droit d'asile (CNDA). Sont « déboutés » les demandeurs d'asile à qui ce statut ou cette protection ont été refusés.
> **Sans-papiers ou clandestin** : étranger en séjour irrégulier, termes destinés par leurs utilisateurs à souligner le caractère illégitime (situation irrégulière du « clandestin ») ou légitime (attaches en France du « sans-papiers ») de la présence de la personne.

II. Les différentes situations administratives

La précarité administrative est définie comme le fait pour un étranger de ne pas détenir une autorisation de séjour en France au sens des règles de police de l'immigration (séjour irrégulier). Cette précarité administrative des étrangers au regard des titres de séjour altère directement les conditions de vie et est à l'origine de difficultés d'accès aux soins et aux droits. La récente loi portant sur l'immigration, l'intégration et la nationalité a encore contraint cette situation.

A. La précarité administrative des étrangers s'exprime selon un gradient (tableau 41.II)

La population étrangère ne peut être réduite à deux groupes disjoints et homogènes sur le plan administratif, d'un côté 3,6 millions d'étrangers en règle et de l'autre 300 000 étrangers en séjour irrégulier ; en effet :
- la frontière entre régularité et irrégularité du séjour est juridiquement floue en termes de police de l'immigration. De plus, les personnes en situation particulièrement précaire peuvent changer de statut jusqu'à plusieurs fois dans l'année ;
- cette absence de frontière simple du point de vue policier est accentuée par la complexité du droit social qui considère différemment un même titre de séjour selon les prestations. Ainsi, le titulaire d'une autorisation provisoire de séjour (APS) est considéré comme en règle pour l'assurance-maladie (et la couverture maladie universelle complémentaire – CMUC), mais non pour l'allocation aux adultes handicapés (AAH).

Les règles du droit général de l'immigration concernent les étrangers qui souhaitent s'installer en France à des fins professionnelles ou familiales *par opposition aux demandeurs d'asile, qui demandent une protection à la France à cause de craintes de persécutions dans le pays d'origine*. La politique de contrôle de l'immigration en vigueur exige de ces personnes un visa long séjour (à demander avant de partir vers la France) ; elle refuse de principe les régularisations d'étrangers entrés ou séjournant illégalement et réprime le séjour irrégulier.

Tableau 41.II. **La précarité administrative : un gradient.**

Situation administrative	Séjour régulier	Degré de précarité
Titulaire d'une carte de résident, titre de séjour de 10 ans (en principe renouvelable automatiquement)	Oui	+
Titulaire d'une carte de séjour temporaire, titre de séjour de 1 an renouvelable automatiquement (ex. : parent d'enfant français)	Oui	+
Titulaire d'une carte de séjour temporaire, titre de séjour de 1 an renouvelable sous condition (ex. : travailleur salarié)	Oui	++
Titulaire d'une autorisation provisoire de séjour (3 ou 6 mois), renouvelable sous condition, avec ou sans droit au travail	Oui	+++
Titulaire d'une convocation nominative en préfecture	Oui	++++
Étranger en séjour irrégulier	Non	+++++
Étranger en séjour irrégulier et faisant l'objet d'une mesure administrative d'éloignement (ex. : obligation de quitter le territoire non encore exécutée)	Non	++++++
Étranger en séjour irrégulier et faisant l'objet d'une mesure judiciaire d'éloignement (ex. : interdiction du territoire non encore exécutée)	Non	+++++++
Étranger en séjour irrégulier, faisant l'objet d'une mesure d'éloignement et placé en centre de rétention dans l'attente de l'exécution de la mesure	Non	++++++++

B. Certaines situations nécessitent des documents médicaux spécifiques

Les médecins sont appelés à répondre à deux demandes de documents médicaux spécifiques des patients étrangers.

1. La spécificité des demandeurs d'asile

Les demandeurs d'asile (50 000 personnes par an selon l'Office français de protection des réfugiés et des apatrides – OFPRA) sont généralement récemment arrivés en France (parfois sans visa), et se sont signalés aux autorités de police en vue de se faire reconnaître une protection par la France du fait de craintes de persécutions. Ils sont généralement en séjour régulier précaire dans l'attente de la réponse à leur demande ; ils relèvent de règles de droits spécifiques.

Un demandeur d'asile peut être amené à demander à son médecin un certificat destiné aux instances administrative et juridictionnelle chargées d'accorder le statut de réfugié (OFPRA et Cour nationale du droit d'asile). Le contexte de restriction du droit d'asile en France et en Europe favorise la recherche de « preuves » de toutes sortes, au premier rang desquelles le « certificat médical de sévices et torture ». Un tel certificat n'est justifié sur un plan juridique que pour une minorité des demandes d'asile ; il est dangereux tant pour la santé du patient que pour le droit d'asile, en raison de la place qu'il occupe dans le processus de sélection des réfugiés.

2. La carte de séjour pour soins

Prévu par le Code de l'entrée et du séjour des étrangers et du droit d'asile (Ceseda), le droit au séjour pour raison médicale concerne les étrangers vivant en France atteints de maladies graves qui ne pourraient être soignés en cas de retour au pays d'origine. Pour certains « sans-papiers » malades, ce peut être l'ultime possibilité d'obtention d'une carte de séjour temporaire (exception au principe général de non-régularisation des sans-papiers), au terme d'autres démarches qui n'ont pas abouti. À la demande des préfectures, les étrangers sont amenés à solliciter leur médecin pour deux documents différents :

- un « certificat médical non descriptif » destiné au guichet de la préfecture et indiquant que la personne « nécessite une prise en charge médicale en France dont le défaut aurait des conséquences d'une exceptionnelle gravité », certificat sans aucune information médicale confidentielle ;
- un « rapport médical sous pli confidentiel » destiné à son confrère médecin de l'agence régionale de santé, chargé de donner un avis au préfet sur le maintien ou non de l'étranger en France.

III. Les droits sociaux

A. Sans-papiers mais pas sans droits sociaux

Les étrangers vivant en France en séjour régulier accèdent à la protection sociale de droit commun avec des variations selon le type de titre de séjour. Les étrangers en séjour irrégulier sont en principe exclus des droits sociaux en France. Mais il y a des exceptions importantes dont l'aide médicale d'État (AME), l'aide sociale à l'enfance (ASE) et l'hébergement d'urgence (Samu social et centre d'hébergement et de réadaptation).

B. Financement des soins

Toute personne démunie résidant en France a droit à une couverture maladie à 100 % des soins remboursés par l'assurance-maladie. L'absence de couverture maladie d'une personne démunie et résidante (y compris sans titre de séjour) est donc une anomalie importante à reconnaître ; elle nécessite une orientation vers la caisse d'assurance-maladie, si possible avec un soutien social et juridique.

Sont exclues de la couverture maladie les personnes de passage en France (même en séjour régulier).

Les nouveaux arrivants, dans les trois premiers mois de présence en France n'ont en général pas accès à la couverture maladie de droit français, sauf les mineurs, les demandeurs d'asile enregistrés en préfecture, les membres de la famille de certains assurés. En cas d'urgence vitale, les soins délivrés à l'hôpital peuvent parfois être financés par le Fonds pour les soins urgents et vitaux (FSUV).

Tout étranger en séjour régulier relève de l'assurance-maladie, selon les règles de droit commun (paiement de cotisations sociales ou gratuité éventuelle, accès à la CMUC si faibles ressources). Les étrangers démunis résidant en séjour irrégulier restent bénéficiaires de l'aide médicale d'État (AME).

La frontière entre séjour régulier et irrégulier est précisée par le ministère chargé de la Santé par voie de circulaire : tout étranger sous convocation en préfecture, ou avec un rendez-vous, un récépissé ou une autorisation provisoire de séjour, est considéré comme titulaire d'un titre de séjour et ne doit pas être pris en charge par l'AME mais par l'assurance-maladie ; cependant les pratiques des caisses d'assurance-maladie à ce sujet sont très variables.

C. Le panier de soins de l'AME après la réforme du 30 décembre 2010

Les bénéficiaires de l'AME ne sont pas considérés comme assurés sociaux. Ils n'ont donc pas de carte Vitale mais une carte plastifiée, valable 1 an, infalsifiable, ne permettant pas d'échange électronique avec la caisse. À ce jour, l'AME couvre l'ensemble des prestations de l'assurance-maladie, à l'exception des soins considérés comme étant à service médical rendu faible. En cas de soins coûteux à l'hôpital (définis par décret), une entente préalable est nécessaire. La couverture des soins est de « 100 % du tarif de la Sécurité sociale », ce qui implique que les prothèses dentaires et les lunettes sont en pratique inaccessibles.

D. Articulation entre soins gratuits et protection maladie

Selon la loi et les principes déontologiques, toute personne démunie doit recevoir les soins nécessaires dans l'ensemble des services de santé.

Dans la pratique, les obstacles à l'accès aux soins des étrangers en situation précaire restent nombreux. Si la délivrance « gratuite » de soins préventifs et des premiers soins curatifs est parfois possible dans des dispositifs « à bas seuil » (permanence d'accès aux soins de santé ou PASS dans les établissements participant au service public, associations à vocations humanitaires, actes gratuits en médecine de ville), seule une couverture complémentaire (CMUC ou AME) peut permettre la continuité des soins.

Les soignants sont invités à utiliser les procédures d'admission rapide à une protection maladie pour éviter l'aggravation de l'état de santé et stopper les mécanismes d'« exclusion douce » des patients soignés au coup par coup puis perdus de vue.

IV. De l'accès aux soins à la promotion de la santé

Dans un contexte mondial où la migration est souvent présentée comme une contrainte, malgré les recommandations du Programme des Nations unies pour le développement, des principes déontolo-

giques doivent être rappelés en France, en particulier le Code de la santé publique, qui précise que :
- *« quelles que soient les circonstances, la continuité des soins aux malades doit être assurée »* (article 47) ;
- *« le médecin doit, non seulement, soigner mais aussi écouter, examiner, conseiller, avec la même conscience tous ses malades, quels que soient leur origine, leurs mœurs, leur situation de famille, leur appartenance ou leur non-appartenance à une ethnie, une nation ou à une religion déterminée, leur handicap ou leur état de santé, leur réputation ou les sentiments qu'ils lui inspirent »* (article 7).

Ainsi les établissements de santé assurant une mission de service publique doivent accueillir pour des soins tous les patients, sans distinction d'origine ou de situation sociale.

Le tableau 41.III rapporte les prévalences de cinq affections de santé significatives chez les étrangers vus par le Comede (Comité médical pour les exilés) de 2004 à 2010. Les différences selon l'origine géographique et le genre sont marquées (par exemple prévalence du VIH ou des psychotraumatismes).

Pour la tuberculose, sur les 5276 cas déclarés en France en 2009, la moitié concernait les personnes nées à l'étranger (36 % originaires d'Afrique subsaharienne).

En ce qui concerne l'infection à VIH, en 2009, le nombre de découvertes de séropositivité a été estimé à 6700, dont 47 % de personnes nées à l'étranger, en particulier en Afrique subsaharienne, surtout chez les femmes. La proportion des cas chez les personnes nées à l'étranger a diminué depuis 2003.

Dans l'enquête de prévalence réalisée par l'InVS en 2004, l'AgHBs (marqueur sérologique de l'hépatite B) était plus fréquent chez les personnes nées en Afrique subsaharienne (5,25 %), que chez celles nées en France métropolitaine (0,55 %) ; les anticorps anti-VHC (marqueur sérologique de l'hépatite C), présents chez 0,73 % des personnes nées en France métropolitaine, étaient très supérieurs chez les personnes issues du Moyen-Orient (10,17 %) ou d'Afrique subsaharienne (3,12 %).

Les différences de morbidité entre populations issues de la migration et autochtones sont d'abord le fait des inégalités sociales de santé, en particulier entre migrants en situation de vulnérabilité et populations autochtones. En outre, dans plusieurs études, une liaison a été observée entre les facteurs de vulnérabilité et les troubles de santé mentale (stress, anxiété et dépression plus élevés) chez les migrants. La perception par les migrants de leur état de santé est moins bonne que celle des Français nés en France.

De façon générale, l'accès aux soins est plus facile chez les personnes issues de la migration disposant d'un droit de séjour permanent, que chez celles en séjour irrégulier du point de vue administratif, ou encore chez celles disposant d'un droit de séjour temporaire. Ces dernières sont en outre pénalisées par un panier de soins restreint.

Principaux résultats concernant la santé et les soins

Tableau 41.III. **Prévalence (pour 1 000) des principaux problèmes de santé chez 17 836 patients accueillis et suivis en médecine au Comede (2004-2010) par région d'origine et sexe.**

Région et pays	Effectifs F	Effectifs H	Diabète F	Diabète H	Affections cardiovasculaires F	Affections cardiovasculaires H	Psychotraumatismes F	Psychotraumatismes H	Infection à VHB et VHC F	Infection à VHB et VHC H	Infection à VIH F	Infection à VIH H
Prévalence monde			30		nc		nc		7 à 8		7	
Prévalence France			38		nc		nc		22 à 52		2	
	F	H	F	H	F	H	F	H	F	H	F	H
Taux global	4 468	13 368	49	37	95	42	188	86	68	90	25	6
Afrique australe	61	45	82	111	197	200	197	67	–	66	–	–
Afrique centrale	1 905	2 148	37	35	123	81	196	169	80	126	37	16
Afrique de l'Ouest	966	3 370	46	24	80	46	227	93	93	179	38	9
Asie centrale	59	199	17	–	51	15	51	55	338	140	–	–
Asie de l'Est	46	58	22	69	87	34	87	52	109	172	–	–

582

Région et pays	Effectifs	Diabète	Affections cardiovasculaires	Psychotraumatismes	Infection à VHB et VHC	Infection à VIH
Asie du Sud	655	5351	81	51	53	32	148	42	3	27	–	< 1
Caraïbes	160	155	50	90	63	52	94	129	44	51	6	19
Haïti	159	151	50	86	63	46	94	132	44	53	6	20
Europe de l'Est	343	1326	41	8	70	14	216	116	52	86	–	1
Arménie	38	51	26	–	132	59	211	98	26	–	–	–
Russie/Tchétchénie	102	233	39	9	98	13	225	150	37	116	–	4
Turquie	122	867	33	8	16	9	279	111	33	61	–	–

F : femmes ; H : hommes ; nc : non connu.

La situation des migrants en France vis-à-vis de leur santé pose des problèmes qui ne sont pas différents de ceux rencontrés dans d'autres pays européens. Dans de nombreux pays, l'accès à la prévention pour les migrants temporaires et en séjour irrégulier est encore plus limité que l'accès aux soins curatifs, et encore davantage quand il est comparé à l'accès aux services d'urgences. Dans une logique de santé publique, il faut au contraire encourager l'accès de ces personnes à des programmes ou des dispositifs de prévention, susceptibles d'agir favorablement sur les déterminants sociaux de la santé.

De plus, la transition épidémiologique au niveau mondial s'accompagne des maladies chroniques non transmissibles, comme l'hypertension, le diabète ou l'asthme, révélatrices des inégalités de santé et des modes d'alimentation et de production globalisés. En parallèle, les affections parasitaires sont toujours présentes et les affections chroniques transmissibles par le VIH et le VHB sont combattues avec difficulté. La chimioprophylaxie du paludisme est moins utilisée chez les migrants qui retournent au pays d'origine que chez les voyageurs français, avec une morbi-mortalité supérieure et un coût significatif de la prophylaxie. La pertinence de l'accès à la prévention dans ces domaines est pourtant bien connue.

À ces différents titres, les interventions de santé publique, avec et en direction des personnes issues de la migration, doivent s'appuyer sur des recherches sociales et épidémiologiques pertinentes et validées. Ces interventions doivent également s'attacher à promouvoir en France les conditions d'un interprétariat accessible, de stratégies et d'outils de communication et de prévention adaptés ; sans oublier les meilleures pratiques constitutives de la relation entre soignants et soignés et la lutte contre les discriminations.

La santé dans le monde nécessite ainsi de s'engager dans les questions sociales au cœur de projets partagés, tout en garantissant une préven-

POINTS CLÉS

▶ Le mot « étranger » correspond à la nationalité, quel que soit le lieu de naissance ; le mot « immigré » correspond au lieu de naissance, quelle que soit la nationalité.

▶ D'après l'Insee, 3 682 000 étrangers et 5 253 000 immigrés vivaient en France en 2007.

▶ Certains migrants présentent une vulnérabilité psychologique et sociale qui dépend de leur histoire de vie, de leur parcours migratoire et des conditions d'accueil.

▶ La situation administrative des étrangers en France est source de précarité en fonction d'un gradient, qui majore la vulnérabilité de cette population.

▶ La santé perçue des migrants est plus mauvaise que celle des Français nés en France.

▶ Les migrants sont particulièrement touchés par la tuberculose, les hépatites B et C, et l'infection à VIH en France.

▶ Quelle que soit leur situation, les étrangers ont droit à la continuité des soins et à l'absence de toute discrimination, conformément au Code de la santé publique.

▶ Les étrangers en séjour régulier ont accès à la protection sociale de droit commun (assurance-maladie et CMUC); les étrangers en séjour irrégulier n'ont pas accès à la CMU complémentaire mais à l'aide médicale d'État (AME).

tion adaptée et des soins de qualité chez les migrants qui arrivent en pays d'accueil ou effectuent un voyage dans leur pays d'origine.

Bibliographie

COMEDE. *Guide prise en charge médico-psycho-sociale des migrants/étrangers.* INPES; 2008 (consultable en ligne: www.comede.org).
COMEDE. *Rapport* 2010 (consultable en ligne: www.comede.org).
Fassin D. La santé des étrangers : une question politique. *La santé de l'Homme* 2007; 392 : 15.
Veïsse A, Aïna-Stanojevitch E. *Migrations et santé. Traité de santé publique.* Paris : Flammarion Médecine-Sciences; 2007, 509–14.

42. Inégalités sociales de santé : réponses sanitaires et sociales

P. Lombrail, T. Lang

I. Les inégalités sociales de santé en France
II. Les déterminants des inégalités sociales de santé
III. Des pistes de réponses sanitaires et sociales visant à réduire les inégalités sociales de santé

La France est un pays riche dont la situation sanitaire est globalement favorable. C'est aussi un des pays où les inégalités sociales de santé sont les plus importantes, notamment en comparaison aux autres pays de l'Europe de l'Ouest. Dans ce chapitre sont abordés successivement : des éléments de bilan situant la nature et l'importance des *inégalités sociales de santé* dans notre pays ; des hypothèses explicatives relatives aux *déterminants des inégalités* ; des pistes de *réponses sanitaires et sociales*.

I. Les inégalités sociales de santé en France

Les inégalités sociales de santé (ISS) peuvent être définies comme des différences d'état de santé structurées selon l'appartenance sociale, c'est-à-dire le positionnement des individus et des groupes dans ce qu'il est habituel de nommer la « hiérarchie » ou l' « échelle » sociale[52]. Elles s'observent pour l'ensemble des indicateurs de santé et un ensemble de marqueurs d'appartenance sociale, individuels (les épidémiologistes retiennent habituellement la catégorie sociale, le revenu ou le niveau d'étude) ou collectifs (comme le niveau de pauvreté du quartier de résidence).

A. Mortalité

C'est l'indicateur pour lequel l'existence d'inégalités sociales de santé est documentée depuis longtemps. De nos jours, l'espérance de vie à 35 ans d'un ouvrier est inférieure de 7 ans à celle d'un cadre supérieur (et cette différence suit un gradient social particulièrement net chez les hommes). Dans la période 1990–1996, chez les hommes de 30 à 64 ans, parmi les actifs, le taux de mortalité a été progressivement croissant à partir d'un minimum chez les cadres jusqu'à un maximum chez

---

[52]. Cette appellation normative est en soi problématique au sens où elle tend à banaliser ces inégalités qui pourraient paraître traduire une certaine norme sociale (Canguilhem, 1943).

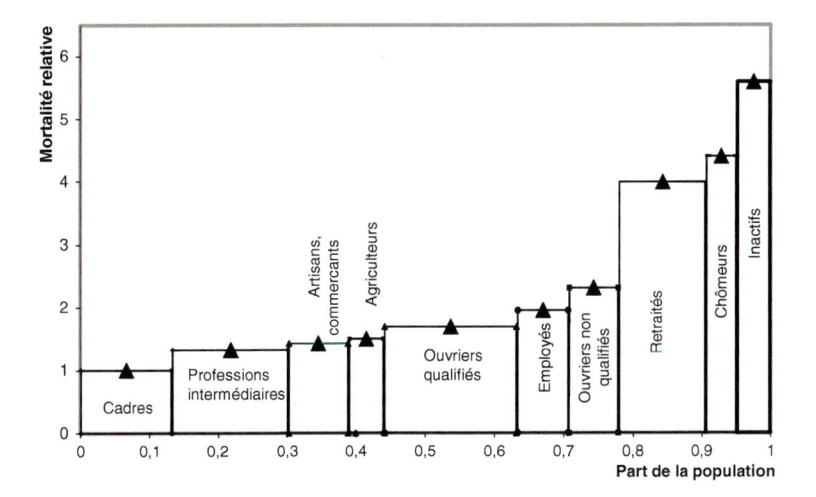

Fig. 42.1.
Mortalité des hommes en fonction de leur situation sociale.
Mortalité sur la période 1990-1996 en fonction de la situation sociale en 1990, hommes âgés de 30 à 64 ans en 1990. Source : Leclerc, 2008. La mortalité relative est le facteur par lequel il faut multiplier un taux de référence pour obtenir celui d'une catégorie déterminée. Par exemple, en prenant pour référence la catégorie cadre (niveau 1), la mortalité des retraités parmi les hommes âgés de 30 à 65 ans en 1990 est quatre fois supérieure.

les ouvriers non qualifiés en passant par les professions intermédiaires, les agriculteurs, les artisans et commerçants, les ouvriers qualifiés et les employés (fig 42.1) ; à cet âge, une forte surmortalité s'observe chez les inactifs, qu'ils soient retraités ou surtout chômeurs. Si la mortalité globale diminue dans notre pays pour la plupart des causes de décès, les disparités s'accroissent. Une des explications à ce gradient tient à l'importance de la mortalité prématurée masculine, parmi les plus élevées d'Europe occidentale, et plus forte dans les groupes les moins favorisés.

B. Morbidité

Les enquêtes successives sur la santé et la protection sociale des assurés sociaux français, réalisées par l'Institut de recherche et de documentation en économie de la santé (IRDES), montrent un fort gradient social de l'état de santé déclaré après correction de l'effet de l'âge et du sexe. Les ménages d'ouvriers ou d'employés se déclarent en plus mauvais état de santé que les cadres et professions intermédiaires. On retrouve ces mêmes résultats dans l'enquête décennale sur la santé et les soins médicaux d'adultes résidant en France métropolitaine réalisée par l'Insee en 2003. « Déclarer plus fréquemment une maladie ou un problème de santé est le plus souvent associé à un faible revenu, au faible niveau d'instruction, aux situations de chômage et d'inactivité, notamment pour les maladies chroniques. Ces mêmes caractéristiques sociales influent de façon beaucoup plus nette sur les restrictions d'activité, et encore plus sur la perception négative de la santé. » (Lanoë et Makdessi-Raynaud.)

Les ISS se retrouvent pour la quasi-totalité des maladies. Vis-à-vis du cancer, elles se traduisent à toutes les étapes : exposition aux facteurs de risque et incidence, survie, qualité de vie après guérison. Un aspect longtemps méconnu des inégalités sociales de morbidité est l'importance de la souffrance psychique. Le *Baromètre santé* de l'INPES documente les épisodes dépressifs caractérisés (EDC). Leur prévalence annuelle est importante : 7,8 % des adultes seraient concernés, soit 3 millions de personnes chaque année. Elle est plus importante chez les femmes (deux fois plus touchées que les hommes), les célibataires, les personnes au chômage ou lorsqu'elles ont rencontré des problèmes financiers et/ou familiaux.

C. Incapacité

Les inégalités face à la maladie se traduisent par un gradient d'espérance de vie sans incapacité, plus prononcé chez les hommes et marqué par deux situations extrêmes :

- à 35 ans, un ouvrier peut espérer vivre 24 ans sans incapacité, et un cadre 34 ans ;
- le premier n'atteindra pas sans incapacité l'âge de la retraite (60 ans à la date de la publication citée) quand le cadre bénéficiera de 9 ans de retraite sans incapacité.

Chez les femmes, si la différence d'espérance de vie entre cadres supérieures et ouvrières est nettement moindre que chez les hommes (environ 2 ans), la différence entre les espérances de vie sans incapacité est similaire (8 ans d'écart) : à 35 ans, elle atteint 35 ans pour les cadres supérieures, tandis que celle des ouvrières ne s'élève qu'à 27 ans (respectivement 70 % et 55 % de l'espérance de vie totale).

Chez les hommes, et chez les femmes dans une moindre mesure, le gradient social est plus particulièrement net en termes de restrictions sévères d'activité (fig. 42.2).

II. Les déterminants des inégalités sociales de santé

Les inégalités sociales de santé ont un déterminisme pluriel où les déterminants sociaux occupent une place majeure. En effet, la majorité des problèmes de santé se constituent bien avant que les personnes qui en sont porteuses soient amenées à consommer des soins. Pour autant, le système de santé a également une part de responsabilité qu'il ne faut pas négliger. Par ailleurs, ces dernières années, les progrès de la recherche ont montré qu'il fallait passer d'une vision statique à une vision dynamique : les ISS se construisent tout au long de la vie des individus et des groupes ainsi que de leurs interactions avec leur milieu de vie.

A. Déterminants sociaux

Jusqu'à une date récente, les inégalités sociales de santé étaient considérées sous le seul abord des effets de la « précarité » ou de la pauvreté. Même dans un pays riche comme le nôtre, il faut encore effectivement rappeler l'existence de « préalables indispensables à toute

HOMMES   **FEMMES**

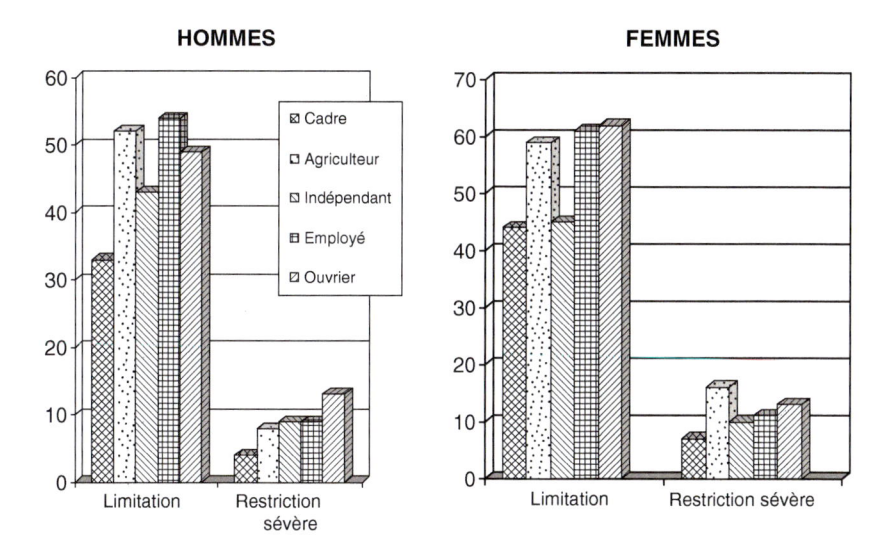

Légende : Cadre, Agriculteur, Indépendant, Employé, Ouvrier

Fig. 42.2.
Limitations fonctionnelles et restrictions sévères d'activité selon la situation sociale.
Classement selon la PCS actuelle ou antérieure ; les femmes n'ayant jamais travaillé ont pu être classées selon la PCS de leur conjoint.
Sources : enquête HID et Cambois E, Robine JM. Problèmes fonctionnels et incapacités chez les plus de 55 ans : des différences marquées selon les professions et le milieu social. Études et Résultats 2004 ; 295 : 1–8.

amélioration de la santé » : « la santé exige un certain nombre de conditions et de ressources préalables, l'individu devant pouvoir notamment se loger, accéder à l'éducation, se nourrir convenablement, disposer d'un certain revenu, bénéficier d'un système éco-stable, compter sur un apport durable en ressources, avoir droit à la justice sociale et à un traitement équitable » (charte d'Ottawa). Les liens entre le logement et la santé sont par exemple manifestes et on peut les illustrer à travers deux exemples : l'habitat insalubre ou dégradé est encore une cause de saturnisme infantile ou d'intoxication oxycarbonée en ce début du XXIe siècle ; l'absence de logement personnel va de pair avec une prévalence de troubles psychiatriques et d'addictions plus forte qu'en population générale. Il est de même établi que l'état de santé des personnes dont le revenu dépend du bénéfice de minima sociaux est moins bon que celui de la population générale. Une surmortalité est également constatée chez les personnes sans emploi. Dans la plupart de ces situations, il est difficile de faire la part des choses, des conditions de vie dégradées affectant la santé et une santé dégradée retentissant en chaîne sur les capacités de travail et les conditions de vie.

La prise de conscience du fait que les inégalités de santé traversent l'ensemble de la société est une « redécouverte » récente marquée par la parution d'un ouvrage qui leur a été consacré il y a 10 ans par des chercheurs de l'Inserm[53]. Il est commode de différencier les détermi-

---

53. Leclerc A et al. Inégalités sociales de santé. Paris : La Découverte ; 2000.

nants entre conditions d'environnement, de vie et de travail, et comportements « individuels ». L'ensemble s'inscrit dans un cadre sociétal qui génère un ensemble de causes considérées comme « fondamentales » (systèmes de valeurs et de croyances, environnement culturel et socio-économique), non directement accessibles à l'action en santé mais qui en conditionnent pour partie l'efficacité.

B. Environnement de vie et de travail

L'*environnement de vie* quotidien a des effets de mieux en mieux documentés sur la santé ; ces effets sont eux-mêmes socialement stratifiés. Malgré une littérature scientifique peu abondante, les liens entre habitat et santé sont convaincants car leur reproductibilité et leur plausibilité biologique sont fortes. La preuve *a contrario* de l'importance d'un logement décent est l'état de santé des sans-abri. Un autre mécanisme direct évident est le lien entre des caractéristiques physiques de la zone de résidence et la santé, comme la pollution de l'air ou le trafic routier, ou encore le bruit, qui peuvent affecter la santé. Plusieurs études montrent que les populations défavorisées habitent à plus faible distance des sources environnementales de pollutions (usines, autoroutes à fort trafic, sites d'incinération) que les populations aisées. Les résultats d'analyses statistiques dites « multiniveaux » ont une grande importance dans la mesure où ils permettent de distinguer ce qui revient à des effets dits « individuels » et à des effets collectifs, caractéristiques de la zone de résidence, donc accessibles à des interventions de santé publique.

Parmi les déterminants sociaux, le rôle des *conditions de travail* est insuffisamment reconnu. Elles occasionnent pourtant directement une forte stratification du risque d'accidents et de maladies professionnelles et elles représentent indirectement des facteurs de risque d'autres maladies, somatiques (cardiovasculaires notamment) ou psychiques. En 2003, 4,5 % des 780 000 salariés interrogés dans le cadre de l'enquête SUMER ont déclaré avoir eu au moins un accident du travail ayant occasionné un arrêt de travail dans les 12 mois précédents, plus fréquemment les hommes (5,5 %) que les femmes (3 %) et beaucoup plus souvent les ouvriers (8 %) que les employés administratifs (1,9 %) ou les cadres (0,8 %). Les conditions de travail expliquent une incidence des troubles musculosquelettiques (avant tout, lombalgies et douleurs de l'épaule) supérieure chez les travailleurs manuels et les employés. Cette surincidence semble s'expliquer par le cumul de contraintes physiques (port de charges lourdes, postures peu physiologiques) et mentales (faible latitude décisionnelle, support des pairs ou de l'encadrement perçu comme insuffisant). L'exposition professionnelle à des agents physiques ou chimiques cancérigènes est également responsable d'une incidence de cancers supérieure à la moyenne chez les ouvriers et les agriculteurs. Pour autant, la reconnaissance du caractère professionnel de ces maladies reste difficile à obtenir pour les victimes.

La forte surmortalité des « inactifs », par rapport aux personnes exerçant une activité professionnelle, ne s'explique que très partiellement par des effets de sélection, c'est-à-dire par le fait que des personnes malades ne peuvent pas ou plus travailler. Une situation d'insécurité, qu'il s'agisse du chômage ou de la crainte de perdre son emploi a des effets péjoratifs sur plusieurs aspects de la santé. Pour les personnes au chômage, la réduction des ressources est un élément négatif supplémentaire. Les effets du chômage sur la santé s'étendent à diverses formes d'emploi précaire, dont la fréquence a fortement augmenté en France depuis une vingtaine d'années.

C. Comportements

Depuis le premier rapport du Haut Conseil de la santé publique (HCSP) sur « la santé en France » en 1994, il est habituel de considérer que la mortalité évitable s'explique pour les deux tiers dans notre pays par des comportements qualifiés d'individuels. En effet, la consommation de tabac et l'excès de consommation d'alcool sont responsables de plusieurs dizaines de milliers de décès prématurés chaque année. Mais il est essentiel de comprendre que la prévalence de ces comportements varie fortement selon les groupes sociaux ; dès lors, une approche exclusivement individuelle, outre le fait qu'elle risque de stigmatiser des individus du fait de leur origine sociale, sera insuffisante pour réduire des inégalités qui obéissent à un déterminisme complexe enraciné dans les représentations et les systèmes de valeurs des différents groupes sociaux.

D. Accès aux soins

Les inégalités d'accès aux soins sont d'abord des inégalités dans la capacité de recourir aux soins du fait du « reste à charge » pour les ménages. Ceci s'explique par un accès inégal à une assurance complémentaire par rapport à celle qu'offre l'assurance-maladie universelle (Sécurité sociale) dans notre pays. En effet, les dépenses de santé sont financées à hauteur d'environ 75 % par la Sécurité sociale (beaucoup plus pour les frais d'hospitalisation, significativement moins pour les dépenses ambulatoires). Le reste à charge des patients peut être financé grâce à une assurance complémentaire mais près de 8 % de la population n'est pas couverte par une complémentaire santé. Cette proportion atteint 14 % parmi les personnes aux revenus les plus modestes et 53 % des personnes non couvertes invoquent le coût de la complémentaire santé. Or la consommation de soins est très liée à l'accès à une couverture complémentaire : les personnes bénéficiant d'une assurance complémentaire engagent des dépenses ambulatoires supérieures de 29 % à celles des personnes qui en sont dépourvues. Une personne sur sept déclare avoir renoncé à des soins pour raisons financières, soins optiques et dentaires majoritairement mais également soins médicaux, surtout soins de spécialistes (du fait des dépassements d'honoraires). Ces renoncements dépendent de l'accès à une couverture complémentaire mais aussi de la qualité de la protection qu'elle confère (l'éventail de ce qu'elle rembourse et à quelles conditions).

Indépendamment du champ couvert par la protection sociale, qui contraint les possibilités de recours aux soins (« accès potentiel »), il existe des difficultés d'accès aux soins (« accès réalisé ») qu'il est devenu habituel de distinguer en primaires (recours aux soins effectif) et secondaires (manière structurellement déterminée dont se déroulent les soins après ce recours). Ces inégalités renvoient schématiquement à deux types de mécanismes : *inégalités par omission*, « liées à l'inertie d'un système de santé qui méconnaît les inégalités et n'a aucun projet de rattrapage » et *inégalités par construction*, liées à « l'absence de prise en compte des inégalités de santé dans l'élaboration de certains programmes institutionnels ou recommandations de pratique médicale » (Lombrail).

Les *inégalités d'accès primaire* relèvent également d'un ensemble de facteurs qui peuvent s'intriquer : une *méconnaissance du besoin* de soins par les personnes qui en nécessiteraient, un *renoncement au soin* de leur part ou un *refus* de la part des professionnels. Recourir aux soins suppose pour commencer la conscience d'un besoin et ceci varie selon les représentations de la santé et des soins en vigueur dans différents milieux sociaux. Par exemple, la connaissance du calendrier vaccinal ou du calendrier des gestes préventifs recommandés est meilleure chez les femmes les plus diplômées. Les motifs de renoncement sont eux-mêmes multiples : économiques (paiement, avance de frais), géographiques (éloignement des services, que ce soit à la campagne ou dans les « quartiers sensibles »), administratifs (avoir des droits sociaux et les faire valoir), psychosociaux (attention à soi, regard de l'autre), culturels (intelligibilité du système), personnels (la santé n'est pas toujours la priorité, surtout pour des personnes en situation précaire), voire discrimination plus ou moins directe, c'est-à-dire (in)dépendantes de l'intentionnalité des professionnels. Ces obstacles pèsent particulièrement sur les publics fragiles.

Si elles sont moins connues et visibles, les *inégalités d'accès secondaire* existent également. Elles portent sur les soins curatifs comme sur les soins préventifs (et probablement de réadaptation). Dans les deux cas, la complexité du système de soins et ses multiples cloisonnements génèrent des défauts de coordination qui grèvent la continuité des soins, aux dépens avant tout des personnes les moins favorisées (inégalité par construction). Un exemple buccodentaire peut servir à l'illustrer. Les programmes de dépistage mis en place par l'assurance-maladie permettent facilement d'identifier les quelques enfants de milieux défavorisés qui cumulent les besoins de soins dentaires non satisfaits ; malgré une offre de gratuité des soins, en l'absence d'accompagnement, seuls une minorité va effectivement se faire soigner du fait de la difficulté du recours et d'une conviction relative quant à l'utilité des soins. Enfin, l'accessibilité géographique des soins devient un profond facteur de différenciation sociale « par construction » : il est montré par exemple que les malades du cancer qui vivent le plus loin des centres spécialisés y sont moins souvent pris en charge ; et il a été observé en région parisienne que ce sont les personnes appartenant aux catégories sociales les plus modestes qui recourent moins souvent aux soins spécialisés si elles en sont éloignées.

Les inégalités secondaires de soins peuvent aussi être construites par les références de pratique, comme on peut le constater pour certaines maladies chroniques quand les stratégies de prise en charge proposées ne tiennent pas compte de la différenciation du risque évolutif liée à l'appartenance sociale des personnes malades. C'est le cas des recommandations de pratique vis-à-vis des facteurs de risque vasculaire que sont l'hypertension artérielle ou les dyslipidémies, du fait qu'elles ne prennent pas en compte les facteurs de risque dits psychosociaux. On sait par exemple que l'exposition au bruit ou l'exposition à des contraintes psychiques sont des facteurs de risque cardiovasculaire aussi puissants que les facteurs biologiques ou cliniques ; pourtant seuls ces derniers sont pris en compte dans le calcul du risque cardiovasculaire à la base d'une stratégie de traitement graduée. Comme l'exposition à des contraintes psychiques est fortement stratifiée socialement, l'absence de prise en compte de ces facteurs psychosociaux, conduit à traiter avec retard et insuffisamment les personnes malades du « bas de l'échelle sociale » (Lang). En revanche, c'est probablement l'inertie du système qui explique l'impressionnante stratification sociale du degré de contrôle tensionnel obtenu chez les malades traités. (fig. 42.3).

Un exemple d'inégalités de soins par omission peut être montré à travers l'étude des soins préventifs en consultation hospitalière. L'attention aux soins préventifs, surtout dans un contexte d'urgence, est faible. Les besoins de soins préventifs non satisfaits (vaccinations ou gestes de dépistage en retard, conduites à risque non identifiées) sont plus fréquents parmi les consultants les plus modestes. La difficulté à les prendre en compte dans le cadre d'un contexte qui privilégie les soins curatifs

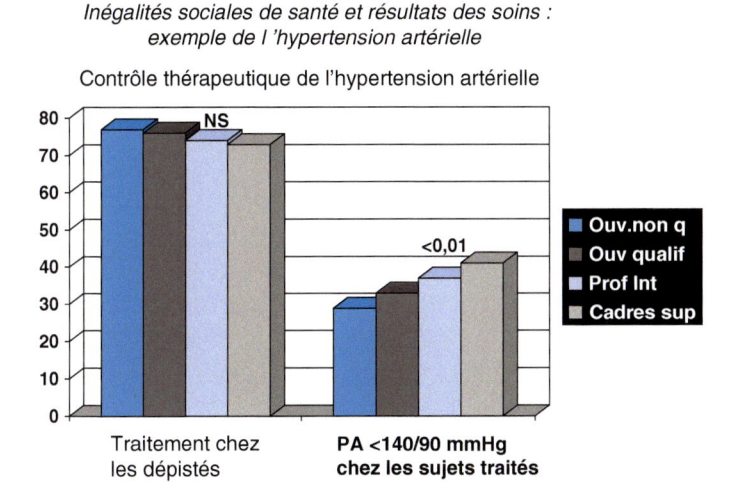

Fig. 42.3.
HTA et stratification du résultat de la prise en charge en termes de contrôle tensionnel.
Source : de Gaudemaris R et al. Socioeconomic inequalities in hypertension prevalence and care : the IHPAF study. Hypertension 2002 ; 39 : 1119–25.

pénalise donc plus particulièrement ces personnes, d'autant plus que pour certaines l'hôpital est devenu leur source de soins privilégiée.

III. Des pistes de réponses sanitaires et sociales visant à réduire les inégalités sociales de santé

Les pistes de réponses doivent s'appuyer sur une catégorisation pertinente des causes des inégalités. La référence au paradigme épidémiologique probabiliste conduit dans un premier temps à raisonner de manière transversale (à un moment donné) par facteurs de risque. Trois types d'approche sont alors possibles :

- une approche populationnelle porte sur les déterminants auxquels tout un chacun est exposé : le programme national *Nutrition santé*, qui vise à lutter contre les conséquences d'un mode de vie sédentaire (alimentation trop riche : « manger cinq fruits et légumes par jour », ou manque d'exercice physique : faire au moins 30 minutes de marche rapide), en est un exemple. Ce type d'approche a tendance à être moins efficace dans les populations socialement les plus vulnérables et donc à aggraver les ISS ; la différenciation sociale de l'épidémie de surpoids et d'obésité en témoigne. Elle nécessite donc d'être adaptée dans l'objectif de réduire les ISS ;
- une deuxième approche est celle dite « du haut risque biologique ». Elle conduit à cibler les interventions sur les groupes au sein desquels se concentrent des risques biologiques (hypercholestérolémie) ou comportementaux (tabagisme) considérés comme des risques individuels. Les stratégies de prise en charge du haut risque cardiovasculaire sont des exemples de ces démarches qui sont dans le meilleur des cas neutres vis-à-vis des ISS, mais parfois conduisent à les aggraver ;
- une dernière approche se concentre sur les groupes vulnérables, caractérisés par un haut niveau de risque socio-économique et psychosocial, et qui cumulent effectivement des besoins de santé particulièrement élevés. Des « ateliers santé » visent par exemple à restaurer l'estime de soi de personnes prises en charge dans des dispositifs d'insertion ; les hôpitaux publics, depuis la loi de lutte contre les exclusions, ont l'obligation de mettre en place des permanences d'accès aux soins de santé (consultations médico-sociales) pour les publics qui ont des difficultés d'accès aux soins. Ce type d'approches a des qualités opérationnelles évidentes qui en font les seules à même d'agir sur les ISS, mais elles touchent difficilement l'ensemble du public qu'elles visent.

Si la majorité des interventions de santé publique, c'est-à-dire toutes sauf celles qui s'adressent directement aux groupes socialement défavorisés, sont au mieux neutres vis-à-vis des ISS ou plus probablement bénéficient davantage à ceux qui en ont le moins besoin, il est nécessaire d'envisager des stratégies complémentaires à même de les réduire. Concernant les déterminants sociaux, elles peuvent s'appuyer sur une compréhension fine des mécanismes de constitution de ces inégalités tout au long de la vie des individus (Lang) et une complémentarité des approches individuelles et collectives :

- on peut agir extemporanément sur des facteurs de risque individuels : pour réduire les ISS, les dispositifs devraient être concentrés sur les personnes les plus exposées ; il s'agit par exemple d'aménager le poste de travail d'un travailleur atteint de TMS ou de veiller à limiter l'exposition collective au bruit dans une grande entreprise métallurgique. Sur un plan comportemental, il s'agit de dépister individuellement les consommateurs d'alcool à risque (que ce soit le fait du médecin traitant ou de la médecine du travail), mais également d'aménager les conditions de travail de manière à faire baisser au niveau collectif le niveau de stress qui favorise ces consommations comme l'incidence des TMS ;
- prendre en compte l'enchaînement des causalités dans la perspective de réduction des ISS est plus complexe. Ceci conduit à essayer d'agir à la fois (pas forcément en même temps) sur les conditions matérielles et les facteurs psychosociaux individuels (représentations de la santé, estime de soi, etc.) en conscience de l'effet de médiation que ces facteurs peuvent jouer entre la santé et les conditions matérielles de vie ou de travail, sur lesquelles les individus ont peu de prise mais qui sont accessibles à des décisions collectives. Il s'agit dès lors de concevoir des interventions sur le cadre de vie et de travail des groupes les plus exposés à des conditions nuisibles à leur santé (une action équitable sur le cadre de vie est recherchée par le réseau de « villes santé » promu par l'OMS) ; il s'agit aussi d'agir en direction de ces groupes par des stratégies communautaires qui visent à leur redonner plus de prise sur la conduite de leur propre vie ;
- si on considère enfin que la constitution des états de santé résulte d'un enchaînement diachronique des causalités, c'est en termes d'interventions dirigées sur les causes fondamentales qui régissent la constitution des états de santé et leur différenciation sociale qu'il faut concevoir les stratégies d'action. C'est par exemple de l'accès pour tous à l'éducation et à la culture qu'il est question, donc de lutte contre l'illétrisme (y compris en santé) et l'échec scolaire notamment. C'est plus généralement, selon la commission sur les déterminants sociaux de la santé de l'OMS, « lutter contre les inégalités dans la répartition du pouvoir, de l'argent et des ressources, c'est-à-dire les facteurs structurels dont dépendent les conditions de vie quotidiennes, aux niveaux mondial, national et local ».

En termes de réponses du système de soins, un premier défi consiste à faire prendre conscience aux professionnels et aux institutions de l'existence des ISS et de leur part de responsabilité dans leur rattrapage. Les pistes d'action peuvent s'envisager à trois niveaux :

- au niveau micro, celui des acteurs considérés isolément, il s'agit de faire évoluer le paradigme de la clinique. L'objectif est d'adapter l'exercice de la pratique individuelle à l'origine sociale des personnes soignées, tant en termes de définition des recommandations de pratique (intégrant le risque psychosocial) qu'en termes de mise en œuvre soucieuse de rattraper des opportunités perdues d'améliorer la santé (vaccins en retard, examens de dépistage oubliés). Il s'agit également de mener des démarches d'amélioration des pratiques, soucieuses de corriger des inégalités de soins qu'une démarche indiscriminée aggraverait sinon. Il s'agit enfin de se donner les moyens de mesurer l'équité des interventions ;

- au niveau méso, les actions relèvent d'actions sur l'organisation du système de soins. Le renforcement des dispositifs de prévention collective, PMI, santé scolaire (et universitaire) et santé au travail est une des premières nécessités si l'on veut mettre en œuvre des stratégies d'action populationnelles. Au-delà, l'encouragement de toutes les initiatives de renforcement de la coordination entre les différents secteurs du système de santé, la ville et l'hôpital notamment, mais aussi le sanitaire et le médico-social et le social (but des « réseaux de santé »), tout comme celle d'exercice collectif pluriprofessionnel (délégation de tâches par les médecins à des professionnels paramédicaux mieux à même de les assurer avec régularité, créations de « maisons de santé » pluridisciplinaires, etc.) peut créer des conditions favorables à la mise en œuvre de stratégies de prise en charge à la fois plus efficaces et plus équitables ;

- au niveau macro, celui du système de soins et de santé, deux types de transformations paraissent nécessaires : restaurer la solidarité dans la protection sociale alors qu'elle se dégrade, de manière à favoriser l'accès aux soins des personnes les moins favorisées ; changer de paradigme d'action collective, en réhabilitant une approche globale de la santé au-delà du paradigme curatif dominant. L'enjeu d'une politique de santé publique est de réinvestir dans la prévention et la promotion de la santé dans une perspective de réduction des ISS.

POINTS CLÉS

▶ Les inégalités sociales de santé (ISS) peuvent être définies comme des différences d'état de santé structurées selon l'appartenance sociale, c'est-à-dire le positionnement des individus et des groupes dans ce qu'il est habituel de nommer la « hiérarchie » ou l'« échelle » sociale.

▶ De nos jours, l'espérance de vie à 35 ans d'un ouvrier est inférieure de 7 ans à celle d'un cadre supérieur (et cette différence suit un gradient social particulièrement net chez les hommes).

▶ Les ISS se retrouvent pour la quasi-totalité des maladies. Vis-à-vis du cancer, elles se traduisent à toutes les étapes : exposition aux facteurs de risque et incidence, survie, qualité de vie après guérison. Un aspect longtemps méconnu des inégalités sociales de morbidité est l'importance de la souffrance psychique.

▶ Les inégalités sociales de santé ont un déterminisme pluriel où les déterminants sociaux occupent une place majeure.

▶ L'*environnement de vie* quotidien (habitat, conditions de travail) a des effets de mieux en mieux documentés sur la santé.

▶ La consommation de tabac et l'excès de consommation d'alcool sont responsables de plusieurs dizaines de milliers de décès prématurés chaque année.

▶ Les inégalités d'accès aux soins sont d'abord des inégalités dans la capacité de recourir aux soins du fait du « reste à charge » pour les ménages. Recourir aux soins suppose aussi la conscience d'un besoin et ceci varie selon les représentations de la santé et des soins en vigueur dans différents milieux sociaux.

▶ Les pistes de réponses sanitaires et sociales doivent s'appuyer sur une catégorisation pertinente des causes des inégalités.

▶ L'enjeu d'une politique de santé publique est de réinvestir dans la prévention et la promotion de la santé dans une perspective de réduction des ISS.

Bibliographie

Canguilhem G. *Le normal et le pathologique*. Paris : PUF ; 1984 (1re édition 1943).

Fassin D. *Avant-propos. Inégalités et santé. Problèmes politiques et sociaux*. Paris : La Documentation française ; mai 2009, n° 960.

Haut conseil de la santé publique. *Les inégalités sociales de santé : sortir de la fatalité*. Paris : La Documentation française ; décembre 2009, 103 p.

Lang T, Kelly-Irving M, Delpierre C. Inégalités sociales de santé : du modèle épidémiologique à l'intervention. Enchaînements et accumulations au cours de la vie. *Rev Épidémiol Santé Publique* 2009 ; 57 : 429–35.

Leclerc A, Fassin D, Grandjean H et al. *Inégalités sociales de santé*. Paris : La Découverte ; 2000.

Leclerc A, Kaminski M, Lang T. *Inégaux face à la santé. Du constat à l'action*. Paris : La Découverte–Inserm ; 2008, 300 p.

Thèmes illustrant l'approche multidisciplinaire

IV

Cancers

O. Ganry

I. Épidémiologie descriptive
II. Épidémiologique analytique
III. Prévention des cancers

Les cancers représentent un des problèmes de santé publique dont l'importance s'aggrave dans les pays dits développés, mais également dans les pays en voie de développement. En effet, le vieillissement de la population associé à la croissance de la population se traduit par une proportion de plus en plus importante des décès par cancer dans le monde. La connaissance des facteurs responsables du développement des cancers souligne le rôle que peut jouer la prévention dans la lutte contre cette maladie, que ce soit par la prévention primaire (lutte contre les facteurs de risque) ou par la prévention secondaire (dépistage des cancers).

I. Épidémiologie descriptive

Pour étudier la fréquence des cancers, on dispose de deux indicateurs, l'un de mortalité (nombre de décès annuel) et l'autre de morbidité (nombre de nouveaux cas diagnostiqués chaque année : incidence). En France, les données nationales de mortalité, recueillies à partir des certificats de décès, sont publiées chaque année. Les données de morbidité par cancer ne sont pas enregistrées au niveau national, mais par l'intermédiaire de registres des cancers qui couvrent environ 20 % de la population française.

En 2005, le nombre de cas de nouveaux cancers en France a été estimé à près de 320 000 dont 180 000 chez l'homme. Ce nombre de cas a augmenté de près de 90 % entre 1980 et 2005. Les principales contributions à l'augmentation de l'incidence des cancers pendant cette période sont expliquées chez l'homme par le cancer de la prostate (multiplication par cinq de l'incidence) et chez la femme par le cancer du sein (multiplication par deux de l'incidence) (fig. 43.1). Les quatre cancers les plus fréquents sont les cancers de la prostate (62 000), du sein (50 000), du côlon–rectum (37 000) et du poumon (31 000). Ils représentent près de 60 % de tous les cancers.

Pendant la même période la mortalité a augmenté de 13 % et on a répertorié près de 150 000 décès par cancer en 2005. Depuis 1989, les cancers sont la première cause de décès chez l'homme en France et représentent 33 % des décès masculins, devant les maladies cardiovasculaires (29 %). Chez les femmes, les décès par cancer représentent 23 % des décès observés. Chez l'homme, c'est le cancer du poumon qui représente la première cause de décès (21 000 décès) devant le cancer de la prostate (9300). Chez la femme, c'est le cancer du sein qui représente la première cause de décès (11 000), devant le cancer colorectal (8000) et le cancer du poumon (5700).

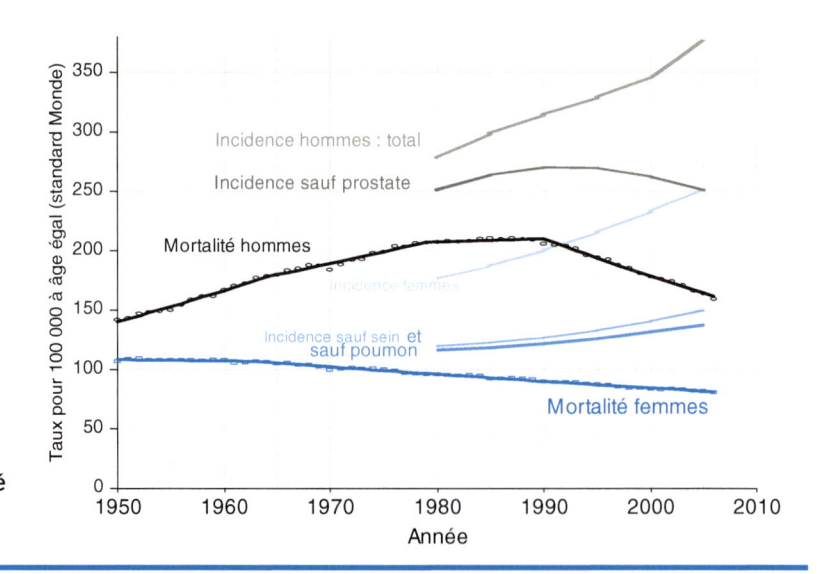

Fig. 43.1.
Incidence et mortalité par cancer en France (1950–2006).

II. Épidémiologique analytique

Les études épidémiologiques analytiques ont permis d'identifier de nombreux facteurs de risque de cancer – liés par exemple aux modes de vie, à l'environnement professionnel, ou à la génétique – et la part attribuable dans la mortalité par cancer (fig. 43.2). Certains de ces facteurs de risque peuvent être modifiés par des actions au niveau individuel ou au niveau collectif (tabac, alcool, alimentation, exposition professionnelle ou environnementale à des cancérogènes…), alors que pour d'autres facteurs, il n'existe pas encore d'intervention possible (âge, génétique…).

A. Tabac

Le tabac est un cancérogène connu, responsable de près de 4 millions de décès chaque année dans le monde, et a constitué en 2009 la principale cause de décès par cancer dans le monde. En France, on considère que le tabac a été responsable d'environ 37 000 décès, majoritairement

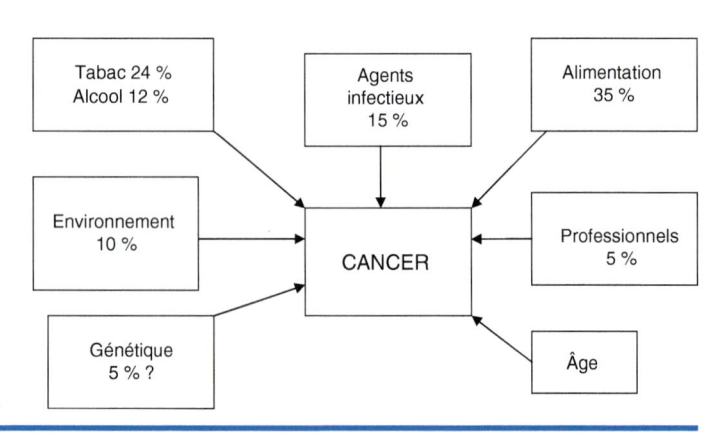

Fig. 43.2.
Mortalité par cancer : part attribuable à différents facteurs.

chez les hommes (30 000), mais on observe une nette augmentation de la mortalité chez la femme liée au développement du tabagisme depuis une cinquantaine d'années. Le tabac est responsable de plus de 80 % des cancers du poumon en France, et les fumeurs ont aussi un risque plus important de développer un cancer des voies aérodigestives, de la vessie, du rein, de l'estomac, du foie et du pancréas. Chez la femme, le tabac augmente également le risque de développer un cancer du col de l'utérus. Le risque lié au tabac est influencé par la durée du tabagisme mais n'atteint un niveau statistiquement significatif qu'après 30 ans de tabagisme. Le risque de cancer est également lié à la quantité fumée, au type de tabac (blond ou brun, avec ou sans filtre, cigarette ou pipe…) et au mode de consommation (inhalation de la fumée). Par ailleurs, de nombreuses études épidémiologiques ont montré qu'il existe un risque de cancer du poumon lié au tabagisme passif chez les non-fumeurs.

B. Alcool

La consommation d'alcool entraîne une augmentation du risque des cancers de la bouche et du pharynx, du larynx et de l'œsophage ainsi que du foie. L'augmentation du risque est significative dès la consommation moyenne d'un verre par jour. L'effet dépend de la quantité consommée mais pas du type de boisson alcoolisée. Les effets du tabac et de l'alcool se multiplient pour les risques de tumeurs des voies aérodigestives supérieures (bouche, pharynx, larynx ou œsophage). Des études récentes ont montré également une augmentation modérée des cancers du sein chez la femme. Les récents rapports du Centre international de recherche sur le cancer estiment que l'alcool est responsable d'environ 10 % de l'incidence des cancers et des décès par cancer chez l'homme et de 5 % de l'incidence des cancers et de 3 % des décès par cancer chez la femme.

C. Alimentation

L'alimentation joue probablement un rôle important dans le développement de certains cancers. Le lien entre consommation excessive de graisses et cancer du côlon est aujourd'hui reconnu. Les graisses en cause sont les graisses d'origine animale apportées par la consommation de viandes ou de charcuteries. À l'inverse, une consommation importante de fruits et de légumes frais réduit le risque de développer un cancer des voies aérodigestives supérieures ou de l'estomac. Une alimentation riche en fibres (céréales complètes, fruits, légumes…) est associée à un moindre risque de développer un cancer colorectal.

D. Risques professionnels

Trois à 9 % des cancers sont observés chez des personnes exposées à des facteurs carcinogènes au cours de leur profession. Les cancers imputables à l'amiante, au benzène, aux poussières de bois, aux rayonnements ionisants, nickel et chrome représentent plus de 95 % des cancers professionnels indemnisés.

E. Agents infectieux

Divers agents infectieux bactériens ou viraux peuvent être responsables de l'apparition de cancers. Les papillomavirus sont incriminés dans le développement du cancer du col utérin. Depuis 2008, deux vaccins sont disponibles en France et semblent pouvoir protéger du développement d'environ 70 % des cancers du col de l'utérus.

En France, environ 300 000 personnes seraient porteuses chroniques du virus de l'hépatite B, et sont exposées au risque de cirrhose et de cancer du foie. Un vaccin efficace existe, mais la couverture vaccinale de la population française est insuffisante. Par ailleurs, on considère qu'environ 800 000 personnes sont porteuses du virus de l'hépatite C, responsable d'environ 70 % des cas d'hépatites chroniques, cause majeure de cirrhose du foie ou de cancer du foie.

L'infection due à une bactérie, l'*Helicobacter pylori* est responsable du développement d'un ulcère de l'estomac dans 10 % des cas et d'un cancer dans 1 % des cas. Le traitement par antibiotiques va permettre la guérison de 90 % des patients infectés et ainsi la prévention le cancer de l'estomac.

Enfin le cancer de la vessie, très fréquent en Afrique de l'Est, apparaît secondairement au développement d'une infection de la vessie par un parasite *(Schitosoma haematobium)*.

F. Génétique

Pour un petit nombre de cancers, il est possible d'identifier des sujets à très haut risque de cancers pour cause de mutation génétique. C'est le cas par exemple des femmes porteuses de gènes de prédisposition BRCA1 et BRCA2, qui ont une probabilité de développer un cancer du sein et de l'ovaire de 50 à 80 % au cours de leur vie. Aujourd'hui, il apparaît cependant difficile de prévenir le développement de cancers chez ces femmes en dehors d'une surveillance étroite.

G. Médicaments

Le lien entre médicaments et cancer a été mis en évidence à travers plusieurs observations, comme la survenue de cancers du vagin chez des jeunes filles dont les mères ont été traitées au cours de leur grossesse pour une menace de fausse couche par diéthylstilbestrol ou, plus récemment, la mise en évidence d'une augmentation du risque de cancer du sein chez des femmes qui avaient un traitement hormonal substitutif de la ménopause associant œstrogènes et progestatifs.

III. Prévention des cancers

A. Prévention primaire

Les actions de prévention primaire reposent sur des campagnes d'information portant sur les risques liés au tabagisme, à la consommation d'alcool ou à une mauvaise alimentation, mais aussi sur un certain nombre de textes législatifs encadrant la consommation, par exemple, de l'alcool et du tabac :

- *lutte contre le tabagisme* : interdiction de fumer dans les lieux publics, interdiction de la vente de tabac aux moins de 16 ans (loi Evin), campagne d'information dans les médias, augmentation des prix et aides à l'arrêt du tabac (consultations anti-tabac…), actions ciblées sur les professionnels de santé (affiches, dépliants…) ;
- *lutte contre l'alcoolisme* : encadrement juridique de la publicité en faveur des boissons alcoolisées (loi Evin), campagne d'information dans les médias, actions ciblées sur les professionnels de santé (affiches, dépliants…) ;
- *promotion d'une alimentation équilibrée* : c'est le principe d'un plan national (plan national *Nutrition santé*) qui vise à promouvoir une alimentation plus équilibrée (campagne en faveur de la consommation de fruits et légumes) ou la pratique d'une activité physique régulière.

B. Prévention secondaire : dépistage des cancers

La probabilité de guérir un cancer est étroitement liée au stade d'extension de la maladie lors de son diagnostic. Il est donc primordial de pouvoir mettre en évidence un cancer le plus précocement possible, avant l'apparition de signes cliniques (saignement, douleur, masse…).

Le dépistage des cancers consiste à identifier grâce à un test facile à utiliser, bien accepté par ceux qui s'y prêtent et peu coûteux, les sujets atteints d'un cancer ou d'une lésion précancéreuse mais ne présentant pas de signes cliniques. En effet, le dépistage s'adresse à une population apparemment bien portante et doit permettre de distinguer parmi cette population les personnes qui sont atteintes d'un cancer, et celles qui ne le sont pas. Les personnes pour lesquelles les résultats du test de dépistage sont positifs doivent subir des examens complémentaires permettant de confirmer ou non la présence d'une tumeur. Cependant, malgré de nombreuses études destinées à mesurer l'intérêt du dépistage de certains cancers, une baisse de la mortalité grâce au dépistage n'a été observée que pour trois cancers : cancer du sein, cancer du col de l'utérus et cancer colorectal. En dehors du dépistage organisé pour le cancer du sein et colorectal, il existe des dépistages de type individuel qui sont réalisés à l'initiative des médecins (dépistage du cancer de la prostate, par exemple).

1. Dépistage du cancer du sein

Le dépistage du cancer du sein est organisé en France depuis 2004. Il concerne les femmes âgées de 50 à 74 ans et repose sur une radiographie des seins (mammographie) tous les 2 ans. Le programme organisé du dépistage du cancer du sein repose sur l'invitation systématique des femmes dans la tranche d'âge concernée (50–74 ans). Si la mammographie met en évidence des anomalies, des examens complémentaires sont pratiqués (biopsie de la lésion mise en évidence à la radiologie) afin d'éliminer ou non le diagnostic de cancer et mettre en place le traitement adapté si besoin. La sensibilité de la mammographie est de 60 à 90 % et sa spécificité est d'environ 95 %. Selon les études, le recours au dépistage organisé pourrait diminuer la mortalité de 20 à 30 % dans la population concernée si au moins 70 % de la population invitée y participait.

2. Dépistage des cancers colorectaux

En France, un dépistage organisé du cancer colorectal a été généralisé à partir de 2008 et s'adresse aux hommes et femmes âgées de 50 à 74 ans (fig. 43.3). Le test de dépistage utilisé repose sur la recherche de sang occulte dans les selles. La sensibilité du test est de 50 % et sa spécificité de 98 %. En cas de résultat négatif, la personne est invitée à renouveler le test 2 ans plus tard. En cas de résultat positif, des examens complémentaires sont nécessaires et reposent sur une coloscopie. La coloscopie est l'examen de référence actuellement pour mettre en évidence d'éventuelles anomalies du côlon ou du rectum.

3. Dépistage du cancer du col de l'utérus

Le cancer du col de l'utérus est lié à une infection par un virus, le papillomavirus. Le délai d'une quinzaine d'années entre les premières manifestations du virus et la survenue d'un cancer invasif permet de mettre en évidence des lésions précancéreuses grâce au dépistage. Celui-ci repose sur la pratique chez les femmes de 30 à 65 ans d'un frottis cervico-vaginal. Ce test est connu et utilisé depuis plus de 50 ans. C'est un examen simple, efficace, peu onéreux et sans aucun danger. Sa sensibilité est d'environ 70 %. De nombreuses études épidémiologiques ont montré une réduction de la mortalité et de l'incidence des cancers du col de l'utérus dans les populations où le dépistage a été organisé de manière systématique. Ainsi un dépistage qui débute chez les femmes de 25 ans s'accompagne d'une diminution de l'incidence cumulée du cancer du col de l'utérus de 93 %, lorsque le frottis est réalisé tous les 3 ans. Cette diminution de l'incidence cumulée reste importante (près de 65 %) si le frottis cervico-vaginal n'est réalisé que tous les 10 ans.

Des expérimentations sont actuellement menées dans plusieurs départements en vue de généraliser à la France entière le dépistage du cancer

Fig. 43.3.
Affiche du dépistage organisé du cancer colorectal.
Source : INCa.

du col de l'utérus. Par ailleurs, la recherche de l'ADN viral des génotypes oncogènes de papillomavirus semble une voie prometteuse permettant d'améliorer la sensibilité du test.

POINTS CLÉS

▶ Les cancers représentent un des problèmes de santé publique dont l'importance s'aggrave dans les pays dits développés, mais également dans les pays en voie de développement.

▶ En 2005, le nombre de cas de nouveaux cancers en France a été estimé à près de 320 000 ; il a augmenté de près de 90 % entre 1980 et 2005.

▶ En France, les décès par cancer représentent 33 % des décès masculins et 23 % des décès féminins ; la première cause de décès par cancer est : le cancer du poumon chez l'homme ; le cancer du sein chez la femme.

▶ Le tabac est responsable de plus de 80 % des cancers du poumon en France, mais aussi de cancers des voies aérodigestives, de la vessie, du rein, de l'estomac, du foie et du pancréas.

▶ La consommation d'alcool entraîne une augmentation du risque des cancers de la bouche et du pharynx, du larynx et de l'œsophage ainsi que du foie.

▶ L'alimentation joue probablement un rôle important dans le développement de certains cancers.

▶ D'autres facteurs carcinogènes (infectieux bactériens ou viraux, mutations génétiques, médicaments) ont été identifiés. Des cancers sont observés chez des personnes exposées à des facteurs carcinogènes au cours de leur profession (amiante, benzène…).

▶ Les actions de prévention primaire reposent sur des campagnes d'information portant sur les risques liés au tabagisme, à la consommation d'alcool ou à une mauvaise alimentation, mais aussi sur un certain nombre de textes législatifs encadrant la consommation, par exemple, de l'alcool et du tabac.

▶ Une baisse de la mortalité grâce au dépistage n'a été observée que pour trois cancers : cancer du sein, cancer du col de l'utérus et cancer colorectal.

▶ Il existe des dépistages organisés pour le cancer du sein et colorectal, et des dépistages de type individuel qui sont réalisés à l'initiative des médecins (dépistage du cancer de la prostate, par exemple).

Bibliographie

Pomey MP, Lejeune B, Pouillier JM. *Santé publique*. Paris : Ellipses ; 2000.
Czernichow P, Chaperon J, Lecoutour X. *Épidémiologie*. Paris : Masson ; 2001.
INCa. *La situation du cancer en France en 2009. Rapport de l'INCa*. INCa ; octobre 2009.
Rongère J, Tavolacci MP. *Santé publique*. 2e éd. Issy-les-Moulineaux : Elsevier Masson ; 2009.

44 Maladie d'Alzheimer : un problème majeur de santé publique

J.-F. Dartigues

I. Le diagnostic clinique de maladie d'Alzheimer
II. La maladie d'Alzheimer et les maladies apparentées, un enjeu de santé publique

La maladie d'Alzheimer a été décrite en 1907 par Aloïs Alzheimer, neuropsychiatre allemand travaillant à Francfort. C'est en fait son maître Kraepelin qui a recommandé que cette affection porte le nom de maladie d'Alzheimer après cette publication originale.

La maladie se caractérise par des troubles progressifs de la mémoire et d'autres fonctions cognitives comme le langage, la capacité de se repérer dans l'espace, la réalisation des tâches complexes de la vie (planifier, anticiper, peser le pour et le contre, décider, etc.). Ces troubles cognitifs ont un retentissement sur les activités de la vie quotidiennes, les plus complexes d'abord (gérer son budget, faire sa déclaration d'impôts), puis les plus simples, celles qui nous permettent d'assurer notre survie (s'alimenter, se déplacer, se laver ou s'habiller). On considère actuellement que pour porter un diagnostic de maladie d'Alzheimer, il faut à la fois un déclin des capacités cognitives dans plusieurs domaines et un retentissement sur les activités de la vie quotidienne. L'association de ces deux critères permet de définir le « syndrome démentiel » ou démence. Il s'agit d'une définition « clinique » de la maladie, c'est-à-dire fondée sur l'interrogatoire du malade et de ses proches et sur l'examen clinique. Cette définition clinique de la maladie d'Alzheimer pourrait évoluer dans le futur si des thérapeutiques efficaces voyaient le jour. En effet, un diagnostic à un stade plus précoce, comme le proposent Bruno Dubois et un groupe d'experts internationaux, serait alors justifié.

La maladie d'Alzheimer est la cause la plus fréquente de démence et représente selon les séries de malades de 70 à 90 % des cas. Les autres causes de démence sont seulement évoquées ici sans être abordées en détail : maladie des corps de Lewy, démence liée à la maladie de Parkinson, démence frontotemporale, maladie de Creutzfeldt-Jakob, etc. Ces autres causes de démences représentent les « maladies apparentées à la maladie d'Alzheimer ».

Le mot démence vient du latin *dementis* (privé d'esprit). Le terme *dementia* est très largement utilisé dans le monde et permet aux chercheurs et aux médecins de communiquer sur le sujet entre eux. Cependant,

> ce terme a une connotation très péjorative dans l'opinion publique, en France notamment, car il est synonyme de folie, de perte de la raison, de comportement aberrant. Son utilisation n'est pas recommandée dans la pratique médicale courante, surtout dans le cadre de la relation entre le médecin et le malade, ou à l'intérieur des familles.

I. Le diagnostic clinique de maladie d'Alzheimer

Le diagnostic clinique de maladie d'Alzheimer doit être étayé par des tests neuropsychologiques qui permettent de démontrer les troubles cognitifs. Le test le plus communément utilisé est le *Mini-Mental Status Examination* (MMSE) décrit par Folstein *et al.* en 1975. C'est un test global qui consiste à la succession de trente questions ou petites épreuves qui explorent l'orientation dans le temps, l'orientation dans l'espace, la répétition de trois mots, le calcul mental, le rappel des trois mots répétés auparavant, et neuf autres questions de langage et de gestualité. On obtient alors un score cumulatif de 0 à 30 qui permet à la fois d'orienter le diagnostic, suivre l'évolution de la maladie et déterminer le stade de gravité : la maladie est sévère quand le MMSE est inférieur à 10, modérée quand le MMSE est compris entre 10 et 18, légère quand le MMSE est compris entre 19 et 26. D'autres tests neuropsychologiques permettent de préciser le diagnostic en cas de doute et, notamment, d'évaluer la mémoire et les fonctions exécutives.

Selon les recommandations de la Haute Autorité de santé (HAS) en France, un autre examen complémentaire est indispensable pour porter un diagnostic de maladie d'Alzheimer : un scanner ou une imagerie par résonance magnétique (IRM) du cerveau. Cette imagerie du cerveau doit être faite pour trois raisons :

- elle permet d'éliminer une maladie susceptible de mimer un « syndrome démentiel » ou une démence : tumeur cérébrale bénigne ou maligne (glioblastome ou métastase d'un autre cancer), « hydrocéphalie » (dilatation des ventricules du cerveau dans lesquels circule le liquide céphalorachidien), hématome sous-dural chronique (épanchement de sang entre la dure-mère qui est une membrane entourant le cerveau et le cerveau lui-même), etc. Toutes ces maladies peuvent mimer la maladie d'Alzheimer et il est indispensable de les rechercher mêmes si elles sont plus rares, car elles nécessitent un traitement spécifique qui peut amener à la guérison (ces maladies ne sont pas abordées dans le détail) ;
- elle permet de mettre en évidence des lésions d'origine vasculaire, soit des lésions « ischémiques », c'est-à-dire en relation avec une obstruction d'une artère, soit plus rarement, des lésions hémorragiques. Si ces lésions sont très importantes, elles peuvent suffire à entraîner une démence. On parle alors de démence vasculaire ;
- elle montre directement des signes de perte de neurones et de tissu cérébral sous forme « d'atrophie » qui est spécifique de la maladie

d'Alzheimer quand elle touche certaines régions du cerveau comme l'hippocampe (partie du lobe temporal).

La clinique de la maladie et les examens complémentaires ne permettent pas un diagnostic de certitude absolue de maladie d'Alzheimer. Seul l'examen microscopique du cerveau après le décès permet ce diagnostic de certitude en montrant deux types de lésions décrites par Aloïs Alzheimer en 1907 : les plaques séniles ou plaques amyloïdes et la dégénérescence neurofibrillaire. Si le diagnostic de certitude n'est obtenu qu'avec l'examen du cerveau après le décès, en pratique, le diagnostic basé sur la clinique, les tests neuropsychologiques et l'imagerie cérébrale est très fiable, avec un risque d'erreur inférieur à 10 %.

II. La maladie d'Alzheimer et les maladies apparentées, un enjeu de santé publique

La maladie d'Alzheimer et les maladies apparentées (MAMA) sont considérées comme un problème majeur de santé publique et ont été retenues par le président de la République, Nicolas Sarkozy, comme une des priorités de son quinquennat dans le domaine sanitaire, médico-social et de la recherche.

A. La maladie d'Alzheimer : une maladie fréquente

Il n'existe pas de registre exhaustif de la maladie permettant d'avoir le nombre de cas existant dans la population française. Selon les données de l'assurance-maladie, en 2008, 450 000 malades en France avaient soit une affection de longue durée pour MAMA (ALD 15), soit un traitement spécifique pour MAMA (Aricept®, Exelon®, Reminyl® ou Ebixa®). Les estimations obtenues à partir des études épidémiologiques donnent des chiffres au moins deux fois plus élevés, car un cas sur deux ne serait pas diagnostiqué, notamment du fait d'un diagnostic très tardif au cours de l'évolution de la maladie. Toujours selon ces études, 200 000 nouveaux cas surviendraient chaque année dans la population française.

B. La maladie d'Alzheimer : une maladie dont la fréquence augmente

Du fait du vieillissement de la population française le nombre de cas estimé est passé de 400 000 en 1990 à 800 000 en 2005 et serait proche de 900 000 en 2010. Selon les projections les plus probables de l'Insee, la prévalence passerait à 1 200 000 cas en 2020 et 2 100 000 cas en 2040.

C. La maladie d'Alzheimer : une maladie longue, grave, voire maligne

La maladie d'Alzheimer dure 5 ans en moyenne dont 2 ans au stade sévère de la maladie. Elle s'accompagne d'une dépendance dans toutes les activités de la vie quotidienne et de troubles du comportement. Elle double le risque de décès, essentiellement du fait de négligence dans le diagnostic et le traitement des affections potentiellement mortelles qui surviennent chez ces patients âgés. Du fait de sa durée, la maladie est de loin la cause principale de dépendance lourde des personnes âgées.

D. La maladie d'Alzheimer : un risque pour un tiers

Au-delà de la gravité de la maladie pour les patients eux-mêmes, la maladie d'Alzheimer affecte l'entourage qui voit se dégrader progressivement un être cher, puis qui doit assumer la dépendance et les troubles du comportement (agressivité, fugue, délire, hallucinations). Le risque de dépression, d'anxiété, de consommation de psychotropes, d'hospitalisation ou de décès est majoré d'environ 50 % chez les proches d'une maladie d'Alzheimer. Le risque d'accident de la route ou d'accident domestique (oubli du gaz) est beaucoup plus important en cas de maladie d'Alzheimer avec un risque évident pour un tiers, surtout quand la maladie n'est pas diagnostiquée à son début.

E. La maladie d'Alzheimer : une maladie coûteuse pour le malade, sa famille et la société

La maladie est la cause principale de dépendance, la cause majeure d'entrée en institution pour les personnes âgées (établissement d'hébergement pour personnes âgées dépendantes – EHPAD), une cause fréquente d'hospitalisation non programmée et partiellement évitable pour troubles du comportement. En 2010, on peut estimer le coût de la maladie en France, direct et indirect, à 15 milliards d'euros dont 45 % sont à la charge des malades et des familles (le « reste à charge »), 10 % à la charge du financement de la dépendance (allocation personnalisée d'autonomie, conseils généraux et CNSA) et 45 % à la charge de l'assurance-maladie. Le coût moyen annuel net par patient est de 20 000 € et dépend de la gravité de la maladie.

F. La maladie d'Alzheimer : une maladie sur laquelle on peut agir

Quatre médicaments ont obtenu l'autorisation de mise sur le marché et sont remboursés par l'assurance-maladie. Même si leur efficacité peut être discutée, ils ont au moins un effet symptomatique. Une prise en charge non médicamenteuse peut également être proposée notamment par un soutien aux familles. Certains malades requièrent une attention particulière en raison de risques domestiques ou d'effets secondaires des médicaments : sujets vivant seuls, sujets sous traitement anticoagulant ou antidiabétique. Il est enfin possible de compenser la dépendance pour les activités domestiques et les activités essentielles de la vie, et de traiter les troubles du comportement ou de les prévenir.

G. La maladie d'Alzheimer : une maladie négligée, sous-diagnostiquée, sous-traitée

Un cas sur deux survenant dans la population n'est pas diagnostiqué, et deux cas sur trois ne le sont pas au stade initial de la maladie. Le délai entre le début de la maladie et le diagnostic serait en France de 2 ans, un des plus longs d'Europe. Deux cent vingt mille malades seulement sont traités par les médicaments spécifiques de la maladie d'Alzheimer. De multiples raisons peuvent être évoquées à cette négligence et à ce sous-diagnostic : image de la maladie dans la population et chez les soignants, efficacité trop limitée de la prise en charge et des traitements, etc.

H. La maladie d'Alzheimer : une maladie pour laquelle l'égalité des chances n'est pas respectée

Dans certains territoires, la prise en charge est exemplaire et efficace, liée à la présence d'un réseau gérontologique, d'un CLIC (centre local d'information et de coordination gérontologique) et d'une *consultation mémoire*. Ailleurs, les malades sont négligés et les familles laissées à elles-mêmes.

Toutes ces raisons font que la maladie a fait l'objet d'un plan *Alzheimer 2008–2012*, plan national de santé publique dont le préambule est le suivant : « La maladie d'Alzheimer et les maladies apparentées progressent inexorablement avec l'âge : à partir de 85 ans, une femme sur quatre et un homme sur cinq sont touchés. Face à ce triple défi scientifique, médical et social, le président de la République a lancé le 1er février 2008 le plan Alzheimer 2008–2012 doté de moyens spécifiques. Centré sur la personne malade et sa famille, il a pour objectif de fournir un effort sans précédent sur la recherche, de favoriser un diagnostic plus précoce et de mieux prendre en charge les malades et leurs aidants. »

POINTS CLÉS

▶ La maladie d'Alzheimer (MA) se caractérise par des troubles progressifs de la mémoire et d'autres fonctions cognitives comme le langage, la capacité de se repérer dans l'espace, la réalisation de tâches complexes de la vie.

▶ La maladie d'Alzheimer est la cause la plus fréquente de démence ; elle est considérée comme un problème majeur de santé publique ; elle a fait l'objet d'un plan Alzheimer 2008–2012.

▶ Le diagnostic clinique de maladie d'Alzheimer doit être étayé par des tests neuropsychologiques qui permettent de démontrer les troubles cognitifs. Selon la Haute Autorité de santé en France, un autre examen complémentaire est indispensable pour porter un diagnostic de maladie d'Alzheimer et éliminer les maladies susceptibles de mimer un syndrome démentiel : un scanner ou un IRM du cerveau.

▶ Du fait du vieillissement de la population, la prévalence de la MA en 2040 serait, selon les projections de l'INSEE, de 2 100 000 cas.

▶ La MA dure 5 ans en moyenne dont 2 ans au stade sévère de la maladie. Elle s'accompagne d'une dépendance dans toutes les activités de la vie quotidienne et de troubles du comportement. Elle affecte l'entourage du patient : on parle du fardeau de l'aidant.

▶ En 2010, on peut estimer le coût de la maladie en France direct et indirect à 15 milliards d'euros.

▶ La maladie d'Alzheimer est mal diagnostiquée en France et sous-traitée, alors que les médicaments ont un effet symptomatique. Selon les territoires, la prise en charge de la maladie est très inégale.

Bibliographie

Centre d'expertise collective de l'Inserm. *La Maladie d'Alzheimer*. Paris : Inserm ; 2007.

Site Internet

Plan Alzheimer 2008–2012 disponible à l'adresse suivante : www.plan-alzheimer.gouv.fr.

45 Dépression

D. Ringuenet

I. Données épidémiologiques sur la dépression
II. Retentissement de la dépression
III. Présentation clinique de la dépression
IV. Prise en charge thérapeutique de la dépression

Les circonstances de la vie quotidienne font naturellement varier les émotions entre gaieté et chagrin, parfois de façon intense. La tristesse est un état émotionnel normal, transitoire et réversible, souvent décrit comme « déprime », « cafard » et parfois désespoir. La dépression correspond à un état pathologique, spécifique et caractérisé, traduisant une profonde souffrance morale et occasionnant un retentissement majeur sur la vie quotidienne. Au cours d'un épisode dépressif, l'humeur est triste de façon intense et durable, c'est-à-dire de façon quasi permanente pendant au moins deux semaines. Cet état émotionnel peut se compliquer par l'apparition d'idées suicidaires, qui lorsqu'elles ne sont pas prises en charge, peuvent aboutir à la mort en cas de passage à l'acte.

Chez certaines personnes, les épisodes dépressifs peuvent se répéter au cours de la vie. Il s'agit alors le plus souvent de maladies spécifiques qu'on appelle troubles de l'humeur, comme le trouble bipolaire ou bien le trouble dépressif récurrent (trouble unipolaire). Chez d'autres personnes, l'épisode dépressif peut être isolé, ou réactionnel à des événements de vie particulièrement stressants. Une dépression peut également être secondaire à une maladie somatique (comme une hypothyroïdie, un diabète, un cancer, une infection VIH…), ou à la consommation de toxiques (alcool, drogues). Il peut aussi arriver que la dépression soit liée à l'effet iatrogène de certains médicaments prescrits pour traiter une autre maladie (effets secondaires connus pour les corticoïdes, les bêtabloquants, l'interféron…). Enfin, certaines dépressions peuvent compliquer un deuil, un traumatisme psychologique ou bien une autre pathologie psychiatrique préalablement déclarée (comme un trouble anxieux, un trouble des conduites alimentaires…).

I. Données épidémiologiques sur la dépression

A. Incidence, prévalence et évolution

La dépression est un important problème de santé publique et constitue la pathologie la plus fréquente parmi toutes les pathologies psychiatriques. Pour l'Europe, une méta-analyse de 2005 effectuée sur les estimations issues de 17 études en population générale montre une prévalence de la dépression au cours des douze derniers mois entre 3 et 10 %, avec une médiane à 6,9 %.

En France, deux enquêtes épidémiologiques ont été également réalisées en 2005. L'étude ANADEP montre une prévalence de la dépression au cours de la vie de 17,8 %, et de 5,0 % au cours des douze derniers mois. Dans l'enquête *Baromètre santé*, le pourcentage de la population générale touchée par une dépression au cours des douze derniers mois est de 7,8 %, ce qui représente plus de 3 millions de Français.

Les femmes ont deux fois plus de risques que les hommes de faire un épisode dépressif caractérisé. Elles sont également plus exposées aux rechutes et à la chronicisation de la dépression. Trois classes d'âge ont des risques accrus de dépression, celle des 18–25 ans dans les deux sexes, celle des 45–54 ans chez les femmes et celle des 35–44 ans chez les hommes. Les personnes vivant seules sont plus exposées au risque de dépression que celles vivant en couple (ratio de 1,3). Le chômage ou des conditions de vie précaires sont associés à une prévalence plus importante de la dépression dans plusieurs enquêtes.

La durée d'un épisode dépressif est variable et dépend de la mise en place d'un traitement adapté. La plupart des épisodes durent moins de 6 mois. La guérison totale et durable (rémission complète) est possible mais le risque de réapparition de la maladie après rémission des symptômes (récidive) est important. Une étude a montré que la dépression présentait un caractère récurrent ou chronique pour presque deux tiers des personnes diagnostiquées comme déprimées. Plus précisément, elle apparaît récidivante dans presque la moitié des cas, soit 3,7 % de la population générale, et chronique dans environ 15 % des cas, soit 1,2 % de la population générale. Dans certains cas, la rémission totale des symptômes après un épisode ne peut pas être obtenue. Une étude française montre que 47 % des patients traités pour un épisode dépressif caractérisé présentaient des symptômes résiduels après 8 à 12 semaines de traitement.

B. Mortalité et morbidité

Les idées suicidaires sont fréquentes dans la dépression et doivent systématiquement être recherchées et prises en charge. Les personnes suicidaires envisagent généralement la mort comme un moyen d'échapper à la souffrance insupportable de la dépression, et de l'angoisse qui y est associée. Toutes les données épidémiologiques soulignent l'importance de ce risque létal. La dépression est en effet la première cause de suicide parmi toutes les autres causes de suicide : près de 60 à 70 % des personnes qui décèdent par suicide présentaient une dépression, généralement non diagnostiquée et non traitée. Le suicide constitue la principale cause de mortalité de la dépression (15 % des patients déprimés). Le risque de suicide chez les sujets déprimés est 30 % plus important que celui des sujets en population générale ne souffrant pas de troubles dépressifs.

Lorsqu'une autre maladie somatique est associée à la dépression (par exemple un diabète, une hypertension artérielle…), le pronostic de cette dernière s'aggrave. En d'autres termes, la dépression s'accompagne d'une surmortalité globale par rapport à la population générale.

On note également, en cas de dépression, une augmentation de l'incidence des comorbidités addictives (comme l'alcool, les benzodiazépines…) et de leurs complications.

II. Retentissement de la dépression

A. Retentissement personnel et familial

Tous les registres de la vie quotidienne sont affectés par la dépression : vie affective, capacités relationnelle et sociale, fonctionnement intellectuel, état corporel. Plusieurs études mettent ainsi en évidence une altération majeure de la qualité de vie chez les personnes déprimées. La capacité à communiquer au sein de la famille, et en particulier à exprimer ses émotions, est rendue particulièrement difficile. Le retentissement sur la cellule familiale est souvent majeur. Le conjoint du déprimé est exposé à une détresse psychologique importante qui doit être prise en compte. Les troubles de la libido induits par la dépression contribuent également à altérer les relations de couple.

À un autre niveau, les relations entre un parent déprimé et ses enfants sont souvent altérées, ce qui peut induire un retentissement psychologique important sur l'affectivité de l'enfant, son développement, sa scolarité. La maternité constitue une période à risque de dépression. Le retentissement d'une dépression maternelle du post-partum est en effet particulièrement critique, car l'enfant en bas âge est alors exposé à d'importantes difficultés de développement et d'organisation psychique.

B. Retentissement professionnel et social

Le retentissement entre milieu professionnel et dépression est complexe. Certaines dépressions peuvent être rattachées à un environnement professionnel défavorable comme en témoignent les notions de syndrome d'épuisement professionnel (ou *burn-out*), ou de harcèlement moral. Le contexte professionnel constitue alors un facteur de risque de dépression. À l'inverse, la dépression altère profondément la capacité à travailler (absentéisme, problèmes relationnels, baisse de productivité secondaire aux troubles mnésiques, de l'attention et de la concentration). Ceci peut justifier la décision d'un arrêt de travail par le médecin traitant afin de permettre des soins et de préserver la vie professionnelle du patient des conséquences de la maladie. Par la suite, la réglementation du Code du travail fait obligation au médecin du travail de se prononcer sur l'aptitude du salarié à reprendre son activité après une maladie, et en particulier un trouble dépressif. Une reprise du travail aménagée (mi-temps thérapeutique…) peut dans certains cas contribuer à l'amélioration de l'état de santé d'un patient déprimé, tout en diminuant le risque de désinsertion professionnelle.

Sur le plan social, le sujet déprimé est le plus souvent dans l'incapacité de maintenir un lien avec son réseau social. Il s'isole de ses amis, délaisse ses centres d'intérêt habituels (lecture, musique, sport…) et est incapable de s'impliquer dans des activités culturelles. L'impression de rupture avec la vie sociale antérieure, induite par la dépression, renforce le sentiment d'isolement, d'abandon et de marginalisation, et accentue les pensées négatives d'autodévalorisation.

III. Présentation clinique de la dépression

Les troubles de l'humeur sont caractérisés par l'atteinte quasi permanente, pendant au moins deux semaines, de trois dimensions à des degrés variables : l'humeur, le fonctionnement psychomoteur et l'état somatique. Le sujet déprimé ressent un profond changement dans son fonctionnement, avec un sentiment de rupture progressive avec sont état antérieur.

A. Retentissement sur l'humeur

L'humeur est triste et fait place à une douleur morale, une perte de la capacité à éprouver du plaisir (anhédonie) ou à ressentir des émotions autres que la tristesse (anesthésie affective). L'intérêt pour la vie quotidienne et l'élan vital s'amenuisent. L'estime de soi est altérée avec un sentiment d'autodévalorisation et de culpabilité à se trouver dans un tel état, et à ne plus pouvoir assumer les actes de la vie quotidienne. Le niveau d'anxiété est souvent important.

B. Retentissement psychomoteur

Le retentissement psychomoteur de la dépression se traduit par un ralentissement des fonctions intellectuelles (bradypsychie), une altération des capacités cognitives comme la mémoire, l'attention et la concentration. On retrouve également un ralentissement de l'élocution (bradyphémie), une diminution de l'expression faciale des émotions (hypomimie) et un ralentissement dans l'exécution des mouvements volontaires (bradykinésie). La capacité à agir est altérée, soit par une perte de la volonté d'agir et donc d'initier l'acte (apragmatisme), soit par une incapacité à exécuter un acte malgré l'intention d'y parvenir (aboulie). À l'extrême, le patient peut rester immobile pendant des heures dans son lit, tout en restant éveillé (clinophilie), et ne plus parvenir à assurer son hygiène corporelle (incurie).

C. Retentissement somatique

Le retentissement somatique de la dépression associe une profonde fatigue (asthénie), des troubles du sommeil (insomnie avec un réveil matinal précoce, ou à l'inverse une hypersomnie). On retrouve également une perte de l'appétit (anorexie), avec baisse des apports alimentaires conduisant à une perte de poids et à une dénutrition. La constipation et les troubles de la libido sont fréquents.

D. Formes cliniques graves

Certaines formes de dépressions sont particulièrement sévères (dépressions mélancoliques) et conduisent à des pensées de mort et des idées suicidaires envahissantes. Le risque de passage à l'acte est alors maximal.

Ces formes graves peuvent dans certains cas être associées à des idées délirantes traduisant la perte de contact du sujet avec la réalité. Les thèmes de pensées les plus fréquents de ces formes mélancoliques délirantes sont la culpabilité (le plus souvent d'avoir commis une faute imaginaire grave et irréparable), le sentiment de ruine (comme d'avoir perdu tous ses biens, son travail, sa famille…) ou la conviction délirante d'avoir une atteinte corporelle (avoir les intestins bouchés, être déjà mort…).

IV. Prise en charge thérapeutique de la dépression

A. Mise en place du lien thérapeutique initial

La volonté ne suffit pas pour sortir de la dépression. La gravité et le retentissement de la dépression nécessitent un diagnostic et une prise en charge les plus précoces possibles. Le repérage d'éventuelles idées suicidaires doit être systématique. Tout traitement implique qu'un lien de collaboration de bonne qualité (alliance thérapeutique) soit établi entre un soignant expérimenté (médecin généraliste ou psychiatre) et le patient. Ceci permet alors d'échanger toutes les informations nécessaires sur les symptômes et les traitements.

La plupart des formes de dépressions peuvent être soignées en ambulatoire, c'est-à-dire sous forme de consultations répétées, sans avoir recours à une hospitalisation. L'hospitalisation peut cependant s'avérer nécessaire quand il existe un risque suicidaire, dans les formes graves de dépressions (forme mélancolique, lorsqu'existe un délire), ou lorsque le traitement nécessaire est complexe.

B. Traitement médicamenteux antidépresseur

Des traitements sont efficaces dans le traitement de la dépression. Les traitements par médicaments antidépresseurs permettent de réduire significativement les symptômes de la dépression et leur retentissement sur la vie quotidienne. Plusieurs classes pharmacologiques différentes d'antidépresseurs sont disponibles. Le délai d'action des antidépresseurs est de 3 à 5 semaines. Ils doivent toujours être pris de façon quotidienne pour être efficace, et le plus souvent pendant une durée de plusieurs mois afin de maintenir la rémission de la maladie et limiter les risques de rechute.

Dans le cas des troubles de l'humeur dans lesquels les dépressions se répètent au cours de la vie du patient (soit dans un contexte de trouble bipolaire ou bien de trouble dépressif récurrent), un traitement régulateur de l'humeur (thymorégulateur) peut être indiqué. Il est alors généralement prescrit sur des périodes longues de plusieurs années. Il permet de prévenir la réapparition de nouveaux épisodes de dépression, ou de variation pathologique de l'humeur. Tous les traitements médicamenteux nécessitent une adaptation au cours du temps, et une surveillance attentive de leur efficacité et de leur tolérance.

C. Traitement par psychothérapie

La psychothérapie peut être associée aux traitements antidépresseurs, et dans certains cas elle peut être proposée comme traitement exclusif de l'épisode dépressif. Il existe différentes formes de psychothérapies (psychothérapie de soutien, thérapie cognitivo-comportementale, thérapie d'inspiration analytique, thérapie familiale). Le point commun de toutes les psychothérapies est une forme d'échange entre le patient et le psychothérapeute. Cet échange thérapeutique particulier s'instaure grâce à l'écoute, la confiance, la bienveillance, l'absence de jugement, et le respect du secret médical. La psychothérapie soulage la souffrance induite par les symptômes dépressifs et leurs conséquences. Elle permet progressivement la restauration du fonctionnement psychique et l'amélioration de la qualité de vie des patients.

D. Éducation thérapeutique

Un travail de psycho-éducation est également préconisé lorsque les épisodes dépressifs se répètent, comme c'est le cas dans les troubles de l'humeur (trouble bipolaire et trouble dépressif récurrent). La psycho-éducation doit alors être initiée dès les premiers contacts avec le patient, et renforcée à chaque consultation. Elle permet l'information du patient et de sa famille sur la maladie, les symptômes, les traitements médicamenteux et non médicamenteux, les effets secondaires de ces traitements, et les possibilités de prévention des rechutes. Une meilleure connaissance et une meilleure compréhension de la maladie par le patient et son entourage permettent ainsi de développer des capacités d'autosurveillance. Ceci permet le plus souvent de modifier favorablement l'hygiène de vie (rythme de vie, qualité de l'alimentation et du sommeil, pratique d'une activité physique…), et de prévenir la survenue de complications évitables.

E. Actions de soins complémentaires

Associée au traitement de la dépression, une surveillance régulière par le médecin référent doit être maintenue pendant plusieurs mois. Cette surveillance permet de dépister et de prévenir les rechutes et les complications. Elle permet aussi de rechercher les symptômes dépressifs résiduels, ou une éventuelle mauvaise observance du traitement lorsqu'il s'avère inefficace ou partiellement efficace. La prévention de l'usage des toxiques (cannabis, alcool…) doit toujours être envisagée, car c'est un facteur aggravant de la maladie. Le retentissement social, professionnel et affectif doit être systématiquement évalué.

Dans les formes les plus graves, le patient doit bénéficier d'une prise en charge de ses soins à 100 % par la Sécurité sociale, au titre des affections de longue durée (ALD-30). Une prise en charge institutionnelle par une équipe pluridisciplinaire peut dans certains cas être proposée (structures psychiatriques sectorisées) afin de permettre un soutien plus complet. Les soins mis en place par les structures du secteur psychiatrique reposent sur un médecin coordinateur. Celui-ci organise un projet thérapeutique personnalisé, en s'appuyant sur la collaboration d'une équipe soignante pluridisciplinaire composée de différents intervenants (infirmier, psychologue, ergothérapeute, psychomotricien, assistant social…). Ils assurent ensemble au fil du temps la mise en place et l'application du projet thérapeutique, en lien avec le patient et sa famille. Ces différentes étapes du soin sont réalisées au sein de structures spécifiques du secteur psychiatrique comme par exemple le centre médico-psychologique, le centre d'accueil thérapeutique à temps partiel, le centre d'accueil et de crise, l'hôpital de jour, les appartements thérapeutiques…

Il existe également des associations destinées aux malades touchés par la dépression et à leur famille. Ces associations peuvent contribuer à faciliter certaines étapes de la prise en charge, et sont parfois très précieuses pour apporter un soutien extérieur aux patients et à leurs proches.

La dépression reste une pathologie fréquente et grave, encore insuffisamment prise en charge à ce jour, puisque 50 % des personnes atteintes de dépression ne sont pas soignées. Un effort de santé publique reste nécessaire pour améliorer les stratégies de repérage, de diagnostic, et de prise en charge de la maladie. Un travail d'information centré sur le grand public, comme celui réalisé par l'Institut national de prévention et d'éducation à la santé, devrait faciliter une meilleure prise en compte de cette maladie[54].

POINTS CLÉS

▶ La dépression est un important problème de santé publique et constitue la pathologie la plus fréquente parmi toutes les pathologies psychiatriques.

▶ Les femmes ont deux fois plus de risques que les hommes de faire un épisode dépressif caractérisé. Elles sont plus exposées aux rechutes et à la chronicisation de la dépression.

▶ Les idées suicidaires sont fréquentes dans la dépression et doivent systématiquement être recherchées et prises en charge.

▶ Soixante-dix pour cent des personnes qui décèdent par suicide présentaient une dépression généralement non diagnostiquée et non traitée.

▶ Tous les registres de la vie quotidienne sont affectés par la dépression : vie affective, capacités relationnelle et sociale, fonctionnement intellectuel, état corporel.

▶ Le contexte professionnel peut constituer un facteur de risque de dépression. À l'inverse, la dépression altère profondément la capacité à travailler.

▶ Les troubles de l'humeur sont caractérisés par l'atteinte quasi permanente, pendant au moins deux semaines, de trois dimensions à des degrés variables : l'humeur, le fonctionnement psychomoteur et l'état somatique.

▶ La volonté ne suffit pas pour sortir de la dépression. Il existe des traitements médicamenteux, psychothérapeutiques ainsi que des actions de soins complémentaires.

▶ La dépression reste une pathologie fréquente et grave insuffisamment prise en charge à ce jour.

---

54. www.info-depression.fr

Bibliographie

Bertschy G, Vandel S. Les liens entre suicide et dépression. Aspects épidémiologiques. *L'Encéphale* 1991 ; 17 : 33–6.

Chan Chee C, Beck F, Sapinho D, Guilbert Ph. (sous la dir.) La dépression en France. Coll. Études santé. Saint-Denis : INPES ; 2009, 208 p.

Lamboy B, Leon C, Guilbert P. Troubles dépressifs et recours aux soins dans la population française à partir des données du Baromètre santé 2005. *Rev Épidemiol Santé Publique* 2007 Mar ; vol. 55, n° 3 : 222–7.

Mouchabac S, Ferreri M, Cabanac F, Bitton M. Symptômes résiduels après traitement antidépresseur d'un épisode dépressif majeur : observatoire réalisé en pratique ambulatoire de ville. *L'Encéphale* 2003 ; 29 (5) : 438–44.

Ringuenet D, Lardinois M. *Psychiatrie*. Coll des conférenciers Issy-les-Moulineaux : Elsevier Masson ; 2011.

46 Qualité de vie et maladie chronique : l'exemple de l'asthme

A. Vergnenègre

I. Les indicateurs de qualité de vie
II. Les objectifs du traitement de l'asthme et son impact sur la qualité de vie
III. Conclusion

Dans le cadre de l'étude des maladies ou des événements de santé, l'utilisation d'indicateurs validés est indispensable. Dans l'enseignement de première année, on parle beaucoup d'indicateurs de mortalité, voire d'indicateurs de morbidité (prévalence et incidence). L'analyse de l'espérance de vie sans incapacité (ESVI) est également couramment utilisée. Cependant, les études de qualité de vie sont importantes car elles permettent d'étudier, dans certaines pathologies, la survie pondérée par la qualité de vie (c'est le cas de pathologies cancéreuses), mais également d'analyser la qualité de vie dans le contexte des maladies chroniques. L'asthme est un problème de santé publique dont la prévalence varie de 5 à 6 % chez l'adulte et 7 à 10 % chez l'enfant. Les conséquences de cette pathologie sont importantes sur la qualité de vie, que ce soit en termes d'absentéisme scolaire ou de perte de jours travaillés pour des parents qui gardent les enfants asthmatiques mais également par la perception de la perturbation des activités quotidiennes ou sociales. Les adultes ont également un retentissement professionnel non négligeable puisqu'il s'agit souvent d'une maladie qui évolue sur la vie entière. Apprécier la mesure de la qualité de vie dans l'asthme ouvre des perspectives intéressantes, qu'il s'agisse d'évaluer le retentissement sur la vie quotidienne ou l'état de santé d'un adolescent ou d'un adulte.

I. Les indicateurs de qualité de vie

Ces indicateurs ont pour vocation, grâce à un questionnaire, d'effectuer une mesure standardisée de l'état de santé perçu. En règle générale, ils évaluent plusieurs domaines de la qualité de vie, à la fois psychologique, physique et sociale – comme l'anxiété, la fatigue, la douleur, l'essoufflement, la dépression, l'isolement –, ils sont alors dits « multidimensionnels ». On distingue deux grands types d'indicateurs de qualité de vie, les indicateurs non spécifiques d'une pathologie, comme le questionnaire SF36 (car il se compose de 36 questions chez l'adulte) ou des questionnaires plus spécifiques d'une pathologie déterminée. Ces questionnaires sont souvent d'origine anglo-saxonne mais certains d'entre eux ont pu être traduits en français. L'un des plus connus pour évaluer la qualité de vie de l'enfant asthmatique est le questionnaire de Juniper. Il comporte 32 items, porte sur des domaines comme les symptômes, les émotions, l'activité et l'exposition et nécessite environ 10 minutes de remplissage et possède une version française.

L'utilisation des questionnaires de qualité de vie pendant une consultation peut permettre aux médecins d'identifier les patients dont le retentissement de la maladie est plus important et qui nécessitent une aide supplémentaire. Il est important de noter qu'il n'y a pas de corrélation stricte entre les indicateurs objectifs d'évaluation de l'asthme comme la mesure du souffle (exploration fonctionnelle respiratoire), les symptômes cliniques et les résultats de l'évaluation de la qualité de vie.

II. Les objectifs du traitement de l'asthme et son impact sur la qualité de vie

Il y a trois raisons majeures pour traiter les patients asthmatiques : prévenir la mortalité, réduire la morbidité et améliorer le bien-être. L'asthme est une maladie complexe qui comporte des facteurs extrinsèques, comme l'allergie ou la pollution en tant que facteur d'exposition, mais également des facteurs intrinsèques, comme la génétique, l'anxiété, la susceptibilité au médicament. Le tableau 46.I montre les atteintes fonctionnelles les plus fréquentes retrouvées chez les adultes avec de l'asthme.

A. Les conséquences de l'asthme chez l'adulte

Elles se manifestent par des symptômes tels que la dyspnée, l'oppression thoracique ou les sifflements. Cependant de nombreux patients éprouvent des difficultés dans l'activité physique ou dans des déplacements précipités. Ils sont en général sensibles à des polluants extérieurs comme le froid, les pollens ou la cigarette. Le sommeil est perturbé et ils se sentent souvent fatigués. Ils sont très souvent anxieux de manquer de médicaments. Progressivement une frustration s'installe en relation avec leur limitation physique. Les femmes supportent en général moins bien ces conséquences que les hommes. L'ensemble de ces troubles de la qualité de vie persiste après correction des symptômes cliniques.

Tableau 46.I. **Atteintes fonctionnelles les plus fréquentes retrouvées chez les adultes avec de l'asthme.**

Symptômes	Émotions	Activités	Environnement
Dyspnée	Angoisse de la crise d'asthme	Exercice – sport	Cigarettes
Oppression thoracique	Peur de manquer de médicaments	Impossibilité de se hâter	Poussière
Sifflements	Nécessité d'utiliser des médicaments	Activités sociales	Pollution
Fatigue	Frustration	Animaux de compagnie	Air froid
Toux		Activités domestiques	Pollens

B. Les conséquences de l'asthme chez l'enfant

L'impact est similaire à celui de l'adulte. Les enfants sont en général perturbés, de façon spécifique, par les difficultés qu'ils ont à rester en contact avec leurs animaux domestiques, ils se sentent isolés, frustrés, irritables. Ils pensent que leurs parents ont une trop faible perception de leurs problèmes. C'est la raison pour laquelle les échelles de qualité de vie doivent être directement remplies par les enfants et non par un tiers. Les petits enfants de moins de 6 ans ont des difficultés à remplir ces questionnaires, ce qui rend les réponses moins pertinentes.

C. L'utilisation de la qualité de vie en pratique clinique

En général, les cliniciens traitent les patients dans un objectif de contrôle comme le demandent les différentes recommandations de pratique. Le maintien du contrôle de l'asthme est l'objectif principal de la prise en charge thérapeutique de la maladie (réveil nocturne, crise d'asthme dans la journée, consommation médicamenteuse). De nombreux indicateurs, comme les jours ou les nuits sans symptômes, la mesure de l'obstruction bronchique ou l'utilisation de bronchodilatateurs, sont en général largement utilisés. Cependant, les objectifs des patients sont souvent différents de ceux du médecin, notamment en ce qui concerne les dimensions de la qualité de vie. Ils veulent être capables de faire du sport, avoir des activités fonctionnelles et relationnelles – notamment sociales avec leur famille et leurs amis – et réaliser leurs activités de la vie quotidienne. Ils ne veulent pas être anxieux sur leur prise médicamenteuse.

D. La prise de décision en pratique

Tous les cliniciens correctement formés sont capables de porter un diagnostic et des objectifs thérapeutiques et de contrôle de la maladie asthmatique. Ils doivent s'habituer à apprécier la dimension qualitative de la pathologie. Ceci aboutit à une meilleure compréhension et prise en charge, par le clinicien mais également par le malade, des objectifs du traitement et du contrôle de sa maladie. La bonne décision du clinicien se doit d'être basée sur des objectifs dont il aura discuté avec son patient en fonction de ses préférences personnelles et du ressenti qu'il a de la maladie. Les questionnaires de qualité de vie ont comme principal rôle d'identifier les objectifs du patient. L'encadré ci-dessous montre quelques exemples de questions du mini-questionnaire de qualité de vie de l'asthme qui est un questionnaire standardisé et validé.

> **Exemple de questions issues du mini-questionnaire de qualité de vie de l'asthme**
>
> En général, combien de temps avez-vous passé durant les deux dernières semaines avec votre enfant...
> - à vous sentir essoufflé comme conséquence de votre asthme ? à vous sentir frustré comme conséquence de votre asthme ? à vous sentir gêné par la toux ?

- à avoir eu le sommeil perturbé par votre asthme ? Pour chaque question, choisir une seule réponse parmi les réponses suivantes : 1. tout le temps ; 2. la plupart du temps ; 3. une bonne partie du temps ; 4. parfois ; 5. peu de temps ; 6. très peu de temps ; 7. jamais.

Pouvez-vous préciser, durant les deux dernières semaines, si les activités suivantes ont été perturbées par votre asthme ?

- les activités telles que l'exercice, la course, la montée d'escaliers en courant, le sport, la précipitation les activités moins physiques comme la marche, le travail à la maison, le jardinage, le shopping, la montée simple d'escaliers les activités sociales comme la parole, les jeux avec les enfants ou des animaux domestiques, la réception d'amis ou de relations.

Pour chaque question, choisir une seule réponse parmi les réponses suivantes : 1. totalement limitées ; 2. extrêmement limitées ; 3. très limitées ; 4. limitées modérément ; 5. quelque peu limitées ; 6. très peu limitées ; 7. non limitées.

III. Conclusion

Comme cela a été souligné dans l'introduction, il est important d'utiliser des outils validés.

Le mode d'administration des questionnaires peut varier. Soit il s'agit d'un questionnaire auto-administré, c'est-à-dire que le patient va le remplir (sous forme papier ou sous forme électronique), soit il s'agit d'un questionnaire par entretien au téléphone, d'un questionnaire postal ou, mais ce n'est pas le meilleur cas, rempli par une tierce personne. Le questionnaire auto-administré reste le meilleur outil d'évaluation pour refléter le point de vue du patient.

L'utilisation des outils de qualité de vie est indispensable pour améliorer le meilleur contrôle de la maladie.

POINTS CLÉS

▶ Les études de qualité de vie sont importantes car elles permettent d'étudier la survie pondérée par la qualité de vie, mais également d'analyser la qualité de vie des patients atteints de maladies chroniques.

▶ L'asthme est un problème de santé publique dont la prévalence varie de 5 à 6 % chez l'adulte et 7 à 10 % chez l'enfant.

▶ Les indicateurs de qualité de vie ont pour vocation, grâce à un questionnaire, d'effectuer une mesure standardisée de l'état de santé perçu. Ils évaluent plusieurs domaines de la qualité de vie, à la fois psychologique, physique et sociale.

▶ Il n'y a pas de corrélation stricte entre les indicateurs objectifs d'évaluation de l'asthme comme la mesure du souffle (exploration fonctionnelle respiratoire), les symptômes cliniques et les résultats de l'évaluation de la qualité de vie.

▶ Il y a trois raisons majeures pour traiter les patients asthmatiques : prévenir la mortalité, réduire la morbidité et améliorer le bien-être.

▶ Le maintien du contrôle de l'asthme est l'objectif principal de la prise en charge thérapeutique de la maladie proposée par le clinicien.

▶ Cependant, les objectifs des patients sont souvent différents de ceux du médecin; ils dépendent de ses préférences personnelles et du ressenti qu'il a de la maladie. Les questionnaires de qualité de vie permettent d'identifier les objectifs du patient.

▶ La bonne décision du clinicien se doit d'être fondée sur des objectifs dont il aura discuté avec le patient.

▶ Il est important d'utiliser des outils de qualité de vie validés.

▶ Le mode d'administration des questionnaires peut varier. Le questionnaire auto-administré reste le meilleur outil d'évaluation pour refléter le point de vue du patient.

Bibliographie

Auquier P, French D, Delarozière JC et al. French language validation of the childhood asthma questionnaire form. *Qual Life Res* 1997; 6 : 617.

Juniper EF, Guyatt GH, Feeny DH et al. Measuring quality of life in children with asthma. *Qual Life Res* 1996; 5 : 35–46.

Kemp JP, Cook DA, Incaudo GA et al. Salmeterol improves quality of life in patients with asthma requiring inhaled corticosteroids. *J Allergy Clin Immunol* 1998; 101 : 188–95.

Malo JL, Boulet LP, Dewitte JD et al. Quality of life of subjects with occupational asthma. *J Allergy Clin Immunol* 1993; 91 : 1121–7.

Maladies transmissibles : le cas de la tuberculose

P. Fraisse

I. Bactériologie
II. Définitions
III. Épidémiologie de la tuberculose en France et dans le monde
IV. Histoire naturelle et transmission de la tuberculose
V. Diagnostic de la tuberculose
VI. Traitements de la tuberculose
VII. Prévention de la tuberculose et lutte antituberculeuse
VIII. Vaccination par le BCG
IX. Stratégie de l'OMS

La tuberculose, maladie grave et contagieuse, est aussi curable et évitable. Pourtant, elle est toujours présente, car elle est également une maladie sociale à composante sanitaire Sa prévention, son dépistage et le traitement des cas impliquent l'accès aux soins et la coopération des professionnels directement concernés, donc une solidarité médico-sociale transversale aux institutions, locale et nationale, mais aussi à l'échelle mondiale.

I. Bactériologie

La tuberculose est une maladie infectieuse liée à des bactéries. Ce sont des bacilles (bactéries de forme allongée) dont trois espèces bactériennes sont responsables de la tuberculose humaine : *Mycobacterium tuberculosis*, *Mycobacterium bovis*, *Mycobacterium africanum*. Ces trois espèces appartiennent au genre *Mycobacterium* découvert par Robert Koch en 1882. D'autres espèces de mycobactéries dites « atypiques » peuvent aussi causer des maladies proches de la tuberculose, mais non contagieuses. (Enfin, pour mémoire la lèpre est due à une mycobactérie : *Mycobacterium leprae*.)

Le laboratoire de bactériologie analyse les prélèvements issus du malade (crachats en particulier). Les bacilles tuberculeux sont potentiellement détectables à l'*examen direct microscopique des prélèvements* après une coloration spécifique, lorsque la concentration des bacilles dépasse 10 000/mL. Le prélèvement est ensuite mis en culture.

En culture, la pousse est lente en 2 à 4 semaines. Pour qu'une culture soit positive, il suffit de quelques bactéries par millilitre de prélèvement. Il existe également des méthodes plus rapides de mise en évidence comme l'amplification génomique (*polymerase chain reaction* ou PCR).

L'*antibiogramme* précise ensuite la sensibilité ou la résistance des bacilles tuberculeux aux antibiotiques. L'antibiogramme classique est remplacé dans certains cas par la détection rapide des mutations conférant des résistances au sein du chromosome des bacilles.

Certaines autres techniques de PCR permettent également de réaliser une empreinte génétique des bacilles tuberculeux, pour rechercher les cas de tuberculose liés à la même bactérie (« épidémiologie moléculaire » identifiant des chaînes de transmission).

II. Définitions

- *Infection tuberculeuse* : présence ou multiplication de bacilles tuberculeux dans l'organisme avec ou sans symptômes cliniques ou anomalies des examens complémentaires. L'infection tuberculeuse est détectée par une réaction immunitaire de l'organisme (*in vivo*, intradermoréaction à la tuberculinique positive, ou *in vitro* sur prise de sang : tests de détection de la production d'interféron-γ par les lymphocytes du sujet testé en présence d'antigènes des bacilles tuberculeux). Ces tests ne font pas de différence entre infection latente (voir ci-dessous) et maladie. Toute nouvelle infection tuberculeuse n'évolue pas forcément vers une tuberculose.
- *Primo-infection tuberculeuse* (PI) : infection suivant un premier contact avec le bacille tuberculeux.
- *Infection tuberculeuse latente* (ITL) : infection tuberculeuse sans symptôme clinique ni paraclinique de maladie tuberculeuse. La quantité de bacilles est faible, donc non décelable ; le seul diagnostic possible est le test immunologique (IDR ou test *in vitro*). Les personnes atteintes d'ITL ne sont pas contagieuses. L'ITL est le passage obligé avant la tuberculose maladie, mais toute ITL n'évolue pas vers une tuberculose.
- *Tuberculose* (dite « tuberculose maladie ») : les symptômes (cliniques ou paracliniques) sont liés à l'infection tuberculeuse (quand elle est symptomatique) ; c'est une maladie apparente (symptômes ou anomalies des examens radiologiques).

III. Épidémiologie de la tuberculose en France et dans le monde

Le nombre de cas est connu en France grâce à la déclaration obligatoire (DO) de la tuberculose auprès des agences régionales de santé. En 2009, on dénombrait 5276 cas dont 73 % pulmonaires, soit un taux d'incidence de 8,2 pour 100 000 habitants. Cette incidence est plus élevée chez les personnes d'origine étrangère, en Île-de-France ou en Guyane, chez les personnes âgées de plus de 75 ans ou sans domicile, chez les professionnels de santé et bien sûr chez les sujets-contact de malades contagieux. Chaque année environ 800 décès surviennent en France dont la tuberculose est la cause principale. La mortalité croît avec l'âge, les maladies associées, l'inobservance du traitement et en cas de résistance aux antibiotiques antituberculeux.

À l'échelle mondiale, environ 9 millions de nouveaux cas de tuberculose (95 % dans les pays en développement ou émergents) et près de 2 millions de décès (98 % dans les pays en développement) sont recensés par an, en lien avec le Sida, faute de traitements accessibles.

IV. Histoire naturelle et transmission de la tuberculose

Le réservoir du bacille, point de départ de sa transmission, est un malade contagieux (atteint d'une tuberculose ouverte sur l'extérieur, c'est-à-dire habituellement pulmonaire). Cette personne malade est appelée « cas index ». Lorsqu'elle parle, tousse ou éternue, elle émet autour d'elle des particules de sécrétions respiratoires portant les bacilles tuberculeux. Les plus fines particules (diamètre inférieur à 5 microns) non visibles à l'œil nu, restent en suspension dans l'air de la pièce et les bacilles tuberculeux y sont viables plusieurs heures.

Ces particules infectantes peuvent être inhalées par des personnes en contact proche (sujets-contact) qui, ayant inhalé le bacille tuberculeux, subissent une primo ou une ré-infection : au cours de cette phase initiale, la quantité de bacilles est très faible, la personne est en général asymptomatique et non contagieuse, la radiographie pulmonaire est normale. La seule manière de la mettre en évidence est de réaliser des tests immunologiques (intradermoréaction à la tuberculine ou tests de libération d'interféron *in vitro*).

Après l'infection latente initiale, chez la majorité des sujets-contact infectés, l'évolution ne se fait pas vers une tuberculose maladie, la personne restant au stade d'infection tuberculeuse latente. Dans une minorité de cas cependant (10 % des infections latentes chez le sujet adulte non immunodéprimé et non vacciné), une tuberculose se déclare ultérieurement, dans les deux années qui suivent pour 50 à 80 % des cas, mais parfois après plusieurs dizaines d'années. Certaines personnes ont un plus grand risque de développer une tuberculose après une infection latente : aux âges extrêmes de la vie, dans les états de dénutrition ou d'immuno-dépression (spontanée, du fait d'une maladie ou d'un traitement), lors de certaines maladies comme le diabète, chez les fumeurs ou les consommateurs d'alcool. Inversement, une vaccination (antérieure au contact avec le malade) par le BCG (bacille de Calmette et Guérin) réduit de 50 % le risque de progression vers la tuberculose maladie.

Au total, le risque de tuberculose est lié à l'exposition à des patients tuberculeux, d'autant plus si les personnes infectées ont un risque élevé de progression de l'infection tuberculeuse latente vers la tuberculose.

V. Diagnostic de la tuberculose

Le principal critère diagnostique de la tuberculose est la mise en évidence des bacilles tuberculeux dans une lésion chez une personne malade.

Les critères diagnostiques associent donc la présence de symptômes généraux (comme la fièvre), ou respiratoires prolongés, une histoire évocatrice (séjour en pays de forte incidence, contact avec un malade, profession exposée), des anomalies d'examens (dont l'imagerie thoracique) et surtout la mise en évidence des bacilles tuberculeux.

Comme la tuberculose est le plus souvent pulmonaire, la radiographie thoracique et la tomodensitométrie thoracique sont couramment utilisées pour en faire évoquer le diagnostic.

La recherche de bacilles tuberculeux est en général pratiquée dans l'expectoration chez les malades ayant une atteinte pulmonaire. D'autres investigations plus invasives sont possibles. Les prélèvements sont soumis à un examen direct, puis une culture, puis un antibiogramme.

Le délai entre les premiers symptômes et le début d'un traitement est assez long dans les pays industrialisés, de l'ordre de 3 mois.

Pour éviter la transmission des bacilles, des précautions d'hygiène sont indispensables si le malade est hospitalisé : il est seul dans sa chambre, il porte un masque s'il en sort, toute personne entrant dans sa chambre porte un masque adéquat. Chez les soignants, tuberculose et infection latente sont des maladies professionnelles.

VI. Traitements de la tuberculose

Le *traitement curatif* de la tuberculose est favorable pour le patient lui-même mais aussi pour son entourage, car un traitement bien conduit limite la durée et l'importance de la contagion. Le *traitement préventif* (aussi appelé antibioprophylaxie) s'applique aux personnes ayant une infection tuberculeuse latente ; il tente de réduire le risque ultérieur de progression vers la tuberculose maladie.

Les trois déterminants d'un traitement réussi sont l'accès aux soins, une prescription correcte et une bonne observance de la part du malade, favorisée par l'éducation thérapeutique.

Le traitement de la tuberculose (maladie) repose sur l'administration de plusieurs antibiotiques pris simultanément chaque jour, à distance des repas (pour faciliter leur absorption par le tube digestif). Des formes combinées de plusieurs antibiotiques dans le même comprimé facilitent l'observance. La durée du traitement standard est de 6 mois, ce qui explique en partie les défauts d'observance. Une surveillance des effets indésirables est nécessaire (symptômes ou anomalies biologiques sur prise de sang signant notamment une intolérance hépatique).

Le pronostic dépend étroitement du traitement :

- en cas de traitement complet régulièrement suivi : le patient n'est plus contagieux après quelques semaines et la guérison est obtenue dans plus de 90 % des cas ;
- en l'absence de traitement, le patient est longtemps contagieux et la mortalité est de l'ordre de 80 % ;
- en cas de traitement incomplet : le risque est de rester plus longtemps contagieux, de ne pas guérir, de rechuter, de sélectionner des bacilles résistants aux antibiotiques. Ainsi, les résistances aux antituberculeux

sont liées à des erreurs humaines ou à l'irrégularité des approvisionnements en antituberculeux.

En France, le diagnostic et le traitement de la tuberculose sont pris en charge à 100 % par l'assurance-maladie, à condition d'effectuer une demande d'affection de longue durée. D'autres ressources existent pour les malades sans couverture sociale.

VII. Prévention de la tuberculose et lutte antituberculeuse

En France, la lutte contre la tuberculose est une mission de l'État (loi n° 2004-809, art. 71 ; art L. 3112-2 du Code de la santé publique).

Le programme national de lutte antituberculeuse comporte six axes prioritaires :

- assurer le diagnostic précoce et le traitement adapté de tous les cas de tuberculose maladie ;
- améliorer le dépistage de la tuberculose (maladie ou infection latente relevant d'un traitement) ;
- optimiser la stratégie vaccinale par le BCG ;
- maintenir la résistance aux antibiotiques à un faible niveau ;
- améliorer la surveillance épidémiologique et les connaissances sur les déterminants de la tuberculose ;
- améliorer le pilotage de la lutte antituberculeuse.

Cette stratégie suppose une prise en charge globale du problème de santé publique : accès facilité aux structures de dépistage et de soins (proximité, gratuité, interprétariat), mise en réseau des professionnels socio-sanitaires impliqués, prise en compte de la dimension sociale, actions de sensibilisation et d'éducation à la santé des populations à risque élevé. La mise en œuvre concerne : les médecins traitants et les services d'urgence des établissements pour évoquer le diagnostic de tuberculose, les spécialistes hospitaliers (pneumologues, infectiologues, pédiatres) ou libéraux pour assurer le diagnostic de la tuberculose et son traitement. Les centres de lutte antituberculeuse (CLAT), présents sur tout le territoire, assurent le suivi des sujets-contact et la prévention de la tuberculose.

VIII. Vaccination par le BCG

Le BCG, s'il a été administré avant une infection tuberculeuse, diminue le risque d'évolution vers la tuberculose (de l'ordre de 50 % chez l'adulte et davantage chez l'enfant). Une seule administration (sans injection de rappel) est effectuée. Le BCG est obligatoire chez les personnels de santé et sociaux en France ; il est recommandé chez les enfants ayant un risque particulier d'exposition aux bacilles tuberculeux (origine de l'enfant ou de ses parents, lieu de résidence, antécédents de tuberculose dans la famille ou précarité familiale).

IX. Stratégie de l'OMS

Au niveau mondial, particulièrement dans les pays en développement, la stratégie de l'OMS appelée DOTS *(directly observerd therapy short course)*, comporte cinq points clés :
- engagement du gouvernement à soutenir la lutte antituberculeuse ;
- détection des bacilles par examen direct chez les malades se présentant spontanément au système de santé ;
- traitement standardisé de 6 à 8 mois, au moins pour tous les cas à examen direct positif, et supervisé au moins les deux premiers mois ;
- approvisionnement régulier et ininterrompu en antituberculeux ;
- évaluation et rapports standardisés.

POINTS CLÉS

▶ La tuberculose est une maladie infectieuse contagieuse.

▶ Le diagnostic précoce (voire le dépistage) permet de raccourcir la durée de contagion et améliore les chances de guérison.

▶ Le traitement associe plusieurs antibiotiques, dure 6 mois et doit être scrupuleusement suivi.

▶ La prise en charge et la prévention de la tuberculose sont bien codifiées en France (accès aux soins, déclaration obligatoire, suivi de l'entourage des malades contagieux, vaccination par le BCG des personnes à risque).

Bibliographie

Comité national d'élaboration du programme de lutte contre la tuberculose. Programme de lutte contre la tuberculose en France 2007–2009. Ministère de la santé ; juillet 2007. consultable en ligne www.sante.gouv.fr.

Figoni J, Antoine D, Che D. Les cas de tuberculose déclarés en France en 2009. *BEH* 2011 ; n° 22 : 258–60 (consultable en ligne www.invs.sante.fr).

OMS. Plan mondial contre la tuberculose 2011–2015 (consultable en ligne : www.stoptb.org/assets/documents/global/plan/stopTB2011_overview_FR.pdf).

Santé bucco-dentaire

S. Azogui-Lévy, M.-L. Boy-Lefèvre

I. Principales pathologies
II. Recours aux soins dentaires
III. Financement des soins dentaires
IV. Offre de soins dentaires
V. Prévention des affections bucco-dentaires
VI. Conclusion

Les problèmes de santé bucco-dentaire illustrent l'importance de l'approche multidisciplinaire d'une pathologie chronique qui a des effets sur la santé, mais aussi un impact psychologique et social. En termes de santé publique, il s'agit d'abord de déterminer les facteurs de risque biologique et socio-comportementaux liés à l'apparition des maladies mais aussi d'en mesurer les effets ; puis, dans un second temps, d'appréhender les capacités d'intervention des professionnels et des pouvoirs publics pour prévenir et traiter ces affections. Les différentes disciplines adossées à la santé publique sont concernées : épidémiologie, sociologie, économie et éthique. Ainsi, les préoccupations de santé publique s'inscrivent à part entière dans le cursus universitaire des étudiants en odontologie.

La prévention des maladies orales, à la fois science et pratique, et la promotion de la santé bucco-dentaire sont l'objet d'une importance relative, tant de la part de la population que des pouvoirs publics. Or, les pathologies bucco-dentaires touchent tous les niveaux de la population à des degrés divers. Le mauvais état bucco-dentaire est multifactoriel : manque d'hygiène buccale (dû à un brossage inefficace), alimentation riche en sucres, susceptibilité accrue à la flore pathogène, facteurs socio-économiques (niveau de revenu, statut professionnel, niveau éducatif, habitat urbain/rural, couverture sociale) et comportementaux (tabac, alcool, obésité).

I. Principales pathologies

Les deux pathologies bucco-dentaires les plus fréquentes, les caries dentaires et les maladies parodontales, touchent tous les âges et peuvent être prévenues. Elles sont considérées comme des facteurs de risque pour la santé en général, et affectent la qualité de vie. Ces maladies multifactorielles sont liées à la présence de plaque dentaire, véritable biofilm bactérien. Résultant de la colonisation et de la multiplication bactérienne avec des mécanismes d'interactions spécifiques, la composition de ce biofilm varie en fonction des sites anatomiques de la cavité buccale pour constituer différentes « niches écologiques » dans l'écosystème buccal qui, en cas de déséquilibre, oriente les processus physiopathologiques.

Les caries dentaires et les maladies parodontales sont à l'origine de la perte prématurée des dents aboutissant à des édentations partielles ou totales nécessitant des thérapeutiques de réhabilitation plus ou moins complexes et coûteuses. En France, 16 % des personnes âgées de plus de 65 ans présentent une édentation totale.

A. Les caries dentaires

Le risque de carie dentaire est très lié à l'hygiène bucco-dentaire et aux habitudes alimentaires, notamment l'usage des aliments sucrés et le nombre élevé de prises alimentaires dans la journée. La carie dentaire résulte d'un processus pathologique chronique, initialement réversible, qui comprend plusieurs stades jusqu'à l'atteinte irréversible de la dent. L'indicateur épidémiologique utilisé pour estimer l'atteinte carieuse est l'indice CAO (représentant le nombre moyen de dents cariées, absentes ou obturées par enfant). Les données épidémiologiques sont présentées dans les tableaux 48.I et 48.II.

À l'âge de 12 ans, l'indice carieux a diminué de 4,20 en 1987 à 1,23 en 2006 (voir tableau 48.I). La proportion d'enfants de 12 ans totalement indemnes de carie s'est accrue de 12 à 56 % dans le même temps ; à l'âge de 6 ans, l'indice carieux a baissé de façon similaire, avec 63,4 % d'enfants totalement indemnes de carie désormais.

Néanmoins, le besoin de soins reste important et le recours aux soins insuffisant : ainsi 30 % des enfants de 6 ans et 22 % des enfants de 12 ans présentent au moins une dent cariée non traitée. L'amélioration observée traduit donc une survenue moins fréquente de lésions, mais le recours aux soins reste très insuffisant chez les enfants porteurs de lésions.

Cette amélioration résulte pour l'essentiel de facteurs extérieurs au système de soins, prévenant la survenue de la carie : diffusion des denti-

Tableau 48.I. **Évolution de l'indice CAO chez les enfants de 12 ans en France (1987–2006)*.**

Année	1987	1990	1993	1998	2006
CAO moyen	4,20	3,02	2,07	1,94	1,23

* Source UFSBD.

Tableau 48.II. **Variation de l'indice CAO selon l'âge en France (1993)*.**

Adultes	35–44 ans	65–74 ans
CAO moyen	14,6	23,3
O moyen	10,4	
A moyen	3	16,9
Proportion de personnes édentées	0 %	16,3 %

* Source OMS.

frices fluorés et du sel alimentaire fluoré, systématique depuis le milieu des années 1980 ; progrès de l'hygiène bucco-dentaire dans la population. Il faut néanmoins souligner la persistance de groupes à haut risque carieux.

B. Les maladies parodontales

Les maladies parodontales touchent les tissus de soutien de la dent : os alvéolaire et gencive. Au niveau du sillon gingivodentaire et de la gencive, l'atteinte de l'espace biologique parodontal peut aboutir à différentes formes cliniques, allant de la gingivite, la plus fréquente, aux parodontites plus complexes pouvant entraîner la mobilité puis la perte des dents. Si les gingivites sont réversibles, les parodontites affectent les structures les plus profondes du parodonte entraînant la destruction du tissu conjonctif, de l'os, et de la perte d'attache.

Les maladies parodontales sont liées à une mauvaise hygiène bucco-dentaire et à différents facteurs de risque d'ordre général (en particulier diabète, immuno-déficience) et d'habitudes de vie (en particulier le tabac). Les relations entre les maladies parodontales et les maladies cardiovasculaires, les affections chroniques respiratoires, l'ostéoporose ainsi que les naissances prématurées sont l'objet d'études. Les parodontites, via des bactéries ou des médiateurs de l'inflammation libérés dans le sang, retentissent aussi sur l'état général et leurs conséquences sont parfois graves. En France, la moitié des adultes à partir de 35 ans ont un problème parodontal, avec des formes sévères dans 10 % des cas.

C. Autres pathologies

D'autres pathologies relèvent également du domaine de la santé publique bucco-dentaire :
- les pathologies des muqueuses buccales et les cancers de la cavité buccale, essentiellement liés la consommation d'alcool et de tabac, sont en augmentation dans les pays industrialisés. Ils sont estimés à 7500 nouveaux cas en France (réseau Francim). Du fait de leur détection tardive et leur pronostic défavorable, l'Institut national du cancer tente de sensibiliser et de renforcer la formation des chirurgiens-dentistes, et diffuse des documents d'information en direction du public ;
- les dysmorphoses et les malocclusions dentaires ayant des répercussions fonctionnelles et esthétiques nécessitent des besoins de traitements orthodontiques (estimés à 60 % en France) ;
- les problèmes dentaires liés aux malformations orofaciales et buccales, notamment les anomalies de structure, de nombre et de forme ;
- les traumatismes dentaires sont en augmentation dans les pays industrialisés et sont liés notamment aux activités sportives à risque ainsi qu'aux accidents de la circulation. Des études récentes (OMS-Europe) ont montré une prévalence variant de 4 à 40 % chez les enfants de moins de 15 ans dans les pays industrialisés.

L'ensemble de ces pathologies bucco-dentaires et leurs conséquences en termes de douleur et de déficience altèrent la qualité de vie des personnes à tous les âges.

II. Recours aux soins dentaires

A. Facteurs démographiques

Le recours aux soins dentaires varie selon l'âge, avec deux pics de fréquence : à l'adolescence, en raison des traitements orthodontiques, et entre 35 et 60 ans, du fait des traitements prothétiques. Selon l'enquête ESPS en 2008, 5 % de la population a recours à un chirurgien-dentiste en un mois (un tiers sur un an).

Le recours aux soins dentaires est plus fréquent chez les femmes.

B. Inégalités sociales de recours aux soins dentaires

Le recours aux soins dentaires varie selon un gradient social : plus important chez les cadres (7,5 %) et plus faible chez les agriculteurs (3,3 %) et les ouvriers non qualifiés (3,9 %). Il est également lié au niveau d'études, au niveau de revenu et à la couverture par une assurance-maladie complémentaire ; le taux de renoncement à des soins bucco-dentaires est plus élevé parmi les ménages disposant de faibles revenus ou d'une faible couverture complémentaire.

Le recours pour soins préventifs dépend lui aussi de la protection sociale (40,8 % contre 23,2 % selon la présence ou l'absence d'une couverture complémentaire).

À l'âge de 12 ans, 6 % des enfants non indemnes concentrent 50 % des dents atteintes et 20 % concentrent 72 % des dents atteintes. Les enfants d'agriculteurs, d'ouvriers, d'inactifs, de même que les enfants scolarisés en ZEP ou en zone rurale, sont plus souvent atteints par les caries. L'indice CAO à 12 ans (en moyenne 1,23) est de 1,55 chez les enfants d'ouvriers, 0,90 chez les enfants de cadres supérieurs et 1,59 chez les enfants en zone rurale.

Les catégories les plus défavorisées présentent un état de santé dentaire plus déficient, avec plus de dents absentes. Ces différences sociales résultent de différences d'exposition aux facteurs de risque mais aussi de disparités d'accès aux soins. Plus de la moitié des renoncements aux soins concernent les soins bucco-dentaires, ce qui multiplie par 4,8 le risque d'un mauvais état dentaire.

C. Rôle de la protection sociale

Les fortes inégalités en matière de soins dentaires en France sont à mettre en regard de la prise en charge très partielle (30 à 50 %) des traitements coûteux avec dépassement par l'assurance-maladie (prothèse, orthopédie dentofaciale et traitement des maladies parodontales).

La part du coût des soins à la charge des ménages augmente à la fois avec le développement de techniques nouvelles non répertoriées par la nomenclature des actes, avec l'âge et l'augmentation des besoins prothétiques. Cela a pour effet d'exclure davantage les soins dentaires de la protection sociale.

III. Financement des soins dentaires

Les soins dentaires représentent 2,5 % des dépenses en ambulatoire de l'assurance-maladie, et 30 à 50 % des dépenses maladie des assureurs complémentaires. Les remboursements par l'assurance maladie représentent 33 % des dépenses engagées : 41,7 % pour les soins, 34,2 % pour la prothèse et 10,6 % pour l'orthodontie. La part de financement de l'assuré est de 50 % pour la prothèse et de 33 % en moyenne pour l'orthodontie. La nomenclature générale des actes, devenue obsolète, ne couvre qu'une partie des actes et ne reflète pas le coût réel des prothèses. De fait, la rémunération des actes a des effets pervers sur l'accès aux soins, l'équilibre financier des cabinets étant souvent obtenu par des transferts de charge entre prothèse et soins conservateurs (les dépassements représentent 47 % des honoraires en moyenne et jusqu'à 62 % à Paris).

Si 86 % des Français disposent d'une couverture complémentaire, la qualité des contrats s'agissant des soins dentaires est inégale : 35 % ont souscrit un contrat n'assurant que le ticket modérateur et 39 % un contrat assurant un niveau de remboursement moyen à fort. La CMUc couvre 9 % de la population ; 3 à 5 % de la population n'a pas l'insertion professionnelle qui permettrait d'avoir une couverture complémentaire, ou dispose de revenus juste supérieurs au seuil permettant de bénéficier de la CMUc. Le panier de soins dentaires des bénéficiaires de la CMU est restrictif. La consommation dentaire a augmenté dans les mois qui ont suivi la mise en place de la CMU, lié à un « rattrapage » du fait d'un mauvais état dentaire, mais elle s'est ensuite stabilisée pour revenir dans la moyenne. Néanmoins, le bénéfice de la CMU est moins important pour les soins dentaires que pour les soins médicaux (14 % renoncent à des soins dentaires pour raisons financières).

IV. Offre de soins dentaires

La pratique dentaire est essentiellement libérale (92 %) avec seulement 8 % de praticiens salariés. Le secteur public ou assimilé est constitué par les services hospitaliers rattachés aux CHU et autres centres hospitaliers, et les centres de santé municipaux ou mutualistes. La mutualité regroupe 220 centres et 1000 dentistes. D'autres centres sont financés par des collectivités locales, des caisses d'assurance-maladie, ou sont privés. Sur le plan hospitalier, sur 31 centres hospitaliers universitaires et régionaux, 21 possèdent un service d'odontologie dont 15 reliés à des UFR d'odontologie. Le nombre d'odontologistes hospitalo-universitaires est de 972. On note un clivage spécifique à l'odontologie : 40 000 libéraux et 1000 hospitaliers et l'absence d'alternative à la pratique de ville (voir encadré ci-dessous).

> Le nombre de chirurgiens-dentistes en exercice en France est de 40 049 au 1er janvier 2010 (source : conseil national de l'Ordre des chirurgiens-dentistes) soit une densité de 64 pour 100 000 habitants. Il existe une grande disparité régionale : densité de 90/100 000 en PACA et 85/100 000 en Île-de-France, contre 40/100 000 en Normandie.
> L'âge moyen est de 48 ans. La répartition par sexe est de 33 % de femmes et 66 % d'hommes (54 % de femmes pour les orthodontistes). La seule spécialité reconnue jusqu'à 2010 était l'orthodontie. On comptait environ 1800 orthodontistes qualifiés.
> La France a une position moyenne par rapport aux autres pays européens (104/100 000 en Suède, 73/100 000 en Allemagne, 49/100 000 en Suisse).

La formation est assurée par 16 UFR d'odontologie en France. La formation initiale, sur 6 ans, associe des enseignements théoriques et pratiques, avec apprentissage de la gestuelle, ainsi que des stages cliniques encadrés par les enseignants et réalisés dans les services d'odontologie hospitalo-universitaires. Un internat de 3 ans est proposé par voie de concours national à l'issue de la cinquième année d'étude. Deux spécialités existent : l'orthopédie dentofaciale et la chirurgie buccale. Le schéma des études suit le cursus européen LMD.

V. Prévention des affections bucco-dentaires

Les maladies carieuses et parodontales sont liées aux comportements individuels, à l'environnement social et culturel. Les mesures préventives sont individuelles ou collectives. Ainsi, pour la carie dentaire, les mesures reconnues sont l'utilisation du fluor, de produits sans sucres, la pose de résines de scellement sur les sillons des molaires définitives, l'amélioration de l'hygiène, des soins précoces et réguliers. Le traitement de la carie compte pour 3 % dans la réduction de l'atteinte carieuse à 12 ans observée dans les pays industrialisés.

En France, une ordonnance du ministère de la Santé a autorisé en 1987 la mise sur le marché de sel de table fluoré (qui représente 50 % du sel vendu). Un plan national de prévention bucco-dentaire permet depuis 2007 à tous les jeunes âgés de 6, 9, 12, 15 et 18 ans de bénéficier d'un examen de prévention gratuit et du remboursement à 100 % par l'assurance-maladie des soins nécessaires dispensés pendant les 6 mois suivant l'examen (art. L. 2132–2-1 du Code de la santé publique). Les traitements orthodontiques et prothétiques sont exclus de ce dispositif. L'examen bucco-dentaire a été rendu obligatoire pour les enfants de 6 et 12 ans. Il peut être réalisé dans un cabinet dentaire libéral ou par un centre de santé. Cette mesure est accompagnée de séances d'information dans les classes de CP et de sixième pour inciter les enfants et leur famille à bénéficier de l'examen, d'une campagne d'information grand public (télévision, radio) autour du slogan : « M'T dents » et d'une campagne d'information auprès des professionnels[55].

---

55. www.mtdents.info

Au plan local, des actions de dépistage des caries en milieu scolaire associées à des séances d'éducation bucco-dentaire ont été menées par des caisses primaires d'assurance-maladie et des URCAM, des communes et l'Union française pour la santé bucco-dentaire (UFSBD) regroupant des praticiens libéraux, et en partenariat, pour certaines, avec les UFR d'odontologie. Des programmes ont été développés par des régions ou des conseils généraux.

VI. Conclusion

La santé bucco-dentaire est un marqueur de la santé en général et, inversement, les problèmes de santé dentaire et leur prévention peuvent interférer sur la santé générale et sur la qualité de vie. Elle reflète fidèlement les inégalités de santé. Elle constitue ainsi un excellent modèle d'approche multidisciplinaire en termes de recherche biomédicale et de santé publique.

POINTS CLÉS

▶ Les pathologies bucco-dentaires les plus fréquentes sont les caries dentaires et les maladies parodontales.

▶ Le mauvais état bucco-dentaire est multifactoriel, lié à des facteurs de risque individuels et collectifs.

▶ Les pathologies bucco-dentaires sont le fait de puissantes inégalités socio-économiques.

▶ Le recours aux soins dentaires est plus marqué chez les adolescents et aux âges actifs.

▶ Le remboursement des soins dentaires par l'assurance-maladie est très partiel ; celui lié à une couverture complémentaire est socialement et inégalement réparti dans la population.

▶ Les 40 049 chirurgiens-dentistes en France en 2010 sont essentiellement des libéraux.

▶ Les mesures préventives sont individuelles (hygiène, soins de prévention) et collectives (fluor, aliments pauvres en sucres).

Bibliographie

Afssaps. *Utilisation du fluor dans la prévention de la carie dentaire avant l'âge de 18 ans*. Mise au point ; 2008.
Azogui-Lévy S, Rochereau T. Comportements de recours aux soins et santé bucco-dentaire. CREDES. *Questions d'Économie de la Santé* 2005 ; 94.
Institut de recherche et de documentation en économie de la santé (IRDES). *Enquête santé protection sociale* 2008.
OMS. *Rapport sur la santé bucco-dentaire dans le monde*. OMS ; 2003.

49

Tabagisme : comportement et maladie de tous les paradoxes

B. Dautzenberg

I. La nicotine au cœur du cocktail polluant de la fumée du tabac
II. L'industrie du tabac : le vecteur intelligent de la maladie
III. La fumée du tabac : des dégâts à tous les niveaux
IV. La nicotine : drogue ou médicament selon sa pharmacocinétique
V. Fumer : un acte d'abord volontaire, qui conduit à aliéner la liberté
VI. Prendre en charge les fumeurs : l'affaire de 100 % des professionnels de santé
VII. Les médicaments d'arrêt du tabac : un rapport bénéfice/risque élevé
VIII. La schizophrénie des décideurs économiques

Le tabac n'est pas un produit de consommation courante comme les autres. Utilisé de la façon recommandée par le fabricant, il est source de maladies, de handicaps, de dépendances. Le tabac tue la moitié de ses fidèles consommateurs, leur faisant perdre alors en moyenne vingt années de vie en bonne santé. Cette létalité de 50 % est la même que pour une personne atteinte d'un cancer.

La très grande majorité des 54 milliards de cigarettes achetées chaque année en France ne sont pas fumées par choix, mais parce que les fumeurs sont atteints d'une maladie d'origine industrielle et commerciale dénommée « dépendance tabagique ». Chaque million de cigarettes vendues provoque une mort prématurée. La fumée du tabac est ainsi la principale cause de morts évitables dans le monde ; elle a tué 100 millions de personnes au XXe siècle et va en tuer 1 milliard au XXIe siècle si rien n'est fait, dont la moitié avant 65 ans. Le tabac tue ainsi plus que toutes les autres causes évitables de décès réunis.

Longtemps considéré par les États comme une source de taxes, le tabac est maintenant reconnu comme problème majeur de santé publique. Il est à l'origine du premier traité mondial à visée sanitaire : la convention cadre de lutte antitabac (CCLAT) qui vise à aider à organiser la fin du tabac, attendue dans les pays développés à compter de 2040.

Maladie créée par l'homme, mais guérissable par l'homme, la dépendance tabagique dépend plus des hommes politiques et des décideurs, que des professionnels de santé. Ces derniers doivent savoir non seulement traiter leurs patients, mais expliquer les enjeux de santé liés au tabac à la société civile et aux dirigeants. Comprendre le tabagisme, c'est comprendre que la santé est intimement mêlée à la vie en société, que les actions individuelles et collectives interagissent, que les limites entre soins et prévention sont floues, que lutter contre une maladie, c'est avant tout lutter contre son vecteur : ici, l'industrie du tabac et sa filière cigarettière.

Ce chapitre est centré sur huit paradoxes qui font mieux comprendre le tabagisme, enseigné tout au long des études de santé comme première cause de mortalité évitable de nos sociétés.

I. La nicotine au cœur du cocktail polluant de la fumée du tabac

A. Le tabac : une plante pas comme une autre

Le tabac est une plante à larges feuilles qui, une fois séchées, permettent la fabrication de cigarettes, cigares, scaferlatis (pipes, cigarettes roulées), tabac à narguilé (chicha).

La plante tabac contient un produit particulier que ne contiennent pas les autres plantes : la nicotine. La quantité de nicotine parvenant dans le corps est très variable selon la façon dont la cigarette est fumée : ainsi après une longue abstinence dans un lieu non-fumeur par exemple, les fumeurs font une inspiration longue et profonde, gardent en apnée l'air plusieurs secondes dans le poumon, avant d'expirer. La quantité de nicotine prise dans ces conditions peut être 3 fois supérieure à celle prise lors d'une inspiration habituelle. En fumant, le fumeur recherche avant tout cette nicotine, mais pour la prendre, il est obligé d'inhaler aussi l'ensemble des autres composants de la fumée du tabac.

B. La fumée du tabac, une fumée polluante

À côté de la nicotine, il existe plus de 4000 composants identifiés dans la fumée de tabac, dont de nombreux sont toxiques et soixante sont des cancérogènes reconnus. On peut citer :

- les goudrons : en particulier le benzopyrène, cancérogène prouvé pour l'homme, qui altère en particulier la capacité à corriger les erreurs de transcription de l'ADN lors de la division cellulaire, augmentant ainsi le risque de cancer ;
- le monoxyde de carbone (CO) : gaz toxique formé par la combustion d'une substance organique, en déficit d'oxygène. Il se fixe sur l'hémoglobine et la myoglobine, formant de la carboxyhémoglobine et de la carboxymyoglobine, créant l'hypoxie ;
- les nitrosamines : substances cancérogènes présentes dans le tabac avant sa combustion tout comme dans sa fumée.

C. Les trois fumées du tabac

En brûlant, le tabac produit trois types de fumées :

- le courant primaire, pris par le fumeur lorsqu'il tire sur la cigarette. Les particules de ce courant de fumée de tabac ont un diamètre médian

aérodynamique de 0,3 micron; elles pénètrent donc tout l'arbre respiratoire, créant de l'inflammation et peuvent même traverser les membranes;
- le courant secondaire est la fumée qui s'échappe de la cigarette par le bout incandescent entre deux bouffées. Cette fumée véhicule 5 millions de nanoparticules de 0,1 micron;
- le courant tertiaire est celui rejeté par le fumeur.

II. L'industrie du tabac : le vecteur intelligent de la maladie

A. Un vecteur intelligent

Comme le moustique est le vecteur du paludisme, l'industrie du tabac est le vecteur de la dépendance tabagique. Cette industrie organise la propagation de la dépendance tabagique notamment par des manipulations diverses pour initier les jeunes au tabac, à l'âge où ils sont le plus réceptifs à l'installation de la dépendance nicotinique (14 à 17 ans).

En commençant à fumer à l'adolescence alors que le cerveau est encore en croissance, un véritable « tag » de récepteurs à la nicotine est placé dans le cerveau du fumeur, prenant les commandes de son comportement. Sa liberté de ne pas fumer est ainsi aliénée : il est conduit à fumer dès l'heure du lever. Toute sa vie, il va payer son obole à l'industrie du tabac qui l'a rendu dépendant à la nicotine.

Si l'initiation du tabagisme est tardive après 20 ans, le risque de dépendance est beaucoup moins important. Certains de ces fumeurs à initiation tardive ne deviennent pas dépendants, et restent libres de ne pas fumer.

Contrairement aux moustiques à l'intelligence limitée, l'industrie du tabac recrute les meilleurs pour étendre son emprise dans les pays en croissance et la maintenir le plus possible dans les pays développés. Cette industrie a été condamnée selon la loi anti-mafia aux États-Unis et a accepté en Europe de payer plus d'un milliard d'euros pour que l'Union européenne cesse ses poursuites envers elle, pour organisation de contrebande et blanchiment d'argent. La puissance de cette industrie est importante financièrement, plus que celle d'une dizaine de pays européens.

B. L'industrie, cigarettière, vecteur de la maladie tabagique, a remporté de nombreux succès

En 2011, 13,5 millions de Français fument 54 milliards de cigarettes. Ainsi 30 % des adultes de 15 à 75 ans fument quotidiennement, 1/4 des jeunes sortent fumeurs de l'adolescence. La consommation en France, contrairement à celle de la plupart des pays européens, a crû de 2 % entre 2005 et 2010. C'est un succès des lobbies du tabac.

III. La fumée du tabac : des dégâts à tous les niveaux

Le tabagisme actif est responsable de plus de 100 maladies. Tous les organes peuvent être touchés. Le tabagisme peut être à la fois la cause principale de la maladie, un facteur aggravant, un facteur d'évolution prolongée, de non-guérison ou de difficultés thérapeutiques.

En France, en 2000, plus de 60 000 fumeurs mourraient prématurément du tabac, perdant alors vingt années de vie en bonne santé.

A. Risques pour le fumeur

La fumée du tabac est responsable de la survenue ou de l'aggravation de nombreuses maladies.

Les cancers sont responsables de 40 % des décès attribuables au tabac :
- cancer du poumon (85 % liés au tabac) ;
- cancer du larynx, du pharynx et de la bouche ;
- cancer de la vessie (40 % liés au tabac) ;
- cancer de l'œsophage (surtout association tabac et alcool) ;
- cancers du rein, du pancréas, du col de l'utérus et du sein sont également concernés.

Les maladies cardiovasculaires liées au tabac sont dues à une atteinte des vaisseaux (athérosclérose) d'installation et de régression lente, mais encore plus au spasme et à la thrombose d'installation rapide. Ce mécanisme est responsable :
- d'angine de poitrine (maladie des parois coronaires) ;
- d'infarctus du myocarde (occlusion complète d'une coronaire) ;
- d'accidents vasculaires cérébraux ;
- d'anévrysme de l'aorte ;
- d'artérite des membres inférieurs.

Les maladies respiratoires liées au tabac sont nombreuses :
- la fumée de tabac est responsable de la plupart des cas de broncho-pneumopathie chronique obstructive (BPCO) et de ses complications. Alors qu'un non-fumeur perd en moyenne 30 mL de souffle par an (mesuré par le volume expiratoire maximal par seconde ou VEMS), un fumeur en perd 60 mL par an, son poumon vieillit 2 fois plus vite et l'insuffisance respiratoire est précoce ;
- l'asthme est aggravé par la fumée de tabac ;
- la survenue des pneumonies à pneumocoques et à *Legionella pneumophila*, la mortalité pour tuberculose, etc., sont deux fois plus fréquentes.

De nombreuses autres pathologies sont aggravées par le tabac :
- le diabète de type 1 et de type 2 ;
- la maladie VIH/sida ;
- les glomérulonéphrites et l'insuffisance rénale ;

- la dégénérescence maculaire responsable de cécité ;
- le retard à la consolidation osseuse après chirurgie ;
- les anomalies de cicatrisation, etc.

B. Risques pour le fœtus de la femme enceinte

Il n'y a jamais eu autant de femmes fumeuses en âge de procréer qu'actuellement car les jeunes filles qui ont commencé à fumer il y a plus de 20 ans arrivent maintenant à l'âge de procréer.

Fumer augmente un peu le risque de certaines malformations lors du premier trimestre de la grossesse telles celui de fentes palatines, mais c'est durant les deuxième et troisième trimestres de la grossesse que les effets sont le plus importants. Le fœtus manque d'oxygène et est gêné dans sa croissance. Ceci explique le petit poids de naissance et que les études montrent 2 fois plus d'enfants mort-nés et 2 fois plus de morts la première année de la vie quand la mère fume.

C. Risques liés au tabagisme passif

La démonstration de la surmortalité chez les personnes exposées au tabac, alors qu'elles ne fument pas, est désormais établie.

Ce résultat justifie les mesures législatives de protection des non-fumeurs.

IV. La nicotine : drogue ou médicament selon sa pharmacocinétique

- La nicotine est administrée par la cigarette en pic brutal en 7 secondes ; au niveau du cerveau, ces « shoots » de nicotine comblent le manque mais provoquent une multiplication et une désensibilisation des récepteurs. Ainsi chaque cigarette maintient ou aggrave la dépendance, et donne envie de fumer la suivante.
- À l'inverse les patchs à la nicotine, qui délivrent très régulièrement la nicotine au cerveau, comble le manque. Comme ils ne provoquent pas de pics, ils ne multiplient pas les récepteurs, ils ne les désensibilisent pas.
- Les substituts nicotiniques oraux ont une cinétique intermédiaire : ils calment bien le manque, mais chez certains ils dépassent le niveau attendu par les récepteurs, pouvant entretenir la dépendance. Ainsi certains fumeurs passés aux substituts nicotiniques oraux continuent à utiliser ces produits un an plus tard. Ils ne fument plus, mais gardent l'impérieuse nécessité d'avoir leur dose de nicotine tous les jours. Cette situation n'est pas idéale, mais elle est infiniment préférable à l'utilisation d'un produit fumé qui combine la nicotine à un cocktail polluant qui détériore la santé.
- Des vaccins nicotiniques sont en cours d'exploration : ils visent à bloquer la nicotine dans le sang et évitant ainsi qu'elle parvienne en pic au niveau du cerveau ; ils évitent la cinétique en « shoot » de la nicotine au profit de la cinétique d'un patch, avec une arrivée très lente et progressive dans le cerveau.

- La chicha qui apporte en 45 minutes la même dose de nicotine qu'une ou deux cigarettes, du fait de la montée très lente de la nicotinémie, est moins addictive que la cigarette. La cinétique de la nicotine lors de la prise de chicha est plus proche de celle des substituts nicotiniques oraux que de la cigarette (mais la chicha apporte une quantité considérable de polluants toxiques à l'organisme : elle est déconseillée malgré son plus faible pouvoir addictif).

Ainsi une même substance peut être un médicament ou une drogue selon la façon dont elle est utilisée : la façon de la prendre, et sa cinétique sont fondamentales.

V. Fumer : un acte d'abord volontaire, qui conduit à aliéner la liberté

A. La dépendance tabagique : une maladie chronique récidivante

Il est à présent clair que le tabagisme constitue une maladie. Les premières cigarettes sont fumées suivant un comportement, par un choix personnel, souvent influencé par l'entourage proche. Mais rapidement s'installe la dépendance tabagique.

La dépendance tabagique est une maladie provoquée par un comportement, tout comme le Sida ou de nombreuses autres maladies sont initialement déclenchées par un comportement. Plus de 90 % des cigarettes fumées en France le sont par des personnes malades, dépendantes de la nicotine et qui fument malgré elles. Contrairement au marché de l'alcool ou celui du cannabis, le marché du tabac s'adresse essentiellement à des personnes malades. Il existe peu de fumeurs festifs ou occasionnels.

Les professionnels de santé doivent donc au minimum évoquer les risques du tabagisme avec leurs patients fumeurs pour éviter d'aggraver leur dépendance tabagique qui est une maladie.

Plus le tabagisme est initié tôt, plus les modifications sur le cerveau seront importantes, conduisant à une multiplication des récepteurs nicotiniques dans la région du noyau accumbens, véritable centre de la dépendance. Cette modification cérébrale reste à vie dans le cerveau chez ceux qui ont commencé à fumer régulièrement très jeunes.

Pour savoir si un fumeur est atteint de cette maladie dite « dépendance tabagique », le délai avec lequel il fume sa première cigarette après le réveil est la principale question : toutes les personnes qui fument dans l'heure qui suit leur lever peuvent être considérées comme dépendantes. C'est une question importante du test de Fagerström, qui mesure la dépendance nicotinique.

B. Dépendance tabagique : maladie sans guérison mais avec rémission possible

Un fumeur qui arrête de fumer ne devient pas non-fumeur : il devient un ancien fumeur (ex-fumeur) car il est en rémission de son tabagisme ; il ne fume plus, mais reste atteint de la dépendance tabagique et la moindre cigarette peut relancer la consommation (fig. 49.1).

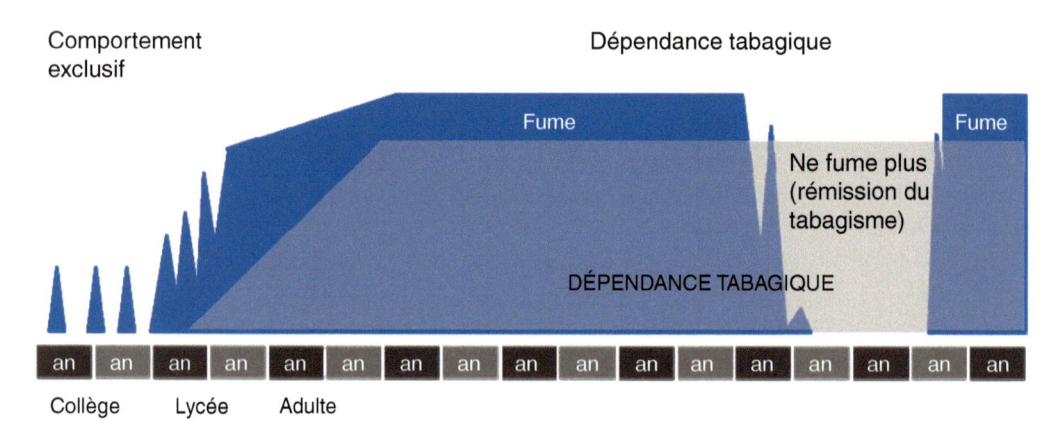

Fig. 49.1.
L'installation de la dépendance tabagique suit rapidement l'initiation du comportement de fumeur et persiste lors de l'arrêt du tabac.

C. L'attitude thérapeutique dépend de l'existence ou non de la maladie « dépendance tabagique »

L'abord médical est différent en fonction de l'existence d'une dépendance ou d'une comorbidité :
- chez les fumeurs non dwépendants, qui ne fument pas le matin, fument très différemment le week-end et en semaine, le conseil suffit le plus souvent. Cependant certains fumeurs, malgré une faible dépendance n'arrivent pas à arrêter de fumer. L'utilisation des formes orales de substituts nicotiniques et une prise en charge psychothérapeutique sont possibles ;
- chez les fumeurs dépendants non malades par ailleurs (sans comorbidité), on peut renforcer la motivation par un entretien motivationnel et les faire avancer dans la préparation à l'arrêt. Quand la décision d'arrêt est prise, la substitution nicotinique en association avec adaptation de doses est le choix recommandé. L'alternative est la varénicline, en particulier après un premier échec des substituts nicotiniques ;
- chez les fumeurs dépendants atteints d'une maladie chronique, l'arrêt du tabac doit être proposé sans délai selon les mêmes méthodes. Si l'arrêt n'est pas accepté d'emblée, une réduction du tabagisme sous substitution nicotinique doit être organisée. La réduction de la consommation de tabac doit être d'au moins 50 % et doit être régulièrement remise en cause au profit de l'arrêt.

VI. Prendre en charge les fumeurs : l'affaire de 100 % des professionnels de santé

A. Diagnostiquer le tabagisme

Le tabagisme n'est en général pas dissimulé, du moins aux professionnels de santé. Demander « fumez-vous ? » conduit au diagnostic, mais constitue aussi un premier pas vers l'arrêt. Associée à un conseil de traitement, cette question constitue le « conseil minimum ».

L'intensité du tabagisme est appréciée par :
- sa durée (facteur le plus lié au risque de cancer du poumon) ;
- son intensité actuelle (le nombre de cigarettes fumées par jour est le plus lié au risque de thrombose) ;
- le nombre de « paquets-années » (nombre d'années durant lesquelles a été fumé un paquet par jour ou de semestres au cours desquels ont été fumés 2 paquets par jour). Ce nombre est le plus lié au risque de la BPCO et de l'athérosclérose.

B. Diagnostiquer la dépendance tabagique

La dépendance au tabac n'est pas univoque, faite de composantes entremêlées :
- dépendance psycho-comportementale : on fume pour être comme les autres, intégré au groupe, pour gérer ses émotions positives ou négatives, pour se mettre au travail, car on doit téléphoner, car on monte dans sa voiture ;
- dépendance gestuelle : j'allume ma cigarette, j'occupe mes mains, je réalise mon rituel ;
- dépendance pharmacologique à la nicotine : estimée par le test de dépendance de Fagerström, dont les deux principales questions portent sur le nombre de cigarettes fumées chaque jour et le délai entre le lever et la première cigarette.

La mesure du CO expiré[56], effectuée dans les consultations de tabacologie, parfois en maternité ou en médecine du travail, permet de mesurer très simplement la pollution du corps par le CO, comme un alcootest mesure l'alcoolémie à partir de l'air expiré. Chez le fumeur, le taux de CO expiré est voisin de 3 + nombre de cigarettes fumées.

C. Le trépied du traitement du fumeur dépendant atteint d'une autre maladie

Le traitement de la dépendance tabagique est nécessaire comme celui de toute autre maladie chronique récidivante. Cette prévention secondaire s'impose sans délai, et ce quel que soit le degré de motivation du patient. Le traitement repose sur trois éléments :
- l'éducation thérapeutique : connaître les données factuelles sur le tabac, les maladies et les traitements ;
- la prise en charge psychologique : thérapie cognitive et comportementale ou une autre psychothérapie ;
- les médicaments d'aide à l'arrêt : substituts nicotiniques ou médicaments de prescription (varénicline et bupropion).

---

56. La mesure du CO expiré est exprimée en ppm (parties par million). Chez le non-fumeur, le taux de CO expiré est inférieur à 5 ppm.

VII. Les médicaments d'arrêt du tabac : un rapport bénéfice/risque élevé

A. La substitution nicotinique

La substitution nicotinique permet de réduire le syndrome de manque des premières semaines de l'arrêt, d'une part, et d'augmenter le taux d'arrêt, d'autre part.

Ce double bénéfice est d'autant meilleur que la posologie initiale est adaptée aux besoins réels du fumeur ; l'utilisation conjointe de plusieurs formes galéniques est recommandée dans diverses circonstances (fig. 49.2).

On adapte la posologie après 24 ou 48 heures si nécessaire, comme pour un traitement antalgique, en jouant sur les formes orales prises pour répondre aux besoins du fumeur et par l'adaptation de la surface ou du nombre de patchs pour le traitement de fond.

Les effets secondaires sont mineurs (irritation ou sécheresse de la bouche, maux de tête, hoquet, nausées), sans commune mesure avec les conséquences du tabagisme.

L'efficacité des traitements est prouvée par 111 essais chez plus de 40 000 participants ; les différents substituts nicotiniques (gomme, timbre transdermique, spray nasal, inhalateur et comprimés sublinguaux et à sucer) ont été comparés à un placebo ou à un groupe témoin sans substitut nicotinique ; toutes les formes de substitution nicotinique disponibles dans le commerce aident les fumeurs qui font une tentative d'arrêt et augmentent de 50 à 70 % leurs chances de réussir à arrêter de fumer, indépendamment du type et de la dose.

Fume	< 10 cig./jour	10-19 cig./j	20-30 cig./j	> 30 cig./j
Pas tous les jours	Rien ou forme orale	Rien ou forme orale		
Pas le matin	Rien ou forme orale	Rien ou forme orale	Forme orale	
< 60 min après le lever	Rien ou forme orale	Forme orale	Timbre forte dose	Timbre forte dose +/− forme orale
< 30 min après le lever		Timbre forte dose	Timbre forte dose +/− forme orale	Timbre forte dose + forme orale
< 5 min après le lever		Timbre forte dose +/− forme orale	Timbre forte dose + forme orale	Timbre forte dose + timbre moyenne dose+/− forme orale

Fig. 49.2.
Doses initiales de substituts nicotiniques conseillées pour l'arrêt.
Source : INPES.

La méta-analyse des essais ayant comparé divers substituts nicotiniques à un placebo pour le guide des médecins aux États-Unis conclut à des taux d'arrêt à 6 mois nettement supérieurs à ceux au placebo (fig. 49.3). Ainsi par exemple l'usage du spray NRT multiplie la probabilité d'abstinence à 6 mois par plus de trois.

B. La varénicline (Champix®)

Ce médicament prescrit est un agoniste/antagoniste de la sous-classe $\alpha 2\beta 4$ des récepteurs nicotiniques. C'est le plus efficace des médicaments pris en monothérapie. Il nécessite une montée progressive des doses durant une semaine, pour atteindre 1 mg matin et soir.

L'arrêt du tabac doit être obtenu si possible à une semaine, mais contrairement aux autres médicaments du sevrage, le maximum d'arrêt est observé à 6 semaines : il faut poursuivre le traitement même si le malade fume encore quelques cigarettes à 4 ou 5 semaines. Logiquement, ce traitement ne sera pas associé aux substituts nicotiniques car la varénicline inhibe leur action sur les récepteurs, comme il le fait sur la nicotine des cigarettes.

Les effets secondaires les plus fréquents sont la nausée, les rêves étranges. Un risque de dépression et d'idées suicidaires lors du sevrage est décrit avec ce médicament, comme avec tous les médicaments efficaces de l'arrêt du tabac. Tout médecin doit s'enquérir d'une dépression chez un fumeur qui veut arrêter de fumer ; le traitement de cette dépression est alors un préalable à l'arrêt du tabac. Il faut conseiller au malade de consulter s'il a des cauchemars, s'il pleure ou se sent seulement déprimé à l'arrêt. La varénicline multiplie le taux d'arrêt par trois chez les fumeurs, par six chez les fumeurs coronariens et par huit chez les fumeurs atteints de BPCO.

C. Le bupropion (Zyban®)

Le bupropion (Zyban®) a un mode d'action plus complexe sur le cerveau. Il est donné à dose progressive à raison de 150 mg le matin pendant 6 jours, puis $2 \cdot 150$ mg en deux prises espacées d'au moins 8 heures en raison des risques de convulsions. La durée du traitement est

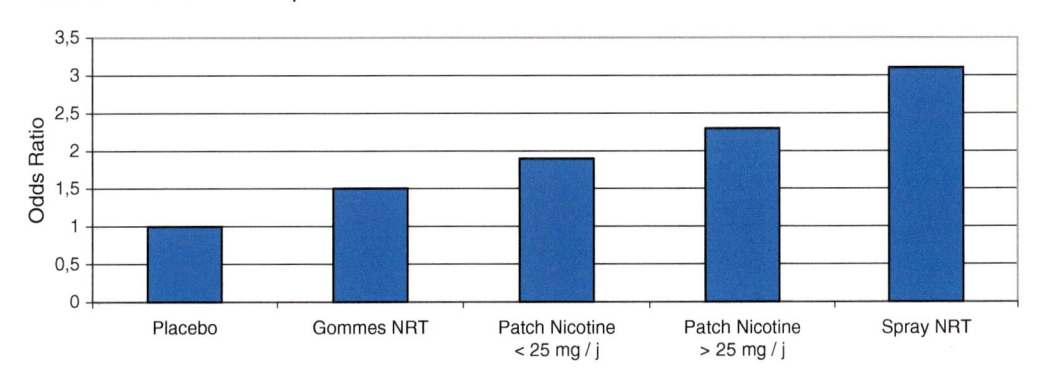

Fig. 49.3.
Résultat comparant différents substituts nicotiniques à un groupe témoin (odds ratio = 1,0) pour l'abstinence au tabac à 6 mois.

de 2 mois. Les contre-indications absolues sont les antécédents d'épilepsie et l'utilisation d'IMAO dans les 14 jours précédant la prescription.

D. Les méthodes « placebo »

Acupuncture, homéopathie, phytothérapie, hypnose, auriculothérapie, et les autres méthodes n'ont pas d'autre intérêt que l'effet placebo, dont l'effet de suggestion peut être une aide supplémentaire à l'arrêt du tabac. Ces méthodes ne doivent être ni recommandées, ni interdites si elles ne s'opposent pas aux méthodes efficaces.

E. La prévention des rechutes

Chez tous les ex-fumeurs, il faut dire un mot du tabac à chaque contact de soins, les féliciter d'être abstinents, en soulignant les bénéfices, et donner éventuellement des conseils de prévention des rechutes.

La moitié des fumeurs qui ont arrêté de fumer rechutent dans l'année qui suit l'arrêt.

La prévention des rechutes peut faire appel aux thérapies cognitives et comportementales (TCC); chaque médecin sans être spécialiste peut donner quelques conseils, en particulier reconnaître et anticiper les situations propices à la rechute.

VIII. La schizophrénie des décideurs économiques

A. Les décisions politiques : le meilleur et le pire en termes de contrôle du tabac

Contre les accidents de la circulation, autre fléau qui dépend aussi beaucoup des politiques publiques, l'action continue des gouvernements successifs, depuis 1976, a permis de réduire la mortalité de trois quarts.

Contre le tabac, les décideurs ont fait le pire et le meilleur ; l'évolution du tabagisme durant les deux dernières mandatures présidentielles montrent en effet de façon caricaturale que la consommation de tabac dépend énormément des décisions politiques :

- le premier plan cancer (2003–2008) a été associé à une baisse de 32 % des ventes de cigarettes, à une baisse de 3 % du nombre de fumeurs, à un effondrement de 75 % du taux de fumeurs chez les collégiens parisiens, et ceci sans modifier les recettes fiscales de l'État, ni la recette moyenne des buralistes sur le territoire français ;
- à l'inverse au cours de la dernière mandature, des augmentations de 2 % du taux de tabagisme des adultes et de 25 % de celui des collégiens parisiens ont été observées. Certes les recettes fiscales ont augmenté depuis 2007 comme l'avaient prévu le gouvernement et les parlementaires, mais il faut rappeler que le tabac coûte 4,7 fois plus au pays que les taxes ne lui rapportent ; le gain fiscal à court terme ne peut justifier de sacrifier indûment plus de 10 000 vies chaque année et de créer autant de souffrance qui auraient pu être épargnées en poursuivant la politique engagée avec le premier plan cancer.

B. Passer du « contrôle du tabac » à « la fin du tabac »

La France, comme la plupart des pays, est engagée dans le contrôle du tabac et a ratifié la convention cadre pour la lutte antitabac (CCLAT), premier traité international pour la santé.

Depuis 2 ou 3 ans, de plus en plus de pays passent de l'objectif « contrôle du tabac », à l'organisation de « la fin du tabac ». Le parlement finlandais a ainsi voté en 2010 la fin du tabac pour 2040. L'Australie, la Nouvelle-Zélande ou la Californie atteindront cet objectif bien avant. Loin d'une logique de prohibition qui ne respecte pas les consommateurs, des sujets malades atteints de « dépendance tabagique » en majorité, l'organisation de la fin du tabac est une démarche positive profondément respectueuse des individus.

L'expérience de l'interdiction de fumer dans les restaurants et sur les lieux de travail témoigne de la très bonne acceptation de la démarche de limitation progressive de l'usage du tabac sans l'interdire. Les règles « non-fumeur » étaient partagées par 2/3 de la population avant qu'elles ne soient applicables, et par plus des 4/5e depuis qu'elles ont été appliquées, avec une approbation majoritaire des fumeurs.

C. L'arrêt du tabac recommandé pour de nombreuses affections de longue durée

La Haute Autorité de santé (HAS) a édicté en France de nombreux guides concernant les modalités de prise en charge des patients atteints des 30 affections de longue durée (ALD). L'arrêt du tabac est recommandé pour la BPCO, l'asthme, les maladies cardiaques, les accidents vasculaires cérébraux, les artériopathies périphériques, la fibrillation auriculaire, mais aussi pour les cirrhoses, les hépatites B et C, le diabète, la maladie de Crohn, les suites de greffe rénale, les néphropathies graves et les patients infectés par le VIH/Sida.

D. Le traitement devrait être pris en charge comme pour toute maladie chronique

Aujourd'hui, tout est fait pour ne pas rembourser ces prescriptions. Les arbitrages entre la santé et le budget sont depuis 2007 trop souvent prises en faveur du budget. L'industrie du tabac emploie d'ailleurs des lobbyistes auprès du Sénat et de l'Assemblée nationale. Le gouvernement utilise actuellement la santé des Français pour percevoir des taxes qui apportent un bénéfice immédiat, grâce à une forte politique organisée d'encouragement au tabagisme. Alors que les ventes de tabac s'étaient effondrées suite aux mesures prises dans le cadre du premier plan contre le cancer en 2003–2004 et dans le cadre du plan contre le tabagisme passif en 2006–2007, le gouvernement prend en 2011 des mesures incitatives au tabagisme qui ont un certain succès, notamment auprès des jeunes. Les collégiens, et surtout les collégiennes, sont particulièrement sensibles aux incitations du gouvernement.

POINTS CLÉS

▶ La plante tabac contient la nicotine, responsable de la dépendance.

▶ La fumée de tabac contient des toxiques cancérogènes dont les goudrons (benzopyrène), les nitrosamines et le monoxyde de carbone (hypoxie).

▶ L'industrie du tabac est le vecteur de la dépendance par diverses manipulations pour initier les jeunes au tabac, à un âge où le risque de dépendance est majeur.

▶ Le tabac est responsable de plus de 60 000 décès prématurés liés aux cancers, aux maladies cardiovasculaires et respiratoires en particulier.

▶ La nicotine administrée par la cigarette agit par pics, celle des patchs est délivrée très régulièrement, celle des substituts nicotiniques oraux a une cinétique intermédiaire.

▶ le tabagisme constitue une maladie en soi du fait de la dépendance tabagique qui est incurable, mais peut être l'objet de rémission durable.

▶ Le traitement du tabagisme doit être modulé selon la présence de la dépendance, celle de comorbidités.

▶ Le traitement du tabagisme, doté d'un rapport bénéfice/risque élevé, combine la substitution nicotinique, la varénicline et le bupropion, voire d'autres méthodes.

▶ Contre le tabac, les décideurs publics alternent le meilleur et le pire en France ; divers pays développés organisent la fin du tabac.

Bibliographie

Fiore M et al. *Treating tobacco use and dependence. Clinical practice guidelines*. Rockville, MD : U.S. Department of Health and Human Service, Public Health Service ; guidelines update 2008.

Journée mondiale sans tabac. *Bulletin épidémiologique hebdomadaire* 2011, n° 20–21, numéro thématique (consultable en ligne : www.invs.sante.fr).

Haut conseil de la santé publique. *Avis relatif aux moyens nécessaires pour relancer la lutte contre le tabagisme*. 22 septembre 2010 (consultable en ligne : www.hcsp.fr).

Haute autorité de santé. *Stratégies thérapeutiques d'aide au sevrage tabagique. Efficacité, efficience et prise en charge financière*. HAS ; 2007 (consultable en ligne www.has-sante.fr).

Observatoire français des drogues et des toxicomanies. *Tableaux de bord mensuel tabac* (consultable en ligne : www.ofdt.fr/ofdtdev/live/donneesnat/tabtabac.html).

Organisation des dépistages néonataux : historique, organisation, perspectives

M. Roussy, M. Brodin

I. Les critères du dépistage néonatal
II. Les nouveaux enjeux du dépistage néonatal

Selon la définition retenue par l'Académie nationale de médecine, le dépistage néonatal est « un dépistage de masse destiné à toucher tous les nouveau-nés d'un pays dans le but de détecter une ou plusieurs affections le plus souvent héréditaires, à des fins de prévention secondaire ».

Pour être acceptable, une procédure de dépistage et de prévention doit répondre à certaines exigences rappelées à plusieurs reprises tant par les publications de la Haute Autorité de santé que par le conseil scientifique de la Caisse nationale d'assurance-maladie des travailleurs salariés : elle doit être associée à une intervention efficace, c'est-à-dire capable d'apporter un bénéfice conséquent aux sujets de la population de référence ; au prix d'un désagrément, d'une toxicité et d'un coût, pour la communauté et l'individu, raisonnable en regard du bénéfice ; avec des performances acceptables, sur la base de valeurs prédictives positive et négative satisfaisantes. La probabilité de faux négatifs et de faux positifs doit être particulièrement faible.

Le coût de la recherche des cas (y compris les frais de diagnostic et de traitement des sujets reconnus malades) ne doit pas être disproportionné par rapport au coût global des soins médicaux liés à l'évolution naturelle de la maladie. Il doit être assuré l'absence de détérioration, au cours du temps et dans l'espace, dans les conditions d'application courante, des performances de la procédure de dépistage, de l'efficacité de l'intervention, de leurs effets indésirables et de leur coût.

En principe, la rentabilité collective des dépenses de prévention « est » plus grande que celle des dépenses de soins (en particulier la prévention primaire extérieure au système de soins). En pratique, ce n'est pas simple à estimer ; la prévention n'est rentable que si le coût de la prévention est inférieur à un ensemble qui intègre « les coûts (directs et indirects) de la pathologie, la prévalence de la pathologie, et l'efficacité de la prévention (effectif des cas évités) ».

Cependant les aspects humains en termes de prévention de handicap grave ou de souffrance sont tout aussi importants ; c'est une raison pour laquelle les décisions doivent être pluridisciplinaires en tenant compte de l'avis de tous, décisions citoyennes, prises en toute connaissance de cause et non pas sous la pression de tel ou tel groupe d'intérêts.

L'offre actuelle de tests met en lumière cette tension éthique, en particulier les tests producteurs d'une information « génétique » en l'absence de toute possibilité thérapeutique établie, par exemple pour des « maladies rares ». Au-delà des tests génétiques, l'outil lui-même (la disponibilité d'un spectromètre de masse par exemple) est créateur de besoin ; pourquoi ne rendre qu'un ou deux résultats sur une goutte de sang, alors qu'avec le même effort de prélèvement une machine peut repérer trente affections potentielles ? Les questions éthiques posées par la découverte des hétérozygotes sont aussi sans limites.

Après un rappel approfondi de l'expérience acquise en France, en particulier sous la conduite de l'Association française pour le dépistage et la prévention des handicaps de l'enfant (AFDPHE), il est fait état de nouvelles problématiques et des limites au maintien de la situation actuelle.

I. Les critères du dépistage néonatal

A. L'expérience du dépistage néonatal en France

L'histoire du dépistage néonatal (DNN) systématique, à partir de taches de sang séché sur papier buvard, remonte à 1963 avec la mise au point du test de Guthrie (réalisé à trois jours de vie) permettant de dépister la phénylcétonurie (PCU). Ce test permet de doser la phénylalanine dans le sang et donc son élévation, particulièrement toxique pour le développement cérébral de l'enfant. La PCU, maladie héréditaire, de transmission autosomique récessive, est ainsi devenue la première arriération mentale évitable grâce à l'établissement précoce d'un régime spécifique pauvre en phénylalanine à un stade pré-symptomatique, permettant à des enfants de rester normaux. Le concept de DNN au moyen de gouttes de sang est ainsi né et s'est généralisé à d'autres maladies.

Dans les années 1960, les pédiatres et les biochimistes découvrent le concept de « maladies héréditaires du métabolisme » et la possibilité ainsi offerte d'étiqueter précisément des entités cliniques jusque-là ignorées. Le terrain est donc favorable au dépistage de la phénylcétonurie et des initiatives privées sont prises ici et là (Lille, Lyon, Paris en 1966) pour tester cette prévention. L'enthousiasme communicatif des promoteurs, l'accueil favorable des obstétriciens font que cette innovation est bien accueillie, voire même réclamée, ce qui pose évidemment le problème de l'organisation du programme, de sa réalisation technique et de son financement. Quatre éléments fondateurs essentiels sont à retenir qui expliquent la réussite de ce programme :

- l'initiative prise par la Société des eaux d'Evian de mettre à disposition des médecins un laboratoire spécialisé de dépistage de la PCU. Rapidement, le dépistage est connu puis reconnu comme une prévention utile et il s'étend partout en France avec d'une part, le laboratoire

d'Evian (qui a réalisé au total 3,5 millions de tests entre 1968 et 1978 et dépisté 237 PCU) et d'autre part, les laboratoires régionaux mis en place dans le cadre d'associations, du type association loi 1901, à l'instigation des binômes pédiatre–biologiste. On peut estimer que courant 1972–1973, la totalité des nouveau-nés français ont bénéficié du dépistage de la PCU ;
- la mise en place d'une organisation nationale du programme de dépistage néonatal, avec l'objectif d'une efficacité parfaite : couverture de 100 % des nouveau-nés, fiabilité des dosages, prise en charge systématique de tous les malades repérés par des médecins spécialistes, suivi à long terme des malades pour connaître leur évolution clinique, procédures d'évaluation de toutes les étapes du programme avec commissions techniques spécialisées, contrôle de qualité national, recueil des données statistiques (taux de couverture, fréquence des maladies…) ;
- la reconnaissance par la Caisse nationale d'assurance-maladie des travailleurs salariés (CNAMTS) de la spécificité du traitement diététique de la PCU (1983), permettant la prise en charge financière des « aliments–médicaments » par la Sécurité sociale, est un grand soulagement pour les familles. Cette mesure est assortie d'une organisation originale de prescription, d'importation, de contrôle et de distribution des produits par la pharmacie centrale des Hôpitaux de Paris ;
- la prise en charge par la CNAMTS du coût du test de dépistage dans le cadre d'une convention bipartite : CNAMTS–Association française pour le dépistage et la prévention des handicaps de l'enfant (AFDPHE).

Le parfait climat de confiance qui a toujours prévalu entre les partenaires, tant au niveau administratif que professionnel, est très certainement un des éléments majeurs de la réussite du programme national français que l'on considère volontiers comme exemplaire et que beaucoup de pays étrangers nous envient. Il faut ici rendre hommage aux différents présidents qui se sont succédé à l'AFDPHE et, au premier chef, le professeur Jean Frézal, généticien et pédiatre au CHU Necker-Enfants malades de Paris, qui a été son président fondateur.

B. La mise en place d'un programme de dépistage néonatal systématique (tableau 50.I)

Les programmes de DNN sont très variables selon les pays, les régions et les provinces (notamment parmi les États américains), mais, dès 1968, il est apparu nécessaire d'établir des critères auxquels devrait satisfaire tout dépistage systématique destiné à l'ensemble des nouveau-nés. Ce sont les dix critères de Wilson et Jungner édités par l'OMS en 1968 (voir tableau 50.I).

En 1989, la conférence internationale de consensus de la Sapinière au Québec a repris, pour l'essentiel, ces critères, en y associant la nécessité d'une information suffisante des familles, une confidentialité des résultats individuels et en insistant sur le fait que la méthodologie doit être sensible, spécifique et acceptable et tout dépistage doit apporter un réel bénéfice pour le nouveau-né lui-même. Enfin, il est précisé que l'usage

Tableau 50.I. **Critères pour un programme de dépistage néonatal systématique.**

Wilson et Jungner (1968)	Conférence de consensus de la Sapinière – Québec (1989)	*National Screening Committee. First report of the National Screening Committee. Health Departments of the United Kingdom* (avril 1998)
1. La maladie doit être un important problème de santé	1. Le dépistage est un acte médical de médecine préventive	1. Conditions : – important problème de santé – connaissance de l'histoire naturelle de la maladie – assurance de la faisabilité du dépistage
2. On doit disposer d'un traitement	2. Le dépistage doit générer un bénéfice pour le nouveau-né	2. Test : – il doit être simple, sûr, précis et validé – la répartition des valeurs dans la population doit être connue – le test doit être acceptable pour la population – l'organigramme de confirmation diagnostique doit être défini
3. Il faut organiser le diagnostic et le traitement des malades	3. Le dépistage doit être généralisé à toute la population à risque	
4. La maladie doit être reconnue à un stade présymptomatique	4. Les parents doivent recevoir une information adéquate	
5. La confirmation du dépistage par des méthodes de certitude est obligatoire	5. La méthodologie doit être sensible, spécifique et acceptable	3. Traitement : – il faut disposer d'une thérapeutique efficace avec un bénéfice évident pour le malade – il faut organiser la prise en charge du traitement
6. Le test doit être accepté par la population	6. Le dépistage suspect doit être confirmé par des examens de certitude	
7. L'histoire naturelle (évolution) de la maladie doit être comprise	7. Une évaluation doit prouver et valider les bénéfices pour le nouveau-né	4. Programme : – évaluation obligatoire en termes de morbidité ou mortalité – le programme complet (dépistage + traitement) doit être éthiquement acceptable par les professionnels et la population – le bénéfice du programme (par rapport aux éventuelles nuisances) doit être étudié – nécessité d'une évaluation économique – définition des standards de qualité – les différentes étapes du programme (test, diagnostic, traitement…) doivent être mises en place avant le début du programme
8. Le protocole de traitement doit être défini	8. L'usage des prélèvements pour la recherche ne peut être fait qu'après consentement individuel	
9. Le rapport économique coût/bénéfice doit être apprécié	9. La confidentialité des informations nominatives est obligatoire	
10. La pérennité du programme doit être assurée	10. Le typage ADN peut être utilisé mais il ne doit pas *a priori* être à l'origine d'une banque d'ADN	

des prélèvements pour la recherche ne peut être fait qu'après consentement individuel et que le typage ADN peut être utilisé, mais il ne doit pas *a priori* être à l'origine d'une banque d'ADN.

En 1998, le *National Screening Committee* (NSC) britannique a affiné encore plus ces critères mais sans en modifier les principes fondamentaux originels. Il en est de même en 2004 lorsque Rhead et Irons indiquent que les principes majeurs gouvernant le DNN ont peu changé :

- exhaustivité ;
- pathologies non identifiables cliniquement et conduisant spontanément à des dommages irréversibles ;
- pathologies pour lesquelles on dispose de traitements efficaces.

Cinq autres critères sont ajoutés :

- prévalence suffisante ;
- recueil simple de l'échantillon biologique nécessaire ;
- test assez simple, reproductible, comportant peu de faux positifs et de faux négatifs ;
- rapport bénéfice/coût élevé ;
- suivi adéquat pour un diagnostic et un traitement efficaces.

En mars 2005, l'*Human Genetics Commission* (HGC) et le NSC britanniques ont repris l'ensemble de ces principes pour la mise en route d'un programme de DNN, en les détaillant et en les regroupant en 20 critères.

Bien que le consentement parental explicite ne soit pas nécessaire pour le dépistage des nouveau-nés effectué dans le cadre d'une action de santé publique, les différents programmes mis en place soulignent la nécessité d'éduquer le public et d'informer objectivement les parents de leur libre choix de ne pas participer au programme de DNN et des conséquences possibles de cette option. En France, c'est pratiquement 100 % des nouveau-nés qui bénéficient d'un tel dépistage, alors qu'il n'est pas obligatoire.

Cependant, des entorses relatives à ces critères de DNN sont apparues du fait des progrès technologiques (biologie moléculaire, spectrométrie de masse), des acquisitions médicales (par exemple, amélioration de la prise en charge des enfants atteints de mucoviscidose), voire de la demande des populations. De ce fait, la liste des maladies pouvant bénéficier d'un DNN s'accroît et nécessite une mise à jour constante.

Il importe dès lors de rappeler que, pour chaque maladie, la finalité du DNN est un bénéfice pour l'enfant lui-même. Pourtant, récemment, un auteur, directeur du *National Newborn Screening and Genetic Resource Center* d'Austin au Texas, incluait dans la définition du DNN, pour les juristes, la notion des autres membres de la famille comme bénéficiaires.

D'autres critères se sont également ajoutés pour un dépistage génétique dans la population. La maladie doit :

- être suffisamment fréquente ;
- être suffisamment grave ;
- avoir un nombre gérable de mutations prédominantes ;
- être à pénétrance élevée ;

- avoir une histoire naturelle bien connue ;
- pouvoir bénéficier d'interventions préventives ou d'une surveillance effective ;
- avoir une détection des mutations relativement peu onéreuse ;
- avoir un dépistage acceptable par la population ;
- bénéficier d'une infrastructure déjà en place pour les programmes d'éducation pré- et post-test.

Le *programme national organisé à partir de 1978 par l'AFDPHE* a constamment visé trois objectifs :
- « l'égalité », avec un accès identique de tous les nouveau-nés (métropole et DOM-TOM) aux tests de dépistage et à la prise en charge thérapeutique ;
- « l'efficacité », avec la recherche d'une sensibilité et d'une spécificité maximales limitant les possibilités de faux négatifs et de faux positifs ;
- « l'utilité », avec en tête d'affiche le bénéfice direct pour l'individu malade.

C. Activité et coût du dépistage néonatal en France

En 2009, cinq maladies font l'objet d'un DNN en France, par ordre chronologique d'introduction :
- la PCU en 1972, avec le dosage de la phénylalanine ;
- l'hypothyroïdie congénitale (HC) en 1978, avec le dosage de la TSH ;
- la drépanocytose en 1989 dans les départements et régions d'outre-mer (DROM) et collectivités d'outre-mer (anciens DOM-TOM), puis en 1995 en métropole pour une population ciblée, avec une électrophorèse de l'hémoglobine ;
- l'hyperplasie congénitale des surrénales (HCS) en 1995, avec le dosage de la 17-OHP (17 hydroxyprogestérone) ;
- la mucoviscidose en 2002, avec le dosage de la trypsine immunoréactive (TIR) couplé, en cas d'élévation, à la recherche des principales mutations du gène de la maladie après le recueil préalable et *a priori* de l'accord écrit des parents.

Un arrêté en date du 22 janvier 2010 a officialisé cette liste de maladies donnant lieu à un dépistage néonatal.

Pour ces cinq maladies, le DNN n'a de sens que s'il est assorti d'une prise en charge de l'enfant par une équipe spécialisée en nombre suffisant et bien répartie sur l'ensemble du territoire. L'expérience française initiale (avant 1975) ayant montré que l'une des faiblesses de l'action était liée à l'éloignement entre le malade et le laboratoire de dépistage, engendrant une prise en charge aléatoire des enfants phénylcétonuriques, il a été décidé de bâtir l'organisation nationale sur la base d'un recrutement géographique régional. Elle répond ainsi au triple objectif suivant :
- liaison territoriale connue entre le nouveau-né et le centre de dépistage ;
- implication de toute la chaîne locale des professionnels de santé (maternité, biologistes et spécialistes du métabolisme) ;
- surveillance plus aisée du programme, tant au niveau de l'offre de service que dans la prise en charge du malade.

La synthèse de l'activité de dépistage de 1972 à fin 2008, présentée dans le rapport 2009 de l'AFDPHE, est globalement la suivante : 27 millions de nouveau-nés ont été « testés » (30,5 millions en comptabilisant ceux dépistés entre 1967 et 1972 sur initiatives régionales) et 14 600 malades ont été repérés, soit une incidence générale de 1/1850, mais avec des différences très nettes selon les maladies et le territoire :
- 1/15 800 en métropole et 1/95 000 en DROM-COM pour la PCU (27 millions de tests et 1682 malades);
- 1/3420 en métropole et 1/6850 en DROM-COM pour l'HC (23,9 millions de tests et 6834 malades);
- 1/19 800 en métropole et 1/9300 en DROM-COM pour l'HCS (12,1 millions de tests et 741 malades);
- 1/790 pour la drépanocytose en métropole (population ciblée) et 1/460 dans les DROM-COM (au total, près de 3 millions de tests et 4187 malades);
- 1/4450 pour la mucoviscidose (5 millions de tests et 1156 malades).

L'organisation actuelle permet de diminuer sensiblement le coût du dépistage, en négociant avec les fabricants de réactifs un « marché » national de plus de 800 000 nouveau-nés soit plus de 4 millions de tests (pour les cinq maladies bénéficiant d'un dépistage généralisé). Ainsi le coût des tests était en 2007–2009 de :
- 1,76 euro pour le dosage de phénylalanine (PCU);
- 2,51 euros pour le dosage de la TSH (HC);
- 1,43 euro pour la 17-OHP (HCS);
- 1,65 euro pour la TIR (mucoviscidose) et 128,1 euros pour la biologie moléculaire;
- 2,77 euros pour la recherche de l'hémoglobine S (drépanocytose).

Il s'agit d'un coût par enfant et non par dosage, puisque si ce dernier doit être refait, le contrôle n'est pas facturé.

La CNAMTS verse actuellement par nouveau-né :
- pour la PCU, dosage de la phénylalanine : 1,76 euro, soit 1,47 million d'euros/an;
- pour l'hypothyroïdie congénitale, dosage de la TSH : 2,51 euros, soit 2,01 millions d'euros/an;
- pour l'hyperplasie congénitale des surrénales, dosage de la 17-OHP : 1,43 euro, soit 1,19 million d'euros/an;
- pour la drépanocytose, électrophorèse de l'hémoglobine : 2,77 euros, soit 0,73 million d'euros/an (dépistage ciblé aux NN à risque en métropole soit 28 % des naissances, dépistage généralisé outre-mer);
- pour la mucoviscidose, dosage de la TIR : 1,65 euro, soit 1,82 million d'euros/an (couplé à la biologie moléculaire en cas de TIR élevée : 128,10 euros/BM ou 2,27 euros/NN);
- il faut rajouter 0,23 euro/NN pour l'affranchissement du courrier.

La subvention par nouveau-né a donc été de 9,28 euros en 2007.

La CNAMTS finance en sus les assurances garantie civile en cas d'erreur de résultat pour l'ensemble du dépistage national (160 000 euros/an en 2008), l'impression des documents d'information pour les familles, les professionnels des maternités ainsi que la mise au point du logiciel informatique spécifique au dépistage.

Une convention nationale lie l'AFDPHE à la CNAMTS pour le financement des dépistages pendant 3 ans. Ce financement est réévalué à la fin de la période, en tenant compte du nombre probable de naissances, de l'indice du coût de la vie, de l'augmentation des prix imposés par les fournisseurs (papier buvard, réactifs et autres gros matériels de laboratoires). La CNAMTS ne négocie pas les prix avec les fournisseurs qui sont dès lors en contact avec l'AFDPHE pour l'ensemble des 800 000 naissances et des 23 associations régionales (AR). Cette disposition permet d'obtenir une facture modérée en comparaison des autres pays de la communauté européenne.

En théorie, la ressource allouée par la CNAMTS doit permettre un fonctionnement autonome et indépendant. Ce n'est pas le cas dans toutes les AR y compris les plus importantes. L'écart entre la subvention accordée par la CNAMTS et le coût réel du dépistage n'a cessé de croître depuis le commencement du programme de dépistage néonatal en 1972, notamment en ce qui concerne la rémunération du personnel. À de très rares exceptions, le personnel médical, pédiatres et biologistes appartenant au CHU, travaille bénévolement pour l'AR. À l'époque de la transparence des coûts et de la tarification à l'activité, cette situation se révèle précaire. Or la garantie du maintien d'excellence des résultats du dépistage néonatal, que personne ne conteste, passe par le maintien d'une implication forte d'une équipe médicale (binôme pédiatre–biologiste).

Le circuit du prélèvement va de la maternité jusqu'au laboratoire. Il faut maintenir une veille constante dans la qualité des résultats biologiques et du suivi clinique du patient, avec des adaptations régulières dans les seuils de déclenchement des procédures en tenant compte des dérives possibles, des changements de réactifs avec une surveillance du nombre de faux positifs (spécificité du test) et de faux négatifs (sensibilité du test). Une centralisation nationale permet de tirer des conclusions fiables à partir d'un nombre suffisamment important de prélèvements. Des adaptations peuvent se faire rapidement.

Cette organisation donne la garantie du suivi des malades dépistés avec le retour des informations fournies par les associations régionales. Cette nécessité a été mise en évidence le jour où il a fallu donner les informations nécessaires aux jeunes filles PCU avant qu'elles n'envisagent une grossesse, afin qu'elles reprennent un régime restrictif en phénylalanine pour éviter une fœtopathie PCU chez leur bébé. En l'absence de suivi, le bénéfice obtenu avec le DNN de la PCU aurait été perdu à la génération suivante.

Si une extension du DNN se réalise dans l'avenir avec notamment le dépistage par la spectrométrie de masse en tandem dite MS/MS, cette question se reposera. Le coût très élevé des spectromètres, la nécessité de disposer de ce matériel en double pour assurer un dépistage en continu, la haute qualification indispensable du personnel (ingénieurs, biochimistes, spécialistes des pathologies métaboliques, techniciens) imposeront d'en optimiser le rendement.

II. Les nouveaux enjeux du dépistage néonatal

A. Les progrès technologiques

La liste des maladies pouvant être dès maintenant dépistées en période néonatale devient très importante et doit sans cesse être mise à jour. Des entorses relatives aux critères de Wilson et Jungner sont apparues ces dernières années du fait des progrès technologiques et des acquisitions médicales. Ces critères sont aussi susceptibles d'évoluer à la demande de la population (associations de malades) à partir du moment où la technologie le permet. Il importe dès lors de rappeler que pour chaque maladie la finalité du DNN est un bénéfice pour l'enfant lui-même.

Pourtant, certains auteurs incluent maintenant dans la définition du DNN la notion des autres membres de la famille comme bénéficiaires. C'est l'exemple du dépistage de l'hémochromatose génétique HFE1 où le nouveau-né repéré, car porteur de la principale mutation du gène HFE1 responsable, servira à étendre le dépistage aux membres adultes de sa famille alors qu'il n'en tirera aucun bénéfice dans l'immédiat. C'est ce qu'on appelle le « *reverse cascade screening* », qui pour l'instant a été refusé en France à la suite d'un avis défavorable du Conseil consultatif national d'éthique (CCNE).

Avec cet exemple, on rentre aussi dans le domaine de la médecine prédictive puisqu'on n'est pas certains que le nouveau-né repéré développera ultérieurement la maladie compte tenu d'une absence de corrélation formelle génotype–phénotype. Cela se posera pour les maladies polygéniques où des gènes de susceptibilité sont décrits de plus en plus, pouvant dès lors faire l'objet d'une recherche lors d'un dépistage néonatal. Il se développe ainsi des systèmes analytiques « multiplex » et singulièrement ceux permettant un regard direct sur le génome (puces à ADN). Ainsi toutes les maladies avec un « composant génétique » entrent dans le collimateur d'un dépistage systématique possible à des fins de diagnostic, mais surtout de prévention.

B. Les implications éthiques

Les réflexions éthiques s'imposent dès maintenant et concernent dans l'immédiat le dépistage de plusieurs erreurs innées du métabolisme que permet la spectrométrie de masse en tandem (MS/MS). La méthodologie MS/MS a montré qu'elle pouvait, en permettant des dosages simultanés, être appliquée à de multiples amino-acidopathies et acidémies organiques, sans coût important supplémentaire. Elle fait donc passer la situation de « un test–une maladie » à « un test–trente ou plus maladies » (sans compter les variantes), répondant ainsi à ce qui devrait être un objectif majeur du dépistage : échapper à l'objection « pourquoi le coût d'un test supplémentaire pour une maladie aussi rare ? ». Très peu de maladies remplissent les conditions des critères de Wilson et Jungner. En particulier la notion de fréquence fait débat, car si ces maladies sont souvent rares voire très rares, le multidépistage devrait reconnaître un malade pour 3500 naissances, soit la fréquence de l'hypothyroïdie congénitale !

Et qu'en est-il de l'identification de maladies qui ne peuvent, à l'heure actuelle, bénéficier d'aucun traitement ? La réponse semble évidente, pourtant elle ne l'est pas. En effet, un diagnostic de maladie métabolique peut éviter des recherches longues et onéreuses après le décès d'un nouveau-né, il peut aussi aider les parents à se déculpabiliser et à s'orienter vers un conseil génétique. À une époque où les maladies orphelines font l'objet d'un « plan » spécifique de prise en charge dans notre pays, les possibilités de DNN ne peuvent être ignorées.

Cette nouvelle technologie comporte aussi de nombreux aspects négatifs dont l'impact ne peut être mésestimé quand on s'adresse à l'ensemble d'une population : défaut de dépistage des maladies les plus fréquentes du cycle de l'urée ; dépistage de maladies sévères pour lesquelles il n'existe aujourd'hui aucun traitement efficace, ou pour lesquelles les prises en charge les plus attentives et les plus lourdes ne mettent pas à l'abri de décompensations brutales souvent mortelles ; dépistage de maladies métaboliques « bénignes » ; nécessité d'un nombre suffisant d'équipes cliniques ayant un bon degré d'expertise afin de pouvoir distinguer les vrais malades des inévitables faux positifs (qui ne requièrent pas de prise en charge médicale). Il faut également s'assurer que les circuits d'aval de prise en charge puissent être opérationnels couvrant l'ensemble du territoire national, avec un nombre de spécialistes forcément limité pour des maladies complexes et rares.

C. L'organisation du dépistage néonatal

À ces aspects médicaux et éthiques essentiels s'ajoutent aussi des problèmes organisationnels majeurs. Le nombre d'examens nécessaires pour satisfaire à ces objectifs est habituellement fixé à 50 000 ; certains laboratoires français prenant actuellement en charge le dépistage n'atteignent pas ce nombre d'examens. Conviendrait-il alors de dissocier leurs activités ou envisager un regroupement de tous les examens dans un nombre de centres limité ? Or, une organisation trop centralisée risque d'allonger les délais de prise en charge des nouveau-nés malades, ce qui irait à l'encontre du but initialement prévu. Un tel changement de cap, avec toutes les modifications qui en découleront, mérite, en tout état de cause, d'être bien réfléchi, car il faudra garder la quasi-exhaustivité des nouveau-nés bénéficiant du DNN, comme c'est le cas actuellement.

Faut-il : faire tout ce qui est faisable ? faire ce qui est demandé par le patient ? faire même ce qui est très coûteux ? faire sans réellement informer ? faire sans véritable bénéfice pour l'individu ? *In fine*, le programme de dépistage peut s'élargir à de nouvelles maladies à condition qu'on puisse les traiter et permettre ainsi aux enfants de vivre normalement, en s'assurant que la prise en charge de maladies aussi rares et spécifiques soit assurée par des spécialistes en nombre suffisant.

Le fait que l'essentiel des maladies susceptibles d'entrer dans un protocole de dépistage néonatal soit des maladies héréditaires oblige à prendre en compte l'organisation nationale de la pratique de la génétique médicale. Schématiquement et même s'il y a des recoupements organisationnels, il faut distinguer deux types de pratique de la génétique :
- la génétique clinique dont le rôle en matière de diagnostic et de suivi (consultation de génétique ou conseil génétique) est fondamentale. Des médecins d'origines diverses (pédiatres essentiellement, mais aussi biologistes) font état d'une compétence attribuée au cas par cas par des commissions *ad hoc* réunies sous le contrôle de l'Ordre des médecins et du ministère de la Santé notamment ;
- la génétique biologique, cytogénétique et génétique moléculaire, qui est soumise à un encadrement réglementaire. Le Code de la santé publique établit en effet un encadrement réglementaire très strict des tests génétiques. Il porte sur les analyses génétiques qui participent à l'étude des caractéristiques génétiques de la personne à des fins médicales (art. L. 1131-1 et suivants du Code de la santé publique).

D. L'encadrement réglementaire du dépistage néonatal

Le dispositif d'encadrement comporte cinq domaines d'interventions réglementaires :
- une autorisation des laboratoires qui pratiquent ces analyses par l'Agence régionale de l'hospitalisation (ARH) après avis de l'Agence de la biomédecine. Cette autorisation est donnée pour 5 ans et renouvelable dans les mêmes conditions ;
- un agrément des praticiens chargés de réaliser ces analyses, délivré par l'Agence de la biomédecine. Cet agrément, indépendant du lieu d'activité, est accordé à partir de trois types de formations : la formation initiale, la formation spécialisée et l'expérience pratique. Il est donné pour 5 ans et renouvelable dans les mêmes conditions ;
- des conditions de prescription et de rendu d'examen, notamment avec une information préalable explicite et une attestation du praticien ayant fourni cette information qui est jointe à la demande d'examen. Le praticien qui a prescrit l'analyse est seul habilité à rendre le résultat au demandeur ;
- un rapport annuel d'activité des laboratoires qui est transmis à l'Agence de la biomédecine. Celle-ci en assure une synthèse annuelle qui est mise à la disposition des autorités de tutelle. Les données recueillies doivent permettre une évaluation des pratiques quantitativement et qualitativement ;
- l'élaboration de bonnes pratiques en matière de pratique des tests génétiques à visée médicale. Cette mission est confiée littéralement par la loi à l'Agence de la biomédecine. Leur élaboration fait l'objet d'une large concertation avec les professionnels. Elles ne peuvent être établies qu'en relation avec les autres autorités compétentes

qui peuvent avoir un motif d'intervention dans ces pratiques (par exemple, l'Afssaps pour la qualité technique du test et la HAS pour les bonnes pratiques professionnelles et leur pertinence clinique).

Cette organisation fonctionnelle de la génétique médicale consacre la nécessité de coordonner l'activité clinique et l'activité biologique au sein de réseaux thématiques intégrant ces différents aspects.

Le plan national *Maladies rares 2005–2008* en France, a eu comme objectif d'améliorer l'organisation des programmes de dépistage en population générale, en mettant en place une procédure prévoyant leur évaluation systématique *a priori* et *a posteriori* (voir encadré en fin de chapitre) et un comité consultatif indépendant, chargé de donner l'avis de la société.

Les raisons qui poussent à reconsidérer l'organisation des programmes de dépistage en France sont multiples :

- le dépistage, comme outil de santé publique, jouit d'une aura très favorable auprès de presque tous les acteurs. Cependant ceci se fait sans prise de distance par rapport aux questions techniques, économiques et éthiques que pose une approche populationnelle systématique, et bien que le bilan de beaucoup de dépistage ne valide pas les attentes initiales en termes d'impact en santé publique ;

- les progrès technologiques constants, tant en biologie moléculaire qu'en automatisation des tests biochimiques ou en imagerie, offrent de nouvelles possibilités techniques que les professionnels à l'origine de ces innovations promeuvent activement, pour des raisons mercantiles ou non, d'expansion de leurs activités, sans distance par rapport aux enjeux ;

- historiquement, le dépistage en population a assis sa bonne réputation sur le dépistage néonatal de la phénylcétonurie et de l'hypothyroïdie, deux affections rares pouvant bénéficier de mesures thérapeutiques efficaces, à la condition que ces mesures soient prises dès la naissance. Ces deux maladies remplissent tous les critères de l'OMS pour faire l'objet d'un dépistage systématique en population générale ;

- depuis, toutes les maladies qui ont été ajoutées à la liste des maladies dépistées en période néonatale en France (hyperplasie congénitale des surrénales, drépanocytose, mucoviscidose) voient leur pronostic amélioré par le dépistage néonatal, plus en termes de qualité de vie des personnes que d'impact sur la morbi-mortalité. Et il est difficile de distinguer ce qui revient au dépistage précoce lui-même et ce qui revient à l'amélioration des filières de prise en charge par la protocolisation. De plus ces dépistages génèrent des problèmes nouveaux liés à l'identification de formes très modérées, que l'on médicalise sans réelle justification. En bref, hors dépistage des deux maladies historiques, les autres ne satisfont pas complètement aux critères de l'OMS ;

- cette tendance est observée à l'échelon international, nombre de maladies étant maintenant dépistées systématiquement, alors même qu'elles ne répondent pas aux critères de l'OMS ou n'y répondent que très partiellement. Les deux seules maladies consensuelles entre tous les pays qui ont un dépistage néonatal restent la phénylcétonurie et l'hypothyroïdie.

Sur tous les autres dépistages, les opinions divergent d'un pays à l'autre, d'une communauté à l'autre :

- les dépistages génèrent des faux négatifs et des faux positifs qu'il faut gérer et qui ont des conséquences directes négatives sur les personnes dépistées comme sur leur entourage et le système de santé en l'absence de prise en charge adaptée ;
- les dépistages peuvent révéler le statut de futur malade de nouveau-nés apparemment en bonne santé et qui le resteront parfois encore plusieurs mois ou années. Dès lors, on peut s'interroger sur le service rendu si une prévention efficace de la maladie n'est pas possible. Généralement, ces dépistages sont proposés pour rendre des services aux parents et non à l'enfant, leur permettant de connaître leur statut de couple à risque de transmettre une maladie avant la naissance d'un deuxième enfant atteint ;
- les dépistages doivent donc être évalués *a priori* pour apprécier leur positionnement par rapport aux critères de l'OMS et la balance bénéfice/risque pour les nouveau-nés dépistés, leurs parents, le système de santé et la société dans son ensemble ;
- les dépistages doivent aussi êtres évalués *a posteriori* car leur mise en œuvre peut révéler des difficultés qui n'avaient pas été envisagées. De plus, les techniques évoluant et les modes de prise en charge des maladies aussi, les politiques doivent être régulièrement révisées ;
- une réforme de la biologie médicale est en cours afin d'assurer la qualité des tests, ce qui passe en particulier par l'accréditation des laboratoires et par la diminution du nombre des plateformes techniques. Dans ce contexte, il faut maintenant envisager la fin du statut particulier des laboratoires de dépistage, les tests devant être assurés par les laboratoires offrant le meilleur service technique pour leur mise en œuvre.

En France, il n'existe pas de comité indépendant dédié à l'évaluation, ni *a priori* ni *a posteriori*, alors même qu'il s'agit de véritables politiques de santé publique à fort enjeu éthique, technique et économique. Ceci reste à mettre en place.

Enfin, l'un des objectifs du plan national *Maladies rares 2005–2008* a été également d'organiser, avec les instances européennes, une concertation sur le dépistage des maladies rares. Avec la concertation européenne la thématique des dépistages a été poussée par la France pour qu'elle figure dans la communication de la Commission européenne : *Les maladies rares : un défi pour l'Europe.* La direction générale de la santé et des consommateurs a lancé en 2009 un appel d'offres concernant l'évaluation des pratiques de dépistage néonatal des maladies rares dans les États membres de l'Union européenne avec pour objectif d'élaborer des recommandations pour l'harmonisation.

Format de rapport présentant une évaluation *a priori* de programme de dépistage tel que le guide de l'ANAES le recommande

I. Résumé

II. Introduction

But du programme de dépistage proposé – « Pourquoi dépister cette maladie ? »
Méthode de revue systématique
- À quelle question la revue fait-elle référence ?
- Quelles populations ont été incluses/non incluses ?
- Quelles bases de données bibliographiques ont été interrogées ?
- Stratégie de recherche documentaire (mots clés/MeSH).
- Références de fin de bibliographie, contacts personnes.
- Recherche d'études en langue non anglaise/en cours/non publiées.
- Quels critères d'inclusion/d'exclusion ont été utilisés pour les études ?
- Quelle était la qualité des études évaluées ?
- Quelle était la qualité globale des études ?
- Est-ce que les résultats des études ont été compilés ? Comment cela a-t-il été fait ?

III. Le problème de santé

Histoire naturelle de la maladie
(Incluant les modes de transmission de la maladie, l'existence d'un stade précocement symptomatique, d'une période de latence identifiable, de marqueurs de maladie).
Épidémiologie de la maladie
- Incidence, fréquence et tendances.
- Mortalité, morbidité et fardeau de maladie par âge/sexe.
- Est-ce que c'est un problème de santé publique important en comparaison à d'autres maladies ? »

Prévention primaire de la maladie
- Quelles sont les possibilités de prévention primaire de la maladie ?
- Quelle est l'efficacité des interventions de prévention primaire et quel est le niveau de preuve des études portant sur cette efficacité ?

IV. Politique actuelle et pratiques

Quelle est la politique de la France concernant le dépistage de la maladie ? Décrire l'état des pratiques en France.

V. Le test de dépistage

Décrire les principaux tests de dépistage et ce qu'ils impliquent. Quels tests alternatifs sont pris en considération ?
Pour chaque test, quelle est la distribution des résultats du test dans la population cible ? Quelle est la valeur seuil pertinente, a-t-elle été définie et validée par un accord fort ? Y a-t-il un accord sur ce qu'est un résultat normal/anormal/limite ?
Pour chaque test, quels sont les sensibilité, spécificité, rapports de vraisemblance et quel niveau de preuve s'y rattache ?
Quels sont les effets secondaires/les effets néfastes de chaque test ?
Quelle est l'acceptabilité de chaque test de dépistage et quel est le niveau de preuve qui s'y rattache ?

VI. Le diagnostic

Les procédures diagnostiques
- Quelle est la séquence d'événements pour ceux qui ont un test positif (décrire le processus diagnostique pour les individus dont le test est positif et les choix qui s'offrent à eux)? Y a-t-il une politique consensuelle sur cette séquence d'événements?
- Quelles sont les procédures diagnostiques et qu'impliquent-elles?
- Quels sont les effets secondaires/les effets néfastes de chaque procédure diagnostique?
- Quelle est l'acceptabilité de chaque procédure diagnostique et quel est le niveau de preuve qui s'y rattache?

Y a-t-il une stratégie diagnostique identifiant les individus qui devraient être traités?
Exposer cette stratégie.

VII. L'intervention

Quelles sont les interventions et qu'impliquent-elles?
Quelle est l'efficacité de chaque intervention et quel est le niveau de preuve qui s'y rattache?
Est-il prouvé que l'intervention chez les patients identifiés par le dépistage mène à de meilleurs résultats qu'une intervention plus tardive?
Quels sont les effets secondaires/les effets néfastes de chaque intervention?
Quelle est l'acceptabilité de chaque intervention et quel est le niveau de preuve qui s'y rattache?
Est-ce que la qualité des interventions et des résultats obtenus chez les patients est conséquente chez la totalité des fournisseurs de soins, ou y a-t-il la preuve de variations dans la qualité des soins/des résultats chez les patients?

VIII. Le programme de dépistage

Quelle est la population cible à qui l'on proposera le dépistage?
- Quelle est la proportion de cas potentiels dans la population cible?
- Quel sera le taux de positivité lors du premier dépistage?
- Comment identifier et atteindre au mieux la population?

Est-il prouvé que le programme de dépistage a une balance bénéfice-risque satisfaisante?
Quel est l'intervalle de dépistage proposé (la fréquence avec laquelle le test doit être répété°?
Prouver la progression de la maladie sur cet intervalle ainsi que la pertinence du choix de cet intervalle.
Quel taux de participation minimal des patients est exigé pour garantir une efficacité du programme de dépistage (fondé sur les preuves disponibles)?
Présenter un diagramme d'analyse de décision du déroulement du programme de dépistage (test – diagnostic – traitement/suivi).

IX. Avantages du dépistage

Quels sont les bénéfices du dépistage de la maladie?
Quel est le rapport bénéfice-risque?
Quel est le risque relatif pour la population examinée comparée à la population de contrôle (pour la mortalité/morbidité spécifique de la maladie et toute cause)?

▶ Quelle est la réduction absolue de risque (pour la mortalité/morbidité spécifique de la maladie et toute cause) ?
Comment se situe le bénéfice obtenu par ce programme de dépistage par rapport à ceux obtenus par d'autres programmes ?

X. Effets défavorables du dépistage

Quels sont les effets négatifs du programme de dépistage (incluant les conséquences des faux positifs, faux négatifs, résultats limites et effets délétères du traitement) ?
Les effets négatifs physiques ?
Les effets négatifs psychologiques ?

XI. Efficacité quantitative du dépistage

Pour tous les 100 000 individus dépistés
- Combien de cas ne seront pas identifiés (sous-détection) ?
- Combien de cas seront traités ? Combien cela représente-t-il en comparaison au nombre qui, en réalité, aurait développé une maladie significative dans un groupe témoin à qui l'on n'aurait pas proposé le dépistage (recherche d'une sur-détection) ?
- Combien d'effets délétères de l'intervention ?
- Combien d'individus traités en tireront un bénéfice en réalité (c'est-à-dire dans quelle proportion les cas détectés par le dépistage auront-ils une amélioration de leur état ?) ?
- Combien d'individus seront classés parmi les cas limites et que leur arrivera-t-il ?

Nombre de patients à dépister
- Combien d'individus doivent être dépistés pour identifier un cas traitable ?
- Combien d'individus doivent être dépistés pour apporter un bénéfice à une personne ?
- Combien d'individus deviennent anxieux pour un cas identifié traitable (faux positifs et vrais positifs non traités) ?
- Combien d'individus deviennent anxieux pour apporter du bénéfice à une personne ?
- Combien d'individus sont physiquement atteints pour chaque cas traitable trouvé ?
- Combien d'individus sont physiquement atteints pour apporter un bénéfice à une personne ?
- Combien d'individus deviennent anxieux pour 1000 personnes dépistées ?
- Combien d'individus sont physiquement atteints pour 1000 personnes dépistées ?
- Quelle est l'importance des intervalles de confiance autour de la taille estimée du bénéfice, et quels sont, à chaque extrémité de l'intervalle de confiance :
  – le nombre d'individus à dépister ;
  – le nombre d'individus atteints défavorablement ?

XII. Considérations économiques

Les coûts du programme de dépistage
Exposer les coûts attendus pour la mise en place du dépistage sur une population de 10 millions d'individus :

- coûts de mise en place du programme ;
- coûts de formation du personnel ;
- coûts d'invitations des individus à participer au dépistage ;
- coûts des consultations ;
- coûts des tests (et de la répétition des tests) ;
- coûts des examens diagnostiques ;
- coûts de la prise en charge et du suivi ;
- les coûts totaux de fonctionnement et d'amortissement annuel du capital pour que le programme soit proposé à une population type de 10 millions d'individus.

Quel est le coût pour trouver un cas traitable.
Quel est le coût pour qu'une personne puisse tirer un bénéfice de ce programme de dépistage ?
Quelles sont les économies potentielles qui pourraient résulter du programme de dépistage ?
Quel est le rapport coût-efficacité du programme de dépistage (et quel est le niveau de preuve qui s'y rattache) ?
Analyse coût-bénéfice/coût-utilité
Quel est le coût par QUALY du dépistage ? Quelle est la disposition à payer des individus ?
Analyse de sensibilité du dépistage de la maladie.
Quelles sont les implications du programme de dépistage pour les autres actions de santé ?

XIII. Dotation en personnel et équipements

Quelles sont les implications en termes de dotation en personnel clinique du programme de dépistage ? Quelles seront les exigences en personnel pour lancer le programme de dépistage pour une population française standard de 10 millions d'individus ? Le personnel clinique actuellement disponible sera-t-il suffisant en nombre ou un nouveau recrutement/formation sera-t-il nécessaire ?
Quels équipements seront exigés pour mettre en œuvre le programme de dépistage sur une population française standard de 10 millions d'individus ?

XIV. Options alternatives

Quelles sont les options alternatives de stratégie de dépistage ?
Quelles sont les autres façons de gérer ce problème de santé (par exemple amélioration du traitement, offre d'autres services) ?
Quelle est l'importance du bénéfice résultant du dépistage en comparaison au bénéfice qui pourrait être obtenu en améliorant les procédures de diagnostic individuel ou le traitement seul ?

XV. Gestion de la qualité

Qui devrait gérer le programme de dépistage ?
Assurance-qualité
- Comment l'assurance-qualité devrait-elle être gérée et contrôlée ?
- Quels standards d'assurance-qualité devraient être recommandés ?

Décrire le profil du service proposé (équipement, situation, formation, besoins d'information des patients).
Quels sont les facteurs de succès critiques pour que la mise en œuvre du programme de dépistage soit couronnée de succès ?

> **XVI. Recherche**
>
> Quelle recherche appropriée est actuellement en cours ?
> Identifier les secteurs clés pour la recherche future.
>
> **XVII. Conclusions**
>
> Conclusions générales.
> Conclusions sur chacun des critères d'évaluation des programmes de dépistage.

POINTS CLÉS

▶ Le dépistage néonatal (DNN) est un dépistage de masse afin de détecter une ou plusieurs affections chez les nouveau-nés d'un pays. Il s'agit de prévention secondaire.

▶ L'histoire du dépistage néonatal systématique, à partir de taches de sang séché sur papier buvard, remonte à 1963 avec la mise au point du test de Guthrie permettant de dépister la phénylcétonurie.

▶ Le programme national mis en place en France est exemplaire. La couverture des nouveau-nés est de 100 % ; les dosages sont fiables et la prise en charge des malades est systématique.

▶ Wilson et Jungner ont édicté dix critères essentiels pour que le programme de dépistage néonatal soit systématique et efficace. Ces critères édités par l'OMS ont été complétés par la suite.

▶ En 2009, cinq maladies font l'objet d'un DNN en France. Pour ces cinq maladies, le DNN n'a de sens que s'il est assorti d'une prise en charge de l'enfant par une équipe spécialisée en nombre suffisant et bien répartie sur l'ensemble du territoire.

▶ La liste des maladies pouvant être dès maintenant dépistées en période néonatale devient très importante et doit sans cesse être mise à jour.

▶ Pour chaque maladie, la finalité du DNN est un bénéfice pour l'enfant lui-même. Selon certains auteurs, il faut aussi inclure dans la définition du DNN la notion des autres membres de la famille comme bénéficiaires.

▶ Le programme de dépistage peut s'élargir à de nouvelles maladies à condition qu'on puisse les traiter et permettre ainsi aux enfants de vivre normalement, en s'assurant que la prise en charge de maladies aussi rares et spécifiques soit assurée par des spécialistes en nombre suffisant.

Bibliographie

Ameisen JC, Cambien F, Dervaux B *et al*. Tests génétiques chez l'enfant. In : Centre d'expertise collective de l'Inserm. *Tests génétiques. Questions scientifiques, médicales et sociétales*. Paris : Inserm ; 2008, 125–60.

Dhondt JL. L'avenir du dépistage néonatal. *Arch Pediatr* 2008 ; 15 : 769–71.

Lévy G, Berthiau D, Levine M, Viot G. Problèmes éthiques posés par l'extension en France et en Europe du dépistage néonatal des maladies métaboliques. In : Association de néonatologie de Port-Royal. Ed. *Progrès en néonatologie*. Paris : Publiez-vous ; 2008 ; 28 : 81–9.

Roussey M. Les principes et l'organisation du dépistage néonatal en France. *Arch Pediatr* 2008; 15 : 734–7.

Roussey M. Le dépistage néonatal en France : les principes, l'organisation, les résultats et les perspectives. In : Association de néonatologie de Port-Royal. Ed. *Progrès en néonatologie*. Paris : Publiez-vous; 2008; 28 : 27–33.

Site Internet

Site Orphanet, portail des maladies rares et des médicaments orphelins. www.orpha.net/consor/cgi-bin/index.php?lng=FR.

Index général

A

Accès aux soins, 449
Accident de la circulation, 523
Accueil de jour, 545
Activité–passivité (relation médecin-malade), 123
Adolescents, 517
Affections de longue durée, 368, 619
Agence d'évaluation de la recherche et de l'enseignement supérieur (AERES), 187
Agence de la biomédecine, 663
Agence française de sécurité sanitaire des produits de santé (Afssaps), 344, 427, 437
Agence régionale de l'hospitalisation (ARH), 325, 663
Agence régionale de santé (ARS), 278, 426, 440
Agences sanitaires, 279, 437
Agrégats (dépenses de santé), 409
Aide
– médicale d'État (AME), 369, 570, 579
– sociale, 400
– sociale à l'enfance (ASE), 511, 579
Alcool, 561
– usages, 217
Aléa moral, 169
Altérité (anthropologie), 18
Alternatives à l'hospitalisation, 320, 322
Alzheimer (maladie d'), 608
Amiante, 64, 528
Analyse
– des processus, 342
– macro-économique, 163
– micro-économique, 163
Angoisse, 148, 359
Annonce d'une maladie grave, 355
Anorexie, 617
Anthropologie, 15
– médicale, 156
Antidépresseur, 618
Appel à projet (recherche), 185
Arrêts (droit), 55
Art, 492

Assainissement des milieux, 234
Assistance, 387
– médicale à la procréation (AMP), 498
Assistantes maternelles agréées, 509
Associations, 68
Assurance, 390
– complémentaire, 451
Asthénie, 617
Asthme
– adulte, 623
– enfant, 624
Asymétrie
– d'information, 166
– de la relation thérapeutique, 229
Audit clinique, 345
Autonomie, 144, 145
Autorisation
– activités de soins, 324
– de mise sur le marché (AMM), 381, 427
– planification, 426
– provisoire de séjour (APS), 577
Autorités sanitaires, 68
Avance des frais, 370, 431

B

BCG, 629
Bienfaisance, 144, 145
Biens de santé (externalité), 165
Binge drinking, 521
Biologie médicale, 308
Biopouvoir, 27
Biovigilance, 344
Bipédie, 483
Blessés de la route, 66
Brachiation, 483
Brevet, financement (recherche), 187
Bronchopneumopathie chronique obstructive (BPCO), 643
Bupropion (Zyban®), 649
Burn-out, 616

C

Caisse d'amortissement de la dette sociale (CADES), 406, 416
Campagnes d'information, 226

Index

Cancer, 265, 528, 601, 643
Cancérogènes professionnels, 528
Capitation, 371
Caries, 633
Carnet de santé, 511
Carte
– de séjour temporaire, 578
– sanitaire, 325
Causes
– de mortalité, 200
– latentes de l'erreur, 340
Centralisation (politique), 424
Centre national de la recherche scientifique (CNRS), 183
Centres hospitaliers (CH), 315
Certificat
– de santé, 511
– médical de sévices et torture, 578
– médical non descriptif, 579
Certification des établissements de santé, 347, 428
Chartes de qualité, 335
Chimpanzés, 479
Chirurgie ambulatoire, 308
Chirurgiens-dentistes, 309
Choix publics, 402, 403
Chômage, 48
Cladistique, 464
Classes passerelles, 510
Classification commune des actes médicaux (CCAM), 368
Cohorte, 194
Comité de retour d'expérience (CREX), 343
Comité économique des produits de santé (CEPS), 287, 382
Commission de la transparence, 381, 428
Compassion, 148
Comportements
– de santé (autorégulation), 130
– individuels, 590
Comptabilité nationale, 409
Compte satellite (santé, protection sociale), 409
Comptes de la protection sociale, 389
Concentration de la consommation de soins, 292
Conception, 497
Conditions d'environnement, de vie et de travail, 590
Conduites
– à risque, 222
– addictives, 214
Conférence nationale de santé (CNS), 277, 440
Conférence régionale de la santé et de l'autonomie (CRSA), 278, 441
Connaissance, 75
– du patient, 358

Conseil d'État, 59
Consentement, 176
Consommation de soins et de biens médicaux (CSBM), 409
Construction sociale, 121
Consultations prénatales, 502
Contraception, 298, 499, 523
Contrat d'amélioration des pratiques individuelles (CAPI), 371, 428
Contrat, financement, 186
Contribution au remboursement de la dette sociale (CRDS), 416
Contribution sociale généralisée (CSG), 396, 416
Contrôle perçu (psychologie), 128
Convention
– cadre pour la lutte antitabac (CCLAT), 651
– chirurgiens-dentistes, 374
– infirmiers, 375
– masseurs-kinésithérapeutes, 375
– médicale, 305, 371
– sages-femmes, 375
Coopération
– hospitalière, 316
– médecin-patient, 123
Coping, 129
Cotisations sociales, 395
Cour
– d'appel, 57
– d'assises, 53
– de cassation, 53, 58
Coût de la maladie, 611
Coutume, 52
Couverture maladie, 579
Couverture maladie universelle (CMU), 430, 565, 570
Couverture maladie universelle complémentaire (CMUC), 565, 577
Crainte (éthique), 148
Crèches, 509
Crises suicidaires, 522
Critère d'interfécondité, 465
Croyances, 37
Culture, 15

D

Déchéance, 554
Déconcentration (politique), 425
Déduction, 79
Défense des patients, 355
Déforestation, 493
Délibération (éthique), 144
Demandeur d'asile, 577
Démence, 608
Démocratie sanitaire, 175
Démographie, 493

Déni du risque, 223
Densité
– d'incidence, 251
– des professions, 302
Dépassement d'honoraires, 377, 431
Dépendance, 548
– tabagique, 645, 646
Dépense courante de santé (DCS), 411
Dépenses
– de santé, 303, 408
– publiques, 47
– sociales, 400
Dépistage, 502, 511
– des cancers, 299
– néonatal, 653
Dépression, 614
Descendance, 22
Déterminants de la santé, 118
– facteurs professionnels, 527
– facteurs sociaux, 233, 588
Déviance, 121
Diabète, 265
Diagnostic, 608
Dignité humaine, 150
Dimorphisme sexuel, 485
Direction générale de l'offre de soins (DGOS), 437
Direction générale de la santé (DGS), 437
Disease, 157
Disparités
– spatiales de santé, 111
– territoriales et sociales (voir aussi Inégalités), 509
Distanciation, 20
Domestication, 493
Drogues, 561
Droit, 50

E

École
– classique, 42
– marginaliste, 41
– maternelle, 510
– monétariste, 44
Économie, 40
Écosystèmes, 233
Écriture, 493
Éducation thérapeutique, 357, 619
Efficacité, 422
Efficience, 423
Égalité, 153
Émotions, 147
Encéphalisation, 481
Épidémiologie, 106, 240
Épistémologie, 75

Épuisement (relation de soins), 353
Équilibre budgétaire, 47
Équipements lourds, 427
Équité, 150, 153, 401, 423
Erreur humaine, 340
E-santé, 333
Espèce, 464
Espérance de vie, 196, 255, 586
– à la naissance, 99, 559
– en bonne santé, 541
– gains, 202
– sans incapacité, 588
Établissement d'hébergement pour personnes âgées (EHPA), 544
Établissement d'hébergement pour personnes âgées dépendantes (EHPAD), 544
Établissements de santé, 288, 313
– installation, 426
Établissements de santé privés d'intérêt collectif (ESPIC), 317
État civil, 93, 95
– registre, 194
État (origine), 26
État prévisionnel des recettes et des dépenses (EPRD), 379
État-providence, 397
Ethnie, 19
Ethnographie, 18
Ethnologie, 16
Étrangers, 575
Études
– cas-témoins, 108
– de cohortes, 107
– post-inscriptions, 429, 434
Euthanasie, 554
Évaluation des pratiques professionnelles, 344
Événements indésirables, 338
Évolutionnisme, 17
Examens médicaux obligatoires, 511
Exception (droit), 55
Exclusion, 569
Exil, 577
Expérience, 80, 81
Experts, 61
Exposition professionnelle, 590

F

Famille, 387
Feu (maîtrise du), 492
Filiation, 22
Filière gériatrique, 546
Financement
– brevet, 187
– contrat, 186
– des dépenses de santé, 413, 417

- des produits de santé, 380
- des soins ambulatoires, 371
- par capitalisation, 387
- par l'assurance sociale, 447
- par l'impôt, 446
- par répartition, 387

Fin de vie, 555
Fonds pour les soins urgents et vitaux (FSUV), 579
Forfait journalier (hospitalisation), 380
Foyer logement, 545
Fragilité, 539, 544
Franchise (financement des soins), 377

G

Gestalt-théorie, 5
Gestion des risques cliniques, 340
Gorille, 479
Goudrons, 641
Gradation, (organisation des soins), 426
Grippe, 72, 261
Groupe, 305

H

Habitudes alimentaires, 219
Haltes-garderies, 509
Haut Conseil de la santé publique (HCSP), 277, 287, 439
Haute autorité de santé (HAS), 287, 345, 438, 651, 653
Hébergement d'urgence, 579
Hépatite, 64
- chronique, 261

Histoire naturelle de la maladie, 666
Hominidés fossiles, 489
Hominisation, 490
Hominoïdes, 478
Horloge moléculaire, 487
Hospitalisation (modalités), 320
Hypertension artérielle, 562
Hypothèse, 77

I

Identitovigilance, 344
Illness, 157
Imagination, 78
Immigrés, 296, 575
Incertitude, 242
Inceste, 24
Indicateur
- conjoncturel de fécondité, 195
- de qualité et sécurité des soins, 346, 429

Indice
- CAO, 634
- géographique de précarité, 570

Induction, 79
Inégalités, 402
- de santé, 118
- par construction, 592
- par omission, 592
- sociales, 565
- sociales de santé, 220, 523, 533, 581, 586

Infection
- nosocomiale, 71, 262
- par le VIH, 260
- sexuellement transmissible (IST), 261, 561

Infectiovigilance, 343
Infirmiers, 309
Information préventive, 227
Inserm (Institut national de la santé et de la recherche médicale), 183
Insomnie, 617
Inspection (contrôle sanitaire), 342
Installations (établissement de santé), 426
Institut de recherche pour le développement (IRD), 183
Institut de veille sanitaire (InVS), 437
Institut national de prévention et d'éducation pour la santé (INPES), 438
Institut national de veille sanitaire (InVS), 287
Institut national du cancer (INCa), 288
Institutions (structures sociales), 31
Internet, 334
Interruption
- médicale de grossesse (IMG), 503
- volontaire de grossesse (IVG), 499, 523

Invention (hypothèse), 77

J

Jugements, 55
Juridiction, 53, 54
Jurisprudence, 52
Justice, 144, 149, 402

K

Kinésithérapeute, 311

L

Langage, 492
Logiques profanes, 159
Loi, 38, 52, 82
- empirique, 84
- probabiliste, 83
- universelle, 83

Loi de financement de la sécurité sociale (LFSS), 367, 416, 432
Loi « hôpital, patient, santé, territoire », 313
Loi Leonetti, 556
Lutte définitionnelle (éthique), 70

M

Macro-économie, 40
Main humaine, 485
Maison d'accueil pour personnes âgées (MAPA), 545
Maison d'accueil pour personnes âgées dépendantes (MAPAD), 545
Maison d'accueil rurale pour personnes âgées (MARPA), 545
Maladie
– cardiovasculaire, 263
– coût, 611
– couverture, 579
– héréditaire du métabolisme, 654
– parodontale, 633, 635
– professionnelle, 531
– respiratoire, 266
Maltraitance, 512
Mammifères, 472, 473
Marché, 403
Marginalité, 569
Mariage, 23
Matériovigilance, 344
Maternité, 497, 501
Médecin, 280, 288, 302, 374
– généraliste, 306
– rôle, 122
– traitant, 306
Médicaments, 411
– génériques, 383
Mesure
– administrative d'éloignement, 578
– judiciaire d'éloignement, 578
Micro-économie, 40
Migrants, 575
Milieux
– assainissement, 234
– de vie, 233
Ministère chargé de la Santé, 277, 286, 436
Misère, 569
Missions
– d'intérêt général et aides à la contractualisation (MIGAC), 379
– de service public, 314
Mode
– informatif, 353
– partenariat, 354
– paternaliste, 354
Modèle
– d'assurance sociale, 285
– des croyances sur la santé, 126
– libéral, 284
– nationalisé, 284
Modes de garde, 508

Morbidité, 249
– déclarée, 257
– prévalente, 542
Mort, 25, 550
Mortalité, 255
– causes, 200
– évitable, 591
– maternelle, 500
– prématurée, 213

N

Néo-classiques, 41
Néolithique, 492
Neutralité, 37
Nicotine, 641, 644
– récepteurs à la, 642
Nicotiniques, substituts, 648
Niveau d'emploi, 48
Nomenclature
– binominale, 465
– générale des actes professionnels (NGAP), 368
Non-malfaisance (éthique), 144, 146
Numerus clausus, 425

O

Objectif national de dépenses d'assurance-maladie (ONDAM), 367, 416, 432
Observance thérapeutique, 130
Observation participante, 21, 156
Officines, 427
Offre, 45
OMS, 632
Orang-Outan, 478
Ordre
– administratif, 58
– judiciaire, 55
Organisation du système de soins, 596
Orthophonistes, 311
Orthoptistes, 311
Outils, 491

P

Paradigme, 16, 85
– positiviste, 35
Parcours coordonné de soins, 306, 374, 433
Parenté, 22
Parquet (justice), 60
Participation mutuelle (relation médecin-malade), 123
Pauvreté, 569
Pédicures-podologues, 311
Périnatalité, 71, 500
Périodes géologiques, 488
Permanences d'accès aux soins de santé (PASS), 432, 580, 594

Index

Personnels
- médicaux, 317
- non médicaux, 318

Pertinence (soins), 423
Petite enfance, 506
Pharmaciens, 288, 308
Pharmacovigilance, 344
Physiocrates, 42
Pied humain, 485
Plan Alzheimer 2008–2012, 612
Planification
- de l'offre hospitalière, 325
- sanitaire, 426

Plan national
- de santé publique, 612
- Maladies rares 2005–2008, 664, 665

Plateaux techniques, 318
Politique de santé publique, 435, 444
Pourvoi (droit), 58
Pouvoir (exercice du), 26
Précarité, 568
- administrative, 577

Prématurés, 501
Prestations sociales, 398
Prévalence, 107
Prévention, 274, 504, 518, 638
Primates, 475
Principe
- de la légalité des délits et des peines, 54
- de précaution, 238
- du contradictoire, 54
- éthique, 180

Prix-volume (mécanismes), 433
Professionnels de santé, 452
Programme
- de dépistage, 664
- de médicalisation du système d'information (PMSI), 378

Progrès, 17
Projet de naissance, 505
Promotion de la santé, 274
Prosimiens, 476
Protection
- de l'enfance, 512
- maternelle et infantile (PMI), 279, 503, 508
- sociale, 384, 393
- - dépenses de la, 390
- - recettes de la, 391

Protocole de soins, 428
Psychiatrie, 308
Psychologie, 3, 11
- courants, 6–10

Psychopathologie, 12
Psychothérapie, 618
Pyramide des âges, 197

Q

Quadrupédie, 483
Qualité de vie, 247
- indicateurs, 622
- outils validés, 625
- questionnaires, 625

Qualité des soins, 337

R

Races, 18
Rapport médical sous pli confidentiel, 579
Rationnement, 423
Réactovigilance, 344
Recensement, 93, 94, 193
Recherche biomédicale, 179
Recommandations de pratiques cliniques (RPC), 345
Recours aux soins
- de prévention, 298
- facteurs, 293

Redistribution (protection sociale), 386
Référentiels de pratiques, 345
Régime
- de retraite, 398
- général, 389

Registre d'état civil, 194
Règlement, 52
Relation
- causale, 109
- soignants-soignés, 350, 352

Renoncement au soin, 298, 565, 592
Répartition territoriale, 303
Réseau
- de santé, 329
- ville–hôpital, 503

Résidence, 23
Respect, 147
- de la dignité, 173

Responsabilité médicale, 177
Reste à charge (financement des soins), 368, 375, 611
Retraites, 395, 398
Revenu de solidarité active (RSA), 394, 570
Revenus
- des médecins libéraux, 374
- partage, 46

Révolution scientifique, 32
Revues de mortalité et de morbidité (RMM), 341
Risque
- attribuable, 237
- social, 385

Rites, 24
Rôle du malade, du médecin (sociologie), 122, 123
Ruptures épistémologiques, 78

678

Index

S

Sages-femmes, 308
Salaire d'équilibre, 48
Sans-papiers ou clandestin, 577
Santé, 120, 273
– au travail, 280
– environnementale, 231
– mentale, 267
– publique, 63
– scolaire, 510
Saturnisme infantile, 71
Savoir scientifique, 34
Schéma régional d'organisation sanitaire (SROS), 314, 325
Science, 34, 75
– empirique, 38
– politique, 63
Score
– EPICES, 571
– individuel de précarité, 570
Secret
– médical, 173
– partagé, 175
Secteurs 1 et 2 (convention médicale), 304, 305, 373
Sécurité, 422
– des soins, 337
– du patient, 338, 428
– sociale, 388, 394
Sélection adverse, 168
Sentiment
– d'échec, 352
– de toute-puissance, 351
Sépultures, 492
Service
– des urgences, 546
– public, 430
Service de promotion de la santé en faveur des élèves, 280
Sexualité, 522
Sickness, 158
Sida, 65
Signalement, 341
– des événements indésirables, 429
Singes, 477
Société, 30
Sociologie, 30
Soin(s), 350
– ambulatoires, 301, 411
– curatifs, 276
– de ville, 280
– dentaires
– – CMU, 637
– – inégalités sociales, 636
– – protection sociale, 636
– financement des, 366
– hospitaliers, 280, 410
– palliatifs, 276, 544
– préventifs, 276
– protocole de, 369
Souffrance psychique, 522
Spécialités
– chirurgicales, 307
– médicales, 307
Spiritualité, 492
Standardisation
– des indicateurs, 252
– méthodes, 98
Stress
– perçu, 128
– professionnel, 532
Substances psychotoxiques, 521
Suicide, 33, 615
– médicalement assisté, 555
Suites de couches, 503
Suivi médical du jeune enfant, 511
Summa divisio, 51
Surveillance, 343, 429
Systématique phylogénétique, 464
Système(s)
– beveridgien (protection sociale), 394
– bismarckien (protection sociale), 393
– d'information interrégime de l'assurance-maladie (SNIIR-AM), 372, 434
– de santé, 282
– de santé de l'Union européenne, 443
– – Allemagne, 445, 447, 450, 456
– – Espagne, 447, 449, 456
– – France, 448, 450, 457
– – Pologne, 448, 451, 458
– – Royaume-Uni, 446, 449, 455
– par répartition (protection sociale), 208

T

Tabac, 561, 640
Tabagisme, 216
Tableaux de maladies professionnelles, 534
Tarif des actes médicaux, 372
Tarification à l'activité, 378
Taux
– brut de mortalité, 98
– d'attaque, 251
– d'incidence, 106
– de mortalité infantile, 99
Taxonomie, 463
Télé-assistance médicale, 332
Téléconsultation, 332
Télé-expertise, 332

Télémédecine, 331
Télésanté, 333
Télésurveillance médicale, 332
Terrain (enquête), 21
Territoires de santé, 325
Tétrapodes, 471
Théorie
– de Rawls, 404
– du comportement planifié (psychologie), 127
Ticket modérateur, 416
– exonération du, 368, 431
Tiers payant, 431
Toxicologie, 240
Transition
– démographique, 212
– épidémiologique, 212
Travail de deuil, 359
Tribunal, 55
Trisomie 21, 502
Tristesse, 614
Trouble
– anxiodépressif, 563
– bipolaire, 619
– de l'humeur, 617
– des conduites alimentaires, 563
– musculosquelettique (TMS), 530
– nutritionnel, 523
Tuberculose, 259, 627

U

Union européenne (UE), 443
Unité
– de soins longue durée (SLD), 545
– de vie Alzheimer, 545
– mobile de gériatrie, 547
Universalité, 242
Usages d'alcool, 217

V

Vaccination, 298
– BCG, 631
– obligatoires, 512
Varénicline (Champix®), 649
Vertébrés, 471
Vieillissement, 537
– démographique, 208
– pathologique, 538
– réussi, 538
– usuel, 538
Vulnérabilité, 539
– sociale, 576

Index des noms propres

B
Bachelard, Gaston, 29, 77
Bacon, Francis, 79
Barnard, Christian, 141
Bernard, Claude, 76
Blumberg, Baruch, 140
Bourdieu, Pierre, 24
Bowlby, John, 7

C
Canguilhem, Georges, 76
Celse, 135
Comte, Auguste, 36

D
Darwin, Charles, 35
Descartes, René, 4
Durkheim, Émile, 30, 32

E
Esquirol, Jean, 139

F
Fagerström (test de), 645
Foucault, Michel, 27
Freud, Sigmund, 6, 140
Friedman, Milton, 44

G
Galien, 135

H
Hammourabi, 133
Harvey, William, 138
Hayek, Friederich, 45
Hempel, Carl G., 83
Hippocrate, 4, 135

K
Keynes, John Maynard, 402
Klein, Mélanie, 7
Koch, Robert, 139
Kuhn, Thomas, 85

L
Laennec, René, 139
Landsteiner, Karl, 140
Lazarus et Folkman (théorie cognitive du stress), 128
Lévi-Strauss, Claude, 16

M
Malpighi, Marcello, 138
Marx, Karl, 34
Maslow, Abraham, 10
Mead, Margaret, 31

P
Pareto, Vilfredo, 44
Pasteur, Louis, 139
Pincus, Gregory, 140
Pinel, Philippe, 139
Popper, Karl, 81
Prochaska et DiClement (modèle transthéorique de), 127

Q
Quesnay, François, 42

R
Rawls (théorie de), 404
Ricardo, David, 42
Rogers, Carl, 10
Röntgen, Wilhelm Conrad, 141
Russel, Bertrand, 76

S
Semmelweis, Ignace, 78
Sen, Amartya, 405
Skinner, Burrhus Frederic, 8
Smith, Adam, 42

V
Van Leeuwenhoek, Antoine, 138

W
Walras, Léon, 42
Watson, John Broadus, 8
Weber, Max, 30, 33
Winnicott, Donald, 7

Elsevier Masson S.A.S - 65, rue Camille-Desmoulins
92442 Issy-les-Moulineaux Cedex
Dépôt Légal : mars 2012

Retirage février 2019

Imprimé en Allemagne par CPI